제2판

민사소송 실무

민사법 기록형

서인겸(徐忍謙) 저

박영사

제 2 판 머리말

    책을 처음 출간한 것이 엊그제 같은데 제2판을 출간하게 되어 매우 기쁘다. 그 동안 이 책을 통하여 예비변호사들이 민사사건을 해결할 수 있는 실무능력을 배양하고 변호사시험의 민사법 기록형 문제 해결능력을 키우는 데 조금이나마 도움을 받은 것으로 평가한 것 같아 더욱 그렇다.

    제2판에서는 모든 기록에 관하여 전면적으로 시점을 업데이트하였고, 최근 실무의 변동 사항을 반영하였으며, 일부 사소한 오류도 바로잡으려고 노력하였다. 특히, 제1장에서 채권의 양수인이 양수채권을 자동채권으로 하여 상계하는 경우 상계적상시점은 그 채권에 대하여 채권양도의 대항요건을 갖춘 때로 종래의 견해를 변경하여 답안을 수정하였다.

    이번에도 꼼꼼하게 교정을 봐주고 사소한 요청사항까지도 세심하게 배려해 준 배우리 대리님께 진심으로 감사드린다.

2016년 2월 29일

제2법학관 연구실에서

서   인   겸

머 리 말

　　설렘과 약간의 두려움 속에 2007년 11월 15일 대학으로 자리를 옮긴 후 6년 동안 젊고 순수한 학생들과 함께 정말 행복한 시간을 보냈고, 사법시험 준비기간과 비슷한 시간을 대학에서 보낼 무렵에 책을 출간하게 되어 감회가 새롭다.

　　원고의 교정을 마치고 마지막으로 머리말을 쓰려고 준비하면서 17년 전 사법시험 합격기를 쓸 때의 심정으로 돌아가고 싶어 오랜만에 꺼내 읽어 보았다. 그중 "苦生→固生→高生"에 관하여 쓴 부분이 눈에 들어왔다. 2차시험에 실패한 후 다시 1차시험 준비를 시작할 때 공부하던 도서관에서 누군가 독서대에 "苦生→固生→高生"이라고 쓴 것을 보았다. 당시 그 문구를 쓴 사람에게 정확한 취지를 물어봤으면 좋았겠지만, 누군지 알 수 없었기에 나름대로 해석하여 "苦生"은 일상이고, "高生"은 비전이며, "固生"은 비전을 성취하기 위하여 반드시 필요한 집중(몰입)이라고 생각하였다. 그래서 그 이후 적극적이고 긍정적으로 "固生"하였고, 종강을 할 때마다 학생들에게도 위 문구를 소개하면서 각자의 비전을 성취하기 위해서는 현실적으로 상당한 기간 동안 "固生"의 과정을 반드시 거쳐야하고, 그 과정을 잘 마쳤을 때에 비로소 "高生"의 단계에 이를 수 있다고 조언하였다. 변호사 생활을 할 때에도 그랬지만, 대학에 온 후에도 지금까지 나름대로 "固生"의 과정을 충실히 밟아가려고 최선을 다 하였고, 그 과정에서 산출된 결과물을 정리하여 출간하게 된 것이다.

　　이 책은 법학전문대학원에서 3학년 학생들을 대상으로 민사변호사실무, 민상법종합실무 과목을 강의하면서 주요 민사법 쟁점에 관하여 만든 강의교재를 바탕으로 하였고, 예비변호사들이 민사사건을 해결할 수 있는 실무능력을 배양하고 변호사시험의 민사법 기록형 문제 해결능력을 키우는 데 도움이 될 것으로 생각한다.

　　졸저의 출간을 위하여 노력해 주신 고마운 분들께 감사의 마음을 전하고 싶다. 우선 모든 것을 주신 하나님께 감사와 영광을 돌리며, 변호사 생활보다 어려운 경제적, 시간적 여건을 기꺼이 감수하면서 이직에 동의해 주고 항상 응원해

준 아내 한미화, 딸 온유, 아들 준에게 고마움을 표하고 싶다. 그리고 이 책을 출판할 수 있도록 용기를 주고 격려를 아끼지 않으신 양동철 교수님, 정형근 교수님, 황남석 교수님, 흔쾌히 출판을 결정해 주신 박영사의 안종만 회장님과 관계자 여러분, 특히 꼼꼼하게 교정을 봐주고 사소한 요청사항까지도 세심하게 배려해 준 배우리 선생님께 진심으로 감사드린다.

　　마지막으로 독자의 입장에서 원고를 검토해 준 박병주 사법연수생(예비재판연구원), 강의시간마다 날카롭고 훌륭한 질문 등을 통하여 기록의 완성도를 실질적으로 높여주었을 뿐만 아니라 미완성 교재로 공부하고도 변호사시험에서 좋은 결과를 보여준 경희대학교 법학전문대학원 제1기 및 제2기 졸업생 변호사들과 제3회 변호사시험을 치르고 합격 소식을 담담히 기다리는 제3기 예비변호사들에게 고마움을 표하며 그들의 미래에 무궁한 발전이 있기를 기원한다.

2014년 1월 28일
제 2 법학관 연구실에서
서　인　겸

일러두기

1. 책의 구성에 따른 활용방법

가. 이 책은 교육용 모의기록 12건과 각 그에 대한 답안 및 쟁점해설로 구성되어 있고, 모의기록의 내용은 민사법의 주요 쟁점을 포함시켜 가상으로 꾸민 것이다. 모의기록을 읽고 실제로 법률상담을 한 후 법문서를 작성하는 것처럼 의뢰인의 요구사항에 따라 소장 등 법문서를 작성하는 연습을 한다면 민사사건에 관한 실무능력 배양에 도움이 될 것으로 생각한다. 제1장부터 제12장까지의 배열은 상대적으로 간단하고 평이한 사건부터 점차 쟁점이 복잡하고 어려운 사건 순으로 정리하여 민사기록을 접하는 초심자가 그 순서에 따라 학습하면 점차 실무능력이 자연스럽게 축적되도록 하였다.

나. 모의기록에 관한 문제를 해결함에 있어 스스로 법문서를 작성하기 전에 답안을 먼저 보아서는 결코 안 된다. 답안을 본 후 법문서를 작성한다면 이 책으로부터 얻을 것이 별로 없을 것이라고 단언한다. 그래서 각 기록의 끝을 분명히 표시하였고 기록과 답안이 곧바로 연결되지 않도록 여백을 주기도 하였는바, 위 주의사항을 반드시 준수할 것을 다시 한번 당부한다. 다만, 각 장의 제목에 표시된 주요 쟁점에 관하여 예습한 후에 모의기록을 보고 법문서 작성 연습을 하는 것은 좋다고 본다. 시간을 정해 놓고 문제에서 지시한 법문서를 작성한 후에 이 책에 있는 답안을 보고 자신이 작성한 법문서와 비교하면서 학습하는 방법을 권장한다.

다. 답안에서는 실무상 관행 및 근거 법리를 각주로 제시하였고, 쟁점해설에서는 근거 법리뿐만 아니라 관련 법리에 관하여도 자세히 정리하였다. 답안의 각주 내용과 쟁점해설이 다소 중복되는 면이 없지 않으나, 이는 독자들이 직접 작성한 법문서와 답안을 비교할 때 각주가 너무 길면 답안 내용의 윤곽을 파악하지 못할 우려가 있어서 각주의 내용은 최소한으로 하고 구체적인 내용은 쟁점해설로 미루는 체계를 취한 것이다. 따라서 독자들은 자신이 작성한 법문서와 답안을 상호 비교하면서 먼저 전반적으로 학습한 후 그 구체적인 근거 법리와 관련 법리에 관하여는 쟁점해설에서 재차 확인하는 방법으로 공부하면 좋을 것으로 판단된다.

라. 답안의 내용 중 형식적 기재사항 및 청구취지 등은 사법연수원 교재의 내용을 모범으로 하였으며, 각주에 기재된 대법원 판례는 같은 취지로 판시한 대법원 판례의 열거를 피하고 해당 사안에 가장 적합한 것, 전원합의체판결, 리딩 판례, 최신 판례 순으로 선택하여 최소한으로 제시하였다. 또한, 답안 내에서도 특정한 청구취지와 그에 해당하는 청구원인 부분에 같은 내용의 각주가 중복되는 경우도 있는바, 이는 독자들이 같은 쟁점에 관하여 반복하여 학습하는 데 도움을 주기 위한 것이므로 그 취지에 따라 활용하면 도움이 될 것이다.

2. 기록형 문제 해결의 요령

가. 먼저 기록 중 상담내용 및 의뢰인의 요구사항을 정확히 파악하는 것이 필요하다. 기록을 검토한 결과 변호사가 어떠한 조치를 취하는 것이 최선이라고 판단하였더라도 그보다 의뢰인의 요구사항을 우선할 필요가 있다. 다만, 교육용 모의기록에서는 변호사로서 택할 최선의 사건해결 방법을 의뢰인의 요구사항과 일치시키는 것이 대부분이다. 의뢰인의 요구사항에 따라 피고(들) 및 피고별 청구의 내용(소송물)을 결정해야 하는바, 이때 소송요건을 충족하는지 면밀히 검토할 필요가 있다. 검토결과에 따라 원고 및 피고를 특정하여 인적사항을 표시하고, 피고(들)에 대한 각종 청구 중 대표적인 것을 사건명으로 기재한다.

나. 청구취지를 작성하는 모범례는 판결의 주문이다. 판결문에는 주문을 기재한 다음 청구취지를 기재하는데, 원고 전부승소 판결의 경우에는 청구취지 부분에 "주문과 같다"라고 기재하는바, 청구취지를 제대로 작성하여야 전부승

소 판결을 받을 수 있는 것이다. 특히, 변호사시험 등의 기록형 문제에서는 원고가 일부라도 패소하는 부분이 없도록 전부승소를 위한 소장을 답으로 요구하고 있는 경우가 많으므로 청구취지를 정확하게 작성하는 데 더욱 주의를 기울여야 한다. 다만, 실무에서는 상대방에 따라 또는 조정의 가능성을 염두에 두고 전술적으로 확장하여 청구하는 경우도 있지만 이와 같은 소송기술은 추후 변호사로서 업무를 수행하는 과정에서 배우기로 하고, 학생의 입장에서는 원칙적인 문제해결 방법에 집중하는 것이 필요할 것이다. 청구취지의 기재방법은 사법연수원 교재(민사실무 I 의 청구취지 기재례 및 민사실무 II의 주문 기재례)에 따르는 것이 좋은데, 위 교재들에 있는 기재례를 마치 수학의 공식처럼 암기하는 것은 필수적이다. 이는 변호사가 소송업무를 하는 한 지속적으로 활용할 것이기도 하다.

다. 청구원인을 작성함에 있어서는 각 청구별로 반드시 해당 요건사실을 중심으로 사실관계를 서술하여야 한다. 단순히 역사적 사실을 시간순으로 나열하여 서술하는 것은 법률문장으로 볼 수 없다. 다만, 설득력을 높이기 위하여 요건사실을 포함한 더 많은 역사적, 사회적 사실을 부가하여 서술하는 것은 무방하나 요건사실을 누락하는 일이 있어서는 결코 안 된다. 이를 위하여 사법연수원 교재 요건사실론에 있는 주요 쟁점에 관한 요건사실을 반드시 암기할 필요가 있다.

라. 변호사시험 및 교육용 모의기록의 문제를 해결함에 있어서, 소장을 작성하되 "피고(들)가 제기할 것으로 예상되는 주장 및 항변"을 기재하고 이에 대하여 반박할 것을 요구하는 경우가 대부분이다. 실무상 이는 주로 준비서면에서 언급하는 것이지만 교육 및 평가의 목적을 위하여 위와 같은 지시를 하는 것이다. 따라서 원고의 청구를 구성하는 개개의 요건사실에 관한 쟁점을 면밀히 파악하여 피고가 부인 또는 항변할 것으로 예상되는 법리를 분석하고 자신이 피고라면 어떠한 주장을 할 것인지에 관하여 요건사실을 중심으로 정리한 후 이에 대한 반론을 전개하면 된다. 이때 쟁점은 주로 대법원 판례의 법리가 되므로 관련 판례를 숙지하여야 할 것인바, 이를 위하여 이 책의 쟁점해설 부분에서 관련 법리에 관하여도 정리해 두었다.

3. 도로명주소의 표기방법

가. 도로명주소 도입에 따른 재판서의 주소와 건물 표기에 관한 업무처리지침

(2011. 12. 29. 제정 재판예규 제1375호)

도로명주소법 제19조 제1항에 의해 도로명주소가 공법관계상 주소로서 효력을 갖게 됨에 따른 판결문 등 재판서의 주소(송달장소 포함)와 건물 표기방식을 정함을 목적으로 대법원은 재판예규를 제정·시행하고 있는바, 변호사가 작성하는 소장 등 법문서에 주소와 건물을 표기하는 경우에도 원칙적으로 위 예규를 따르는 것이 좋을 것이다. 위 재판예규의 주요 내용을 항목별로 살펴본다.

나. 주소의 표기방식

1) 국내주소 표기는 도로명주소, 지번주소, 도로명주소와 지번주소의 병기 등 3가지 방식에 의할 수 있다.

2) 도로명주소를 표기할 경우에는 도로명주소법 시행령 제3조에 의해 "시·도, 시·군·구, 읍·면, 도로명, 건물번호, 상세주소(동·호수), 참고항목(법정 동, 공동주택명 등)"을 차례로 기재한다. 다만, 참고항목은 당사자 특정이나 송달에 문제가 없다고 판단될 경우 기재를 생략할 수 있다.

〈예시〉

시·도	시·군·구	읍·면	도로명	건물번호	상세주소	참고항목
서울	서초구		반포대로	48	108동 501호	(서초동, 삼일아파트)
충남	태안군	남면	적돌길	20		
	통영시		해안로	511		(무전동)

3) 동일 건물의 도로명주소와 지번주소 표기는 〈예시 1〉과 같은데, 도로명주소와 지번주소를 병기할 경우에는 〈예시 2〉와 같이 도로명주소를 먼저 기재하고, 괄호 안에 법정 동·리, 지번, 공동주택명 등을 차례로 기재한다.

〈예시 1〉

유 형	도로명주소	지번주소
단독주택	서울 관악구 관악로 6(봉천동)	서울 관악구 봉천동 144-4
	충남 태안군 남면 적돌길 20	충남 태안군 남면 양장리 100
공동주택	서울 서초구 잠원로14길 28, 108동 206호(잠원동, 삼일아파트)	서울 서초구 잠원동 666 삼일아파트 108동 206호
일반건물	서울 노원구 공릉로 145, 57동 202호(공릉동)	서울 노원구 공릉동 126-28 가야대학교 57동 202호

〈예시 2〉

유 형	도로명주소·지번주소 병기
단독주택	서울 관악구 관악로 6(봉천동 144-4)
	충남 태안군 남면 적돌길 20(양장리 100)
공동주택	서울 서초구 잠원로14길 28, 108동 206호(잠원동 666, 삼일아파트)
일반건물	서울 노원구 공릉로 145, 57동 202호(공릉동 126-28)

다. 건물의 표기방식

1) 재판서 주문과 청구취지의 건물 표기는 해당 건물의 부동산등기부 표제부 기재방식에 따라 지번주소만 있는 경우에는 지번주소를 기재하고, 지번주소와 도로명주소가 모두 있는 경우에는 지번주소 및 도로명주소를 병기한다.

2) 미등기 건물의 경우에는 지번주소를 기재하되, 도로명주소를 알 수 있는 경우에는 이를 병기한다.

3) 지번주소와 도로명주소를 병기할 경우에는 주소 표기방식과 달리 지번주소를 먼저 기재하고 괄호 안에 도로명, 건물번호를 차례로 기재한다.

〈예시〉

서울 서초구 서초동 1500-2(명달로22길 24) 지상 철근콘크리트조 슬래브지붕 2층 사무실 1층 234㎡, 2층 202㎡

> 서울 서초구 서초동 14 가을빌딩 501호(반포대로 48)

4) 당사자가 동일 건물의 지번주소와 도로명주소를 별도로 표기한 부동산목록을 제출한 경우에는 위 3)에 불구하고 해당 목록을 활용하여 재판서를 작성할 수 있다.

〈예시〉

> 부동산목록
> 서울 도봉구 도봉동 616 대성아파트 101호
> [도로명주소] 서울 도봉구 도봉로132길 45, 101호

5) 토지의 표기는 종전과 같이 부동산등기부 표제부상 지번주소에 의한다. 다만, 토지와 도로명주소가 있는 그 지상건물을 함께 표기하여야 할 경우에는 토지를 표기하면서 위 3)과 같이 지번주소와 도로명주소를 병기한다.

〈예시〉

> 서울 강남구 삼성동 756-18(테헤란로 123) 대 90㎡ 및 그 지상 벽돌조 기와지붕 단층주택 90㎡

4. 참고문헌의 표기

각주에 기재된 참고문헌은 다음과 같이 축약하여 표기하였다.

- 사법연수원, 민사실무Ⅰ, 2015. → 민사실무Ⅰ
- 사법연수원, 민사실무Ⅱ, 2015. → 민사실무Ⅱ
- 사법연수원, 요건사실론, 2015. → 요건사실론
- 사법연수원, 민사집행법, 2013. → 사법연수원, 민사집행법
- 사법연수원, 부동산등기법, 2013. → 사법연수원, 부동산등기법
- 법원행정처, 법원실무제요 민사집행[Ⅲ], 2014. → 법원실무제요 민사집행[Ⅲ]
- 곽윤직·김재형, 물권법, 박영사, 2014. → 곽윤직·김재형, 물권법
- 송덕수, 채권법총론, 박영사, 2013. → 송덕수, 채권법총론

• 지원림, 민법강의, 홍문사, 2015. → 지원림
• 이철송, 상법총칙·상행위, 박영사, 2015. → 이철송, 상법총칙·상행위
• 이철송, 어음·수표법, 박영사, 2014. → 이철송, 어음·수표법
• 이시윤, 신민사소송법, 박영사, 2014. → 이시윤, 민사소송법
• 이시윤, 신민사집행법, 박영사, 2014. → 이시윤, 민사집행법
• 편집대표 곽윤직, 민법주해[XVⅠ]-채권(4), 박영사, 2007. → 민법주해[XV]
• 한국사법행정학회, 주석 민법 [채권총칙(3)], 2000. → 주석민법 채권총칙(3)
• 한국사법행정학회, 주석 신민사소송법Ⅳ, 2012. → 주석 민사소송법Ⅳ

5. 답변서 작성의 요령

가. 이 책의 각 문제에서 답안으로 제시된 법문서는 소장과 준비서면이며, 청구 변경신청서는 제10장에서 그 서식 예시를 제공하였고 소장에 준하여 작성하면 되므로 이들 법문서의 작성에 관하여는 이 책으로 학습함에 있어 별 문제가 없을 것이라고 본다. 그런데 답변서의 작성방법에 관한 내용은 포함하지 않았는바, 그 이유는 민사실무능력의 기초는 소장을 작성하는 데 있으며, 특히 법문서 작성능력을 제대로 평가할 수 있는 가장 적절한 방법은 청구취지가 포함되어 있는 소장을 작성하게 하는 것이라고 판단하였기 때문이다. 이에 대하여는 이견이 없을 것으로 생각하며, 이와 같은 연유로 변호사시험 등에서 소장을 작성하라는 문제가 많이 출제되는 것으로 보인다. 다만, 독자들이 답변서에 관하여 전혀 접하지 않는 것은 문제가 있다고 생각하여 여기에서 간단히 설명하고자 한다.

나. 답변서의 기재사항은 민사소송규칙 제65조에 규정되어 있는바 뒤의 서식 예시에 따라 작성하되, 먼저 '청구취지에 대한 답변' 부분은 원고의 청구에 대한 검토결과에 따라 원고 전부패소 또는 일부패소 판결을 구하는 내용이 되어야 한다. 원고의 청구 중 일부에 대해서만 다투는 경우 강학상으로는 청구취지에 대한 답변에서 원고의 청구 중 일부는 인용하고 나머지 부분은 기각해 달라는 취지가 될 것이고, 원고 일부승소 판결의 주문 기재례에 따라 작성하면 될 것이다. 이를 위하여 사법연수원 교재 민사실무Ⅱ에 있는 소송

판결의 주문 기재례, 청구의 전부 또는 일부기각판결 주문 기재례를 참고할 필요가 있다. 다만, 실무상으로는 변호사가 사건을 검토한 결과 피고가 일부 승소할 것이라고 스스로 판단하는 경우라도 청구취지에 대한 답변에서는 원고의 청구 전부를 기각 또는 각하해 달라고 주장하는 사례가 많다.

다. '청구원인에 대한 답변' 부분은 그 첫 머리에서 민사소송법 제150조의 취지에 따라 원고의 청구원인 중 다투는 사실과 다투지 않는 사실을 구분하여 정리하는 것이 필요하다. 통상 '다툼없는 사실'이라는 제목을 사용한다. 그리고 원고의 청구에 대하여 조목조목 구체적으로 반론(부인 또는 항변 등)하는 내용을 서술하면 된다. 참고로 원고의 청구에 따라 이 책의 답안으로 제시된 소장의 내용 중 '예상되는 피고의 주장'에 해당할 수 있는 법리에 관하여 자세하게 서술하면 될 것이다. 위 주장은 부인 또는 항변이 될 것인바, 항변을 하는 경우에는 그 요건사실을 중심으로 서술하여야 하며 이는 소장의 청구원인 작성요령과 같다.

[서식 예시]

답 변 서

사 건
원 고
피 고

위 당사자간 귀원 2016가_____청구사건에 관하여, 피고 소송대리인은 다음과 같이 답변합니다.

청구취지에 대한 답변

1. 원고의 소를 각하한다. 또는 원고의 청구를 기각한다.
2. 소송비용은 원고가 부담한다.

청구원인에 대한 답변

1. 다툼 없는 사실

2. 원고의 ○○주장에 대하여

3. …

증 거 방 법

1. 을 제1호증 : 영수증
2. 을 제2호증 : 송금영수증

2016. . .
피고 소송대리인
변호사 ○ ○ ○ ㊞

○○지방법원 제○민사부(민사○단독) 귀중

차   례

제1장
대여금, 양수금 관련 청구

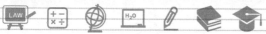

귀하(변호사 김상승)는 의뢰인 이을석과 상담일지 기재와 같은 내용으로 상담하고, 사건을 수임하면서 첨부서류를 자료로 받았다. 귀하는 의뢰인의 요구사항 및 이익에 최대한 부합하는 소장을 작성하되, 청구원인을 작성함에 있어 먼저 청구원인사실을 중심으로 기재한 다음 기록 내용에 비추어 피고(들)가 법령 및 판례에 따라 제기할 것으로 예상되는 주장 및 항변을 정리하고 각 그에 대한 반론을 개진하시오.

【작성요령】

1. 본 기록 내에 나타나 있는 사실관계 및 증거자료만을 기초로 하고, 별도의 법률행위 또는 사실행위를 한 것을 전제로 하지 말 것.
   단, 의뢰인의 요구를 충족하기 위하여 특정 권리의 행사가 필요한 경우에는 소장을 통하여 행사할 것.
2. 사실관계 주장은 첨부된 자료 중 증거로 신청·제출이 가능한 자료를 토대로 하여 증거법상 법원에 의하여 인정받을 가능성이 있다고 판단되는 내용으로 한정할 것.
3. 각종 서류는 모두 적법하게 작성되었고, 기록상 일자의 요일은 실제 요일과 무관하게 토요일 또는 공휴일이 없는 것을 전제로 할 것.
   단, 3월 1일은 삼일절로서 공휴일임.
4. 법리적인 주장은 현행 법령 및 대법원 판례의 태도에 비추어 받아들여질 가능성이 없다고 판단되는 내용은 제외하며, 귀하가 소를 제기하는 경우 상대방은 적극적으로 응소하는 것을 전제로 할 것.
5. 소장의 기재사항 중 증거방법 및 첨부서류란을 생략하여도 무방함.
6. 소장의 작성일 및 소(訴) 제기일은 2016. 3. 12.로 할 것.

[서식 예시]

소   장

원   고

　　　　소송대리인

피   고

＿＿＿＿＿ 청구의 소

청 구 취 지

청 구 원 인

증 거 방 법

첨 부 서 류

2016. . .

원고 소송대리인

변호사 ○ ○ ○ ㉑

○○지방법원 귀중

[참고자료]

각급 법원의 설치와 관할구역에 관한 법률 (일부)

[시행 2014.12.30.] [법률 제12879호, 2014.12.30., 일부개정]

제4조(관할구역) 각급 법원의 관할구역은 다음 각 호의 구분에 따라 정한다. 다만, 지방법원 또는 그 지원의 관할구역에 시·군법원을 둔 경우 「법원조직법」 제34조 제1항 제1호 및 제2호의 사건에 관하여는 지방법원 또는 그 지원의 관할구역에서 해당 시·군법원의 관할구역을 제외한다.

  1. 각 고등법원·지방법원과 그 지원의 관할구역: <u>별표 3</u>

  2. ~7. 생략

[별표 3] 고등법원·지방법원과 그 지원의 관할구역 (일부)

고등법원	지방법원	지원	관할구역
서울	서울중앙		서울특별시 종로구·중구·강남구·서초구·관악구·동작구
	서울동부		서울특별시 성동구·광진구·강동구·송파구
	서울남부		서울특별시 영등포구·강서구·양천구·구로구·금천구
	서울북부		서울특별시 동대문구·중랑구·성북구·도봉구·강북구·노원구
	서울서부		서울특별시 서대문구·마포구·은평구·용산구
	의정부		의정부시·동두천시·구리시·남양주시·양주시·연천군·포천시·가평군, 강원도 철원군. 다만, 소년보호사건은 앞의 시·군 외에 고양시·파주시
		고양	고양시·파주시
	인천		인천광역시. 다만, 소년보호사건은 앞의 광역시 외에 부천시·김포시
		부천	부천시·김포시
	수원		수원시·오산시·용인시·화성시. 다만, 소년보호사건은 앞의 시 외에 성남시·하남시·평택시·이천시·안산시·광명시·시흥시·안성시·광주시·안양시·과천시·의왕시·군포시·여주시·양평군
		성남	성남시·하남시·광주시
		여주	이천시·여주시·양평군
		평택	평택시·안성시
		안산	안산시·광명시·시흥시
		안양	안양시·과천시·의왕시·군포시

상 담 일 지

접 수 번 호	2016민063	상 담 일	2016. 3. 10.
상 담 인	이을석	연 락 처	010-1234-5601
담당변호사	김상승	사 건 번 호	

【상담내용】

1. 이을석은 친척인 이병석에게 2년여 전부터 5회에 걸쳐 합계 5,000만 원을 빌려주면서 이자를 약정하고 차용증을 받았다.

2. 이병석은 2014. 6.까지는 제 날짜에 이자를 꼬박꼬박 지급하더니 그 이후부터 이자를 지급하지 못하므로 이을석은 이병석에게 변제를 독촉하자 이병석은 김갑수에 대한 채권 외에는 다른 재산이 없다고 하소연하면서 그것이라도 받겠느냐고 하였다.

3. 이을석은 이병석으로부터 채권을 회수할 수 없을 것으로 판단하고 이병석이 김갑수에 대하여 가지고 있는 대여금 채권을 양수하고, 직접 채권양도 사실을 통지하였다.

4. 의뢰인 이을석은 이병석으로부터 김갑수에 대한 채권을 양수할 당시 이병석과 김갑수 사이에 구체적으로 어떠한 채권관계가 존재하는지 여부 및 구체적인 채권양도계약의 내용에 관하여는 알지 못하였다.

5. 채권양도통지를 받은 채무자 김갑수는 양도인 이병석으로부터 받지 못한 대여금과 동일한 금액의 부동산매매대금을 받지 못한 것이 있다고 하면서 상계한다는 취지의 내용증명우편을 보내왔다.

6. 상담일 현재 김갑수와 이병석 명의로 등기되어 있는 부동산은 찾지 못했으며, 채무자 김갑수의 처 김미숙 명의로 된 부동산이 있는 상태이다.

7. 이을석은 회기새마을금고에서 대출을 받아 이병석에게 빌려주었던 것인데, 이병석이 돈을 갚지 못하자 위 대출금에 대한 이자를 지급하지 못하게 되었고, 위 새마을금고는 이을석이 김갑수에 대하여 가지고 있는 양수금채권에 대하여 가압류 하였다.

【의뢰인의 요구사항】

1. 의뢰인 이을석은 이병석으로부터 양수한 채권을 회수하기에 가장 좋은 방법으로 판결을 받아 줄 것과 김갑수에 대한 채권채무관계도 확실하게 정리해 줄 것을 요구한다.

2. 이자에 대한 지연손해금은 계산상의 편의를 위하여 청구하지 않는 것이 좋겠다는 귀하의 제안에 의뢰인이 동의하였다.

【첨부서류】

1. 차용증(2013. 9. 1.자 차용액 2,500만 원)
2. 차용증(2013. 12. 1.자 차용액 500만 원)
3. 차용증(2014. 2. 1.자 차용액 1,000만 원)
4. 차용증(2014. 3. 15.자 차용액 500만 원)
5. 차용증(2014. 4. 10.자 차용액 500만 원)
6. 금전소비대차약정서(사본)
7. 채권양도계약서
8. 내용증명우편(제목: 채권양도양수통지서, 발신: 이을석, 수신: 김갑수)
9. 채권양도계약서(사본)
10. 우편물배달증명서
11. 내용증명우편(제목: 내용증명, 발신: 김갑수, 수신: 이을석)

12. 물품수령확인 및 대금이행각서
13. 내용증명우편(제목: 내용증명 답변서, 발신: 이을석, 수신: 김갑수)
14. 우편물배달증명서
15. 등기사항전부증명서(건물)
16. 채권가압류결정
17. 등기사항전부증명서(법인)

종합법률사무소 다일
변호사 박조정, 양화해, 서온유, 김상승, 이승소
서울 동대문구 양진대로 777
전화 : 961-1543 팩스 : 961-1544 이메일 : sskim@daillaw.com

차 용 증

차용액 : 일금 이천오백만원정(₩25,000,000)

차용일 : 2013년 9월 1일

차용인 : 이병석(690715-1324554)
　　　　서울특별시 서초구 서초동 559

1. 위 차용인은 대여자 이을석(수원시 권선구 금곡동 211 GS빌리지 207동 709호)
   으로부터 상기 금액을 차용하고 본 차용증을 작성합니다.

2. 위 차용금의 이자는 월 1%로서 매월 말일에 지급하겠습니다.

　　　　　　　　　　　　2013년 9월 1일

　　　　　　　　　채무자 이병석 [인]

채권자 이을석   귀중

차 용 증

차용액 : 일금 오백만원정(₩5,000,000)

차용일 : 2013년 12월 1일

차용인 : 이병석(690715-1324554)
　　　　　서울특별시 서초구 서초동 559

1. 위 차용인은 대여자 이을석(수원시 권선구 금곡동 211 GS빌리지 207동 709호)
   으로부터 상가 금액을 차용하고 본 차용증을 작성합니다.

2. 위 차용금의 이자는 월 1%로서 매월 말일에 지급하겠습니다.

2013년 12월 1일

채무자 이병석 (인)

채권자 이을석   귀중

차 용 증

차용액 : 일금 일천만원정(₩10,000,000)

차용일 : 2014년 2월 1일

차용인 : 이병석(690715-1324554)
　　　　서울특별시 서초구 서초동 559

1. 위 차용인은 대여자 이을석(수원시 권선구 금곡동 211 GS빌리지 207동 709호)
   으로부터 상기 금액을 차용하고 본 차용증을 작성합니다.

2. 위 차용금의 이자는 월 1%로서 매월 말일에 지급하겠습니다.

2014년 2월 1일

채무자 이병석 (석이인병)

채권자 이을석   귀중

차 용 증

차용액 : 일금 오백만원정(₩5,000,000)

차용일 : 2014년 3월 15일

차용인 : 이병석(690715-1324554)

　　　　서울특별시 서초구 서초동 559

1. 위 차용인은 대여자 이을석(수원시 권선구 금곡동 211 GS빌리지 207동 709호)
   으로부터 상기 금액을 차용하고 본 차용증을 작성합니다.

2. 위 차용금의 이자는 월 1%로서 매월 말일에 지급하겠습니다.

2014년 3월 15일

채무자 이병석 (인)

채권자 이을석　　귀중

차 용 증

차용액 : 일금 오백만원정(₩5,000,000)

차용일 : 2014년 4월 10일

차용인 : 이병석(690715-1324554)
　　　　서울특별시 서초구 서초동 559

1. 위 차용인은 대여자 이을석(수원시 권선구 금곡동 211 GS빌리지 207동 709호)
   으로부터 상기 금액을 차용하고 본 차용증을 작성합니다.

2. 위 차용금의 이자는 월 1%로서 매월 말일에 지급하겠습니다.

2014년 4월 10일

채무자 이병석 (석이인병)

채권자 이을석　　귀중

금전소비대차약정서

대여자 : 이병석
　　　　서울특별시 서초구 서초동 559번지

차용인 : 김갑수(1968년 9월 20일생)
　　　　서울특별시 동대문구 회기동 102

차용액 : 일금 오천만 원 정(₩50,000,000)
차용일 : 2014년 5월 1일

1. 위 차용인은 이병석으로부터 상기 금액을 차용하고 본 계약서를 작성합니다.

2. 차용인은 위 금원 차용일 이후 매월 원금의 2%를 대여자의 지정 계좌로 입금 하겠습니다.

3. 본 채권은 타인에게 양도할 수 없습니다.

2014년 5월 1일

채권자 이병석 ㊞

채무자 김갑수 ㊞

위 채무자의 연대보증인
채무자의 처 김미숙 ㊞

사본임

채권양도계약서

양도인 : 이병석

　　　서울 서초구 서초동 559

양수인 : 이을석

　　　수원시 권선구 금곡동 211 GS빌리지 207동 709호

채권의 표시 : 양도인이 채무자 김갑수(1968년 9월 20일생)에 대하여 가지는
2014년 5월 1일자 대여금 관련 채권 전부(별첨 : 금전소비대차약정서)

양도인은 양수인에 대한 차용금 채무(2013년 9월부터 2014년 5월까지 원금 합계
5천만원 및 연체이자)의 변제에 갈음하여 상기 채권을 양수인에게 양도하며, 아
울러 채무자에 대한 채권양도통지권한을 양수인에게 위임합니다.

2015. 1. 31.

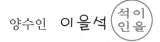

양도인　이병석 (석이인병)

양수인　이을석 (석이인을)

채권양도양수통지서

채권의 표시 : 이병석(690715-1324554, 서울 서초구 서초동 559)이 김갑수(1968
년 9월 20일생, 서울 동대문구 회기동 102)에 대하여 가지는
2014년 5월 1일자 대여금 관련 채권 전부

채권자 이병석은 양수인 이을석(수원시 권선구 금곡동 211 GS빌리지 207동 709호)
에게 위 채권 전액을 양도하였으므로, 귀하께서는 위 돈을 양수인 이을석에게
지급하여 주시기 바랍니다.

별첨 : 채권양도계약서(사본)

2015. 1. 31.

통고인   이을석 (석이인을)
수원시 권선구 금곡동 211 GS빌리지 207동 709호

김갑수 귀하
서울 동대문구 회기동 102

이 우편물은 2015-01-31
제3112902073251호에 의하여
내용증명 우편물로 발송하였음을 증명함
서수원우체국장
◎대한민국 KOREA

채권양도계약서

양도인 : 이병석

　　　　서울 서초구 서초동 559

양수인 : 이을석

　　　　수원시 권선구 금곡동 211 GS빌리지 207동 709호

채권의 표시 : 양도인이 채무자 김갑수(1968년 9월 20일생)에 대하여 가지는
　　　　　　2014년 5월 1일자 대여금 관련 채권 전부(별첨 : 금전소비대차약
　　　　　　정서)

양도인은 양수인에 대한 차용금 채무(2013년 9월부터 2014년 5월까지 원금 합계
5천만원 및 연체이자)의 변제에 갈음하여 상기 채권을 양수인에게 양도하며, 아
울러 채무자에 대한 채권양도통지권한을 양수인에게 위임합니다.

2015. 1. 31.

양도인　이병석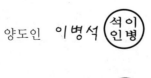

양수인　이을석

원본대조필

우편물배달증명서

수취인의 주거 및 성명

서울 동대문구 회기동 102
김갑수

접수국명	서수원	접수연월일	2015년01월31일
등기번호	제3112902073251호	배달연월일	2015년02월01일
적 요	수취인과의 관계 본인 수령 김갑수		서수원 2015.02.02 1018601 우 체 국 (배달증명우편물 배달국 일부인)

내용증명

수신인 이을석 (수원시 권선구 금곡동 211 GS빌리지 207동 709호)
발신인 김갑수 (서울 동대문구 회기동 102)

　삼가 건승하옵고,

　수신인이 보내신 채권양도양수통지서는 잘 받아보았습니다. 발신인이 금전소비대차약정서를 작성하여 이병석에게 교부하면서 5,000만원을 받은 사실 및 수신인이 채권을 양수한 사실에 관하여는 이의가 없습니다. 그런데 발신인이 이병석에게 시골에 작은 토지를 매도하였지만 그 대금 5,000만원을 전혀 받지 못한 관계로 아직 등기도 마치지 못한 상태라서 차용금에 대한 이자도 일절 지급하지 않았던 것입니다. 이에 발신인은 위 매매대금과 차용금채권을 상계하오니 오해 없으시기를 바라며, 후속 법률문제는 이병석과 원만히 해결하시기를 바랍니다. 발신인은 이병석에게 돈을 차용할 당시 이병석과의 개인적인 거래관계로 인하여 그 채권을 양도하지 않기로 합의한 바 있는바, 이 점에 대하여는 이병석에게 확인하여 보시기 바랍니다.

　그리고 수신인은 발신인으로부터 물품을 공급받고 그 대금을 지체하고 있음을 잘 알고 계시리라 믿습니다. 근거서류를 첨부하여 보내오니 조속히 이행하여 주시기 바랍니다.

첨부 : 물품수령확인 및 대금이행각서

2015. 2. 8.

김 갑 수 (인)

이을석 귀하

이 우편물은 2015-02-08
제9020732512176호에 의하여
내용증명 우편물로 발송하였음을 증명함
서울청량리우체국장
대한민국 KOREA

물품수령확인 및 대금이행각서

각서인은 귀하로부터 2014. 1. 15. 금 1,000만원어치의 건축자재를 공급받았음을 확인하며, 위 대금은 2014. 2. 28.까지 지급하겠습니다. 만일 위 지급기일에 위 대금을 지급하지 못하는 경우에는 월 3%의 위약금을 가산하여 지급할 것을 각서합니다.

2014. 1. 15.

각서인 이을석 (670929-1547663)
수원시 권선구 금곡동 110 GS판넬

김갑수 귀하

내용증명 답변서

수신인 : 김갑수

　　　　서울 동대문구 회기동 102

통고인 : 이을석

　　　　수원시 권선구 금곡동 110 GS판넬

귀하가 보내주신 2015년 2월 8일자 내용증명은 잘 받았습니다.

귀하는 본인이 작성하여 교부한 이행각서상의 채무이행을 촉구하고 있으나, 본인은 지난번 채권양도통지서와 같이 귀하에 대하여 더 큰 금액의 채권을 가지게 되었습니다. 따라서 본인의 귀하에 대한 채권으로 위 대금채무를 상계하오니 그리 아시기 바라며, 2015년 3월 10일까지 4,000만원과 이에 대한 이자를 지급하여 주시기 바랍니다.

아무쪼록 귀하의 현명한 판단을 기대합니다.

2015. 2. 28.

발신인　이을석 (이을석인)

　　　　수원시 권선구 금곡동 110 GS판넬

김갑수 귀하

우편물배달증명서

수취인의 주거 및 성명

서울 동대문구 회기동 102
김갑수

접수국명	서수원	접수연월일	2015년02월28일
등기번호	제31129023251876호	배달연월일	2015년03월02일
적　　요	수취인과의 관계 본인 수령 *김갑수*		서수원 2015.03.03 1018601 우 체 국 (배달증명우편물 배달국 일부인)

등기사항전부증명서(말소사항 포함) – 건물

[건물] 서울특별시 동대문구 회기동 102

고유번호 1144-1996-14520

【 표　제　부 】 (건물의 표시)				
표시번호	접　수	소 재 지 번	건 물 내 역	등기원인 및 기타사항
~~1~~ ~~(전2)~~	~~1983년4월11일~~	~~서울특별시 동대문구 회기동 102~~	~~철근콘크리트조 슬래브지붕 3층 근린생활시설~~ ~~1층 100㎡ 점포~~ ~~2층 80㎡ 점포~~ ~~3층 60㎡ 주택~~	부동산등기법 제177조의6 제1항의 규정에 의하여 2000년 9월 15일 전산이기
		서울특별시 동대문구 회기동 102 [도로명주소] 서울특별시 동대문구 회기로12나길 26	철근콘크리트조 슬래브지붕 3층 근린생활시설 1층 100㎡ 점포 2층 80㎡ 점포 3층 60㎡ 주택	도로명주소 2013년2월14일 등기

【 갑　구 】 (소유권에 관한 사항)				
순위번호	등 기 목 적	접　수	등 기 원 인	권리자 및 기타사항
1 (전5)	소유권이전	1997년11월20일 제45234호	1997년9월22일 매매	소유자 김갑수 680920-1547663 서울특별시 동대문구 회기동 102
2	소유권이전	2015년2월14일 제107331호	2015년2월13일 증여	소유자 김미숙 700123-2547669 서울특별시 동대문구 회기로12나길 26

* 실선으로 그어진 부분은 말소사항을 표시함.　　* 등기부에 기록된 사항이 없는 갑구 또는 을구는 생략함.

발행번호 123456789A123456789B123456789C123　　1/2　　발급확인번호 ALTQ-COHX-3570　　발행일 2016/03/10

[건물] 서울특별시 동대문구 회기동 102 　　　　　　　　　　　고유번호 1144-1996-14520

【 　 을 　　　　 구 　】			(소유권 이외의 권리에 관한 사항)	
순위번호	등 기 목 적	접 　 수	등 기 원 인	권리자 및 기타사항
1	근저당권설정	2009년10월14일 제107332호	2009년10월14일 설정계약	채권최고액 금 30,000,000원 채무자 김갑수 680920-1547663 　　서울 동대문구 회기동 102 근저당권자 주식회사 사과저축은행 　　서울 강남구 논현2동 369 공동담보 토지 서울특별시 동대문구 회 기동 102 대 200㎡

—— 이 하 여 백 ——

수수료 금 1,000원 영수함　　　　　　　　　　　관할등기소 서울북부지방법원 동대문등기소/
　　　　　　　　　　　　　　　　　　　　　　발행등기소 법원행정처 등기정보중앙관리소

　　　이 증명서는 부동산 등기기록의 내용과 틀림없음을 증명합니다.
　　　　　서기 2016년 03월 10일
　　　　법원행정처 등기정보중앙관리소　　　　　　　전산운영책임관

* 실선으로 그어진 부분은 말소사항을 표시함.　　* 등기부에 기록된 사항이 없는 갑구 또는 을구는 생략함.

[인터넷 발급] 문서 하단의 바코드를 스캐너로 확인하거나, 인터넷등기소(http://www.iros.go.kr)의 발급확인 메뉴에서 발급확인번호를 입력하여
위 · 변조 여부를 확인할 수 있습니다. 발급확인번호를 통한 확인은 발행일로부터 3개월까지 5회에 한하여 가능합니다.

서울북부지방법원
결   정

사   건   2015카단20105 채권가압류

채 권 자   회기새마을금고

　　　　　서울 동대문구 경희대로 33(회기동)

　　　　　대표자 이사장 이수남

채 무 자   이을석 (670929-1324574)

　　　　　수원시 권선구 금곡동 211 GS빌리지 207동 709호

제3채무자   김갑수 (680920-1547663)

　　　　　서울 동대문구 회기로12나길 26

주   문

채무자의 제3채무자에 대한 별지 기재 채권을 가압류한다.

제3채무자는 채무자에 대하여 별지 기재 채권의 지급을 하여서는 아니 된다.

채무자는 위 채권의 처분과 영수를 하여서는 아니 된다.

채무자는 다음 청구금액을 공탁하고 집행정지 또는 그 취소를 신청할 수 있다.

청구채권의 내용   대여금

청구금액   금 50,000,000원

이   유

이 사건 채권가압류 신청은 이유 있으므로 담보로 5,000,000원을 공탁하게 하고 주문과 같이 결정한다.

정 본 입 니 다.
2015. 10. 7.
법원주사 서용택 ㊞

2015. 10. 7.
판사   최남근   ㊞

※ 1. 이 가압류 결정은 채권자가 제출한 소명자료를 기초로 판단한 것입니다.

  2. 채무자는 이 결정에 불복이 있을 경우 가압류이의나 취소신청을 이 법원에 제기할 수 있습니다.

별   지

금 50,000,000원정

채무자가 2015. 1. 31.경 신청외 이병석으로부터 양수하여 제3채무자에 대하여

가지고 있는 양수금채권.   끝.

등기사항전부증명서(현재사항) [제출용]

등기번호	01268
등록번호	200144-0027482

명 칭	회기새마을금고	. . . 변경
		. . . 등기
주사무소	서울특별시 동대문구 회기동 5	. . . 변경
		. . . 등기
	서울특별시 동대문구 경희대로 33(회기동)	2011.10.31. 도로 명주소
		2011.10.31. 등기

목   적

이 새마을금고는 회원의 자주적인 협동조직을 바탕으로 우리나라 고유의 상부상조 정신에 입각하여 자금의 조성 및 이용과 회원의 경제적, 사회적, 문화적 지위의 향상 및 지역사회개발을 통한 건전한 국민정신의 함양과 국가경제 발전에 기여함을 목적으로 다음 각호에 게기하는 사업을 행한다.
1. 신용사업
 가. 회원으로부터의 예탁금, 적금의 수납
 나. 회원에 대한 자금의 대출
 다. 내국환 및 외국환거래법에 의한 환전업무
 라. 국가 공공단체 및 금융기관의 업무의 대리
 마. 회원을 위한 보호예수
2. 문화복지 후생사업
3. 회원에 대한 교육사업
4. 지역사회 개발사업
5. 회원을 위한 공제사업

6. 연합회가 위탁하는 사업	<1998.03.30 변경 1998.04.16 등기>
7. 국가 또는 공공단체가 위탁하거나 다른 법령이 금고의 사업으로 정하는 사업	
	<2006.03.30 변경 2006.04.16 등기>
8. 임대업	<2012.03.30 변경 2012.04.16 등기>

임원에 관한 사항

이사 박영수 550203-1******	
2015 년 02 월 23 일 중임	2015 년 03 월 07 일 등기
부이사장 나영덕 540908-1******	
2015 년 02 월 23 일 중임	2015 년 03 월 07 일 등기
이사 김지철 530405-1******	
2015 년 02 월 23 일 중임	2015 년 03 월 07 일 등기
이사 김성훈 600413-1******	
2015 년 02 월 23 일 중임	2015 년 03 월 07 일 등기

[인터넷 발급] 문서 하단의 바코드를 스캐너로 확인하거나, **인터넷등기소(http://www.iros.go.kr)**의 발급확인 메뉴에서
발급확인번호를 입력하여 **위·변조 여부를 확인할 수 있습니다.**
발급확인번호를 통한 확인은 발행일로부터 3개월까지 5회에 한하여 가능합니다.

발급확인번호 0583-AANG-GKKC

등기번호	01268

이사 공인숙 590903-2******
　　2015 년 02 월 23 일　　중임　　2015 년 03 월 07 일　　등기

이사 이기철 610803-1******
　　2015 년 02 월 23 일　　중임　　2015 년 03 월 07 일　　등기

이사장 이수남 570123-1******
　　2015 년 02 월 23 일　　중임　　2015 년 03 월 07 일　　등기

이사 김지수 641203-1******
　　2015 년 02 월 23 일　　중임　　2015 년 03 월 07 일　　등기

감사 최수철 550329-1******
　　2015 년 02 월 23 일　　중임　　2015 년 03 월 07 일　　등기

기 타 사 항

1. 법인 설립인가의 연월일
   1979년 6월 29일
1. 공고의 방법
   금고에서 행하는 공고는 법령 및 이 정관에서 따로 규정한 것을 제외하고는 금고의 게시판(분사무소의 게시판을 포함한다)과 인터넷 홈페이지(홈페이지를 운영하는 금고에 한한다)에 게시하는 방법으로 하고 그 기간은 7일 이상으로 한다.
1. 출자에 관한 사항
   1. 출자1좌의 금액과 납입방법
   1. 출자1좌의 금액　금10,000원으로 한다.
   2. 출자금은 반드시 현금으로 1좌 이상 납입하여야 하며 제1회 출자의 경우를 제외하고는 분할하여 납입할 수 있다.
1. 업무구역에 관한 사항
   회기시장, 상가, 회기상가와 회기동, 이문동, 이경시장, 상가로 한다.
1. 관할전속
   광주지방법원 등기국
1. 존립기간 또는 해산사유
   1. 금고는 다음 각호의 1항에 해당하는 사유가 발생하였을 때에는 해산한다.
   　(1) 총회의 해산의결
   　(2) 합병
   　(3) 파산
   　(4) 설립인가의 취소
   2. 제1항 제1호 및 제3호의 규정에 의한 사유로 금고가 해산하는 때에는 청산인은 취임일로부터 7일 이내에 연합회장과 인가권자에게 그 사유를 보고하여야 한다.
   　1998 년 03월 30 일　변경　　1998 년 04월 16 일　　등기

[인터넷 발급] 문서 하단의 바코드를 스캐너로 확인하거나, **인터넷등기소(http://www.iros.go.kr)의** 발급확인 메뉴에서 **발급확인번호를** 입력하여 **위 · 변조 여부를 확인할 수 있습니다.**
발급확인번호를 통한 확인은 발행일로부터 3개월까지 5회에 한하여 가능합니다.

발급확인번호 0583-AANG-GKKC

000051485762535795123456789A123456789B123456789C113　1　발행일 2016/03/10

- 2/3 -

등기번호	01268

법인성립연월일	1979년 07월 10일

등기기록의 개설 사유 및 연월일

민법법인 및 특수법인등기 처리규칙 부칙 제2조 제1항의 규정에 의하여 구등기로부터 이기
2001년 04월 24일 등기

--- 이 하 여 백 ---

수수료 1,000원 영수함
관할등기소 : 서울북부지방법원 동대문등기소 / 발행등기소 : 법원행정처 등기정보중앙관리소

이 증명서는 등기기록의 내용과 틀림없음을 증명합니다. [다만, 신청이 없는 지점·지배인에
관한 사항과 현재 효력이 없는 등기사항의 기재를 생략하였습니다]

서기 2016년 03월 10일
법원행정처 등기정보중앙관리소   전산운영책임관

기록 끝

소　장

원　고　　이을석[1]
　　　　　수원시 권선구 금곡동 211 지에스빌리지 207동 709호[2] [3]

소송대리인 변호사 김상승[4] [5]
서울 동대문구 양진대로 777
전화 : 961-1543 팩스 : 961-1544 이메일 : sskim@daillaw.com[6]

---

1) 자연인을 당사자로 표시하는 경우 과거에는 당사자의 성명을 기재한 다음 괄호 안에 주민등록번호를 기재하였으나 개인정보보호법의 취지에 따라 개정된 재판서 양식에 관한 예규(재판예규 제1477호)는 2015. 1. 1.부터 민사사건의 판결서에는 당사자 등의 주민등록번호를 기재하지 않고 성명과 주소만 기재하며, 동명이인이 있을 때에는 생년월일이나 한자성명을 기재하도록 하고 있다. 다만, 예외적으로 등기·등록의 의사표시를 명하는 판결서나 공유물분할판결서에는 종전처럼 당사자 등의 성명, 주소뿐 아니라 주민등록번호도 기재하고 주민등록번호를 알 수 없는 경우에는 생년월일이나 한자성명을 기재한다(민사실무Ⅱ, 33면). 소장도 판결서의 기준을 따르면 된다(민사실무Ⅰ, 44면).

2) 주소를 기재하는 목적은 당사자의 특정과 이에 따른 토지관할의 결정과 아울러 소송서류의 송달 장소를 특정하기 위한 것이며, 주소를 기재함에 있어 대단지 아파트와 같이 동명과 아파트 이름만으로도 특정하기에 충분할 때에는 굳이 지번의 표시를 할 필요가 없으나, 구체적인 동·호수는 반드시 명기하여야 한다(민사실무Ⅱ, 38면). 도로명주소 표기에 관하여는 일러두기 참조.

3) 재판서에는 특별시·광역시·도는 "서울"·"부산"·"경기" 등으로 표시하고 시는 도 표시를 하지 않으며, 읍·면에는 소속 시·군을 기재하게 되어 있는바(재판서 양식에 관한 예규 제10조), 소장을 작성할 때에도 재판서 기재방식에 따른다(민사실무Ⅰ, 45면).

4) 소송대리인의 표시는 실제의 소송수행자를 명백히 하고 송달을 용이하게 하기 위하여 요구되는 임의적 기재사항으로, 소송대리인의 성명과 주소 외에 연락 가능한 전화번호, 팩스번호, 이메일 주소도 기재한다(민사실무Ⅰ, 54면). 다만, 판결서에서는 변호사인 소송대리인의 주소를 기재하지 않는 것이 보통이다(민사실무Ⅱ, 48면).

5) 법인이 아닌 이상 소송대리인의 상호(종합법률사무소 다일 또는 변호사 김상승 법률사무소)는 기재하지 않으며, 이는 당사자 표시에 있어서도 원칙적으로 마찬가지이다.

6) 당사자 또는 대리인이 법원에 제출하는 서면에는 특별한 규정이 없으면 제출자(당사자 또는 대리인)의 이름과 주소 외에 전화번호, 팩시밀리번호 또는 전자우편주소 등을 기재하여야 한다(민사소송규칙 제2조 제1항). 소송대리인이 있는 경우에는 소송대리인의 전

피　고[7] [8]　1. 김갑수

　　　　　　2. 김미숙

　　　　　　피고들 주소[9] 서울 동대문구 회기로12나길 26

양수금등[10] [11] 청구의 소

청 구 취 지

1. 피고들은[12] 연대하여[13] 원고에게 45,700,000원[14] [15] 및 이에 대하여 2015. 2.

화번호 등을 기재하면 족하다(민사실무Ⅰ, 45면).

7) 채무자가 채권자에게 채무변제와 관련하여 다른 채권을 양도하는 것은 특단의 사정이 없는 한 채무변제를 위한 담보 또는 변제의 방법으로 양도되는 것으로 추정할 것이지 채무변제에 갈음한 것으로 볼 것은 아니지만(대법원 1995. 12. 22. 선고 95다16660 판결), 이 사건의 경우 문제 자체에서 이을석이 이병석의 김갑수 등에 대한 채권을 양수하는 과정에서 채무의 변제에 갈음하였다는 사실이 주어져 있으므로 이병석에 대한 청구는 하지 않아야 할 것이다. 자세한 것은 쟁점해설 참조.

8) 동일한 지위에 있는 당사자가 2인 이상인 경우에는 맨 앞 사람 성명 앞에 그 지위(예 : 원고, 피고)를 한 번만 적고 각 성명 앞에 일련번호를 기재하는 것이 보통이다(민사실무Ⅰ, 46면).

9) 주소가 동일한 당사자가 여러 명일 때에는 그들의 성명만을 먼저 열기한 후 "피고들 주소"라는 제목을 붙여서 한꺼번에 기재한다(민사실무Ⅱ, 39면).

10) 청구가 병합된 경우에는 그 중 대표적인 사건명과 "등"을 기재하는바(민사실무Ⅰ, 57면), 피고 김미숙에 대한 청구는 보증채무금을 청구하는 것이므로 "등"을 붙일 수 있다. 다만, 피고 김미숙에 대한 보증금채권도 대여금채권의 종된 채권으로서 함께 양도된 것이라고 본다면 양수금의 범위에 포함될 수 있을 것이다.

11) 서울 동대문구 회기동 102 건물이 2015. 2. 14. 피고 김갑수로부터 피고 김미숙에게 증여를 원인으로 소유권이전등기가 되었으나, 피고 김미숙이 연대보증인으로서 보증금채무를 부담하는 한 굳이 사해행위취소의 소를 제기할 필요는 없을 것이다.

12) 당사자가 여러 명인 경우 청구취지에서 당사자의 지위와 성명을 모두 기재하여야 하고, 당사자 표시에서 나타난 일련번호를 사용하거나 이름을 단축하여 기재하여서는 안 되며, 당사자 전체를 표시하는 경우에는 이름을 기재하지 않는다.

13) 피고들 사이에 중첩관계가 있는 채무임에도 불구하고 중첩관계를 표시하지 않으면 각 피고별로 독립적인 의무액으로 표시된 것이어서 각 의무액의 산술적 단순 합산액의 지급을 청구하면 안 된다(대법원 1984. 6. 26. 선고 84다카88, 89 판결). 피고 김미숙이 연대보증인이므로 "연대하여"라는 중첩관계를 표시한다(민사실무Ⅱ, 79~80면).

14) 청구취지는 판결의 주문에 대응하는 것으로서, 주문의 기재방법과 같이 간단·명료, 무색·투명하게 기재하여야 하는바, 금전의 지급을 청구하는 경우에 급부의 법적 성질 및 종류 등을 표시하지 않지만, 가사소송의 판결 주문에서 위자료 등과 함께 재산분할로서 금전의 지급을 명하는 경우에는 재산분할을 위자료 등과 구별하기 위하여 "재산분할로서 000원, 위자료로서 000원" 등을 표시한다(민사실무Ⅱ, 57~58면). 이자를 청구하는 경우 이미 발생한 이자를 계산하여 원금에 포함시킬 수도 있는바, 이 경우에는 소송물가액에

2.부터 다 갚을 때까지 월 2%[16) 17)]의 비율로 계산한 돈을 지급하라.[18)]

2. 소송비용은 피고들이 부담한다.[19)]

3. 제1항은 가집행할 수 있다.[20)]

　라는 판결을 구합니다.

반영되어 첨부할 인지의 금액이 증가되는 문제가 있는 반면, 이행기가 도래한 이자에 대한 지연손해금을 구할 수 있는 장점이 있다. 이미 발생한 이자에 관하여 채무자가 이행을 지체한 경우에는 그 이자에 대한 지연손해금을 청구할 수 있으나(대법원 1996. 9. 20. 선고 96다25302 판결), 이 사건 기록상 상담일지 중 의뢰인의 요구사항에서 이자에 대한 지연손해금을 청구하지 않기로 하였다.

15) 원고가 피고 김갑수에 대하여 가지고 있는 양수금채권(5,000만 원 및 이에 대한 2014. 5. 1.부터 월 2%의 이자 또는 지연손해금)과 위 피고의 원고에 대한 물품대금채권(1,000만 원 및 이에 대한 2014. 3. 1.부터 월 3%의 지연손해금)이 채권양도의 대항요건(통지)가 갖추어진 2015. 2. 1.에 상계적상에 있고, 위 일자를 기준으로 자동채권은 5,900만 원이고 수동채권은 1,330만 원이므로 대등액에서 소멸하면 양수금(대여금)의 원금은 4,570만 원만 남게 된다. 자세한 것은 쟁점해설 참조.

16) 월 2%와 연 24%는 다르므로, 임의로 환산하여서는 안 된다.

17) 피고 김갑수가 금원을 차용한 후 이 사건 소를 제기할 때까지 매월 말에 확정변제기가 도래한 지분권으로서의 이자에 대한 지연손해금도 청구할 수 있으나, 기록상 상담일지 중 의뢰인의 요구사항에서 이자에 대한 지연손해금을 청구하지 않기로 하였다.

18) 피고 김미숙에 대한 연대보증책임이 인정되지 않는 경우를 대비하여 청구한다면, 예비적으로 피고들 사이에 2015. 2. 13. 체결된 서울 동대문구 회기동 102 건물 등에 관한 증여계약의 취소를 구하고, 원상회복으로 소유권이전등기의 말소를 청구할 수도 있을 것이다.

19) 법원은 사건을 완결하는 재판을 할 때에는 반드시 직권으로 그 심급의 소송비용 부담에 관한 재판을 하여야 하는바(민사소송법 제104조), 당사자에게는 법률상 소송비용 부담의 재판을 구할 신청권이 없으나 실무상 직권 발동을 촉구하는 의미에서 청구취지에 기재한다(민사실무Ⅰ, 95면). 최근에는 "피고(들)의 부담으로 한다"라고 쓰지 않는다.

20) 재산권 청구에 관한 판결에는 상당한 이유가 없는 한 당사자의 신청 유무를 불문하고 법원이 직권으로 가집행선고를 하여야 하는바(민사소송법 제213조), 원고는 반드시 이를 신청하여야 하는 것은 아니지만 법원의 직권 발동을 촉구하는 의미에서 청구취지에 기재하는 것이 실무상의 관행이다(민사실무Ⅰ, 97면).

청 구 원 인

1. 피고 김갑수에 대한 청구

가. 원금 청구[21]

1) 소외 이병석은 2014. 5. 1. 피고 김갑수에게 5,000만 원을 대여[22]하면서 위 대여금에 대하여 월 2%의 비율로 계산한 이자를 지급받기로 약정하되 변제기를 정하지 않았습니다(갑 제1호증 : 금전소비대차 약정서).[23]

2) 위 이병석은 2013. 9.부터 2014. 4.까지 5회에 걸쳐 원고로부터 합계 5,000만 원을 차용하여 그 채무를 부담하고 있던 중 그 채무변제에 갈음하여, 2015. 1. 31. 원고에게 피고 김갑수에 대한 위 대여금 관련 채권 전부를 양도하면서 아울러 그 채권양도통지의 권한을 위임하였습니다(갑 제2호증 : 채권양도계약서).

3) 원고는 위 이병석의 위임에 따라 원고 명의로 확정일자 있는 증서에 의하여 위 채권양도사실을 채무자인 피고 김갑수에게 통지하였고(갑 제3호증의 1 : 채권양도양수통지서), 피고 김갑수는 2015. 2. 1. 위 통지서를 수령하였습니다(갑 제3호증의 3 : 우편물배달증명서).

4) 따라서 채무자인 피고 김갑수로서는 채권을 양수한 원고에게 차용금 5,000만 원을 반환할 의무가 있는바, 소외 이병석과 피고 사이에 체결된 금전소비대차계약상 반환시기의 약정이 없으나 원고가 2015. 2. 28. 위 피고에 대하여 2015. 3. 10.까지 상당한 기간을 정하여 위 금원을 이행할 것을 청구하였으므로 위 일자에 변제기가 도래하여 위 피고는 원고에게 위 차용금을 반환할 의무가 있다고 할 것입니다(갑 제5호증의 1 : 내용증명 답변서, 갑 제5호증의 2 : 우편물배달증명서).[24]

---

21) 양수금 청구의 요건사실은 ① 원본채권의 발생, ② 채권의 양수, ③ 채무자에 대한 통지 또는 채무자의 승낙이고, 대여금(원금)반환청구의 요건사실은 ① 소비대차계약의 체결, ② 목적물의 인도, ③ 반환시기의 도래이다.
22) 실무상 금전소비대차계약의 경우에 계약체결사실과 대여금 인도사실을 합하여 '대여'라고 표현한다(요건사실론, 52면).
23) 법률문장은 「주어 + 일시 + 상대방 + 목적물 + 행위」의 순으로 구성하는 것이 일반적이다.
24) 반환시기의 약정이 없는 때에는 대주는 상당한 기간을 정하여 반환을 최고하여야 하나, 차주는 언제든지 반환할 수 있다(민법 제603조 제2항).

나. 이자 및 지연손해금 청구

1) 앞서 본 바와 같이 피고 김갑수의 원고에 대한 양수금반환채무는 2015. 3. 10.에 그 변제기가 도래하였다고 할 것입니다. 위 차용금 반환시기까지 위 피고는 약정된 월 2%의 이자를 지급할 의무가 있음에도 이를 전혀 이행하지 않았으므로(갑 제4호증 : 내용증명), 차용금 5,000만 원을 수령한 2014. 5. 1.부터 차용금의 반환시기가 도래한 날까지 약정이자를 지급할 의무가 있습니다.

2) 또한, 금전소대비차계약이 종료되어 차용금 반환시기가 도래하였음에도 이를 반환하지 않는 경우 이는 이행지체로서 지연배상금을 지급할 의무가 있다고 할 것입니다. 그런데 소비대차에서 변제기 후의 이자약정이 없는 경우 특별한 의사표시가 없는 한 변제기가 지난 후에도 당초의 약정이자를 지급하기로 한 것으로 보는 것이 당사자의 의사에 부합한다고 할 것입니다.[25] 따라서 위 피고는 차용금의 변제기 다음날인 2015. 3. 11.부터 다 갚는 날까지 차용금에 대하여 약정이율인 월 2%로 계산한 지연손해금을 가산하여 지급할 의무가 있습니다.

다. 상 계

1) 한편, 원고는 2014. 1. 15. 피고 김갑수로부터 대금 1,000만 원 상당의 물품을 공급받아 그 대금채무 및 그 변제기인 2014. 2. 28.에 위 채무를 이행하지 못하여 그 다음날부터 월 3%의 지연손해금채무를 위 피고에 대하여 부담하고 있습니다. 그리고 원고는 2015. 2. 28. 내용증명우편으로 원고의 위 피고에 대한 양수금채권을 자동채권으로, 위 피고의 위 채권을 수동채권으로 한 상계의 의사표시를 하였고, 이 의사표시는 2015. 3. 2. 위 피고에게 도달하였습니다(갑 제5호증의 1 : 내용증명 답변서, 갑 제5호증의 2 : 우편물배달증명서).

2) 수동채권인 위 물품대금채권은 2014. 2. 28. 그 변제기가 도래하였고, 자동채권인 양수금채권(대여금채권)의 변제기는 그에 관한 약정이 없어 언제든지 청구할 수 있으므로 그 채권이 성립한 2014. 5. 1.에 변제기가 도래하였습니다.[26] 다

---

25) 지연손해금 청구의 요건사실은 ① 원본채권의 발생, ② 반환시기 및 도과, ③ 손해의 발생 및 범위이다. 대법원 1981. 9. 8. 선고 80다2649 판결.

26) 대법원 1981. 12. 22. 선고 81다카10 판결; 주석민법 채권총칙(3), 436면. 자세한 것은 쟁

만, 채권의 양수인이 양수채권을 자동채권으로 하여 상계하려면 그 채권에 대하여 채권양도의 대항요건을 갖춘 시점에 상계적상이 생겼다고 할 것이며,[27] 위 자동채권에 관한 채권양도통지서가 도달한 것은 2015. 2. 1.이라는 사실은 앞서 살핀 바와 같으므로 위 일자에 상계적상이 생겼습니다. 따라서 상계적상일을 기준으로 자동채권은 원금 5,000만 원 및 이에 대한 2014. 5. 1.부터 발생한 이자 및 지연손해금 900만 원[28]을 가산한 합계 5,900만 원이며, 수동채권은 1,000만 원 및 2014. 3. 1.부터 발생한 지연손해금 330만 원[29]을 가산한 합계 1,330만 원이므로, 상계적상일로 소급하여 원고의 양수금채권과 대등액에서 소멸되었다고 할 것입니다.

3) 그렇다면 피고 김갑수는 원고에게 4,570만 원[30] 및 이에 대하여 2015. 2. 2.부터 다 갚을 때까지 월 2%의 비율로 계산한 돈을 지급할 의무가 있습니다.

라. 예상되는 위 피고의 주장에 대한 반론

1) 위 피고는 채권양도인 이병석과 체결한 금전소비대차계약에서 위 계약에 기한 채권에 관하여 양도금지의 특약을 하였으므로 위 채권은 양도성을 상실하여 채권이전의 효과가 발생하지 않는다고 주장할 수 있습니다.

그러나 당사자의 양도금지의 의사표시로써 채권은 양도성을 상실하며 양도금지의 특약에 위반해서 채권을 제3자에게 양도한 경우에 악의 또는 중과실의 채권양수인에 대하여는 채권 이전의 효과가 생기지 아니하지만,[31] 악의 또는 중과실로 채권양수를 받은 후 채무자가 그 양도에 대하여 승낙을 한 때에는 채무자의 사후승낙에 의하여 무효인 채권양도행위가 추인되어 유효하게

점해설 참조.

27) 주석민법 채권총칙(3), 430~431면; 민법주해[XI] 채권(4), 369면.

28) 정확히는 2014. 5. 1.부터 상계적상 전날인 2015. 1. 31. 9개월에 해당하는 이자 및 지연손해금 900만 원과 상계적상 당일인 2015. 2. 1.에 발생한 지연손해금 1일분도 자동채권에 해당하여 35,714원 남짓을 가산하여야 할 것이나, 계산의 편의상 900만 원으로 기재하였다.

29) 정확히는 자동채권과 마찬가지로 상계적상 당일에 발생한 지연손해금 1일분 10,714원 남짓도 가산하여야 할 것이나, 계산의 편의상 330만 원으로 기재하였다.

30) 상계적상 당일에 발생한 자동채권은 35,714원 남짓이고, 수동채권은 10,714원 남짓이며, 자동채권이 수동채권을 초과하므로 계산의 편의상 상계 후 남은 25,000원을 원고가 청구하지 않는 것을 전제로 한 것이다.

31) 대법원 1996. 6. 28. 선고 96다18281 판결. 자세한 것은 쟁점해설 참조.

되며 이 경우 다른 약정이 없는 한 소급효가 인정되지 않고 양도의 효과는 승낙시부터 발생합니다.[32] 원고는 위 피고와 소외 이병석 사이에 체결된 금전소비대차계약에서 양도금지를 특약한 사실을 전혀 알지 못하였고, 거기에 중과실이 없을 뿐만 아니라[33] 채무자인 위 피고가 원고에게 내용증명우편을 보내 원고가 위 채권을 양수한 사실에 관하여 이의를 하지 않겠다는 의사를 표시함으로써 사후에 승낙을 하였다고 할 것이므로, 위 피고의 주장은 이유 없습니다.

2) 피고 김갑수는 지명채권양도의 대항요건으로서 통지는 양도인이 하는 것임에도 불구하고 이 사건 채권양도통지는 양수인인 원고가 한 것으로서 그 양도로써 채무자인 피고에게 대항할 수 없다고 주장할 수 있습니다.

   그러나 채권양도의 통지를 양수인이 양도인을 대리하여 행할 수 있는바, 원고는 소외 이병석과 채권양도계약을 체결하면서 그 통지권한을 위임받았을 뿐만 아니라 통지를 함에 있어 위 계약서의 사본을 첨부함으로써 대리통지의 권한을 분명히 하였으므로 채무자에 대한 대항요건이 충족되었다고 할 것입니다(갑 제3호증의 1 : 채권양도양수통지서, 갑 제3호증의 2 : 채권양도계약서 사본).[34]

3) 피고 김갑수는 원고에게 내용증명우편으로 이병석에 대한 5,000만 원의 차용금 채무를 인정하면서도 자신이 이병석에 대하여 토지매매대금 채권 5,000만 원을 가지고 있으므로 이로써 상계하였다고 주장할 수 있습니다(갑 제4호증 : 내용증명).[35] [36]

   그러나 매매계약상 매도인의 재산권이전의무와 매수인의 대금지급의무는 동시이행관계에 있는 것이 원칙이며,[37] 동시이행의 항변권 등 항변권이 붙어

---

32) 대법원 2009. 10. 29. 선고 2009다47685 판결. 자세한 것은 쟁점해설 참조.
33) 대법원 2000. 4. 25. 선고 99다67482 판결. 자세한 것은 쟁점해설 참조.
34) 양수인에 의한 채권양도 대리통지에 관한 대법원 2012. 2. 24. 선고 2010다96911 판결. 자세한 것은 쟁점해설 참조.
35) 상계권은 형성권이므로 소송 외에서 행사하였다면 실체법상 효력은 이미 발생하였으나 이러한 사실도 변론에서 주장하지 않으면 법원이 이를 근거로 판결할 수 없다(주장책임).
36) 양도인이 양도통지만을 한 때에는 채무자는 그 통지를 받은 때까지 양도인에 대하여 생긴 사유로써 양수인에게 대항할 수 있다(민법 제451조 제2항). 자세한 것은 쟁점해설 참조.
37) 매도인은 매수인에 대하여 매매의 목적이 된 권리를 이전하여야 하며 매수인은 매도인에게 그 대금을 지급하여야 하며, 이러한 쌍방의무는 특별한 약정이나 관습이 없으면 동시에 이행하여야 한다(제568조 제1항).

있는 채권을 자동채권으로 하여 다른 채무와 상계하는 것은 허용되지 않으므로,[38] 피고가 위 이병석에 대한 토지소유권이전등기를 이행하지 않았음은 그 주장 자체로 분명한 이 사안에서 피고가 동시이행의 항변권이 붙은 대금채권으로 상계할 수는 없다고 할 것입니다.

4) 피고 김갑수는 회기새마을금고가 원고의 위 피고에 대한 양수금채권에 대하여 가압류를 하였으므로 원고의 청구에 응할 수 없다고 주장할 수 있습니다.

그러나 채권의 가압류는 제3채무자에 대하여 채무자에게 지급하는 것을 금지하는 데 그칠 뿐 채무 그 자체를 면하게 하는 것이 아니고 가압류가 있다 하여도 그 채권의 이행기가 도래한 때에는 제3채무자는 그 지체책임을 면할 수 없으며,[39] 채권에 대한 가압류가 있더라도 이는 채무자가 제3채무자로부터 현실로 급부를 추심하는 것만을 금지하는 것이므로 채무자는 제3채무자를 상대로 그 이행을 구하는 소송을 제기할 수 있고 법원은 가압류가 되어 있음을 이유로 이를 배척할 수 없는 것입니다.[40]

5) 또한, 피고 김갑수는 원고의 상계에 대하여 회기새마을금고가 원고의 위 피고에 대한 양수금 채권을 가압류를 하였으므로 이를 자동채권으로 상계할 수 없다고 주장할 수 있습니다.[41]

그러나 회기새마을금고가 가압류를 한 것은 2015. 10. 7.이고 위 상계의 의사표시는 그 훨씬 전인 2015. 3. 2.에 그 효력이 발생하였으므로 위 피고의 주장은 이유 없습니다.

2. 피고 김미숙에 대한 청구

피고 김갑수가 2014. 5. 1. 소외 이병석으로부터 5,000만 원을 차용할 당시 위

---

38) 대법원 2004. 5. 28. 선고 2001다81245 판결, 대법원 2006. 7. 28. 선고 2004다54633 판결. 자세한 것은 쟁점해설 참조.
39) 대법원 1994. 12. 13. 선고 93다951 판결. 자세한 것은 쟁점해설 참조.
40) 대법원 1994. 12. 13. 선고 93다951 판결, 대법원 1992. 11. 10. 선고 92다4680 전원합의체판결, 대법원 1999. 2. 9. 선고 98다42615 판결, 대법원 2000. 10. 2.자 2000마5221 결정. 자세한 것은 쟁점해설 참조.
41) 자동채권이 압류되어 있거나 질권이 설정된 경우에는 채권자가 이를 자유로이 처분할 수 없는 사정이 있는 때에 해당하여 채무의 성질상 상계가 금지되는 것으로 해석한다(주석민법 채권총칙(3), 437면; 대법원 1994. 6. 24. 선고 94다2886 판결). 자세한 것은 쟁점해설 참조.

피고의 처 피고 김미숙은 피고 김갑수의 소외 이병석에 대한 차용금채무에 관하여 연대보증을 하였습니다(갑 제1호증 : 금전소비대차 영수증). 보증채무의 경우 그 수반성에 따라 주채무자에 대한 채권이 이전되면 원칙적으로 보증인에 대한 채권도 이전되며, 이때 채권양도의 대항요건도 주채권의 이전에 관하여 구비하면 족하고, 별도로 보증채권에 관하여 대항요건을 갖출 필요는 없습니다.[42) 따라서 연대보증인의 지위에 있는 피고 김미숙은 피고 김갑수와 연대하여 원고에 대한 차용원금반환채무, 이자 및 지연손해금[43) 지급채무를 부담한다고 할 것입니다.

3. 결 어

이상과 같은 이유로 원고는 청구취지와 같은 판결을 구하고자 이 청구에 이른 것입니다.

---

42) 대법원 2002. 9. 10. 선고 2002다21509 판결. 자세한 것은 쟁점해설 참조.
43) 보증채무는 주채무의 이자, 위약금, 손해배상 기타 주채무에 종속한 채무를 포함하므로 (민법 제429조), 특약으로 이자 및 지연손해금이 보증계약의 대상에서 제외된 때에는 피고가 항변으로 그러한 특약의 체결사실을 주장하여야 한다(요건사실론, 71면). 보증채무 자체의 이행지체로 인한 지연손해금에 관한 대법원 2003. 6. 13. 선고 2001다29803 판결. 자세한 것은 쟁점해설 참조.

증 거 방 법[44)]

1. 갑 제1호증 : 차용증
2. 갑 제2호증 : 채권양도계약서
3. 갑 제3호증의 1 : 채권양도양수통지서
           2 : 채권양도계약서(사본)
           3 : 우편배달증명서
4. 갑 제4호증 : 내용증명
5. 갑 제5호증의 1 : 내용증명 답변서
           2 : 우편물배달증명서

첨 부 서 류
(생략)

2016. 3. 12.

원고의 소송대리인
변호사 김상승 ㉑

서울북부지방법원[45)] 귀중

---

44) 일반적으로 입증방법, 증거방법, 증명방법 등이 혼용되나 민사소송법 제274조 제2항은 증거방법이라는 용어를 사용하므로 법률용어에 충실하게 증거방법이라는 용어를 사용한다.

45) 의무이행지의 특별재판적 규정(민사소송법 제8조)에 따라 원고의 주소지(보통재판적 소재지)를 관할하는 수원지방법원에 청구할 수도 있으나, 변호사가 서울 동대문구 회기동에 사무소를 두고 있는 점에 비추어 서울북부지방법원이 합리적 선택이다. 자세한 것은 쟁점해설 참조.

※ 쟁점해설

1. 채권양도와 원인행위의 관계 (답안 각주 7 관련)

가. 채무자가 채권자에게 채무변제와 관련하여 다른 채권을 양도하는 것은 특단
의 사정이 없는 한 채무변제를 위한 담보 또는 변제의 방법으로 양도되는
것으로 추정할 것이지 채무변제에 갈음한 것으로 볼 것은 아니어서, 채권양
도만 있으면 바로 원래의 채권이 소멸한다고 볼 수는 없고 채권자가 양도받
은 채권을 변제받음으로써 그 범위 내에서 채무자가 면책되는 것이므로, 양
도 채권의 변제에 관하여는 기존채무의 채무자에게 주장·입증책임이 있다.[1]

나. 지명채권의 양도라 함은 채권의 귀속주체가 법률행위에 의하여 변경되는 것,
즉 법률행위에 의한 이전을 의미한다. 여기서 '법률행위'란 유언 외에는 통
상 채권이 양도인에게서 양수인으로 이전하는 것 자체를 내용으로 하는 그
들 사이의 합의(채권양도계약)를 가리키고, 이는 이른바 준물권행위 또는 처
분행위로서의 성질을 가진다. 그와 달리 채권양도의 의무를 발생시키는 것
을 내용으로 하는 계약(양도의무계약)은 채권행위 또는 의무부담행위의 일종
으로서, 이는 구체적으로는 채권의 매매(민법 제579조 참조)나 증여, 채권을
대물변제로 제공하기로 하는 약정, 담보를 위하여 채권을 양도하기로 하는
합의(즉 채권양도담보계약), 채권의 추심을 위임하는 계약(지명채권이 아닌 증권
적 채권에 관하여서이기는 하나, 어음법 제18조, 수표법 제23조는 어음상 또는 수표
상 권리가 추심을 위하여 양도되는 방식으로서의 추심위임배서에 대하여 정한다),
신탁(신탁법 제7조 참조) 등 다양한 형태를 가질 수 있다.[2]

다. 비록 채권양도계약과 양도의무계약은 실제의 거래에서는 한꺼번에 일체로
행하여지는 경우가 적지 않으나, 그 법적 파악에 있어서는 역시 구별되어야
하는 별개의 독립한 행위이다.[3] 그리하여 채권양도계약에 대하여는 그 원인

---

1) 대법원 1995. 12. 22. 선고 95다16660 판결.
2) 대법원 2011. 3. 24. 선고 2010다100711 판결.
3) 대법원 1977. 5. 24. 선고 75다1394 판결은 해제의 효력에 관하여 판시하면서 우리의 법
제가 물권행위의 독자성과 무인성을 인정하고 있지 않는 점과 민법 제548조 제1항 단서
가 거래안정을 위한 특별규정이란 점을 생각할 때 계약이 해제되면 그 계약의 이행으로
변동이 생겼던 물권은 당연히 그 계약이 없었던 원상태로 복귀한다고 판시하였고, 이 때
문에 물권행위의 독자성 및 유인성을 부인하는 것이 판례의 태도라고 평가되어 왔으나
(곽윤직, 물권법, 54면), 채권양도에 관하여 준물권행위의 독자성 및 유인성을 분명히 인
정하였으므로, 물권행위에서도 종래의 판례와 다른 입장의 판례를 기대한다.

이 되는 개별적 채권계약의 효과에 관한 민법상의 임의규정은 다른 특별한 사정이 없는 한 적용되지 않는다. 종전의 채권자가 채권의 추심 기타 행사를 위임하여 채권을 양도하였으나 양도의 '원인'이 되는 그 위임이 해지 등으로 효력이 소멸한 경우에 이로써 채권은 양도인에게 복귀하게 되고, 나아가 양수인은 그 양도의무계약의 해지로 인하여 양도인에 대하여 부담하는 원상회복의무(이는 계약의 효력불발생에서의 원상회복의무 일반과 마찬가지로 부당이득반환의무의 성질을 가진다)의 한 내용으로 채무자에게 이를 통지할 의무를 부담한다.[4]

2. 채권의 압류(또는 가압류)와 상계 (답안 각주 15, 26, 41 관련)

가. 민법 제492조 제1항 본문은 쌍방이 서로 같은 종류를 목적으로 한 채무를 부담한 경우에 그 쌍방의 채무의 이행기가 도래한 때에는 각 채무자는 대등액에 관하여 상계할 수 있다고 규정하고 있는바, '채무의 이행기가 도래한 때'라 함은 채권자가 채무자에게 이행의 청구를 할 수 있는 시기가 도래하였음을 의미하는 것이지 채무자가 이행지체에 빠지는 시기를 말하는 것이 아니다.[5] 따라서 기한의 정함이 없는 자동채권은 채권자가 언제라도 그 변제를 청구할 수 있으므로 결국 이 경우에는 채권성립과 동시에 변제기에 있는 것으로 상계적상에 있다고 해석하여야 한다.[6]

나. 민법 제492조 제1항 단서는 채무의 성질이 상계를 허용하지 아니할 때에는 상계할 수 없다는 취지로 규정하고 있는바, 자동채권이 압류되어 있거나 질권이 설정된 경우에는 채권자가 이를 자유로이 처분할 수 없으므로 채무의 성질상 상계가 금지되는 것으로 해석한다.[7] 대법원 판례도 이와 같은 취지에서 강제집행절차에 의하여 채권압류 및 추심명령을 받은 채권자는 피압류채권에 대하여 2중의 압류가 되어 있거나 배당요구가 있는 경우에는 추심의 방법으로 피압류채권을 자동채권으로 하여 채권자가 제3채무자에 대하여 부담하고 있던 다른 채무를 상계할 수 없다고 판시하였다.[8]

---

4) 위 2010다100711 판결.
5) 대법원 1981. 12. 22. 선고 81다카10 판결.
6) 주석민법 채권총칙(3), 436면.
7) 주석민법 채권총칙(3), 437면.
8) 대법원 1994. 6. 24. 선고 94다2886 판결.

다. 민법 제498조는 "지급을 금지하는 명령을 받은 제3채무자는 그 후에 취득한 채권에 의한 상계로 그 명령을 신청한 채권자에게 대항하지 못한다"라고 규정하고 있다. 위 규정의 취지, 상계제도의 목적 및 기능, 채무자의 채권이 압류된 경우 관련 당사자들의 이익상황 등에 비추어 보면, 채권압류명령 또는 채권가압류명령을 받은 제3채무자가 압류채무자에 대한 반대채권(자동채권)을 가지고 있는 경우에 상계로써 압류채권자에게 대항하기 위해서는, 압류의 효력 발생 당시에 대립하는 양 채권이 상계적상에 있거나, 그 당시 반대채권(자동채권)의 변제기가 도래하지 아니한 경우에는 그것이 피압류채권(수동채권)의 변제기와 동시에 또는 그보다 먼저 도래하여야 한다.[9]

라. 가분적인 금전채권의 일부에 대한 전부명령이 확정되면 특별한 사정이 없는 한 전부명령이 제3채무자에 송달된 때에 소급하여 전부된 채권 부분과 전부되지 않은 채권 부분에 대하여 각기 독립한 분할채권이 성립하게 되므로, 그 채권에 대하여 압류채무자에 대한 반대채권으로 상계하고자 하는 제3채무자로서는 전부채권자 혹은 압류채무자 중 어느 누구도 상계의 상대방으로 지정하여 상계하거나 상계로 대항할 수 있고, 그러한 제3채무자의 상계 의사표시를 수령한 전부채권자는 압류채무자에 잔존한 채권 부분이 먼저 상계되어야 한다거나 각 분할채권액의 채권 총액에 대한 비율에 따라 상계되어야 한다는 이의를 할 수 없다.[10]

3. 대여금채권 양수인의 이자청구

가. 이자있는 소비대차는 차주가 목적물의 인도를 받은 때로부터 이자를 계산하여야 한다(민법 제600조 전단). 이는 임의규정이므로 당사자 사이에 다른 약정이 있는 경우에는 그 약정에 따른다.

나. 이자채권은 원본채권에 대하여 종속성을 갖고 있으나 이미 변제기에 도달한 이자채권은 원본채권과 분리하여 양도할 수 있고 원본채권과 별도로 변제할 수 있으며 시효로 인하여 소멸되기도 하는 등 어느 정도 독립성을 갖게 되므로, 원본채권이 양도된 경우 이미 변제기에 도달한 이자채권은 원본채권의 양도 당시 그 이자채권도 양도한다는 의사표시가 없는 한 당연히 양도되

---

9) 대법원 2012. 2. 16. 선고 2011다45521 전원합의체판결.
10) 대법원 2010. 3. 25. 선고 2007다35152 판결.

지는 않는다.[11)

4. 채권양도금지 특약의 제3자에 대한 대항요건 (답안 각주 31 관련)

가. 민법 제449조 제2항이 채권양도 금지의 특약은 선의의 제3자에게 대항할 수 없다고만 규정하고 있어서 그 문언상 제3자의 과실의 유무를 문제삼고 있지는 않지만, 제3자의 중대한 과실은 악의와 같이 취급되어야 하므로, 양도금지 특약의 존재를 알지 못하고 채권을 양수한 경우에 있어서 그 알지 못함에 중대한 과실이 있는 때에는 악의의 양수인과 같이 양도에 의한 채권을 취득할 수 없다고 해석한다.[12)

나. 이 경우에 제3자의 악의 내지 중과실은 채권양도 금지의 특약으로 양수인에게 대항하려는 자가 이를 주장·입증하여야 한다.[13)

5. 양도금지 특약 위반으로 무효인 채권양도에 대한 채무자의 사후승낙
   (답안 각주 32 관련)

가. 당사자의 양도금지의 의사표시로써 채권은 양도성을 상실하며 양도금지의 특약에 위반해서 채권을 제3자에게 양도한 경우에 악의 또는 중과실의 채권양수인에 대하여는 채권 이전의 효과가 생기지 않으나, 악의 또는 중과실로 채권양수를 받은 후 채무자가 그 양도에 대하여 승낙을 한 때에는 채무자의 사후승낙에 의하여 무효인 채권양도행위가 추인되어 유효하게 된다.[14)

나. 이 경우에 다른 약정이 없는 한 소급효가 인정되지 않고 양도의 효과는 승낙시부터 발생한다. 이른바 집합채권의 양도가 양도금지 특약을 위반하여 무효인 경우 채무자는 일부 개별 채권을 특정하여 추인하는 것이 가능하다.[15)

6. 채권양도금지 특약에 관한 양수인의 악의 또는 중과실을 추단하는 기준
   (답안 각주 33 관련)

가. 양도금지 특약이 기재된 채권증서가 양도인으로부터 양수인에게 수수되어

---

11) 대법원 1989. 3. 28. 선고 88다카12803 판결.
12) 대법원 1996. 6. 28. 선고 96다18281 판결.
13) 대법원 1999. 12. 28. 선고 99다8834 판결.
14) 대법원 2009. 10. 29. 선고 2009다47685 판결.
15) 위 2009다47685 판결.

양수인이 그 특약의 존재를 알 수 있는 상태에 있었고 그 특약도 쉽게 눈에 띄는 곳에 알아보기 좋은 형태로 기재되어 있어 간단한 검토만으로 쉽게 그 존재와 내용을 알아차릴 수 있었다는 등의 특별한 사정이 인정되지 않는 한 양도금지 특약이 기재된 채권증서의 존재만으로 곧바로 그 특약의 존재에 관한 양수인의 악의나 중과실을 추단할 수는 없다.[16]

나. 왜냐하면, 일반적으로 지명채권의 양도거래에 있어 양도대상인 지명채권의 행사 등에 그 채권증서(계약서 등)의 소지·제시가 필수적인 것은 아닌 만큼 양도·양수 당사자 간에 그 채권증서를 수수하지 않는 경우도 적지 않은 실정이고(특히 양수인이 채권양도 거래의 경험이 없는 개인인 경우), 또한 수수하더라도 양수인이 그 채권증서의 내용에 대한 검토를 아예 하지 않거나 혹은 통상의 주된 관심사인 채권금액, 채권의 행사시기 등에만 치중한 채 전반적·세부적 검토를 소홀히 하는 경우가 있을 수 있으며, 그 밖에 전체 계약조항의 수, 양도금지 특약조항의 위치나 형상 등에 따라서는 채권증서의 내용을 일일이 그리고 꼼꼼하게 검토하지 않은 채 간단히 훑어보는 정도만으로는 손쉽게 그 특약의 존재를 알 수 없는 경우도 있을 수 있기 때문이다.[17]

다. 위 대법원 판례는 임직원이 부도 위기에 처한 회사로부터 임금 등 채권을 확보하기 위하여 양도금지 특약이 있는 회사의 임대차보증금반환채권을 양수한 경우, 양도금지 특약이 기재된 임대차계약서가 존재하고 양수인이 회사의 임직원들이며 특히 일부는 전무 등 핵심 지위에 있었다는 사정만으로는 양수인의 악의나 중과실을 추단할 수 없다고 판시하였다.

7. 채권양수인의 대리에 의한 양도통지의 효력 (답안 각주 34 관련)

가. 민법 제450조 제1항은 지명채권양도의 대항요건으로서 통지는 양도인이 하여야 하는 것으로 규정하고 있다. 채권양도의 통지를 양수인이 아니라 양도인이 하여야 대항요건으로서의 효력을 가지도록 규정한 것은 종전의 채권자로서 스스로 처분을 행한 양도인이 한 통지를 통하여 채무자로 하여금 그 채권의 귀속에 관하여 명확한 인식을 가질 수 있도록 하려는 데 있다. 만일 양수인이 채권양도의 통지를 할 수 있다고 하면, 채무자로서는 과연 양도인

---

16) 대법원 2000. 4. 25. 선고 99다67482 판결.
17) 위 99다67482 판결.

과 양수인 사이에 유효한 채권양도가 있었는지를 보다 파고들어 확인하는 번거로운 과정을 통하여서만 채권의 귀속에 관하여 정확한 정보를 가지게 될 수 있다.[18]

나. 그런데 채권양도의 통지는 양도인이 채무자에 대하여 해당[19] 채권을 양수인에게 양도하였다는 사실을 알리는 관념의 통지이고, 법률행위의 대리에 관한 규정은 관념의 통지에도 유추적용되므로 채권양도의 통지도 양도인이 직접하지 않고 사자를 통하여 하거나 나아가서 대리인으로 하여금 하게 하여도 무방하며, 또한 그와 같은 경우에 양수인이 양도인의 사자 또는 대리인으로서 채권양도통지를 하였다고 하여 민법 제450조의 규정에 어긋난다고 볼 수도 없고, 달리 이를 금지할 근거도 없다.[20]

다. 이렇듯 채권양도의 통지를 양수인이 양도인을 대리하여 행할 수 있음은 일찍부터 인정되어 온 바이지만, 대리통지에 관하여 그 대리권이 적법하게 수여되었는지, 그리고 그 대리행위에서 현명의 요구가 준수되었는지 등을 판단함에 있어서는 양도인이 한 채권양도의 통지만이 대항요건으로서의 효력을 가지게 한 뜻이 훼손되지 않도록 채무자의 입장에서 양도인의 적법한 수권에 기하여 그러한 대리통지가 행하여졌음을 제반 사정에 비추어 커다란 노력 없이 확인할 수 있는지를 무겁게 고려하여 엄격하게 판단하여야 한다는 것이 대법원 판례의 입장이다. 특히, 양수인에 의하여 행하여진 채권양도의 통지를 대리권의 '묵시적' 수여의 인정 및 현명원칙의 예외를 정하는 민법 제115조 단서의 적용이라는 이중의 우회로를 통하여 유효한 양도통지로 가공하여 탈바꿈시키는 것은 법의 왜곡으로서 경계하여야 한다. 채권양도의 통지가 양도인 또는 양수인 중 누구에 의하여서든 행하여지기만 하면 대항

---

18) 대법원 2011. 2. 24. 선고 2010다96911 판결.

19) 법률문서에서는 "당해(當該)"라는 용어가 많이 쓰이지만 일상생활에서는 "해당(該當)"이라는 용어가 더 많이 쓰이며, 현재 실제로 민법 조문에서도 "당해"보다 "해당"이 훨씬 많이 사용되고 있고, 국어사전에서 위 두 용어의 뜻은 같은 것으로 풀이하고 있다. 법제처에서는 법령상 "당해(當該)"라는 용어는 일본식 한자어로서 "해당(該當)"으로 바꾸기로 하고 입법이나 법 개정에 반영하고 있다(법제처, 알기쉬운 법령 정비기준, 제3판, 2009, 53면). 한편, 국립국어원 온라인 국어생활종합상담(온라인 가나다)에서는 법조문을 자주 접하는 이들 말고는 '당해'를 아는 이가 많지 않을 것이고, '당해'는 그야말로 '그들만의 말'이라고 꼬집고 있다(http://korean.go.kr/09_new/minwon/qna_view.jsp?idx=70350, 검색일 : 2013. 10. 14). 따라서 이 책에서는 "해당(該當)"이라는 용어를 사용한다.

20) 대법원 1994. 12. 27. 선고 94다19242 판결.

요건으로서 유효하게 되는 것은 채권양도의 통지를 양도인이 하도록 한 법의 취지를 무의미하게 할 우려가 있기 때문이다.[21]

8. 채권양도인에 대하여 가지는 채권을 자동채권으로 한 채무자의 채권 양수인에 대한 상계의 가부 (답안 각주 36 관련)

가. 민법 제451조 제2항에 의하면 채권양도인이 양도통지만을 한 때에는 채무자는 그 통지를 받은 때까지 양도인에 대하여 생긴 사유로써 양수인에게 대항할 수 있다.

나. 채권양도에 있어서 채무자가 양도인에게 이의를 보류하고 승낙을 하였다는 사정이 있거나 또는 이의를 보류하지 않고 승낙하였더라도 양수인이 악의 또는 중과실인 경우에는, 채무자의 승낙 당시까지 양도인에 대하여 생긴 사유로서 양수인에게 대항할 수 있는바(민법 제451조),[22] 채무자의 승낙 당시 이미 상계를 할 수 있는 원인이 있었던 경우에는 아직 상계적상에 있지 않았다 하더라도 그 후에 상계적상이 생기면 채무자는 양수인에 대하여 상계로 대항할 수 있다.[23]

다. 이와 같은 취지에서 채권양도인의 통지만 있는 경우, 통지 당시에 채무자가 양도인에 대하여 반대채권(자동채권)을 가지고 있으면 채무자는 양수인에 대하여도 상계할 수 있으나, 통지 후에 비로소 반대채권을 취득한 때에는 상계할 수 없다고 할 것이다.[24]

9. 항변권이 붙어 있는 채권을 자동채권으로 한 상계의 가부 (답안 각주 38 관련)

가. 항변권이 붙어 있는 채권을 자동채권으로 하여 다른 채무(수동채권)와의 상계를 허용한다면 상계자 일방의 의사표시에 의하여 상대방의 항변권 행사의 기회를 상실시키는 결과가 되므로 그러한 상계는 허용될 수 없다.[25]

나. 다만, 상계제도는 서로 대립하는 채권·채무를 간이한 방법에 의하여 결제함으로써 양자의 채권·채무 관계를 원활하고 공평하게 처리함을 목적으로 하

---

21) 위 선고 2010다96911 판결.
22) 대법원 1999. 8. 20. 선고 99다18039 판결.
23) 위 99다18039 판결.
24) 송덕수, 채권법총론, 358면 참조.
25) 대법원 2004. 5. 28. 선고 2001다81245 판결.

고 있으므로, 상계의 대상이 될 수 있는 자동채권과 수동채권이 동시이행관계에 있다고 하더라도 서로 현실적으로 이행하여야 할 필요가 없는 경우라면 상계로 인한 불이익이 발생할 우려가 없고 오히려 상계를 허용하는 것이 동시이행관계에 있는 채권·채무 관계를 간명하게 해소할 수 있으므로 특별한 사정이 없는 한 상계가 허용된다.[26]

10. 가압류된 금전채권(피압류채권)의 이행청구와 제3채무자의 지체책임 (답안 각주 39, 40 관련)

가. 채권의 가압류는 제3채무자에 대하여 채무자에게 지급하는 것을 금지하는 데 그칠 뿐 채무 그 자체를 면하게 하는 것이 아니고, 가압류가 있다 하여도 그 채권의 이행기가 도래한 때에 제3채무자는 그 지체책임을 면할 수 없다고 보아야 한다.[27] 따라서 채권에 대한 가압류가 있더라도 이는 채무자가 제3채무자로부터 현실로 급부를 추심하는 것만을 금지하는 것이므로 채무자는 제3채무자를 상대로 그 이행을 구하는 소송을 제기할 수 있고 법원은 가압류가 되어 있음을 이유로 이를 배척할 수 없는 것이 원칙이다.[28]

나. 이 경우에 가압류에 불구하고 제3채무자가 채무자에게 변제를 한 때에는 나중에 채권자에게 이중으로 변제하여야 할 위험을 부담하게 되므로 제3채무자로서는 민법 제487조의 규정에 의하여 공탁을 함으로써 이중변제의 위험에서 벗어나고 이행지체의 책임도 면할 수 있다고 보아야 한다. 왜냐하면 민법상의 변제공탁은 채무를 변제할 의사와 능력이 있는 채무자로 하여금 채권자의 사정으로 채무관계에서 벗어나지 못하는 경우를 대비할 수 있도록 마련된 제도로서 그 제487조 소정의 변제공탁의 요건인 "채권자가 변제를 받을 수 없는 때"의 변제라 함은 채무자로 하여금 종국적으로 채무를 면하게 하는 효과를 가져다주는 변제를 의미하므로 채권이 가압류된 경우와 같이 형식적으로는 채권자가 변제를 받을 수 있다고 하더라도 채무자에게 여전히 이중변제의 위험부담이 남는 경우에는 마찬가지로 "채권자가 변제를 받을 수 없는 때"에 해당한다고 보아야 하기 때문이다. 그리고 제3채무자가

---

26) 대법원 2006. 7. 28. 선고 2004다54633 판결.
27) 대법원 1994. 12. 13. 선고 93다951 판결.
28) 대법원 1992. 11. 10. 선고 92다4680 전원합의체판결.

이와 같이 채권의 가압류를 이유로 변제공탁을 한 때에는 그 가압류의 효력
은 채무자의 공탁금출급청구권에 대하여 존속하므로 그로 인하여 가압류 채
권자에게 어떤 불이익이 있다고도 할 수 없다.[29]

다. 그러나 소유권이전등기를 명하는 판결은 의사의 진술을 명하는 판결로서 이
것이 확정되면 채무자는 일방적으로 이전등기를 신청할 수 있고(민사집행법
제263조, 부동산등기법 제23조 제4항), 제3채무자는 이를 저지할 방법이 없으므
로 이와 같은 경우에는 가압류의 해제를 조건으로 하지 않는 한 법원은 이
를 인용하여서는 안 된다.[30] 그리고 가처분이 있는 경우도 이와 마찬가지로
그 가처분의 해제를 조건으로 하여야만 소유권이전등기절차의 이행을 명할
수 있다.[31]

라. 집행채권자의 채권자가 집행권원에 표시된 집행채권을 압류 또는 가압류,
처분금지가처분을 한 경우에는 압류 등의 효력으로 집행채권자의 추심, 양
도 등의 처분행위와 채무자의 변제가 금지되고 이에 위반되는 행위는 집행
채권자의 채권자에게 대항할 수 없게 되므로 집행기관은 압류 등이 해제되
지 않는 한 집행할 수 없는 것이니 이는 집행장애사유에 해당한다. 집행법
원은 강제집행의 개시나 속행에 있어서 집행장애사유에 대하여 직권으로 그
존부를 조사하여야 하고, 집행개시 전부터 그 사유가 있는 경우에는 집행의
신청을 각하 또는 기각하여야 하며, 만일 집행장애사유가 존재함에도 간과
하고 강제집행을 개시한 다음 이를 발견한 때에는 이미 한 집행절차를 직권
으로 취소하여야 한다.[32] 따라서 제3채무자(집행채무자)는 송달받은 채권압
류명령을 집행기관에 제출하여 집행의 배제를 구할 수 있다.[33]

11. 주채권의 양도와 보증채권의 부종성 · 수반성 (답안 각주 42 관련)

가. 보증채무는 주채무에 대한 부종성 또는 수반성이 있어서 주채무자에 대한
채권이 이전되면 당사자 사이에 별도의 특약이 없는 한 보증인에 대한 채권
도 함께 이전하고, 이 경우 채권양도의 대항요건도 주채권의 이전에 관하여

---

29) 위 93다951 판결.
30) 위 92다4680 전원합의체판결.
31) 대법원 1999. 2. 9. 선고 98다42615 판결.
32) 대법원 2000. 10. 2.자 2000마5221 결정.
33) 사법연수원, 민사집행법, 55면.

구비하면 족하고, 별도로 보증채권에 관하여 대항요건을 갖출 필요는 없다.[34]

나. 주채권과 보증인에 대한 채권의 귀속주체를 달리하는 것은, 주채무자의 항
변권으로 채권자에게 대항할 수 있는 보증인의 권리가 침해되는 등 보증채
무의 부종성에 반하고, 주채권을 가지지 않는 자에게 보증채권만을 인정할
실익도 없기 때문에 주채권과 분리하여 보증채권만을 양도하기로 하는 약정
은 그 효력이 없다.[35]

12. 보증채무의 범위 (답안 각주 43 관련)

가. 보증채무는 주채무의 이자, 위약금, 손해배상 기타 주채무에 종속한 채무를
포함하므로(민법 제429조), 특약으로 이자 및 지연손해금이 보증계약의 대상
에서 제외된 때에는 피고가 항변으로 그러한 특약의 체결사실을 주장하여
야 한다.[36]

나. 한편, 보증채무는 주채무와는 별개의 채무이기 때문에 보증채무 자체의 이
행지체로 인한 지연손해금은 보증한도액과는 별도로 부담하고, 이 경우 보
증채무의 연체이율에 관하여 특별한 약정이 있으면 그에 따르고, 특별한 약
정이 없는 경우라면 그 거래행위의 성질에 따라 상법 또는 민법에서 정한
법정이율에 따라야 하며, 주채무에 관하여 약정된 연체이율이 당연히 여기
에 적용되는 것은 아니다.[37] 이는 보증채무 자체의 이행지체로 인한 지연손
해금에 관한 것이므로 주채무의 지체책임에 관한 보증책임을 묻는 것과 구
별하여야 한다.

13. 의무이행지의 특별재판적 (답안 각주 45 관련)

가. 민사소송법 제8조는 재산권에 관한 소를 제기하는 경우에는 거소지 또는 의
무이행지의 법원에 제기할 수 있다고 규정하고 있다.

나. 한편, 민법 제467조는 변제의 장소에 관하여 채무의 성질 또는 당사자의 의
사표시로 변제장소를 정하지 않은 때에는 특정물의 인도는 채권성립당시에

---

34) 대법원 2002. 9. 10. 선고 2002다21509 판결.
35) 위 2002다21509 판결.
36) 요건사실론, 71면.
37) 대법원 2003. 6. 13. 선고 2001다29803 판결.

그 물건이 있던 장소에서 변제하여야 하고, 특정물인도 이외의 채무변제는 채권자의 현주소에서 하여야 한다고 규정하고 있다.

다. 이 사건의 경우 금전청구를 하므로 당사자 사이에 약정이 없는 한 변제의 장소, 즉 의무이행지는 채권자의 현주소지이므로 원고의 보통재판적 소재지를 관할하는 법원(수원지방법원)에도 관할이 인정된다.

라. 다만, 이 사건의 소송대리인인 변호사가 서울 동대문구 회기동에 사무소를 두고 있는 점에 비추어 서울북부지방법원에 소를 제기하는 것이 합리적 선택이다.

제 2 장

매매 관련 청구

귀하(변호사 김상승)는 의뢰인 김영철과 상담일지 기재와 같은 내용으로 상담하고, 사건을 수임하면서 첨부서류를 자료로 받았다. 귀하는 의뢰인의 요구사항 및 이익에 최대한 부합하는 소장을 작성하되, 청구원인을 작성함에 있어 먼저 청구원인사실을 중심으로 기재한 다음 기록 내용에 비추어 피고(들)가 법령 및 판례에 따라 제기할 것으로 예상되는 주장 및 항변을 정리하고 각 그에 대한 반론을 개진하시오.

【작성요령】

1. 본 기록 내에 나타나 있는 사실관계 및 증거자료만을 기초로 하고, 별도의 법률행위 또는 사실행위를 한 것을 전제로 하지 말 것.
   단, 의뢰인의 요구를 충족하기 위하여 특정 권리의 행사가 필요한 경우에는 소장을 통하여 행사할 것.
2. 사실관계 주장은 첨부된 자료 중 증거로 신청·제출이 가능한 자료를 토대로 하여 증거법상 법원에 의하여 인정받을 가능성이 있다고 판단되는 내용으로 한정할 것.
3. 각종 서류는 모두 적법하게 작성되었고, 기록상 일자의 요일은 실제 요일과 무관하게 토요일 또는 공휴일이 없는 것을 전제로 할 것.
4. 법리적인 주장은 현행 법령 및 대법원 판례의 태도에 비추어 받아들여질 가능성이 없다고 판단되는 내용은 제외하며, 귀하가 소를 제기하는 경우 상대방은 적극적으로 응소하는 것을 전제로 할 것.
5. 소장의 기재사항 중 증거방법 및 첨부서류란을 생략하여도 무방함.
6. 소장의 작성일 및 소(訴) 제기일은 2016. 3. 26.로 할 것.

[참고자료]

각급 법원의 설치와 관할구역에 관한 법률 (일부)

[시행 2014.12.30.] [법률 제12879호, 2014.12.30., 일부개정]

제4조(관할구역) 각급 법원의 관할구역은 다음 각 호의 구분에 따라 정한다. 다만, 지방법원 또는 그 지원의 관할구역에 시·군법원을 둔 경우 「법원조직법」 제34조 제1항 제1호 및 제2호의 사건에 관하여는 지방법원 또는 그 지원의 관할구역에서 해당 시·군법원의 관할구역을 제외한다.

　1. 각 고등법원·지방법원과 그 지원의 관할구역: 별표 3
　2. ~7. 생략

[별표 3] 고등법원·지방법원과 그 지원의 관할구역 (일부)

고등법원	지방법원	지원	관할구역
서울	서울중앙		서울특별시 종로구·중구·강남구·서초구·관악구·동작구
	서울동부		서울특별시 성동구·광진구·강동구·송파구
	서울남부		서울특별시 영등포구·강서구·양천구·구로구·금천구
	서울북부		서울특별시 동대문구·중랑구·성북구·도봉구·강북구·노원구
	서울서부		서울특별시 서대문구·마포구·은평구·용산구
	의정부		의정부시·동두천시·구리시·남양주시·양주시·연천군·포천시·가평군, 강원도 철원군. 다만, 소년보호사건은 앞의 시·군 외에 고양시·파주시
		고양	고양시·파주시
	인천		인천광역시. 다만, 소년보호사건은 앞의 광역시 외에 부천시·김포시
		부천	부천시·김포시
	수원		수원시·오산시·용인시·화성시. 다만, 소년보호사건은 앞의 시 외에 성남시·하남시·평택시·이천시·안산시·광명시·시흥시·안성시·광주시·안양시·과천시·의왕시·군포시·여주시·양평군
		성남	성남시·하남시·광주시
		여주	이천시·여주시·양평군
		평택	평택시·안성시
		안산	안산시·광명시·시흥시
		안양	안양시·과천시·의왕시·군포시

상 담 일 지

접 수 번 호	2016민073	상 담 일	2016. 3. 24.
상 담 인	김영철	연 락 처	010-1234-5602
담당변호사	김상승	사 건 번 호	

【상담내용】

1. (주)케이디텍은 회사의 사무실로 사용하기 위하여 서울특별시 양천구 목동 187 비전빌딩 제4층 제401호를 매수하기로 하는 계약을 체결하고 특약에 따라 위 회사가 발행한 은행도(銀行渡) 약속어음으로 계약금을 지급하였다.

2. 위 매매계약 체결 후 부동산 가격이 급등하자 매도인이 중도금 지급기일 전에 계약을 파기하려는 움직임을 보였고, 계약금의 배액을 상환하면서 계약을 해제할 것이라는 소문이 돌았다.

3. (주)케이디텍은 중도금 지급기일 전에 중도금의 지급을 위하여 약속어음을 발행하여 교부하고자 하였으나 매도인은 현금으로 지급할 것을 요구하면서 약속어음의 수령을 거부하므로 약속어음을 공탁하였다.

4. 이후 매도인도 (주)케이디텍으로부터 계약금으로 수령한 액면금 1,000만 원권 약속어음을 공탁한 후 위 회사에 대하여 계약을 해제한다고 통지하였다.

5. (주)케이디텍은 염창새마을금고로부터 운영자금 5,000만 원을 대출받은 후 변제기가 도래하였으나 이를 변제하지 못하여 가압류결정을 받은 상태이다.

【의뢰인의 요구사항】

(주)케이디텍 대표이사 김영철은 매매목적 부동산의 소유권이전등기 및 사무실의 점유를 확보할 수 있도록 소를 제기하여 줄 것을 의뢰하였다.

【기타사항】

1. ㈜케이디텍은 이진수가 목적부동산을 담보로 제공하고 신한은행으로부터 대출받은 2억 원에 관한 채무를 인수하기로 약정하였는데, 채무인수는 언제든지 할 수 있다고 한다.

2. 김영철은 염창새마을금고의 가압류에 관하여 다음 달 말경에 거래대금을 회수하게 되면 충분히 변제할 수 있으므로 곧 해결할 수 있다고 한다.

【첨부서류】

 1. 등기사항전부증명서(집합건물)
 2. 부동산매매계약서
 3. 약속어음 사본(액면금 1,000만 원)
 4. 약속어음 사본(액면금 5,000만 원)
 5. 내용증명우편(제목: 매매계약이행촉구서, 발신: 주식회사 케이디텍, 수신: 이진수)
 6. 내용증명우편(제목: 내용증명에 대한 답변, 발신: 이진수, 수신: 주식회사 케이디텍)
 7. 유가증권공탁서
 8. 유가증권공탁통지서
 9. 채권가압류결정
10. 등기사항전부증명서(법인)
11. 등기사항전부증명서(법인)

종합법률사무소 다일
변호사 박조정, 양화해, 서온유, 김상승, 이승소
서울 동대문구 양진대로 777
전화 : 961-1543 팩스 : 961-1544 이메일 : sskim@daillaw.com

등기사항전부증명서(말소사항 포함) - 집합건물

[집합건물] 서울특별시 양천구 목동 187 비전빌딩 제4층 제401호

고유번호 1152-1996-531219

【 표 제 부 】		(1동의 건물의 표시)		
표시번호	접 수	소재지번, 건물명칭 및 번호	건 물 내 역	등기원인 및 기타사항
~~1~~ (전2)	~~1999년4월11일~~	~~서울특별시 양천구~~ ~~목동 187 비전빌딩~~	~~철근콘크리트조 슬래브~~ ~~지붕 4층 근린생활시설 및 업무시설~~ ~~1층 1863.50㎡~~ ~~2층 1863.50㎡~~ ~~3층 1863.50㎡~~ ~~4층 1863.50㎡~~	도면편철장 제6책 제65면 부동산등기법 제177조의6 제 1항의 규정에 의하여 2000년 9월 15일 전산이기
2	2012년 12월 5일	서울특별시 양천구 목동 187 비전빌딩 [도로명주소] 서울특별시 양천구 목동중앙본로38길 38	철근콘크리트조 슬래브 지붕 4층 근린생활시설 및 업무시설 1층 1863.50㎡ 2층 1863.50㎡ 3층 1863.50㎡ 4층 1863.50㎡	도로명주소

(대지권의 목적인 토지의 표시)				
표시번호	소 재 지 번	지 목	면 적	등기원인 및 기타사항
1	서울특별시 양천구 목동 187	대	2768㎡	1999년 4월 11일

【 표 제 부 】		(전유부분의 건물의 표시)		
표시번호	접 수	건물번호	건 물 내 역	등기원인 및 기타사항
1	1999년4월11일	제4층 제401호	철근콘크리트조 231.83㎡	도면편철장 제6책 제65면

* 실선으로 그어진 부분은 말소사항을 표시함.　　　* 등기부에 기록된 사항이 없는 갑구 또는 을구는 생략함.

[인터넷 발급] 문서 하단의 바코드를 스캐너로 확인하거나, **인터넷등기소(http://www.iros.go.kr)**의 발급확인 메뉴에서 **발급확인번호**를 입력하여
위·변조 여부를 확인할 수 있습니다. 발급확인번호를 통한 확인은 발행일로부터 3개월까지 5회에 한하여 가능합니다.

발행번호 123456789A123456789B123456789C123　　　1/3　　　발급확인번호 ALTQ-COHX-3570　　　발행일 2016/03/24

[집합건물] 서울특별시 양천구 목동 187 비전빌딩 제4층 제401호   고유번호 1152-1996-531219

표시번호	대지권종류	대지권비율	등기원인 및 기타사항
	(대지권의 표시)		
1	소유권 대지권	2768분의 47.22	1999년 4월 11일 대지권 1999년 4월 11일 등기

【 갑   구 】 (소유권에 관한 사항)

순위번호	등 기 목 적	접 수	등 기 원 인	권리자 및 기타사항
1 (전4)	소유권이전	1997년11월20일 제2278호	1997년9월22일 매매	소유자 윤정렬 391010-1443217 서울 동대문구 장안동 423
				부동산등기법 제177조의6 제1항의 규정에 의하여 2000년 9월 15일 전산이기
2	소유권이전	2009년10월14일 제7330호	2009년9월13일 매매	소유자 이진수 701104-1547663 서울 영등포구 대방동 339 보라매아파트 207동 709호

【 을   구 】 (소유권 이외의 권리에 관한 사항)

순위번호	등 기 목 적	접 수	등 기 원 인	권리자 및 기타사항
1	근저당권설정	2010년10월1일 제8243호	2010년10월1일 설정계약	채권최고액 금 250,000,000원 채무자 이진수 서울 영등포구 대방동 339 보라매아파트 207동 709호 근저당권자 주식회사 신한은행 110111-0303183 서울 중구 태평로2가 120 (청량리지점)

[집합건물] 서울특별시 양천구 목동 187 비전빌딩 제4층 제401호   고유번호 1152-1996-531219

--- 이 하 여 백 ---

수수료 금 1,000원 영수함   관할등기소 서울남부지방법원 등기과/
                                              발행등기소 법원행정처 등기정보중앙관리소

이 증명서는 부동산 등기기록의 내용과 틀림없음을 증명합니다.
서기 2016년 03월 24일
법원행정처 등기정보중앙관리소   전산운영책임관

* 실선으로 그어진 부분은 말소사항을 표시함.   * 등기부에 기록된 사항이 없는 갑구 또는 을구는 생략함.

[인터넷 발급] 문서 하단의 바코드를 스캐너로 확인하거나, **인터넷등기소**(http://www.iros.go.kr)의 **발급확인** 메뉴에서 **발급확인번호**를 입력하여
위·변조 여부를 확인할 수 있습니다. 발급확인번호를 통한 확인은 발행일로부터 3개월까지 5회에 한하여 가능합니다.

발행번호 123456789A123456789B123456789C123   3/3   발급확인번호 ALTQ-COHX-3570   발행일 2016/03/24

부 동 산 매 매 계 약 서

매도인과 매수인 쌍방은 아래 표시 부동산에 관하여 다음 계약 내용과 같이 매매계약을 체결한다.			
1. 부동산의 표시			

부 동 산	서울특별시 양천구 목동 187 비전빌딩 제4층 제401호		
토 지	소유권 대지권	면 적	2768분의 47.22
건 물	구조 · 용도 철근콘크리트조 근린생활시설	면적(전용)	231.83㎡

2. 계약내용
제 1 조 (목적) 위 부동산의 매매에 대하여 매도인과 매수인은 합의에 의하여 매매대금을 아래와 같이 지불하기로 한다.

매매대금	금 **오억** 원정(₩500,000,000)		
계 약 금	금 **일천만** 원정(₩10,000,000)은 계약시에 지불하고 영수함. 영수자(**이진수** 印眞 李)		
융 자 금	금 2억 원정(채권최고액 2억5천만원, 신한은행)을 승계키로 한다.	임대보증금	~~총~~ ~~원정을 승계키로 한다.~~
중 도 금	금 **오천만** 원정(₩50,000,000)은 2015년 11월 25일에 지불하며 ~~금 원정( )은 년 월 일에 지불한다.~~		
잔 금	금 **이억사천만** 원정(₩240,000,000)은 2016년 1월 24일에 지불한다.		

제 2 조 (소유권 이전 등) 매도인은 매매대금의 잔금 수령과 동시에 매수인에게 소유권이전등기에 필요한 모든 서류를 교부하고 등기절차에 협력하며, 위 부동산의 인도일은 2016년 1월 24일로 한다.

제 3 조 (제한물권 등의 소멸) 매도인은 위의 부동산에 설정된 저당권, 지상권, 임차권 등 소유권의 행사를 제한하는 사유가 있거나, 조세공과 기타 부담금의 미납금 등이 있을 때에는 잔금 수수일까지 그 권리의 하자 및 부담 등을 제거하여 완전한 소유권을 매수인에게 이전한다. 다만, 승계하기로 합의하는 권리 및 금액은 그러하지 아니하다.

제 4 조 (지방세 등) 위 부동산에 관하여 발생한 수익의 귀속과 제세공과금 등의 부담은 위 부동산의 인도일을 기준으로 하되, 지방세의 납부의무 및 납부책임은 지방세법의 규정에 의한다.

제 5 조 (계약의 해제) 매수인이 매도인에게 중도금(중도금이 없을 때에는 잔금)을 지불하기 전까지 매도인은 계약금의 배액을 상환하고, 매수인은 계약금을 포기하고 본 계약을 해제할 수 있다.

제 6 조 (채무불이행과 손해배상) 매도인 또는 매수인이 본 계약상의 내용을 불이행할 경우 그 상대방은 불이행한 자에 대하여 서면으로 최고하고 계약을 해제할 수 있다. 그리고 계약당사자는 계약해제에 따른 손해배상을 각각 상대방에게 청구할 수 있으며, 손해배상에 대하여 별도의 약정이 없는 한 계약금을 손해배상의 기준으로 본다.

제 7 조 (중개수수료) 부동산중개업자는 매도인 또는 매수인의 본 계약 불이행에 대하여 책임

을 지지 않는다. 또한, 중개수수료는 본 계약체결과 동시에 계약 당사자 쌍방이 각각 지불하며, 중개업자의 고의나 과실없이 본 계약이 무효·취소 또는 해제되어도 중개수수료는 지급한다. 공동 중개인 경우에 매도인과 매수인은 자신이 중개 의뢰한 중개업자에게 각각 중개수수료를 지급한다(중개수수료는 거래가액의 0.5%로 한다).

제8조 (중개대상물확인·설명서 교부 등) 중개업자는 중개대상물 확인·설명서를 작성하고 업무보증관계증서(공제증서등) 사본을 첨부하여 2015년 10월 25일 거래당사자 쌍방에게 교부한다.

특약사항	**1. 계약금 및 중도금은 매수인이 발행한 은행도 어음(만기는 발행일로부터 10개월 이내)의 교부로 지급할 수 있다.** **2. 신한은행에 대한 매도인의 근저당권 피담보채무는 매수인이 인수하되, 채무인수절차는 이 매매계약상 의무이행이 종료된 이후에 실행하기로 한다.**

본 계약을 증명하기 위하여 계약 당사자가 이의 없음을 확인하고 각각 서명·날인 후 매도인, 매수인 및 중개업자는 매장마다 간인하여야 하며, 각 1통씩 보관한다.

2015년 10월 25일

매도인	주 소	서울 동대문구 회기동 111 현대아파트 207동 709호					洙李印眞
	주민등록번호			전 화	967-8864	성명 이진수	
	대 리 인	주소		주민등록번호		성명	
매수인	주 소	서울 강서구 염창동 56-3					철김인영
	상 호	(주)케이디텍		전 화	657-2424		
	대 표 이 사	성명	김영철	주민등록번호	680523-1947652		
중개업자	사무소소재지	서울 양천구 목동 575					
	사무소명칭	월드컵공인중개사사무소					
	대 표	서명·날인		공인중 증공인인			
	등 록 번 호	서울 2008-12		전 화	629-3258		
	소속공인중개사						

04010230   5125456789765   124356786454 202784891643

 하나은행

약 속 어 음

귀 하   가10401024212

₩ 10,000,000 ※

위의 금액을 귀하 또는 귀하의 지시인에게 이 약속어음과 상환하여 지급하겠습니다.

지급기일	2016년 5월 31일	발행일	2015년 10월 25일
지급지	서울시	발행지	서울시
		주 소	서울 강서구 염창동 56-3
지급장소	하나은행 강서지점	발행인	(주)케이디텍 대표이사 김영철

04010230   5125456789765   124356786454 202784891643

사본임

04010230   5125456789765   124356786454 202784891643

 하나은행

약 속 어 음

귀 하   가10401024213

₩ 50,000,000 ※

위의 금액을 귀하 또는 귀하의 지시인에게 이 약속어음과 상환하여 지급하겠습니다.

지급기일	2016년 6월 30일	발행일	2015년 11월 5일
지급지	서울시	발행지	서울시
		주 소	서울 강서구 염창동 56-3
지급장소	하나은행 강서지점	발행인	(주)케이디텍 대표이사 김영철

04010230   5125456789765   124356786454 202784891643

사본임

매매계약이행촉구서

수신인 : 이진수

        서울 동대문구 회기동 111 현대아파트 207동 709호

발신인 : (주)케이디텍 대표이사 김영철

        서울 강서구 염창동 56-3

삼가 건승하옵고,

다름이 아니오라, 당사는 2015년 10월 25일 귀하 소유의 서울특별시 양천구 목동 187 비전빌딩 제4층 제401호에 대하여 매매계약을 체결하고, 당일 그 자리에서 귀하에게 계약금을 지급하였으며, 당사에서는 귀하를 배려하여 중도금 지급기일 전에 중도금을 지급하겠다고 연락드린바 있습니다. 그런데 귀하는 어떤 연유에서인지 모르지만 당사의 호의를 거절하면서 중도금 지급조로 발행한 어음을 수령하지 않았습니다. 이에 당사는 중도금으로 지급하기 위하여 발행한 어음을 공탁하였사오니 양지하시기 바라며, 본 계약이 원만히 이행되기를 기원합니다.

2015년 11월 6일

김 영 철

이 우편물은 2015-11-06
제2512190376207호에 의하여
내용증명 우편물로 발송하였음을 증명함
서울강서우체국장 ◯대한민국 KOREA

내용증명서에 대한 답변

귀하의 내용증명서를 잘 받아 보았습니다.

귀사에서도 잘 아시다시피 본인은 계약금, 그것도 아직까지 몇 개월이나 만기가 남아 있는 약속어음을 받았을 뿐 실제로 수령한 것이 전혀 없는 상태입니다. 따라서 본인은 귀사로부터 받은 약속어음을 반환하면서 계약을 파기하오니 그리 아시기 바랍니다. 제가 부동산사무실에 가서 확인한 바 현금이 아니라 약속어음으로 계약금만 받은 상태에서는 그 약속어음만 돌려주면 언제든지 계약을 파기할 수 있다는 말을 들었습니다. 제가 귀사로부터 받은 약속어음을 공탁하여 반환하였으니 이제 귀사와 본인 사이에 체결된 계약은 무효입니다. 더 이상 본인을 번거롭게 하지 말아주시기를 바랍니다.

2015년 11월 10일

서울 동대문구 회기동 111 현대아파트 207동 709호 이진수

서울 강서구 염창동 56-3 (주)케이디텍 대표이사 김영철 귀하

이 우편물은 2015-11-10
제20719037625l2호에 의하여
내용증명 우편물로 발송하였음을 증명함
서울동대문우체국장
◯대한민국 KOREA

[제1-5호 양식]

유가증권 공탁서(변제 등)

공 탁 번 호		2015년 증제12211호	2015년11월5일 신청	법령조항	민법 제487조
공탁자	성 명 (상호, 명칭)	주식회사 케이디텍	피공탁자	성 명 (상호, 명칭)	이진수
	주민등록번호 (법인등록번호)	134911-0027482		주민등록번호 (법인등록번호)	701104-1547663
	주 소 (본점, 주사무소)	서울 강서구 염창동 56-3		주 소 (본점, 주사무소)	서울 동대문구 회기동 111 현대아파트 207동 709호
	전화번호	657-2424		전화번호	967-8864

공탁유가증권			공탁원인사실	공탁자는 2015.10.25. 피공탁자와 서울특별시 양천구 목동 187 비전빌딩 제4층 제401호에 관한 매매계약을 체결하고 중도금으로 액면금 5,000만 원권 어음을 교부하려고 현실제공 하였으나 피공탁자가 이를 거절하므로 이에 공탁함.
명 칭	약속어음	계		
장 수	1			
총액면금	한글 오천만 원 숫자 50,000,000		1. 공탁으로 인하여 소멸하는 질권, 전세권 또는 저당권	
액면금 기호번호	오천만 원(50,000,000원) 가10401024213		2. 반대급부 내용	
부속이표			보 관 은 행	
최종 상환기	2016. 06. 30		비 고	

위와 같이 신청합니다.
공탁자 (주)케이디텍 대표이사 김영철 (인영)

위 공탁을 수리합니다.
공탁유가증권을 2015년11월25일까지 위 보관은행의 공탁관 계좌에 납입하시기 바랍니다.
위 납입기일까지 공탁유가증권을 납입하지 않을 때는 이 공탁 수리결정의 효력이 상실됩니다.

7137 (인영 2015. 11. 5. 서울북부지방법원 공탁접수실)

2015 년 11 월 5 일

서울북부지방법원 공탁관 김공탁 (인) (서울북부지방법원 공탁과공무원인)

(영수증) 위 공탁유가증권이 납입되었음을 증명합니다.

2015 년 11 월 5 일

공탁금 보관은행(공탁관) 농협북부지법출장소 (농협북부지법출장소장직인)

※ 1. 도장을 날인하거나 서명을 하되, 대리인이 공탁할 때에는 대리인의 주소, 성명을 기재
  하고 대리인의 도장을 날인(서명)하여야 합니다.
 2. 공탁당사자가 국가 또는 지방자치단체인 경우에는 법인등록번호란에 '사업자등록번호'
  를 기재하시기 바랍니다.
 3. 공탁서는 재발급 되지 않으므로 잘 보관하시기 바랍니다.

[제1-5호 양식]

유가증권 공탁통지서(변제 등)

공 탁 번 호	2015년 증제14233호	2015년11월10일신청	법령조항	민법 제487조
공탁자	성 명 (상호, 명칭)	이진수	피공탁자	성 명 (상호, 명칭)	주식회사 케이디텍
	주민등록번호 (법인등록번호)	701104-1547663		주민등록번호 (법인등록번호)	134911-0027482
	주 소 (본점, 주사무소)	서울 동대문구 회기동 111 현대아파트 207동 709호		주 소 (본점, 주사무소)	서울 강서구 염창동 56-3
	전화번호	967-8864		전화번호	657-2424

공탁유가증권			공탁 원인 사실	공탁자는 2015.10.25. 피공탁자와 서울특별시 양천구 목동 187 비전빌딩 제4층 제401호에 관한 매매계약을 체결하고 계약금으로 액면금 1,000만 원권 어음을 수령하였는바, 위 계약해제를 위하여 반환하려고 현실제공하였으나 피공탁자가 이를 거절하므로 공탁함.
명 칭	약속어음	계		
장 수	1			

총액면금	한글 일천만 원
	숫자 10,000,000
		1. 공탁으로 인하여
		  소멸하는 질권,
		  전세권 또는 저당권	

액면금 기호번호	일천만 원(10,000,000원) 가10401024212	2. 반대급부 내용	
부속이표		보 관 은 행	
최종 상환기	2016. 05. 31	비 고	

위와 같이 신청합니다.   공탁자 성명   이진수 印

위 공탁을 수리합니다.
공탁유가증권을 2015년 11월 25일까지 위 보관은행의 공탁관 계좌에 납입하시기 바랍니다.
위 납입기일까지 공탁물을 납입하지 않을 때는 이 공탁 수리결정의 효력이 상실됩니다.

8137

2015. 11. 10.
서울남부지방법원
공탁접수실

2015 년 11 월   10 일

서울남부지방법원   공탁관   남공탁 印

서울남부지방법원공탁과공탁관직인

(영수증) 위 공탁유가증권이 납입되었음을 증명합니다.
2015 년 11 월   10 일
공탁금 보관은행(공탁관) 신한은행남부지법출장소

신한은행남부지법출장소장의직인

※ 1. 도장을 날인하거나 서명을 하되, 대리인이 공탁할 때에는 대리인의 주소, 성명을 기재하고 대리인의 도장을 날인(서명)하여야 합니다.
  2. 공탁당사자가 국가 또는 지방자치단체인 경우에는 법인등록번호란에 '사업자등록번호'를 기재하시기 바랍니다.
  3. 공탁서는 재발급 되지 않으므로 잘 보관하시기 바랍니다.

서울남부지방법원
결   정

사   건   2015카단20105 채권가압류

채 권 자   염창새마을금고

　　　　　　 서울 강서구 양천로55가길 54(염창동)

　　　　　　 대표자 이사장 이수남

채 무 자   주식회사 케이디텍

　　　　　　 서울 강서구 양천로65가길 33(염창동)

　　　　　　 대표이사 김영철

제3채무자   이진수

　　　　　　 서울 동대문구 회기동 111 현대아파트 207동 709호

주   문

채무자의 제3채무자에 대한 별지 목록 기재 부동산의 소유권이전등기청구권을 가압류한다.

제3채무자는 채무자에게 위 부동산에 관한 소유권이전등기절차를 이행하여서는 아니 된다.

채무자는 다음 청구금액을 공탁하고 가압류의 집행정지 또는 그 취소를 신청할 수 있다.

청구채권의 내용 대여금

청구금액 금 50,000,000원

이   유

이 사건 채권가압류 신청은 이유 있으므로 담보로 5,000,000원을 공탁하게 하고

주문과 같이 결정한다.

정 본 입 니 다.

2015. 12. 7.

법원주사 서용택

2015. 12. 7.

판사   최남근   ㊞

※ 1. 이 가압류 결정은 채권자가 제출한 소명자료를 기초로 판단한 것입니다.

2. 채무자는 이 결정에 불복이 있을 경우 가압류이의나 취소신청을 이 법원에 제기할 수 있습니다.

별   지

채무자가 제3채무자에 대하여 가지는 채무자와 제3채무자 간의 2015. 10. 25.자 서울특별시 양천구 목동 187 비전빌딩 제4층 제401호에 관하여 대금 500,000,000원으로 한 매매계약을 체결하고 매매대금을 전부 지급함과 동시에 제3채무자로부터 받을 부동산소유권이전등기청구권. 끝.

등기번호	01368
등록번호	200144-0027483

등기사항전부증명서(현재사항) [제출용]

명 칭	염창새마을금고	. . . 변경
		. . . 등기
주사무소	서울특별시 강서구 염창동 5	. . . 변경
		. . . 등기
	서울특별시 강서구 양천로55가길 54(염창동)	2011. 10. 31. 도로명주소
		2011. 10. 31. 등기

목 적

이 새마을금고는 회원의 자주적인 협동조직을 바탕으로 우리나라 고유의 상부상조 정신에 입각하여 자금의 조성 및 이용과 회원의 경제적, 사회적, 문화적 지위의 향상 및 지역사회개발을 통한 건전한 국민정신의 함양과 국가경제 발전에 기여함을 목적으로 다음 각호에 게기하는 사업을 행한다.
1. 신용사업
 가. 회원으로부터의 예탁금, 적금의 수납
 나. 회원에 대한 자금의 대출
 다. 내국환 및 외국환거래법에 의한 환전업무
 라. 국가 공공단체 및 금융기관의 업무의 대리
 마. 회원을 위한 보호예수
2. 문화복지 후생사업
3. 회원에 대한 교육사업
4. 지역사회 개발사업
5. 회원을 위한 공제사업
6. 연합회가 위탁하는 사업   <1998.03.30 변경 1998.04.16 등기>
7. 국가 또는 공공단체가 위탁하거나 다른 법령이 금고의 사업으로 정하는 사업
                                          <2006.03.30 변경 2006.04.16 등기>
8. 임대업   <2012.03.30 변경 2012.04.16 등기>

임원에 관한 사항

이사 박영수 550203-1******
    2015 년 02 월 23 일 중임   2015 년 03 월 07 일 등기
부이사장 나영덕 540908-1******
    2015 년 02 월 23 일 중임   2015 년 03 월 07 일 등기
이사 김지철 530405-1******
    2015 년 02 월 23 일 중임   2015 년 03 월 07 일 등기
이사 김성훈 600413-1******
    2015 년 02 월 23 일 중임   2015 년 03 월 07 일 등기

[인터넷 발급] 문서 하단의 바코드를 스캐너로 확인하거나, **인터넷등기소(http://www.iros.go.kr)**의 발급확인 메뉴에서
발급확인번호를 입력하여 **위·변조 여부**를 확인할 수 있습니다.
발급확인번호를 통한 확인은 발행일로부터 3개월까지 5회에 한하여 가능합니다.

발급확인번호 0583-AANG-GKKC

0000514857625357951234567 89A123456789B123456789C113 1 발행일 2016/03/24

- 1/3 -

등기번호	01368

이사 공인숙 590903-2****** 　　　2015 년 02 월 23 일　중임　　2015 년 03 월 07 일　등기
이사 이기철 610803-1****** 　　　2015 년 02 월 23 일　중임　　2015 년 03 월 07 일　등기
이사장 이수남 570123-1****** 　　　2015 년 02 월 23 일　중임　　2015 년 03 월 07 일　등기
이사 김지수 641203-1****** 　　　2015 년 02 월 23 일　중임　　2015 년 03 월 07 일　등기
감사 최수철 550329-1****** 　　　2015 년 02 월 23 일　중임　　2015 년 03 월 07 일　등기

기 타 사 항

1. 법인 설립인가의 연월일
  1979년 6월 29일
1. 공고의 방법
  금고에서 행하는 공고는 법령 및 이 정관에서 따로 규정한 것을 제외하고는 금고의 게시판(분사무소의 게시판을 포함한다)과 인터넷 홈페이지(홈페이지를 운영하는 금고에 한한다)에 게시하는 방법으로 하고 그 기간은 7일 이상으로 한다.
1. 출자에 관한 사항
  1. 출자1좌의 금액과 납입방법
  1. 출자1좌의 금액 금10,000원으로 한다.
  2. 출자금은 반드시 현금으로 1좌 이상 납입하여야 하며 제1회 출자의 경우를 제외하고는 분할하여 납입할 수 있다.
1. 업무구역에 관한 사항
  회기시장, 상가, 회기상가와 회기동, 이문동, 이경시장, 상가로 한다.
1. 관할전속
  광주지방법원 등기국
1. 존립기간 또는 해산사유
  1. 금고는 다음 각호의 1항에 해당하는 사유가 발생하였을 때에는 해산한다.
   (1) 총회의 해산의결
   (2) 합병
   (3) 파산
   (4) 설립인가의 취소
  2. 제1항 제1호 및 제3호의 규정에 의한 사유로 금고가 해산하는 때에는 청산인은 취임일로부터 7일 이내에 연합회장과 인가권자에게 그 사유를 보고하여야 한다.
   1998 년 03월 30 일　변경　　1998 년 04월 16 일　등기

등기번호	01368	
법인성립연월일		1979년 07월 10일

등기기록의 개설 사유 및 연월일
민법법인 및 특수법인등기 처리규칙 부칙 제2조 제1항의 규정에 의하여 구등기로부터 이기
2001년 04월 24일 등기

--- 이 하 여 백 ---

수수료 1,000원 영수함
관할등기소 : 서울남부지방법원 강서등기소 / 발행등기소 : 법원행정처 등기정보중앙관리소

이 증명서는 등기기록의 내용과 틀림없음을 증명합니다. [다만, 신청이 없는 지점·지배인에
관한 사항과 현재 효력이 없는 등기사항의 기재를 생략하였습니다]
　　　　　　　　　　　　　　서기 2016년 03월 24일
　　　법원행정처 등기정보중앙관리소　　　　　　　전산운영책임관

발급확인번호 0583-AANG-GKKC

0000514857625357951234567789A123456789B123456789C113 1 발행일 2016/03/24

등기번호	012933
등록번호	134911-0027482

등기사항전부증명서(현재사항) [제출용]

상 호	주식회사 케이디텍	· · · 변경
		· · · 등기
본 점	서울특별시 강서구 염창동 56-3	· · · 변경
		· · · 등기
	서울특별시 강서구 양천로65가길 33(염창동)	2011.10.31. 도로 명주소
		2011.10.31. 등기

공고방법	서울시내에서 발행하는 일간신문 매일경제신문에 게재한다.	· · ·
		· · ·

1주의 금액 금 5,000 원	· · ·
	· · ·

발행할 주식의 총수 1,000,000주	· · ·
	· · ·

발행주식의 총수와 그 종류 및 각각의 수		자본의 총액	변경연월일
			변경연월일
발행주식의 총수	300,000주	금1,500,000,000원	· · ·
보통주식	300,000주		· · ·

목   적

1. 전기, 전자, 통신 관련 설계 제작업
2. 산업기계 및 플랜트 설계 제작업(자동화설비 포함)
3. 기계설비 및 강구조물 설계 제작업
4. 인테리어 및 광고물 관련 설계 제작 시공업
5. 전기, 전자, 기계, 토목, 건축에 관련한 도, 소매업
6. 재활용 및 환경설비 설계 제작 일체
7. 부동산임대업

8. 무역업	<2011.01.04 변경 2011.01.05 등기>
9. 위 각호에 관련한 부대사업 일체	<2011.01.04 변경 2011.01.05 등기>

임원에 관한 사항

이사 김영철 (680523-1947652)
　　　2015년 05월 10일 취임   2015년 05월 19일 등기
이사 김영수 (700711-1947657)
　　　2015년 05월 10일 취임   2015년 05월 19일 등기

등기번호	012933

대표이사 김영철 (680523-1947652) 경기도 용인시 기흥구 덕영대로 2021
2015년 05월 10일 취임 2015년 05월 19일 등기

회사성립연월일	2004년 02월 02일

등기기록의 개설 사유 및 연월일
2004년 02월 02일 회사설립

--- 이 하 여 백 ---

수수료 1,000원 영수함

관할등기소 : 서울남부지방법원 강서등기소 / 발행등기소 : 법원행정처 등기정보중앙관리소

이 증명서는 등기기록의 내용과 틀림없음을 증명합니다. [다만, 신청이 없는 지점·지배인에 관한 사항과 현재 효력이 없는 등기사항의 기재를 생략하였습니다]

서기 2016년 03월 24일

법원행정처 등기정보중앙관리소　　전산운영책임관

발급확인번호 0583-AANG-GKKC

0000514857625357951234567899A123456789B123456789C113 1 발행일 2016/03/24

기록 끝

이하 답안

※ 답　안

소　장

원　고　　　주식회사 케이디텍[1]

　　　　　　서울 강서구 양천로65가길 33(염창동)

　　　　　　대표이사[2] 김영철

　　　　　　소송대리인 변호사 김상승

　　　　　　서울 동대문구 양진대로 777

　　　　　　전화 : 961-1543 팩스 : 961-1544 이메일 : sskim@daillaw.com

피　고　　　이진수 (701104-1547663)[3]

　　　　　　서울 동대문구 회기동 111 현대아파트 207동 709호[4]

---

1) 법인을 당사자로 표시하는 경우에 법인명, 주소, 대표자의 순으로 각 행을 달리하여 기재하는 것이 보통이다(민사실무Ⅰ, 52~53면; 민사실무Ⅱ, 45~46면). 법인의 명칭은 법인등기기록과 동일하게 기재하여야 하고(특히 '주식회사'의 위치에 주의), "주식회사"를 "(주)"로 기재하여서는 안 되며, 법인등록번호·대표이사의 주민등록번호·대표이사의 주소 등은 기재하지 않는다(민사실무Ⅰ, 52면; 민사실무Ⅱ, 35면 각주 41).

2) 법인 등의 대표자를 표시함에 있어 법인 등기기록에 "대표"라는 문언이 포함된 대표기관의 경우에는 따로 "대표자"라는 표시를 하지 아니한 채 그 직명(대표이사, 대표사원 등)만을 기재하고, 그 밖의 경우에는 "대표자"임을 표시한 후 직명 및 성명을, 직명이 없는 경우에는 성명만을 기재하며, 대표자의 주민등록번호는 기재하지 않는 것이 보통이다(민사실무Ⅱ, 45~47면).

3) 자연인을 당사자로 표시하는 경우 과거에는 당사자의 성명을 기재한 다음 괄호 안에 주민등록번호를 기재하였으나 개인정보보호호법의 취지에 따라 개정된 재판서 양식에 관한 예규(재판예규 제1477호)는 2015. 1. 1.부터 민사사건의 판결서에는 당사자 등의 주민등록번호를 기재하지 않고 성명과 주소만 기재하며, 동명이인이 있을 때에는 생년월일이나 한자성명을 기재하도록 하고 있다. 다만, 예외적으로 등기·등록의 의사표시를 명하는 판결서나 공유물분할판결서에는 종전처럼 당사자 등의 성명, 주소뿐 아니라 주민등록번호도 기재하고 주민등록번호를 알 수 없는 경우에는 생년월일이나 한자성명을 기재한다(민사실무Ⅱ, 33면). 소장도 판결서의 기준을 따르면 된다(민사실무Ⅰ, 44면).

4) 동일한 당사자에 대하여 기록상 나타나 있는 주소가 2개 이상인 경우에는 현재의 주소로 추정되는 최신 주소를 기재하여야 할 것이다. 부동산 등기신청시 제공하는 정보에 기

소유권이전등기 등5) 청구의 소

청 구 취 지

1. 피고는 원고로부터 240,000,000원을 지급받음과 동시에6) 원고에게,

가. 원고와 소외 염창새마을금고 사이의 서울남부지방법원 2015. 12. 7.자 2015
카단20105호 소유권이전등기청구권 가압류결정에 의한 집행이 해제되면7)

재된 등기의무자의 표시가 등기기록과 일치하지 않는 경우 등기관은 그 등기신청을 각
하하게 되어 있는바(부동산등기법 제29조 제7호), 종래에는 등기기록에 기록되어 있는
자를 등기의무자로 하는 등기청구를 인용하는 판결에는 그 등기의무자인 피고의 주소가
등기기록상 주소와 상이한 경우에 등기의무자의 표시를 등기기록과 일치시키기 위하여
등기기록상 주소를 병기하였으나, 등기예규 제1383호(판결 등 집행권원에 의한 등기의
신청에 관한 업무처리지침)의 개정으로 판결에 의하여 등기권리자가 등기를 신청하는
때에도 판결문상의 피고의 주소가 등기기록상의 등기의무자의 주소와 다른 경우에는 등
기기록상 주소가 판결에 병기되어 있는지의 여부를 불문하고 동일인임을 증명할 수 있
는 자료를 제출하여야 하므로 굳이 등기기록상 주소를 병기할 필요가 없게 되었다(민사
실무Ⅱ, 42~43면). 소장에서 당사자의 주소를 기재함에 있어서도 마찬가지로 볼 수 있으
므로 등기기록상 주소의 병기는 사실상 의미가 없고 판결에 의하여 등기신청을 하는 당
사자는 주민등록등·초본 등 별도의 주소를 증명할 수 있는 서면을 제출하여야 하지만,
이러한 서면을 제출할 수 없는 당사자의 경우에는 등기기록상 주소를 병기하는 것이 도
움이 될 수 있다(민사실무Ⅰ, 48면).
5) 청구가 병합된 경우에는 그 중 대표적인 사건명과 "등"을 기재하는바(민사실무Ⅰ, 57면),
이 사건은 소유권이전등기청구가 주된 것으로 볼 수 있고 매매목적물에 관한 인도청구
가 부수적으로 포함되어 있다.
6) 매매계약상 재산권이전의무 및 목적물인도의무는 대금지급의무와 동시이행관계에 있으
므로(대법원 2000. 11. 28. 선고 2000다8533 판결), 피고의 대금채권에는 지연손해금이
가산되지 않는 것이 원칙이다. 또한, 소유권이전등기청구권이 가압류되어 있어 가압류의
해제를 조건으로 하여서만 소유권이전등기절차의 이행을 명받을 수 있는 자가 그 목적
물을 매도한 경우, 매도인이 소유권이전등기청구권의 가압류를 해제하여 완전한 소유권
이전등기를 하여 주는 것까지 매수인의 대금지급의무와 동시이행관계에 있다(대법원
2001. 7. 27. 선고 2001다27784, 27791 판결). 한편, 동시이행관계에 있는 채무 상호간에
는 이른바 당연효(존재효)가 인정되어 이행청구자가 반대의무를 이행 또는 이행제공을
하지 않는 한 상대방은 이행지체에 빠지지 않는다(대법원 2001. 7. 10. 선고 2001다3764
판결). 자세한 것은 쟁점해설 참조.
7) 소유권이전등기청구권에 대한 가압류나 가처분이 있는 경우라도 채무자가 제3채무자를
상대로 그 이행을 구하는 소송을 제기할 수 있으나, 법원은 가압류나 가처분의 해제를
조건으로 하지 아니하는 한 이를 인용하여서는 안 된다(대법원 1992. 11. 10. 선고 92다
4680 전원합의체판결; 대법원 1999. 2. 9. 선고 98다42615 판결). 이 사건에서 매수인의
매매대금지급의무와 동시이행관계에 있는 매도인의 의무는 매도인의 소유권이전등기의
무 및 목적물인도의무인 반면, 가압류 집행의 해제를 조건으로 하는 매도인의 의무는 소
유권이전등기 뿐이므로, 이를 분명히 하기 위하여 항을 나누어 서술한다.

별지 목록 기재 부동산[8])에 관하여 2015. 10. 25. 매매를 원인으로 한[9]) 소유
권이전등기절차를 이행하고,

나. 가.항 기재 부동산을 인도하라.[10])

2. 소송비용은 피고가 부담한다.

3. 제1항의 나.항은 가집행할 수 있다.[11])

라는 판결을 구합니다.

청 구 원 인

1. 소유권이전등기 및 목적물인도 청구

가. 원고는 2015. 10. 25. 피고로부터 피고 소유의 별지 목록 기재 부동산을 대
금 5억 원에 매수하는 계약을 체결[12])하면서, 계약금 1,000만 원은 계약 당일
에 지급하고, 중도금 5,000만 원은 2015. 11. 25.에, 잔금 2억4,000만 원은
2016. 1. 24.에 각 지급하되, 나머지 2억 원은 피고가 위 부동산을 담보로 제
공하고 신한은행으로부터 대출받은 2억 원에 관한 채무를 인수하기로 약정[13])

---

8) 집합건물에는 대지권도 포함되므로 '건물'이라고 표현하는 것은 적절하지 않다.
9) 소유권이전등기 및 제한물권설정·이전등기를 청구하는 경우 그 등기의 종류와 내용 및 등
기원인과 그 연월일을 기재하여야 한다(민사실무Ⅱ, 97~102면). 자세한 것은 쟁점해설 참조.
10) 의뢰인이 매매목적 부동산의 소유권이전등기 및 사무실의 점유를 확보할 수 있도록 소
를 제기하여 줄 것을 의뢰하였으므로 인도청구를 하여야 할 것이다. 인도청구 부분을 별
항으로 기재할 수도 있으나, 매매에서 매수인의 목적물인도의무도 매도인의 대금지급의
무와 동시이행관계에 있으므로(대법원 2000. 11. 28. 선고 2000다8533 판결), 반드시 동
시이행관계를 표시하여야 할 것이다.
11) 동시이행판결에 대하여도 가집행의 선고를 할 수 있다(민사실무Ⅱ, 177면 각주 5). 동시
이행관계에 있는 반대급부의 이행(또는 이행제공)은 집행개시의 요건이기 때문이다(민사
집행법 제41조 제1항).
12) 매매계약의 체결만으로 매수인의 소유권이전등기청구권이 발생하므로, 매매계약의 체결
사실만 주장·입증하면 된다. 매매계약체결사실에는 매도인의 재산권이전과 매수인의 대
금지급이 필수적으로 포함되어야 하고, 대금지급의 방법에 관한 사항은 본질적 요소가
아니다(요건사실론, 27면).
13) 부동산의 매수인이 매매목적물에 관한 근저당권의 피담보채무를 인수하는 한편, 그 채무
액을 매매대금에서 공제하기로 약정한 경우, 다른 특별한 약정이 없는 이상 이는 (면책
적) 채무인수가 아니라 이행인수로 보아야 하고, 매수인이 위 채무를 현실적으로 변제할
의무를 부담한다고 해석할 수 없으며, 특별한 사정이 없는 한 매수인은 매매대금에서 그
채무액을 공제한 나머지를 지급함으로써 잔금지급의무를 다하였다고 할 것이다(대법원
2004. 7. 9. 선고 2004다13083 판결). 자세한 것은 쟁점해설 참조.

하였습니다(갑 제1호증 : 부동산매매계약서, 갑 제2호증 : 부동산등기증명서).

나. 원고는 위 매매계약 체결시 계약금 및 중도금은 매수인이 발행하고 만기가 발행일로부터 10개월 이내인 은행도(銀行渡) 어음의 교부로 지급할 수 있다고 약정한 바에 따라 액면금 1,000만 원, 발행일 2015. 10. 25, 만기 2016. 5. 31.인 약속어음을 발행하여 교부함으로써 계약금을 지급하였습니다(갑 제3호 증의 1 : 약속어음 사본).

다. 이후 원고는 위 매매계약에서 약정한 중도금 지급기일 전인 2015. 11. 5.경 액면금 5,000만 원, 발행일 2015. 11. 5. 만기 2016. 6. 30.인 약속어음을 발행하여 피고에게 교부하려고 하였으나(갑 제3호증의 2 : 약속어음 사본), 피고는 아무런 이유 없이 그 수령을 거절[14]하였습니다(갑 제4호증 : 매매계약이행촉구서). 이에 원고는 2015. 11. 5. 피공탁자를 피고로 하여 위 약속어음을 중도금 변제 조[15]로 공탁하였습니다(갑 제5호증 : 공탁서).

라. 그렇다면 피고는 원고로부터 잔금 2억4,000만 원을 지급받음과 동시에, 원고에게 별지 목록 기재 부동산에 관하여 2015. 10. 25. 매매를 원인으로 한 소유권이전등기절차를 이행할 의무 및 매매의 목적물인 위 부동산을 인도할 의무도 있다고 할 것입니다.[16]

2. 예상되는 피고의 주장에 대하여

가. 계약해제 주장

1) 피고는 2015. 11. 10.경 원고가 중도금 지급기일 전[17]에 중도금 지급 조로 액면금 5,000만 원인 약속어음을 발행하여 현실제공 후 공탁한 점에 관하여 계

---

14) 채권자의 수령거절을 공탁원인으로 주장하기 위해서는 변제자가 변제의 제공을 한 사실과 채권자가 이를 수령하지 않은 사실을 주장·입증하여야 한다(민법 제487조). 자세한 것은 쟁점해설 참조.

15) 조(條) : 어떤 명목이나 조건을 나타내는 의존명사이다.

16) 요건사실이 아니라 법률효과에 해당하는 부분이지만 기재하는 것이 논증하는데 훨씬 도움이 된다.

17) 이행기의 약정이 있는 경우라 하더라도 당사자가 채무의 이행기 전에는 착수하지 아니하기로 하는 특약을 하는 등 특별한 사정이 없는 한 이행기 전에 이행에 착수할 수 있다(민법 제468조; 대법원 1993. 1. 19. 선고 92다31323 판결, 대법원 2002. 11. 26. 선고 2002다46492 판결). 자세한 것은 쟁점해설 참조.

약금 및 중도금을 모두 약속어음으로 받았을 '뿐 아직 결제되지 않아 현실적으로 수령한 사실이 없어 이행에 착수하지 않았으므로 계약금 조로 수령한 액면금 1,000만 원인 약속어음을 원고를 피공탁자로 하여 공탁함으로써, 민법 제565조와 그 내용이 동일한 이 사건 부동산매매계약서(갑 제1호증) 제5조[18] 에 의하여 계약을 해제한다고 주장할 것으로 보입니다(갑 제6호증 : 내용증명에 대한 답변, 갑 제7호증 : 공탁통지서).

2) 매도인이 민법 제565조에 의하여 계약금의 배액을 상환하고 계약을 해제하려면 매수인이 이행에 착수할 때까지 하여야 하는데, 이행기의 약정이 있다 하더라도 당사자가 채무의 이행기 전에는 착수하지 아니하기로 하는 특약을 하는 등 특별한 사정이 없는 한 그 이행기 전에 이행에 착수할 수도 있으며, 매수인이 매도인의 동의하에 매매계약의 계약금 및 중도금 지급을 위하여 은행도 어음을 교부한 경우에 매수인은 계약의 이행에 착수하였다고 할 것입니다.[19]

3) 원고와 피고는 위 매매계약을 체결하면서 계약금 및 중도금은 매수인이 발행한 은행도 어음(만기는 발행일로부터 10개월 이내)의 교부로 지급할 수 있다고 특약하였는바(갑 제1호증 : 부동산매매계약서), 원고가 매매계약 체결시 약정된 중도금 지급기일 이전에 중도금 지급에 갈음하여 약속어음을 발행 교부한 것은 정당한 이행에 착수한 것이므로 피고의 해제 주장은 이유 없다고 할 것입니다.

4) 아울러 이 사건 부동산매매계약서 제5조 및 민법 제565조에 의한 계약의 해제는 지급받은 계약금의 배액을 상환하여야 하는 것이 요건임에도 불구하고 피고는 원고로부터 계약금 조로 수령한 액면금 1,000만 원인 약속어음만을 원고에게 현실로 제공하지도 않은 채 공탁하였을 뿐이므로, 이러한 점에서도 피고의 해제주장은 이유 없는 것입니다.

---

18) 피고가 아직 답변을 하지 않은 상태이므로 민법 제565조를 근거로 해제권을 행사할 것인지, 아니면 매매계약서 제5조를 근거로 해제권을 행사할 것인지 모르는 상태이며, 기록상 '내용증명에 대한 답변'만으로 알 수 없는 상태이다. 다만, 민법 제3편 채권편의 규정은 원칙적으로 임의규정이며 제565조도 임의규정이라고 할 것이므로, 매매계약서 제5조를 근거로 하는 것이 원칙일 것이다. 민법 제565조 제1항에 의한 해제의 요건사실은 ① 매매계약 체결시 계약금을 교부한 사실, ② 계약 해제의 목적으로 계약금 배액을 현실제공한 사실(매도인의 경우) 또는 계약금 반환청구권 포기의 의사표시를 한 사실(매수인의 경우), ③ 매매계약 해제의 의사표시를 한 사실이다(요건사실론, 41~42면).

19) 대법원 2002. 11. 26. 선고 2002다46492 판결. 자세한 것은 쟁점해설 참조.

나. 채권가압류 주장

1) 피고는 원고에 대한 별지 목록 기재 부동산에 관한 소유권이전등기의무가 서울남부지방법원 2015카단20105 채권가압류 결정으로 원고에 대한 소유권이전등기절차의 이행이 금지되어 있으므로 원고의 위 청구에 응할 수 없다고 주장할 수 있습니다.

2) 일반적으로 채권에 대한 가압류가 있더라도 이는 채무자가 제3채무자로부터 현실로 급부를 추심하는 것만을 금지하는 것이므로 채무자는 제3채무자를 상대로 그 이행을 구하는 소송을 제기할 수 있고, 법원은 가압류가 되어 있음을 이유로 이를 배척할 수 없는 것이 원칙이나, 가압류된 소유권이전등기청구권에 기한 청구의 경우에는 가압류의 해제를 조건으로 법원은 이를 인용하여야 하므로, 청구취지와 같이 가압류해제를 조건으로 청구하는 것입니다.[20]

3. 결 어

이상과 같은 이유로 원고는 청구취지 기재와 같은 판결을 구하고자 이 청구에 이른 것입니다.

증 거 방 법[21]

1. 갑 제1호증 : 부동산매매계약서
1. 갑 제2호증 : 부동산등기사항증명서
1. 갑 제3호증의 1, 2 : 각 약속어음(사본)
1. 갑 제4호증 : 매매계약이행촉구서
1. 갑 제5호증 : 공탁서
1. 갑 제6호증 : 내용증명에 대한 답변
1. 갑 제7호증 : 공탁통지서

---

20) 대법원 1992. 11. 10. 선고 92다4680 전원합의체판결. 자세한 것은 쟁점해설 참조.
21) 법인 등기기록은 원칙적으로 당사자표시를 뒷받침하기 위한 것일 뿐 청구원인 사실을 뒷받침하는 것이 아니므로 증거방법이 아니라 첨부서류로 제출한다.

첨 부 서 류
(생략)

2016.　3.　26.

원고의 소송대리인
변호사　김상승　㊞

서울북부지방법원[22] 귀중

---

22) 민사소송법 제2조(보통재판적)에 따라 서울북부지방법원에 제기하거나 제20조(부동산이
　　있는 곳의 특별재판적)에 따라 서울남부지방법원에 제기할 수 있다.

[별지]23)

목   록

(1동의 건물의 표시)

서울24) 양천구 목동 187 비전빌딩(목동중앙본로38길 38)

철근콘크리트조 슬래브지붕 4층 근린생활시설 및 업무시설

1층 1863.50㎡

2층 1863.50㎡

3층 1863.50㎡

4층 1863.50㎡

(대지권의 목적인 토지의 표시)

서울 양천구 목동 187 대 2768㎡

(전유부분의 건물의 표시)

제4층 제401호 철근콘크리트조 231.83㎡

(대지권의 표시)

소유권 대지권 2768분의 47.22. 끝.25)

---

23) 부동산 표시 등을 별지로 처리하는 경우에 그 별지는 소장의 작성일, 작성자, 관할법원
   을 기재한 소장의 마지막 장 다음에 첨부하는 것이다.
24) 등기기록의 표제부에는 행정구역과 지번의 표시가 당사자의 주소 표시방법과 다소 다른
   방식(예 : 서울특별시, 187번지 등)으로 기재되어 있으나, 판결에서 토지를 표시할 때에
   는 지번주소 표기방법과 동일하게 기재하므로, 소장에도 이와 같은 방식으로 기재한다
   (민사실무Ⅱ, 88면).
25) 별지 목록의 맨 마지막 기재내용 바로 옆에는 목록의 변조를 막기 위하여 "끝."자를 반
   드시 기재하여야 한다(민사실무Ⅱ, 88면).

※ 쟁점해설

1. 매매계약상 의무의 동시이행관계 및 이행지체 (답안 각주 6 관련)

가. 쌍무계약상 당사자 쌍방의 급부의무는 원칙적으로 동시이행관계에 있는바 (민법 제536조), 매매의 경우에 매도인은 매수인에 대하여 매매의 목적이 된 권리를 이전하여야 하고 매수인은 매도인에게 그 대금을 지급하여야 하며, 이 쌍방의무는 특별한 약정이나 관습이 없으면 동시에 이행하여야 한다(민법 제568조). 이러한 명문의 규정이 없음에도 불구하고 매매계약상 매도인의 목적물인도의무는 매수인의 대금지급의무와 동시이행관계에 있다고 해석한다.[1]

나. 또한, 소유권이전등기청구권이 가압류되어 있어 가압류의 해제를 조건으로 하여서만 소유권이전등기절차의 이행을 명받을 수 있는 자가 그 목적물을 매도한 경우, 위 가압류를 해제하지 않고서는 자신 명의로 소유권이전등기를 마칠 수 없고, 따라서 매수인 명의로 소유권이전등기도 마쳐 줄 수가 없으므로, 그러한 경우에는 소유권이전등기청구권의 가압류를 해제하여 완전한 소유권이전등기를 하여 주는 것까지 동시이행관계에 있는 것으로 봄이 상당하고, 위 가압류가 해제되지 않는 이상 매수인은 매매잔대금의 지급을 거절할 수 있다.[2]

다. 한편, 쌍무계약에서 쌍방의 채무가 동시이행관계에 있는 경우 일방의 채무 이행기가 도래하더라도 상대방의 채무 이행제공이 있을 때까지는 그 채무를 이행하지 않아도 이행지체의 책임을 지지 않으며, 이와 같은 효과는 이행지체의 책임이 없다고 주장하는 자가 반드시 동시이행의 항변권을 행사하여야만 발생하는 것은 아니다(이른바 당연효 또는 존재효). 동시이행관계에 있는 쌍무계약상 자기채무의 이행을 제공하는 경우 그 채무를 이행함에 있어 상대방의 행위를 필요로 할 때에는 언제든지 현실로 이행을 할 수 있는 준비를 완료하고 그 뜻을 상대방에게 통지하여 그 수령을 최고하여야만 상대방으로 하여금 이행지체에 빠지게 할 수 있다.[3] 따라서 이 사건의 경우 원고가 변제기가 도과한 후에도 잔금지급의무를 이행하지 않았다고 하더라도 이와 동시이행관계에 있는 피고의 매매대금채권에는 지연손해금이 가산되지

---

1) 대법원 2000. 11. 28. 선고 2000다8533 판결.
2) 대법원 2001. 7. 27. 선고 2001다27784, 27791 판결.
3) 대법원 2001. 7. 10. 선고 2001다3764 판결.

않는 것이 원칙이며, 구체적 사안에서 피고가 소유권이전등기의무에 관하여 이행제공을 하였다면 지연손해금이 발생할 수도 있다.

라. 쌍무계약의 당사자 일방이 먼저 한번 현실의 제공을 하고 상대방을 수령지체에 빠지게 하였다 하더라도 그 이행제공이 계속되지 않는 경우는 과거에 이행제공이 있었다는 사실만으로 상대방이 가지는 동시이행의 항변권이 소멸하는 것은 아니므로, 일시적으로 당사자 일방의 의무의 이행제공이 있었으나 곧 그 이행제공이 중지되어 더 이상 그 제공이 계속되지 아니하는 기간 동안에는 상대방의 의무가 이행지체 상태에 빠졌다고 할 수는 없고, 따라서 그 이행제공이 중지된 이후에 상대방의 의무가 이행지체 되었음을 전제로 하는 손해배상청구도 할 수 없다.4) 다만, 쌍무계약에 있어서 당사자의 채무에 관하여 이행의 제공을 엄격하게 요구하면 불성실한 상대당사자에게 구실을 주게 될 수도 있으므로 당사자가 하여야 할 이행제공의 정도는 그의 시기와 구체적인 상황에 따라 신의 성실의 원칙에 어긋나지 않게 합리적으로 정하여야 하는 것이다.5)

마. 쌍무계약에 있어서 채무불이행으로 인하여 계약해제권이 발생하려면 계약을 해제하려고 하는 당사자는 쌍방채무의 이행기일에 자기채무의 이행제공을 하여 상대방을 이행지체에 빠지게 하여야만 해제권을 취득하며,6) 일방 당사자가 이행기에 한번 이행제공을 하여서 상대방을 이행지체에 빠지게 한 경우에 신의성실의 원칙상 이행을 최고하는 일방 당사자로서는 그 채무이행의 제공을 계속할 필요는 없다고 하더라도 상대방이 최고기간 내에 이행 또는 이행제공을 하면 계약해제권은 소멸되므로 상대방의 이행을 수령하고 자신의 채무를 이행할 수 있는 정도의 준비가 되어 있으면 된다.7)

바. 한편, 쌍무계약상 동시이행관계에 있는 의무자의 일방이 상대방의 이행지체를 이유로 한 해제권을 적법하게 취득하기 위해서는 이행청구에 표시된 이행기가 "일정한 기간 내"로 정하여진 경우라면 이행을 청구한 자가 원칙으로 그 기간 중 이행제공을 계속하여야 할 것이고, "일정한 일시" 등과 같이

---

4) 대법원 1999. 7. 9. 선고 98다13754 판결.
5) 위 98다13754 판결.
6) 대법원 1976. 12. 14. 선고 76다2370 판결.
7) 대법원 1996. 11. 26. 선고 96다35590, 35606 판결.

기일로 정하여진 경우에는 그 기일에 이행제공이 있어야 한다.[8)]

2. 가압류된 채권(등기청구권)의 이행청구와 제3채무자의 지체책임 (답안 각주 7, 20 관련)

가. 일반적으로 채권에 대한 가압류가 있더라도 이는 채무자가 제3채무자로부터 현실로 급부를 추심하는 것만을 금지하는 것이므로 채무자는 제3채무자를 상대로 그 이행을 구하는 소송을 제기할 수 있고, 법원은 가압류가 되어 있음을 이유로 이를 배척할 수 없는 것이 원칙이다.

나. 그러나, 소유권이전등기를 명하는 판결은 의사의 진술을 명하는 판결로서 이것이 확정되면 그 판결로 의사를 진술한 것으로 보아(민사집행법 제263조) 채무자는 일방적으로 이전등기를 신청할 수 있고(부동산등기법 제23조 제4항) 제3채무자는 이를 저지할 방법이 없으므로 이와 같은 경우에는 가압류의 해제를 조건으로 하지 않는 한 법원은 이를 인용하여서는 안 된다.[9)] 가처분이 있는 경우도 이와 마찬가지로 그 가처분의 해제를 조건으로 하여야만 소유권이전등기절차의 이행을 명할 수 있다.[10)] 소유권이전등기를 명하는 판결은 의사의 진술을 명하는 판결로서 이것이 확정되면 채무자는 일방적으로 이전등기를 신청할 수 있고 제3채무자는 이를 저지할 방법이 없기 때문이다.[11)]

다. 반면 금전채권이 가압류된 경우, 제3채무자는 채무자에 대하여 채무의 지급을 하여서는 안 되고, 채무자는 추심, 양도 등의 처분행위를 하여서는 안 되지만, 이는 이와 같은 변제나 처분행위를 하였을 때에 이를 가압류채권자에게 대항할 수 없다는 것이며, 채무자가 제3채무자를 상대로 이행의 소를 제기하여 집행권원을 얻더라도 이에 기하여 제3채무자에 대하여 강제집행을 할 수는 없다고 볼 수 있을 뿐이고 그 집행권원을 얻는 것까지 금하는 것은

---

8) 대법원 1992. 12. 22. 선고 92다28549 판결.
9) 민사실무Ⅱ, 113~114면(주문 기재례 ③ 및 각주 117)은 장래이행의 소에서 이 문제를 다루고 있으나, 장래이행의 소는 변론종결 당시를 기점으로 하여 이행기가 도래하지 않은 이행청구권에 기초하여 제기한 소를 말하는바, 가압류의 해제를 조건으로 하는 이행판결의 문제는 변제기가 도래한 채권에 관한 것으로서 장래이행의 소가 아니라 현재이행의 소이며, 다만 권리보호의 이익 또는 필요(소의 이익)가 있는지 문제될 뿐이다(이시윤, 민사소송법, 218면; 주석 민사소송법Ⅳ, 183~184면).
10) 대법원 1999. 2. 9. 선고 98다42615 판결.
11) 대법원 1992. 11. 10. 선고 92다4680 전원합의체판결.

아니다.12)

3. 등기절차의 이행을 구하는 청구취지에서 등기원인을 기재해야 하는지 여부 (답안 각주 9 관련)

가. 판결의 주문을 작성함에 있어 소유권이전등기 및 제한물권설정·이전등기를 명하는 경우 그 등기의 종류와 내용 및 등기원인과 그 연월일을 기재해야 하나,13) 기존등기의 등기원인이 부존재 내지 무효이거나 취소·해제에 의하여 소멸되었음을 이유로 말소등기 또는 회복등기를 명하는 경우에는 등기원인을 기재하지 않는다.

나. 다만, 후발적 실효사유에 의하여 장래에 향하여 실효됨을 원인으로 한 말소등기를 청구하는 경우(예 : 변제에 의한 저당권의 소멸, 소멸청구에 의한 전세권·지상권의 소멸, 임대차 해지에 의한 임차권의 소멸, 설정계약해지에 의한 근저당권의 소멸 등)에는 그 사유를 말소등기의 원인으로 기재하여야 한다.14)

다. 앞의 설명은 판결의 주문 작성방법에 관한 것이지만, 판결의 주문에 대응하는 소장의 청구취지를 작성할 때에 위와 같은 방법으로 하여야 할 것이다.

4. 부동산의 매수인이 매매목적물에 관한 근저당권의 피담보채무를 인수하면서 그 채무액을 매매대금에서 공제하기로 약정한 경우의 법률관계 (답안 각주 13 관련)

가. 부동산의 매수인이 매매목적물에 관한 근저당권의 피담보채무를 인수하는 한편, 그 채무액을 매매대금에서 공제하기로 약정한 경우, 다른 특별한 약정이 없는 이상 이는 면책적 채무인수가 아니라 이행인수로 보아야 하고, 매수인이 위 채무를 현실적으로 변제할 의무를 부담한다고 해석할 수 없으며, 특별한 사정이 없는 한 매수인은 매매대금에서 그 채무액을 공제한 나머지를 지급함으로써 잔금지급의무를 다하였다고 할 것이다.15)

나. 매매목적물에 관한 근저당권의 피담보채무를 인수한 매수인이 인수채무의

---

12) 대법원 1989. 11. 24. 선고 88다카25038 판결.
13) 민사실무Ⅱ, 97~102면.
14) 민사실무Ⅱ, 103면.
15) 대법원 2004. 7. 9. 선고 2004다13083 판결.

일부인 근저당권의 피담보채무의 변제를 게을리함으로써 매매목적물에 관하여 근저당권의 실행으로 임의경매절차가 개시되고 매도인이 경매절차의 진행을 막기 위하여 피담보채무를 변제하였다면, 매도인은 채무인수인에 대하여 손해배상채권을 취득하는 이외에 이 사유를 들어 매매계약을 해제할 수 있다.[16]

다. 부동산매매계약과 함께 이행인수계약이 이루어진 경우, 매수인이 인수한 채무는 매매대금지급채무에 갈음한 것으로서 매도인이 매수인의 인수채무불이행으로 말미암아 또는 임의로 인수채무를 대신 변제하였다면, 그로 인한 손해배상채무 또는 구상채무는 인수채무의 변형으로서 매매대금지급채무에 갈음한 것의 변형이므로 매수인의 손해배상채무 또는 구상채무와 매도인의 소유권이전등기의무는 대가적 의미가 있어 이행상 견련관계에 있다고 인정되고, 따라서 양자는 동시이행의 관계에 있다고 해석함이 공평의 관념 및 신의칙에 합당하다.[17]

5. 변제공탁의 요건 (답안 각주 14 관련)

가. 민법 제487조는 수령거절, 수령불능, 채권자 불확지의 경우에 변제공탁을 할 수 있다고 규정하는바, 채권자의 수령거절을 공탁원인으로 주장하기 위해서는 변제자가 변제의 제공을 한 사실과 채권자가 이를 수령하지 않은 사실을 주장·입증하여야 한다.

나. 그런데 채권자가 미리 수령을 거절한 경우에는 변제의 제공 없이 바로 공탁할 수 있으므로 이 경우에는 채권자가 미리 수령을 거절한 사실만을 입증하면 충분하고, 채권자가 명시적으로 수령거절의 의사를 표명하지 않았더라도 채권자의 태도로 보아 변제제공을 하더라도 이를 수령하지 않을 것이 명백한 경우에는 변제의 제공이 요구되지 않으므로,[18] 이러한 채권자의 태도를 추인케 하는 일련의 사실을 주장·입증함으로써 수령거절사실을 충족시킬 수 있다.[19]

---

16) 위 2004다13083 판결.
17) 위 2004다13083 판결.
18) 대법원 1998. 10. 20. 선고 98다30537 판결.
19) 요건사실론, 56면.

6. 변제기 전의 변제와 해약금에 기한 계약해제 (답안 각주 17, 19 관련)

가. 민법 제565조 제1항은 매매의 당사자일방이 계약당시에 금전 기타 물건을 계약금, 보증금 등의 명목으로 상대방에게 교부한 때에는 당사자간에 다른 약정이 없는 한 당사자의 일방이 이행에 착수할 때까지 교부자는 이를 포기하고 수령자는 그 배액을 상환하여 매매계약을 해제할 수 있다고 규정하고 있고, 민법 제468조는 변제기 전의 변제에 관하여 당사자의 특별한 의사표시가 없으면 변제기 전이라도 채무자는 변제할 수 있으나 상대방의 손해는 배상하여야 한다고 규정하고 있다.

나. 민법 제565조가 해제권 행사의 시기를 당사자의 일방이 이행에 착수할 때까지로 제한한 것은 당사자의 일방이 이미 이행에 착수한 때에는 그 당사자는 그에 필요한 비용을 지출하였을 것이고, 또 그 당사자는 계약이 이행될 것으로 기대하고 있는데 만일 이러한 단계에서 상대방으로부터 계약이 해제된다면 예측하지 못한 손해를 입게 될 우려가 있으므로 이를 방지하고자 함에 있다.[20] 따라서 이행기의 약정이 있는 경우라 하더라도 당사자가 채무의 이행기 전에는 착수하지 않기로 하는 특약을 하는 등 특별한 사정이 없는 한 이행기 전에 이행에 착수할 수 있다.[21]

다. 매수인은 민법 제565조 제1항에 따라 본인 또는 매도인이 이행에 착수할 때까지는 계약금을 포기하고 계약을 해제할 수 있는바, 여기에서 이행에 착수한다는 것은 객관적으로 외부에서 인식할 수 있는 정도로 채무의 이행행위의 일부를 하거나 또는 이행을 하기 위하여 필요한 전제행위를 하는 경우를 말하는 것으로서 단순히 이행의 준비를 하는 것만으로는 부족하고, 그렇다고 반드시 계약내용에 들어맞는 이행제공의 정도에까지 이르러야 하는 것은 아니지만, 매도인이 매수인에 대하여 매매계약의 이행을 최고하고 매매잔대금의 지급을 구하는 소송을 제기한 것만으로는 이행에 착수하였다고 볼 수 없다.[22]

---

20) 대법원 1993. 1. 19. 선고 92다31323 판결.
21) 대법원 2002. 11. 26. 선고 2002다46492 판결.
22) 대법원 2008. 10. 23. 선고 2007다72274 판결.

제3장

건물철거, 법정지상권 관련 청구

※ 문 제

귀하(변호사 김상승)는 의뢰인 신성일과 상담일지 기재와 같은 내용으로 상담하고, 사건을 수임하면서 첨부서류를 자료로 받았다. 귀하는 의뢰인의 요구사항 및 이익에 최대한 부합하는 소장을 작성하되, 청구원인을 작성함에 있어 먼저 청구원인사실을 중심으로 기재한 다음 기록 내용에 비추어 피고 (들)가 법령 및 판례에 따라 제기할 것으로 예상되는 주장 및 항변을 정리하고 각 그에 대한 반론을 개진하시오.

【작성요령】

1. 본 기록 내에 나타나 있는 사실관계 및 증거자료만을 기초로 하고, 별도의 법률행위 또는 사실행위를 한 것을 전제로 하지 말 것.
   단, 의뢰인의 요구를 충족하기 위하여 특정 권리의 행사가 필요한 경우에는 소장을 통하여 행사할 것.
2. 사실관계 주장은 첨부된 자료 중 증거로 신청·제출이 가능한 자료를 토대로 하여 증거법상 법원에 의하여 인정받을 가능성이 있다고 판단되는 내용으로 한정할 것.
3. 각종 서류는 모두 적법하게 작성되었고, 기록상 일자의 요일은 실제 요일과 무관하게 토요일 또는 공휴일이 없는 것을 전제로 할 것.
4. 법리적인 주장은 현행 법령 및 대법원 판례의 태도에 비추어 받아들여질 가능성이 없다고 판단되는 내용은 제외하며, 귀하가 소를 제기하는 경우 상대방은 적극적으로 응소하는 것을 전제로 할 것.
5. 소장의 기재사항 중 증거방법 및 첨부서류란을 생략하여도 무방함.
6. 부동산의 표시는 별지로 처리할 것.
7. 일정한 비율로 계산한 돈을 청구하는 경우에는 연 또는 월 단위로 끊어 계산

하는 것을 원칙으로 하고, 점유·사용으로 인한 현재 발생한 또는 장래 발생할 부당이득반환청구를 하는 경우에는 소 제기일까지 연 또는 월 단위로 계산 가능한 원금을 계산하고 소 제기일 이후분에 대하여는 비율로 청구할 것.

8. 소장의 작성일 및 소(訴) 제기일은 2016. 4. 16.로 할 것.

[참고자료]

각급 법원의 설치와 관할구역에 관한 법률 (일부)

[시행 2014.12.30.] [법률 제12879호, 2014.12.30., 일부개정]

제4조(관할구역) 각급 법원의 관할구역은 다음 각 호의 구분에 따라 정한다. 다만, 지방법원 또는 그 지원의 관할구역에 시·군법원을 둔 경우 「법원조직법」 제34조 제1항 제1호 및 제2호의 사건에 관하여는 지방법원 또는 그 지원의 관할구역에서 해당 시·군법원의 관할구역을 제외한다.

　1. 각 고등법원·지방법원과 그 지원의 관할구역: 별표 3

　2. ~7. 생략

[별표 3] 고등법원·지방법원과 그 지원의 관할구역 (일부)

고등법원	지방법원	지원	관할구역
서울	서울중앙		서울특별시 종로구·중구·강남구·서초구·관악구·동작구
	서울동부		서울특별시 성동구·광진구·강동구·송파구
	서울남부		서울특별시 영등포구·강서구·양천구·구로구·금천구
	서울북부		서울특별시 동대문구·중랑구·성북구·도봉구·강북구·노원구
	서울서부		서울특별시 서대문구·마포구·은평구·용산구
	의정부		의정부시·동두천시·구리시·남양주시·양주시·연천군·포천시·가평군, 강원도 철원군. 다만, 소년보호사건은 앞의 시·군 외에 고양시·파주시
		고양	고양시·파주시
	인천		인천광역시. 다만, 소년보호사건은 앞의 광역시 외에 부천시·김포시
		부천	부천시·김포시
	수원		수원시·오산시·용인시·화성시. 다만, 소년보호사건은 앞의 시 외에 성남시·하남시·평택시·이천시·안산시·광명시·시흥시·안성시·광주시·안양시·과천시·의왕시·군포시·여주시·양평군
		성남	성남시·하남시·광주시
		여주	이천시·여주시·양평군
		평택	평택시·안성시
		안산	안산시·광명시·시흥시
		안양	안양시·과천시·의왕시·군포시

상 담 일 지

접 수 번 호	2016민083	상 담 일	2016. 4. 14.
상 담 인	신성일	연 락 처	010-1234-5603
담당변호사	김상승	사 건 번 호	

【상담내용】

1. 서울특별시 동대문구 신설동 102 토지 위에는 원래 단층주택이 건축되어 있었는데, 위 토지 및 그 지상 단층주택을 매수하여 소유권을 취득한 김수로가 2010. 2. 11. 농협으로부터 대출을 받으면서 위 토지 및 단층주택을 공동담보로 제공하여 근저당권설정등기를 마쳤다.

2. 김수로는 2013. 9. 30.경 건축업자 서성문에게 위 단층주택의 철거와 3층 주택의 신축공사를 도급 주었는데, 서성문은 2013. 10.경 위 단층주택을 철거하고 3층 주택의 신축공사를 시행하여 2014. 3.경 완공하였다.

3. 농협은 김수로가 대출금 변제기에 이를 변제하지 않자 위 근저당권에 기하여 토지 및 건물에 관하여 임의경매를 신청하였다.

4. 위 임의경매절차에서 위 단층주택이 이미 철거(멸실)되었다는 이유로 위 단층주택에 대한 경매절차는 취소되고, 대지에 대한 경매절차만이 속행되어 2014. 4. 23. 박영숙이 위 토지를 낙찰(최고가매수신고)받았고, 그 후 토지의 소유권은 위 박영숙으로부터 이춘자를 거쳐 2014. 10. 10. 신성일에게로 순차 이전되었다.

5. 신성일은 지상 건물에 관한 등기사항증명서를 보니 그 소유권이 서성문에게 있는 것으로 되어 있어 2014. 10. 25. 서성문으로부터 신축건물을 대금 1억 8,000만 원에 매수하기로 약정하고 계약금 2,000만 원을 서성문에게

지급하였으나, 신축건물 전체를 김수로가 점유·사용하고 있다.

【의뢰인의 요구사항】

의뢰인은 자신의 토지소유권을 최대한 행사할 수 있는 방법을 강구해달라
고 하면서 사건을 의뢰하였는바, 이 사건 토지 위에 건축된 건물이 토지의
위치 및 형상에 비추어 비효율적으로 건축되었다는 이유로 가능하면 의뢰
인이 서성문에게 계약금으로 지급한 2,000만 원의 범위 내에서 손해를 입
더라도 그 건물을 철거하고 새로운 건물을 건축할 수 있도록 해 주고(다만,
건물철거가 불가능하다면 그 상황에서 최선의 조치를 취해줄 것을 요구함), 금전
청구를 함에 있어서는 최대한 금원을 많이 받을 수 있게 해 줄 것을 요구
하였다.

【첨부서류】

1. 등기사항전부증명서(토지)
2. 등기사항전부증명서(건물)
3. 등기사항전부증명서(건물)
4. 부동산매매계약서
5. 내용증명우편(제목: 내용통지서, 발신: 김수로, 수신: 신성일)
6. 통지서첨부(도급계약서)
7. 우편물배달증명서
8. 부동산시세확인서

종합법률사무소 다일
변호사 박조정, 양화해, 서온유, 김상승, 이승소
서울 동대문구 양진대로 777
전화 : 961-1543 팩스 : 961-1544 이메일 : sskim@daillaw.com

등기사항전부증명서(말소사항 포함) - 토지

[토지] 서울특별시 동대문구 신설동 102

고유번호 1152-1996-531218

【 표 제 부 】		(토지의 표시)			
표시번호	접 수	소 재 지 번	지 목	면 적	등기원인 및 기타사항
1 (전2)	1983년4월11일	서울특별시 동대문구 신설동 102	대	280m²	부동산등기법 제177조의6 제1항의 규정에 의하여 2000년 9월 15일 전산이기

【 갑 구 】		(소유권에 관한 사항)		
순위번호	등 기 목 적	접 수	등기원인	권리자 및 기타사항
1 (전7)	소유권이전	1982년11월20일 제2278호	1982년9월22일 매매	소유자 김옥자 411221-2****** 서울 서초구 반포동 423
				부동산등기법 제177조의6 제1항의 규정에 의하여 2000년 9월 15일 전산이기
2	소유권이전	2006년10월14일 제107330호	2006년9월13일 매매	소유자 김수로 680211-1****** 서울 동대문구 휘경동 100
3	임의경매개시결정	2013년12월5일 제108330호	2013년12월1일 서울북부지방법원의 임의경매개시결정(2013 타경12345)	채권자 농업협동조합 서울 중구 을지로1가 101-1 (여신관리부)

* 실선으로 그어진 부분은 말소사항을 표시함.   * 등기부에 기록된 사항이 없는 갑구 또는 을구는 생략함.

[인터넷 발급] 문서 하단의 바코드를 스캐너로 확인하거나, **인터넷등기소**(http://www.iros.go.kr)의 **발급확인** 메뉴에서 **발급확인번호**를 입력하여 **위·변조 여부**를 확인할 수 있습니다. 발급확인번호를 통한 확인은 발행일로부터 3개월까지 5회에 한하여 가능합니다.

발행번호 123456789A123456789B123456789C123   1/3   발급확인번호 ALTQ-COHX-3570   발행일 2016/04/14

[토지] 서울특별시 동대문구 신설동 102   고유번호 1152-1996-531218

순위번호	등 기 목 적	접 수	등기원인	권리자 및 기타사항
4	소유권이전	2014년6월7일 제109341호	2014년5월31일 임의경매로 인한 낙찰	소유자 박영숙 600113-2****** 성남시 분당구 서현동 111
5	임의경매개시결정등기 말소	2014년6월7일 제109341호	2014년5월31일 임의경매로 인한 낙찰	
6	소유권이전	2014년8월14일 제117330호	2014년7월13일 매매	소유자 이춘자 531113-2****** 성남시 분당구 서현동 112
7	소유권이전	2014년10월10일 제118330호	2014년9월13일 매매	소유자 신성일 580802-1****** 수원시 권선구 금곡동 520

【 을 구 】		(소유권 이외의 권리에 관한 사항)		
순위번호	등 기 목 적	접 수	등기원인	권리자 및 기타사항
1	근저당권설정	2010년2월11일 제45235호	2010년2월10일 설정계약	채권최고액 금 250,000,000원 채무자 김수로 680211-1****** 서울 동대문구 휘경동 100 근저당권자 농업협동조합 서울 중구 을지로1가 101-1 (여신관리부) 공동담보 건물 서울특별시 동대문구 신설동 102

[토지] 서울특별시 동대문구 신설동 102　　　　　　　　　고유번호 1152-1996-531218

순위번호	등 기 목 적	접 　 수	등기원인	권리자 및 기타사항
2	1번근저당권설정 등기말소	2014년6월7일 제49341호	2014년5월31일 임의경매로 인한 낙찰	

--- 이 하 여 백 ---

수수료 금 1,000원 영수함　　　　　　　　　　　관할등기소 서울북부지방법원 동대문등기소/
　　　　　　　　　　　　　　　　　　　　　　　발행등기소 법원행정처 등기정보중앙관리소

이 증명서는 부동산 등기기록의 내용과 틀림없음을 증명합니다.
서기　2016년 04월 14일
법원행정처 등기정보중앙관리소　　　　　　　　전산운영책임관

* 실선으로 그어진 부분은 말소사항을 표시함.　　* 등기부에 기록된 사항이 없는 갑구 또는 을구는 생략함.

[인터넷 발급] 문서 하단의 바코드를 스캐너로 확인하거나, **인터넷등기소**(http://www.iros.go.kr)의 **발급확인** 메뉴에서 **발급확인번호**를 입력하여
위·변조 여부를 확인할 수 있습니다. **발급확인번호**를 통한 확인은 발행일로부터 3개월까지 5회에 한하여 가능합니다.

발행번호　123456789A123456789B123456789C123　　　　3/3　　발급확인번호 ALTQ-COHX-3570　　발행일 2016/04/14

등기사항전부증명서(말소사항 포함) – 건물

[건물] 서울특별시 동대문구 신설동 102

고유번호 1152-1996-531221

【 표　제　부 】　(건물의 표시)

표시번호	접　수	소 재 지 번	건 물 내 역	등기원인 및 기타사항
~~1~~ (전3)	~~1983년4월11일~~	~~서울특별시 동대문구 신설동 102~~	~~벽돌조 기와지붕 단층 주택 100㎡~~	부동산등기법 제177조의6 제1항의 규정에 의하여 2000년 9월 15일 전산이기
2		서울특별시 동대문구 신설동 102 [도로명주소] 서울특별시 동대문구 왕산로2길 28	벽돌조 기와지붕 단층 주택 100㎡	도로명주소 2011년 12월 5일 등기

【 갑　구 】　(소유권에 관한 사항)

순위번호	등 기 목 적	접　수	등기원인	권리자 및 기타사항
1 (전3)	소유권이전	1982년11월20일 제2278호	1982년9월22일 매매	소유자 김옥자 411221-2***** 서울 서초구 반포동 423
				부동산등기법 제177조의6 제1항의 규정에 의하여 2000년 9월 15일 전산이기
2	소유권이전	2006년10월14일 제107330호	2006년9월13일 매매	소유자 김수로 680211-1***** 서울 동대문구 휘경동 100

* 실선으로 그어진 부분은 말소사항을 표시함.　* 등기부에 기록된 사항이 없는 갑구 또는 을구는 생략함.

[인터넷 발급] 문서 하단의 바코드를 스캐너로 확인하거나, **인터넷등기소**(http://www.iros.go.kr)의 발급확인 메뉴에서 **발급확인번호**를 입력하여 **위·변조 여부를 확인할 수 있습니다. 발급확인번호**를 통한 확인은 발행일로부터 3개월까지 5회에 한하여 가능합니다.

발행번호 123456789A123456789B123456789C124　　1/2　　발급확인번호 ALTQ-COHX-3572　　발행일 2013/12/09

[건물] 서울특별시 동대문구 신설동 102   고유번호 1152-1996-531221

순위번호	등 기 목 적	접 수	등기원인	권리자 및 기타사항
3	임의경매개시결정	2013년12월5일 제108330호	2013년12월1일 서울북부지방법원 임의경매개시결정(2013타경 12345)	채권자 농업협동조합 서울 중구 을지로1가 101-1 (여신관리부)

【 을 구 】				(소유권 이외의 권리에 관한 사항)
순위번호	등 기 목 적	접 수	등기원인	권리자 및 기타사항
1	근저당권설정	2010년2월11일 제45235호	2010년2월10일 설정계약	권리고액 금 250,000,000원 채무자 김수로 680211-1****** 서울 동대문구 휘경동 100 근저당권자 농업협동조합 서울 중구 을지로1가 101-1 (여신관리부) 공동담보 토지 서울특별시 동대문구 신설동 102

--- 이 하 여 백 ---

수수료 금 1,000원 영수함   관할등기소 서울북부지방법원 동대문등기소/
                                    발행등기소 법원행정처 등기정보중앙관리소

이 증명서는 부동산 등기기록의 내용과 틀림없음을 증명합니다.
서기 2013년 12월 09일
법원행정처 등기정보중앙관리소   전산운영책임관

* 실선으로 그어진 부분은 말소사항을 표시함.   * 등기부에 기록된 사항이 없는 갑구 또는 을구는 생략함.

[인터넷 발급] 문서 하단의 바코드를 스캐너로 확인하거나, **인터넷등기소**(http://www.iros.go.kr)의 **발급확인** 메뉴에서 **발급확인번호**를 입력하여
위·변조 여부를 확인할 수 있습니다. **발급확인번호**를 통한 확인은 발행일로부터 3개월까지 5회에 한하여 가능합니다.

발행번호 123456789A123456789B123456789C124   2/2   발급확인번호 ALTQ-COHX-3572   발행일 2013/12/09

등기사항전부증명서(말소사항 포함) - 건물

[건물] 서울특별시 동대문구 신설동 102

고유번호 1152-2014-531221

【 표 제 부 】 (건물의 표시)

표시번호	접 수	소 재 지 번	건 물 내 역	등기원인 및 기타사항
1	2014년3월31일	서울특별시 동대문구 신설동 102 [도로명주소] 서울특별시 동대문구 왕산로2길 28	철근콘크리트조 평슬래브지붕 3층 주택 1층 130㎡ 2층 130㎡ 3층 70㎡	

【 갑 구 】 (소유권에 관한 사항)

순위번호	등 기 목 적	접 수	등 기 원 인	권리자 및 기타사항
1	소유권보존	2014년3월31일 제112330호		소유자 서성문 560802-1****** 서울 동대문구 회기동 123

--- 이 하 여 백 ---

수수료 금 1,000원 영수함

관할등기소 서울북부지방법원 동대문등기소/
발행등기소 법원행정처 등기정보중앙관리소

이 증명서는 부동산 등기기록의 내용과 틀림없음을 증명합니다.
　　　서기 2016년 04월 14일
　　　법원행정처 등기정보중앙관리소　　　　　　전산운영책임관

* 실선으로 그어진 부분은 말소사항을 표시함.　　* 등기부에 기록된 사항이 없는 갑구 또는 을구는 생략함.

[인터넷 발급] 문서 하단의 바코드를 스캐너로 확인하거나, 인터넷등기소(http://www.iros.go.kr)의 발급확인 메뉴에서 발급확인번호를 입력하여
위·변조 여부를 확인할 수 있습니다. 발급확인번호를 통한 확인은 발행일로부터 3개월까지 5회에 한하여 가능합니다.

발행번호 123456789A123456789B123456789C125　　　1/1　　발급확인번호 ALTQ-COHX-3572　　발행일 2016/04/14

부 동 산 매 매 계 약 서

매도인과 매수인 쌍방은 아래 표시 부동산에 관하여 다음 계약 내용과 같이 매매계약을 체결한다.

1. 부동산의 표시

부 동 산	서울특별시 동대문구 신설동 102 지상 3층 주택			
토 지			면 적	
건 물	구조·용도	철근콘크리트조 주택	면적(전용)	

2. 계약내용

제 1 조 (목적) 위 부동산의 매매에 대하여 매도인과 매수인은 합의에 의하여 매매대금을 아래와 같이 지불하기로 한다.

매매대금	금 일억팔천만 원정(₩180,000,000)		
계 약 금	금 이천만 원정((₩20,000,000)은 계약시에 지불하고 영수함 **영수인 서성문**		
융 자 금	금　　　　원정(　　은행)을 승게키로 한다.	임대보증금	총　　　　원정을 승게키로 한다.
중 도 금	금　　　　원정(　　)은　　년　　월　　일에 지불하며		
	금　　　　원정(　　)은　　년　　월　　일에 지불한다.		
잔 금	금 일억육천만 원정(₩160,000,000)은 2014년 12월 26일에 지불한다.		

제 2 조 (소유권 이전 등) 매도인은 매수인에게 2014년 12월 26일까지 소유권이전등기에 필요한 모든 서류를 교부하고 등기절차에 협력하며, 같은 날 부동산을 인도하기로 한다.

제 3 조 (제한물권 등의 소멸) 매도인은 위의 부동산에 설정된 저당권, 지상권, 임차권 등 소유권의 행사를 제한하는 사유가 있거나, 조세공과 기타 부담금의 미납금 등이 있을 때에는 잔금 수수일까지 그 권리의 하자 및 부담 등을 제거하여 완전한 소유권을 매수인에게 이전한다. 다만, 승계하기로 합의하는 권리 및 금액은 그러하지 아니하다.

제 4 조 (지방세 등) 위 부동산에 관하여 발생한 수익의 귀속과 제세공과금 등의 부담은 위 부동산의 인도일을 기준으로 하되, 지방세의 납부의무 및 납부책임은 지방세법의 규정에 의한다.

제 5 조 (계약의 해제) 매수인이 매도인에게 중도금(중도금이 없을 때에는 잔금)을 지불하기 전까지 매도인은 계약금의 배액을 상환하고, 매수인은 계약금을 포기하고 본 계약을 해제할 수 있다.

제 6 조 (채무불이행과 손해배상) 매도인 또는 매수인이 본 계약상의 내용을 불이행할 경우

그 상대방은 불이행한 자에 대하여 서면으로 최고하고 계약을 해제할 수 있다. 그리고 계약당 사자는 계약해제에 따른 손해배상을 각각 상대방에게 청구할 수 있으며, 손해배상에 대하여 별도의 약정이 없는 한 계약금을 손해배상의 기준으로 본다.

제 7 조 **(중개수수료)** 부동산중개업자는 매도인 또는 매수인의 본 계약 불이행에 대하여 책임 을 지지 않는다. 또한, 중개수수료는 본 계약체결과 동시에 계약 당사자 쌍방이 각각 지불하 며, 중개업자의 고의나 과실없이 본 계약이 무효·취소 또는 해제되어도 중개수수료는 지급한 다. 공동 중개인 경우에 매도인과 매수인은 자신이 중개 의뢰한 중개업자에게 각각 중개수수 료를 지급한다(중개수수료는 거래가액의 0.5%로 한다).

제 8 조 **(중개대상물확인·설명서 교부 등)** 중개업자는 중개대상물 확인·설명서를 작성하고 업무보증관계증서(공제증서등) 사본을 첨부하여 2014년 10월 25일 거래당사자 쌍방에게 교부 한다.

특약사항	매도인은 건축주인 김수로와의 법률관계를 완전히 정리한 후 잔금 수령에 앞서 매수인에 대하여 소유권이전에 필요한 모든 서류를 교부하고 목적물을 인도하며, 약정된 잔금지급일에도 불구하고 매도인이 위 의무를 다 할 때까지 매수인은 잔금을 지급하지 않을 수 있음.

본 계약을 증명하기 위하여 계약 당사자가 이의 없음을 확인하고 각각 서명·날인 후 매도인, 매수인 및 중개업자는 매장마다 간인하여야 하며, 각 1통씩 보관한다.

2014년 10월 25일

매도인	주 소	서울 동대문구 회기동 123					
	주민등록번호	560802-1022111	전 화	653 -8864	성명	서성문	
	대 리 인	주소		주민등록번호		성명	
매수인	주 소	수원시 권선구 금곡동 520					
	주민등록번호	580802-1542118	전 화	657 -2424	성명	신성일	
	대 리 인	주소		주민등록번호		성명	
중개업자	사무소소재지	서울특별시 동대문구 신설동 56-3					
	사무소명칭	우리공인중개소					
	대 표	서명·날인	정 영 만				
	등 록 번 호	서울 2008-12	전 화		529-3258		
	소속공인중개사						

내 용 통 지 서

수신 : 신성일

　　　　수원시 권선구 금곡동 520

발신 : 김수로

　　　　서울 동대문구 휘경동 100

　삼가 건승하옵고,

　발신인은 서울특별시 동대문구 신설동 102번지 지상건물의 소유자입니다. 부동산등기부에는 소유자가 서성문으로 등재되어 있고, 귀하께서는 이를 믿고 매매계약을 하였다는 사실을 우연히 알게 되었습니다. 그러나 실제 소유자는 발신인이며, 서성문은 건축업자에 불과합니다. 발신인이 서성문에 대하여 아직 지급하지 못한 공사대금이 있는 것은 사실이지만, 정확하게 어떤 경위인지 몰라도 서성문 앞으로 등기가 된 상태일 뿐입니다. 발신인은 귀하에게 지상건물을 매도할 의사도 있으니 의향이 있으시면 연락하여 주시기 바랍니다.

　＊ 첨부서류: 건물철거 및 건축공사도급계약서

2015. 9. 24.

발신인 김수로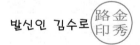

신성일　귀하

건물철거 및 건축공사 도급계약서   사본임

제 1 조

을은 갑에 대하여 아래 건물에 대한 철거 및 신축건물 건축공사를 도급 받아 이를 완성할 것을 약정하고, 갑은 이에 대하여 보수를 지급할 것을 약정하였다.

아　래

철거 : 서울특별시 동대문구 신설동 102번지 280㎡ 소재 대지 벽돌조 기와지붕 단 층 주택 100㎡

신축 : 위 토지상에 철근콘크리트조 평슬래브지붕 3층 주택(1층 130㎡, 2층 130㎡, 3층 70㎡)에 대한 건축공사 일체.
다만, 공사사양은 갑이 제공한 설계도와 같다.

제 2 조

을은 본 계약의 성립일로부터 7일 이내에 건축공사에 착수하고 공사착수일로부터 6개월 이내에 이것을 완성하며 완성일로부터 14일 이내에 갑에게 인도하는 것으로 한다.

제 3 조

도급금액은 총액을 일금 2억원으로 정하며 갑은 을에 대하여 본 계약의 성립과 동시에 금 5천만원, 공사완성 후 인도함과 동시에 잔금 1억5천만원을 지불한다.

제 4 조

건축에 필요한 자재 및 노무에 대하여는 전부 을이 공급한다.

제 5 조

공사 중 건축자재의 가격에 변동이 생겼을 경우는 을의 책임으로 한다.

다만, 갑이 제3조의 지불시기로 정하여진 날보다 늦게 지불함으로써 생긴 자재 값의 인상에 대하여는 갑의 책임으로 한다.

제 6 조

을이 전 2조의 기일에 공사를 완공하지 못하여 목적물을 인도하는 것이 불가능하게 된 때에는 그 일수에 따라 일일 금＿＿＿원 비율로 지체배상금을 갑에게 지불한다. 이 경우 갑은 을에 대하여 지불하여야 할 보수 중 상기 금액을 공제할 수 있다.

제 7 조

갑은 본 건축의 설계사양을 변경할 수 있다. 이 때 갑과 을은 보수의 증감 및 공사물의 완성과 인도시기의 변경에 대하여 협의하여 이를 정한다.

제 8 조

본 건축공사에 하자가 발생하였을 경우 을은 인도일로부터 10년간 그 담보책임을 진다.

제 9 조

본 건축공사 완공 후에 천재지변에 의한 불가항력에 의해 목적물이 멸실 또는 훼손되었을 경우에는 을이 그 위험에 대한 책임을 진다.

제 10 조

갑은 본 건축공사 중 필요에 따라 계약을 해지할 수 있다. 다만 갑은 이에 따른 손해를 배
상하여야 한다.

제 11 조

본 계약에 관하여 분쟁이 있을 경우 서울중앙지방법원을 그 관할 법원으로 한다.

※특약사항
제3조에도 불구하고, 을은 건물완공 후 신축건물의 2층과 3층을 임대하여 얻는 수
입으로 먼저 공사대금에 충당하고 나머지는 갑이 가지기로 하며, 임대수입으로 공
사대금을 모두 충당하지 못한 경우 신축건물에 관하여 갑의 이름으로 준공검사를
받아 준공하고 갑은 소유권보존등기를 필한 후 은행으로부터 융자를 받아 을에게
지급하기로 함.

상기와 같이 갑과 을간에 계약이 성립되었기에 본 증서를 2통 작성하고 각자 기명날인 한 후
각 1통씩 보관하기로 한다.

2013년   9월   30일

발주자 "갑"
주   소 : 서울 동대문구 휘경동 100
상   호 :
성   명 : 김수로   (인)
사업자등록번호(주민등록번호) : 680211-1020113

도급자 "을"
주   소 : 서울 동대문구 회기동 123
상   호 : 성주건축
성   명 : 서성문   (인)
사업자등록번호(주민등록번호) : 560802-1022111

우편물배달증명서

수취인의 주거 및 성명

수원시 권선구 금곡동 520
신성일

접수국명	서울동대문	접수연월일	2015년 9월 24일
등기번호	제7325121769020호	배달연월일	2015년 9월 25일
적 요	수취인과의 관계 대표이사 수령 신 성 일		서울동대문 2015.09.26 1018602 우 체 국 (배달증명우편물 배달국 일부인)

부동산시세확인서

부동산의 표시 : 서울특별시 동대문구 신설동 102 대 280㎡

위 부동산에 관하여 2016년 3월 현재 임료시세는 월 280만원에 형성되고 있으며, 이러한 시세는 최근 2년간 지속되고 있음을 확인합니다.

2016. 3. 15.

公認仲介士 : 서울특별시 동대문구 신설동 56-3 우리공인중개소

정 영 만 ㉑ (만정인영)

기록 끝

소   장

원 고   신성일 (580802-1542118)
         수원시 권선구 금곡동 520

         소송대리인 변호사 김상승
         서울 동대문구 양진대로 777
         전화 : 961-1543 팩스 : 961-1544 이메일 : sskim@daillaw.com

피 고   1. 김수로
            서울 동대문구 휘경동 100
         2. 서성문 (560802-1022111)
            서울 동대문구 회기동 123

건물철거 등 청구의 소

청 구 취 지

주위적 청구취지[1]

---

[1] 건물의 소유권이 도급인인 피고 김수로에게 있는지 아니면 수급인으로서 보존등기명의
자인 피고 서성문에게 있는지 확정되지 않은 사안이므로 누가 소유자인지에 따라 청구
를 달리하여야 할 것인바, 도급계약서 및 도급에 관한 법리에 따르면 피고 김수로가 건
물을 원시취득하였을 가능성이 가장 높은 것으로 판단된다. 주위적 청구는 건물의 소유
권이 피고 김수로에게 인정되는 경우에 의뢰인에게 가장 유리한 청구로서, 김수로에 대
하여는 건물의 철거 및 부당이득반환을 구하고, 피고 서성문에 대하여는 이행불능(또는
매도인의 담보책임)을 매매계약의 해제 및 그로 인한 원상회복청구와 손해배상청구를
하는 것이다.

1. 피고 김수로는 원고에게,

 가. 별지 목록 2. 기재 건물을 철거하고 별지 목록 1. 기재 대지를 인도하고,[2]

 나. 50,400,000원 및 이에 대한 소장 부본 송달 다음날부터[3] 다 갚는 날까지 연 15%의 비율로 계산한 돈을 지급하고, 2016. 4. 10.부터 가.항 기재 건물을 철거하고 가.항 기재 대지를 인도할 때까지[4] 월 2,800,000원[5]의 비율로 계산한 돈을 지급하라.[6]

2. 피고 서성문은 원고에게 40,000,000원[7] 및 그 중 20,000,000원에 대하여는 2014. 10. 25.부터[8] 소장 부본 송달일까지 연 5%의, 40,000,000원에 대하여는 그 다음날부터 다 갚을 때까지 연 15%의 각 비율로 계산한 돈을 지급하라.[9]

---

2) 부동산 표시를 별지로 처리하지 않는 경우에는 "피고 김수로는 원고에게 서울 동대문구 신설동 102(왕산로2길 28) 대 280㎡ 지상 철근콘크리트조 평슬래브지붕 3층 주택 1층 130㎡, 2층 130㎡, 3층 70㎡를 철거하고 위 대지를 인도하라."라고 기재하면 될 것이다.

3) 민법은 채무이행의 기한이 없는 경우에는 채무자는 이행청구를 받은 때로부터 지체책임이 있다고 규정하고 있으나(제387조 제2항), 채무자는 이행의 청구를 받은 날 안에 이행하면 되고, 그 청구를 받은 날을 도과할 때 비로소 지체의 책임을 진다고 풀이한다(대법원 1988. 11. 8. 선고 88다3253 판결). 그런데 부당이득반환채권은 기한이 없는 채권이므로 채권자가 채무자에 대하여 이행청구를 한 다음날부터 채무자는 지체책임을 지게 된다.

4) 변론종결 이후에 이행기가 도래하는 장래이행의 소로써 그 청구권 발생의 기초가 되는 법률상·사실상 관계가 변론종결 당시 존재하고 그러한 상태가 계속될 것이 예상되어야 하며(대법원 2002. 6. 14. 선고 2000다37517 판결), 또한 미리 청구할 필요가 있어야 적법하다(민사소송법 제251조). 자세한 것은 쟁점해설 참조.

5) 건물이나 대지에 대한 차임은 매월말에 지급하는 것이 원칙인바(민법 제633조 본문), 별지 목록 1. 기재 부동산은 대지(垈地)이므로 그 부당이득을 구함에 있어 월 단위로 구하는 것이 상당할 것이다. 구체적 계산근거는, 원고가 이 사건 토지의 소유권을 취득한 2014. 10. 10.부터 이 사건 건물을 철거하여 그 대지를 원고에게 인도함으로써 그 점유·사용을 종료할 때까지 임료 상당액 월 2,800,000원이다. 다만, 실무상 피고가 임료 상당액을 부인하는 경우에는 원고가 감정 등을 통하여 입증하여야 할 것이다.

6) 모두 월 2,800,000원의 비율로 계산한 부당이득금을 청구할 수도 있으나, 청구취지와 같이 구하는 것이 원고에게 보다 유리하다.

7) 원상회복으로 지급한 계약금 2,000만 원의 반환 및 예정된 손해배상액인 계약금 상당액 2,000만 원을 합산한 것이다.

8) 원상회복으로 금전을 반환하는 경우에는 그 받은 날로부터 이자를 가하여야 한다(민법 제548조 제2항). 다만, 청구취지에서는 금원의 성격을 표시하지 않고 청구원인에서 표시하여야 한다.

9) 청구취지 기재방법은 아래의 서울동부지방법원 2006. 4. 13. 선고 2005가합7106 판결의 주문 참조.
"피고는 원고에게 금 1,037,797,435원 및 그 중 금 885,646,750원에 대하여는 2003. 7. 19.부터 이 사건 소장 부본 송달일까지는 연 5%의, 그 다음날부터 완제일까지는 연 20%의 각 비율에 의한 금원을, 금 44,150,685원에 대하여는 이 사건 소장 부본 송달 다음날부터 완제일까지 연 20%의 비율에 의한 금원을, 금 108,000,000원에 대하여는 2005. 5.

3. 소송비용은 피고들이 부담한다.

4. 제1항 및 제2항은 가집행할 수 있다.

 라는 판결을 구합니다.

제1예비적 청구취지[10]

1. 피고 서성문은 원고에게,

 가. 별지 목록 2. 기재 건물을 철거하고 별지 목록 1. 기재 대지를 인도하고,

 나. 90,400,000원 및 그 중 20,000,000원에 대하여는 2014. 10. 25.부터 소장 부
 본 송달일까지 연 5%의, 90,400,000원에 대하여는 그 다음날부터 다 갚을 때
 까지 연 15%의 각 비율로 계산한 돈을 지급하고, 2016. 4. 10.부터 가.항 기
 재 건물을 철거하고 가.항 기재 대지를 인도할 때까지 월 2,800,000원의 비율
 로 계산한 돈을 지급하라.

2. 피고 김수로는 원고에 대하여[11] 제1항 기재 건물에서 퇴거[12]하라.

3. 소송비용은 피고들이 부담한다.

4. 제1항 및 제2항은 가집행할 수 있다.

제2예비적 청구취지[13] [14]

1. 피고 서성문은 원고에게 별지 목록 2. 기재 건물에 관하여 2014. 10. 25. 매매

 25.부터 이 사건 소장 부본 송달일까지는 연 5%의, 그 다음날부터 완제일까지는 연 20%
 의 비율에 의한 금원을 각 지급하라.”

  소송촉진 등에 관한 특례법 제3조 제1항 본문의 법정이율에 관한 규정(2015. 9. 25. 대
 통령령 제26553호로 개정된 것, 2015. 10. 1. 시행)은 법정이율을 연 20%에서 연 15%로
 개정하였다. 다만, 위 규정 시행 당시 법원에 계속 중인 사건으로서 제1심의 변론이 종
 결된 사건에 대해서는 종전 규정(연 20%)에 따르고, 제1심의 변론이 종결되지 아니한 사
 건에 대한 법정이율에 관하여는 2015. 9. 30.까지는 종전의 규정에 따른 이율에 의하고,
 2015. 10. 1.부터는 이 영의 개정규정에 따른 이율에 의한다.

10) 건물철거 및 부당이득 청구 부분은 피고 김수로에 대한 주위적 청구와 주관적·예비적 병
 합관계로 청구하는 것이며, 다만 퇴거 청구 부분은 객관적·예비적 병합관계로 청구하는
 것이다.

11) 서울동부지방법원 2009. 12. 7. 선고 2009가단38392 판결(대법원 2010. 8. 19. 선고 2010
 다43801 판결의 제1심 판결)에서 이와 같은 방식으로 주문을 기재하고 있다.

12) 대법원 2010. 8. 19. 선고 2010다43801 판결, 쟁점해설 참조.

13) 피고 서성문에 대한 토지사용에 따른 부당이득을 청구할 수도 있을 것이나, 건물에 관한
 매매계약을 체결한 점에 비추어 청구하지 않는 것이 신의칙에 부합한다고 할 것이다.

14) 제1, 제2예비적 청구는 이 사건 기록상 명확하지 않은 점이 반영된 것으로, 실무에서는

를 원인으로 한 소유권이전등기절차를 이행하라.[15) 16)]

2. 피고 김수로는 원고에게 제1항 기재 건물을 인도하라.[17)]

3. 소송비용은 피고들이 부담한다.

4. 제2항은 가집행할 수 있다.[18)]

　　라는 판결을 구합니다.

청 구 원 인

1. 주위적 청구원인

가. 피고 김수로에 대한 건물철거청구[19)]

1) 원고는 2014. 9. 13. 소외 이춘자로부터 그 소유의 서울 동대문구 신설동 102 대 280㎡(별지 목록 1. 기재 토지, '이 사건 토지'라 약칭함)를 매수하는 계약을 체결한 후 2014. 10. 11.[20)] 소유권이전등기를 원고 앞으로 마침으로써 위 부동산에 대한 소유권을 취득하였습니다(갑 제1호증의 1, 2 : 각 부동산등기사항증명서).

2) 원고 소유의 위 토지상에는 별지 목록 2. 기재 건물('이 사건 건물'이라 약칭함)이 건축되어 있고, 그 부동산 등기사항증명서에는 피고 서성문 명의로 소유권보존등기가 되어 있는 상태입니다. 신축건물의 소유권은 원칙적으로 자기

　　　　의뢰인에 대하여 어떤 청구를 할 것인지 확인한 후 청구를 정리하여야 할 것이다(이 사건 기록의 상담일지 중 의뢰인의 요구사항 참조).

15) 쌍무계약상 대금지급의무와 동시이행관계가 문제될 수 있으나, 기록상 매매계약서 특약사항에 의하면 법률관계의 정리 및 소유권이전의무를 선이행의무로 약정하고 있다.

16) 매매계약에 기하여 건물인도청구를 할 수도 있으나, 직접 점유자인 피고 김수로에 대한 청구를 하므로 청구할 필요가 없을 것이다.

17) 채권자대위권을 행사하는 것이며, 건물인도의무의 이행은 채권자의 대위수령이 가능하므로 원고에 대한 이행을 청구하는 것이다(대법원 1980. 7. 8. 선고 79다1928 판결, 대법원 1996. 2. 9. 선고 95다27998 판결; 민사실무Ⅱ, 127면).

18) 등기청구 등 의사의 진술을 명하는 판결은 가집행이 불가능하므로, 등기청구에 관하여 가집행을 구하면 안 되며, 인도부분만 특정하여 가집행을 청구하여야 한다. 다만, 이론상으로는 위와 같지만 의사의 진술을 명한 판결이 확정된 때에는 그 판결로 의사를 진술한 것으로 보므로 법원이 그 확정 전에 인도 부분에 대하여 가집행을 명하지 않을 가능성이 있다.

19) 소유권에 기한 건물철거 청구의 요건사실은 ① 원고의 토지소유, ② 피고의 지상건물 소유이다(요건사실론, 76면).

20) 원고의 소유권취득시점은 부당이득반환청구의 기산점이 된다.

의 노력과 재료를 들여 이를 건축한 사람이 원시적으로 취득하는 것이나, 건물신축도급계약에서 수급인이 자기의 노력과 재료를 들여 건물을 완성하더라도 도급인과 수급인 사이에 도급인 명의로 건축허가를 받아 소유권보존등기를 하기로 하는 등 완성된 건물의 소유권을 도급인에게 귀속시키기로 합의한 경우에는 그 건물의 소유권은 도급인에게 원시적으로 귀속되는 것이 대법원 판례의 법리입니다.21) 이 사건 건물은 피고 김수로가 건축주로서 피고 서성문에게 건축공사를 도급주어 건축하게 하였는데, 그 계약에서 건축에 필요한 자재 및 노무는 피고 서성문이 공급하기로 약정하였습니다(갑 제2호증 : 건물철거 및 건축공사 도급계약서 제4조). 반면, 위 도급계약에서 피고들은 건물 완공 후 피고 김수로의 이름으로 사용승인을 받아 보존등기를 하기로 특약하였습니다. 위 판례의 법리에 비추어 보면 이 사건 건물은 위 특약에 의하여 피고 김수로가 원시취득하였다고 할 것입니다. 현재 그 보존등기는 피고 서성문 명의로 되어 있더라도 위 건물의 소유자는 피고 김수로이며, 피고 서성문 명의의 소유권보존등기는 무효등기인 것입니다.

3) 위와 같이 피고 김수로는 원고 소유의 이 사건 토지상에 권원없이 건물을 소유함으로써 원고의 소유권행사를 방해하고 있는바, 원고는 소유물방해제거22) 및 소유물반환청구23)로서 피고 김수로에 대하여 위 건물의 철거 및 대지의 인도를 청구하는 것입니다.

4) 원고의 건물철거청구에 대하여 피고 김수로는, 2010. 2. 11. 이 사건 토지에 관하여 근저당권이 설정될 당시 지상에 건물이 존재하고 있었고, 2014. 5. 31. 경매에 의하여 토지와 건물의 소유자가 변경되었으므로 민법 제366조에 기하여 토지소유자는 건물소유자에 대하여 지상권을 설정한 것으로 보아야 하며, 비록 지상건물이 개축되었다고 하더라도 지상건물의 소유자인 위 피고에게 법정지상권이 있으므로 토지를 점유할 적법한 권원이 있다고 주장할 수 있습니다.24)

---

21) 대법원 2010. 1. 28. 선고 2009다66990 판결. 자세한 것은 쟁점해설 참조.
22) 토지소유권에 기하여 그 소유권을 방해하고 있는 건물의 철거를 청구하는 것이다(민법 제214조).
23) 토지소유권에 기하여 토지의 점유자에 대하여 그 반환을 청구하는 것이다(민법 제213조).
24) 민법 제366조에 기한 법정지상권의 요건사실은 ① 저당권설정 당시 토지상에 건물이 존재한 사실, ② 저당권설정 당시 토지와 건물의 소유자가 동일한 사실, ③ 토지나 건물

그러나 동일인의 소유에 속하는 토지 및 그 지상 건물에 관하여 공동저당권이 설정된 후 그 지상 건물이 철거되고 새로 건물이 신축된 경우에는 그 신축건물의 소유자가 토지의 소유자와 동일하고 토지의 저당권자에게 신축건물에 관하여 토지의 저당권과 동일한 순위의 공동저당권을 설정해 주는 등 특별한 사정이 없는 한 저당물의 경매로 인하여 토지와 그 신축건물이 다른 소유자에 속하게 되더라도 그 신축건물을 위한 법정지상권은 성립하지 않는다는 것이 대법원 판례의 법리입니다.[25) 그런데 피고 김수로가 소유하고 있는 건물은 이 사건 토지에 관한 근저당권이 설정될 당시에 공동저당이 설정되었던 지상건물이 철거되고 신축된 것으로 저당권설정 당시에 존재하고 있던 건물이 아니며, 그 신축건물에 관하여 토지의 저당권과 동일한 순위의 공동저당권을 설정한 사실이 없으므로(갑 제1호증의 2), 민법 제366조 및 위 판례의 법리에 비추어 피고 김수로에게 법정지상권이 인정되지 않는다고 할 것입니다.

나. 피고 김수로에 대한 부당이득반환청구

1) 피고 김수로는 이 사건 건물의 보존등기가 된 2014. 3. 31.[26) 무렵부터 권원 없이 건물을 소유함으로써 원고 소유의 토지를 사용·수익하였고, 이로 인하여 원고는 임료 상당의 손해를 입었습니다(갑 제3호증 : 부동산시세확인서).[27) 피고 김수로가 취한 부당이득의 구체적 범위에 관하여 살피건대, 피고 김수로는 원고가 이 사건 토지의 소유권을 취득한 2014. 10. 11.부터 2016. 4. 10. 까지 18개월간의 부당이득금 50,400,000원(월 2,800,000원×18개월) 및 이에 대하여 소장 송달일 다음날부터 다 갚을 때까지 소송촉진 등에 관한 특례법이

에 설정된 저당권의 실행으로 토지 및 건물의 소유권이 각 분리된 사실이다(요건사실론, 78~79면).

25) 대법원 2003. 12. 18. 선고 98다43601 전원합의체판결.

26) 정확하게는 건물의 소유권이 성립하는 시점, 즉 기둥, 주벽, 기둥이 완성된 시점이라고 하여야 하나(대법원 1996. 6. 14. 선고 94다53006 판결), 원고가 그 이후에 토지의 소유권을 취득하였으므로 부당이득의 기산일을 특정하는 데는 문제가 없다.

27) 부당이득반환청구의 요건사실은 ① 피고의 수익, ② 원고의 손해, ③ 인과관계의 존재, ④ 법률상 원인 흠결, ⑤ 이득액인바, 다만 손해와 이득사이의 인과관계는 사실상 추정되므로 별도의 입증은 필요 없으며, 법률상 원인의 흠결사실에 대하여 판례는 수익자인 피고가 법률상 원인 있음을 항변으로 주장·입증하여야 한다는 입장이다(요건사실론, 81~82면).

정하는 연 15%의 비율[28]로 계산한 지연손해금을 지급하여야 할 것입니다.

2) 또한, 피고 김수로는 2016. 4. 11.부터 이 사건 건물을 철거하여 그 대지를 원고에게 인도함으로써 그 점유·사용을 종료할 때까지 임료 상당액 월 2,800,000 원[29]을 부당이득으로 반환하여야 할 것인바, 현재 위 피고는 이 사건 토지 위에 건물을 소유함으로써 권원없이 토지를 점유하고 있을 뿐만 아니라 위 피고 소유의 건물이 철거될 때까지는 그 상태가 지속될 것인데 건물철거 및 대지인도의 임의이행을 기대할 수 없으므로 변론종결 이후의 부당이득에 대하여도 미리 청구할 필요가 있다고 할 것입니다.[30]

3) 원고의 부당이득반환청구에 대하여 피고 김수로는, 이 사건 토지(대지)는 280㎡임에 비하여 건물의 바닥면적은 130㎡으로서 토지의 일부만 점유 사용한다고 주장하여 부당이득의 범위에 대하여 다툴 수 있으나,[31] 사회통념상 건물은 그 부지를 떠나서는 존재할 수 없으므로 건물의 부지가 된 토지는 건물의 소유자가 점유하는 것이고,[32] 건축에 관한 행정법규 및 경험칙에 비추어 볼 때 이 사건 건물은 이 사건 토지를 대지로서 전부 필요로 한다고 할 것입니다.

다. 피고 서성문에 대한 청구

1) 원고는 2014. 10. 25. 피고 서성문으로부터 이 사건 건물을 대금 2억 원에 매수하는 계약을 체결하였으며, 계약금 2,000만 원을 지급하였습니다(갑 제4호증 : 부동산매매계약서).

2) 위 매매계약의 특약사항으로 피고 서성문은 건축주인 피고 김수로와의 법률

---

28) 소송촉진 등에 관한 특례법 제3조 제1항, 소송촉진 등에 관한 특례법 제3조 제1항 본문의 법정이율에 관한 규정(대통령령 제26553호).

29) 약정이 없으면 건물이나 대지에 대한 차임은 매월말에 지급하여야 하는바(민법 제633조 본문). 이에 따르면 별지 목록 1. 기재 부동산은 대지(垈地)이므로 그 부당이득을 구함에 있어 월 단위로 구하는 것이 상당할 것이다.

30) 변론종결 이후에 이행기가 도래하는 장래이행의 소로써 그 청구권 발생의 기초가 되는 법률상·사실상 관계가 변론종결 당시 존재하고 그러한 상태가 계속될 것이 예상되어야 하며(대법원 2002. 6. 14. 선고 2000다37517 판결), 또한 미리 청구할 필요가 있어야 적법하므로(민사소송법 제251조), 청구원인에서 반드시 미리 청구할 필요에 대하여 서술하여야 한다. 자세한 것은 쟁점해설 참조.

31) 법정지상권이 성립하는 경우에도 임료 상당의 지료가 인정될 것이므로(민법 제366조 단서), 대지 전체에 대한 임료 상당 돈의 지급 자체를 부정하는 것은 인정될 수 없을 것이다.

32) 대법원 2007. 8. 23. 선고 2007다21856, 21863 판결, 대법원 2009. 9. 10. 선고 2009다28462 판결. 자세한 것은 쟁점해설 참조.

관계를 완전히 정리한 후 원고에게 소유권을 이전하기로 약정하였는바, 위 피고는 아직까지도 위 의무를 이행하지 않고 있으므로 이 소장으로 이를 최고하며,[33] [34] 위 피고가 최고를 수령한 날로부터 10일 이내에 위 의무를 이행하지 않는다면 별도의 의사표시 없이 위 매매계약을 해제하는 의사를 표합니다.[35]

3) 위 매매계약이 해제된 경우, 피고 서성문은 수령한 계약금 20,000,000원 및 이에 대하여 계약금 수령일인 2014. 10. 25.부터 다 갚을 때까지 민법이 정하는 연 5%의 비율로 계산한 이자[36]를 가산하여 원상회복으로써 원고에게 반환하여야 하는데, 소장 부본 송달일 다음날부터 다 갚는 날까지는 소송촉진 등에 관한 특례법이 정하는 연 15%의 비율로 계산한 돈을 가산하여 지급할 의무가 있습니다.[37] 또한, 매매계약서 제6조에는 채무불이행의 경우 손해배상액을 계약금 상당액으로 예정하고 있는바, 피고 서성문의 채무불이행이 있었으므로 계약금 지급액 20,000,000원을 별도의 손해배상예정액으로 청구하며, 이에 대하여 원고의 이행청구가 담긴 소장이 위 피고에게 도달된 다음날

---

33) 매도인의 담보책임을 물을 수도 있으나 손해배상예정액을 청구하려면 채무불이행으로 구성하는 것이 가장 합리적일 것이다(대법원 1977. 9. 13. 선고 76다1699 판결). 답안에서는 이행지체로 구성하였으나 이행불능으로 구성할 수도 있을 것이다. 다만, 이행불능으로 구성하는 경우에도 기록상 부동산매매계약서 제6조에서 채무불이행으로 인한 계약해제를 하기 위해서는 서면으로 최고하기로 약정한 점에 주의하여야 한다. 자세한 것은 쟁점해설 참조.

34) 이행지체로 구성하는 경우에 쌍무계약상 동시이행관계가 문제될 수 있으나, 기록상 부동산매매계약서 중 특약사항에 의하면 법률관계의 정리 및 소유권이전의무를 선이행의무로 약정하고 있다. 자세한 것은 쟁점해설 참조.

35) 이행지체를 이유로 한 해제의 요건사실은 ① 상대방이 채무의 이행을 지체한 사실, ② 상대방에게 상당한 기간을 정하여 이행을 최고한 사실, ③ 상대방이 상당기간 내에 이행 또는 이행의 제공을 하지 않은 사실, ④ 해제의 의사표시를 한 사실이다(요건사실론, 35면). 당사자일방이 그 채무를 이행하지 아니하는 때에는 상대방은 상당한 기간을 정하여 그 이행을 최고하고 그 기간 내에 이행하지 아니한 때에는 계약을 해제할 수 있으나 채무자가 미리 이행하지 아니할 의사를 표시한 경우에는 최고를 요하지 않는다(민법 제544조). 상당한 기간 내에 이행이 없으면 계약은 당연히 해제된 것으로 한다는 뜻을 포함하고 있는 이행청구는 이행청구와 동시에 그 기간 내에 이행이 없는 것을 정지조건으로 하여 미리 해제의 의사를 표시한 것으로 볼 수 있다(대법원 1992. 12. 22. 선고 92다28549 판결). 자세한 것은 쟁점해설 참조.

36) 청구취지에서는 금원의 성격을 기재하지 않지만, 청구원인에서는 이를 기재하여야 한다.

37) 당사자일방이 계약을 해제한 때에는 각 당사자는 그 상대방에 대하여 원상회복의무가 있으며, 원상회복의 경우 반환할 금전에는 그 받은 날로부터 이자를 가하여야 한다(민법 제548조).

부터 다 갚는 날까지 연 15%의 비율로 계산한 지연손해금을 가산하여 청구하는 것입니다.

2. 제1예비적 청구원인

가. 피고 서성문에 대한 건물철거청구

1) 앞서 살핀 바와 같이 이 사건 건물은 피고 김수로의 소유라고 할 것이나, 신축건물의 소유권은 원칙적으로 자기의 노력과 재료를 들여 이를 건축한 사람이 원시적으로 취득한다는 법리에,[38] 위 건물신축에 있어 건축에 필요한 자재 및 노무는 피고 서성문이 공급하기로 약정하였다는 사실(갑 제2호증 : 건물철거 및 건축공사 도급계약서 제4조)을 기초로 이 사건 건물의 소유권이 피고 서성문에게 귀속된다면,[39] 피고 서성문이 원고 소유의 이 사건 토지상에 권원 없이 이 사건 건물을 소유함으로써 원고의 소유권행사를 방해하고 있는바, 원고는 소유물방해제거 및 소유물반환청구로서 피고 서성문에 대하여 위 건물의 철거 및 대지의 인도를 청구하는 것입니다.

이에 대하여 피고 서성문은 이 사건 건물에 관하여 2014. 10. 25.자 매매계약을 체결한 당사자인 원고가 위 매매의 목적물인 건물의 철거를 구하는 것은 신의칙에 위반되어 권리남용에 해당된다고 주장할 수 있으나, 이러한 주장이 인용되는 되는 경우에는[40] 앞서 주장한 이행지체를 원인으로 한 계약해제 주장을 원용하며, 위 해제의 효력이 인정되지 않는 경우에는 위 매매계약에서 유보된 권리에 따라[41] 원고는 지급한 계약금을 포기함으로써 위 매매계

---

38) 대법원 2010. 1. 28. 선고 2009다66990 판결. 자세한 것은 쟁점해설 참조.

39) 피고 서성문 명의의 소유권보존등기가 피고 김수로와의 양도담보설정계약에 따른 것으로 실체관계와 부합되는 등기로서 유효할 가능성도 있으나(대법원 2002. 1. 11. 선고 2001다48347 판결), 이 사건 기록에는 이러한 사실에 관한 자료가 전혀 없다. 자세한 것은 쟁점해설 참조.

40) 대지소유자가 매매계약을 체결하면서 매수인에게 사전 대지사용을 승낙하고 그에 터잡아 제3자가 매수인과 도급계약을 체결하고 그 지상에 건물을 신축한 경우 대지소유자가 매수인과의 매매계약을 해제한 다음 제3자에 대하여 신축된 건물의 철거를 구하는 것은 신의성실의 원칙에 반한다는 판례를 참조할 필요가 있다(대법원 1991. 9. 24. 선고 91다9756 판결).

41) 이 사건 기록상 부동산매매계약서 제5조에 민법 제565조와 동일한 내용의 약정이 있는바, 위 규정은 임의규정이므로 위 약정을 근거로 해제권을 행사하는 것이 원칙이다.

약을 해제하는 바입니다.

2) 또한, 피고 서성문은 이 사건 건물의 보존등기가 된 2014. 3. 31. 무렵부터 건물을 소유함으로써 원고 소유의 토지를 권원없이 사용·수익하였고, 이로 인하여 원고는 임료 상당의 손해를 입었습니다. 피고 서성문이 취한 부당이득의 구체적 범위에 관하여 살피건대, 이 사건 토지(대지)는 280㎡인 반면, 건물의 바닥면적은 130㎡으로서 토지의 일부만 점유·사용한다고 주장할 수 있으나, 사회통념상 건물은 그 부지를 떠나서는 존재할 수 없으므로 건물의 부지가 된 토지는 건물의 소유자가 점유하는 것이고,[42] 건축에 관한 행정법규 및 경험칙에 비추어 볼 때 이 사건 건물은 이 사건 토지를 대지로서 전부 필요로 한다고 할 것입니다. 따라서 피고 서성문은 원고가 이 사건 토지의 소유권을 취득한 2014. 10. 11.부터 2016. 4. 10.까지 18개월간의 부당이득금 50,400,000원(월 2,800,000원×18개월) 및 이에 대하여 소장 송달일 다음날부터 다 갚을 때까지 소송촉진 등에 관한 특례법이 정하는 연 15%의 비율로 계산한 지연손해금을 가산하여 지급할 의무가 있고, 나아가 2016. 4. 11.부터 이 사건 건물을 철거하여 그 대지를 원고에게 인도함으로써 그 점유·사용을 종료할 때까지[43] 임료 상당액 월 2,800,000원을 부당이득으로 반환하여야 할 것인바 현재 위 피고는 이 사건 토지를 권원없이 점유하고 있을 뿐만 아니라 이 판결이 확정되어 집행될 때까지 임의로 이행하지 않을 것이 분명하므로 미리 청구할 필요가 있다고 할 것입니다.

이에 대하여 피고 서성문은 이 사건 건물을 점유하지 않고 있으므로 부당이득한 사실이 없다고 주장할 수 있으나, 사회통념상 건물은 그 부지를 떠나서는 존재할 수 없으므로 건물의 부지가 된 토지는 건물의 소유자가 점유하는 것이고, 이 경우 건물의 소유자가 현실적으로 건물이나 그 부지를 점거하고 있지 않다 하더라도 건물의 소유를 위하여 그 부지를 점유한다고 보아야 한다는 판례의 법리에 비추어,[44] 피고 서성문은 건물을 소유함으로써 그 대지인 이 사건 토지 전부를 사용·수익하는 것이라고 하겠습니다.

---

42) 대법원 2007. 8. 23. 선고 2007다21856 판결, 대법원 2009. 9. 10. 선고 2009다28462 판결. 자세한 것은 쟁점해설 참조.

43) 장래이행청구로서 미리 청구할 필요가 인정되어야 한다(민사소송법 제251조).

44) 위 2007다21856, 21863 판결, 2009다28462 판결. 자세한 것은 쟁점해설 참조.

나. 피고 서성문에 대한 계약금반환 및 손해배상청구

앞서 주장한 이행지체를 원인으로 한 매매계약의 해제 또는 지급한 계약금을 포기함으로써 한 매매계약의 해제가 인정되는 경우, 피고 서성문은 원고에게 40,000,000원 및 그 중 계약금 20,000,000원에 대하여는 그 수령일인 2014. 10. 25.부터 나머지 예정된 손해배상액 20,000,000원에 대하여는 이행지체일인 2014. 12. 27.부터 각 소장 부본 송달일까지는 연 5%의, 그 다음날부터 다 갚을 때까지는 소송촉진등에 관한 특례법이 정하는 연 15%의 각 비율로 계산한 돈을 지급할 의무가 있다고 할 것입니다.

다. 피고 김수로에 대한 청구

피고 김수로는 피고 서성문 소유의 이 사건 건물을 점유하고 있는바, 이 사건 건물은 앞서 살핀 바와 같은 이유로 철거되어야 하므로, 그 점유자인 피고 김수로는 위 건물에서 퇴거할 의무가 있다고 할 것입니다.[45]

3. 제2예비적 청구원인

가. 피고 서성문에 대한 청구

1) 원고는 피고 서성문과 체결한 2014. 10. 25.자 매매계약에 관하여 지급한 계약금을 포기하면서 해제의 의사를 표시하였는바, 그 효력이 신의칙에 반한다는 이유로 인정되지 않는 경우에는, 위 매매계약의 유효를 전제로 피고 서성문은 원고에게 이 사건 건물에 관하여 2014. 10. 25. 매매를 원인으로 한 소유권이전등기절차를 이행하고, 위 부동산을 인도할 의무가 있다고 할 것입니다.

2) 이에 대하여 피고 서성문은 원고가 미지급한 대금 중 잔금 1억6,000만 원과 동시이행할 것을 항변할 수 있으나 원고와 피고 서성문이 체결한 매매계약에서 매도인의 선이행의무를 약정하였으므로(갑 제4호증 : 부동산매매계약서),[46] 이를 받아들일 수 없습니다.

---

45) 대법원 2010. 8. 19. 선고 2010다43801 판결. 자세한 것은 쟁점해설 참조.
46) 쌍무계약상 동시이행관계가 문제될 수 있으나, 이 사건 기록상 부동산매매계약서 특약사항에 의하면 법률관계의 정리 및 소유권이전의무를 선이행의무로 약정하고 있다.

나. 피고 김수로에 대한 청구

1) 원고는 앞서 살핀 바와 같이 피고 서성문에 대하여 2014. 10. 25.자 매매계약에 기하여 이 사건 건물에 대한 인도청구채권을 가지고 있고 그 채권의 변제기는 도래하였으며, 피고 서성문은 이 사건 건물의 소유자로서 무단점유자인 피고 김수로에 대하여 소유물반환청구권으로서 인도청구권을 가지고 있고, 피고 서성문은 위 채권을 행사하지 않고 있습니다. 따라서 원고는 피고 서성문에 대한 위 채권을 보전하기 위하여 피고 김수로에 대하여 채권자대위권의 행사로 원고에게 직접[47] 이 사건 건물을 인도할 것을 청구합니다.

2) 이에 대하여 피고 김수로는, 원래 채권자대위권은 채무자의 책임재산을 보전함으로써 채권자 일반의 이익을 도모하기 위하여 인정된 것이고 특정채권의 보전을 위한 경우에는 순차매도 또는 임대차에 있어 소유권이전등기청구권이나 인도청구권 등의 보전을 위한 경우에 한하여 예외적으로 그 행사가 허용되는데 원고의 피고 서성문에 대한 피보전권리 및 피고 서성문의 피고 김수로에 대한 피대위채권은 모두 이러한 유형의 권리에 해당하지 아니한다는 이유로 채권자대위권을 행사할 수 없다고 주장할 수 있습니다.[48]

　그러나 피보전권리가 특정채권인 경우라도 채권자가 보전하려는 권리와 대위하여 행사하려는 채무자의 권리가 밀접하게 관련되어 있고, 채권자가 채무자의 권리를 대위하여 행사하지 않으면 자기 채권의 완전한 만족을 얻을 수 없게 될 위험이 있어, 채무자의 권리를 대위하여 행사하는 것이 자기 채권의 현실적 이행을 유효·적절하게 확보하기 위하여 필요한 경우에는 채권자대위권의 행사가 채무자의 자유로운 재산관리행위에 대한 부당한 간섭이 된다는 등의 특별한 사정이 없는 한 대위행사할 수 있다는 것이 판례의 법리입니다.[49] 따라서 위 피고의 위 주장은 받아들일 수 없는 것입니다.

---

47) 원고가 미등기 건물을 매수하였으나 소유권이전등기를 하지 못한 경우에는 위 건물의 소유권을 원시취득한 매도인을 대위하여 불법점유자에 대하여 인도청구를 할 수 있고 이때 원고는 불법점유자에 대하여 직접 자기에게 인도할 것을 청구할 수도 있다(대법원 1980. 7. 8. 선고 79다1928 판결). 피고 김수로의 건물인도의무의 이행은 채권자의 대위수령이 가능하므로 직접 원고에 대한 이행을 청구하는 것이다(민사실무Ⅱ, 127면).

48) 대법원 2001. 5. 8. 선고 99다38699 판결의 원심인 서울고등법원 1999. 6. 4. 선고 98나4912 판결의 요지이며, 위 대법원 판결로 파기되었다. 자세한 것은 쟁점해설 참조.

49) 대법원 2001. 5. 8. 선고 99다38699 판결. 자세한 것은 쟁점해설 참조.

4. 결 어

이상과 같은 이유로 원고는 청구취지 기재와 같은 판결을 구하고자 이 청구에 이른 것입니다.

<h2 style="text-align:center">증 거 방 법</h2>

1. 갑 제1호증의 1 : 부동산등기사항증명서(토지)
               2 : 부동산등기사항증명서(건물)
1. 갑 제2호증 : 건물철거 및 건축공사 도급계약서(사본)
1. 갑 제3호증 : 부동산시세확인서
1. 갑 제4호증 : 부동산매매계약서

<h2 style="text-align:center">첨 부 서 류</h2>

(생략)

2016. 4. 16.

원고의 소송대리인
변호사 김상승 ㉑

서울북부지방법원[50] 귀중

---

[50] 의무이행지의 특별재판적 규정(민사소송법 제8조) 및 관련재판적 규정(민사소송법 제25조)에 따라 원고의 주소지(보통재판적 소재지)를 관할하는 수원지방법원에 청구할 수도 있으나, 변호사가 서울 동대문구 회기동에 사무소를 두고 있는 점에서 서울북부지방법원이 합리적 선택일 것이다.

[별지]

목   록51)

1. 서울 동대문구 신설동 102(왕산로2길 28) 대52) 280㎡53)

2. 위 지상 철근콘크리트조 평슬래브지붕 3층 주택54)

　1층 130㎡

　2층 130㎡

　3층 70㎡. 끝.

---

51) 철거 및 인도청구의 대상이 되는 건물 및 토지에 관한 등기기록상 표제부에 있는 내역을
그대로 기재하되, 부동산 소재지의 기재는 당사자의 주소 표시와 동일한 방식으로 하면 될
것이다. 해당 건물의 부동산 등기기록 표제부 기재방식에 따라 지번주소만 있는 경우에는
지번주소를 기재하고, 지번주소와 도로명주소가 모두 있는 경우에는 지번주소 및 도로명
주소를 병기하되, 병기할 경우 당사자 등의 주소 기재방식과는 달리 지번주소를 먼저 기재
하고 괄호 안에 도로명 주소, 건물번호를 차례로 기재한다(민사실무Ⅱ, 87~89면).
52) 지목은 대(垈)이며, 대지(垈地)와 구별하여야 한다. "지목"은 토지의 주된 용도에 따라 토지
의 종류를 구분하여 지적공부에 등록한 것으로(측량·수로조사 및 지적에 관한 법률 제2
조 제24호), 전·답·과수원·목장용지·임야·광천지·염전·대(垈)·공장용지·학교용지·주
차장·주유소용지·창고용지·도로·철도용지·제방(堤防)·하천·구거(溝渠)·유지(溜池)·
양어장·수도용지·공원·체육용지·유원지·종교용지·사적지·묘지·잡종지로 구분하여 정
하며(위 법률 제67조 제1항), 그 중 "대(垈)"는 영구적 건축물 중 주거·사무실·점포와
박물관·극장·미술관 등 문화시설과 이에 접속된 정원 및 부속시설물의 부지, 국토의 계
획 및 이용에 관한 법률 등 관계 법령에 따른 택지조성공사가 준공된 토지를 말한다(측량·
수로조사 및 지적에 관한 법률시행령 제58조 제8호). 반면, "대지(垈地)"는 측량·수로조
사 및 지적에 관한 법률에 따라 각 필지(筆地)로 나눈 토지를 말한다(건축법 제2조 제1
항 제1호).
53) 토지의 표시는 토지대장의 표시에 따라 지번, 지목, 면적을 표시하여야 하며, 토지대장이
없는 경우에는 등기기록 표제부의 표시에 따르되, 양 표시가 상이한 경우에는 토지대장의
표시에 따라 기재한 후 괄호를 이용하여 등기기록상 표시를 병기한다(민사실무Ⅱ, 87면).
54) 건물의 표시는 등기기록상의 표시에 따라 대지의 지번(지목 및 면적은 필요하지 않다),
건물의 구조, 층수, 용도, 건축면적 등을 빠짐없이 기재하여야 한다. 다만, 등기기록상
표시와 현황이 다를 때에는 현황에 따라 표시하고 등기기록상의 표시는 괄호 안에 병기
한다(민사실무Ⅱ, 88면).

※ 쟁점해설

〈차　례〉

1. 장래이행의 소 (답안 각주 4, 30 관련)

가. 민사소송법 제251조는 장래에 이행할 것을 청구하는 소는 미리 청구할 필요
   가 있어야 제기할 수 있다고 규정하고 있다. 장래이행의 소는 변론종결시를
   기준으로 하여 이행기가 장래에 도래하는 이행청구권을 주장하는 소를 말한
   다.[1] 장래에 발생할 청구권 또는 조건부 청구권에 관한 장래이행의 소가 적
   법하려면 그 청구권 발생의 기초가 되는 법률상·사실상 관계가 변론종결 당
   시 존재하고 그러한 상태가 계속될 것이 예상되어야 하며 또한 미리 청구할
   필요가 있어야만 한다.[2]

나. 미리 청구할 필요가 있는 경우라 함은 이행기가 도래하지 않았거나 조건 미
   성취의 청구권에 있어서는 채무자가 미리부터 채무의 존재를 다투기 때문에
   이행기가 도래되거나 조건이 성취되었을 때에 임의의 이행을 기대할 수 없
   는 경우를 말하고, 이행기에 이르거나 조건이 성취될 때에 채무자의 무자력
   으로 말미암아 집행이 곤란해진다든가 또는 이행불능에 빠질 사정이 있다는
   것만으로는 미리 청구할 필요가 있다고 할 수 없다.[3]

다. 장래의 이행을 명하는 판결을 하기 위해서는 채무의 이행기가 장래에 도래
   하는 것뿐만 아니라 의무불이행사유가 그때까지 존속한다는 것을 변론종결
   당시에 확정적으로 예정할 수 있는 것이어야 하며 이러한 책임기간이 불확
   실하여 변론종결 당시에 확정적으로 예정할 수 없는 경우에는 장래의 이행
   을 명하는 판결을 할 수 없다.[4]

라. 점유자가 동시이행항변권 또는 유치권의 행사를 하면서 토지를 점유하여 그
   점유가 적법하기는 하나 토지를 그 본래의 목적에 따라 사용·수익함으로써
   실질적인 이득을 얻고 있다는 이유로 임료 상당의 금원의 부당이득을 명하고
   있는 경우, 점유자가 소유자에게 토지를 인도하지 않더라도 '인도하는 날'이
   전에 토지의 사용·수익을 종료할 수도 있기 때문에 의무불이행사유가 '인도
   하는 날까지' 존속한다는 것을 변론종결 당시에 확정적으로 예정할 수 없는

---

[1] 이시윤, 민사소송법, 218면.
[2] 대법원 1997. 11. 11. 선고 95누4902, 4919 판결.
[3] 대법원 2000. 8. 22. 선고 2000다25576 판결.
[4] 대법원 2002. 6. 14. 선고 2000다37517 판결.

경우에 해당하므로 그때까지 이행할 것을 명하는 판결을 할 수 없다.[5]

마. 오래전부터 자연스럽게 도로로 형성되어 사용되고 있는 토지에 대해 시가
그 토지상에 포장공사를 하여 일반인과 차량의 통행에 제공하여 사실상 도
시계획사업을 실시한 것과 다름없는 효과를 얻음으로써 그때부터 이를 점유
하면서 상수도, 맨홀, 전신주 등을 설치하고 도로 보수공사를 시행하는 등
사용·관리하고 있다면 달리 특별한 사정이 없는 한 시는 법률상 원인없이
위 토지를 사용하여 그 차임 상당의 이득을 얻고 토지 소유자에게 동액 상
당의 손해를 입게 한 것이고, 이 경우 토지 소유자가 시를 상대로 "시가 위
토지를 매수할 때까지"로 기간을 정한 장래의 차임 상당 부당이득반환청구
는 장차 시가 위 토지를 매수하거나 수용하게 될지 또는 그 시점이 언제 도
래할지 불확실할 뿐만 아니라 시가 매수하거나 수용하지 않고 도로폐쇄조치
를 하여 점유·사용을 그칠 수도 있고 소유자가 위 토지를 계속하여 소유하
지 못할 수도 있어서 위 장래의 기간 한정은 의무불이행의 사유가 그때까지
계속하여 존속한다는 보장이 성립되지 않은 불확실한 시점이라고 할 것이므
로 이에 대한 장래의 이행을 명할 수는 없다.[6]

바. 요컨대, 일반적으로 점유·사용으로 인한 부당이득반환의무의 종기는 목적물
의 인도완료일이 된다. 다만, 피고가 원고에게 목적물을 인도하지 않더라도
인도하는 날 이전에 그 사용·수익을 종료할 수도 있는 예외적인 경우에는
피고의 의무불이행사유가 인도하는 날까지 존속한다는 것을 변론 종결 당시
에 확정적으로 예정할 수 없어 이 경우에는 목적물의 사용·수익 종료일을
종기로 삼아야 한다.[7]

2. 건물퇴거청구의 요건 (답안 각주 12, 45 관련)

가. 건물이 그 존립을 위한 토지사용권을 갖추지 못하여 토지의 소유자가 건물
의 소유자에 대하여 해당 건물의 철거 및 그 대지의 인도를 청구할 수 있는
경우라도 건물소유자가 아닌 사람이 건물을 점유하고 있다면 토지소유자는
그 건물 점유를 제거하지 않는 한 위의 건물 철거 등을 실행할 수 없다. 따

---

5) 위 2000다37517 판결.
6) 대법원 1991. 10. 8. 선고 91다17139 판결.
7) 요건사실론, 84면.

라서 그때 토지소유권은 위와 같은 점유에 의하여 그 원만한 실현을 방해당하고 있으므로, 토지소유자는 자신의 소유권에 기한 방해배제로서 건물점유자에 대하여 건물로부터의 퇴출(퇴거)을 청구할 수 있다.[8]

나. 그리고 이는 건물점유자가 건물소유자로부터의 임차인으로서 그 건물임차권이 대항력을 가진다고 해서 달라지지 않는다. 건물임차권의 대항력은 기본적으로 건물에 관한 것이고 토지를 목적으로 하는 것이 아니므로 이로써 토지소유권을 제약할 수 없고, 토지에 있는 건물에 대하여 대항력 있는 임차권이 존재한다고 하여도 이를 토지소유자에 대하여 대항할 수 있는 토지사용권이라고 할 수는 없다. 바꾸어 말하면, 건물에 관한 임차권이 대항력을 갖춘 후에 그 대지의 소유권을 취득한 사람은 민법 제622조 제1항이나 주택임대차보호법 제3조 제1항 등에서 그 임차권의 대항을 받는 것으로 정하여진 '제3자'에 해당한다고 할 수 없다.[9]

다. 한편, 건물의 소유자가 그 건물의 소유를 통하여 타인 소유의 토지를 점유하고 있다고 하더라도 그 토지 소유자로서는 그 건물의 철거와 그 대지 부분의 인도를 청구할 수 있을 뿐, 자기 소유의 건물을 점유하고 있는 자에 대하여 그 건물에서 퇴거할 것을 청구할 수는 없다.[10]

3. 신축건물의 소유권 귀속 (답안 각주 20, 38, 39 관련)

가. 신축건물의 소유권은 원칙적으로 자기의 노력과 재료를 들여 이를 건축한 사람이 원시적으로 취득하나, 건물신축도급계약에서 수급인이 자기의 노력과 재료를 들여 건물을 완성하더라도 도급인과 수급인 사이에 도급인 명의로 건축허가를 받아 소유권보존등기를 하기로 하는 등 완성된 건물의 소유권을 도급인에게 귀속시키기로 합의한 경우에는 그 건물의 소유권은 도급인에게 원시적으로 귀속된다.[11]

---

8) 대법원 2010. 8. 19. 선고 2010다43801 판결. 한편, 임차인이 임대인의 동의 없이 임대차 목적물의 일부를 전대한 경우에도 임대인은 그 전차인에 대하여 인도에 갈음하여 그 점유 부분으로부터의 퇴거를 청구할 수 있다는 견해도 있다(사법연수원 2012년 민사변호사실무 수습기록IX의 답안 참조).

9) 위 2010다43801 판결.

10) 대법원 1999. 7. 9. 선고 98다57457 판결.

11) 대법원 2010. 1. 28. 선고 2009다66990 판결.

나. 한편, 채무의 담보를 위하여 채무자가 자기의 비용과 노력으로 신축하는 건
물의 건축허가 명의를 채권자 명의로 하였다면 이는 완성될 건물을 양도담
보로 제공하기로 하는 담보권 설정의 합의로서, 완성된 건물에 관하여 자신
의 명의로 소유권보존등기를 마친 채권자는 채무자가 이행지체에 빠졌을 때
에는 담보계약에 의하여 취득한 목적부동산의 처분권을 행사하기 위한 환가
절차의 일환으로서 즉, 담보권의 실행으로서 채무자 또는 채무자로부터 적
법하게 건물의 점유를 이전받은 주택임차인 등 제3자에 대하여 인도청구를
할 수 있다.[12]

다. 이 사건의 경우 피고 서성문 명의의 소유권보존등기가 피고 김수로와의 양
도담보설정계약에 따른 것으로 실체관계와 부합되는 등기로서 유효할 가능
성도 있으나,[13] 기록에는 이러한 사실에 관한 자료가 전혀 없다.

4. 민법 제366조 법정지상권의 성립요건 (답안 각주 25 관련)

가. 동일인의 소유에 속하는 토지 및 그 지상 건물에 관하여 공동저당권이 설정
된 후 그 지상 건물이 철거되고 새로 건물이 신축된 경우에는 그 신축건물
의 소유자가 토지의 소유자와 동일하고 토지의 저당권자에게 신축건물에 관
하여 토지의 저당권과 동일한 순위의 공동저당권을 설정해 주는 등 특별한
사정이 없는 한 저당물의 경매로 인하여 토지와 그 신축건물이 다른 소유자
에 속하게 되더라도 그 신축건물을 위한 법정지상권은 성립하지 않는다고
해석하여야 한다.[14]

나. 그 이유는 동일인의 소유에 속하는 토지 및 그 지상 건물에 관하여 공동저
당권이 설정된 경우에는, 처음부터 지상 건물로 인하여 토지의 이용이 제한
받는 것을 용인하고 토지에 대하여만 저당권을 설정하여 법정지상권의 가치
만큼 감소된 토지의 교환가치를 담보로 취득한 경우와는 달리, 공동저당권
자는 토지 및 건물 각각의 교환가치 전부를 담보로 취득한 것으로서, 저당권
의 목적이 된 건물이 그대로 존속하는 이상은 건물을 위한 법정지상권이 성
립해도 그로 인하여 토지의 교환가치에서 제외된 법정지상권의 가액 상당

---

12) 대법원 2002. 1. 11. 선고 2001다48347 판결.
13) 위 2001다48347 판결.
14) 대법원 2003. 12. 18. 선고 98다43601 전원합의체판결.

가치는 법정지상권이 성립하는 건물의 교환가치에서 되찾을 수 있어 궁극적
으로 토지에 관하여 아무런 제한이 없는 나대지로서의 교환가치 전체를 실
현시킬 수 있다고 기대하지만, 건물이 철거된 후 신축된 건물에 토지와 동순
위의 공동저당권이 설정되지 않았는데도 그 신축건물을 위한 법정지상권이
성립한다고 해석하게 되면, 공동저당권자가 법정지상권이 성립하는 신축건물
의 교환가치를 취득할 수 없게 되는 결과 법정지상권의 가액 상당 가치를 되
찾을 길이 막혀 위와 같이 당초 나대지로서의 토지의 교환가치 전체를 기대
하여 담보를 취득한 공동저당권자에게 불측의 손해를 입게 하기 때문이다.[15]

다. 민법 제366조의 법정지상권이 성립하려면 저당권 설정 당시 저당권의 목적
   이 되는 토지 위에 건물이 존재하여야 하는데, 토지에 관한 저당권 설정 당
   시의 건물을 그 후 개축·증축한 경우는 물론이고 그 건물이 멸실되거나 철
   거된 후 재건축·신축한 경우에도 법정지상권이 성립(成立)하며, 이 경우 신
   건물과 구건물 사이에 동일성이 있거나 소유자가 동일할 것을 요하는 것은
   아니라 할 것이지만, 그 법정지상권의 내용인 존속기간·범위 등은 구건물을
   기준으로 하여야 할 것이다.[16]

   한편, 관습상의 법정지상권이 성립(成立)한 후에 건물을 개축 또는 증축하
   는 경우는 물론 건물이 멸실되거나 철거된 후에 신축하는 경우에도 법정지
   상권은 성립(成立)[17]하나, 다만 그 법정지상권의 범위는 구건물을 기준으로

---

15) 위 98다43601 전원합의체판결.
16) 대법원 2001. 3. 13. 선고 2000다48517, 48524, 48531 판결. 다만, 위 98다43601 전원합
    의체판결에 의하여, 동일인의 소유의 토지와 그 지상건물에 관하여 공동저당권이 설정
    된 후 그 지상건물이 철거되고 새로 건물이 신축된 경우에도 그 후 저당권의 실행에 의
    하여 토지가 경락됨으로써 대지와 건물의 소유자가 달라지면 언제나 신축건물을 위한
    법정지상권이 성립된다는 부분은 변경되었다. 대법원 1991. 4. 26. 선고 90다19985 판결
    도 위와 같은 취지로 판시하고 있으나 신건물과 구건물 사이에 동일성이 있거나 소유자
    가 동일할 것을 요하는 것은 아니라는 판시는 없다.
17) 토지 및 지상건물이 동일한 소유자에게 속하였다가 그 건물 또는 토지가 매매 기타의 원
    인으로 인하여 양자의 소유자가 다르게 된 때에 그 건물을 철거한다는 조건이 없는 이
    상 건물소유자는 토지소유자에 대하여 그 건물을 위한 관습상의 법정지상권을 취득하는
    바, 관습상 법정지상권이 성립한 후에 지상건물이 개축·증축 또는 철거 후 신축된 경우
    에도 관습상 법정지상권이 소멸하지 않고 존속한다는 취지로서 관습상 법정지상권에 건
    물에 대한 부종성이 인정되지 않는다고 보아야 할 것이다. 그런데 위 판례의 판시사항
    중 법정지상권이 성립한 후에 다시 성립한다는 표현을 쓰고 있어 부적절하다고 생각하
    며, 일단 성립한 후에는 유지·존속이라고 하는 것이 더욱 적절하다고 할 것이다(사견).

하여 그 유지 또는 사용을 위하여 일반적으로 필요한 범위 내의 대지 부분에 한정된다.[18]

라. 건물공유자의 1인이 그 건물의 부지인 토지를 단독으로 소유하면서 그 토지에 관하여만 저당권을 설정하였다가 위 저당권에 의한 경매로 인하여 토지의 소유자가 달라진 경우에도, 위 토지 소유자는 자기뿐만 아니라 다른 건물공유자들을 위하여도 위 토지의 이용을 인정하고 있었다고 할 것인 점, 저당권자로서도 저당권 설정 당시 법정지상권의 부담을 예상할 수 있었으므로 불측의 손해를 입는 것이 아닌 점, 건물의 철거로 인한 사회경제적 손실을 방지할 공익상의 필요성도 인정되는 점 등에 비추어 위 건물공유자들은 민법 제366조에 의하여 토지 전부에 관하여 건물의 존속을 위한 법정지상권을 취득한다고 보아야 한다.[19]

한편, 토지의 공유자중의 1인이 공유토지 위에 건물을 소유하고 있다가 토지지분만을 전매함으로써 단순히 토지공유자의 1인에 대하여 관습상의 법정지상권이 성립된 것으로 볼 사유가 발생하였다고 하더라도 당해 토지 자체에 관하여 건물의 소유를 위한 관습상의 법정지상권이 성립된 것으로 보게 된다면 이는 마치 토지공유자의 1인으로 하여금 다른 공유자의 지분에 대하여서까지 지상권설정의 처분행위를 허용하는 셈이 되어 부당하다 할 것이므로 위와 같은 경우에 있어서는 당해 토지에 관하여 건물의 소유를 위한 관습상의 법정지상권이 성립될 수 없다.[20]

5. 건물소유자의 대지에 관한 부당이득반환의무 (답안 각주 32, 42, 44 관련)

가. 사회통념상 건물은 그 부지를 떠나서는 존재할 수 없으므로 건물의 부지가 된 토지는 건물의 소유자가 점유하는 것이고, 이 경우 건물의 소유자가 현실적으로 건물이나 그 부지를 점거하고 있지 않는다 하더라도 건물의 소유를 위하여 그 부지를 점유한다고 보아야 한다. 이와 같이 타인 소유의 토지 위에 권한 없이 건물을 소유하고 있는 자는 그 자체로서 특별한 사정이 없는

---

18) 대법원 1997. 1. 21. 선고 96다40080 판결. 이 판결은 제366조의 법정지상권에도 적용되는 것처럼 판시하고 있으나 대상 사안은 관습상 법정지상권에 관한 것이다.
19) 대법원 2011. 1. 13. 선고 2010다67159 판결.
20) 대법원 1987. 6. 23. 선고 86다카2188 판결.

한 법률상 원인 없이 타인의 재산으로 토지의 차임에 상당하는 이익을 얻고 그로 인하여 타인에게 동액 상당의 손해를 주고 있다고 할 것이다.[21]

나. 또한, 건물 이외의 공작물의 소유를 목적으로 한 토지 전차인이 해당 토지 위에 권한 없이 공작물을 소유하고 있는 경우에도 이와 마찬가지로 풀이하여야 한다.[22]

다. 한편 미등기건물을 양수하여 건물에 관한 사실상의 처분권을 보유하게 됨으로써 건물부지 역시 아울러 점유하고 있다고 볼 수 있는 등의 특별한 사정이 없는 한 건물의 소유명의자가 아닌 자는 실제 건물을 점유하고 있다 하더라도 그 부지를 점유하는 자로 볼 수 없다.[23]

6. 채무불이행책임과 담보책임의 경합관계 (답안 각주 33, 34 관련)

가. 매매의 목적이 된 권리가 타인에게 속한 경우에는 매도인은 그 권리를 취득하여 매수인에게 이전할 의무를 부담하며(민법 제569조), 매도인이 그 권리를 취득하여 매수인에게 이전할 수 없는 때에는 매수인은 계약을 해제할 수 있으나 매수인이 계약당시 그 권리가 매도인에게 속하지 않음을 안 때에는 손해배상을 청구하지 못한다(민법 제570조). 이 사건에서 건물의 소유권이 김수로에게 있는 경우 서성문은 매도인으로서 담보책임을 져야 하므로, 원고가 이를 근거로 청구할 수도 있다. 다만, 매매 당사자가 모두 매매목적물이 타인의 소유인 사실을 모르고 계약을 체결한 경우 위약금의 약정은 타인의 권리매매에 있어서의 담보책임까지 예상하여 그 배상액을 예정한 것이라고 볼 수 없으므로,[24] 손해배상액이 예정된 점에 비추어 담보책임보다는 채무불이행책임을 묻는 것이 손해의 발생 및 범위의 입증 면에서 훨씬 합리적 선택이다.

나. 매도인의 담보책임을 묻는 경우에는 매매계약에 매도인이 계약을 위반하면 계약금의 배액을 매수인에게 배상하고, 매수인이 위약할 때에는 계약금의 반환을 구할 수 없다는 내용의 약정이 이루어진 경우, 매매 당사자가 모두

---

21) 대법원 2007. 8. 23. 선고 2007다21856, 21863 판결.
22) 위 2007다21856, 21863 판결.
23) 대법원 2009. 9. 10. 선고 2009다28462 판결.
24) 대법원 1977. 9. 13. 선고 76다1699 판결.

매매목적물이 타인의 소유인 사실을 모르고 계약을 체결한 경우 위약금의 약정은 타인의 권리매매에 있어서의 담보책임까지 예상하여 그 배상액을 예정한 것이라고 볼 수 없다는 판례25)의 법리에 따라 구체적인 손해배상금액에 대하여 주장·입증하여야 한다.

다. 서성문에 대한 계약해제로 인한 계약금반환 등 청구에 관하여 답안에서는 이행지체로 구성하였으나 이행불능으로 구성할 수도 있다. 다만, 이행불능으로 구성하는 경우에도 기록상 부동산매매계약서 제6조에서 채무불이행으로 인한 계약해제를 하기 위해서는 서면으로 최고하기로 약정한 점에 주의하여야 한다.

라. 한편, 원시적 불능으로 인한 매매계약의 무효를 주장하여 계약금의 반환을 청구할 가능성도 있으나, 매도인의 담보책임에 관한 민법 제569조 및 제570조 규정 및 매매목적물에 관하여 건축주인 김수로와의 법률관계를 완전히 정리하고 소유권이전에 필요한 모든 서류를 교부할 의무를 선이행의무로 한 특약의 취지에 비추어 볼 때 계약의 무효가 인정되기는 어려울 것으로 보인다.

7. 채무자의 이행거절 또는 실권약관에 의한 계약의 해제 (답안 각주 35 관련)

가. 당사자일방이 그 채무를 이행하지 않는 때에는 상대방은 상당한 기간을 정하여 그 이행을 최고하고 그 기간 내에 이행하지 않는 때에는 계약을 해제할 수 있으나 채무자가 미리 이행하지 않을 의사를 표시한 경우에는 최고를 요하지 않는다(민법 제544조).

나. 쌍무계약에 있어 상대방이 미리 이행을 하지 않을 의사를 표시하거나 당사자의 일방이 이행을 제공하더라도 상대방이 그 채무를 이행하지 않을 것이 객관적으로 명백한 경우는 그 일방이 이행을 제공하지 않아도 상대방은 이행지체의 책임을 지고 이를 이유로 계약을 해제할 수 있고, 당사자의 일방이 이행을 제공하더라도 상대방이 상당한 기간 내에 그 채무를 이행할 수 없음이 객관적으로 명백한 경우에도 그 일방은 자신의 채무의 이행을 제공하지 않더라도 상대방의 이행지체를 이유로 계약을 해제할 수 있다고 보아야 한다.26)

다. 소정의 기간 내에 이행이 없으면 계약은 당연히 해제된 것으로 한다는 뜻을

---

25) 위 76다1699 판결 참조.
26) 대법원 1993. 8. 24. 선고 93다7204 판결.

포함하고 있는 이행청구는 이행청구와 동시에 그 기간 내에 이행이 없는 것을 정지조건으로 하여 미리 해제의 의사를 표시한 것으로 볼 수 있다.[27)]

라. 한편, 부동산 매매계약에 있어서 매수인이 잔대금 지급기일까지 그 대금을 지급하지 못하면 그 계약이 자동적으로 해제된다는 취지의 약정(이른바 실권약관)이 있더라도 특별한 사정이 없는 한 매수인의 잔대금 지급의무와 매도인의 소유권이전등기의무는 동시이행의 관계에 있으므로 매도인이 잔대금 지급기일에 소유권이전등기에 필요한 서류를 준비하여 매수인에게 알리는 등 이행의 제공을 하여 매수인으로 하여금 이행지체에 빠지게 하였을 때에 비로소 자동적으로 매매계약이 해제된다고 보아야 하고 매수인이 그 약정 기한을 도과하였더라도 이행지체에 빠진 것이 아니라면 대금 미지급으로 계약이 자동해제된 것으로 볼 수 없다.[28)]

다만, 매수인이 수회에 걸친 채무불이행에 대하여 잔금 지급기일의 연기를 요청하면서 새로운 약정기일까지는 반드시 계약을 이행할 것을 확약하고 불이행시에는 매매계약이 자동적으로 해제되는 것을 감수하겠다는 내용의 약정을 한 특별한 사정이 있다면, 매수인이 잔금 지급기일까지 잔금을 지급하지 아니함으로써 그 매매계약은 자동적으로 실효된다.[29)]

8. 특정채권을 피보전채권으로 한 채권자대위권 행사에 있어서 보전의 필요성 (답안 각주 48, 49 관련)

채권자는 채무자에 대한 채권을 보전하기 위하여 채무자를 대위해서 채무자의 권리를 행사할 수 있는바(민법 제404조), 채권자가 보전하려는 권리와 대위하여 행사하려는 채무자의 권리가 밀접하게 관련되어 있고 채권자가 채무자의 권리를 대위하여 행사하지 않으면 자기 채권의 완전한 만족을 얻을 수 없게 될 위험이 있어 채무자의 권리를 대위하여 행사하는 것이 자기 채권의 현실적 이행을 유효·적절하게 확보하기 위하여 필요한 경우에는 채권자대위권의 행사가 채무자의 자유로운 재산관리행위에 대한 부당한 간섭이 된다는 등의 특별한 사정이 없는 한 채권자는 채무자의 권리를 대위하여 행사할 수 있어야 하고, 피보전채권이 특정채권이라 하

27) 대법원 1992. 12. 22. 선고 92다28549 판결.
28) 대법원 1998. 6. 12. 선고 98다505 판결.
29) 대법원 2007. 12. 27. 선고 2007도5030 판결.

여 반드시 순차매도 또는 임대차에 있어 소유권이전등기청구권이나 인도청구권
등의 보전을 위한 경우에만 한하여 채권자대위권이 인정되는 것은 아니다.[30]

9. 관련재판적 (답안 각주 50 관련)

가. 민사소송법 제25조는 관련재판적에 관하여 규정하고 있는바, 관련재판적이
   란 원고가 하나의 소로써 여러 청구를 하는 경우에 그 중 어느 하나의 청구
   에 관하여 토지관할권이 있으면 본래 그 법원에 법정관할권이 없는 나머지
   청구도 그 곳의 재판적이 생기는 것을 말한다.[31]

나. 소의 객관적 병합(민사소송법 제25조 제1항)뿐만 아니라 주관적 병합(같은 조
   제2항)의 경우에도 관련재판적이 인정되지만, 주관적 병합의 경우에는 공동
   소송의 유형 중 소송목적이 되는 권리나 의무가 여러 사람에게 공통되거나
   사실상 또는 법률상 같은 원인으로 말미암아 그 여러 사람이 공동소송인으
   로서 당사자가 되는 경우(민사소송법 제65조 전문)로 한정된다. 소송목적이 되
   는 권리나 의무가 같은 종류의 것이고, 사실상 또는 법률상 같은 종류의 원
   인으로 말미암은 것인 경우에도 공동소송을 제기할 수 있으나(민사소송법 제
   65조 후문) 관련재판적은 인정되지 않는다.

---

30) 대법원 2001. 5. 8. 선고 99다38699 판결. 이 판결의 원심 판결(서울고등법원 1999. 6.
   4. 선고 98나4912 판결)은 원래 채권자대위권은 채무자의 책임재산을 보전함으로써 채
   권자 일반의 이익을 도모하기 위하여 인정된 것이고 특정채권의 보전을 위한 경우에는
   순차매도 또는 임대차에 있어 소유권이전등기청구권이나 명도청구권 등의 보전을 위한
   경우에 한하여 예외적으로 그 행사가 허용된다고 판시하였으나, 위 대법원 판결에 의하
   여 파기되었으며, 대법원 2007. 5. 10. 선고 2006다82700, 82717 판결의 원심 판결도 위
   와 같은 취지로 판시하였다가 위 대법원 판결에 의하여 파기되었다.
31) 이시윤, 민사소송법, 103면.

제 4 장
양수금, 소유권이전등기, 건물철거 관련 청구

※ 문 제

귀하(변호사 김상승)는 의뢰인 박온준과 상담일지 기재와 같은 내용으로 상담하고, 사건을 수임하면서 첨부서류를 자료로 받았다. 귀하는 의뢰인의 요구사항 및 이익에 최대한 부합하는 소장을 작성하되, 청구원인을 작성함에 있어 먼저 청구원인사실을 중심으로 기재한 다음 기록 내용에 비추어 피고(들)가 법령 및 판례에 따라 제기할 것으로 예상되는 주장 및 항변을 정리하고 각 그에 대한 반론을 개진하시오.

【작성요령】

1. 본 기록 내에 나타나 있는 사실관계 및 증거자료만을 기초로 하고, 별도의 법률행위 또는 사실행위를 한 것을 전제로 하지 말 것.
   단, 의뢰인의 요구를 충족하기 위하여 특정 권리의 행사가 필요한 경우에는 소장을 통하여 행사할 것.
2. 사실관계 주장은 첨부된 자료 중 증거로 신청·제출이 가능한 자료를 토대로 하여 증거법상 법원에 의하여 인정받을 가능성이 있다고 판단되는 내용으로 한정할 것.
3. 각종 서류는 모두 적법하게 작성되었고, 기록상 일자의 요일은 실제 요일과 무관하게 토요일 또는 공휴일이 없는 것을 전제로 할 것.
4. 법리적인 주장은 현행 법령 및 대법원 판례의 태도에 비추어 받아들여질 가능성이 없다고 판단되는 내용은 제외하며, 귀하가 소를 제기하는 경우 상대방은 적극적으로 응소하는 것을 전제로 할 것.
5. 소장의 기재사항 중 증거방법 및 첨부서류란을 생략하여도 무방함.
6. 부동산의 표시는 별지로 처리할 것.
7. 일정한 비율로 계산한 돈을 청구하는 경우에는 연 또는 월 단위로 끊어 계산할 것.
8. 소장의 작성일 및 소(訴) 제기일은 2016. 4. 30.로 할 것.

[참고자료]

각급 법원의 설치와 관할구역에 관한 법률 (일부)

[시행 2014.12.30.] [법률 제12879호, 2014.12.30., 일부개정]

제4조(관할구역) 각급 법원의 관할구역은 다음 각 호의 구분에 따라 정한다. 다만, 지방법원 또는 그 지원의 관할구역에 시·군법원을 둔 경우 「법원조직법」 제34조 제1항 제1호 및 제2호의 사건에 관하여는 지방법원 또는 그 지원의 관할구역에서 해당 시·군법원의 관할구역을 제외한다.

1. 각 고등법원·지방법원과 그 지원의 관할구역: 별표 3
2. ~7. 생략

[별표 3] 고등법원·지방법원과 그 지원의 관할구역 (일부)

고등법원	지방법원	지원	관할구역
서울	서울중앙		서울특별시 종로구·중구·강남구·서초구·관악구·동작구
	서울동부		서울특별시 성동구·광진구·강동구·송파구
	서울남부		서울특별시 영등포구·강서구·양천구·구로구·금천구
	서울북부		서울특별시 동대문구·중랑구·성북구·도봉구·강북구·노원구
	서울서부		서울특별시 서대문구·마포구·은평구·용산구
	의정부		의정부시·동두천시·구리시·남양주시·양주시·연천군·포천시·가평군, 강원도 철원군. 다만, 소년보호사건은 앞의 시·군 외에 고양시·파주시
		고양	고양시·파주시
	인천		인천광역시. 다만, 소년보호사건은 앞의 광역시 외에 부천시·김포시
		부천	부천시·김포시
	수원		수원시·오산시·용인시·화성시. 다만, 소년보호사건은 앞의 시 외에 성남시·하남시·평택시·이천시·안산시·광명시·시흥시·안성시·광주시·안양시·과천시·의왕시·군포시·여주시·양평군
		성남	성남시·하남시·광주시
		여주	이천시·여주시·양평군
		평택	평택시·안성시
		안산	안산시·광명시·시흥시
		안양	안양시·과천시·의왕시·군포시

상 담 일 지

접 수 번 호	2016민093	상 담 일	2016. 4. 28.
상 담 인	박온준	연 락 처	010-1234-5604
담당변호사	김상승	사 건 번 호	

【상담내용】

1. 의뢰인은 이명수와 동업체를 운영하던 중 최근 동업을 그만두기로 하면서 동업체는 이명수가 단독으로 운영하고 의뢰인은 이명수로부터 투자금을 반환받기로 약정하고, 그 내용으로 합의각서를 작성하고 그 이행을 위한 계약서 등을 작성하였다.

2. 의뢰인과 이명수가 위 약정을 할 당시에는 서로 좋은 관계를 유지하였으나 의뢰인이 위 약정의 이행을 구체적으로 요구하는 과정에서 감정적인 다툼이 생겨 서로 관계가 좋지 않게 되었고, 이명수는 약정한 내용을 이행하지 않고 있다.

3. 이명수는 서울특별시 서초구 서초동 187 북일하이빌 102동 301호에 2014. 3. 15. 이사 및 전입신고를 하였으며, 위 아파트에 거주하던 중 그의 과실로 수리비 500만 원을 요하는 손해를 발생케 하여 임대인 김미희에 대하여 그 배상책임이 있다는 사실을 의뢰인이 확인하였다.

4. 이명수는 의뢰인에게 넘겨주기로 한 재산 외에도 동업체와 관련된 재산 등 그 자력은 충분한 상태이며, 김미희가 소유하고 있는 북일하이빌 아파트의 시가는 임대차보증금 2억5천만 원을 훨씬 상회한다.

【의뢰인의 요구사항】

1. 의뢰인은 이명수와 작성한 합의각서 및 그 부속 계약서의 실현을 원한다.

2. 의뢰인은 이명수로부터 받기로 한 서울특별시 서초구 서초동 100 토지상에
    건물을 신축하여 활용하고자 한다.

【첨부서류】

  1. 합의각서
  2. 부동산매매계약서
  3. 부동산매매계약서
  4. 등기사항전부증명서(집합건물)
  5. 등기사항전부증명서(토지)
  6. 등기사항전부증명서(건물)
  7. 등기사항전부증명서(토지)
  8. 부동산임대차계약서
  9. 채권양도계약서
10. 내용증명우편(제목: 채권양도양수통지서, 발신: 박온준, 수신: 김미희)
11. 우편물배달증명서
12. 내용증명우편(제목: 내용통지서, 발신: 김미희, 수신: 박온준)
13. 내용증명우편(제목: 내용통지서(2차), 발신: 김미희, 수신: 박온준)
14. 결정(채권가압류)
15. 결정(채권압류 및 전부명령)
16. 내용증명우편(제목: 내용증명, 발신: 박온준, 수신: 장남석)
17. 내용증명우편(제목: 내용증명 답변서, 발신: 장남석, 수신: 박온준)
18. 부동산매매계약서
19. 결정(채권가압류)

종합법률사무소 다일

변호사 박조정, 양화해, 서온유, 김상승, 이승소

서울 동대문구 양진대로 777

전화 : 961-1543 팩스 : 961-1544 이메일 : sskim@daillaw.com

합 의 각 서

갑 : 박온준
　　서울특별시 동대문구 이문동 365

을 : 이명수
　　서울특별시 서초구 서초동 133

갑과 을은 동업관계를 종료하면서 투자금 반환을 위하여 다음과 같이 합의
하고 본 합의각서를 2부 작성하여 각각 1부씩 보관한다.

- 다　　음 -

1. 동업체는 을이 단독으로 소유하고 운영하기로 한다.
2. 을은 갑의 투자금의 반환에 갈음하여 다음과 같이 이행한다.
　가. 을이 김미희에 대하여 가지는 서울특별시 서초구 서초동 187 북일하이
　　　빌 102동 301호에 관한 임대차보증금반환채권 2억5천만원을 갑에게 양도
　　　하기로 한다.
　나. 을 소유의 서울특별시 서초구 서초동 100 대 323㎡ 및 경기도 수원시
　　　권선구 금곡동 산28 임야 12,323㎡를 매매의 형식으로 갑에게 소유권을
　　　이전하기로 하고, 그 대금은 각각 5억원으로 하되 투자금의 일부 반환에
　　　갈음하여 완불한 것으로 한다.
3. 을이 위 채무를 이행함으로써 갑과 을 사이의 채권채무관계는 종결되는
　　것으로 합의한다.

2016. 1. 10.

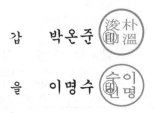

갑　박온준

을　이명수

부동산매매계약서

매도인과 매수인 쌍방은 아래 표시 부동산에 관하여 다음 계약 내용과 같이 매매계약을 체결한다.

1. 부동산의 표시

소 재 지	서울특별시 서초구 서초동 100			
지 목	대		면 적	323㎡
건 물	구조·용도		면적(전용)	

2. 계약내용

제 1 조 (목적) 위 부동산의 매매에 대하여 매도인과 매수인은 합의에 의하여 매매대금을 아래와 같이 지불하기로 한다.

매매대금	금 오억 원정(₩500,000,000) 완불		
계 약 금	금　　　원정(₩　　　)은 계약시에 지불하고 영수함. 영수자(　　㊞)		
융 자 금		임대보증금	총　　　　원정을 승계키로 한다.
중 도 금	금　　　원정(₩　　　)은　년　월　일에 지불하며		
	금　　　원정(　　　)은　년　월　일에 지불한다.		
잔 금	금　　　원정(₩　　　)은　년　월　일에 지불한다.		

제 2 조 (소유권 이전 등) 매도인은 매매대금의 잔금 수령과 동시에 매수인에게 소유권이전등기에 필요한 모든 서류를 교부하고 등기절차에 협력하며, 위 부동산의 인도일은　　　년　　월　　일로 한다.

제 3 조 (제한물권 등의 소멸) 매도인은 위의 부동산에 설정된 저당권, 지상권, 임차권 등 소유권의 행사를 제한하는 사유가 있거나, 조세공과 기타 부담금의 미납금 등이 있을 때에는 잔금 수수일까지 그 권리의 하자 및 부담 등을 제거하여 완전한 소유권을 매수인에게 이전한다. 다만, 승계하기로 합의하는 권리 및 금액은 그러하지 아니하다.

제 4 조 (지방세 등) 위 부동산에 관하여 발생한 수익의 귀속과 제세공과금 등의 부담은 위 부동산의 인도일을 기준으로 하되, 지방세의 납부의무 및 납부책임은 지방세법의 규정에 의한다.

제 5 조 (계약의 해제) 매수인이 매도인에게 중도금(중도금이 없을 때에는 잔금)을 지불하기 전까지 매도인은 계약금의 배액을 상환하고, 매수인은 계약금을 포기하고 본 계약을 해제할 수 있다.

제 6 조 (채무불이행과 손해배상) 매도인 또는 매수인이 본 계약상의 내용을 불이행할 경우 그 상대방은 불이행한 자에 대하여 서면으로 최고하고 계약을 해제할 수 있다. 그리고 계약당사자는 계약해제에 따른 손해배상을 각각 상대방에게 청구할 수 있으며, 손해배상에 대하여 별도의 약정이 없는 한 계약금을 손해배상의 기준으로 본다.

제 7 조 (중개수수료) 부동산중개업자는 매도인 또는 매수인의 본 계약 불이행에 대하여 책임을 지지 않는다. 또한, 중개수수료는 본 계약체결과 동시에 계약 당사자 쌍방이 각각 지불하

며, 중개업자의 고의나 과실없이 본 계약이 무효·취소 또는 해제되어도 중개수수료는 지급한다. 공동 중개인 경우에 매도인과 매수인은 자신이 중개 의뢰한 중개업자에게 각각 중개수수료를 지급한다(중개수수료는 거래가액의 0.5%로 한다).

제8조 (중개대상물확인·설명서 교부 등) 중개업자는 중개대상물 확인·설명서를 작성하고 업무보증관계증서(공제증서등) 사본을 첨부하여 2015년 10월 25일 거래당사자 쌍방에게 교부한다.

특약사항	지상 건물은 매도인이 본 토지를 5년간 임대하면서 임차인으로 하여금 임대차기간 5년 동안 조립식건물을 소유할 수 있도록 허락함에 따라 건축된 것으로, 현재 임대차계약관계는 종료되었고 반환할 임대차보증금도 전혀 없으나 그 건물을 경매받은 사람이 토지의 사용권을 주장하면서 반환하지 않고 있는 상태임. 위 지상건물에 관한 문제는 매수인이 전적으로 책임지기로 함.

본 계약을 증명하기 위하여 계약 당사자가 이의 없음을 확인하고 각각 서명·날인 후 매도인, 매수인 및 중개업자는 매장마다 간인하여야 하며, 각 1통씩 보관한다.

2016년 1월 10일

매도인	주 소	서울 서초구 서초동 133		
	성 명	이명수 (인)	주민등록번호	670606-1020345
	대 리 인	성명		
매수인	주 소	서울 동대문구 이문동 365		
	성 명	박온준 (인)	주민등록번호	670529-1020123
	대 리 인	성명		
중개업자	사무소소재지	쌍방합의		
	사무소명칭			
	대 표	서명·날인		
	등 록 번 호		전 화	
	소속공인중개사			

부 동 산 매 매 계 약 서

매도인과 매수인 쌍방은 아래 표시 부동산에 관하여 다음 계약 내용과 같이 매매계약을 체결한다.				
1. 부동산의 표시				
소 재 지	경기도 수원시 권선구 금곡동 산28		
지　목	임야		면 적	12,323㎡
건　물	구조·용도		면적(전용)	
2. 계약내용 제 1 조 **(목적)** 위 부동산의 매매에 대하여 매도인과 매수인은 합의에 의하여 매매대금을 아래와 같이 지불하기로 한다.				
매매대금	금 **오억** 원정(₩500,000,000) 완불			
계 약 금	금　　　　원정(₩　　　　)은 계약시에 지불하고 영수함. 영수자(　　㊞)			
융 자 금			임대보증금	총　　　　원정을 승계키로 한다.
중 도 금	금　　　원정(₩　　)은　　년　월　일에 지불하며			
	금　　　원정(　　)은　　년　월　일에 지불한다.			
잔　금	금　　　원정(₩　　)은　　년　월　일에 지불한다.			

제 2 조 **(소유권 이전 등)** 매도인은 매매대금의 잔금 수령과 동시에 매수인에게 소유권이전등기에 필요한 모든 서류를 교부하고 등기절차에 협력하며, 위 부동산의 인도일은　　년　월　일로 한다.

제 3 조 **(제한물권 등의 소멸)** 매도인은 위의 부동산에 설정된 저당권, 지상권, 임차권 등 소유권의 행사를 제한하는 사유가 있거나, 조세공과 기타 부담금의 미납금 등이 있을 때에는 잔금 수수일까지 그 권리의 하자 및 부담 등을 제거하여 완전한 소유권을 매수인에게 이전한다. 다만, 승계하기로 합의하는 권리 및 금액은 그러하지 아니하다.

제 4 조 **(지방세 등)** 위 부동산에 관하여 발생한 수익의 귀속과 제세공과금 등의 부담은 위 부동산의 인도일을 기준으로 하되, 지방세의 납부의무 및 납부책임은 지방세법의 규정에 의한다.

제 5 조 **(계약의 해제)** 매수인이 매도인에게 중도금(중도금이 없을 때에는 잔금)을 지불하기 전까지 매도인은 계약금의 배액을 상환하고, 매수인은 계약금을 포기하고 본 계약을 해제할 수 있다.

제 6 조 **(채무불이행과 손해배상)** 매도인 또는 매수인이 본 계약상의 내용을 불이행할 경우 그 상대방은 불이행한 자에 대하여 서면으로 최고하고 계약을 해제할 수 있다. 그리고 계약당사자는 계약해제에 따른 손해배상을 각각 상대방에게 청구할 수 있으며, 손해배상에 대하여 별도의 약정이 없는 한 계약금을 손해배상의 기준으로 본다.

제 7 조 **(중개수수료)** 부동산중개업자는 매도인 또는 매수인의 본 계약 불이행에 대하여 책임

을 지지 않는다. 또한, 중개수수료는 본 계약체결과 동시에 계약 당사자 쌍방이 각각 지불하며, 중개업자의 고의나 과실없이 본 계약이 무효·취소 또는 해제되어도 중개수수료는 지급한다. 공동 중개인 경우에 매도인과 매수인은 자신이 중개 의뢰한 중개업자에게 각각 중개수수료를 지급한다(중개수수료는 거래가액의 0.5%로 한다).

제 8 조 (중개대상물확인·설명서 교부 등) 중개업자는 중개대상물 확인·설명서를 작성하고 업무보증관계증서(공제증서등) 사본을 첨부하여 2015년 10월 25일 거래당사자 쌍방에게 교부한다.

| 특약사항 | 현재 매도인은 본건 토지를 매수하고 대금을 모두 지급하였으나 소유권이전등기를 마치지 못한 상태에서 매수인에게 매매하는 것이며, 본 계약 체결일로부터 1개월 이내에 소유권이전등기를 받아 매수인에게 이전하기로 함. |

본 계약을 증명하기 위하여 계약 당사자가 이의 없음을 확인하고 각각 서명·날인 후 매도인, 매수인 및 중개업자는 매장마다 간인하여야 하며, 각 1통씩 보관한다.

2016년 1월 10일

매도인	주 소	서울 서초구 서초동 133			
	성 명	이명수 (이명수인)	주민등록번호	670606-1020345	
	대 리 인	성명			
매수인	주 소	서울 동대문구 이문동 365			
	성 명	박온준 (朴溫印)	주민등록번호	670529-1020123	
	대 리 인	성명			
중개업자	사무소소재지				
	사무소명칭	쌍방합의			
	대 표	서명·날인			
	등 록 번 호		전 화		
	소속공인중개사				

등기사항전부증명서(말소사항 포함) – 집합건물

[집합건물] 서울특별시 서초구 서초동 187 북일하이빌 102동 제3층 제301호

고유번호 2641-2005-003930

【 표 　 제 　 부 】		（ 1동의 건물의 표시 ）		
표시번호	접 수	소재지번 건물명칭 및 번호	건 물 내 역	등기원인 및 기타사항
~~1~~	~~2005년12월2일~~	~~서울특별시 서초구~~ ~~서초동 187 북일하~~ ~~이빌 제102동~~	~~철근콘크리트조 (철근)콘크리트~~ ~~지붕 5층 공동주택(아파트)~~ ~~1층 126.001㎡~~ ~~2층 118.553㎡~~ ~~3층 209.582㎡~~ ~~4층 209.582㎡~~ ~~5층 209.582㎡~~	~~도면편철장 제2책 제345면~~
2	2011년11월1일	서울특별시 서초구 서초동 187 북일하 이빌 제102동 [도로명주소] 서울특별시 서초구 명달로 40	철근콘크리트조 (철근)콘크리트 지붕 5층 공동주택(아파트) 1층 126.001㎡ 2층 118.553㎡ 3층 209.582㎡ 4층 209.582㎡ 5층 209.582㎡	도로명주소
（ 대지권의 목적인 토지의 표시 ）				
표시번호	소 재 지 번	지 목	면 적	등기원인 및 기타사항
1	1. 서울특별시 서초구 서초동 187	대	9918.3㎡	2005년12월2일

【 표 　 제 　 부 】		（ 전유부분의 건물의 표시 ）		
표시번호	접 수	건물번호	건 물 내 역	등기원인 및 기타사항
1	2005년12월2일	제3층 제301호	철근콘크리트조 84.997㎡	도면편철장 제2책 제345면

[인터넷 발급] 문서 하단의 바코드를 스캐너로 확인하거나, **인터넷등기소(http://www.iros.go.kr)의 발급확인** 메뉴에서 **발급확인번호**를 입력하여
위·변조 여부를 확인할 수 있습니다. 발급확인번호를 통한 확인은 발행일로부터 3개월까지 5회에 한하여 가능합니다.

발행번호 123456789A123456789B123456789C123　　1/3　　발급확인번호 ALTQ-COHX-3570　　발행일 2016/04/28

[집합건물] 서울특별시 서초구 서초동 187 북일하이빌 102동 제3층 제301호   고유번호 2641-2005-003930

표시번호	대지권종류	대지권비율	등기원인 및 기타사항
	(대지권의 표시)		
1	1. 소유권 대지권	9918.3분의 43.3856	2005년10월5일 대지권 2005년12월2일 등기

【 갑   구 】   (소유권에 관한 사항)

순위번호	등 기 목 적	접 수	등 기 원 인	권리자 및 기타사항
1	소유권보존	2005년12월2일 제47366호		소유자 김태수 491010-1443217 서울 서초구 서초동 423
1-1	1번등기명의인 표시변경	2006년12월11일 제53857호	2005년12월1일 구획정리완료	김태수의 주소 서울 서초구 서초동 187 북일하이빌 102동 301호
2	소유권이전	2011년7월18일 제32572호	2011년5월22일 매매	소유자 김미희 701104-2547663 경기도 수원시 권선구 금곡동 510 지에스자이 201-604 거래가액 금590,000,000원
2-2	2번등기명의인 표시변경	2013년10월12일 제30480호	2011년7월18일 전거	김미희의 주소 서울 서초구 서초동 187 북일하이빌 102동 제301호

【 을   구 】   (소유권 이외의 권리에 관한 사항)

순위번호	등 기 목 적	접 수	등 기 원 인	권리자 및 기타사항
1	근저당권설정	2006년12월11일 제53858호	2006년12월11일 설정계약	채권최고액 금150,000,000원 채무자 이진수 　서울 서초구 서초동 187 북일하이빌 　102동 301호 근저당권자 주식회사 신한은행 　서울 중구 태평로2가 120

발행번호 123456789A123456789B123456789C123   2/3   발급확인번호 ALTQ-COHX-3570   발행일 2016/04/28

[집합건물] 서울특별시 서초구 서초동 187 북일하이빌 102동 제3층 제301호   고유번호 2641-2005-003930

순위번호	등 기 목 적	접 수	등 기 원 인	권리자 및 기타사항
2	1번근저당권설정등기말소	2011년7월18일 제29341호	2011년7월18일 해지	
3	근저당권설정	2013년10월12일 제30479호	2013년10월12일 설정계약	채권최고액 금250,000,000원 채무자 서진호 　서울 서초구 서초동 187 북일하이빌 　102동 301호 근저당권자 주식회사 국민은행 　110111-0303184 　서울 서초구 서초동 120 　(서초지점)

─── 이 하 여 백 ───

수수료 금 1,000원 영수함

관할등기소 서울중앙지방법원 등기국/
발행등기소 법원행정처 등기정보중앙관리소

이 증명서는 부동산 등기기록의 내용과 틀림없음을 증명합니다.
서기 2016년 04월 28일
법원행정처 등기정보중앙관리소   전산운영책임관

*실선으로 그어진 부분은 말소사항을 표시함.   *등기부에 기록된 사항이 없는 갑구 또는 을구는 생략함.

[인터넷 발급] 문서 하단의 바코드를 스캐너로 확인하거나, 인터넷등기소(http://www.iros.go.kr)의 발급확인 메뉴에서 발급확인번호를 입력하여
위·변조 여부를 확인할 수 있습니다. 발급확인번호를 통한 확인은 발행일로부터 3개월까지 5회에 한하여 가능합니다.

발행번호 123456789A123456789B123456789C123   3/3   발급확인번호 ALTQ-COHX-3570   발행일 2016/04/28

등기사항전부증명서(말소사항 포함) - 토지

[토지] 서울특별시 서초구 서초동 100

고유번호 1152-1996-531218

【 표　제　부 】 (토지의 표시)					
표시번호	접　수	소 재 지 번	지 목	면 적	등기원인 및 기타사항
1 (전2)	1983년4월11일	서울특별시 서초구 서초동 100	대	323m²	
					부동산등기법 제177조의6 제1항의 규정에 의하여 2000년 9월 15일 전산이기

【 갑　　구 】 (소유권에 관한 사항)				
순위번호	등 기 목 적	접　수	등기원인	권리자 및 기타사항
1 (전4)	소유권이전	1982년11월20일 제2278호	1982년9월22일 매매	소유자　정옥순 411221-2****** 서울 서초구 반포동 423
				부동산등기법 제177조의6 제1항의 규정에 의하여 2000년 9월 15일 전산이기
2	소유권이전	2006년10월14일 제107330호	2006년9월13일 매매	소유자　이명수 670606-1****** 서울 서초구 서초동 133

【 을　　구 】 (소유권 이외의 권리에 관한 사항)				
순위번호	등 기 목 적	접　수	등기원인	권리자 및 기타사항

* 실선으로 그어진 부분은 말소사항을 표시함.　　* 등기부에 기록된 사항이 없는 갑구 또는 을구는 생략함.

[인터넷 발급] 문서 하단의 바코드를 스캐너로 확인하거나, 인터넷등기소(http://www.iros.go.kr)의 발급확인 메뉴에서 발급확인번호를 입력하여 위·변조 여부를 확인할 수 있습니다. 발급확인번호를 통한 확인은 발행일로부터 3개월까지 5회에 한하여 가능합니다.

발행번호 123456789A123456789B123456789C334　　　1/2　　발급확인번호 ALTQ-COHX-3571　　발행일 2016/04/28

[토지] 서울특별시 서초구 서초동 100 고유번호 1152-1996-531218

순위번호	등 기 목 적	접 수	등기원인	권리자 및 기타사항
1	근저당권설정	2011년2월11일 제45235호	2011년2월10일 설정계약	채권최고액 금 250,000,000원 채무자 김수로 680211-1******* 서울 동대문구 휘경동 100 근저당권자 농업협동조합 서울 중구 을지로1가 101-1 (여신관리부)
2	1번근저당권설정등기 말소	2014년6월1일 제49341호	2014년5월31일 해지	

-- 이 하 여 백 --

수수료 금 1,000원 영수함

관할등기소 서울중앙지방법원 등기국/
발행등기소 법원행정처 등기정보중앙관리소

이 증명서는 부동산 등기기록의 내용과 틀림없음을 증명합니다.
서기 2016년 04월 28일
법원행정처 등기정보중앙관리소   전산운영책임관

* 실선으로 그어진 부분은 말소사항을 표시함.   * 등기부에 기록된 사항이 없는 갑구 또는 을구는 생략함.

[인터넷 발급] 문서 하단의 바코드를 스캐너로 확인하거나, 인터넷등기소(http://www.iros.go.kr)의 발급확인 메뉴에서 발급확인번호를 입력하여
위·변조 여부를 확인할 수 있습니다. 발급확인번호를 통한 확인은 발행일로부터 3개월까지 5회에 한하여 가능합니다.

발행번호 123456789A123456789B123456789C345   2/2   발급확인번호 ALTQ-COHX-3571   발행일 2016/04/28

등기사항전부증명서(말소사항 포함) - 건물

고유번호 1152-2009-531221

[건물] 서울특별시 서초구 서초동 100

【 표　　제　　부 】		(건물의 표시)		
표시번호	접 수	소 재 지 번	건 물 내 역	등기원인 및 기타사항
~~1~~	~~2009년10월13일~~	~~서울특별시 서초구 서초동 100~~	~~일반철골구조 샌드위치판넬지붕 단층 제1종근린생활시설 201㎡~~	
2		서울특별시 서초구 서초동 100 [도로명주소] 서울특별시 서초구 명달로 35-1	일반철골구조 샌드위치판넬지붕 단층 제1종근린생활시설 201㎡	도로명주소 2012년3월10일 등기

【 갑　　　　구 】			(소유권에 관한 사항)	
순위번호	등 기 목 적	접 수	등기원인	권리자 및 기타사항
1	소유권보존	2009년10월13일 제112330호		소유자 서성문 560802-1****** 경기도 성남시 분당구 서현동 111
2	~~가압류~~	~~2014년3월10일 제13234호~~	~~2014년3월10일 서울중앙지방법원의 가압류결정 (2014카단8864)~~	~~채권자 전동숙 691219-2******~~ ~~서울 광진구 자양3동 171 현대아파트~~ ~~101-201~~
3	소유권이전	2014년5월6일 제23432호	2014년4월5일 매매	소유자 이명수 670606-1****** 서울 서초구 서초동 133

* 실선으로 그어진 부분은 말소사항을 표시함.　　* 등기부에 기록된 사항이 없는 갑구 또는 을구는 생략함.

발행번호 123456789A123456789B123456789C125　　1/2　　발급확인번호 ALTQ-COHX-3572　　발행일 2016/04/28

[건물] 서울특별시 서초구 서초동 100　　　　　　　고유번호 1152-2009-531221

순위번호	등 기 목 적	접 수	등기원인	권리자 및 기타사항
4	~~강제경매개시결정~~	~~2014년11월22일 제41232호~~	~~2014년11월22일 서울중앙지방법 원의 강제경매개 시결정(2014타경 10223)~~	~~채권자 전동숙 691219-2******~~ ~~서울 광진구 자양3동 171 현대아파트~~ ~~101-201~~
5	소유권이전	2015년9월7일 제109341호	2015년8월31일 강제경매로 인한 낙찰	소유자 박영숙 600113-2234567 서울 동대문구 회기동 123
6	강제경매개시 결정등기말소	2015년9월7일 제109341호	2015년8월31일 강제경매로 인한 낙찰	

--- 이 하 여 백 ---

수수료 금 1,000원 영수함　　　　　　　　　관할등기소 서울중앙지방법원 등기국/
　　　　　　　　　　　　　　　　　　　　　발행등기소 법원행정처 등기정보중앙관리소

이 증명서는 부동산 등기기록의 내용과 틀림없음을 증명합니다.
서기 2016년 04월 28일
법원행정처 등기정보중앙관리소　　　　　　전산운영책임관

* 실선으로 그어진 부분은 말소사항을 표시함.　　* 등기부에 기록된 사항이 없는 갑구 또는 을구는 생략함.

[인터넷 발급] 문서 하단의 바코드를 스캐너로 확인하거나, **인터넷등기소**(http://www.iros.go.kr)의 **발급확인** 메뉴에서 **발급확인번호**를 입력하여
위·변조 여부를 확인할 수 있습니다. 발급확인번호를 통한 확인은 발행일로부터 3개월까지 5회에 한하여 가능합니다.

발행번호 123456789A123456789B123456789C125　　2/2　　발급확인번호 ALTQ-COHX-3572　　발행일 2016/04/28

등기사항전부증명서(말소사항 포함) - 토지

[토지] 수원시 권선구 금곡동 산28   고유번호 1150-1976-531210

【 표　　제　　부 】　　(토지의 표시)

표시번호	접　수	소　재　지　번	지　목	면　적	등기원인 및 기타사항
1 (전2)	1980년5월11일	경기도 수원시 권선구 금곡동 산28	임야	12323㎡	부동산등기법 제177조의6 제1항의 규정에 의하여 2000년 9월 15일 전산이기

【 갑　　　구 】　　(소유권에 관한 사항)

순위번호	등 기 목 적	접　수	등기원인	권리자 및 기타사항
1 (전2)	소유권이전	1982년11월20일 제2278호	1982년9월22일 상속	소유자　장남석　710606-1****** 　　경기도 수원시 권선구 금곡동 뜨란채 　　405동 1402호
				부동산등기법 제177조의6 제1항의 규정에 의하여 2000년 9월 15일 전산이기

--- 이 하 여 백 ---

수수료 금 1,000원 영수함　　　　　　　　　관할등기소 수원지방법원 서수원등기소/
　　　　　　　　　　　　　　　　　　　　　발행등기소 법원행정처 등기정보중앙관리소

　이 증명서는 부동산 등기기록의 내용과 틀림없음을 증명합니다.
　　　서기 2016년 04월 28일
　　　법원행정처 등기정보중앙관리소　　　　　　전산운영책임관

* 실선으로 그어진 부분은 말소사항을 표시함.　　* 등기부에 기록된 사항이 없는 갑구 또는 을구는 생략함.

[인터넷 발급] 문서 하단의 바코드를 스캐너로 확인하거나, **인터넷등기소**(http://www.iros.go.kr)의 **발급확인** 메뉴에서 **발급확인번호**를 입력하여
위·변조 여부를 확인할 수 있습니다. 발급확인번호를 통한 확인은 발행일로부터 3개월까지 5회에 한하여 가능합니다.

발행번호 123456789A123456789B123456789C456　　1/1　　발급확인번호 ALTQ-COHX-3450　　발행일 2016/04/28

부동산 임대차 계약서

본 부동산에 대하여 임대인과 임차인 쌍방은 합의에 의하여 다음과 같이 임대차계약을 체결한다.

1. 부동산의 표시

소 재 지	서울특별시 서초구 서초동 187 북일하이빌 102동 3층 301호				
면 적	㎡	전용면적	84.997㎡	대지권	43.3586㎡
임대할 부분	301호 전체				

2. 계약내용

제1조 위 부동산의 임대차계약에 있어 임차인은 보증금 및 차임을 아래와 같이 지불하기로 한다.

보 증 금	金	이억오천만	원정 (₩250,000,000)
계 약 금	金	이천오백만	원정은 계약시 지불하고 영수함
중 도 금	金		원정은 년 월 일에 지불한다.
잔 금	金	이억이천오백만	원정은 2014년 2월 15일에 지불한다. 2014년2월15일 영수함 김미희
차 임	金		원정은 매월 말일에(선불 , 후불)로 지불한다.

제2조 임대인은 위 부동산을 임대차 목적으로 사용 수익할 수 있는 상태로 하여 <u>2014년 2월 15일</u>까지 임차인에게 인도하며, 임대차기간은 인도일 다음날부터 <u>2016년 2월 15일</u>까지 (24)개월로 한다.

제3조 임차인은 임대인의 동의 없이 위 부동산의 용도나 구조를 변경하거나 전대 또는 담보제공, 임차권 또는 보증금의 양도를 하지 못하며 임대차목적 이외 용도에 사용할 수 없다.

제4조 임차인이 2회 이상 차임 지급을 연체하거나, 제3조를 위반하였을 경우 임대인은 본 계약을 해지할 수 있다.

제5조 임대차계약이 종료한 경우 임차인은 위 부동산을 원상으로 회복하여 임대인에게 반환하며, 임대인은 보증금을 임차인에게 반환한다.

제6조 임차인이 임대인에게 중도금(중도금이 없을 때는 잔금)을 지불하기 전까지는 임대인은 계약금의 배액을 상환하고, 임차인은 계약금을 포기하고 이 계약을 해제할 수 있다.

제7조 공인중개사는 계약 당사자간의 채무불이행에 대해서는 책임지지 않는다. 또한 중개수수료는 본 계약의 체결과 동시에 임대인과 임차인 쌍방이 각각(환산가액의(   )%를) 지불하며, 공인중개사의 고의나 과실 없이 계약당사자간의 사정으로 본 계약이 해제되어도 중개수수료를 지급한다.

제8조 [공인중개사의 업무 및 부동산 거래신고에 관한 법]제25조3항의 규정에 의거 중개대상물 확인설명서를 작성하여 _____년 ____월 ____일 공제증서사본을 첨부하여 거래당사자 쌍방에 교부한다.

<특약사항>

임대차계약이 종료되어 임대인이 보증금을 반환함에 있어 임차인은 원상복구비용에 대한 보증금으로 2,000만원을 임대인에게 지급하기로 하며, 이를 임대보증금의 반환에서 공제할 수 있음.

본 계약에 대하여 계약 당사자는 이의 없음을 확인하고 각자 서명 또는 날인 후 임대인, 임차인, 공인중개사가 각 1통씩 보관한다.

서초동주민센터 확정일자 2014. 3. 15.

2014년   1월   15일

임 대 인	주 소	서울 서초구 서초동 187 북일하이빌 102동 301호					印
	주민등록번호	701104-2547663	전화		성 명	김미희	
임 차 인	주 소	서울 서초구 서초동 133					印
	주민등록번호	670606-1020345	전화		성 명	이명수	
공인중개사	사무소소재지						印
	등 록 번 호			사무소명칭		우리공인중개소	
	전 화 번 호			대표자성명		최성림	
공인중개사	사무소소재지						印
	등 록 번 호			사무소명칭			
	전 화 번 호			대표자성명			

채권양도계약서

양도인 이명수
서울특별시 서초구 서초동 187 북일하이빌 102동 301호

양수인 박온준
서울특별시 동대문구 이문동 365

양도인은 채무자 김미희에 대한 다음 기재 채권을 양수인에게 양도하기로 합의하고 이를 증명하기 위하여 계약서 2부를 작성하여 각 1부씩 나눠 갖기로 한다.

- 다   음 -

양도할 채권의 표시
양도인이 채무자(임대인) 김미희에 대하여 가지는 서울특별시 서초구 서초동 187 북일하이빌 102동 301호에 관한 임대차보증금반환채권(2억5천만원)

2016. 1. 10.

양도인 이 명 수 (인)

양수인 박 온 준 (인)

채권양도양수통지서

수신 : 김미희
　　　　서울특별시 서초구 서초동 187 북일하이빌 202동 1101호
발신 : 박온준
　　　　서울특별시 동대문구 이문동 365

채권자 이명수는 귀하에 대하여 가지고 있는 다음 기재 채권을 발신인 박온준
(670529-1020123, 서울특별시 동대문구 이문동 365)에게 양도하였으므로, 귀하께
서는 위 채권을 발신인에게 변제하여 주시기 바랍니다.

- 다　　　음 -

채권의 표시
양도인(이명수)가 채무자(임대인) 김미희에 대하여 가지는 서울특별시 서초구 서
초동 187 북일하이빌 102동 301호에 관한 임대차보증금반환채권(2억5천만원)

별첨 : 채권양도계약서(사본)

2016. 1. 10.

통지인　　박온준 (인)

이 우편물은 2016-01-10
제3102073129251호에 의하여
내용증명 우편물로 발송하였음을 증명함
서울동대문우체국장 ○대한민국 KOREA

우편물배달증명서

수취인의 주거 및 성명

서울특별시 서초구 서초동 187 북일하이빌 202동 1101호
김미희

접수국명	서울동대문	접수연월일	2016년 1월 10일
등기번호	제3102073129251호	배달연월일	2016년 1월 11일
적 요	수취인과의 관계 본인 수령 김 미 희	서울동대문 2016.01.12 1018602 우 체 국 (배달증명우편물 배달국 일부인)	

내 용 통 지 서

수신 : 박온준

　　　서울특별시 동대문구 이문동 365

발신 : 김미희

　　　서울특별시 서초구 서초동 187 북일하이빌 202동 1101호

　삼가 건승하옵고, 귀하가 발신인에게 보내신 채권양도통지서에 대한 답변입니다.

　발신인은 서울특별시 서초구 서초동 187 북일하이빌 102동 301호의 소유자로서 이명수로부터 임대차보증금 2억5천만원을 받고 임대하였으며, 최근에 계약기간이 종료되면서 보증금을 올려달라고 요구하였으나 임차인 이명수가 보증금을 올려줄 수 없어 나간다고 하기에 부동산사무실에 집을 내놓아 새로운 임차인을 구하고 있는 상태입니다. 그런데 귀하로부터 이명수의 임대차보증금반환채권을 양도양수하였다는 내용증명을 받고 그 사실을 알게 되었으며, 귀하에게 임대차보증금을 반환하려고 하였으나 이명수가 아파트에서 나가지 않아 보증금을 지급할 수 없는 형편입니다. 이 점 양지하시기 바랍니다.

2016. 2. 1.

발신인 김미희 ㊞

이 우편물은 2016-02-01
제3102073151292호에 의하여
내용증명 우편물로 발송하였음을 증명함
서울서초우체국장　　　◯대한민국 KOREA

내 용 통 지 서(2차)

수신 : 박온준

　　　 서울특별시 동대문구 이문동 365

발신 : 김미희

　　　 서울특별시 서초구 서초동 187 북일하이빌 202동 1101호

　삼가 건승하옵고, 발신인이 지난 번에 보낸 내용증명에 추가하여 말씀드릴 사정이 발생하여 이 내용증명우편을 보냅니다.

　귀하에게 임대차보증금을 반환하려고 하였으나 이명수는 아직도 집을 비워주지 않고 있을 뿐만 아니라 이명수가 집을 제대로 관리하지 않는 바람에 수리비로 500만원이 지출될 예정입니다.

　또한, 귀하로부터 채권양도통지서를 받은 후 귀하의 채권자 김갑수라는 사람이 귀하의 발신인에 대한 채권에 가압류를 하였다는 내용으로 법원으로부터 판결을 받았기에 그 문제를 해결하기까지는 부득이 임차보증금을 귀하에게 반환할 수 없음을 양지하시기 바랍니다.

　더욱이, 오늘 법원에서 또다시 판결문이 도착하여 발신인으로서는 복잡한 법률관계를 어떻게 처리할지 모르게 되었음을 헤아려 주시기 바랍니다.

　* 첨부서류: 채권가압류 판결문, 채권압류 및 전부명령 판결문

2016. 3. 25.

발신인 김미희

서울북부지방법원
결   정

사 건   2016카단18205 채권가압류

채 권 자   김갑수 (680920-1547663)

　　　　　　서울 동대문구 회기동 102

채 무 자   박온준 (670529-1020123)

　　　　　　서울 동대문구 이문동 365

제3채무자   김미희 (701104-2547663)

　　　　　　서울 서초구 서초동 187 북일하이빌 202동 1101호

주   문

채무자의 제3채무자에 대한 별지 기재 채권을 가압류한다.

제3채무자는 채무자에 대하여 별지 기재 채권의 지급을 하여서는 아니 된다.

채무자는 위 채권의 처분과 영수를 하여서는 아니 된다.

채무자는 다음 청구금액을 공탁하고 집행정지 또는 그 취소를 신청할 수 있다.

청구채권의 내용   대여금

청구금액   금 50,000,000원

이   유

이 사건 채권가압류 신청은 이유 있으므로 담보로 5,000,000원을 공탁하게 하고 주문과 같이 결정한다.

정 본 입 니 다.
2016. 3. 7.
법원주사 서용택 ㉛

2016.   3.   7.
판사   최남근   ㉛

※ 1. 이 가압류 결정은 채권자가 제출한 소명자료를 기초로 판단한 것입니다.

  2. 채무자는 이 결정에 불복이 있을 경우 가압류이의나 취소신청을 이 법원에 제기할 수 있습니다.

별   지

금50,000,000원

채무자가 제3채무자에 대하여 가지는 양수금채권(서울특별시 서초구 서초동 187 북일하이빌 102동 301호에 관한 임대차보증금반환채권 2억5천만원) 중 위 청구 금액. 끝.

서울중앙지방법원
결   정

사 건   2016타채52123 채권압류 및 전부명령

채 권 자   이을수 (670929-1324574)

수원시 권선구 금곡동 211 지에스빌리지 207동 709호

채 무 자   이명수 (670606-1020345)

서울 서초구 서초동 133

제3채무자   김미희 (701104-2547663)

서울 서초구 서초동 187 북일하이빌 202동 1101호

주   문

채무자의 제3채무자에 대한 별지 기재 채권을 압류한다.

제3채무자는 채무자에 대하여 별지 기재 채권의 지급을 하여서는 아니 된다.

채무자는 위 채권의 처분과 영수를 하여서는 아니 된다.

위 압류된 채권은 지급에 갈음하여 채권자에게 전부한다.

청구금액

금200,000,000원(공증인가 법무법인 다일 증서 2014년 제4101호에 의한 약속어음금)

이   유

채권자가 위 청구금액을 변제받기 위하여 공증인가 법무법인 다일 증서 2014년
제4101호 약속어음 공정증서의 집행력 있는 정본에 터 잡아 한 이 사건 신청은

이유 있으므로 주문과 같이 결정한다.

정 본 입 니 다.
2016. 3. 21.
법원주사 류우진 ㊞

2016.   3.   21.
사법보좌관   노병만   ㊞

별　　지

금200,000,000원

채무자(임차인)가 임대차목적물 서울특별시 서초구 서초동 187 북일하이빌 102
동 301호에 관하여 임대차보증금 : 250,000,000원, 임대차기간 2014. 2. 16.부터
2016. 2. 15.까지로 정한 임대차계약이 종료되는 경우에 제3채무자(임대인)에 대
하여 가지는 임대차보증금 반환채권 중 위 청구금액. 끝.

내 용 증 명

수신 : 장남석
  경기도 수원시 권선구 금곡동 뜨란채 405동 1402호
발신 : 박온준
  서울특별시 동대문구 이문동 365

안녕하십니까? 본인은 이명수로부터 경기도 수원시 권선구 금곡동 산28 임야 12,323㎡를 매수한 사람입니다. 귀하께서는 이명수로부터 매매대금을 모두 수령하였으나 소유권이전등기를 차일피일 미루고 있다고 들었습니다. 귀하께서 이명수에게 등기를 해 주셔야 본인도 등기를 할 수 있으므로 하루빨리 등기를 마쳐 주시기 바랍니다.

2016. 1. 23.

통지인   박온준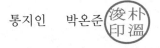

내용증명 답변서

수신 : 박온준
　　　 서울특별시 동대문구 이문동 365
발신 : 장남석
　　　 경기도 수원시 권선구 금곡동 뜨란채 405동 1402호

귀하가 보낸 내용증명을 받고 답변서를 보냅니다.

발신인이 이명수에게 임야를 매각한 것과 매매대금을 모두 수령한 것은 사실입니다. 그러나 발신인이 등기를 지연한 것이 아니라 이명수가 개인적 사정이 있다면서 등기를 하지 않은 것입니다. 그리고 최근에 귀하가 보낸 내용증명을 이명수에게 보여주자 이명수는 발신인과 체결한 임야에 대한 매매계약을 합의하여 해제하자고 하였고, 발신인도 이에 동의한 상태입니다. 다만, 이명수가 매매대금의 반환을 요구하지 않아 아직 지급하지 않고 있는 상태입니다. 사정이 이와 같으므로 귀하께서는 이명수와 본건 임야에 대한 문제를 해결하시기 바랍니다.

별첨 : 부동산매매계약서

2016. 2. 15.

통지인　 장남석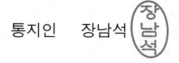

이 우편물은 2016-02-15
제3131293420207호에 의하여
내용증명 우편물로 발송하였음을 증명함
서수원우체국장　○대한민국 KOREA

부 동 산 매 매 계 약 서

매도인과 매수인 쌍방은 아래 표시 부동산에 관하여 다음 계약 내용과 같이 매매계약을 체결한다.

1. 부동산의 표시

경기도 수원시 권선구 금곡동 산28 임야 12,323㎡

2. 계약내용

제 1 조 (목적) 매도인과 매수인은 위 부동산을 매매하기로 하고, 매매대금을 아래와 같이 지불하기로 한다.

매매대금	금 3억3,000만 원 (금 330,000,000원)
계 약 금	금 삼천만 원(금 30,000,000원)은 계약시 지불(영수함 매도인 장남석 ㊞)
중 도 금	금　　　원(금　　　원)은 년 월 일까지 구좌입금
잔　　금	금 3억 원(금 300,000,000원)은 2015년 1월 10일까지 지불한다.

제 2 조 (소유권 이전 등) 매도인은 매매대금의 잔금 수령과 동시에 매수인에게 소유권이전등기에 필요한 모든 서류를 교부하고, 위 부동산을 계약시의 현상에 따라 인도한다.

제 3 조 (제한물권 등의 소멸) 매도인은 위의 부동산에 설정된 저당권, 지상권, 임차권 등 소유권의 행사를 제한하는 사유가 있거나, 조세공과 기타 부담금의 미납금 등이 있을 때에는 잔금 수수일까지 그 권리의 하자 및 부담 등을 제거하여 완전한 소유권을 매수인에게 이전한다.

제 4 조 (지방세 등) 위 부동산에 관하여 발생한 수익과 제세공과금 등 부담의 귀속은 위 부동산의 인도일을 기준으로 정하며, 지방세의 납부의무 및 납부책임은 지방세법의 규정에 의한다.

제 5 조 (계약의 해제) 매수인이 매도인에게 중도금을 지불하기 전까지 매도인은 계약금의 배액을 상환하고, 매수인은 계약금을 포기하고 본 계약을 해제할 수 있다.

제 6 조 (채무불이행과 손해배상) 매도인 또는 매수인이 본 계약상의 채무를 불이행할 경우 그 상대방은 불이행한 자에 대하여 서면으로 최고하고 계약을 해제할 수 있다. 그리고 계약당사자는 계약해제와는 별도로 손해배상을 각각 상대방에게 청구할 수 있으며, 손해배상에 대하여 별도의 약정이 없는 한 계약금의 배액을 손해배상액으로 본다.

특약사항	매매대금은 약정일에 지급하되, 소유권이전등기는 매수인이 원하는 일자에 처리하기로 함.

본 계약을 증명하기 위하여 계약 당사자가 이의 없음을 확인하고 각각 서명·날인 후 매도인, 매수인이 각 1통씩 보관한다.

2014년 1월 10일

<table>
<tr><td rowspan="3">매
도
인</td><td>주　　　소</td><td colspan="5">경기도 수원시 권선구 금곡동 뜨란채 405동 1402호</td><td rowspan="3"></td></tr>
<tr><td>주민등록번호</td><td>710606-1021342</td><td>전　　화</td><td>010-1853-2542</td><td>성명</td><td>장남석</td></tr>
<tr><td>대 리 인</td><td>주소</td><td></td><td>주민등록번호</td><td></td><td>성명</td></tr>
<tr><td rowspan="3">매
수
인</td><td>주　　　소</td><td colspan="5">서울 서초구 서초동 133</td><td rowspan="3"></td></tr>
<tr><td>주민등록번호</td><td>670606-1020345</td><td>전　　화</td><td>010-2713-8523</td><td>성명</td><td>이명수</td></tr>
<tr><td>대 리 인</td><td>주소</td><td></td><td>주민등록번호</td><td></td><td>성명</td></tr>
<tr><td colspan="8">본 계약의 공정한 성립과 후일의 증명을 위하여 입회인 김현중의 입회 하에 쌍방 직접 계약하였고, 입회인 김현중은 이를 확인하다.　2014.
　　　　　　　　　　　　　　　　　　　　　　　　　　　　김</td></tr>
</table>

매도인과 매수인 쌍방의 의사에 의하여 위 계약을 해제하기로 합의하고 위 매매계약을 무효로 함(단, 매수인이 지급한 매매대금은 계약금을 공제한 나머지 3억원에 대하여 매수인의 요청이 있는 때에 반환하기로 함).

2016년 2월 14일

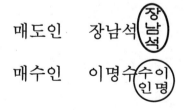

매도인　　장남석

매수인　　이명수

서울북부지방법원
결   정

사   건   2016카단20105 채권가압류

채 권 자   김갑수 (680920-1547663)

　　　　　서울 동대문구 회기동 102

채 무 자   박온준 (670529-1020123)

　　　　　서울 동대문구 이문동 365

제3채무자   이명수 (670606-1020345)

　　　　　서울 서초구 서초동 133

주   문

채무자의 제3채무자에 대한 별지 기재 채권을 가압류한다.

제3채무자는 채무자에 대하여 별지 기재 채권의 지급을 하여서는 아니 된다.

채무자는 위 채권의 처분과 영수를 하여서는 아니 된다.

채무자는 다음 청구금액을 공탁하고 집행정지 또는 그 취소를 신청할 수 있다.

청구채권의 내용   대여금

청구금액   금 50,000,000원

이   유

이 사건 채권가압류 신청은 이유 있으므로 담보로 5,000,000원을 공탁하게 하고
주문과 같이 결정한다.

정 본 입 니 다.
2016. 3. 7.
법원주사 서용택 ㊞

(서울북부지방법원인)

2016. 3. 7.

판사   최남근   ㊞

※ 1. 이 가압류 결정은 채권자가 제출한 소명자료를 기초로 판단한 것입니다.

  2. 채무자는 이 결정에 불복이 있을 경우 가압류이의나 취소신청을 이 법원에 제기할 수 있습니다.

별   지

금50,000,000원

채무자가 제3채무자에 대하여 가지는 서울특별시 서초구 서초동 100 대 323㎡에
관한 매매를 원인으로 한 소유권이전등기청구권. 끝.

기록 끝

※ 답 안

소   장

원 고   박온준 (670529-1020123)
　　　　　서울 동대문구 이문동 365

　　　　　소송대리인 변호사 김상승
　　　　　서울 동대문구 양진대로 777
　　　　　전화 : 961-1543 팩스 : 961-1544 이메일 : sskim@daillaw.com

피 고   1. 김미희
　　　　　　　서울 서초구 서초동 187 북일하이빌 202동 1101호
　　　　　2. 이명수 (670606-1020345)
　　　　　　　서울 서초구 서초동 133
　　　　　3. 박영숙
　　　　　　　성남시 분당구 서현동 111
　　　　　4. 장남석 (710606-1021342)
　　　　　　　수원시 권선구 금곡동 뜨란채 405동 1402호

양수금 등 청구의 소

청 구 취 지

1. 피고 김미희는 피고 이명수로부터 별지 목록 1. 기재 부동산을 인도받음과 동
   시에 원고에게 245,000,000원을 지급하고, 피고 이명수는 피고 김미희에게[1]

---

[1] 채권자가 채권자대위권에 의하여 채무자의 권리를 재판상 행사하는 경우에는 피고(제3
　 채무자)로 하여금 채무자에게 이행할 것을 청구하여야 하고 직접 원고에게 이행할 것을
　 청구하지 못하는 것이 원칙이다. 다만, 금전의 지급 또는 물건의 인도를 목적으로 하는

– 184 –

위 부동산을 인도하라.[2]

2. 원고에게,[3]

가. 원고와 소외 김갑수 사이의 서울북부지방법원 2016. 3. 7.자 2016카단20105
호 소유권이전등기청구권 가압류결정에 의한 집행이 해제되면[4] 피고 이명수
는 별지 목록 2.의 가. 기재 토지에 관하여 2016. 1. 10. 매매를 원인으로 한
소유권이전등기절차를 이행하고,

나. 피고 박영숙은 별지 목록 2.의 나. 기재 건물을 철거하고,[5] 위 대지를 인도
하라.

3. 별지 목록 3. 기재 토지에 관하여, 피고 장남석은 피고 이명수에게[6] 2014. 1.
10., 피고 이명수는 원고에게 2016. 1. 10. 각 매매를 원인으로 한 소유권이전
등기절차를 각 이행하라.

4. 소송비용은 피고들이 부담한다.

5. 제1항 및 제2항 중 건물철거, 대지인도 부분[7]은 가집행할 수 있다.

라는 판결을 구합니다.

채권과 같이 변제의 수령을 요하는 경우에는 피고(제3채무자)로 하여금 채무자가 아닌
원고에게 직접 이행할 것을 청구할 수도 있다(대법원 1966. 7. 26. 선고 66다892 판결,
대법원 1995. 5. 12. 선고 93다59502 판결; 민사실무Ⅱ, 127면). 자세한 것은 쟁점해설
참조.

2) 임대인은 임대차목적물을 인도받기 전에는 임대차보증금의 반환을 거부할 수 있는 동시
이행의 항변권을 가지므로, 임대차보증금반환청구채권을 양수한 채권자는 양수금채권을
보전하기 위하여 임대인을 대위하여 임차인에게 목적물의 인도청구를 할 수 있다(대법
원 1989. 4. 25. 선고 88다카4253, 4260 판결). 자세한 것은 쟁점해설 참조.

3) 대위청구에 의한 이행의무의 상대방에 관한 위 66다892 판결, 93다59502 판결; 민사실무
Ⅱ, 127면. 자세한 것은 쟁점해설 참조.

4) 소유권이전등기청구권에 대한 가압류나 가처분이 있는 경우라도 채무자가 제3채무자를
상대로 그 이행을 구하는 소송을 제기할 수 있으나, 법원은 가압류나 가처분의 해제를
조건으로 하지 아니하는 한 이를 인용하여서는 안 된다(대법원 1992. 11. 10. 선고 92다
4680 전원합의체판결, 대법원 1999. 2. 9. 선고 98다42615 판결).

5) 토지소유자가 소유물방해제거청구(민법 제213조 전단)로서 행사하는 건물철거청구권의
상대방은 법률상·사실상 처분할 수 있는 자이다(대법원 2003. 1. 24. 선고 2002다61521
판결, 대법원 1987. 11. 24. 선고 87다카257 판결). 자세한 것은 쟁점해설 참조.

6) 대위청구에 의한 이행의무의 상대방에 관한 위 66다892 판결, 93다59502 판결; 민사실무
Ⅱ, 127면. 자세한 것은 쟁점해설 참조.

7) 등기청구 등 의사의 진술을 명하는 판결은 가집행이 불가능하므로 등기청구에 관하여
가집행을 구하면 안 되며, 인도부분만 특정하여 가집행을 청구하여야 한다(민사실무Ⅱ,
177면, 180면).

청 구 원 인

1. 양수금 및 건물인도 청구

가. 피고 김미희에 대한 양수금청구

1) 피고 이명수는 2014. 1. 15. 피고 김미희로부터 그 소유의 별지 목록 1. 기재 부동산을 임차하는 계약(이하 이 사건 임대차계약이라 약칭함)을 체결하면서 임대차기간은 2014. 2. 16.부터 2016. 2. 15.까지, 임대보증금 2억5천만 원으로 약정하였고 위 임대보증금을 지급하였습니다.

원고는 2016. 1. 10. 피고 이명수와 위 피고가 피고 김미희에 대하여 가지는 별지 목록 1. 기재 부동산에 관한 임대차보증금반환채권을 양도양수하는 계약을 체결하였고, 채무자인 피고 김미희는 2016. 2. 1. 확정일자 있는 증서에 의하여 위 채권양도에 관하여 승낙하였습니다.

이 사건 임대차계약은 2016. 2. 15. 기간만료로 인하여 종료하였는바, 그렇다면 피고 김미희는 원고에게 임대차보증금 2억5천만 원을 지급할 의무가 있다고 할 것입니다. 다만, 피고 이명수는 이 사건 임대차계약에 따라 선량한 관리자의 주의의무로 목적물을 관리하여야 함에도 불구하고 이를 게을리한 과실로 수리비 500만 원 상당의 손해배상의무를 부담하였으므로 이를 임대차보증금에서 공제한 나머지 돈을 청구하고, 피고 김미희의 피고 이명수에 대한 임대차보증금반환채무는 피고 이명수의 임대차목적물반환의무와 동시이행관계에 있으므로 상환청구하는 것입니다.[8]

2) 이에 대하여 피고 김미희는 피고 이명수와 이 사건 임대차계약을 체결하면서 임대보증금채권의 양도를 금지하는 특약을 하였으므로 위 채권은 양도성을 상실하여 채권이전의 효과가 발생하지 않는다고 주장할 수 있습니다. 당사자의 양도금지의 의사표시로써 채권은 양도성을 상실하며 양도금지의 특약에 위반해서 채권을 제3자에게 양도한 경우에 악의 또는 중과실의 채권양수인에 대하여는 채권 이전의 효과가 생기지 아니하지만,[9] 악의 또는 중과실로 채권

---

8) 임대차보증금반환청구의 요건사실은 ① 임대차계약의 체결, ② 임대차보증금의 지급, ③ 임대차의 종료이고(요건사실론, 110면), 임대차목적물의 멸실·훼손에 따른 손해배상청구의 요건사실은 ① 목적물의 멸실·훼손사실, ② 손해액이다(요건사실론, 115면).

9) 당사자의 의사표시에 의한 채권양도 금지는 제3자가 악의의 경우는 물론 제3자가 채권

양수를 받은 후 채무자가 그 양도에 대하여 승낙을 한 때에는 채무자의 사후 승낙에 의하여 무효인 채권양도행위가 추인되어 유효하게 되며 이 경우 다른 약정이 없는 한 소급효가 인정되지 않고 양도의 효과는 승낙시부터 발생합니다.[10] 그런데 원고는 피고 김미희와 피고 이명수 사이에 체결된 이 사건 임대차계약에서 양도금지를 특약한 사실을 전혀 알지 못하였고, 거기에 중과실이 없을 뿐만 아니라[11] 채무자인 피고 김미희가 원고에게 내용증명우편을 보내 위 채권양도에 관하여 사후에 승낙을 하였다고 할 것이므로, 위 피고의 주장은 이유 없습니다.

3) 피고 김미희는 채권양도통지에 관하여, 양도인이 통지하거나 그로부터 위임을 받은 자가 통지하여야 채무자에게 대항할 수 있음에도 불구하고 양수인인 원고가 양도인으로부터 권한을 위임받지 않은 채 통지하였으므로 채권양도로 채무자에게 대항할 수 없다고 주장할 수 있습니다. 원고가 양도인인 피고 이명수로부터 채권양도통지권한을 위임받지 않고 통지한 것은 사실입니다. 그러나 채권양도의 채무자에 대한 대항요건인 채무자의 승낙은 관념의 통지로서 채권양도를 알았다거나 양해한다는 의미이며, 채무자인 피고 김미희가 위 채권양도에 대하여 이의유보 없이 승낙하였으므로 위 채권양도로 채무자에게 대항할 수 있다고 할 것입니다.

4) 피고 김미희는 이 사건 임대차계약상 특약으로 임대차계약이 종료되어 임대인이 보증금을 반환하는 경우 임차인은 원상복구비용에 대한 보증금으로 2,000만 원을 임대인에게 지급하기로 하며 이를 임대보증금의 반환에서 공제할 수 있다고 약정한 점을 근거로 임대차보증금에서 위 원상복구비용에 대한 보증금으로 2,000만 원을 공제하여야 한다고 주장할 수 있습니다. 그러나 피고 김미희는 앞서 살핀 바와 같이 위 채권양도에 관하여 승낙하면서 피고 이명수가 임대목적물을 반환하지 않으므로 지급할 수 없다는 항변권을 보류하

양도 금지를 알지 못한 데에 중대한 과실이 있는 경우 그 채권양도 금지로써 대항할 수 있으나, 제3자의 악의 내지 중과실은 채권양도 금지의 특약으로 양수인에게 대항하려는 자가 이를 주장·입증하여야 한다(대법원 1999. 12. 28. 선고 99다8834 판결).

10) 대법원 2009. 10. 29. 선고 2009다47685 판결.

11) 특별한 사정이 없는 한, 양도금지 특약이 기재된 채권증서의 존재만으로 곧바로 그 특약의 존재에 관한 양수인의 악의나 중과실을 추단할 수는 없다(대법원 2000. 4. 25. 선고 99다67482 판결).

였을 뿐 그 외에 항변권을 보류하지 않았습니다. 또한 임대차보증금반환채권을 양도함에 있어서 임대인이 아무런 이의를 보류하지 아니한 채 채권양도를 승낙하였어도 임차 목적물을 개축하는 등 하여 임차인이 부담할 원상복구비용 상당의 손해배상액은 반환할 임대차보증금에서 당연히 공제할 수 있으나, 임대인과 임차인 사이에서 장래 임대목적물 반환시 위 원상복구비용의 보증금 명목으로 지급하기로 약정한 금액은 임대차관계에서 당연히 발생하는 임차인의 채무가 아니라 임대인과 임차인 사이의 약정에 기하여 비로소 발생하는 채무에 불과하므로, 반환할 임대차보증금에서 당연히 공제할 수 있는 것은 아니라 할 것입니다. 따라서 임대차보증금반환채권을 양도하기 전에 임차인과 사이에 이와 같은 약정을 한 임대인이 위 약정에 기한 원상복구비용의 보증금청구채권이 존재한다는 이의를 보류하지 아니한 채 채권양도를 승낙하였다면 민법 제451조 제1항이 적용되어 그 원상복구비용의 보증금청구채권으로 채권양수인에게 대항할 수 없는바,[12] 위 피고의 위 주장은 이유 없습니다.

5) 또한, 피고 김미희는 원고가 구하는 양수금채권에 관하여 소외 김갑수가 청구금액 5,000만 원으로 가압류하였으므로 그 범위 내에서 원고에게 지급할 수 없다고 주장할 수 있습니다. 그러나 채권의 가압류는 제3채무자에 대하여 채무자에게 지급하는 것을 금지하는 데 그칠 뿐 채무 그 자체를 면하게 하는 것이 아니고 가압류가 있다 하여도 그 채권의 이행기가 도래한 때에는 제3채무자는 그 지체책임을 면할 수 없으며, 채권에 대한 가압류가 있더라도 이는 채무자가 제3채무자로부터 현실로 급부를 추심하는 것만을 금지하는 것이므로 채무자는 제3채무자를 상대로 그 이행을 구하는 소송을 제기할 수 있고 법원은 가압류가 되어 있음을 이유로 이를 배척할 수는 없는 것입니다.[13] 따라서 위 피고의 위 주장은 이유 없습니다.

6) 한편, 피고 김미희는 원고가 피고 이명수로부터 양수하였다는 임대차보증금 반환채권에 대하여 소외 이을수가 채권압류 및 전부명령을 받았고 그 명령이

---

12) 대법원 2002. 12. 10. 선고 2002다52657 판결. 자세한 것은 쟁점해설 참조.
13) 채권의 가압류는 제3채무자에 대하여 채무자에게 지급하는 것을 금지하는 데 그칠 뿐 채무 그 자체를 면하게 하는 것이 아니고, 가압류가 있다 하여도 그 채권의 이행기가 도래한 때에는 제3채무자는 그 지체책임을 면할 수 없다(대법원 1994. 12. 13. 선고 93다951 판결).

위 피고에게 송달되었으므로 원고의 청구에 응할 수 없다고 주장할 수 있습니다. 그러나 채권양수인과 전부명령을 받은 채권자 상호간의 우열은 확정일자의 선후에 의하여 결정할 것이 아니라 확정일자 있는 채권양도 통지와 압류 및 전부명령 결정 정본의 제3채무자(채권양도의 경우는 채무자)에 대한 도달의 선후에 의하여 그 우열을 결정하여야 하는데,[14] 압류 및 전부명령은 2016. 3. 25. 제3채무자 피고 김미희에게 송달된 반면 채권양도에 대한 채무자 피고 김미희의 확정일자 있는 증서에 의한 승낙은 2016. 2. 1.에 이루어졌으므로, 원고에 대한 채권양도가 우선한다고 할 것입니다. 따라서 위 피고의 위 주장은 이유 없습니다.

나. 피고 이명수에 대한 건물인도청구

1) 원고는 피고 김미희에 대하여 변제기가 도래한 양수금채권을 가지고 있고 채무자 피고 김미희는 기간이 만료된 이 사건 임대차계약 또는 소유권에 기하여 피고 이명수에 대한 별지 목록 1. 기재 건물인도청구권[15]을 가지고 있음에도 불구하고 이를 행사하지 않으므로, 위 양수금채권의 보전을 위하여 피고 김미희를 대위하여 피고 이명수에 대하여 그 인도를 청구하는 것입니다.

2) 이에 대하여 피고 이명수는 금전채권을 피보전채권으로 채권자대위권을 행사하려면 채무자의 무자력을 요하지만 채무자인 김미희는 무자력 상태에 있지 않으므로 위 청구는 각하[16]되어야 한다고 주장할 수 있습니다. 그러나 임대차보증금반환채권을 양수한 채권자가 그 이행을 청구하기 위하여 임차인의 임대차목적물 인도가 동시에 이행되어야 할 필요가 있어서 그 인도를 구하는 경우에는 그 채권의 보전과 채무자인 임대인의 자력유무는 관계가 없는 일이므로 채무자의 무자력을 요건으로 한다고 할 수 없습니다.[17] 따라서 위 피고의 위 주장은 이유 없습니다.

---

14) 대법원 1994. 4. 26. 선고 93다24223 전원합의체판결. 자세한 것은 쟁점해설 참조.
15) 임대차목적물반환청구의 요건사실은 ① 임대차계약의 체결, ② 목적물의 인도, ③ 임대차의 종료이다(요건사실론, 116면).
16) 채권자대위소송에서 보전의 필요성은 소송요건이므로, 보전의 필요성이 인정되지 않는 경우에는 그 소가 부적법하므로 각하되어야 한다(대법원 2002. 5. 10. 선고 2000다55171 판결). 자세한 것은 쟁점해설 참조.
17) 대법원 1989. 4. 25. 선고 88다카4253, 4260 판결. 자세한 것은 쟁점해설 참조.

2. 서초동 소재 토지에 관한 청구

가. 소유권이전등기청구

1) 원고는 2016. 1. 10. 피고 이명수로부터 별지 목록 2.의 가. 기재 토지를 매수하는 계약을 체결하고 대금 5억 원에 관하여 완불한 것으로 합의하였습니다. 그렇다면 피고 이명수는 원고에게 위 토지에 관하여 위 매매를 원인으로 한 소유권이전등기절차를 이행할 의무가 있습니다.[18]

2) 그런데 소외 김갑수가 원고를 채무자로 하여 위 소유권이전등기청구권에 관하여 서울북부지방법원 2016. 3. 7.자 2016카단20105호 가압류결정을 받았습니다. 따라서 위 가압류결정에 의한 집행이 해제되는 것을 조건으로 위 피고는 원고에게 별지 목록 2.의 가. 기재 토지에 관하여 2016. 1. 10. 매매를 원인으로 한 소유권이전등기절차를 이행할 의무가 있다고 할 것입니다.

나. 건물철거청구

1) 피고 이명수는 위 매매계약에 기하여 위 토지를 원고에게 인도할 의무를 부담하며, 피고 박영숙은 권원 없이 위 토지 위에 별지 목록 2.의 나. 기재 건물을 소유하고 있으므로 피고 이명수에게 위 건물을 철거하고 토지를 인도할 의무가 있습니다. 그런데 피고 이명수는 피고 박영숙에 대하여 건물철거청구권을 행사하지 않으므로, 원고는 위 매매계약상 토지인도청구권의 보전을 위하여 피고 이명수를 대위하여 피고 박영숙에 대하여 건물의 철거를 청구하는 것입니다. 한편, 피대위권리의 행사로 물건의 수령을 요하는 등의 경우에는 채권자가 대위수령할 수 있는바,[19] 피고 박영숙은 원고에게 위 건물을 철거하여 그 대지를 인도할 의무가 있다고 할 것입니다.

2) 이에 대하여 피고 박영숙은 위 토지와 건물을 모두 피고 이명수가 소유하던 중 강제경매로 인하여 건물의 소유권이 자신에게 이전되어 토지소유자와 건물소유자가 달라지게 되어 위 건물에 관하여 관습상 법정지상권을 취득하였

---

18) 매매계약에 기한 소유권이전등기청구권의 요건사실은 매매계약의 체결사실이다(요건사실론, 34면).

19) 대위청구에 의한 이행의무의 상대방에 관한 대법원 1966. 7. 26. 선고 66다892 판결, 대법원 1995. 5. 12. 선고 93다59502 판결; 민사실무Ⅱ, 127면. 자세한 것은 쟁점해설 참조.

으므로, 원고의 철거청구에 응할 수 없다고 주장할 수 있습니다.

그러나 동일인의 소유에 속하고 있던 토지와 그 지상 건물이 강제경매 등으로 인하여 소유자가 다르게 된 경우에는 그 건물을 철거한다는 특약이 없는 한 건물소유자는 토지소유자에 대하여 그 건물의 소유를 위한 관습상 법정지상권을 취득하지만, 강제경매의 목적이 된 토지 또는 그 지상 건물의 소유권이 강제경매로 인하여 그 절차상의 매수인에게 이전된 경우에 건물의 소유를 위한 관습상 법정지상권이 성립하는가라는 문제에 있어서는 그 매수인이 소유권을 취득하는 매각대금의 완납시가 아니라 그 압류의 효력이 발생하는 때를 기준으로 하여 토지와 그 지상 건물이 동일인에 속하였는지가 판단되어야 합니다.[20] 그런데 강제경매의 목적이 된 건물에 관하여 채권자 소외 전동숙의 가압류가 있었고 그 가압류의 효력이 발생하는 2014. 3. 10. 당시에는 토지의 소유권은 피고 이명수에게, 건물의 소유권은 소외 서성문에게 각귀속되고 있어서 동일인에게 소유권이 귀속되지 않았으므로 강제경매에 의하여 건물의 소유권을 취득한 피고 박영숙에게는 관습상 법정지상권이 성립하지 않았다고 할 것입니다. 따라서 위 피고의 위 주장은 이유 없습니다.

3. 수원 소재 토지에 관한 청구

가. 원고는 2016. 1. 10. 피고 이명수로부터 별지 목록 3. 기재 토지를 매수하는 계약을 체결하고 대금 5억 원에 관하여 완불한 것으로 합의하였습니다. 그렇다면 피고 이명수는 원고에게 위 토지에 관하여 위 매매를 원인으로 한 소유권이전등기절차를 이행할 의무가 있습니다.

피고 이명수는 2014. 1. 10. 피고 장남석과 위 피고 소유의 위 토지에 관하여 매매계약을 체결하면서 대금을 3억3,000만 원으로 정하고 위 대금을 모두 지급하였으므로, 피고 장남석은 피고 이명수에게 위 토지에 관하여 위 매매를 원인으로 한 소유권이전등기절차를 이행할 의무가 있습니다.

위와 같이 동일한 토지에 관하여 원고는 피고 이명수에 대하여 변제기가 도래한 소유권이전등기청구권을 가지고 있고, 피고 이명수는 피고 장남석에 대하여 소유권이전등기청구권을 가지고 있는바, 피고 이명수가 피고 장남석

---

20) 대법원 2012. 10. 18. 선고 2010다52140 전원합의체판결. 자세한 것은 쟁점해설 참조.

에 대하여 위 권리를 행사할 수 있음에도 불구하고 행사하지 않으므로, 원고
는 피고 이명수를 대위하여 피고 장남석에 대하여[21] 소유권이전등기청구권
을 행사하는 것입니다.

나. 이에 대하여 피고 장남석은 2016. 2. 14. 피고 이명수와 체결한 2014. 1. 10.
자 매매계약을 합의해제하였으므로 소유권이전등기청구에 응할 의무가 없다
고 주장할 수 있습니다.

　　그러나 채무자가 채권자대위권의 행사 사실을 알게 된 이후에 그 부동산
에 대한 매매계약을 합의해제함으로써 채권자대위권의 객체인 그 부동산의
소유권이전등기청구권을 소멸시켰다 하더라도 이로써 채권자에게 대항할 수
없다고 할 것입니다.[22] 피고 이명수와 피고 장남석은 원고의 2016. 1. 23.자
내용증명우편 발송에 의한 대위권 행사를 안 이후에 위 매매계약을 합의해
제한 것이므로 위 해제로써 채권자인 원고에게 대항할 수 없고, 따라서 위
피고의 위 주장은 이유 없습니다.

4. 결 어

　　이상과 같은 이유로 원고는 청구취지 기재와 같은 판결을 구하고자 이 청구에
이른 것입니다.

증 거 방 법

(생략)

첨 부 서 류

(생략)

---

21) 대위청구에 의한 이행의무의 상대방에 관한 대법원 1966. 7. 26. 선고 66다892 판결, 대
　　법원 1995. 5. 12. 선고 93다59502 판결; 민사실무Ⅱ, 127면. 자세한 것은 쟁점해설 참조.
22) 대법원 1996. 4. 12. 선고 95다54167 판결. 자세한 것은 쟁점해설 참조.

2016. 4. 30.

원고의 소송대리인
변호사 김상승 ㉑

서울북부지방법원 귀중

[별지]

목   록

1. (1동의 건물의 표시)

서울 서초구 서초동 187 북일하이빌 제102동(명달로 40) 철근콘크리트조(철근)콘크리트지붕 5층 공동주택(아파트)

1층 126.001㎡

2층 118.553㎡

3층 209.582㎡

4층 209.582㎡

5층 209.582㎡

(대지권의 목적인 토지의 표시)

서울 서초구 서초동 187 대 9918.3㎡

(전유부분의 건물의 표시)

제3층 제301호 철근콘크리트조 84.997㎡

(대지권의 표시)

소유권 대지권 9918.3분의 43.3856

2. 가. 서울 서초구 서초동 100 대 323㎡

나. 위 지상 일반철골구조 샌드위치판넬지붕 단층 제1종근린생활시설 210㎡

3. 수원시 권선구 금곡동 산28 임야 12,323㎡ 끝.

※ 쟁점해설

1. 채권자의 대위청구에 대한 의무이행의 상대방 (답안 각주 1, 3, 6, 19, 21 관련)

가. 채권자가 채권자대위권에 의하여 소송상 채무자의 권리를 행사하는 경우에는 피고(제3채무자)로 하여금 채무자에게 이행할 것을 청구하여야 하고 직접 원고에게 이행할 것을 청구하지는 못하는 것이 원칙이다.[1]

나. 다만, 금전의 지급 또는 물건의 인도를 목적으로 하는 채권과 같이 변제의 수령을 요하는 경우에는 피고(제3채무자)로 하여금 채무자가 아닌 원고에게 직접 이행할 것을 청구할 수도 있다. 왜냐하면 이러한 경우에도 채무자에게만 이행을 하여야 한다면 채무자가 그 수령을 거절하게 되면 채권자로서는 채권자대위권 행사의 목적을 달성할 수 없게 될 뿐만 아니라 채권을 대위행사하는 권한에는 당연히 이를 변제수령할 권한도 포함되어 있다고 할 수 있기 때문이다.[2]

2. 임대차보증금반환채권 양수인의 임차인에 대한 임대차목적물반환의 대위청구에 있어서 보전의 필요성 (답안 각주 2, 17 관련)

가. 임대인은 임대차목적물을 인도받기 전에는 임대차보증금의 반환을 거부할 수 있는 동시이행의 항변권을 가지므로,[3] 임대차보증금반환청구채권을 양수한 채권자로서는 임대인 스스로 임차인에 대하여 목적물의 인도를 청구하지 않는다면 그 권리를 실현할 수 없게 된다. 이러한 경우에는 양수금채권을 보전하기 위하여 임대인을 대위하여 임차인에게 목적물의 인도청구를 할 수밖에 없다.

나. 채권자가 자기채권을 보전하기 위하여 채무자의 권리를 행사하려면 채무자의 무자력을 요건으로 하는 것이 보통이지만 임대차보증금반환채권을 양수한 채권자가 그 이행을 청구하기 위하여 임차인의 임대차목적물반환의무가 이행되어야 할 필요가 있어서 임대인을 대위하여 그 인도를 구하는 경우에는 그 채권의 보전과 채무자인 임대인의 자력유무는 관계가 없는 일이므로 무자력을 요건으로 한다고 할 수 없다.[4]

---

1) 대법원 1966. 7. 26. 선고 66다892 판결; 민사실무Ⅱ, 127면.
2) 대법원 1995. 5. 12. 선고 93다59502 판결.
3) 대법원 1998. 7. 10. 선고 98다15545 판결.
4) 대법원 1989. 4. 25. 선고 88다카4253, 4260 판결.

다. 따라서 임대차보증금 양수인으로서는 임대인의 무자력을 불문하고 양수금채
   권의 보전을 위하여 임대인을 대위하여 임차인에게 임대차목적물의 임대인
   에 대한 인도를 청구할 수 있게 된다.

3. 소유물방해제거청구로서의 건물철거청구 (답안 각주 5 관련)

가. 소유자는 소유권을 방해하는 자에 대하여 방해의 제거를 청구할 수 있는바
   (민법 제214조 전단), '방해'라 함은 현재에도 지속되고 있는 침해를 의미하고,
   법익 침해가 과거에 일어나서 이미 종결된 경우에 해당하는 '손해'의 개념과
   는 다르므로, 소유권에 기한 방해배제청구권은 방해결과의 제거를 내용으로
   하는 것이 되어서는 안 되며(이는 손해배상의 영역에 해당함) 현재 계속되고 있
   는 방해의 원인을 제거하는 것을 내용으로 한다. 따라서 쓰레기 매립으로
   조성한 토지에 소유권자가 매립에 동의하지 않은 쓰레기가 매립되어 있다
   하더라도 이는 과거의 위법한 매립공사로 인하여 생긴 결과로서 소유권자가
   입은 손해에 해당할 뿐, 그 쓰레기가 현재 소유권에 대하여 별도의 침해를
   지속하고 있다고 볼 수 없으므로 소유권에 기한 방해배제청구권을 행사할
   수 없다.[5)]

나. 타인의 토지위에 건립된 건물로 인하여 그 토지의 소유권이 침해되는 경우
   토지의 소유자는 방해제거청구권의 행사로서 건물철거청구권을 행사할 수
   있게 된다. 이때 토지소유자는 건물의 철거처분권을 가지고 있는 자에 대하
   여 건물철거청구권을 행사하여야 한다. 그런데 건물철거는 그 소유권의 종
   국적 처분에 해당되는 사실행위이므로 원칙적으로는 그 소유자(민법상 원칙
   적으로는 등기명의자)에게만 그 철거처분권이 있고, 예외적으로 건물을 전소
   유자로부터 매수하여 점유하고 있는 등 그 권리의 범위 내에서 그 점유중인
   건물에 대하여 법률상 또는 사실상 처분을 할 수 있는 지위에 있는 자에게
   도 그 철거처분권이 있다.[6)] 따라서 타인의 토지위에 건립된 건물로 인하여
   그 토지의 소유권이 침해되는 경우 그 건물을 철거할 의무가 있는 자는 그
   건물의 소유권자이나 그 건물이 미등기건물일 때에는 이를 매수하여 법률상·
   사실상 처분할 수 있는 자이다.

---

5) 대법원 2003. 3. 28. 선고 2003다5917 판결.
6) 대법원 2003. 1. 24. 선고 2002다61521 판결.

다. 타인의 토지 위에 건물을 소유하고 있던 자가 그 건물을 타인에게 매도하고
 퇴거하였다면 그것을 매수하여 점유하고 있는 자가 이에 대하여 법률상·사
 실상 처분할 수 있는 자이고 건물의 소유자는 이를 처분할 수 있는 지위에
 있지 아니므로 건물을 철거할 의무가 없어서, 건물철거청구의 상대방은 건
 물의 점유자일뿐이고 그 소유자는 상대방이 될 수 없다.[7]

라. 이 사건의 경우에는 건물의 소유자가 건물을 직접 점유하면서 처분권도 가
 지고 있으므로 위와 같은 문제는 발생하지 않는다.

4. 지명채권양도에 대한 채무자의 이의를 보류하지 않은 승낙의 공신력과
 그 한계 (답안 각주 12 관련)

가. 채무자가 이의를 보류하지 않고 지명채권양도에 대하여 승낙을 한 때에는
 양도인에게 대항할 수 있는 사유로써 양수인에게 대항하지 못한다(민법 제
 451조 제1항 본문). 이는 채무자의 승낙이라는 사실에 공신력을 주어 양수인
 을 보호하고 거래의 안전을 꾀하기 위한 규정으로서, 이 경우 양도인에게 대
 항할 수 있는 사유로서 양수인에게 대항하지 못하는 사유는 협의의 항변권
 에 한하지 않고 넓게 채권의 성립, 존속, 행사를 저지하거나 배척하는 사유
 를 포함한다.[8]

나. 이와 같이 이의를 보류하지 않은 승낙에 대하여 항변사유를 제한한 취지는
 이의를 보류하지 않은 승낙이 이루어진 경우 양수인은 양수한 채권에 아무
 런 항변권도 부착되지 않은 것으로 신뢰하는 것이 보통이므로 채무자의 '승
 낙'이라는 사실에 공신력을 주어 양수인의 신뢰를 보호하고 채권양도나 질
 권설정과 같은 거래의 안전을 꾀하기 위한 규정이다. 따라서 채권의 양도에
 대하여 이의를 보류하지 않고 승낙을 하였더라도 양수인이 악의 또는 중과
 실의 경우에 해당하는 한 채무자의 승낙 당시까지 양도인에 대하여 생긴 사
 유로써도 양수인 또는 질권자에게 대항할 수 있다.[9]

다. 채권양도에 있어서 채무자가 양도인에게 이의를 보류하고 승낙을 하였다는
 사정이 있거나 또는 이의를 보류하지 않고 승낙을 하였더라도 양수인이 악

---

7) 대법원 1987. 11. 24. 선고 87다카257 판결.
8) 대법원 1997. 5. 30. 선고 96다22648 판결.
9) 대법원 2002. 3. 29. 선고 2000다13887 판결.

의 또는 중과실의 경우에 해당하는 한, 승낙 당시 이미 상계를 할 수 있는 원인이 있었던 경우에는 아직 상계적상에 있지 않았다 하더라도 그 후에 상계적상이 생기면 채무자는 양수인에 대하여 상계로 대항할 수 있다.[10] 다만, 채무자는 채권양도를 승낙한 후에 취득한 양도인에 대한 채권으로서 양수인에 대하여 상계로써 대항하지 못한다.[11]

라. 부동산임대차에 있어서 임차인이 임대인에게 지급하는 임대차보증금은 임대차관계가 종료되어 목적물을 반환하는 때까지 그 임대차관계에서 발생하는 임차인의 모든 채무를 담보하는 것으로서, 임대인의 임대차보증금반환의무는 임대차관계가 종료되는 경우에 그 임대차보증금 중에서 목적물을 반환받을 때까지 생긴 연체차임 등 임차인의 모든 채무를 공제한 나머지 금액에 관하여서만 비로소 이행기에 도달하는 것이므로, 그 임대차보증금반환채권을 양도함에 있어서 임대인이 아무런 이의를 보류하지 않은 채 채권양도를 승낙하였어도 임차 목적물을 개축하는 등 하여 임차인이 부담할 원상복구비용 상당의 손해배상액은 반환할 임대차보증금에서 당연히 공제할 수 있다.[12]

마. 그러나, 임대인과 임차인 사이에서 장래 임대목적물 반환시 위 원상복구비용의 보증금 명목으로 지급하기로 약정한 금액은, 임대차관계에서 당연히 발생하는 임차인의 채무가 아니라 임대인과 임차인 사이의 약정에 기하여 비로소 발생하는 채무에 불과하여 반환할 임대차보증금에서 당연히 공제할 수 있는 것은 아니므로, 임대차보증금반환채권을 양도하기 전에 임차인과 사이에 이와 같은 약정을 한 임대인이 위 약정에 기한 원상복구비용의 보증금 청구 채권이 존재한다는 이의를 보류하지 않은 채 채권양도를 승낙하였다면 민법 제451조 제1항이 적용되어 그 원상복구비용의 보증금 청구 채권으로 채권양수인에게 대항할 수 없다.[13] 지명채권양도에 대한 채무자의 승낙에 부여된 공신력의 한계를 인정한 것이다.[14]

---

10) 대법원 1999. 8. 20. 선고 99다18039 판결.
11) 대법원 1984. 9. 11. 선고 83다카2288 판결.
12) 대법원 2002. 12. 10. 선고 2002다52657 판결.
13) 위 2002다52657 판결.
14) 위 2000다13887 판결.

5. 지명채권양도의 제3자에 대한 대항력 (답안 각주 14 관련)

가. 채권이 이중으로 양도된 경우의 양수인 상호간의 우열은 통지 또는 승낙에
   붙여진 확정일자의 선후에 의하여 결정할 것이 아니라, 채권양도에 대한 채
   무자의 인식, 즉 확정일자 있는 양도통지가 채무자에게 도달한 일시 또는 확
   정일자 있는 승낙의 일시의 선후에 의하여 결정하여야 하고, 이러한 법리는
   채권양수인과 동일 채권에 대하여 가압류명령을 집행한 자 사이의 우열을
   결정하는 경우에 있어서도 마찬가지이므로, 확정일자 있는 채권양도 통지와
   가압류결정 정본의 제3채무자(채권양도의 경우에는 채무자)에 대한 도달의 선
   후에 의하여 그 우열을 결정하여야 한다.[15]

나. 채권양도 통지, 가압류 또는 압류명령 등이 제3채무자에 동시에 송달되어 그
   들 상호간에 우열이 없는 경우에도 그 채권양수인, 가압류 또는 압류채권자
   는 모두 제3채무자에 대하여 완전한 대항력을 갖추었으므로, 그 전액에 대
   하여 채권양수금, 압류전부금 또는 추심금의 이행청구를 하고 적법하게 이
   를 변제받을 수 있고, 제3채무자로서는 이들 중 누구에게라도 그 채무 전액
   을 변제하면 다른 채권자에 대한 관계에서도 유효하게 면책되며, 만약 양수
   채권액과 가압류 또는 압류된 채권액의 합계액이 제3채무자에 대한 채권액
   을 초과할 때에는 그들 상호간에는 법률상의 지위가 대등하므로 공평의 원
   칙상 각 채권액에 안분하여 이를 내부적으로 다시 정산할 의무가 있다.[16]

다. 채권양도의 통지와 가압류 또는 압류명령이 제3채무자에게 동시에 송달되었다
   고 인정되어 채무자가 채권양수인 및 추심명령이나 전부명령을 얻은 가압류 또
   는 압류채권자 중 한 사람이 제기한 급부소송에서 전액 패소한 이후에도 다른
   채권자가 그 송달의 선후에 관하여 다시 문제를 제기하는 경우 기판력의 이론
   상 제3채무자는 이중지급의 위험이 있을 수 있으므로, 동시에 송달된 경우에도
   제3채무자는 송달의 선후가 불명한 경우에 준하여 채권자를 알 수 없다는 이유
   로 변제공탁을 함으로써 법률관계의 불안으로부터 벗어날 수 있다.[17]

라. 채권양도 통지와 채권가압류결정 정본이 같은 날 도달되었는데 그 선후관계

---

15) 대법원 1994. 4. 26. 선고 93다24223 전원합의체판결.
16) 위 93다24223 전원합의체판결.
17) 위 93다24223 전원합의체판결.

에 대하여 달리 입증이 없으면 동시에 도달된 것으로 추정한다.[18]

6. 채권자대위소송의 요건 (답안 각주 16 관련)

가. 채권자는 자기의 채권을 보전하기 위하여 일신전속권을 제외한 채무자의 권리를 대위 행사할 수 있으며, 피보전채권의 기한이 도래하기 전에는 법원의 허가없이 채무자의 권리를 대위행사하지 못하나 보전행위(보존행위)는 가능하다(민법 제404조). 즉, 채권자대위권을 행사하기 위해서는 피보전채권의 존재 및 변제기의 도래, 보전의 필요성, 피대위권리의 존재 및 변제기의 도래, 채무자의 피대위권리의 불행사의 요건이 충족되어야 한다.

나. 채권자대위소송에 있어서 대위에 의하여 보전될 채권자의 채무자에 대한 권리가 인정되지 않을 경우(피보전채권의 부존재)에는 채권자 스스로 원고가 되어 채무자의 제3채무자에 대한 권리를 행사할 당사자적격이 없게 되어 그 대위소송은 부적법하므로, 법원은 이를 각하할 수밖에 없다.[19]

다. 채권자가 채권자대위권의 법리에 의하여 채무자에 대한 채권을 보전하기 위하여 채무자의 제3자에 대한 권리를 대위행사하기 위해서는 채무자에 대한 채권을 보전할 필요가 있어야 하고, 그러한 보전의 필요가 인정되지 않는 경우에는 소가 부적법하므로 법원으로서는 이를 각하하여야 한다.[20] 채권자대위권의 행사로서 채권자가 채권을 보전하기에 필요한지 여부는 변론종결 당시를 표준으로 판단한다.[21]

라. 채권자대위권을 행사하기 위해서는 원칙적으로 피보전채권의 변제기가 도래하여야 하는데, 이 요건을 갖추지 못한 경우에 법원이 어떠한 판결을 하는지에 관하여는 판례가 없으나, 당사자적격의 문제로 보아 위 피보전채권의 존재 및 보전의 필요성과 동일하게 취급해야 할 것이다(사견).

7. 관습상 법정지상권의 성립요건 (답안 각주 20 관련)

가. 동일인의 소유에 속하고 있던 토지와 그 지상 건물이 강제경매 또는 국세징

---

18) 위 93다24223 전원합의체판결.
19) 대법원 1990. 12. 11. 선고 88다카4727 판결.
20) 대법원 2002. 5. 10. 선고 2000다55171 판결.
21) 대법원 1976. 7. 13. 선고 75다1086 판결.

수법에 의한 공매 등으로 인하여 소유자가 다르게 된 경우에는 그 건물을 철거한다는 특약이 없는 한 건물소유자는 토지소유자에 대하여 그 건물의 소유를 위한 관습상 법정지상권을 취득한다. 원래 관습상 법정지상권이 성립하려면 토지와 그 지상 건물이 애초부터 원시적으로 동일인의 소유에 속하였을 필요는 없고, 그 소유권이 유효하게 변동될 당시에 동일인이 토지와 그 지상 건물을 소유하였던 것으로 족하다.[22]

나. 강제경매의 목적이 된 토지 또는 그 지상 건물의 소유권이 강제경매로 인하여 그 절차상의 매수인에게 이전된 경우에 건물의 소유를 위한 관습상 법정지상권이 성립하는가라는 문제에 있어서는 그 매수인이 소유권을 취득하는 매각대금의 완납시가 아니라 그 압류의 효력이 발생하는 때를 기준으로 하여 토지와 그 지상 건물이 동일인에 속하였는지가 판단되어야 한다.[23]

다. 한편 강제경매개시결정 이전에 가압류가 있는 경우에는, 그 가압류가 강제경매개시결정으로 인하여 본압류로 이행되어 가압류집행이 본집행에 포섭됨으로써 당초부터 본집행이 있었던 것과 같은 효력이 있다. 따라서 경매의 목적이 된 부동산에 대하여 가압류가 있고 그것이 본압류로 이행되어 경매절차가 진행된 경우에는, 애초 가압류가 효력을 발생하는 때를 기준으로 토지와 그 지상 건물이 동일인에 속하였는지를 판단하여야 한다.[24]

8. 채권자대위권 행사 통지 등의 효과 (답안 각주 22 관련)

가. 채권자가 보전행위(보존행위) 이외에 채무자의 권리를 대위 행사한 때에는 채무자에게 통지하여야 하며(민법 제405조 제1항), 채무자가 통지를 받은 후에는 그 권리를 처분하여도 이로써 채권자에게 대항하지 못한다(같은 조 제2항).

나. 채권자가 민법 제404조에 의한 채권자대위권에 기하여 채무자의 권리를 행

---

22) 대법원 2012. 10. 18. 선고 2010다52140 전원합의체판결.
23) 위 2010다52140 전원합의체판결. 강제경매개시결정의 기입등기가 이루어져 압류의 효력이 발생한 후에 경매목적물의 소유권을 취득한 이른바 제3취득자는 그의 권리를 경매절차상 매수인에게 대항하지 못하고, 나아가 그 명의로 된 소유권이전등기는 매수인이 인수하지 않는 부동산의 부담에 관한 기입에 해당하므로(민사집행법 제144조 제1항 제2호 참조) 매각대금이 완납되면 법원은 직권으로 그 말소를 촉탁하여야 하는 것이어서, 결국 매각대금 완납 당시 소유자가 누구인지는 이 문제의 맥락에서 별다른 의미를 가질 수 없다는 점 등을 근거로 한다.
24) 위 2010다52140 전원합의체판결.

사하면서 그 사실을 채무자에게 통지를 하지 않은 경우라도 채무자가 자기의 채권이 채권자에 의하여 대위행사되고 있는 사실을 알고 있는 경우에는 그 대위행사한 권리의 처분을 가지고 채권자에게 대항할 수 없다.[25]

다. 민법 제405조 제2항의 취지는 채권자가 채무자에게 대위권 행사사실을 통지하거나 채무자가 채권자의 대위권 행사사실을 안 후에 채무자에게 대위의 목적인 권리의 양도나 포기 등 처분행위를 허용할 경우 채권자에 의한 대위권행사를 방해하는 것이 되므로 이를 금지하는 데에 있다.[26]

라. 채권자가 채무자를 대위하여 제3채무자의 부동산에 대한 처분금지가처분을 신청하여 처분금지가처분 결정을 받은 경우, 이는 그 부동산에 관한 소유권이전등기청구권을 보전하기 위한 것이므로 피보전권리인 소유권이전등기청구권을 행사한 것과 같이 볼 수 있어, 채무자가 그러한 채권자대위권의 행사사실을 알게 된 이후에 그 부동산에 대한 매매계약을 합의해제함으로써 채권자대위권의 객체인 그 부동산의 소유권이전등기청구권을 소멸시켰다 하더라도 이로써 채권자에게 대항할 수 없다.[27]

마. 한편, 채무자가 채권자대위권행사의 통지를 받은 후에 채무를 불이행함으로써 통지 전에 체결된 약정에 따라 매매계약이 자동적으로 해제되거나, 통지를 받은 후에 채무자의 채무불이행을 이유로 제3채무자가 매매계약을 해제한 경우 제3채무자는 계약해제로써 대위권을 행사하는 채권자에게 대항할 수 있다. 다만, 형식적으로는 채무자의 채무불이행을 이유로 한 계약해제인 것처럼 보이지만 실질적으로는 채무자와 제3채무자 사이의 합의에 따라 계약을 해제한 것으로 볼 수 있거나, 채무자와 제3채무자가 단지 대위채권자에게 대항할 수 있도록 채무자의 채무불이행을 이유로 하는 계약해제인 것처럼 외관을 갖춘 것이라는 등의 특별한 사정이 있는 경우에는 채무자가 피대위채권을 처분한 것으로 보아 제3채무자는 계약해제로써 채권자에게 대항할 수 없다.[28]

---

25) 대법원 1988. 1. 19. 선고 85다카1792 판결.
26) 대법원 2012. 5. 17. 선고 2011다87235 전원합의체판결.
27) 대법원 1996. 4. 12. 선고 95다54167 판결.
28) 위 2011다87235 전원합의체판결.

제5장

임대차 관련 청구 문제

※ 문   제

귀하(변호사 김상승)는 의뢰인 김신성과 상담일지 기재와 같은 내용으로 상담하고, 사건을 수임하면서 첨부서류를 자료로 받았다. 귀하는 의뢰인의 요구사항 및 이익에 최대한 부합하는 소장을 작성하되, 청구원인을 작성함에 있어 먼저 청구원인사실을 중심으로 기재한 다음 기록 내용에 비추어 피고(들)가 법령 및 판례에 따라 제기할 것으로 예상되는 주장 및 항변을 정리하고 각 그에 대한 반론을 개진하시오.

【작성요령】

1. 본 기록 내에 나타나 있는 사실관계 및 증거자료만을 기초로 하고, 별도의 법률행위 또는 사실행위를 한 것을 전제로 하지 말 것.
   단, 의뢰인의 요구를 충족하기 위하여 특정 권리의 행사가 필요한 경우에는 소장을 통하여 행사할 것.
2. 사실관계 주장은 첨부된 자료 중 증거로 신청·제출이 가능한 자료를 토대로 하여 증거법상 법원에 의하여 인정받을 가능성이 있다고 판단되는 내용으로 한정할 것.
3. 각종 서류는 모두 적법하게 작성되었고, 기록상 일자의 요일은 실제 요일과 무관하게 토요일 또는 공휴일이 없는 것을 전제로 할 것.
4. 법리적인 주장은 현행 법령 및 대법원 판례의 태도에 비추어 받아들여질 가능성이 없다고 판단되는 내용은 제외하며, 귀하가 소를 제기하는 경우 상대방은 적극적으로 응소하는 것을 전제로 할 것.
5. 소장의 기재사항 중 증거방법 및 첨부서류란을 생략하여도 무방함.
6. 부동산의 표시는 별지로 처리하지 말고, 소장의 본문에 기재할 것.
7. 일정한 비율로 계산한 돈을 청구하는 경우에는 연 또는 월 단위로 끊어 계산할 것.
   단, 연체차임에 대한 지연손해금은 청구하지 말 것.
8. 소장의 작성일 및 소(訴) 제기일은 2016. 5. 14.로 할 것.

[참고자료]

각급 법원의 설치와 관할구역에 관한 법률 (일부)

[시행 2014.12.30.] [법률 제12879호, 2014.12.30., 일부개정]

제4조(관할구역) 각급 법원의 관할구역은 다음 각 호의 구분에 따라 정한다. 다만, 지방법원 또는 그 지원의 관할구역에 시·군법원을 둔 경우「법원조직법」제34조 제1항 제1호 및 제2호의 사건에 관하여는 지방법원 또는 그 지원의 관할구역에서 해당 시·군법원의 관할구역을 제외한다.

    1. 각 고등법원·지방법원과 그 지원의 관할구역: <u>별표 3</u>

    2. ~7. 생략

[별표 3] 고등법원·지방법원과 그 지원의 관할구역 (일부)

고등법원	지방법원	지원	관할구역
서울	서울중앙		서울특별시 종로구·중구·강남구·서초구·관악구·동작구
	서울동부		서울특별시 성동구·광진구·강동구·송파구
	서울남부		서울특별시 영등포구·강서구·양천구·구로구·금천구
	서울북부		서울특별시 동대문구·중랑구·성북구·도봉구·강북구·노원구
	서울서부		서울특별시 서대문구·마포구·은평구·용산구
	의정부		의정부시·동두천시·구리시·남양주시·양주시·연천군·포천시·가평군, 강원도 철원군. 다만, 소년보호사건은 앞의 시·군 외에 고양시·파주시
		고양	고양시·파주시
	인천		인천광역시. 다만, 소년보호사건은 앞의 광역시 외에 부천시·김포시
		부천	부천시·김포시
	수원		수원시·오산시·용인시·화성시. 다만, 소년보호사건은 앞의 시 외에 성남시·하남시·평택시·이천시·안산시·광명시·시흥시·안성시·광주시·안양시·과천시·의왕시·군포시·여주시·양평군
		성남	성남시·하남시·광주시
		여주	이천시·여주시·양평군
		평택	평택시·안성시
		안산	안산시·광명시·시흥시
		안양	안양시·과천시·의왕시·군포시

상 담 일 지

접 수 번 호	2016민103	상 담 일	2016. 5. 12.
상 담 인	김신성	연 락 처	010-1234-5605
담당변호사	김상승	사 건 번 호	

【상담내용】

1. 김신성은 건물을 신축하던 중 마무리 공사를 하던 시점에 KCF(주)가 1층 및 2층을 모두 임대할 것을 공인중개사를 통하여 요청하므로 위 건물에 관하여 임대차계약을 체결하였다.

2. KCF(주)는 공사비를 지출하면서 마무리 공사 등을 실제 시행하였고, 그 과정에서 구체적 내역은 임대인인 김신성 본인이 모두 확인하고 승인하였다.

3. KCF(주)는 계약을 체결한 후 얼마 지나지 않아 2층 부분을 송미령에게 전대하겠으니 동의를 해달라고 하여 의뢰인은 이에 동의하고 전대차계약서에 날인하였다.

4. KCF(주)는 임대차계약을 체결한 후 최초 1개월분 월세만 지급하였을 뿐 현재까지 차임을 연체하고 있으며, 현재 KCF(주)는 건물 1층을, 송미령은 건물 2층을 본래의 용도에 따라 각 점유·사용하고 있다.

【의뢰인의 요구사항】

의뢰인 김신성은 최소한의 돈을 임차인 등에게 주면서 건물을 인도받을 수 있도록 법적 조치를 강구해 달라고 사건을 의뢰하였다.

【첨부서류】

1. 등기사항전부증명서(토지)
2. 등기사항전부증명서(건물)
3. 부동산월세계약서
4. 부동산월세(전대)계약서
5. 내용증명우편(제목: 연체월세납부촉구 및 계약파기, 발신: 김신성,
   수신: 주식회사 KCF)
6. 우편물배달증명서
7. 내용증명우편(제목: 계약파기사실 통지 및 건물인도 청구, 발신: 김신성,
   수신: 송미령)
8. 우편물배달증명서
9. 내용증명우편(제목: 내용증명에 대한 답변, 발신: 주식회사 KCF, 수신: 김
   신성)
10. 건물마감 및 내장공사 도급계약서
11. 영수증(5,000만 원)
12. 영수증(7,000만 원)
13. 감정서
14. 내용증명우편(제목: 계약파기사실 통지 및 건물인도 청구에 대한 답변,
    발신: 송미령, 수신: 김신성)
15. 내용증명우편(제목: 답변서, 발신: 김신성, 수신: 주식회사 KCF)
16. 우편물배달증명서
17. 등기사항전부증명서(법인)

종합법률사무소 다일

변호사 박조정, 양화해, 서온유, 김상승, 이승소
서울 동대문구 양진대로 777
전화 : 961-1543 팩스 : 961-1544 이메일 : sskim@daillaw.com

등기사항전부증명서(말소사항 포함) - 토지

[토지] 서울특별시 동대문구 회기동 102

고유번호 1152-1996-531218

【 표 제 부 】 (토지의 표시)

표시번호	접 수	소 재 지 번	지 목	면 적	등기원인 및 기타사항
1 (전2)	1983년4월11일	서울특별시 동대문구 회기동 102	대	280㎡	
					부동산등기법 제177조의6 제1항의 규정에 의하여 2000년 9월 15일 전산이기

【 갑 구 】 (소유권에 관한 사항)

순위번호	등 기 목 적	접 수	등 기 원 인	권리자 및 기타사항
1 (전7)	소유권이전	1982년11월20일 제2278호	1982년9월22일 매매	소유자 김온유 ******-******* 서울 서초구 반포동 423
				부동산등기법 제177조의6 제1항의 규정에 의하여 2000년 9월 15일 전산이기
2	소유권이전	2006년10월14일 제107330호	2006년9월13일 매매	소유자 김수로 ******-******* 서울 동대문구 휘경동 100

* 실선으로 그어진 부분은 말소사항을 표시함.   * 등기부에 기록된 사항이 없는 갑구 또는 을구는 생략함.

[토지] 서울특별시 동대문구 회기동 102　　　　　　　　　　고유번호 1152-1996-531218

순위번호	등 기 목 적	접 수	등기원인	권리자 및 기타사항
3	~~임의경매개시결정~~	~~2011년12월5일~~ ~~제108330호~~	~~2011년12월1일~~ ~~서울북부지방법~~ ~~원 임의경매개시~~ ~~결정(2011타경~~ ~~12345)~~	~~채권자 농업협동조합 ******-*******~~ ~~서울 중구 을지로1가 101-1~~ ~~(여신관리부)~~
4	소유권이전	2012년6월7일 제109341호	2012년5월31일 임의경매로 인한 낙찰	소유자 박영숙 ******-******* 성남시 분당구 서현동 111
5	임의경매개시결정등 기 말소	2012년6월7일 제109341호	2012년5월31일 임의경매로 인한 낙찰	
6	소유권이전	2012년8월14일 제117330호	2012년7월13일 매매	소유자 이춘자 ******-******* 성남시 분당구 서현동 112
7	소유권이전	2012년9월11일 제118330호	2012년8월16일 매매	소유자 김신성 ******-******* 수원시 권선구 금곡동 520

【 　을　　　구　 】		(소유권 이외의 권리에 관한 사항)		
순위번호	등 기 목 적	접 수	등기원인	권리자 및 기타사항

[토지] 서울특별시 동대문구 회기동 102   고유번호 1152-1996-531218

순위번호	등 기 목 적	접 수	등기원인	권리자 및 기타사항
1	근저당권설정	2009년2월11일 제45235호	2009년2월10일 설정계약	채권최고액 금 250,000,000원 채무자 김수로 ******-******* 서울 동대문구 휘경동 100 근저당권자 농업협동조합중앙회 서울 중구 을지로1가 101-1 (여신관리부) 공동담보 건물 서울특별시 동대문구 산 설동 102
2	1번근저당권설정등기 말소	2012년6월7일 제49341호	2012년5월31일 임의경매로 인한 낙찰	

--- 이 하 여 백 ---

수수료 금 1,000원 영수함

관할등기소 서울북부지방법원 동대문등기소/
발행등기소 법원행정처 등기정보중앙관리소

이 증명서는 부동산 등기기록의 내용과 틀림없음을 증명합니다.
서기 2016년 05월 12일
법원행정처 등기정보중앙관리소   전산운영책임관

* 실선으로 그어진 부분은 말소사항을 표시함.   * 등기부에 기록된 사항이 없는 갑구 또는 을구는 생략함.

[인터넷 발급] 문서 하단의 바코드를 스캐너로 확인하거나, 인터넷등기소(http://www.iros.go.kr)의 발급확인 메뉴에서 발급확인번호를 입력하여
위·변조 여부를 확인할 수 있습니다. 발급확인번호를 통한 확인은 발행일로부터 3개월까지 5회에 한하여 가능합니다.

발행번호 123456789A123456789B123456789C123   3/3   발급확인번호 ALTQ-COHX-3570   발행일 2016/05/12

등기사항전부증명서(말소사항 포함) - 건물

고유번호 1152-2015-531221

[건물] 서울특별시 동대문구 회기동 102

【　표　　제　　부　】 　　(건물의 표시)				
표시번호	접　수	소 재 지 번	건 물 내 역	등기원인 및 기타사항
1	2015년3월31일	서울특별시 동대문구 회기동 102 [도로명주소] 서울특별시 동대문구 회기로12나길 25	철근콘크리트조 평슬래브지붕 3층 근린생활시설 1층 190㎡ 점포 2층 190㎡ 점포 3층 90㎡ 주택	

【　갑　　　　　구　】 　　(소유권에 관한 사항)				
순위번호	등 기 목 적	접　수	등기원인	권리자 및 기타사항
1	소유권보존	2015년3월31일 제112330호		소유자 김신성 ******-******* 수원시 권선구 금곡동 520

--- 이 하 여 백 ---

수수료 금 1,000원 영수함

관할등기소 서울북부지방법원 동대문등기소/
발행등기소 법원행정처 등기정보중앙관리소

이 증명서는 부동산 등기기록의 내용과 틀림없음을 증명합니다.

　　서기　2016년 05월 12일

　　법원행정처 등기정보중앙관리소　　　　　　　전산운영책임관

* 실선으로 그어진 부분은 말소사항을 표시함.　　* 등기부에 기록된 사항이 없는 갑구 또는 을구는 생략함.

[인터넷 발급] 문서 하단의 바코드를 스캐너로 확인하거나, **인터넷등기소**(http://www.iros.go.kr)의 **발급확인** 메뉴에서 **발급확인번호**를 입력하여 **위·변조** 여부를 확인할 수 있습니다. 발급확인번호를 통한 확인은 발행일로부터 3개월까지 5회에 한하여 가능합니다.

발행번호　123456789A123456789B123456789C125　　1/1　　발급확인번호 ALTQ-COHX-3572　　발행일 2016/05/12

부동산 월세 계약서

본 부동산에 대하여 임대인과 임차인 쌍방은 합의에 의하여 다음과 같이 임대차계약을 체결한다.

1. 부동산의 표시

소 재 지	서울특별시 동대문구 회기동 102				
면 적	380㎡	전용면적	㎡	대지권	㎡
임대할 부분	위 지상건물 1층 및 2층 전체				

2. 계약내용

제1조 위 부동산의 임대차계약에 있어 임차인은 보증금 및 차임을 아래와 같이 지불하기로 한다.

보 증 금	金	일억원	원정 (₩100,000,000)			
계 약 금	金	일천만	원정은 계약시 지불하고 영수함.			
중 도 금	金		~~원정은~~	~~년~~	~~월~~	~~일에 지불한다.~~
잔 금	金	구천만	원정은	년	월	일에 지불한다.
차 임	金 칠백만(부가세 별도)		원정은 매월 말 일에(선불 , 후불)로 지불한다.			

제2조 임대인은 위 부동산을 임대차 목적으로 사용 수익할 수 있는 상태로 하여 2015 년 3 월 31 일까지 임차인에게 인도하며, 임대차기간은 2015 년 4 월 1 일로부터 2017 년 3 월 31 일까지 (24)개월로 한다.

제3조 임차인은 임대인의 동의 없이 위 부동산의 용도나 구조를 변경하거나 전대 또는 담보제공을 하지 못하며 임대차목적 이외 용도에 사용할 수 없다.

제4조 임차인이 2회 이상 차임 지급을 연체하거나, 제3조를 위반하였을 경우 임대인은 본 계약을 해지할 수 있다.

제5조 임대차계약이 종료한 경우 임차인은 위 부동산을 원상으로 회복하여 임대인에게 반환하며, 임대인은 보증금을 임차인에게 반환한다.

제6조 임차인이 임대인에게 중도금(중도금이 없을 때는 잔금)을 지불하기 전까지는 임대인은 계약금의 배액을 상환하고, 임차인은 계약금을 포기하고 이 계약을 해제할 수 있다.

제7조 공인중개사는 계약 당사자간의 채무불이행에 대해서는 책임지지 않는다. 또한 중개수수료는 본 계약의 체결과 동시에 임대인과 임차인 쌍방이 각각(환산가액의(   )%를) 지불하며, 공인중개사의 고의나 과실 없이 계약당사자간의 사정으로 본 계약이 해제되어도 중개수수료를 지급한다.

제8조 [공인중개사의 업무 및 부동산 거래신고에 관한 법]제25조3항의 규정에 의거 중개대상물 확인설명서를 작성하여 _____년 ____월 ____일 공제증서사본을 첨부하여 거래당사자 쌍방에 교부한다.

＜특약사항＞

　1. 현재 본 건물은 건축중인 건물로서 임차인이 비용을 지출하여 창호 및 유리 출입문, 새시, 1층과 2층 사이의 내부계단 공사 및 내장공사(인테리어 포함)를 직접 시행하기로 하되, 구체적 설계는 임대인의 승인을 받으며, 임차인의 공사비 지출을 반영하여 보증금 및 임료를 저렴하게 합의함.

　2. 위 공사의 시행으로 본 건물에 시공된 시설물은 일체 임대인의 소유로 하고, 임차인은 이에 대한 모든 권리를 포기함.

본 계약에 대하여 계약 당사자는 이의 없음을 확인하고 각자 서명 또는 날인 후 임대인, 임차인, 공인중개사가 각 1통씩 보관한다.

2015년　3월　15일

임 대 인	주　　　소	수원시 권선구 금곡동 520					印 金 成 新
	주민등록번호	580802-1542118	전화	031-298 -1305	성 명	김신성	
임 차 인	주　　　소	서울 강남구 역삼동 123					케이씨에 印 프주대표 이사직인
	주민등록번호		전화	02-567 -0011	성 명	(주)KCF	
공인중개사	사무소소재지	서울 동대문구 회기동 25					만정 印 인영
	등 록 번 호	서울 2008-12		사무소명칭	우리공인중개소		
	전 화 번 호	962-3258		대표자성명	정영만		

부동산 월세(전대) 계약서

본 부동산에 대하여 임대인과 임차인 쌍방은 합의에 의하여 다음과 같이 임대차계약을 체결한다.

1. 부동산의 표시

소 재 지	서울특별시 동대문구 회기동 102				
면 적	190㎡	전용면적	㎡	대지권	㎡
임대할 부분	위 지상건물 2층 전체				

2. 계약내용

제1조 위 부동산의 임대차계약에 있어 임차인은 보증금 및 차임을 아래와 같이 지불하기로 한다.

보 증 금	金	육천만원	원정 (₩60,000,000)
계 약 금	金	육천만원	원정은 계약시 지불하고 영수함.
중 도 금	金		원정은 년 월 일에 지불한다.
잔 금	金		원정은 년 월 일에 지불한다.
차 임	金	이백만(부가세 별도)	원정은 매월 말 일에 (선불 , 후불)로 지불한다.

제2조 임대인은 위 부동산을 임대차 목적으로 사용 수익할 수 있는 상태로 하여 2015년 4월 10일까지 임차인에게 인도하며, 임대차기간은 2015년 5월 1일로부터 2017년 3월 31일까지 23개월로 한다.

제3조 임차인은 임대인의 동의 없이 위 부동산의 용도나 구조를 변경하거나 전대 또는 담보제공을 하지 못하며 임대차목적 이외 용도에 사용할 수 없다.

제4조 임차인이 2회 이상 차임 지급을 연체하거나, 제3조를 위반하였을 경우 임대인은 본 계약을 해지할 수 있다.

제5조 임대차계약이 종료한 경우 임차인은 위 부동산을 원상으로 회복하여 임대인에게 반환하며, 임대인은 보증금을 임차인에게 반환한다.

제6조 임차인이 임대인에게 중도금(중도금이 없을 때는 잔금)을 지불하기 전까지는 임대인은 계약금의 배액을 상환하고, 임차인은 계약금을 포기하고 이 계약을 해제할 수 있다.

제7조 공인중개사는 계약 당사자간의 채무불이행에 대해서는 책임지지 않는다. 또한 중개수수료는 본 계약의 체결과 동시에 임대인과 임차인 쌍방이 각각(환산가액의(   )%를) 지불하며, 공인중개사의 고의나 과실 없이 계약당사자간의 사정으로 본 계약이 해제되어도 중개수수료를 지급한다.

제8조 [공인중개사의 업무 및 부동산 거래신고에 관한 법]제25조3항의 규정에 의거 중개대상물 확인설명서를 작성하여 _____년 ____월 ____일 공제증서사본을 첨부하여 거래당사자 쌍방에 교부한다.

〈특약사항〉

본 계약에 대하여 계약 당사자는 이의 없음을 확인하고 각자 서명 또는 날인 후 임대인, 임차인, 공인중개사가 각 1통씩 보관한다.

2015년   4월   10일

임 대 인	주 소	서울 강남구 역삼동 123				
	주민등록번호		전화	567-0011	성 명	KCF(주)
임 차 인	주 소	서울 강남구 역삼동 233				
	주민등록번호	780604-2431123	전화	567-3245	성 명	송미령
공인중개사	사무소소재지					
	등 록 번 호	쌍방합의		위 계약에 동의함 김신성		
	전 화 번 호					

연체월세납부촉구 및 계약파기

발신인 : 김신성

    수원시 권선구 금곡동 520

수신인 : (주)KCF

    서울 강남구 역삼동 123

귀사의 번창을 기원합니다.

발신인은 2015. 3. 15. 귀사와 발신인 소유의 서울 동대문구 회기동 102 지상 건물 1층 및 2층 전부에 관하여 임대차계약을 체결하면서, 임대보증금은 1억원, 월세는 700만원(부가세 별도)으로 약정하였으며, 귀사는 2015. 3. 31.에 입주를 완료하고 현재까지 나름대로 영업을 하고 있음에도 불구하고 월세를 단 1회만 지급하였을 뿐 일절 지급하지 않고 있습니다.

발신인은 귀사가 건물에 투자한 돈이 상당하므로 그 회수시까지 기다려 주기로 마음먹고 지금까지 참아왔으나 도저히 더 이상 기다릴 수 없어 본 계약을 파기하며, 이 내용증명을 받은 후 1주 이내에 반드시 건물을 원상복구하여 인도하여 주시기를 바랍니다.

발신인도 마음이 아프지만 어쩔 수 없는 선택임을 양해하여 주시기 바랍니다.

2016. 3. 15.

발신인 김신성

우편물배달증명서

수취인의 주거 및 성명

서울 강남구 역삼동 123
KCF(주)

접수국명	서수원	접수연월일	2016년 3월 15일
등기번호	제3112902073251호	배달연월일	2016년 3월 16일
적 요	수취인과의 관계 직원 수령 김 미 희		서수원 2016.03.17 1018601 우 체 국 (배달증명우편물 배달국 일부인)

계약파기사실 통지 및 건물인도 청구

발신인 : 김신성

　　　　수원시 권선구 금곡동 520

수신인 : 송미령

　　　　서울 강남구 역삼동 233

귀하의 번창을 기원합니다.

발신인은 2015. 3. 15. ㈜케이씨에프와 서울 동대문구 회기동 102 지상 건물 1층 및 2층 전부에 관하여 임대차계약을 체결하였고, 이후 위 회사의 요청으로 귀하와의 전대차계약에 동의한 사실이 있습니다.

그런데 위 회사는 2015. 3. 31.에 입주를 완료하고 현재까지 나름대로 영업을 하고 있음에도 불구하고 월세를 단 1회만 지급하였을 뿐 일절 지급하지 않고 있습니다. 발신인은 위 회사가 건물에 투자한 돈이 상당하므로 그 회수시까지 기다려 주기로 마음먹고 지금까지 참아왔으니 도저히 더 이상 기다릴 수 없어 본 계약을 파기하며, 이 내용증명을 받은 후 1주 이내에 반드시 건물을 원상복구하여 인도하여 줄 것을 청구하였습니다.

귀하도 이러한 사실을 양지하시고 조속한 시일 내에 건물을 인도하여 주시기 바랍니다.

2016. 3. 15.

발신인 김신성 (成金印新)

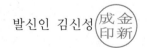

이 우편물은 2016-03-15
제3112902073252호에 의하여
내용증명 우편물로 발송하였음을 증명함
서수원우체국장
　　　　　　　　　　대한민국 KOREA

우편물배달증명서

수취인의 주거 및 성명

서울 강남구 역삼동 123
KCF(주)

접수국명	서수원	접수연월일	2016년 3월 15일
등기번호	제3112902073252호	배달연월일	2016년 3월 16일
적 요	수취인과의 관계 본인 수령 송 미 경		서수원 2016.03.17 1018601 우 체 국 (배달증명우편물 배달국 일부인)

숯불바베큐치킨 전문업체
케이씨에프주식회사
서울 강남구 역삼동 123 (02-567-0011)

==

시행일자 : 2016. 3. 25.
발   신 : KCF(주) 대표이사
수   신 : 김신성
          수원시 권선구 금곡동 520
제   목 : 내용증명에 대한 답변

==

삼가 건승하옵고,

귀하의 내용증명은 잘 받아 보았습니다.

당사는 경희대학교 학생들을 주고객으로 하기 위하여 귀하 소유의 건물에 입주하여 영업을 개시하였으나 건물이 외진 곳에 있어 학생들이 잘 찾아오지 않는 관계로 영업실적이 저조하여 최초 월세를 지급한 이후 부득이 월세를 지급하지 못하였습니다.

특히, 당사는 귀하의 건물에 상당한 비용을 투입하여 건물을 완성하였을 뿐만 아니라 그 가치를 증대시켰음에도 귀하가 계약파기를 운운하는 점에 대하여는 도저히 받아들일 수 없습니다(별첨자료 참조).

당사는 건물여건이 좋지 않음에도 불구하고 현재 최선을 다하여 영업을 하고 있으니 조만간 영업실적이 좋아질 것으로 판단하고 있으며, 귀하의 건물 입지로 인하여 현상황에 이른 점을 감안하여 조금만 더 기다려 주시기를 바랍니다.

귀하의 현명한 판단을 기다리겠습니다.

별첨 : 건물마감 및 내장공사 도급계약서 1부
        영수증 2장
        감정서(발췌) 1부

숯불바베큐치킨 전문업체
케이씨에프주식회사

건물마감 및 내장공사 도급계약서

제 1 조

을은 갑에 대하여 아래 건물에 대한 건물 마감 및 내장 건축공사를 도급 받아 이를 완성할
것을 약정하고, 갑은 이에 대하여 보수를 지급할 것을 약정하였다.

아   래

서울특별시 동대문구 회기동 102번지 280㎡ 소재 철근콘크리트조 평슬래브지붕 3층 근린생
활시설 1층 190㎡ 점포 2층 190㎡ 점포

다만, 공사사양은 갑이 제공한 설계도와 같다.

제 2 조

을은 본 계약의 성립일로부터 3일 이내에 건축공사에 착수하고 공사착수일로부터 10일 이
내에 이것을 완성하며 완성 즉시 갑에게 인도하는 것으로 한다.

제 3 조

도급금액은 총액을 일금 1억2,000만원으로 정하며 갑은 을에 대하여 본 계약의 성립과 동시
에 금 5,000만원, 공사완성 후 인도함과 동시에 잔금 7,000만원을 지불한다.

제 4 조

건축에 필요한 자재 및 노무에 대하여는 전부 을이 공급한다.

제 5 조

공사 중 건축자재의 가격에 변동이 생겼을 경우는 을의 책임으로 한다.

다만, 갑이 제3조의 지불시기로 정하여진 날보다 늦게 지불함으로써 생긴 자재 값의 인상에
대하여는 갑의 책임으로 한다.

제 6 조

을이 전 2조의 기일에 공사를 완공하지 못하여 목적물을 인도하는 것이 불가능하게 된 때
에는 그 일수에 따라 일일 금_____원 비율로 지체배상금을 갑에게 지불한다. 이 경우 갑은
을에 대하여 지불하여야 할 보수 중 상기 금액을 공제할 수 있다.

제 7 조

갑은 본 건축의 설계사양을 변경할 수 있다. 이때 갑과 을은 보수의 증감 및 공사물의 완성
과 인도시기의 변경에 대하여 협의하여 이를 정한다.

제 8 조

본 건축공사에 하자가 발생하였을 경우 을은 인도일로부터 10년간 그 담보책임을 진다.

제 9 조

본 건축공사 완공 후에 천재지변에 의한 불가항력에 의해 목적물이 멸실 또는 훼손되었을 경우에는 을이 그 위험에 대한 책임을 진다.

제 10 조

갑은 본 건축공사 중 필요에 따라 계약을 해지할 수 있다. 다만 갑은 이에 따른 손해를 배상하여야 한다.

제 11 조

본 계약에 관하여 분쟁이 있을 경우 서울중앙지방법원을 그 관할 법원으로 한다.

※특약사항

공사의 구체적 내역은 다음과 같다.

창호, 출입문, 새시 등 마감공사 : 3,000만원

환기, 매립형 냉난방설비, 소방설비 : 4,000만원

인테리어(내부장식) 공사 : 5,000만원

상기와 같이 갑과 을간에 계약이 성립되었기 본 증서를 2통 작성하고 각자 기명날인 한 후 각 1통씩 보관하기로 한다.

2015년   3월   16일

발주자 "갑"

주   소 : 서울 강남구 역삼동 123

상   호 :

성   명 : KCF(주)

사업자등록번호(주민등록번호) :

도급자 "을"

주   소 : 서울 동대문구 회기동 123

상   호 : 성주건축

성   명 : 서성문

사업자등록번호(주민등록번호) : 560802-1022111

領　收　證

금 오천만 (50,000,000) 원정

위 금액을 서울특별시 동대문구 회기동 102번지 지상 건물 마감 및 내장공사의 계약금으로 정히 영수함.

2015. 3. 16.

영수인 성주건축 서성문 (文徐印成)

(주)KCF 귀하

領　收　證

금 칠천만 (70,000,000) 원정

위 금액을 서울특별시 동대문구 회기동 102번지 지상 건물 마감 및 내장공사의 잔금으로 정히 완불 영수함.

2015. 3. 28.

영수인 성주건축 서성문 (文徐印成)

(주)KCF 귀하

감 정 서

건축물시가감정전문회사

(주)열린건축사사무소

감정결과의 요지

1. 마감공사의 현가 : **5,000만원**

내역 : 창호, 출입문, 새시 등

2. 설비공사의 현가 : **4,500만원**

내역 : 환기, 매립형 냉난방설비, 소방설비

3. 인테리어 공사의 현가 : **5,000만원**

2016. 3. 10.

건축물시가감정전문회사

(주)열린건축사사무소 열린건축
대표이사
의직인

계약파기사실 통지 및 건물인도 청구에 대한 답변

발신 : 송미령 (서울 강남구 역삼동 233)
수신 : 김신성 (수원시 권선구 금곡동 520)

귀하가 보낸 내용증명은 잘 받아 보았습니다.

본인이 (주)케이씨에프로부터 귀하가 소유하고 있는 서울 동대문구 회기동 102 지상 건물 2층을 임차할 때 소유자인 귀하가 동의하였다는 점은 귀하가 더 잘 알고 계시리라 믿습니다.

본인은 귀하의 동의를 받아 위 임대차계약을 체결하였던 것이고, (주)케이씨에프에 대하여 지정된 날짜에 모든 월세를 지급하였을 뿐만 아니라 건물도 아무런 문제 없이 관리하였습니다. 따라서 귀하가 동의한 계약기간까지는 본인이 위 건물을 사용할 권리가 있습니다.

(주)케이씨에프가 월세를 귀하에게 납부하지 않은 것은 귀하와 (주)케이씨에프 사이에 해결할 일이라고 생각합니다.

이 점 양지하시고 귀하가 이렇듯 강압적으로 건물인도를 요구할 경우 본인으로서는 모든 법적 조치를 강구할 예정입니다. 법리를 잘 알아보시고 본인에게 피해가 없도록 합리적인 선택을 하시기 바랍니다.

2016. 3. 25.

발신인 송미령 (인)

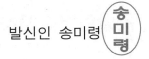

이 우편물은 2016-03-25
제7356731129020호에 의하여
내용증명 우편물로 발송하였음을 증명함
서울강남우체국장 ◎대한민국 KOREA

답 변 서

발신인 : 김신성
　　　　수원시 권선구 금곡동 520
수신인 : (주)KCF
　　　　서울 강남구 역삼동 123

귀사의 내용증명서는 잘 받았습니다.
귀사는 발신인의 건물을 탓하고 있으나 건물은 신축건물로서 아무런 문제가 없고, 그 위치도 경희대학교 앞에 위치하여 영업하는데 오히려 도움이 될 것이며, 이러한 점을 고려하여 귀사가 상당한 자금을 투입하면서 계약체결에 이른 점을 상기시켜 드립니다.
귀사는 이제 건물입지 탓을 그만 하시고 품질로써 승부하시기를 충고합니다.
이 내용증명을 받는 즉시 건물을 원상복구하여 인도하지 않으면 부득이 법적조치를 취할 수밖에 없음을 양지하여 주시기 바랍니다.

2016. 4. 4.

발신인　김신성 (印)

이 우편물은 2016-04-04
제3112902073567호에 의하여
내용증명 우편물로 발송하였음을 증명함
서수원우체국장　　대한민국 KOREA

우편물배달증명서

수취인의 주거 및 성명

서울 강남구 역삼동 123
KCF(주)

접수국명	서수원	접수연월일	2016년 4월 4일
등기번호	제3112902073567호	배달연월일	2016년 4월 5일
적 요	수취인과의 관계 직원 수령 김미희		서수원 2016.04.06 1018601 우 체 국 (배달증명우편물 배달국 일부인)

등기사항전부증명서(현재사항) [제출용]

등기번호	012968
등록번호	200244-0027482

상 호	케이씨에프 주식회사	・ ・ ・ 변경 ・ ・ ・ 등기
본 점	서울특별시 강남구 역삼동 123	・ ・ ・ 변경 ・ ・ ・ 등기
	서울특별시 강남구 논현로33길 93(역삼동)	2011.10.31. 도로 명주소 2011.10.31. 등기

공고방법	서울시내에서 발행하는 일간신문 매일경제신문에 게재한다.	・ ・ ・ ・ ・ ・

1주의 금액	금 5,000 원	・ ・ ・ ・ ・ ・

발행할 주식의 총수	300,000주	・ ・ ・ ・ ・ ・

발행주식의 총수와 그 종류 및 각각의 수		자본의 총액	변경연월일 변경연월일
발행주식의 총수	100,000주	금500,000,000원	・ ・ ・
보통주식	100,000주		・ ・ ・

목 적

1. 일반음식점업
2. 기타 음식점업
3. 관광숙박시설 운영업
4. 부동산임대업
5. 인테리어 및 광고물 관련 설계 제작 시공업
6. 전기, 전자, 기계, 토목, 건축에 관련한 도, 소매업
7. 재활용 및 환경설비 설계 제작 일체
8. 위 각호에 관련한 부대사업 일체

임원에 관한 사항

이사 김삼순 (780123-2010555)
    2015년 02월 01일 취임   2015년 02월 10일 등기

이사 현빈 (761111-1010551)
    2015년 02월 01일 취임   2015년 02월 10일 등기

[인터넷 발급] 문서 하단의 바코드를 스캐너로 확인하거나, **인터넷등기소(http://www.iros.go.kr)의** 발급확인 메뉴에서 **발급**
확인번호를 입력하여 위·**변조 여부를 확인할 수 있습니다.**
발급확인번호를 통한 확인은 발행일로부터 3개월까지 5회에 한하여 가능합니다.

발급확인번호 0583-AANG-GKKC

 발행일 2016/05/12

등기번호	012968

대표이사	김삼순 (780123-2010555) 서울 동대문구 이문로2길 22, 101동 1201호(회기동, 현대아파트) 2015년 02월 01일 취임 2015년 02월 10일 등기
대표이사	현빈 (761111-1010551) 서울 동대문구 이문로2길 22, 101동 1001호(회기동, 현대아파트) 2015년 02월 01일 취임 2015년 02월 10일 등기

회사성립연월일	2002년 02월 02일

등기기록의 개설 사유 및 연월일
2002년 02월 02일 회사설립

—— 이 하 여 백 ——

수수료 1,000원 영수함   관할등기소 : 서울중앙지방법원 강남등기소

이 증명서는 등기기록의 내용과 틀림없음을 증명합니다. [다만, 신청이 없는 지점·지배인에 관한 사항과 현재 효력이 없는 등기사항의 기재를 생략하였습니다]

서기 2016년 05월 12일

법원행정처 등기정보중앙관리소   전산운영책임관

---

* 실선으로 그어진 부분은 말소(변경, 경정)된 등기사항입니다.   * 등기사항증명서는 컬러로 출력 가능함.

[인터넷 발급] 문서 하단의 바코드를 스캐너로 확인하거나, 인터넷등기소(http://www.iros.go.kr)의 발급확인 메뉴에서 발급
확인번호를 입력하여 위·변조 여부를 확인할 수 있습니다.
발급확인번호를 통한 확인은 발행일로부터 3개월까지 5회에 한하여 가능합니다.

발급확인번호 0583-AANG-GKKC

0000514857625357951234567891A123456789B123456789C113 1 발행일 2016/05/12   - 2/2 -

기록 끝

소   장

원 고   김신성 (580802-1542118)
           수원시 권선구 금곡동 520

           소송대리인 변호사 김상승
           서울 동대문구 양진대로 777
           전화 : 961-1543 팩스 : 961-1544 이메일 : sskim@daillaw.com

피 고   1. 케이씨에프 주식회사
           서울 강남구 논현로33길 93(역삼동)
           대표이사 김삼순, 현빈[1] [2]
           2. 송미령
           서울 강남구 역삼동 233

건물인도[3] 청구의 소

---

1) 공동대표이사가 아닌 각자대표이사로서 두 사람 중 한 사람만 기재해도 무방하다(민사실무Ⅰ, 52면).
2) 법인을 당사자로 표시하는 경우에 법인명, 주소, 대표자의 순으로 각 행을 달리하여 기재하는 것이 보통이다(민사실무Ⅰ, 52~53면; 민사실무Ⅱ, 45~46면). 법인의 명칭은 법인등기기록과 동일하게 기재하여야 하고(특히 '주식회사'의 위치에 주의), "주식회사"를 "(주)"로 기재하여서는 안 되며, 법인등록번호·대표이사의 주민등록번호·대표이사의 주소 등은 기재하지 않는다(민사실무Ⅰ, 52면; 민사실무Ⅱ, 35면 각주 41).
3) 청구는 건물인도 하나뿐이므로 '등'을 적을 필요가 없다. 연체차임은 해지권행사로 임대차계약이 종료되어 임대차계약에 종된 보증금계약의 취지에 따라 별도의 의사표시가 없더라도 당연히 보증금에서 공제되므로(대법원 2007. 8. 23. 선고 2007다21856, 21863 판결), 원고는 공제를 주장만 할 뿐이며 차임을 청구하는 것은 아니다.

청 구 취 지

1. 피고 케이씨에프 주식회사는 원고로부터 100,000,000원[4]에서 2015. 5. 1.부터[5] 서울 동대문구 회기동 102(회기로12나길 25)[6] 지상 철근콘크리트조 평슬래브지붕 3층 근린생활시설 1층 130㎡ 2층 130㎡ 3층 70㎡ 중 1층 130㎡ 및 2층 130㎡ 부분을 인도하는 날까지[7] 월 7,700,000원[8]의 비율로 계산한 돈을 공제한 나머지 돈을 지급받음과 동시에 원고에게 위 건물 부분을 인도하라.

2. 피고 송미령은 피고 케이씨에프 주식회사가 원고로부터 제1항 기재 돈을 지급받음과 동시에[9] 원고에게 제1항 기재 건물 중 2층 130㎡ 부분을 인도하라.[10]

3. 소송비용은 피고들이 부담한다.

4. 제1항 및 제2항은 가집행할 수 있다.

    라는 판결을 구합니다.

---

4) 이 사건은 청구원인에서 서술하는 바와 같은 법리로 인하여 피고의 유익비 및 필요비상환청구, 부속물매수청구가 모두 인정되기 어려운 사안이다.

5) 보증금에서 이미 발생한 차임 부분에 한하여 연체차임을 공제하고, 공제된 차임 부분에 해당하는 기간 이후부터 비율로 공제하는 방법도 무방하다.

6) 건물의 소재지를 밝히는 것이므로 지목(대)과 면적(280㎡)을 표시할 필요가 없다.

7) 도로점용으로 인한 부당이득의 장래이행청구에서는 "피고의 도로폐쇄로 인한 점유종료일 또는 원고의 소유권상실일(중 먼저 도래하는 날)까지"로 기재하나, 임대차목적물반환청구에 있어서는 "목적물의 인도 완료일까지"로 기재하는 것이 보통이다(민사실무Ⅱ, 113~114면, 121면).

8) 약정차임에 대한 부가가치세액을 공급을 받는 자인 임차인이 부담하기로 하는 약정이 있었다면, 달리 특별한 사정이 없는 한 부당이득으로 지급되는 차임 상당액에 대한 부가가치세액도 계속 점유하는 임차인이 부담하여야 하는 것으로 봄이 상당하다(대법원 2002. 11. 22. 선고 2002다38828 판결). 자세한 것은 쟁점해설 참조.

9) 임대인이 전차인에 대하여 목적물의 직접 반환을 청구한 경우, 적법하게 전차한 전차인이라도 임대인에게 직접 전대차보증금반환청구권을 취득하는 것은 아니므로 전대차보증금의 반환과 동시이행의 항변을 주장할 수는 없지만, 임차인의 임대차보증금반환청구권에 기한 동시이행항변권을 원용할 수는 있다(요건사실론, 120면; 대법원 1988. 4. 25. 선고 87다카2509 판결). 자세한 것은 쟁점해설 참조.

10) 불법점유자에 대한 인도청구는 현실로 불법점유를 하고 있는 자만을 상대로 하여야 하는 반면(대법원 1999. 7. 9. 선고 98다9045 판결), 인도약정에 따른 이행청구의 경우에는 간접점유자에 대하여도 인도를 구할 수 있다(대법원 1983. 5. 10. 선고 81다187 판결). 자세한 것은 쟁점해설 참조.

청 구 원 인

1. 피고 케이씨에프(주)에 대한 청구

가. 건물의 인도청구[11]

1) 원고는 2015. 3. 15. 피고 케이씨에프 주식회사[이하 케이씨에프(주)로 약칭함]
에 원고 소유의 서울 동대문구 회기동 102 지상 3층 건물 중 1층 및 2층 부
분(이 사건 '건물'이라 약칭함)을 임대하는 계약을 체결하였습니다(이하 '이 사건
임대차계약'이라 약칭함). 위 계약에서 원고는 임대인으로서 임차인인 위 피고
에게 위 건물을 2015. 4. 1.부터 2017. 3. 31.까지 임대하되, 보증금은 1억 원,
차임은 월 700만 원에 부가가치세액을 가산하여 매월 말일에 지급하기로 약
정하였습니다(갑 제1호증 : 건물등기사항증명서, 갑 제2호증 : 부동산월세계약서).
그리고 원고는 위 계약에서 약정한 일자에 임대목적물을 위 피고에게 인도하
였습니다.

2) 위 부동산월세계약서 제4조에 의하면 임차인이 2회 이상 차임 지급을 연체한
경우에 임대인은 위 계약을 해지할 수 있다고 약정되어 있는바, 위 피고는 최
초 1개월분의 차임만 지급하였을 뿐 2015. 5. 1.부터 발생한 차임은 현재까지
전혀 지급하지 않아 2회 이상 차임의 지급을 연체하였기에 원고는 위 약정에
따라[12] 위 임대차계약을 해지하였습니다(갑 제3호증 : 연체월세납부촉구 및 계약
파기, 갑 제4호증 : 내용증명에 대한 답변[13]). 만일, 원고가 위 피고에게 보낸 내
용증명우편(갑 제3호증 : 연체월세납부촉구 및 계약파기)에 이 사건 임대차계약에
대한 해지의 의사표시가 없는 것으로 인정된다면, 원고는 이 소장으로 이 사
건 임대차계약에 관한 해지의 의사를 표합니다.

3) 따라서 원고와 위 피고 사이에 체결된 이 사건 임대차계약은 종료되었으므로

---

11) 임대차목적물반환청구의 요건사실은 ① 임대차계약의 체결, ② 목적물의 인도, ③ 임대차
의 종료이다(요건사실론, 116면). 이 경우 임차인이 임대차보증금의 반환과 동시이행의 항
변을 하는 경우에는 임대차보증금 지급사실만 주장·입증하면 된다(요건사실론, 120면).
12) 건물 기타 공작물의 임대차에는 임차인의 차임연체액이 2기의 차임액에 달하는 때에는
임대인은 계약을 해지할 수 있다는 민법 제640조는 편면적 강행규정이므로(민법 제652
조), 임차인에게 불리하지 않은 경우에는 약정이 우선하므로 약정을 근거로 해지권을 행
사하는 것이다.
13) 피고 케이씨에프(주)의 내용증명우편에 월세를 최초 1개월분만 지급하였다는 사실을 자
인하는 내용이 있으므로, 그 부분을 증거로 제시하고자 하는 것이다.

피고 케이씨에프(주)는 원고에게 임대목적물인 이 사건 건물을 인도할 의무가 있다고 할 것입니다.[14] 다만, 임대차보증금은 임대차계약이 종료된 후 임차인이 목적물을 인도할 때까지 발생하는 차임 및 기타 임차인의 채무를 담보하는 것으로서 그 피담보채무액은 임대차관계의 종료 후 목적물이 반환될 때에 특별한 사정이 없는 한 별도의 의사표시 없이 임대차보증금에서 당연히 공제되는 것이며,[15] 임대차계약의 기간이 만료된 경우에 임차인이 임차목적물을 인도할 의무와 임대인이 보증금 중 연체차임 등 해당 임대차에 관하여 인도시까지 생긴 모든 채무를 청산한 나머지를 반환할 의무는 동시이행의 관계가 있으므로,[16] 원고는 이 사건 건물의 인도를 구함에 있어 원고의 보증금 잔액 지급과 동시이행을 구합니다.

4) 원고가 피고 케이씨에프(주)에게 상환하여야 할 구체적 보증금 잔액은 보증금 총액 1억 원에서 위 피고가 차임을 지급하지 않은 2015. 5. 1.부터 원고가 이 사건 계약을 해지하고 그 의사표시가 위 피고에게 도달한 2016. 3. 18.까지는 차임으로서, 그 다음날부터 위 피고가 이 사건 건물을 원고에게 인도할 때까지는 위 피고가 현재 이 사건 건물을 본래의 용법대로 계속 사용·수익하고 있으므로 차임상당 부당이득[17]으로서 각 월 770만 원(부가가치세액 10%를 가산

---

14) 임대차계약에 기한 반환청구 외에 별도로 소유자로서의 물권적 청구권(소유물반환청구권)을 근거로 청구할 수도 있으나, 불법점유에 대한 반환청구는 직접 점유자에 대하여만 할 수 있다(대법원 1999. 7. 9. 선고 98다9045 판결). 자세한 것은 쟁점해설 참조.

15) 대법원 1988. 1. 19. 선고 87다카1315 판결, 대법원 2007. 8. 23. 선고 2007다21856, 21863 판결. 자세한 것은 쟁점해설 참조.

16) 임대차계약의 기간이 만료된 경우에 임차인이 임차목적물을 인도할 의무와 임대인이 보증금중 연체차임등 해당 임대차에 관하여 인도시까지 생긴 모든 채무를 청산한 나머지를 반환할 의무는 동시이행의 관계가 있다(대법원 1977. 9. 28. 선고 77다1241, 1242 전원합의체판결). 자세한 것은 쟁점해설 참조.

17) 임차인이 임대차계약 종료 이후에도 동시이행의 항변권을 행사하는 방법으로 목적물의 반환을 거부하기 위하여 임대차건물 부분을 계속 점유하기는 하였으나 이를 본래의 임대차계약상의 목적에 따라 사용·수익하지 아니하여 실질적인 이득을 얻은 바 없는 경우에는 그로 인하여 임대인에게 손해가 발생하였다고 하더라도 임차인의 부당이득반환의무는 성립되지 않는다(대법원 2008. 4. 10. 선고 2007다76986, 76993 판결). 따라서 원고로서는 피고가 임차목적물을 점유하고 있다는 사실을 주장·입증하는 것만으로는 부족하고 피고가 목적물을 본래의 용법대로 사용·수익하고 있다는 사실까지 주장·입증하여야 한다(요건사실론, 115면). 다만, 주택임대차보호법 및 상가건물임대차보호법이 적용되는 경우에는 보증금을 반환받을 때까지 임대차관계가 존속하는 것으로 간주(법정임대차관계)하는 규정이 있으므로 이 경우에는 부당이득이 아니라 차임이라는 점에 유의해야 한다. 부당이득반환청구의 요건사실은 ① 피고의 수익, ② 원고의 손해, ③ 인과관계의 존

한 금액임)의 비율로 계산한 금액을 공제한 나머지 금액이라고 할 것이며, 소를 제기하기 직전 차임 지급일인 2016. 4. 30.을 기준으로 하면 760만 원[1억 원−9,240만 원(770만 원×12개월)]이 남게 됩니다.

나. 예상되는 피고 케이씨에프(주)의 주장에 대한 반론

1) 건물 2층 부분을 직접 점유하지 않는다는 주장

피고 케이씨에프(주)는 이 사건 건물 중 2층에 관하여는 피고 송미령에게 전대하였고 이를 직접 점유하고 있지 않으며 원고가 이에 동의하였으므로, 원고의 인도청구에 응할 수 없다고 주장할 수 있습니다.

그러나 임대인이 임대차계약종료로 인한 원상회복으로서 임차물의 반환을 구하는 경우에 있어 임차인이 임차목적물을 직접점유하지 않다는 이유로 그 반환을 거부할 수는 없으므로,[18] 위 피고의 위 주장은 이유 없습니다.

2) 필요비 및 유익비 상환청구

피고 케이씨에프(주)는 이 사건 건물의 마감공사 및 내장공사 등으로 상당한 비용(감정서상 1억 원)을 투입하였고, 그 가액의 증가가 현존하므로 필요비 및 유익비를 청구하면서 이를 근거로 유치권 행사를 주장할 수 있습니다.[19]

그러나 건물임대차관계 종료시 건물을 원상으로 복구하여 임대인에게 인도하기로 약정한 경우 임차인이 지출한 각종 유익비 또는 필요비의 상환청구권을 미리 포기하기로 한 취지의 특약이라고 해석하는 것이 판례의 법리입니다.[20] 그런데 원고와 위 피고는 이 사건 임대차계약을 체결하면서 부동산월세계약서(갑 제2호증) 제5조에 '임대차계약이 종료한 경우 임차인은 위 부동산을 원상으로 회복하여 임대인에게 반환한다'고 약정하였으므로 위 피고는 각

재, ④ 법률상 원인 흠결, ⑤ 이득액인바, 손해와 이득사이의 인과관계는 사실상 추정되므로 별도의 입증은 필요 없으며, 법률상 원인의 흠결사실에 대하여 판례는 수익자인 피고가 법률상 원인 있음을 항변으로 주장·입증하여야 한다는 입장이다(요건사실론, 81~82면). 자세한 것은 쟁점해설 참조.

18) 대법원 1991. 4. 23. 선고 90다19695 판결. 자세한 것은 쟁점해설 참조.

19) 필요비상환청구권에 기한 유치권행사의 요건사실은 ① 목적물에 관하여 일정 비용을 지출한 사실, ② 그 비용이 목적물의 보존에 필요한 사실이며, 가액의 현존 여부는 문제되지 않는다. 유익비상환청구권에 기한 유치권행사의 경우, 유익비의 상환범위는 지출비용과 현존하는 증가액 중 임대인이 선택하는 바에 따라 결정되므로, 임차인은 ① 실제로 지출한 비용, ② 현존하는 증가액 모두에 대하여 주장·입증하여야 한다(요건사실론, 121면).

20) 대법원 1975. 4. 22. 선고 73다2010 판결. 자세한 것은 쟁점해설 참조.

종 유익비 및 필요비의 상환청구권을 포기하였다고 할 것입니다.

또한, 이 사건 임대차계약의 특약사항으로 '임차인의 공사비 지출을 반영하여 보증금 및 임료를 저렴하게 합의하였다'고 약정한 점에 비추어 보더라도 위 피고의 비용상환청구권에 관한 주장은 이유없다고 할 것입니다.

3) 부속물매수청구

피고 케이씨에프(주)는 이 사건 건물의 마감공사 및 내장공사 내역 중 건물 사용의 편익을 위하여 임대인의 동의를 얻어 부속한 물건(환기, 매립형 냉난방기, 소방설비 등)에 관하여 민법 제646조에 의한 부속물매수청구를 하고 그 대금 4,500만 원을 청구하면서 이와 동시이행을 주장할 수 있습니다.

그러나 임대차계약이 임차인의 채무불이행으로 인하여 해지된 경우 임차인은 민법 제646조에 의한 부속물매수청구권이 없다는 것이 판례의 법리인바,[21] 위 피고가 이 사건 건물사용의 편의를 위하여 부속시킨 물건이 있다고 하더라도 2회 이상 차임연체를 이유로 원고가 임대차계약을 해지하여 종료된 이상 부속물매수청구권은 행사할 수 없다고 할 것입니다.

또한, 이 사건 임대차계약의 특약사항으로 '공사의 시행으로 본 건물에 시공된 시설물은 일체 임대인의 소유로 하고, 임차인은 이에 대한 모든 권리를 포기함'이라고 약정하였고 이는 임차인에게 불리한 약정이 아닌 점에 비추어 보더라도 위 피고의 부속물매수청구권에 관한 주장은 이유없다고 할 것입니다.[22]

2. 피고 송미령에 대한 청구

가. 앞서 살핀 바와 같이 원고는 피고 케이씨에프(주)와 이 사건 임대차계약을 체결하고 목적물을 인도하였으며, 임차인인 위 피고는 2015. 4. 10. 피고 송미령과 임대인인 원고의 동의를 얻어 이 사건 임대차목적물 중 3층 130㎡

---

21) 임대차계약이 임차인의 채무불이행으로 인하여 해지된 경우에는 임차인은 민법 제646조에 의한 부속물매수청구권이 없다(대법원 1990. 1. 23. 선고 88다카7245, 88다카7252 판결). 자세한 것은 쟁점해설 참조.

22) 부속물매수청구권을 배제 또는 제한함으로써 임차인에게 불리한 특약을 맺는 것은 원칙적으로 효력이 없으므로(민법 제652조, 제646조), 이 사건 임대차계약의 특약사항이 여기에 해당하는지 문제될 수 있는바, 임대차계약의 과정을 전체적으로 살펴보아 그러한 특약이 임차인에게 불리하지 않은 것이라면 그 효력이 있으나(대법원 1982. 1. 19. 선고 81다1001 판결), 다만 본 사안에서는 채무불이행으로 임대차가 종료되어 부속물매수청구권 자체가 인정되지 않으므로 위 법리는 쟁점이 되지 않는다. 자세한 것은 쟁점해설 참조.

부분에 관하여 전대차계약을 체결하고 목적물을 전차인인 피고 송미령에게 인도하였으나 임차인인 피고 케이씨에프(주)의 차임연체로 인하여 원고가 이 사건 임대차계약을 해지함으로써 임대차가 종료되었습니다.[23] 그렇다면 전차인인 피고 송미령은 임대인인 원고에게 위 전대차목적물을 반환할 의무가 있다고 할 것입니다.[24]

나. 이에 대하여 피고 송미령은 피고 케이씨에프(주)에 대한 전대차계약상의 월세지급의무 등 전차인으로서의 의무를 모두 이행하였으므로 임대차의 해지에도 불구하고 임대인이 동의한 전대차계약기간까지 전대차목적물을 반환할 의무가 없다고 주장하거나 피고 케이씨에프(주)로부터 반환받아야 하는 전대보증금반환과 동시이행관계에 있다고 주장할 수 있습니다.

그러나 임대인의 동의하에 체결된 전대차라도 임대차가 종료하면 전대차도 당연히 종료하고, 전차인은 임차인에 대한 보증금반환채권으로 임대인에게 대항하지 못하므로,[25] 위 피고의 위 주장은 이유 없습니다.

3. 관할에 관하여

민사소송법 제20조(부동산이 있는 곳의 특별재판적)는 부동산에 관한 소를 제기

---

23) 임대인이 임차인과 사이의 임대차 종료를 이유로 전차인에 대하여 직접 목적물의 반환을 청구하는 경우에는 그 청구원인사실로서 ① 임대인이 임차인과 임대차계약을 체결한 사실, ② 임대인이 임차인에게 목적물을 인도한 사실, ③ 임차인이 임대인의 동의를 얻어 전차인과 임대차 또는 사용대차계약을 체결한 사실, ④ 임차인이 전차인에게 목적물을 인도한 사실, ⑤ 임대차가 종료된 사실을 주장·입증하여야 한다(요건사실론, 116~117면). 또한, 소유권에 기한 물권적 청구권(민법 제213조)을 근거로 청구할 수도 있을 것이나, 원고가 차임연체를 이유로 행사한 권리는 "해지의 통고"가 아닌 "해지권"이므로 제638조에 대한 언급은 불필요할 것이다. 자세한 것은 쟁점해설 참조.

24) 임차인이 임대인의 동의를 얻어 임차물을 전대한 때에는 전차인은 직접 임대인에 대하여 의무를 부담하므로(제630조 제1항), 피고 케이씨에프를 대위하지 않고 직접 인도를 청구할 수 있다(요건사실론 116면). 임대차계약에 기한 반환청구 외에 별도로 소유자로서의 물권적 청구권(소유물반환청구권)을 근거로 청구할 수도 있으나, 불법점유에 대한 반환청구는 직접 점유자에 대하여만 할 수 있다(대법원 1991. 4. 23. 선고 90다19695 판결; 민사실무Ⅱ, 91~92면). 자세한 것은 쟁점해설 참조.

25) 임대인의 동의 있는 전대차라도 임차인의 채무불이행으로 임대차계약이 해지되면 특단의 사정이 없는 한 전차인은 전대인(임대인)에 대한 권리로 임대인에게 주장할 수 없으며, 임대인에 대한 건물인도의무와 임차인(전대인)의 전차인에 대한 보증금반환의무와 동시이행관계에 있다고 주장할 수 없다(대법원 1990. 12. 7. 선고 90다카124939 판결). 자세한 것은 쟁점해설 참조.

하는 경우에는 부동산이 있는 곳의 법원에 제기할 수 있다고 규정하는바, 원고의
이 사건 청구는 부동산에 관한 것이고, 이 사건 부동산은 서울 동대문구 회기동
102에 소재하고 있으며, 귀원은 이 사건 부동산 소재지를 관할하고 있으므로 귀원
에 이 사건의 관할권이 있다고 하겠습니다.

4. 결 어

이상과 같은 이유로 원고는 청구취지 기재와 같은 판결을 구하고자 이 청구에
이른 것입니다.

증 거 방 법

1. 갑 제1호증 : 등기사항증명서(건물)
1. 갑 제2호증 : 부동산월세계약서
1. 갑 제3호증 : 연체월세납부촉구 및 계약파기
1. 갑 제4호증 : 내용증명에 대한 답변

첨 부 서 류
(생략)

2016. 5. 14.

원고의 소송대리인
변호사 김상승 ㉑

서울북부지방법원[26] 귀중

---

26) 피고의 보통재판적이 있는 곳의 관할 법원인 서울중앙지방법원에 이 사건의 관할이 있
   는 것이 원칙이다(민사소송법 제2조). 다만, 이 사건은 부동산에 관한 소이므로 민사소송
   법 제20조에 따라 부동산이 있는 곳의 법원인 서울북부지방법원도 관할권이 인정되나 위
   법원에 소를 제기하는 경우에는 특별재판적에 대한 설명을 덧붙이는 것이 좋을 것이다.

※ 쟁점해설

1. 임차인이 부담하기로 한 차임에 대한 부가가치세액의 부담관계 (답안 각주 8 관련)

가. 임대인의 해지통고로 건물 임대차계약이 해지되어 임차인의 점유가 불법점 유가 된다고 하더라도, 임차인이 건물을 인도하지 않은 채 계속 사용하고 있 고 임대인 또한, 임대보증금을 반환하지 않고 보유하고 있으면서 향후 월차 임 상당액을 보증금에서 공제하는 관계에 있다면, 이는 부가가치세의 과세 대상인 용역의 공급에 해당하며, 임대차계약 해지 후의 계속점유를 원인으 로 차임 상당액을 부당이득으로 반환하는 경우에 종전 임대차에서 약정차임 에 대한 부가가치세액을 공급을 받는 자인 임차인이 부담하기로 하는 약정 이 있었다면, 달리 특별한 사정이 없는 한 부당이득으로 지급되는 차임 상당 액에 대한 부가가치세액도 계속 점유하는 임차인이 부담하여야 하는 것으로 봄이 상당하다.[1]

나. 이 사건과 같이 임대차계약을 체결하면서 월 차임을 약정할 때 공급가액과 부가가치세액을 나누어 약정하는 경우가 많이 있다. 이러한 경우에 부가가 치세액이 차임에 해당하는지 문제된다. 특히 상가건물임대차보호법은 그 적 용범위를 규정함에 있어 임대차보증금 및 차임의 금액을 기준으로 하고 있 는바(제2조), 차임과 관련된 부가가치세액이 차임에 포함되는지 여부에 따라 법의 적용 여부가 갈릴 수도 있다. 현재 서울특별시의 경우에는 임대차보증 금이 3억 원을 초과하는 경우에는 위 법률이 적용되지 않고, 위 보증금액수 를 결정함에 있어 월 차임은 그 금액에 100을 곱한 금액으로 환산하여 임대 보증금에 가산하도록 되어 있는바(상가건물임대차보호법 시행령 제2조), 예컨대 임대차보증금이 2억5,000만 원이고 월 차임이 50만 원이며 이에 대한 부가 가치세액(월 5만 원)을 별도로 임차인이 부담하기로 약정하였다면, 부가가치 세액을 차임에 포함시키는 경우에는 차임 55만 원에 100을 곱한 5,500만 원 이 되어 합산액은 3억500만 원으로 법의 적용대상이 되지 못하고 포함시키 지 않는 경우에는 법의 적용대상이 되는 문제가 발생하는 것이다.[2]

---

[1] 대법원 2002. 11. 22. 선고 2002다38828 판결.
[2] 상가건물임대차보호법이 임차인 보호를 위한 민법의 특별법이므로 불명확한 경우에는 임차인에게 유리하게 해석하여야 할 것이며, 부가가치세액의 법적 성질은 차임이 아니

다. 한편, 상가건물임대차보호법의 목적과 같은 법 제2조 제1항 본문, 제3조 제1
   항에 비추어 보면, 위 법률이 적용되는 상가건물 임대차는 사업자등록 대상
   이 되는 건물로서 임대차 목적물인 건물을 영리를 목적으로 하는 영업용으
   로 사용하는 임대차를 가리킨다. 그리고 상가건물임대차보호법이 적용되는
   상가건물에 해당하는지는 공부상 표시가 아닌 건물의 현황·용도 등에 비추
   어 영업용으로 사용하느냐에 따라 실질적으로 판단하여야 하고, 단순히 상
   품의 보관·제조·가공 등 사실행위만이 이루어지는 공장·창고 등은 영업용
   으로 사용하는 경우라고 할 수 없으나 그곳에서 그러한 사실행위와 더불어
   영리를 목적으로 하는 활동이 함께 이루어진다면 상가건물임대차보호법 적
   용대상인 상가건물에 해당한다.[3]

2. 전차인의 임대인에 대한 동시이행의 항변 가부 (답안 각주 9 관련)

   임대인이 전차인에 대하여 목적물의 직접 반환을 청구한 경우, 임대인의 동의
를 받아 적법하게 전차한 전차인이라도 임대인에게 직접 전대차보증금반환청구권
을 취득하는 것은 아니므로 전대차보증금의 반환과 동시이행의 항변을 주장할 수
는 없지만, 임차인의 임대차보증금반환청구권에 기한 동시이행항변권을 원용하는
것은 가능하다.[4]

3. 임대차목적물반환청구의 상대방 (답안 각주 10, 14, 18 관련)

가. 물권적 청구권에 기하여 불법점유를 이유로 한 건물인도청구를 하려면 현실
   적으로 불법점유하고 있는 사람을 상대로 하여야 할 것이나 그렇지 않는 경
   우에는 간접점유자를 상대로 인도를 청구할 수 있다.[5]
나. 임대인이 임대차계약 종료로 인한 원상회복으로서 임차물의 반환을 구하는
   경우 임차인이 임차목적물을 직접점유하지 않는다는 이유로 그 반환을 거부

라 세액이라는 점 등에 비추어 부가가치세액 부분은 차임에서 제외하여 법의 적용대상
을 결정하여야 한다고 본다. 그리고 이러한 문제는 상가건물임대차보호법이 상인 사이
에 적용될 가능성이 높은 점에서 차임에 별도로 부가가치세액을 약정하지 않은 경우에
도 약정된 차임의 1/11은 부가가치세액이 될 것이므로 동일한 문제가 발생할 수 있는 것
이다(사견).

3) 대법원 2011. 7. 28. 선고 2009다40967 판결.
4) 요건사실론, 120면; 대법원 1988. 4. 25. 선고 87다카2509 판결.
5) 대법원 1983. 5. 10. 선고 81다187 판결.

할 수는 없다.[6] 따라서 임대차계약에 기하여 임대차목적물의 반환을 청구하는 경우에는 간접점유자를 피고로 할 수 있다.

다. 반면, 불법점유를 이유로 하여 그 인도를 청구하려면 현실적으로 그 목적물을 점유하고 있는 자를 상대로 하여야 하고 불법점유자라 하여도 그 물건을 다른 사람에게 인도하여 현실적으로 점유를 하고 있지 않은 이상, 그 자를 상대로 한 인도청구는 부당하다.[7]

라. 이 사건의 경우 임대차계약에 기한 반환청구 외에 별도로 소유자로서의 물권적 청구권(소유물반환청구권)을 근거로 청구할 수도 있으나, 불법점유에 대한 반환청구는 직접점유자에 대하여만 할 수 있다.[8]

4. 임대차보증금반환의무의 법률관계 (답안 각주 15, 16, 17 관련)

가. 부동산 임대차에 있어서 수수된 보증금은 차임채무, 목적물의 멸실·훼손 등으로 인한 손해배상채무 등 임대차에 따른 임차인의 모든 채무를 담보하는 것으로서 그 피담보채무 상당액은 임대차관계의 종료 후 목적물이 반환될 때에 특별한 사정이 없는 한 별도의 의사표시 없이 보증금에서 당연히 공제되는 것이므로, 임대차종료 후에 임대인에게 인도할 때 연체차임 등 모든 피담보채무를 공제한 잔액이 있을 것을 조건으로 하여 그 잔액에 관한 임차인의 보증금반환청구권이 발생한다.[9] 반면, 임대차가 종료되기 전에 임차인의 연체차임 등 채무가 발생한 경우 임대인은 보증금에서 위 채무를 공제할 수도 있고 공제하지 않고 채무금에 대한 청구를 할 수도 있다.[10]

나. 따라서 보증금이 수수된 임대차계약에서 차임채권에 관하여 압류 및 추심명령이 있었다 하더라도, 해당 임대차계약이 종료되어 목적물이 반환될 때에는 그때까지 추심되지 않은 채 잔존하는 차임채권 상당액도 임대차보증금에서 당연히 공제된다.[11]

다. 그리고 특별한 사정이 없는 한 임대차계약이 종료되었다 하더라도 목적물이

---

6) 대법원 1991. 4. 23. 선고 90다19695 판결.
7) 대법원 1999. 7. 9. 선고 98다9045 판결.
8) 위 98다9045 판결.
9) 대법원 1988. 1. 19. 선고 87다카1315 판결.
10) 지원림, 1524면.
11) 대법원 2004. 12. 23. 선고 2004다56554 판결.

인도되지 않았다면 임차인은 임대차보증금이 있음을 이유로 연체차임의 지급을 거절할 수 없고, 또한 임대차보증금액보다도 임차인의 채무액이 많은 경우에는 민법 제477조에서 정하고 있는 법정충당순서에 따라야 한다.[12]

라. 임대차는 당사자 일방이 상대방에게 목적물을 사용·수익하게 할 것을 약정하고 상대방이 이에 대하여 차임을 지급할 것을 약정함으로써 그 효력이 생기는 것이므로, 임차인은 임대차계약이 종료된 경우 특별한 사정이 없는 한 임대인에게 그 목적물을 인도하고 임대차 종료일까지의 연체차임을 지급할 의무가 있음은 물론, 임대차 종료일 이후부터 목적물 인도 완료일까지 그 부동산을 점유·사용함에 따른 차임 상당의 부당이득금을 반환할 의무도 있다고 할 것인데, 이와 같은 법리는 임차인이 임차물을 전대하였다가 임대차 및 전대차가 모두 종료된 경우의 전차인에 대하여도 특별한 사정이 없는 한 그대로 적용된다.[13]

마. 임대차보증금반환채권을 피전부채권으로 하여 전부명령이 있을 경우에도 제3채무자인 임대인은 임차인에게 대항할 수 있는 사유로서 전부채권자에게 대항할 수 있는 것이어서 임대차보증금반환채권에 대한 전부명령의 효력이 그 송달에 의하여 발생한다고 하여도 위 보증금반환채권은 임대인의 채권이 발생하는 것을 해제조건으로 하는 것이므로 임대인의 채권을 공제한 잔액에 관하여서만 전부명령이 유효하다.[14]

바. 임대차계약의 기간이 만료된 경우에 임차인이 임차목적물을 인도할 의무와 임대인이 보증금중 연체차임 등 해당 임대차에 관하여 인도시까지 생긴 모든 채무를 청산한 나머지를 반환할 의무는 동시이행의 관계가 있다.[15]

사. 임차인이 임대차계약 종료 이후에도 동시이행의 항변권을 행사하는 방법으로 목적물의 반환을 거부하기 위하여 임대차건물 부분을 계속 점유하기는 하였으나 이를 본래의 임대차계약상의 목적에 따라 사용·수익하지 않아 실질적인 이득을 얻은 바 없는 경우에는 그로 인하여 임대인에게 손해가 발생하였다고 하더라도 임차인의 부당이득반환의무는 성립되지 않는다.[16] 따라

---

12) 대법원 2007. 8. 23. 선고 2007다21856, 21863 판결.
13) 위 2007다21856, 21863 판결.
14) 위 87다카1315 판결.
15) 대법원 1977. 9. 28. 선고 77다1241, 1242 전원합의체판결.
16) 대법원 2008. 4. 10. 선고 2007다76986, 76993 판결. 다만, 주택임대차보호법 제4조 제2

서 원고로서는 피고가 임차목적물을 점유하고 있다는 사실을 주장·입증하는 것만으로는 부족하고 피고가 목적물을 본래의 용법대로 사용·수익하고 있다는 사실까지 주장·입증하여야 한다.[17]

5. 임대차보증금반환채권에 대한 전부명령이 있는 경우의 법률관계

가. 임대차종료 후에 임대인에게 인도할 때 연체차임 등 모든 피담보채무를 공제한 잔액이 있을 것을 조건으로 하여 그 잔액에 관하여 발생하는 임차인의 보증금반환채권과 같이, 장래의 불확정채권에 대하여 압류가 중복된 상태에서 전부명령이 있는 경우 그 압류의 경합으로 인하여 전부명령이 무효가 되는지의 여부는 나중에 확정된 피압류채권액을 기준으로 판단할 것이 아니라 전부명령이 제3채무자에게 송달된 당시의 계약상의 피압류채권액을 기준으로 판단하여야 한다.[18]

나. 장래의 불확정채권에 대하여 두 개 이상의 전부명령이 존재하고, 그 후 확정된 피압류채권액이 각 전부금액의 합계액에 미달하는 경우에도 각 전부명령이 그 송달 당시 압류의 경합이 없어 유효한 이상 각 전부채권자는 확정된 피압류채권액의 범위 안에서 자신의 전부금액 전액의 지급을 제3채무자에 대하여 구할 수 있고, 제3채무자로서는 전부채권자 중 누구에게라도 그 채무를 변제하면 다른 채권자에 대한 관계에서도 유효하게 면책되며, 한편 제3채무자는 이중지급의 위험이 있을 수 있으므로 민법 제487조 후단을 유추적용하여 채권자를 알 수 없다는 이유로 변제공탁을 함으로써 법률관계의 불안으로부터 벗어날 수 있다.[19]

항 및 상가건물임대차보호법 제9조 제2항에 의하면 임대차가 끝난 경우에도 임차인이 보증금을 반환 받을 때까지는 임대차관계가 존속되는 것으로 본다고 규정하고 있는바, 이를 법정임대차관계라고 하며 임차인은 목적물을 점유하면서 사용·수익하게 되면 차임지급의무를 여전히 부담하지만 사용·수익하지 않는 경우에는 차임지급의무를 부담하지 않는다고 해석해야 할 것이다(민법주해ⅩⅤ, 252면). 이는 보증금을 반환 받을 때까지 그 정산을 위한 범위 내에서 임대차관계가 의제되는 것이므로 약정임대차와 달리 임대차보증금을 반환받을 때까지 임차인이 목적물을 사용·수익함으로써 발생한 임대인에 대한 금원지급의무의 성격은 보증금을 반환 받을 때까지는 부당이득이 아니라 차임인 점에 주의하여야 할 것이다.

17) 요건사실론, 115면.
18) 대법원 1998. 8. 21. 선고 98다15439 판결; 이시윤, 민사집행법, 441~442면.
19) 위 98다15439 판결.

다. 동일한 채권에 대하여 두 개 이상의 채권압류 및 전부명령이 발령되어 제3
   채무자에게 동시에 송달된 경우 해당 전부명령이 채권압류가 경합된 상태에
   서 발령된 것으로서 무효인지의 여부는 그 각 채권압류명령의 압류액을 합
   한 금액이 피압류채권액을 초과하는지를 기준으로 판단하여야 하므로 전자
   가 후자를 초과하는 경우에는 해당 전부명령은 모두 채권의 압류가 경합된
   상태에서 발령된 것으로서 무효로 될 것이지만 그렇지 않은 경우에는 채권
   의 압류가 경합된 경우에 해당하지 아니하여 해당 전부명령은 모두 유효하게
   된다. 이 경우 동일한 채권에 관하여 확정일자 있는 채권양도통지가 그 각
   채권압류 및 전부명령 정본과 함께 제3채무자에게 동시에 송달되어 채권양
   수인과 전부채권자들 상호간에 우열이 없게 되는 경우에도 마찬가지이다.[20]
라. 동일한 채권에 관하여 확정일자 있는 채권양도통지와 두 개 이상의 채권압
   류 및 전부명령 정본이 동시에 송달된 경우 채권의 양도는 채권에 대한 압
   류명령과는 그 성질이 다르므로 해당 전부명령이 채권의 압류가 경합된 상
   태에서 발령된 것으로서 무효인지의 여부를 판단함에 있어 압류액에 채권양
   도의 대상이 된 금액을 합산하여 피압류채권액과 비교하거나 피압류채권액
   에서 채권양도의 대상이 된 금액 부분을 공제하고 나머지 부분만을 압류액
   의 합계와 비교할 것은 아니다.[21]
마. 금전채권에 대한 압류 및 전부명령이 있는 때에는 압류된 채권은 동일성을
   유지한 채로 압류채무자로부터 압류채권자에게 이전되고, 제3채무자는 채권
   이 압류되기 전에 압류채무자에게 대항할 수 있는 사유로써 압류채권자에게
   대항할 수 있다. 제3채무자의 압류채무자에 대한 자동채권이 수동채권인 피
   압류채권과 동시이행의 관계에 있는 경우에는, 압류명령이 제3채무자에게
   송달되어 압류의 효력이 생긴 후에 자동채권이 발생하였다고 하더라도 제3
   채무자는 동시이행의 항변권을 주장할 수 있고 따라서 그 채권에 의한 상계
   로 압류채권자에게 대항할 수 있는 것으로서, 이 경우에 자동채권이 발생한
   기초가 되는 원인은 수동채권이 압류되기 전에 이미 성립하여 존재하고 있
   었던 것이므로, 그 자동채권은 민법 제498조 소정의 "지급을 금지하는 명령
   을 받은 제3채무자가 그 후에 취득한 채권"에 해당하지 않는다고 봄이 상당

---

20) 대법원 2002. 7. 26. 선고 2001다68839 판결.
21) 위 2001다68839 판결.

하다.22)

6. 비용상환청구권의 포기 (답안 각주 20 관련)

가. 임차인이 임차물의 보존에 관한 필요비를 지출한 때에는 임대인에 대하여
   그 상환을 청구할 수 있고, 임차인이 유익비를 지출한 경우에는 임대인은 임
   대차종료시에 그 가액의 증가가 현존한 때에 한하여 임차인의 지출한 금액
   이나 그 증가액을 상환하여야 한다(민법 제626조). 이러한 임차인의 상환청구
   권에 관한 규정은 강행규정이 아니므로(민법 제652조) 그 권리의 포기에 대한
   약정은 임차인에게 불리한 것이라도 유효하다.

나. 임차인이 임대차관계 종료시에는 임차물을 원상으로 복구하여 임대인에게
   인도하기로 약정한 것은 임차물에 지출한 각종 유익비 또는 필요비23)의 상
   환청구권을 미리 포기하기로 한 취지의 특약이라고 볼 수 있어 임차인은 비

---

22) 대법원 1993. 9. 28. 선고 92다55794 판결.
23) 원상복구약정이 있으면 임차인이 필요비 상환청구권을 미리 포기한 것으로 보는 부분에
    대하여는 약간의 검토를 요한다. 민법 제623조는 "임대인은 목적물을 임차인에게 인도하
    고 계약존속 중 그 사용, 수익에 필요한 상태를 유지하게 할 의무를 부담한다"고 규정하
    는 반면, 민법 제309조는 "전세권자는 목적물의 현상을 유지하고 그 통상의 관리에 속한
    수선을 하여야 한다"고 규정하고 있다. 이러한 규정의 취지에 비추어 임대차의 경우에는
    전세권과는 달리 수선의무라는 용어를 직접적으로 명시하고 있지 않지만(다만 제624조
    및 제625조는 보존에 필요한 행위 또는 보존행위라고 규정하고, 제634조는 수리라는 용
    어를 사용하고 있다), 임차물에 대한 수선의무는 임대인이 부담한다고 해석하는 것이 일
    반적이다(대법원 2000. 3. 23. 선고 98두18053 판결, 대법원 1994. 12. 9. 선고 94다
    34692 판결 등). 또한, 사용대차에 관한 민법 제611조 제1항은 "차주는 차용물의 통상의
    필요비를 부담한다"고 규정하고 있으나, 임대차에서 위 규정을 준용하고 있지 않은 점
    (민법 제654조)도 위와 같은 해석을 뒷받침한다고 볼 수 있다. 필요비는 임차물의 보존
    에 관하여 지출한 비용을 말하며(민법 제626조 제1항), 이는 수선비용과 거의 일치한다
    고 볼 수도 있는바, 임차인이 임대차관계 종료시에는 임차물을 원상으로 복구하여 임대
    인에게 인도하기로 약정한 것은 임차물에 지출한 각종 유익비 또는 필요비의 상환청구
    권을 미리 포기하기로 한 취지의 특약이라고 볼 수 있다는 대법원 1975. 4. 22. 선고 73
    다2010 판결에서 필요비의 경우에는 위 94다34692 판결의 취지에 비추어 그 포기에 일
    정한 한계가 있다고 해석하여야 할 것이다. 예컨대 건물의 경우에 그 필수적 구성요소인
    주벽, 기둥, 지붕의 하자를 수리함으로써 건물 자체를 존속시키는데 필요한 비용이 가장
    대표적인 필요비라고 할 것인데, 그 기둥에 중대한 하자가 있어서 붕괴될 위험에 빠진
    건물의 임차인이 비용을 들여 이를 수리하였다면 임대인이 이 부분에 대하여 임차인에
    게 약정된 원상회복의무의 이행을 주장할 수는 없을 것이다. 이 경우에도 임차인이 원상
    회복을 한다면 이는 건물을 훼손하거나 멸실시키는 결과를 초래할 것이기 때문이다. 따
    라서 원상회복의 약정이 있는 경우에 이는 유익비의 포기는 될지 몰라도 필요비의 포기
    라고 해석하여서는 안 될 것이다.

용상환청구권을 근거로 유치권을 주장을 할 수 없다.[24]

다. 임대차계약에서 "임차인은 임대인의 승인하에 개축 또는 변조할 수 있으나 부동산의 반환기일 전에 임차인의 부담으로 원상복구키로 한다"라고 약정한 경우, 이는 임차인이 임차 목적물에 지출한 각종 유익비의 상환청구권을 미리 포기하기로 한 취지의 특약이라고 봄이 상당하다.[25]

라. 반면, 임야 상태의 토지를 임차하여 대지로 조성한 후 건물을 건축하여 음식점을 경영할 목적으로 임대차계약을 체결한 경우, 비록 임대차계약서에서는 필요비 및 유익비의 상환청구권은 그 비용의 용도를 묻지 않고 이를 전부 포기하는 것으로 기재되었다고 하더라도 계약 당사자의 의사는 임대차 목적 토지를 대지로 조성한 후 이를 임차 목적에 따라 사용할 수 있는 상태에서 새로이 투입한 비용만에 한정하여 임차인이 그 상환청구권을 포기한 것이고 대지조성비는 그 상환청구권 포기의 대상으로 삼지 않은 취지로 약정한 것이라고 해석하는 것이 합리적이다.[26]

마. 임차물에 파손 또는 장해가 생긴 경우 그것이 임차인이 별비용을 들이지 않고도 손쉽게 고칠 수 있을 정도의 사소한 것이어서 임차인의 사용·수익을 방해할 정도의 것이 아니라면 임대인은 수선의무를 부담하지 않지만, 그것을 수선하지 않으면 임차인이 계약에 의하여 정하여진 목적에 따라 사용·수익할 수 없는 상태로 될 정도의 것이라면 임대인은 그 수선의무를 부담한다.[27]

바. 임대인의 수선의무는 특약에 의하여 이를 면제하거나 임차인의 부담으로 돌릴 수 있으나, 그러한 특약에서 수선의무의 범위를 명시하고 있는 등의 특별한 사정이 없는 한 그러한 특약에 의하여 임대인이 수선의무를 면하거나 임차인이 그 수선의무를 부담하게 되는 것은 통상 생길 수 있는 파손의 수선 등 소규모의 수선에 한한다 할 것이고, 대파손의 수리, 건물의 주요 구성부분에 대한 대수선, 기본적 설비부분의 교체 등과 같은 대규모의 수선은 이에 포함되지 않고 여전히 임대인이 그 수선의무를 부담한다고 해석함이 상당하다.[28]

---

24) 위 73다2010 판결.
25) 대법원 1995. 6. 30. 선고 95다12927 판결.
26) 대법원 1998. 10. 20. 선고 98다31462 판결.
27) 위 98두18053 판결.
28) 위 94다34692 판결.

7. 부속물매수청구권, 지상물매수청구권 (답안 각주 21, 22 관련)

가. 건물 기타 공작물의 임차인이 그 사용의 편익을 위하여 임대인의 동의를 얻
  어 이에 부속한 물건 또는 임대인으로부터 매수한 부속물이 있는 때에는 임
  대차의 종료시에 임대인에 대하여 그 부속물의 매수를 청구할 수 있다(민법
  제646조). 임차인의 부속물매수청구권에 관한 규정은 편면적 강행규정으로서
  임차인에게 불리한 약정은 무효이다(민법 제652조). 다만, 임대차계약이 차임
  연체 등 임차인의 채무불이행으로 인하여 해지된 경우에는 임차인에게 민법
  제646조에 의한 부속물매수청구권이 인정되지 않는다.[29]

나. 건물임차인이 증·개축한 시설물과 부대시설을 포기하고 임대차 종료시의 현
  상대로 임대인의 소유에 귀속하기로 하는 대가로 임대차계약의 보증금 및
  월차임을 파격적으로 저렴하게 하고, 그 임대기간도 장기간으로 약정하고,
  임대인은 임대차계약의 종료 즉시 임대건물을 철거하고 그 부지에 건물을
  신축하려고 하고 있으며 임대차계약 당시부터 임차인도 그와 같은 사정을
  알고 있었다면 임대차계약시 임차인의 부속시설의 소유권이 임대인에게 귀
  속하기로 한 특약은 단지 부속물매수청구권을 배제하기로 하거나 또는 부속
  물을 대가없이 임대인의 소유에 속하게 하는 약정들과는 달라서 임차인에게
  불리한 약정이라고 할 수 없다.[30]

다. 건물임대차에서 임대인이 그 임대차보증금과 차임을 시가보다 저렴하게 해 주
  고 그 대신 임차인은 임대차가 종료될 때 그가 설치한 부속물에 대한 시설비
  나 필요비, 유익비, 권리금 등을 일체 청구하지 않기로 약정하였고 위 임차권
  의 양수인이 그 양수 당시 임대인에게 위 시설비 등을 일체 청구하지 않기로
  약정하였다면 임차인이나 그 양수인은 매수청구권을 포기하였다고 할 것이고,
  또 위와 같은 약정이 임차인에게 일방적으로 불리하다고 볼 수도 없다.[31]

라. 건물 기타 공작물의 소유 또는 식목, 채염, 목축을 목적으로 한 토지임대차
  의 기간이 만료한 경우에 건물, 수목 기타 지상시설이 현존한 때에는 지상권
  자의 갱신청구권 및 지상물매수청구권 제283조의 규정을 준용하고 있는데

---

29) 대법원 1990. 1. 23. 선고 88다카7245, 88다카7252 판결.
30) 대법원 1982. 1. 19. 선고 81다1001 판결.
31) 대법원 1992. 9. 8. 선고 92다24998, 92다25007 판결.

(민법 제643조), 이 규정 또한 편면적 강행규정이며(민법 제652조), 지상물매수
청구권은 지상물의 소유자에 한하여 행사할 수 있다.[32]

마. 토지 임대인과 임차인 사이에 임대차기간만료 후 임차인이 지상건물을 철거
하여 토지를 인도하고 만약 지상건물을 철거하지 않을 경우에는 그 소유권
을 임대인에게 이전하기로 한 약정은 민법 제643조 소정의 임차인의 지상물
매수청구권을 배제키로 하는 약정으로서 임차인에게 불리하므로 민법 제652
조의 규정에 의하여 무효이다.[33]

바. 건물 소유를 목적으로 하는 토지임대차에 있어서 임차인 소유 건물이 임대
인이 임대한 토지 외에 임차인 또는 제3자 소유의 토지 위에 걸쳐서 건립되
어 있는 경우에는, 임차지 상에 서 있는 건물 부분 중 구분소유의 객체가 될
수 있는 부분에 한하여 임차인에게 매수청구가 허용된다.[34]

8. 임대인과 전차인의 법률관계 (답안 각주 23, 24, 25 관련)

가. 임차인이 임대인의 동의를 얻어 임차물을 전대한 경우에 전차인은 직접 임
대인에 대하여 의무를 부담하므로(제630조 제1항 전문), 임대인은 임차인을 대
위하지 않고 직접 전차인에 대하여 인도를 청구할 수 있다.[35]

나. 민법 제630조 제1항 후문은 임차인이 임대인의 동의를 얻어 임차물을 전대
한 경우에 전차인은 전대인에 대한 차임의 지급으로써 임대인에게 대항하지
못한다고 규정하고 있는바, 위 규정에 의하여 전차인이 임대인에게 대항할
수 없는 차임의 범위는 전대차계약상의 차임지급시기를 기준으로 하여 그
전에 전대인에게 지급한 차임에 한정되고, 그 이후에 지급한 차임으로는 임
대인에게 대항할 수 있다고 해석한다. 따라서 전대차계약 종료와 전대차목
적물의 반환 당시 전차인의 연체차임은 전대차보증금에서 당연히 공제되어
소멸하며, 이는 전대차계약상의 차임지급시기 이후 발생한 채무소멸사유이
므로 전차인은 이로써 임대인에게 대항할 수 있다.[36]

다. 임대인의 동의 있는 전대차라도 임차인의 채무불이행으로 임대차계약이 해

---

32) 대법원 1993. 7. 27. 선고 93다6386 판결.
33) 위 90다19695 판결.
34) 대법원 1996. 3. 21. 선고 93다42634 판결.
35) 요건사실론 116면.
36) 대법원 2008. 3. 27. 선고 2006다45459 판결.

지되면 특단의 사정이 없는 한 전차인은 전대인(임차인)에 대한 권리로 임대인에게 주장할 수 없으며, 임대인에 대한 건물인도의무와 임차인(전대인)의 전차인에 대한 보증금반환의무와 동시이행관계에 있다고 주장할 수 없다. 또한, 건물매수인이 아직 건물의 소유권을 취득하지 못한 채 매도인의 동의를 얻어 제3자에게 임대하였으나 매수인(임대인)의 채무불이행으로 매도인이 매매계약을 해제하고 임차인에게 건물의 인도를 구하는 경우 임차인은 매도인에 대한 관계에서 건물의 전차인의 지위와 흡사하다 할 것이므로, 임차인의 매도인에 대한 건물인도의무와 매수인(임대인)의 보증금반환의무를 동시이행관계에 두는 것은 오히려 공평의 원칙에 반한다.[37]

라. 임차인은 임대차계약이 종료된 경우 특별한 사정이 없는 한 임대인에게 그 목적물을 인도하고 임대차 종료일까지의 연체차임을 지급할 의무가 있음은 물론, 임대차 종료일 이후부터 목적물 인도 완료일까지 그 부동산을 점유·사용함에 따른 차임 상당의 부당이득금을 반환할 의무도 있다. 이는 임차인이 임차물을 전대하였다가 임대차 및 전대차가 모두 종료된 경우의 전차인에 대하여도 특별한 사정이 없는 한 그대로 적용된다.[38]

마. 임대인의 임대차계약 해지의 의사표시에 의하여 임대인과 임차인 사이의 임대차계약이 종료되고 임대인이 전차인에 대하여 목적물의 반환과 차임 상당의 손해배상을 청구한 경우, 위와 같은 청구를 한 날 이후에는 전차인에게 임차인에 대한 관계에서 차임 상당 부당이득을 반환할 의무가 없다.[39]

바. 임차인이 임차물을 전대하여 그 임대차 기간 및 전대차 기간이 모두 만료된 경우에는, 그 전대차가 임대인의 동의를 얻은 여부와 상관없이 임대인으로서는 전차인에 대하여 소유권에 기한 반환청구권에 터잡아 목적물을 자신에게 직접 반환해 줄 것을 요구할 수 있고, 전차인으로서도 목적물을 임대인에게 직접 인도함으로써 임차인(전대인)에 대한 목적물 인도의무를 면한다.[40]

---

37) 대법원 1990. 12. 7. 선고 90다카24939 판결.
38) 위 2007다21856, 21863 판결.
39) 대법원 2005. 5. 26. 선고 2005다4048, 4055 판결.
40) 대법원 1995. 12. 12. 선고 95다23996 판결.

제 6 장

채권자취소, 채권자대위 관련 청구

※ 문   제

귀하(변호사 김상승)는 이 사건의 담당변호사로서 의뢰인 신영수와 상담일지 기재와 같은 내용으로 상담하고, 사건을 수임하면서 첨부서류를 자료로 받았다. 귀하는 의뢰인의 요구사항 및 이익에 최대한 부합하는 소장을 작성하되, 청구원인을 작성함에 있어 먼저 청구원인사실을 중심으로 기재한 다음 기록 내용에 비추어 피고(들)가 법령 및 판례에 따라 제기할 것으로 예상되는 주장 및 항변을 정리하고 각 그에 대한 반론을 개진하시오. 아울러 소장에 첨부할 소송위임장 및 담당변호사지정서를 완성하시오.

【작성요령】

1. 본 기록 내에 나타나 있는 사실관계 및 증거자료만을 기초로 하고, 별도의 법률행위 또는 사실행위를 한 것을 전제로 하지 말 것.
   단, 의뢰인의 요구를 충족하기 위하여 특정 권리의 행사가 필요한 경우에는 소장을 통하여 행사할 것.
2. 사실관계 주장은 첨부된 자료 중 증거로 신청·제출이 가능한 자료를 토대로 하여 증거법상 법원에 의하여 인정받을 가능성이 있다고 판단되는 내용으로 한정할 것.
3. 각종 서류는 모두 적법하게 작성되었고, 기록상 일자의 요일은 실제 요일과 무관하게 토요일 또는 공휴일이 없는 것을 전제로 할 것.
4. 법리적인 주장은 현행 법령 및 대법원 판례의 태도에 비추어 받아들여질 가능성이 없다고 판단되는 내용은 제외하며, 귀하가 소를 제기하는 경우 상대방은 적극적으로 응소하는 것을 전제로 할 것.
5. 소장의 기재사항 중 증거방법 및 첨부서류란을 생략하여도 무방함.
6. 부동산을 표시하여야 하는 경우에는 별지로 처리할 것.
7. 소장의 작성일 및 소(訴) 제기일은 2016. 5. 28.로 할 것.

[참고자료]

각급 법원의 설치와 관할구역에 관한 법률 (일부)

[시행 2014.12.30.] [법률 제12879호, 2014.12.30., 일부개정]

제4조(관할구역) 각급 법원의 관할구역은 다음 각 호의 구분에 따라 정한다. 다만, 지방법원 또는 그 지원의 관할구역에 시·군법원을 둔 경우 「법원조직법」 제34조 제1항 제1호 및 제2호의 사건에 관하여는 지방법원 또는 그 지원의 관할구역에서 해당 시·군법원의 관할구역을 제외한다.

  1. 각 고등법원·지방법원과 그 지원의 관할구역: 별표 3
  2. ~7. 생략

[별표 3] 고등법원·지방법원과 그 지원의 관할구역 (일부)

고등법원	지방법원	지원	관할구역
서울	서울중앙		서울특별시 종로구·중구·강남구·서초구·관악구·동작구
	서울동부		서울특별시 성동구·광진구·강동구·송파구
	서울남부		서울특별시 영등포구·강서구·양천구·구로구·금천구
	서울북부		서울특별시 동대문구·중랑구·성북구·도봉구·강북구·노원구
	서울서부		서울특별시 서대문구·마포구·은평구·용산구
	의정부		의정부시·동두천시·구리시·남양주시·양주시·연천군·포천시·가평군, 강원도 철원군. 다만, 소년보호사건은 앞의 시·군 외에 고양시·파주시
		고양	고양시·파주시
	인천		인천광역시. 다만, 소년보호사건은 앞의 광역시 외에 부천시·김포시
		부천	부천시·김포시
	수원		수원시·오산시·용인시·화성시. 다만, 소년보호사건은 앞의 시 외에 성남시·하남시·평택시·이천시·안산시·광명시·시흥시·안성시·광주시·안양시·과천시·의왕시·군포시·여주시·양평군
		성남	성남시·하남시·광주시
		여주	이천시·여주시·양평군
		평택	평택시·안성시
		안산	안산시·광명시·시흥시
		안양	안양시·과천시·의왕시·군포시

[참고자료]

구 상가건물임대차보호법 시행령 (일부)

[시행 2014.1.1.] [대통령령 제25036호, 2013.12.30., 일부개정]

제2조(적용범위) ① 「상가건물 임대차보호법」(이하 "법"이라 한다) 제2조 제1항 단서에서 "대통령령으로 정하는 보증금액"이라 함은 다음 각호의 구분에 의한 금액을 말한다.

1. 서울특별시: 4억원

2. 「수도권정비계획법」에 따른 과밀억제권역(서울특별시는 제외한다): 3억원

3. 광역시(「수도권정비계획법」에 따른 과밀억제권역에 포함된 지역과 군지역은 제외한다), 안산시, 용인시, 김포시 및 광주시: 2억4천만원

4. 그 밖의 지역: 1억8천만원

② 법 제2조 제2항의 규정에 의하여 보증금외에 차임이 있는 경우의 차임액은 월 단위의 차임액으로 한다.

③ 법 제2조 제2항에서 "대통령령으로 정하는 비율"이라 함은 1분의 100을 말한다.

상 담 일 지

접 수 번 호	2016민113	상 담 일	2016. 5. 26.
상 담 인	신영수	연 락 처	010-1234-5606
담당변호사	김상승	사 건 번 호	

【상담내용】

1. 주식회사 IKTEC은 본사 사무실로 사용하기 위하여 서울특별시 동대문구 장안동 102-91 소재 3층 건물 전체에 관하여 임대차계약을 체결하였다.

2. 위 임대차계약을 체결할 당시에는 부동산 시세가 좋았기 때문에 의뢰인은 임대인 (주)황금부동산에게 임대차보증금을 반환할 자력이 충분히 있는 것으로 판단하였다.

3. 의뢰인은 이 사건 부동산에 관하여 2015년 4월 1일 김삼순 명의로 이전등기된 사실을 그 무렵 알았으나 관할 세무서장으로부터 임대차계약서에 확정일자를 받았고, 사업자등록도 되어 있으므로 임대차보증금을 안전하게 받을 수 있다고 생각하고 있었다.

4. 의뢰인은 임대차보증금을 받기 위하여 임대인 회사에서 최근까지 경리직원으로 근무하다 퇴직한 직원을 만나, (주)황금부동산으로부터 김삼순에게 소유권이전등기가 되는 과정에서 김삼순이 회사에 대금을 지급한 사실이 전혀 없었으며, 그 과정에 김삼수도 공동으로 관여하였다는 사실을 확인하였다.

5. 위 사실을 확인해 준 임대인 회사의 전 직원은 나중에 재판이 진행되면 법정에 출석하여 증언하겠다는 약속을 하였다.

6. 의뢰인은 2016년 4월 중순경 이 사건 소 제기를 준비하면서 임대인의 자력에 관하여 조사하였으나 제공한 자료(첨부서류)에 나타난 재산 외에 다른

재산을 발견하지 못하였다.

7. 의뢰인은 임대차계약이 종료되기 전에 갱신하지 않겠다는 의사를 표시하였고, 계약이 종료된 2016년 4월 1일부터 상담일 현재까지 월세를 지급하지 않았으며, 임대차보증금을 받을 때까지는 목적물을 계속 점유·사용할 계획이다.

【의뢰인의 요구사항】

주식회사 IKTEC은 현재 임대인의 자력상태에 비추어 임대차보증금을 확보하기 위하여 향후에 실행하게 될 경매 등 강제집행도 고려하여 임대차보증금을 반환받을 수 있도록 하는 소를 제기하여 줄 것을 의뢰하였다.

【첨부서류】

1. 부동산임대차계약서
2. 영수증
3. 내용증명우편(제목: 임대차보증금반환요청서, 발신: 주식회사 IKTEC, 수신: 주식회사 황금부동산)
4. 우편물배달증명서
5. 등기사항전부증명서(토지)
6. 등기사항전부증명서(건물)
7. 등기사항전부증명서(토지)
8. 등기사항전부증명서(건물)
9. 부동산시세확인서
10. 부동산시세확인서
11. 등기사항전부증명서(법인)
12. 등기사항전부증명서(법인)

법무법인 다일종합법률사무소
대표변호사 박조정
구성원변호사 양화해, 서온유, 김상승, 이승소
서울 동대문구 양진대로 777
전화 : 961-1543 팩스 : 961-1544 이메일 : sskim@daillaw.com

부동산 임대차 계약서

본 부동산에 대하여 임대인과 임차인 쌍방은 합의에 의하여 다음과 같이 임대차계약을 체결한다.

1. 부동산의 표시

소 재 지	서울특별시 동대문구 장안동 102-91 3층 건물				
면 적	㎡	전용면적	㎡	대지권	㎡
임대할 부분	건물 전체				

2. 계약내용

제1조 위 부동산의 임대차계약에 있어 임차인은 보증금 및 차임을 아래와 같이 지불하기로 한다.

보 증 금	金 삼억오천만 원정 (₩350,000,000)
계 약 금	金 원정은 계약시 지불하고 영수함.
중 도 금	金 원정은 년 월 일에 지불한다.
잔 금	金 원정은 년 월 일에 지불한다.
차 임	金 육십만 원정은 매월 말일에(선불 , **후불**)로 지불한다.

제2조 임대인은 위 부동산을 임대차 목적으로 사용 수익할 수 있는 상태로 하여 <u>2014년 4월 1일</u>까지 임차인에게 인도하며, 임대차기간은 인도일로부터 <u>2016년 3월 31일</u>까지 (24)개월로 한다. 단, 임대차기간이 만료되는 전 날까지 쌍방 이의가 없으면 계약기간을 1년씩 자동연장하는 것으로 한다.

제3조 임차인은 임대인의 동의 없이 위 부동산의 용도나 구조를 변경하거나 전대 또는 담보제공을 하지 못하며 임대차목적 이외 용도에 사용할 수 없다.

제4조 임차인이 2회 이상 차임 지급을 연체하거나, 제3조를 위반하였을 경우 임대인은 본 계약을 해지할 수 있다.

제5조 임대차계약이 종료한 경우 임차인은 위 부동산을 원상으로 회복하여 임대인에게 반환하며, 임대인은 보증금을 임차인에게 반환한다.

제6조 임차인이 임대인에게 중도금(중도금이 없을 때는 잔금)을 지불하기 전까지는 임대인은 계약금의 배액을 상환하고, 임차인은 계약금을 포기하고 이 계약을 해제할 수 있다.

제7조 공인중개사는 계약 당사자간의 채무불이행에 대해서는 책임지지 않는다. 또한 중개수수료는 본 계약의 체결과 동시에 임대인과 임차인 쌍방이 각각(환산가액의(   )%를) 지불하며, 공인중개사의 고의나 과실 없이 계약당사자간의 사정으로 본 계약이 해제되어도 중개수수료를 지급한다.

제8조 [공인중개사의 업무 및 부동산 거래신고에 관한 법]제25조3항의 규정에 의거 중개
대상물 확인설명서를 작성하여 _____년 ____월 ____일 공제증서사본을 첨부하여 거
래당사자 쌍방에 교부한다.

```
<특약사항>



```

본 계약에 대하여 계약 당사자는 이의 없음을 확인하고 각자 서명 또는 날인 후 임대인,
임차인, 공인중개사가 각 1통씩 보관한다.

2014년   3월   15일

서울동대문세무서 확정일자 2014. 3. 15.

임 대 인	주　소	서울 동대문구 장안동 100		성명	주식회사 황금부동산 대표이사 긴삼순	順金三 印印
	주민등록번호	전화				
임 차 인	주　소	서울 강서구 가양 1동 1592		성명	주식회사 IKTEC	아이케이 대표이사 사용인감 印
	주민등록번호	전화				
공인중개사	사무소소재지	서울특별시 동대문구 장안동 56-3				崔戊 林印印
	등 록 번 호		사무소명칭		우리공인중개소	
	전 화 번 호		대표자성명		최무림	
공인중개사	사무소소재지					印
	등 록 번 호		사무소명칭			
	전 화 번 호		대표자성명			

領　收　證

삼억오천만 (350,000,000) 원정

　서울 동대문구 장안동 102-91 소재 3층 건물 전체에
대한 임대차보증금으로 정히 영수함.

2014. 4. 1.

영수인　황금부동산 대표 김삼순 ㊞

(주)IKTEC 귀하

임대차보증금반환요청서

수신인 : (주)황금부동산 김삼순

　　　　서울 동대문구 장안동 100

발신인 : 주식회사 IKTEC

　　　　서울 동대문구 장안동 102-91 황금빌딩 3층

삼가 건승하옵고,

다름이 아니오라, 당사는 2014. 4. 1. 귀사와 체결한 서울특별시 동대문구 장안동 102-91 소재 3층 전물 전체에 대한 임대차계약이 2016. 3. 31.로 종료됨에 따라 건물을 귀사에 인도하고 임대차보증금 3억5,000만원을 반환받고자 하오니 업무에 착오없으시기를 바랍니다.

　　　　　　　2016. 3. 6.

　　　　　(주)IKTEC
　　　　　　　　　　　[도장: 아이케이텍 대표이사 사용인감]

[소인: 이 우편물은 2016-03-06 제3112902073567호에 의하여 내용증명 우편물로 발송하였음을 증명함 서울장안우체국장 ◎대한민국 KOREA]

우편물배달증명서

수취인의 주거 및 성명

서울 동대문구 장안동 100
(주)황금부동산

접수국명	서울장안	접수연월일	2016년 3월 6일
등기번호	제3112902073567호	배달연월일	2016년 3월 7일
적　　요	수취인과의 관계 직원 수령 김 미 희		서울장안 2016.03.08 1018603 우 체 국 (배달증명우편물 배달국 일부인)

등기사항전부증명서(말소사항 포함) - 토지

[토지] 서울 동대문구 장안동 102　　　　　　　고유번호 1152-1983-531218

【 표 제 부 】 　(토지의 표시)

표시번호	접　수	소 재 지 번	지 목	면 적	등기원인 및 기타사항
1 (전2)	1983년4월11일	서울특별시 동대문구 장안동 102	대	150㎡	부동산등기법 제177조의6 제1항의 규정에 의하여 2000년 9월 15일 전산이기

【 갑 구 】 　(소유권에 관한 사항)

순위번호	등 기 목 적	접　수	등기원인	권리자 및 기타사항
1 (전3)	소유권이전	1982년11월20일 제2278호	1982년9월22일 매매	소유자 김옥자 510203-2****** 서울 서초구 반포동 423
				부동산등기법 제177조의6 제1항의 규정에 의하여 2000년 9월 15일 전산이기
2	소유권이전	2009년10월14일 제107330호	2009년9월13일 매매	소유자 주식회사 황금부동산 서울 동대문구 장안동 100

* 실선으로 그어진 부분은 말소사항을 표시함.　　* 등기부에 기록된 사항이 없는 갑구 또는 을구는 생략함.

[인터넷 발급] 문서 하단의 바코드를 스캐너로 확인하거나, **인터넷등기소**(http://www.iros.go.kr)의 **발급확인** 메뉴에서 **발급확인번호**를 입력하여 **위·변조 여부를 확인할 수** 있습니다. 발급확인번호를 통한 확인은 발행일로부터 3개월까지 5회에 한하여 가능합니다.

발행번호 123456789A123456789B123456789C111　　　1/2　　　발급확인번호 ALTQ-COHX-3570　　　발행일 2016/05/26

[토지] 서울 동대문구 장안동 102 고유번호 1152-1983-531218

【 을 구 】			(소유권 이외의 권리에 관한 사항)	
순위번호	등 기 목 적	접 수	등기원인	권리자 및 기타사항
1	근저당권설정	2014년10월11일 제45235호	2014년10월10일 설정계약	권최고액 금 300,000,000원 채무자 주식회사 황금부동산 서울 동대문구 장안동 100 근저당권자 주식회사 하나은행 서울 중구 을지로1가 101-1 공동담보 건물 서울특별시 동대문구 장안동 102

--- 이 하 여 백 ---

수수료 금 1,000원 영수함

관할등기소 서울북부지방법원 동대문등기소/
발행등기소 법원행정처 등기정보중앙관리소

이 증명서는 부동산 등기기록의 내용과 틀림없음을 증명합니다.
    서기 2016년 05월 26일
    법원행정처 등기정보중앙관리소   전산운영책임관

* 실선으로 그어진 부분은 말소사항을 표시함.   * 등기부에 기록된 사항이 없는 갑구 또는 을구는 생략함.

[인터넷 발급] 문서 하단의 바코드를 스캐너로 확인하거나, **인터넷등기소**(http://www.iros.go.kr)**의 발급확인** 메뉴에서 **발급확인번호**를 입력하여
위·변조 여부를 확인할 수 있습니다. 발급확인번호를 통한 확인은 발행일로부터 3개월까지 5회에 한하여 가능합니다.

발행번호 123456789A123456789B123456789C111   2/2   발급확인번호 ALTQ-COHX-3570   발행일 2016/05/26

등기사항전부증명서(말소사항 포함) - 건물

[건물] 서울 동대문구 장안동 102

고유번호 1152-2014-531221

【 표　제　부 】　(건물의 표시)

표시번호	접　수	소 재 지 번	건 물 내 역	등기원인 및 기타사항
1	2014년4월11일	서울특별시 동대문구 장안동 102 [도로명주소] 서울특별시 동대문구 답십리로 202	철근콘크리트조 슬래브지붕 단층 근린생활시설 점포 100㎡	

【 갑　　구 】　(소유권에 관한 사항)

순위번호	등 기 목 적	접　수	등기원인	권리자 및 기타사항
1	소유권보존	2014년4월11일 제145234호		소유자 주식회사 황금부동산 서울 동대문구 장안동 100

【 을　　구 】　(소유권 이외의 권리에 관한 사항)

순위번호	등 기 목 적	접　수	등기원인	권리자 및 기타사항
1	근저당권설정	2014년10월11일 제145235호	2014년10월10일 설정계약	채권최고액 금 300,000,000원 채무자 주식회사 황금부동산 서울 동대문구 장안동 100 근저당권자 주식회사 하나은행 서울 중구 을지로1가 101-1 공동담보 토지 서울특별시 동대문구 장안동 102

* 실선으로 그어진 부분은 말소사항을 표시함.　　* 등기부에 기록된 사항이 없는 갑구 또는 을구는 생략함.

발행번호 123456789A123456789B123456789C121　　1/2　　발급확인번호 ALTQ-COHX-3570　　발행일 2016/05/26

[건물] 서울 동대문구 장안동 102   고유번호 1152-2014-531221

--- 이 하 여 백 ---

수수료 금 1,000원 영수함   관할등기소 서울북부지방법원 동대문등기소/
                                      발행등기소 법원행정처 등기정보중앙관리소

이 증명서는 부동산 등기기록의 내용과 틀림없음을 증명합니다.
서기   2016년 05월 26일
법원행정처 등기정보중앙관리소   전산운영책임관

* 실선으로 그어진 부분은 말소사항을 표시함.   * 등기부에 기록된 사항이 없는 갑구 또는 을구는 생략함.

발행번호 123456789A123456789B123456789C121   2/2   발급확인번호 ALTQ-COHX-3570   발행일 2016/05/26

등기사항전부증명서(말소사항 포함) - 토지

[토지] 서울 동대문구 장안동 102-91

고유번호 1152-1983-531219

【 표 제 부 】 (토지의 표시)

표시번호	접 수	소 재 지 번	지 목	면 적	등기원인 및 기타사항
1 (전2)	1983년4월11일	서울특별시 동대문구 장안동 102-91	대	520㎡	부동산등기법 제177조의6 제1항의 규정에 의하여 2000년 9월 15일 전산이기

【 갑 구 】 (소유권에 관한 사항)

순위번호	등 기 목 적	접 수	등기원인	권리자 및 기타사항
1 (전3)	소유권이전	1982년11월20일 제2278호	1982년9월22일 매매	소유자 김옥자 510203-2****** 서울 서초구 반포동 423
				부동산등기법 제177조의6 제1항의 규정에 의하여 2000년 9월 15일 전산이기
2	소유권이전	2009년10월14일 제107330호	2009년9월13일 매매	소유자 주식회사 황금부동산 서울 동대문구 장안동 100
3	소유권이전	2015년4월1일 제107331호	2015년4월1일 매매	소유자 김삼순 580123-2****** 서울 동대문구 회기동 111 현대아파트 101동 1001호

* 실선으로 그어진 부분은 말소사항을 표시함.   * 등기부에 기록된 사항이 없는 갑구 또는 을구는 생략함.

[인터넷 발급] 문서 하단의 바코드를 스캐너로 확인하거나, **인터넷등기소(http://www.iros.go.kr)의 발급확인** 메뉴에서 **발급확인번호**를 입력하여 **위·변조 여부를 확인할 수 있습니다.** 발급확인번호를 통한 확인은 발행일로부터 3개월까지 5회에 한하여 가능합니다.

발행번호 123456789A123456789B123456789C122   1/2   발급확인번호 ALTQ-COHX-3570   발행일 2016/05/26

[토지] 서울 동대문구 장안동 102-91   고유번호 1152-1983-531219

【 을 구 】			(소유권 이외의 권리에 관한 사항)	
순위번호	등 기 목 적	접 수	등기원인	권리자 및 기타사항
1	근저당권설정	2014년4월11일 제45235호	2014년4월1일 설정계약	채권최고액 금 150,000,000원 채무자 주식회사 황금부동산 　　서울 동대문구 장안동 100 근저당권자 주식회사 기쁨저축은행 　　서울 강남구 논현2동 369 공동담보 건물 서울특별시 동대문구 　　장안동 102-91
2	근저당권설정	2016년3월22일 제35324호	2016년3월22일 설정계약	채권최고액 금 250,000,000원 채무자 김삼순 580123-2****** 　　서울 동대문구 회기동 111 현대아파트 　　101동 1001호 근저당권자 김삼수 561111-1****** 　　서울 동대문구 회기동 111 현대아파트 　　101동 1201호 공동담보 건물 서울특별시 동대문구 　　장안동 102-91

--- 이 하 여 백 ---

수수료 금 1,000원 영수함   관할등기소 서울북부지방법원 동대문등기소/
　　　　　　　　　　　　　　　　　　　　　　　발행등기소 법원행정처 등기정보중앙관리소

　　이 증명서는 부동산 등기기록의 내용과 틀림없음을 증명합니다.
　　　　　서기 2016년 05월 26일
　　　　　법원행정처 등기정보중앙관리소　　　　　　　전산운영책임관

* 실선으로 그어진 부분은 말소사항을 표시함.　　* 등기부에 기록된 사항이 없는 갑구 또는 을구는 생략함.

[인터넷 발급] 문서 하단의 바코드를 스캐너로 확인하거나, **인터넷등기소**(http://www.iros.go.kr)의 **발급확인** 메뉴에서 **발급확인번호**를 입력하여
위·변조 여부를 확인할 수 있습니다. **발급확인번호**를 통한 확인은 발행일로부터 3개월까지 5회에 한하여 가능합니다.

발행번호 123456789A123456789B123456789C122　　2/2　　발급확인번호 ALTQ-COHX-3570　　발행일 2016/05/26

등기사항전부증명서(말소사항 포함) − 건물

[건물] 서울 동대문구 장안동 102-91

고유번호 1144-2014-14520

【 표 제 부 】 (건물의 표시)

표시번호	접 수	소 재 지 번	건 물 내 역	등기원인 및 기타사항
1	2014년4월11일	서울특별시 동대문구 장안동 102-91 [도로명주소] 서울특별시 동대문구 답십리로 203	철근콘크리트조 슬래브지붕 3층 근린생활시설 1층 점포 300㎡ 2층 사무실 300㎡ 3층 사무실 250㎡	

【 갑 구 】 (소유권에 관한 사항)

순위번호	등 기 목 적	접 수	등기원인	권리자 및 기타사항
1	소유권보존	2014년4월11일 제45234호		소유자 주식회사 황금부동산 서울 동대문구 장안동 100
2	소유권이전	2015년4월1일 제107331호	2015년4월1일 매매	소유자 김삼순 580123-2****** 서울 동대문구 회기동 111 현대아파트 101동 1001호

【 을 구 】 (소유권 이외의 권리에 관한 사항)

순위번호	등 기 목 적	접 수	등기원인	권리자 및 기타사항

* 실선으로 그어진 부분은 말소사항을 표시함.   * 등기부에 기록된 사항이 없는 갑구 또는 을구는 생략함.

[인터넷 발급] 문서 하단의 바코드를 스캐너로 확인하거나, **인터넷등기소**(http://www.iros.go.kr)의 **발급확인** 메뉴에서 **발급확인번호**를 입력하여 **위·변조 여부를 확인**할 수 있습니다. **발급확인번호**를 통한 확인은 발행일로부터 3개월까지 5회에 한하여 가능합니다.

발행번호 123456789A123456789B123456789C123   1/2   발급확인번호 ALTQ-COHX-3570   발행일 2016/05/26

[건물] 서울 동대문구 장안동 102-91 고유번호 1144-2014-14520

순위번호	등 기 목 적	접 수	등기원인	권리자 및 기타사항
1	근저당권설정	2014년4월11일 제45235호	2014년4월1일 설정계약	채권최고액 금 150,000,000원 채무자 주식회사 황금부동산 　서울 동대문구 장안동 100 근저당권자 주식회사 기쁨저축은행 　서울 강남구 논현2동 369 공동담보 토지 서울특별시 동대문구 　장안동 102-91
2	근저당권설정	2016년3월22일 제35324호	2016년3월22일 설정계약	채권최고액 금 250,000,000원 채무자 김삼순 580123-2****** 　서울 동대문구 회기동 111 현대아파트 　101동 1001호 근저당권자 김삼수 561111-1****** 　서울 동대문구 회기동 111 현대아파트 　101동 1201호 공동담보 토지 서울특별시 동대문구 　장안동 102-91

--- 이 하 여 백 ---

수수료 금 1,000원 영수함

관할등기소 서울북부지방법원 동대문등기소/
발행등기소 법원행정처 등기정보중앙관리소

이 증명서는 부동산 등기기록의 내용과 틀림없음을 증명합니다.

서기 2016년 05월 26일

법원행정처 등기정보중앙관리소 　　　　　전산운영책임관

* 실선으로 그어진 부분은 말소사항을 표시함. 　* 등기부에 기록된 사항이 없는 갑구 또는 을구는 생략함.

부동산시세확인서

부동산의 표시 : 서울 동대문구 장안동 102 토지 및 지상 건물

위 부동산에 관하여 2015년 4월 현재 시세는 2억3,000만원 내지 2억5,000만원에 형성되고 있음을 확인합니다.

2016. 5. 21.

公認仲介士 : 서울특별시 동대문구 장안동 56-3 우리공인중개소

최 무 림 (印)

부동산시세확인서

부동산의 표시 : 서울 동대문구 장안동 102-91 토지 및 지상 3층 건물

위 부동산에 관하여 2015년 4월 현재 시세는 4억3,000만원 내지 4억5,000만원에
형성되고 있음을 확인합니다.

2016. 5. 21.

公認仲介士 : 서울특별시 동대문구 장안동 56-3 우리공인중개소

최   무   림 (印)

등기번호	012933	등기사항전부증명서(현재사항) [제출용]
등록번호	134911-0027482	

상 호	주식회사 아이케이텍	· · · 변경
		· · · 등기
본 점	서울특별시 동대문구 장안동 102-91 황금빌딩 3층	· · · 변경
		· · · 등기
	서울특별시 동대문구 답십리로 203(장안동)	2011.10.31. 도로 명주소
		2011.10.31. 등기

공고방법	서울시내에서 발행하는 일간신문 매일경제신문에 게재한다.	· · · 변경
		· · · 등기

1주의 금액	금 5,000 원	· · · 변경
		· · · 등기

발행할 주식의 총수	300,000주	· · · 변경
		· · · 등기

발행주식의 총수와 그 종류 및 각각의 수		자본의 총액	변경연월일
			변경연월일
발행주식의 총수	100,000주	금500,000,000원	· · ·
보통주식	100,000주		· · ·

목 적

1. 전기, 전자, 통신 관련 설계 제작업
2. 전자전기기계기구 및 관련기기와 그 부품의 제작, 판매, 수급대행 및 임대, 서비스업
3. 통신기계기구 및 관련기기와 그 부품의 제작, 판매, 수급대행 및 임대, 서비스업
4. 의료기기의 제작 및 판매업
5. 광섬유, 케이블 및 관련기기의 제조, 판매, 임대, 서비스업
6. 산업기계 및 플랜트 설계 제작업(자동화설비 포함)
7. 기계설비 및 강구조물 설계 제작업
8. 인테리어 및 광고물 관련 설계 제작 시공업
9. 전기, 전자, 기계, 토목, 건축에 관련한 도, 소매업
10. 위 각호에 관련한 부대사업 일체

임원에 관한 사항

이사 신영철 (680523-1947652)
    2015년 05월 10일 취임   2015년 05월 19일 등기

[인터넷 발급] 문서 하단의 바코드를 스캐너로 확인하거나, **인터넷등기소(http://www.iros.go.kr)의 발급확인** 메뉴에서 **발급확인번호**를 입력하여 **위·변조 여부를 확인할 수 있습니다.**
발급확인번호를 통한 확인은 발행일로부터 3개월까지 5회에 한하여 가능합니다.

발급확인번호 0582-AANG-GKKC

0000514857625357951234567 89A123456789B123456789C123 1 발행일 2016/05/26

- 1/2 -

등기번호	012933

이사 신영수 (700711-1947657)
2015년 05월 10일 취임　　2015년 05월 19일 등기
공동대표이사 신영수 (700711-1947657) 서울 동대문구 회기로15길 25(회기동)
2015년 05월 10일 취임　　2015년 05월 19일 등기
공동대표이사 신영철 (680523-1947652) 경기도 수원시 권선구 금곡로35번길 9, 201동 604호(금곡동, 지에스아파트)
2015년 05월 10일 취임　　2015년 05월 19일 등기

회사성립연월일	2000년 05월 02일

등기기록의 개설 사유 및 연월일
2000년 05월 02일 회사설립

—— 이 하 여 백 ——

수수료 1,000원 영수함　　　　　　관할등기소 : 서울북부지방법원 동대문등기소

이 증명서는 등기기록의 내용과 틀림없음을 증명합니다. [다만, 신청이 없는 지점·지배인에 관한 사항과 현재 효력이 없는 등기사항의 기재를 생략하였습니다]

서기　2016년 05월 26일

법원행정처 등기정보중앙관리소　　　　　전산운영책임관

발급확인번호 0582-AANG-GKKC

000051485762535795123456789A123456789B123456789C123 1　발행일 2016/05/26

등기사항전부증명서(현재사항) [제출용]

등기번호	012958
등록번호	134911-0025345

상 호	주식회사 황금부동산	. . . 변경
		. . . 등기
본 점	~~서울특별시 동대문구 장안동 100~~	. . . 변경
		. . . 등기
	서울특별시 동대문구 답십리로 103(장안동)	2011.10.31. 도로 명주소
		2011.10.31. 등기

| 공고방법 | 서울시내에서 발행하는 일간신문 매일경제신문에 게재한다. | . . . |
| | | . . . |

| 1주의 금액 | 금 5,000 원 | . . . |
| | | . . . |

| 발행할 주식의 총수 | 1,000,000주 | . . . |
| | | . . . |

발행주식의 총수와 그 종류 및 각각의 수		자본의 총액	변경연월일
			변경연월일
발행주식의 총수	300,000주	금1,500,000,000원	
보통주식	300,000주		

목 적

1. 건축업
2. 부동산임대업
3. 부동산컨설팅업
4. 건축자재판매업
5. 건축설계업
6. 위 각호에 관련한 부대사업 일체

임원에 관한 사항

이사 김삼순 (580123-2010555)
    2015년 02월 01일 취임 2015년 02월 10일 등기

이사 김삼수 (561111-1010551)
    2015년 02월 01일 취임 2015년 02월 10일 등기

발급확인번호 0583-AANG-GKKC

0000514857625357951234567 89A123456789B123456789C113 1 발행일 2016/05/26

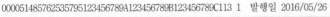

등기번호	012958
대표이사	김삼수 (561111-1010551) 서울 동대문구 이문로2길 22, 101동 1201호(회기동, 현대아파트) 2015년 02월 01일 취임 2015년 02월 10일 등기
대표이사	김삼순 (580123-2010555) 서울 동대문구 이문로2길 22, 101동 1001호(회기동, 현대아파트) 2015년 02월 01일 취임 2015년 02월 10일 등기

회사성립연월일	2008년 02월 02일

등기기록의 개설 사유 및 연월일
2008년 02월 02일 회사설립

— 이 하 여 백 —

수수료 1,000원 영수함   관할등기소 : 서울북부지방법원 동대문등기소

이 증명서는 등기기록의 내용과 틀림없음을 증명합니다. [다만, 신청이 없는 지점·지배인에 관한 사항과 현재 효력이 없는 등기사항의 기재를 생략하였습니다]

서기 2016년 05월 26일

법원행정처 등기정보중앙관리소   전산운영책임관

---

* 실선으로 그어진 부분은 말소(변경, 경정)된 등기사항입니다.   * 등기사항증명서는 컬러로 출력 가능함.

[인터넷 발급] 문서 하단의 바코드를 스캐너로 확인하거나, **인터넷등기소(http://www.iros.go.kr)**의 발급확인 메뉴에서 **발급확인번호**를 입력하여 **위·변조 여부를 확인할 수 있습니다.**
발급확인번호를 통한 확인은 발행일로부터 3개월까지 5회에 한하여 가능합니다.

발급확인번호 0583-AANG-GKKC

0000514857625357951234567789A123456789B123456789C113 1 발행일 2016/05/26

소 송 위 임 장

사　　건					
당 사 자	원 고		피 고		

위 사건에 관하여 다음 표시 수임인을 **원고의 소송대리인**으로 선임하고, 다음 표시 권한을 수여합니다.

수 임 인	
위임사항	(1) 일체의 소송행위 　(2) 반소의 제기 및 응소 　(3) 소송비용액 확정 및 이에 대한 응소 　(4) 권리행사최고신청 　(5) 제소명령신청 　(6) 소의 취하, 청구의 포기 및 인낙, 참가에 의한 탈퇴 　(7) 복대리인의 선임 　(8) 목적물의 수령 　(9) 가압류, 가처분결정에 대한 이의 　(10) 동 취소신청 및 이에 대한 응소 　(11) 공탁, 공탁물 및 그 이자의 반환청구와 수령 　(12) 담보권행사 최고신청, 담보취소신청, 동 신청에 대한 동의 　(13) 담보취소결정 정본의 수령, 동 취소결정에 대한 항고권포기 　(14) 강제집행의 정지 (15) 상소의 제기

2016년　　월　　일

위임인(원고)

귀중

담당변호사지정서

사　건				
당 사 자	원 고		피 고	

위 사건에 관하여 변호사법 제50조에 기하여 담당변호사를 다음과 같이 지정합니다.

담당변호사	

2016년　　월　　일

귀중

기록 끝

※ 답　안

소　　장

원　고　　주식회사 아이케이테크[1]
　　　　　서울 동대문구 답십리로 203(장안동)
　　　　　공동대표이사 신영수, 신영철[2]

　　　　　소송대리인 법무법인[3] 다일종합법률사무소
　　　　　서울 동대문구 양진대로 777
　　　　　담당변호사[4] 김상승
　　　　　전화 : 961-1543　팩스 : 961-1544　이메일 : sskim@daillaw.com

피　고　　1. 주식회사 황금부동산
　　　　　　서울 동대문구 답십리로 103(장안동)
　　　　　　대표이사 김삼수, 김삼순[5]

---

1) 법인 등기기록의 상호란에 기재된 대로 한글로 된 회사명을 기재하여야 한다.
2) 법인 등기기록상 공동대표이사로 되어 있으므로 반드시 모든 공동대표이사를 표시하여야 한다(민사실무 I, 52면).
3) 법무법인은 변호사법과 다른 법률에 따른 변호사의 직무에 속하는 업무를 수행하며, 법무법인은 다른 법률에서 변호사에게 그 법률에 정한 자격을 인정하는 경우 그 구성원이나 구성원 아닌 소속 변호사가 그 자격에 의한 직무를 수행할 수 있을 때에는 그 직무를 법인의 업무로 할 수 있다(변호사법 제49조).
4) 법무법인은 법인 명의로 업무를 수행하며 그 업무를 담당할 변호사를 지정하여야 하고, 담당변호사는 지정된 업무를 수행할 때에 각자가 그 법무법인을 대표한다. 다만, 구성원 아닌 소속 변호사에 대하여는 구성원과 공동으로 지정하여야 한다. 담당변호사를 지정한 경우에는 지체 없이 이를 수임사건의 위임인에게 서면으로 통지하여야 한다. 법무법인이 담당변호사를 지정하지 않은 경우에는 구성원 모두를 담당변호사로 지정한 것으로 본다(변호사법 제50조).
5) 등기사항전부증명서상 대표이사가 2인으로 되어 있으나 공동대표이사가 아니므로 모든 대표이사를 기재하거나 그중 한 사람만 기재해도 무방하다.

    2. 김삼순 (580123-2010555)

        서울 동대문구 이문로2길 22, 101동 1001호(회기동, 현대아파트)

    3. 김삼수 (561111-1010551)

        서울 동대문구 이문로2길 22, 101동 1201호(회기동, 현대아파트)

임대차보증금반환 등[6] 청구의 소

청 구 취 지

1. 피고 주식회사 황금부동산[7]은 원고로부터 별지 목록 2. 기재 부동산[8]을 인도받
   음과 동시에[9] 원고에게 350,000,000원에서 2016. 4. 1.부터 위 부동산 인도완
   료일까지 월 600,000원의 비율에 의한 금액을 공제한 나머지 금원[10]을 지급하라.

2. 피고 주식회사 황금부동산에게[11] 별지 목록 기재 각 부동산에 관하여,

  가. 피고 김삼순은 서울북부지방법원 동대문등기소 2015. 4. 1. 접수 제107331
      호로 마친 소유권이전등기의 말소등기절차를 이행하고

  나. 피고 김삼수는 위 가.항 기재 소유권이전등기의 말소등기에 대하여 승낙의
      의사를 표시하라.[12]

---

  6) 그 외에도 사해행위취소 및 통정허위표시를 근거로 한 말소등기청구 등이 포함된다. 대
     표적 사건명은 청구취지에서 가장 먼저 나오는 청구를 기재하는 것이 좋을 것이다.
  7) 청구취지에는 피고 1. 2. 등으로 표시하지 않고 이름을 기재하여야 한다.
  8) 토지는 이 사건 임대차계약의 목적물이 아니다.
  9) 임대차계약이 종료된 경우에 임차인이 임차목적물을 인도할 의무와 임대인이 보증금중
     연체차임 등 해당 임대차에 관하여 인도시까지 생긴 모든 채무를 청산한 나머지를 반환
     할 의무는 동시이행의 관계가 있다(대법원 1977. 9. 28. 선고 77다1241, 1242 전원합의체
     판결). 자세한 것은 쟁점해설 참조.
 10) 동시이행관계에 있음을 원고가 자인하면서 동시이행을 청구하는 경우에는 피고의 이행
     지체가 있을 수 없으므로 지연손해금청구를 할 수 없다.
 11) 채권자대위에 의한 말소등기청구에서 이행상대방을 피대위자로 하는 것이 원칙이나 채
     권자인 원고에게 이행하라고 청구하여도 무방하다(대법원 1995. 4. 14. 선고 94다58148
     판결). 자세한 것은 쟁점해설 참조.
 12) 승낙의 대상은 승낙의무를 부담하는 해당 피고의 등기가 아니라 그 피고의 등기가 터잡
     은 말소대상 등기의 말소에 대한 승낙임에 주의하여야 한다. 근저당권자도 말소등기에
     이해관계 있는 제3자에 해당하여 그에게 승낙을 구하는 것이 원칙일 것이나, 근저당권설
     정등기의 말소등기절차를 청구하는 것이 확고한 실무례인바(사법연수원, 부동산등기법,
     93면 각주 197), "같은 등기소 2016. 3. 22. 접수 제35324호로 마친 근저당권설정등기의

3. 제2항과 선택적으로,[13]

　가. 피고 김삼순과 피고 주식회사 황금부동산 사이에 별지 목록 기재 부동산
　　에 관하여 2015. 4. 1. 체결된 매매계약을 취소한다.[14]

　나. 피고 주식회사 황금부동산에게,[15] 피고 김삼순은 별지 목록 기재 각 부동
　　산에 관한 서울북부지방법원 동대문등기소 2015. 4. 1. 접수 제107331호
　　로 마친 소유권이전등기의, 피고 김삼수는 별지 목록 기재 각 부동산에
　　관하여 서울북부지방법원 동대문등기소 2016. 3. 22. 접수 제35324호로
　　마친 근저당권설정등기의 각 말소등기절차를 이행하라.[16]

4. 소송비용은 피고들이 부담한다.

5. 제1항[17]은 가집행할 수 있다.

　　라는 판결을 구합니다.

　　각 말소등기절차를 이행하라"고 기재할 수 있다. 자세한 것은 쟁점해설 참조.

13) 소유권에 기한 소유권이전등기 말소청구의 경우에 그 소송물은 해당 등기원인의 무효이
　고, 등기원인의 무효를 뒷받침하는 개개의 사유는 독립된 공격방어방법에 불과하다(대법
　원 1993. 6. 29. 선고 93다11050 판결). 다만, 통정허위표시를 주장하는 경우에는 피고
　(주)황금부동산의 소유권에 기한 말소등기청구권을 대위 행사하는 것이고, 이는 사해행
　위취소를 원인으로 말소등기청구를 하는 것과 소송물이 다르므로 선택적 병합청구를 하
　는 것이 바람직할 것이다.

14) 동일인의 소유인 토지와 건물의 처분행위를 채권자취소권에 기하여 취소하는 경우 그
　중 대지의 가격이 채권자의 채권액보다 다액이라 하더라도 대지와 건물중 일방만을 취
　소하게 되면 건물의 소유자와 대지의 소유자가 다르게 되어 가격과 효용을 현저히 감소시
　킬 것이므로 전부를 취소함이 정당하다(대법원 1975. 2. 25. 선고 74다2114 판결). 다만,
　이 사건은 토지 또는 건물 중 하나의 가격이 원고의 피보전채권에 미치지 못하는 사안이
　므로, 위 법리와 관계 없이 전부를 취소하여야 할 것이다. 자세한 것은 쟁점해설 참조.

15) 사해행위취소로 인한 말소등기절차 이행의 상대방을 채권자로 하든 채무자로 하든 관계
　없이 원고는 확정판결을 가지고 단독으로 말소등기를 신청할 수 있다(민사실무 I, 92면
　기재례 ④ 및 각주 121; 민사실무 II, 152면 기재례).

16) 수익자인 피고 김삼순과 전득자인 피고 김삼수가 모두 악의인 경우로서, 각 피고에 대하
　여 원물반환의 방법으로 원상회복을 구하는 것이다.

17) 등기청구 등 의사의 진술을 명하는 판결은 가집행이 불가능하므로, 등기청구에 관하여
　가집행을 구하면 안 된다. 또한 확정되어야 형성의 효과가 발생하는 형성판결인 사해행
　위취소뿐만 아니라 취소의 효과인 원상회복도 가집행할 수 없다.

청 구 원 인

1. 임대차보증금반환청구[18]

가. 원고는 2014. 3. 15. 피고 주식회사 황금부동산(이하 '피고 회사'라 약칭함)으로부터 그 소유의 서울 동대문구 장안동 102-91 소재 3층 건물 전체(별지 목록 2. 기재 부동산)를 임차하는 계약(이하 '이 사건 임대차계약'이라 약칭함)을 체결하면서 임대차보증금은 3억5,000만 원, 임대차기간은 2014. 4. 1.부터 2016. 3. 31.까지, 임료는 월 600,000원으로 약정하였습니다(갑 제1호증의 1, 2 : 각 등기사항증명서, 갑 제2호증 : 부동산임대차계약서). 원고는 이 사건 임대차계약을 체결한 후 임대차보증금을 모두 지급하고 위 건물에 입주하였으며 임료도 매월 빠짐없이 지급하였습니다(갑 제3호증 : 영수증).

나. 원고와 피고 회사는 이 사건 임대차계약에서 임대차기간이 만료되는 전 날까지 쌍방 이의가 없으면 계약기간을 1년 자동연장하는 것으로 한다고 약정하였는바, 원고는 계약기간이 만료되기 전인 2016. 3. 6. 피고 회사에게 이 사건 임대차계약을 갱신하지 않고 건물을 인도하겠다는 의사를 표시하면서 건물인도와 동시에 임대차보증금을 반환해 줄 것을 청구하였습니다(갑 제4호증 : 임대차보증금반환요청서).

다. 그렇다면 이 사건 임대차계약은 2016. 3. 31.이 경과함으로써 종료되었고, 피고 회사는 원고에게 임대차보증금 3억5,000만 원을 반환할 의무가 있다고 할 것입니다. 다만, 임대차계약의 종료로 인한 임대인의 임대차보증금반환의무는 임차인의 임대차목적물반환의무와 동시이행관계에 있으므로[19] 원고는 이 임대차보증금반환청구를 함에 있어 상환청구를 하는 것입니다.

---

18) 임대차보증금반환청구의 요건사실은 ① 임대차계약의 체결, ② 임대차보증금의 지급, ③ 임대차의 종료이고(요건사실론, 110면), 임대차목적물의 멸실·훼손에 따른 손해배상청구의 요건사실은 ① 목적물의 멸실·훼손사실, ② 손해액이다(요건사실론, 115면).
19) 위 77다1241, 1242 전원합의체판결. 자세한 것은 쟁점해설 참조.

2. 소유권이전등기 등의 말소등기청구

가. 통정허위표시로 인한 매매계약의 무효

1) 피고 회사는 별지 목록 기재 부동산을 소유하고 있던 중 2015. 4. 1. 피고의 대표이사인 피고 김삼순에게 매매를 원인으로 소유권이전등기를 마쳤습니다.

2) 그런데 부동산매매의 경우 계약을 체결하면서 계약금을 지급하고 이후 일정 기간을 두고 중도금을 지급한 후 잔금지급과 동시에 소유권이전등기절차를 이행하는 것이 일반적인데, 피고들 사이에 체결된 매매계약의 경우에는 계약이 체결된 당일에 소유권이전등기까지 마쳤는바, 이는 이례적인 행태입니다. 또한, 위 부동산에 관한 소유권이전등기 과정에서 피고 회사가 피고 김삼순에게 매매대금을 지급한 사실이 없었으며, 원고는 이러한 사실을 피고 회사의 전 직원을 통하여 확인하였습니다.

3) 이러한 사실을 종합하면, 피고들의 별지 목록 기재 부동산에 관한 위 매매계약은 통정허위표시에 의한 것으로서 무효이고, 이에 기한 피고 김삼순 명의의 소유권이전등기도 무효이므로, 피고 회사는 피고 김삼순에 대하여 소유권방해배제 또는 부당이득반환청구로서 별지 목록 기재 부동산에 관하여 위 매매를 원인으로 하여 서울북부지방법원 2015. 4. 1. 접수 제107331호로 마친 소유권이전등기의 말소등기절차 이행을 청구할 권리가 있습니다.

4) 원고는 앞서 살핀 바와 같이 피고 회사에 대하여 3억5,000만 원의 임대차보증금반환채권을 가지고 있으며, 그 변제기는 2016. 4. 1.에 도래하였습니다. 그리고 피고 회사는 별지 목록 기재 부동산 외에는 별다른 가치있는 재산을 소유하고 있지 않았는데(피고 회사는 서울 동대문구 장안동 102 토지 및 지상건물을 소유하고 있으나 사해행위 당시 그 시세는 2억3,000만 원 내지 2억5,000만 원인 반면, 위 부동산에 관하여 공동담보로 설정된 근저당권의 채권최고액은 3억 원이므로, 적극재산이라고 보기 어려움), 사실상 유일한 위 부동산을 매도하고 피고 김삼순에게 소유권이전등기함으로써 무자력상태에 빠졌습니다(갑 제5호증의 1, 2 : 각 등기사항증명서, 갑 제6호증의 1, 2 : 각 부동산시세확인서). 피고 회사는 별지 목록 기재 부동산의 진정한 소유자로서 통정허위표시에 기한 무효등기에 관하여 피고 김삼순에 대하여 그 말소등기청구권을 행사할 수 있음에도 불구하고 이를 행사하지 않고 있습니다. 이에 피고 회사의 채권자인 원고는 위 임대차

보증금반환채권을 보전하기 위하여 피고 회사를 대위하여 피고 김삼순에 대하여 위 소유권이전등기의 말소등기절차이행을 청구하는 것입니다.

5) 또한, 피고 김삼수는 2016. 3. 22. 통정허위표시로서 무효인 피고 김삼순의 소유권이전등기에 터잡아 위 통정허위표시를 알면서 근저당권설정계약을 체결하고 서울북부지방법원 동대문등기소 2016. 3. 22. 접수 제35324호로 근저당권설정등기를 마쳤으므로 위 근저당권설정등기는 무효라고 할 것입니다. 따라서 피고 김삼수는 피고 회사에게 위 소유권이전등기의 말소등기에 대하여 승낙할 의무가 있다고 할 것이고, 원고는 피고 회사를 대위하여 피고 김삼수에 대하여 승낙의 의사표시를 청구하는 것입니다.

나. 사해행위취소 및 원상회복 청구

1) 앞서 살핀 바와 같이 원고는 피고 회사에 대하여 3억5,000만 원의 임대차보증금반환채권을 가지고 있으며, 이 사건 임대차계약은 상가건물임대차보호법의 적용을 받지 않으므로 임차인인 원고에게는 대항력이나 우선변제권이 없습니다.[20] 그런데 피고 회사는 2015. 4. 1. 피고 김삼순에게 소유하던 별지 목록 기재 부동산에 관하여 매매를 원인으로 소유권이전등기를 마쳤으며, 그로 인하여 위와 같이 피고 회사는 별다른 재산이 없는 상태, 즉 무자력상태가 되었습니다. 이러한 피고 회사의 행위는 원고를 비롯한 위 피고의 채권자를 해하는 사해행위에 해당하며, 그 사해의사도 인정된다고 할 것입니다. 또한, 수익자인 피고 김삼순은 채무자로서 사해행위를 한 피고 회사로부터 별지 목록 기재 부동산에 관하여 매매계약을 체결할 당시 위 매매계약으로 인하여 피고 회사의 채권자를 해한다는 사실을 알았다고 할 것이며, 나아가 수익자인 위 피고로부터 근저당권을 설정받은 피고 김삼수도 근저당권 설정 당시 피고 회사와 피고 김삼순 사이에 체결된 매매계약이 사해행위라는 사실을 알고 있었습니다.[21] 따라서 원고는 피고 김삼순과 피고 주식회사 황금부동산 사이에

---

20) 원고와 피고 회사의 상가건물임대차계약이 상가건물임대차보호법의 적용대상이라면 임대차보증금의 우선변제권이 인정되어 피보전채권이 될 수 없을 것이나, 위 법률 제2조 및 그 시행령 제2조에 의하여 위 임대차에는 위 법률이 적용되지 않는다[임대차보증금 3억5천만 원+(월 차임 60만 원×100)=4억1,000만 원]. 자세한 것은 쟁점해설 참조.

21) 사해행위취소에 있어서 수익자의 악의에 관하여는 그 수익자 자신이 선의임을 주장·입증할 책임이 있으나(대법원 1998. 2. 13. 선고 97다6711 판결), 원고가 수익자의 악의를

별지 목록 기재 부동산에 관하여 2015. 4. 1. 체결한 매매계약은 사해행위이므로 그 취소를 구하는 것입니다.[22)]

2) 나아가 피고 김삼순은 위 사해행위를 원인으로 별지 목록 기재 부동산에 관하여 서울북부지방법원 동대문등기소 2015. 4. 1. 접수 제107331호로 소유권이전등기를 마쳤고, 피고 김삼수는 위 사해행위에 터잡아 위 부동산에 관하여 서울북부지방법원 동대문등기소 2016. 3. 22. 접수 제35324호로 근저당권설정등기를 마쳤습니다. 위 사해행위가 취소되면 위 피고들은 원상회복으로서 각 등기의 말소등기절차를 이행할 의무가 있다고 할 것입니다.

3) 이에 대하여 피고 김삼순, 김삼수는 채권자인 원고가 별지 목록 기재 부동산에 관하여 2015. 4. 1.경 피고 김삼순 명의로 소유권이전등기가 마쳐진 사실, 즉, 취소원인을 알았고, 그로부터 1년이 경과하였으므로 이 사건 사해행위취소청구는 부적법하여 각하되어야 한다고 주장할 수 있습니다. 그러나, 채권자취소권 행사에 있어서 제척기간의 기산점인 채권자가 '취소원인을 안 날'이라 함은 채권자가 채권자취소권의 요건을 안 날, 즉 채무자가 채권자를 해함을 알면서 사해행위를 하였다는 사실을 알게 된 날을 의미하므로, 단순히 채무자가 재산의 처분행위를 하였다는 사실을 아는 것만으로는 부족하고, 그 법률행위가 채권자를 해하는 행위라는 것 즉, 그에 의하여 채권의 공동담보에 부족이 생기거나 이미 부족상태에 있는 공동담보가 한층 더 부족하게 되어 채권을 완전하게 만족시킬 수 없게 되었으며 나아가 채무자에게 사해의 의사가 있었다는 사실까지 알 것을 요하며,[23)] 단순히 사해행위의 객관적 사실을 알았다고 하여 취소의 원인을 알았다고 추정할 수는 없습니다.[24)] 그런데 원고는 2016. 4. 중순경에 비로소 위 피고 (주)황금부동산의 무자력 사실을 알

적극 주장·입증하는 것은 무방하다.

22) 사해행위취소청구의 요건사실은 ① 피보전채권의 발생, ② 채무자의 사해행위, ③ 채무자의 사해의사이다(요건사실론, 123면).

23) 채권자취소권 행사에 있어서 제척기간의 기산점인 채권자가 '취소원인을 안 날'이라 함은 그 법률행위에 의하여 채권의 공동담보에 부족이 생기거나 이미 부족상태에 있는 공동담보가 한층 더 부족하게 되어 채권을 완전하게 만족시킬 수 없게 되었으며 나아가 채무자에게 사해의 의사가 있었다는 사실까지 알 것을 요한다(대법원 2003. 7. 11. 선고 2003다19435 판결).

24) 단순히 채무자가 재산의 처분행위를 하였다는 사실을 아는 등 사해의 객관적 사실을 알았다고 하여 취소의 원인을 알았다고 추정할 수는 없다(대법원 2002. 9. 24. 선고 2002다23857 판결).

게 되었으므로 원고가 사해행위를 안 날로부터 1년 이내에 이 사건 소를 제
기하는 이상 위 피고들의 위 주장은 이유 없습니다.

4) 또한, 피고 김삼순, 김삼수는 사해행위취소의 피보전채권이 문제된 법률행위
가 있었던 2015. 4. 1. 이후인 2016. 4. 1.에 발생한 것으로 주장하면서 피보
전채권이 존재하지 않는다고 주장할 수 있습니다. 그러나, 원고의 임대차보증
금반환채권은 이 사건 임대차계약 체결 후 보증금을 지급한 때에 이미 발생
하고 변제기만 임대차계약 종료시에 도래한다고 할 것이며, 가사 위 채권이
위 시점에 발생하지 않는다고 하더라도 사해행위 당시에 이미 채권 성립의
기초가 되는 법률관계가 발생되어 있고 가까운 장래에 그 법률관계에 터잡아
채권이 성립되리라는 점에 대한 고도의 개연성이 있으며, 실제로 가까운 장
래에 그 개연성이 현실화되어 채권이 성립된 경우에는 그 채권도 채권자취소
권의 피보전채권이 될 수 있으므로 원고의 위 채권은 피보전권리로서의 적격
을 가진다고 할 것입니다.25) 원고가 2016. 3. 6. 피고 회사에 대하여 이 사건
임대차계약의 갱신거절 및 임대차보증금반환청구의 의사를 표시하였고, 임대
차계약이 2016. 3. 31.로 종료되었다는 점에 비추어 위 피고들의 위 주장은
이유 없습니다.

다. 각 말소등기청구의 병합관계

청구원인 가.와 나.의 각 말소등기청구는 선택적으로 병합하여 청구합니다.26)

3. 결 어

이상과 같은 이유로 원고는 청구취지 기재와 같은 판결을 구하고자 이 청구에
이른 것입니다.

---

25) 사해행위가 행하여진 후에 발생된 채권이라도, 그 사해행위 당시에 이미 채권 성립의 기
초가 되는 법률관계가 발생되어 있고 가까운 장래에 그 법률관계에 터잡아 채권이 성립
되리라는 점에 대한 고도의 개연성이 있으며 실제로 가까운 장래에 그 개연성이 현실화
되어 채권이 성립된 경우에는 채권자취소권의 피보전채권이 될 수 있다(대법원 2005. 8.
19. 선고 2004다53173 판결).

26) 무효와 취소의 2중효를 인정하는 법리에 따르면 양 청구가 양립 가능하므로 선택적 병
합을 하는 것이 원칙이지만, 대법원은 양립가능한 경우에도 심판의 순위를 붙여 청구할
합리적 필요성이 있으면 예비적 병합도 가능하다고 판시하였다(대법원 2002. 10. 25. 선
고 2002다23598 판결).

증 거 방 법

1. 갑 제1호증의 1, 2 : 각 등기사항증명서(102-91)
1. 갑 제2호증 : 부동산임대차계약서
1. 갑 제3호증 : 영수증
1. 갑 제4호증 : 임대차보증금반환요청서
1. 갑 제5호증의 1, 2 : 각 등기사항전부증명서(102)
1. 갑 제6호증의 1, 2 : 각 부동산시세확인서

첨 부 서 류
(생략)

2016. 5. 28.

원고의 소송대리인
법무법인 다일종합법률사무소
담당변호사 김상승 ㉚

서울북부지방법원   귀중

[별지]

목   록[27]

1. 서울 동대문구 장안동 102-91(답십리로 203) 대 520㎡

2. 위 지상 철근콘크리트조 슬래브지붕 3층 근린생활시설

   1층 점포 300㎡

   2층 사무실 300㎡

   3층 사무실 250㎡. 끝.

---

27) 등기사항전부증명서의 표제부에 있는 주요 내역을 그대로 기재하여야 한다.

소 송 위 임 장

사 건	임대차보증금반환 등 청구의 소			
당 사 자	원 고	주식회사 아이케이텍	피 고	주식회사 황금부동산 외 2

위 사건에 관하여 다음 표시 수임인을 원고의 소송대리인으로 선임하고, 다음 표시 권한을 수여합니다.

수 임 인	**법무법인 다일종합법률사무소** **서울 동대문구 양진대로 777** **대표변호사 박조정**
위임사항	(1) 일체의 소송행위 (2) 반소의 제기 및 응소 (3) 소송비용액 확정 및 이에 대한 응소 (4) 권리행사최고신청 (5) 제소명령신청 (6) 소의 취하, 청구의 포기 및 인낙, 참가에 의한 탈퇴 (7) 복대리인의 선임 (8) 목적물의 수령 (9) 가압류, 가처분결정에 대한 이의 (10) 동 취소신청 및 이에 대한 응소 (11) 공탁, 공탁물 및 그 이자의 반환청구와 수령 (12) 담보권행사 최고신청, 담보취소신청, 동 신청에 대한 동의 (13) 담보취소결정 정본의 수령, 동 취소결정에 대한 항고권포기 (14) 강제집행의 정지 (15) 상소의 제기

2016년 5월 28일

위임인(원고) 주식회사 아이케이텍
서울 동대문구 답십리로 203(장안동)
공동대표이사 신영수, 신영철

서울북부지방법원 귀중

담당변호사지정서

사 건	임대차보증금반환 등 청구의 소			
당 사 자	원고	주식회사 아이케이텍	피고	주식회사 황금부동산 외 2

위 사건에 관하여 변호사법 제50조에 기하여 담당변호사를 다음과 같이 지정합니다.

담당변호사	변호사 김상승

2016년 5월 28일

법무법인 다일종합법률사무소
서울 동대문구 양진대로 777
대표변호사 박조정
전화 : 961-1543 팩스 : 961-1544 이메일 : sskim@daillaw.com

서울북부지방법원   귀중

❈ 쟁점해설

1. 임대인의 보증금반환채무와 임차인의 목적물반환의무의 동시이행관계 (답안 각주 9, 19 관련)

가. 동시이행의 항변권 제도의 취지에서 볼 때 당사자가 부담하는 각 쌍무계약에 있어 고유의 대가관계가 있는 채무가 아니라고 하더라도 구체적인 계약관계에서 각 당사자가 부담하는 채무에 관한 약정 내용에 따라 그것이 대가적 의미가 있어 이행상의 견련관계를 인정하여야 할 사정이 있는 경우에는 동시이행의 항변권을 인정할 수 있는 것이다.[1]

나. 임대차계약의 기간이 만료된 경우에 임차인이 임차목적물을 인도할 의무와 임대인이 보증금 중 연체차임 등 해당 임대차에 관하여 인도시까지 생긴 모든 채무를 청산한 나머지를 반환할 의무는 모두 이행기에 도달하고 이들 의무 상호간에는 동시이행의 관계가 있다고 보는 것이 상당하다.[2]

다. 계약이 해제되면 계약당사자는 상대방에 대하여 원상회복의무와 손해배상의무를 부담하는데, 이때 계약당사자가 부담하는 원상회복의무뿐만 아니라 손해배상의무도 함께 동시이행의 관계에 있고,[3] 민법 제571조에 의한 계약해제의 경우에도 매도인의 손해배상의무와 매수인의 대지인도의무는 발생원인이 다르다 하더라도 이행의 견련관계는 양 의무에도 그대로 존재하므로 양 의무 사이에는 동시이행관계가 있다고 인정함이 공평의 원칙에 합치한다.[4]

2. 순차로 이루어진 원인무효 등기의 말소등기청구 (답안 각주 11 관련)

가. 원인무효의 등기가 순차로 다수 이루어진 경우, 원인무효의 등기명의자는 그 등기로 아무런 권리를 취득하지 못하므로 그 후에 이루어진 등기명의자들에 대하여 말소를 구할 권한이 없고,[5] 소유자가 각 등기의 명의자들을 상대로 직접 말소를 청구할 수 있다.[6]

나. 한편, 대위에 의한 말소등기청구에서 이행의 상대방을 피대위자(채무자)로 하

---

1) 대법원 2006. 2. 24. 선고 2005다58656, 58663 판결.
2) 대법원 1977. 9. 28. 선고 77다1241, 1242 전원합의체판결.
3) 대법원 1996. 7. 26. 선고 95다25138 판결.
4) 대법원 1993. 4. 9. 선고 92다25946 판결.
5) 대법원 1982. 12. 28. 선고 82다카349 판결.
6) 대법원 1998. 9. 22. 선고 98다23393 판결.

는 것이 원칙이나, 원고에게 이행하라고 하여도 무방하다.[7]

3. 말소등기에 이해관계 있는 제3자의 승낙 (답안 각주 12 관련)

가. 등기의 말소를 신청하는 경우에 그 말소에 대하여 등기상 이해관계 있는 제3
   자가 있을 때에는 제3자의 승낙이 있어야 하고, 이에 따라 등기를 말소할 때에
   는 등기상 이해관계 있는 제3자 명의의 등기는 등기관이 직권으로 말소한다(부
   동산등기법 제57조). 등기를 말소하려면 등기상 이해관계 있는 제3자가 승낙하
   거나 또는 그 제3자에게 대항할 수 있는 재판이 있어야 하며, 여기에서 제3자
   에게 대항할 수 있는 재판은 통상 승낙의 의사표시를 하라는 판결이 된다.[8]

나. 제3자란 당사자를 제외한 나머지 사람을 말하는데, 동종 권리이전의 경우에
   그 양수인은 당사자이지 제3자는 아니다. 예컨대 갑(甲)→을(乙)→병(丙)으로
   소유권이전등기가 되고 을(乙)의 등기에 터잡아 정(丁)의 근저당권설정등기
   가 되어 있는 경우에 을(乙)의 소유권이전등기 말소에 있어서 동종의 소유권
   이전등기를 한 병(丙)은 제3자가 아니라 말소등기의 당사자가 되며, 을(乙)의
   권리에 터잡아 소유권보다 감축된 권리형식(제한물권인 근저당권)의 등기상
   권리자인 정(丁)은 제3자에 해당한다.[9]

다. 등기상 이해관계가 있다는 것은 등기가 말소됨으로써 손해를 입을 우려가 있
   는 등기상의 권리를 가지고 있다는 것으로서 그 손해를 입을 우려가 있다는
   것이 등기기록의 기재에 의하여 형식적으로 인정되어야 하고, 그 제3자가 승
   낙의무를 부담하는지 여부는 그 제3자가 말소등기권리자에 대한 관계에서
   그 승낙을 하여야 할 실체법상의 의무가 있는지 여부에 의하여 결정된다.[10]

라. 실질적으로는 손해를 입을 염려가 있더라도 그러한 염려를 등기의 형식상
   알 수 없는 자는 이해관계 있는 제3자가 되지 못하는 반면, 등기의 형식상
   일반적으로 손해를 입을 염려가 있다고 인정되는 이상 비록 그 권리가 실체
   상 제3자에게 대항할 수 없어서 실질적·구체적으로 손해를 입을 염려가 없
   더라도 이해관계 있는 제3자에 해당한다. 예컨대 저당권이 변제 등으로 사
   실상 소멸하고 있더라도 등기기록상 말소되지 않고 저당권자로 등기되어 있

---

7) 대법원 1995. 4. 14. 선고 94다58148 판결.
8) 사법연수원, 부동산등기법, 93~94면.
9) 사법연수원, 부동산등기법, 93~94면.
10) 대법원 2007. 4. 27. 선고 2005다43753 판결.

는 자는 이해관계 있는 제3자에 해당한다.[11]

마. 이해관계 있는 제3자의 등기가 가압류(또는 가처분) 등기인 경우에는 채권자의 신청에 의한 법원의 재판에 터잡아 촉탁에 의하여 등기가 이루어지므로 가압류 (또는 가처분)의 기초가 된 소유권이전등기가 원인무효라고 하여 가압류(또는 가처분) 권리자를 상대로 소유권이전등기 말소에 대한 승낙을 구하여야 한다.[12] 한편, 이해관계 있는 제3자의 등기가 근저당권설정등기인 경우에도 승낙의 의사표시를 구하는 것이 원칙이나, 실무상 근저당권설정등기의 말소등기를 청구하는 것이 확고한 실무례이다.[13]

바. 원인무효인 소유권이전등기 명의인을 채무자로 한 가압류등기와 그에 터잡은 경매신청기입등기가 된 경우, 그 부동산의 소유자는 원인무효인 소유권이전등기의 말소를 위하여 이해관계에 있는 제3자인 가압류채권자를 상대로 하여 원인무효 등기의 말소에 대한 승낙을 청구할 수 있고, 그 승낙이나 이에 갈음하는 재판이 있으면 등기공무원은 신청에 따른 원인무효 등기를 말소하면서 직권으로 가압류등기와 경매신청기입등기를 말소하여야 한다. 소유자가 원인무효인 소유권이전등기의 말소와 함께 가압류등기 등의 말소를 구하는 경우, 그 청구의 취지는 소유권이전등기의 말소에 대한 승낙을 구하는 것으로 해석할 여지가 있다.[14]

4. 소유권에 기한 소유권이전등기말소청구의 소송물 (답안 각주 13 관련)

가. 소유권에 기하여 무효인 소유권이전등기의 말소등기청구를 하는 경우에 그 소송물은 해당 등기원인의 무효이고, 등기원인의 무효를 뒷받침하는 개개의 사유는 독립된 공격방어방법에 불과하다.[15]

나. 다만, 이 사건에서 통정허위표시를 주장하는 경우에는 피고 (주)황금부동산의 소유권에 기한 말소등기청구권을 대위 행사하는 것이고, 사해행위취소를 원인으로 말소등기청구를 하는 것과는 서로 소송물이 다르므로 선택적 병합

---

11) 사법연수원, 부동산등기법, 93~94면.
12) 사법연수원, 부동산등기법, 93~94면.
13) 사법연수원, 부동산등기법, 93면 각주 197 참조.
14) 대법원 1998. 11. 27. 선고 97다41103 판결. 다만, 변호사의 입장에서 답안을 구성하는 경우에는 법원의 선해를 기대하지 말고 명확하게 청구하여야 할 것이다.
15) 대법원 1993. 6. 29. 선고 93다11050 판결.

을 하는 것이 바람직할 것이다.

5. 사해행위취소의 대상 및 범위 (답안 각주 14 관련)

가. 동일인의 소유인 토지와 건물의 처분행위를 채권자취소권에 의하여 취소하
는 경우 그중 대지의 가격이 채권자의 채권액보다 다액이라 하더라도 대지
와 건물중 일방만을 취소하게 되면 건물의 소유자와 대지의 소유자가 다르
게 되어 가격과 효용을 현저히 감소시킬 것이므로 전부를 취소함이 정당하
다.[16) 다만, 이 사건은 토지 또는 건물 중 하나의 가격이 원고의 피보전채권
에 미치지 못하는 사안이므로, 위 판례와 관계없이 전부를 취소하여야 할 것
이다.

나. 채권자취소권은 채무자가 채권자에 대한 책임재산을 감소시키는 행위를 한
경우 이를 취소하고 원상회복을 하여 공동담보를 보전하는 권리이고, 채권
양도의 경우 권리이전의 효과는 원칙적으로 당사자 사이의 양도계약 체결과
동시에 발생하며 채무자에 대한 통지 등은 채무자를 보호하기 위한 대항요
건일 뿐이므로, 채권양도행위가 사해행위에 해당하지 않는 경우에 양도통지
가 따로 채권자취소권 행사의 대상이 될 수는 없다.[17)

다. 채무자 소유의 부동산에 관하여 수익자의 명의로 소유권이전 청구권의 보전
을 위한 가등기가 되었다가 그 가등기에 기한 소유권이전의 본등기가 된 경
우에, 가등기의 등기원인인 법률행위와 본등기의 등기원인인 법률행위가 명
백히 다른 것이 아닌 한 본등기의 기초가 된 가등기의 등기원인인 법률행위
를 제쳐놓고 본등기의 등기원인인 법률행위만이 취소의 대상이 되는 사해행
위라고 볼 것은 아니다.[18)

6. 사해행위취소로 인한 원상회복의무 이행의 상대방 (답안 각주 15 관련)

사해행위 취소로 인한 말소등기를 누구에게 이행하라고 명할 것인가 문제되는
바, 과거에는 채권자 또는 등기권리자에게 이행할 것을 명하였으나, 최근에는 채
무자에게 이행할 것을 명하는 판결도 있다. 어느 경우에나 위 판결을 가지고 원고

---

16) 대법원 1975. 2. 25. 선고 74다2114 판결.
17) 대법원 2012. 8. 30. 선고 2011다32785 판결.
18) 대법원 1996. 11. 8. 선고 96다26329 판결.

단독으로 말소등기를 신청할 수 있다.[19)

7. 상가건물임대차보호법의 적용요건 (답안 각주 20 관련)

가. 원고와 피고 회사의 상가건물 임대차계약이 상가건물임대차보호법의 적용대
   상이라면 임대차보증금의 우선변제권이 인정되어 피보전채권이 될 수 없으
   나, 위 법률 제2조 및 그 시행령 제2조에 의하여 위 임대차에는 위 법률이
   적용되지 않는다[임대차보증금 3억5천만 원+(월 차임 60만 원×100)=4억1천만 원].
   다만, 임대차보증금 3억5천만 원에 월세 50만 원을 약정하고 차임에 관하여
   부가가치세액을 임차인이 별도 부담하기로 약정한 경우 실질적으로 월세가
   55만 원이 되므로, 위 법률의 적용대상이 아니라고 할 수도 있으나, 부가가
   치세액인 월 5만 원에 관하여 그 법적 성질상 월세가 아니라고 보는 경우에
   는 위 법률이 적용되는 것으로 해석할 여지도 있다.[20)

나. 상가건물임대차보호법의 목적과 같은 법 제2조 제1항 본문, 제3조 제1항에
   비추어 보면, 위 법률이 적용되는 상가건물 임대차는 사업자등록 대상이 되
   는 건물로서 임대차 목적물인 건물을 영리를 목적으로 하는 영업용으로 사
   용하는 임대차를 가리킨다. 그리고 위 법률이 적용되는 상가건물에 해당하
   는지는 공부상 표시가 아닌 건물의 현황·용도 등에 비추어 영업용으로 사용
   하느냐에 따라 실질적으로 판단하여야 하고, 단순히 상품의 보관·제조·가공
   등 사실행위만이 이루어지는 공장·창고 등은 영업용으로 사용하는 경우라고
   할 수 없으나 그곳에서 그러한 사실행위와 더불어 영리를 목적으로 하는 활
   동이 함께 이루어진다면 위 법률의 적용대상인 상가건물에 해당한다.[21)

8. 채권자취소권 행사에 있어서 제척기간의 기산점 (답안 각주 23, 24 관련)

가. 제척기간이란 법률이 정하고 있는 권리의 존속기간을 말하며, 이러한 규정
   이 있는 경우에는 해당 권리자가 법이 정하고 있는 기간 내에 권리를 행사
   하지 않으면 그 권리는 당연히 소멸하게 된다. 민법은 "제척기간"이라는 용
   어를 사용하고 있지는 않지만 이에 해당하는 규정이 많이 존재한다. 보통

---

19) 민사실무 I , 92면 기재례 ④ 및 각주 121; 민사실무 II , 152면 기재례.
20) 더 자세한 것은 제5장의 쟁점해설 1. 참조.
21) 대법원 2002. 11. 8. 선고 2002다42957 판결.

"○개월(○년) 이내에 권리를 행사하여야 한다" "○개월(○년)이 지나면 권리가 소멸한다" "○개월(○년)각 책임이 있다" 등의 형식으로 규정되어 있으며, 개별 규정에서 소멸시효와 구별이 어려운 경우도 있다. 제척기간에 관한 규정이 있는 경우 그 기간 내에 어떠한 행위를 하여야 제척기간이 준수되는지 문제되는바, 원칙적으로 재판상 또는 재판외 해당 권리를 행사하면 되는 것으로 해석하고 예외적으로 점유보호청구권(민법 제204조~제206조), 채권자취소권(민법 제406조), 상속회복청구권(민법 제999조)[22]의 제척기간은 제소기간(출소기간)으로 해석한다.

나. 계약해지권의 경우, 이는 형성권이고, 그 행사기간은 제척기간이며, 재판상이든 재판외이든 그 기간 내에 행사하면 되는 것이나 해지의 의사표시는 민법의 일반원칙에 따라 계약의 상대방 또는 그의 대리인에 대한 일방적 의사표시에 의하며, 그 의사표시의 효력은 상대방에게 도달한 때에 발생한다. 해지권자가 해지의 의사표시를 담은 소장 부본을 피고에게 송달함으로써 해지권을 재판상 행사하는 경우에는 그 소장 부본이 피고에게 도달한 때에 비로소 해지권 행사의 효력이 발생한다.[23]

다. 채권양도의 통지는 양도인이 채권이 양도되었다는 사실을 채무자에게 알리는 것에 그치는 행위이므로, 그것만으로 제척기간 준수에 필요한 권리의 재판외 행사에 해당한다고 할 수 없다. 따라서 집합건물인 아파트의 입주자대표회의가 스스로 하자담보추급에 의한 손해배상청구권을 가짐을 전제로 하여 직접 아파트의 분양자를 상대로 손해배상청구소송을 제기하였다가, 소송 계속 중에 정당한 권리자인 구분소유자들에게서 손해배상채권을 양도받고 분양자에게 통지가 마쳐진 후 그에 따라 소를 변경한 경우에는, 채권양도통지에 채권양도의 사실을 알리는 것 외에 이행을 청구하는 뜻이 별도로 덧붙여지거나 그 밖에 구분소유자들이 재판외에서 권리를 행사하였다는 등 특별한 사정이 없는 한, 위 손해배상청구권은 입주자대표회의가 위와 같이 소를 변경한 시점에 비로소 행사된 것으로 보아야 한다.[24]

---

22) 상속회복청구의 소에서는 법원이 제척기간의 준수 여부에 관하여 직권으로 조사한 후 제척기간도과 후에 제기된 것으로 판명되면 부적법한 소로 각하하여야 한다(대법원 2010. 1. 14. 선고 2009다41199 판결).

23) 대법원 2000. 1. 28. 선고 99다50712 판결.

24) 대법원 2012. 3. 22. 선고 2010다28840 전원합의체판결.

라. 민법 제204조 제3항과 제205조 제2항에 의하면 점유를 침탈 당하거나 방해를 받은 자의 침탈자 또는 방해자에 대한 청구권은 그 점유를 침탈 당한 날 또는 점유의 방해행위가 종료된 날로부터 1년 내에 행사하여야 한다. 여기에서 제척기간의 대상이 되는 권리는 형성권이 아니라 통상의 청구권인 점과 점유의 침탈 또는 방해의 상태가 일정한 기간을 지나게 되면 그대로 사회의 평온한 상태가 되고 이를 복구하는 것이 오히려 평화질서의 교란으로 볼 수 있게 되므로 일정한 기간을 지난 후에는 원상회복을 허용하지 않는 것이 점유제도의 이상에 맞고 여기에 점유의 회수 또는 방해제거 등 청구권에 단기의 제척기간을 두는 이유가 있는 점 등에 비추어 볼 때, 위의 제척기간은 재판외에서 권리행사하는 것으로 족한 기간이 아니라 반드시 그 기간 내에 소를 제기하여야 하는 이른바 출소기간으로 해석함이 상당하다.[25]

마. 민법 제406조 제2항이 규정하고 있는 채권자취소권 행사에 있어서 제척기간의 기산점인 채권자가 '취소원인을 안 날'이라 함은 채권자가 채권자취소권의 요건을 안 날, 즉 채무자가 채권자를 해함을 알면서 사해행위를 하였다는 사실을 알게 된 날을 의미하므로, 단순히 채무자가 재산의 처분행위를 하였다는 사실을 아는 것만으로는 부족하고, 그 법률행위가 채권자를 해하는 행위라는 것 즉, 그에 의하여 채권의 공동담보에 부족이 생기거나 이미 부족상태에 있는 공동담보가 한층 더 부족하게 되어 채권을 완전하게 만족시킬 수 없게 되었으며 나아가 채무자에게 사해의 의사가 있었다는 사실까지 알 것을 요한다.[26] 그리고 사해의 객관적 사실을 알았다고 하여 취소의 원인을 알았다고 추정할 수는 없다.[27]

바. 채무자 소유의 부동산에 관하여 수익자의 명의로 소유권이전 청구권의 보전을 위한 가등기가 되었다가 그 가등기에 기한 소유권이전의 본등기가 된 경우에, 가등기의 등기원인인 법률행위와 본등기의 등기원인인 법률행위가 명백히 다른 것이 아닌 한 본등기의 기초가 된 가등기의 등기원인인 법률행위를 제쳐놓고 본등기의 등기원인인 법률행위만이 취소의 대상이 되는 사해행위라고 볼 것은 아니므로, 가등기의 등기원인인 법률행위가 있은 날이 언제

---

25) 대법원 2002. 4. 26. 선고 2001다8097, 8103 판결.
26) 대법원 2003. 7. 11. 선고 2003다19435 판결.
27) 대법원 2002. 9. 24. 선고 2002다23857 판결.

인지와 관계없이 본등기가 된 날로부터 사해행위 취소의 소의 제척기간이
진행된다고 볼 수 없다.[28] 따라서 가등기의 등기원인인 법률행위와 본등기
의 등기원인인 법률행위가 명백히 다른 것이 아닌 한, 가등기 및 본등기의
원인행위에 대한 사해행위 취소 등 청구의 제척기간의 기산일은 가등기의
원인행위가 사해행위임을 안 때라고 할 것이고, 채권자가 가등기의 원인행
위가 사해행위임을 안 때부터 1년 내에 가등기의 원인행위에 대하여 취소의
소를 제기하였다면 본등기의 원인행위에 대한 취소 청구는 그 원인행위에
대한 제척기간이 경과한 후 제기하더라도 적법하다.[29]

사. 한편, 채권자가 전득자를 상대로 민법 제406조 제1항에 의한 채권자취소권
을 행사하기 위해서는, 같은 조 제2항에서 정한 기간 안에 채무자와 수익자
사이의 사해행위의 취소를 소송상 공격방법의 주장이 아닌 법원에 소를 제
기하는 방법으로 청구하여야 하는 것이고, 비록 채권자가 수익자를 상대로
사해행위의 취소를 구하는 소를 이미 제기하여 채무자와 수익자 사이의 법
률행위를 취소하는 내용의 판결을 선고받아 확정되었더라도 그 판결의 효력
은 그 소송의 피고가 아닌 전득자에게는 미칠 수 없는 것이므로, 채권자가
그 소송과는 별도로 전득자에 대하여 채권자취소권을 행사하여 원상회복을
구하기 위해서는 위에서 본 법리에 따라 민법 제406조 제2항에서 정한 기간
안에 전득자에 대한 관계에 있어서 채무자와 수익자 사이의 사해행위를 취
소하는 청구를 하지 않으면 안 된다.[30]

9. 채권자취소권의 피보전채권 (답안 각주 25 관련)

가. 채권자취소권에 의하여 보호될 수 있는 채권은 원칙적으로 사해행위라고 볼
수 있는 행위가 행하여지기 전에 발생된 것임을 요하지만, 그 사해행위 당시
에 이미 채권 성립의 기초가 되는 법률관계가 발생되어 있고, 가까운 장래에
그 법률관계에 터잡아 채권이 성립되리라는 점에 대한 고도의 개연성이 있
으며, 실제로 가까운 장래에 그 개연성이 현실화되어 채권이 성립된 경우에
는, 그 채권도 채권자취소권의 피보전채권이 될 수 있는바, 이는 채무자가

---

28) 위 96다26329 판결.
29) 대법원 2006. 12. 21. 선고 2004다24960 판결.
30) 대법원 2005. 6. 9. 선고 2004다17535 판결.

채권자를 해한다는 사해의사로써 채권의 공동담보를 감소시키는 것은 형평
과 도덕적 관점에서 허용할 수 없다는 채권자취소권 제도의 취지에 근거한
것으로서, 이렇게 볼 때 여기에서의 '채권성립의 기초가 되는 법률관계'는
당사자 사이의 약정에 의한 법률관계에 한정되는 것이 아니고, 채권성립의
개연성이 있는 준법률관계나 사실관계 등을 널리 포함하는 것으로 보아야
할 것이며, 따라서 당사자 사이에 채권 발생을 목적으로 하는 계약의 교섭이
상당히 진행되어 그 계약체결의 개연성이 고도로 높아진 단계도 여기에 포
함되는 것으로 보아야 한다.[31]

나. 한편, 채권자취소권 행사의 요건인 채무자의 무자력 여부를 판단함에 있어
서 그 대상이 되는 소극재산은 원칙적으로 사해행위라고 볼 수 있는 행위가
행하여지기 전에 발생된 것임을 요하지만, 그 사해행위 당시에 이미 채무 성
립의 기초가 되는 법률관계가 성립되어 있고, 가까운 장래에 그 법률관계에
터잡아 채무가 성립되리라는 점에 대한 고도의 개연성이 있으며, 실제로 가
까운 장래에 그 개연성이 현실화되어 채무가 성립된 경우에는 그 채무도 채
무자의 소극재산에 포함시켜야 한다.[32]

10. 무효와 취소의 2중효와 병합관계 (답안 각주 26 관련)

무효와 취소의 2중효를 인정하는 법리에 따르면 양 청구가 양립 가능하므로
선택적 병합을 하는 것이 원칙이지만, 대법원은 양립가능한 경우에도 심판의 순
위를 붙여 청구할 합리적 필요성이 있으면 예비적 병합도 가능하다는 입장을 취
하고 있다.[33]

---

31) 대법원 2005. 8. 19. 선고 2004다53173 판결.
32) 대법원 2011. 1. 13. 선고 2010다68084 판결.
33) 대법원 2002. 10. 25. 선고 2002다23598 판결.

제7장

조합채무, 추심명령 관련 청구

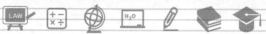

※ 문 제

귀하(변호사 김상승)는 의뢰인 이병만, 김성일과 상담일지에 기재된 내용과 같이 상담하고, 사건을 수임하면서 첨부서류를 자료로 받았다. 귀하는 의뢰인의 요구사항 및 이익에 최대한 부합하는 소장을 작성하되, 청구원인을 작성함에 있어 먼저 청구원인사실을 중심으로 기재한 다음 기록 내용에 비추어 피고(들)가 법령 및 판례에 따라 제기할 것으로 예상되는 주장 및 항변을 정리하고 각 그에 대한 반론을 개진하시오.

【작성요령】

1. 본 기록 내에 나타나 있는 사실관계 및 증거자료만을 기초로 하고, 별도의 법률행위 또는 사실행위를 한 것을 전제로 하지 말 것.
   단, 의뢰인의 요구를 충족하기 위하여 특정 권리의 행사가 필요한 경우에는 소장을 통하여 행사할 것.
2. 사실관계 주장은 첨부된 자료 중 증거로 신청·제출이 가능한 자료를 토대로 하여 증거법상 법원에 의하여 인정받을 가능성이 있다고 판단되는 내용으로 한정할 것.
3. 각종 서류는 모두 적법하게 작성되었고, 기록상 일자의 요일은 실제 요일과 무관하게 토요일 또는 공휴일이 없는 것을 전제로 할 것.
4. 법리적인 주장은 현행 법령 및 대법원 판례의 태도에 비추어 받아들여질 가능성이 없다고 판단되는 내용은 제외하며, 귀하가 소를 제기하는 경우 상대방은 적극적으로 응소하는 것을 전제로 할 것.
5. 소장의 기재사항 중 증거방법 및 첨부서류란을 생략하여도 무방함.
6. 소장의 작성일 및 소(訴) 제기일은 2016. 6. 11.로 할 것.

[참고자료]

각급 법원의 설치와 관할구역에 관한 법률 (일부)

[시행 2014.12.30.] [법률 제12879호, 2014.12.30., 일부개정]

제4조(관할구역) 각급 법원의 관할구역은 다음 각 호의 구분에 따라 정한다. 다만, 지방법원 또는 그 지원의 관할구역에 시·군법원을 둔 경우 「법원조직법」 제34조 제1항 제1호및 제2호의 사건에 관하여는 지방법원 또는 그 지원의 관할구역에서 해당 시·군법원의관할구역을 제외한다.

  1. 각 고등법원·지방법원과 그 지원의 관할구역: 별표 3
  2. ~7. 생략

[별표 3] 고등법원 · 지방법원과 그 지원의 관할구역 (일부)

고등법원	지방법원	지원	관할구역
서울	서울중앙		서울특별시 종로구·중구·강남구·서초구·관악구·동작구
	서울동부		서울특별시 성동구·광진구·강동구·송파구
	서울남부		서울특별시 영등포구·강서구·양천구·구로구·금천구
	서울북부		서울특별시 동대문구·중랑구·성북구·도봉구·강북구·노원구
	서울서부		서울특별시 서대문구·마포구·은평구·용산구
	의정부		의정부시·동두천시·구리시·남양주시·양주시·연천군·포천시·가평군, 강원도 철원군. 다만, 소년보호사건은 앞의 시·군 외에 고양시·파주시
		고양	고양시·파주시
	인천		인천광역시. 다만, 소년보호사건은 앞의 광역시 외에 부천시·김포시
		부천	부천시·김포시
	수원		수원시·오산시·용인시·화성시. 다만, 소년보호사건은 앞의 시 외에 성남시·하남시·평택시·이천시·안산시·광명시·시흥시·안성시·광주시·안양시·과천시·의왕시·군포시·여주시·양평군
		성남	성남시·하남시·광주시
		여주	이천시·여주시·양평군
		평택	평택시·안성시
		안산	안산시·광명시·시흥시
		안양	안양시·과천시·의왕시·군포시

상 담 일 지

접 수 번 호	2016민123	상 담 일	2016. 6. 9.
상 담 인	이병만, 김성일	연 락 처	010-1234-5607
담당변호사	김상승	사 건 번 호	

【상담내용】

1. 의뢰인은 마트를 인수하여 운영하려고 계획하던 김성일의 요청으로 1억 5,000만 원을 대여하고 나중에 마트를 인수하여 운영하게 되면 새로운 약정을 통하여 지분을 받기로 하였다.

2. 김성일은 마트를 인수하는 계약을 체결하였으나 잔금을 마련하지 못하고 인수를 사실상 포기한 상태에 있어 의뢰인은 김성일로부터 약속어음 공정증서를 받아 김성일의 계약금반환채권에 관하여 채권압류 및 추심명령을 받았다.

3. 김성일이 마트 인수에 관한 계약 체결 및 그 이후의 사실관계는 다음과 같다.

  가. 김성일은 지인의 소개로 박영숙을 알게 되었고, 박영숙이 다른 사람과 동업으로 운영하는 마트에 찾아가 보니 경영상태가 매우 좋은 것으로 생각하여 매수하기로 결정하였다.

  나. 김성일은 현금으로 5억 원 상당만 가지고 있었고, 현재 5억 원의 융자가 있는 상태로 인수하되 추가로 5억 원만 더 대출을 받을 수 있으면 충분히 인수하여 운영하고 수익을 남길 수 있다고 판단하여 계약을 체결하였다.

  다. 김성일이 위와 같이 판단한 근거는 매도인 측으로부터 교부받은 감정평가서이지만, 사실은 매도인측에서는 그 감정평가서를 보여주기만 하고 사본을 교부하려고 하지 않았으나 김성일이 대출을 받기 위하여 사본이 라도 줄 것을 요청하여 받은 것일 뿐 그 내용에 관하여 매도인측에서 분 명히 약속한 것은 아니다.

라. 김성일은 감정평가서를 가지고 동생이 대출담당자로 있는 은행에 가서 대출상담을 하였으나 현재 상태에서 3억 원 이상 대출을 받을 수 없다는 말을 들었고, 다른 은행에 가서 상담한 결과도 마찬가지였다.

마. 김성일은 5억 원이 대출되지 않으면 도저히 나머지 2억 원을 구할 상황 이 되지 못하여 계약을 포기할 수밖에 없는 상황이다.

바. 김성일은 계약교섭과정에서 박영숙과 이경숙만 만났으며, 계약서 작성시 에도 박영숙과 이경숙이 현장에 왔을 뿐 김인숙과 최정숙은 오지 않았다.

사. 박영숙은 김인숙의 불참에 관하여 양해를 구하며 자신이 모든 권한을 위 임받았다고 말하면서 동업약정서(사본) 및 위임장을 김성일에게 교부하 였고, 김성일은 지금까지 김인숙과 최정숙을 한 번도 만난 적이 없다.

아. 김인숙, 최정숙의 위임장에는 첨부서류로 인감증명서가 기재되어 있으나 김인숙, 최정숙의 인감증명서를 받지는 않았다.

【의뢰인의 요구사항】

의뢰인 이병만은 김성일이 체결한 매매계약을 무효화시키고 김성일이 반환 받을 계약금에 의한 대여금 회수를 원하고 있다.

【첨부서류】

1. 결정(압류 및 추심명령)
2. 송달증명원
3. 매매계약서

4. 영수증

5. 위임장

6. 동업약정서(사본)

7. 감정평가서(사본)

8. 등기사항전부증명서(토지)

9. 등기사항전부증명서(건물)

10. 내용증명우편(제목: 계약파기서, 발신: 김성일, 수신: 박영숙)

11. 내용증명우편(제목: 계약파기서, 발신: 김성일, 수신: 이경숙)

12. 내용증명우편(제목: 계약파기서, 발신: 김성일, 수신: 김인숙)

13. 내용증명우편(제목: 계약파기서, 발신: 김성일, 수신: 최정숙)

14. 내용증명우편(제목: 내용증명답변서, 발신: 박영숙·이경숙,
    수신: 김성일)

15. 내용증명우편(제목: 내용증명서, 발신: 김인숙·최정숙, 수신: 김성일)

종합법률사무소 다일

변호사 박조정, 양화해, 서온유, 김상승, 이승소
서울 동대문구 양진대로 777
전화 : 961-1543 팩스 : 961-1544 이메일 : sskim@daillaw.com

서울중앙지방법원
결   정

사   건   2016타채20105 채권압류 및 추심

채 권 자   이병만 (1967. 5. 5.생)

　　　　　　서울 강남구 일원동 41-3

채 무 자   김성일 (1970. 10. 23.생)

　　　　　　서울 강남구 삼성동 123

제3채무자   1. 박영숙 (1968. 11. 13.생)

　　　　　　　서울 강남구 역삼동 111

　　　　　　2. 김인숙 (1968. 3. 11.생)

　　　　　　　서울 성북구 성북동 1138

　　　　　　3. 이경숙 (1968. 5. 21.생)

　　　　　　　서울 양천구 목동 221

　　　　　　4. 최정숙 (1969. 1. 5.생)

　　　　　　　서울 동대문구 장안동 211

주   문

채무자의 제3채무자에 대한 별지 기재 채권을 압류한다.

제3채무자는 채무자에 대하여 별지 기재 채권의 지급을 하여서는 아니 된다.

채무자는 위 채권의 처분과 영수를 하여서는 아니 된다.

위 압류된 채권은 채권자가 추심할 수 있다.

청구금액

금170,000,000원(공증인가 호수합동법률사무소 증서 2016년 제4101호에 의한 약속어음금)

이   유

채권자가 위 청구금액을 변제받기 위하여 공증인가 호수합동법률사무소 증서 2016년 제4101호 약속어음 공정증서의 집행력 있는 정본에 터 잡아 한 이 사건 신청은 이유 있으므로 주문과 같이 결정한다.

정 본 입 니 다.
2016. 5. 22.
법원주사 이영진

2016. 5. 22.
사법보좌관   이효종 ㊞

주의 : 1. 채권자가 채권을 추심한 때에는 집행법원에 서면으로 추심신고를 하여야 합니다. 추심신고를 할 때까지 다른 채권자의 압류, 가압류 또는 배당요구가 없으면 추심신고에 의하여 추심한 채권 전액이 추심채권자에게 확정적으로 귀속됩니다. 그러나 추심 이후라도 추심신고 전까지 다른 채권자로부터 압류, 가압류 또는 배당요구가 있으면 이미 추심한 금액을 공탁하고 다른 채권들과 채권금액의 비율에 따라 안분하여 배당을 받도록 규정되어 있음을 유의하시기 바랍니다. (민사집행법 제236조, 제247조 제1항 제2호)

2. 추심신고서에는 사건의 표시, 채권자 · 채무자 및 제3채무자의 표시, 제3채무자로부터 지급받은 금액 및 연월일을 기재하여 주시기 바랍니다.

[별지]

압류할 채권

채무자가 제3채무자들에 대하여 가지는 서울 동대문구 회기동 102 대 850㎡ 및 그 지상 건물과 위 건물에서 운영되는 마트의 상품, 비품, 영업권에 관한 2016. 2. 13.자 매매계약상 계약금반환채권(이자 및 지연손해금 등 종된 권리 포함). 끝.

송 달 증 명 원

채권자(신 청 인)   이병만
채무자(피신청인)   김성일
제 3 채 무 자   박영숙 외 3

위 당사자간 귀원 2016타채20105 채권압류 및 추심 사건에 관하여 2016. 5. 22.
채권압류 및 추심명령이 있었는바, 동 결정정본이 2016. 5. 31. 제3채무자에게
송달되었음을 증명하여 주시기 바랍니다.

위 증명합니다.
2016년 6월 3일
서울중앙지방법원
법원주사 이영진

2016년 6월 3일

위 채권자   이병만

서울중앙지방법원 귀중

매 매 계 약 서

매도인과 매수인 쌍방은 아래 표시 부동산에 관하여 다음 계약 내용과 같이 매매계약을 체결한다.

1. 부동산의 표시

소 재 지	서울특별시 동대문구 회기동 102				
토 지	지 목	대		면 적	850㎡
건 물	구조·용도	철근콘크리트 근린생활시설		면 적	1289㎡

2. 계약내용

제 1 조 (목적) 위 부동산의 매매에 대하여 매도인과 매수인은 합의에 의하여 매매대금을 아래와 같이 지불하기로 한다.

매매대금	금 일십오억원		원정(₩ 1,500,000,000)	
계 약 금	금 이억 원정은 계약시에 지불함.			
융 자 금	금 오억 원정(농협)을 승계키로 한다.	임대보증금	총 오천만 ~~원정을~~ ~~승계키로 한다.~~	
중 도 금	~~금~~ ~~원정은~~ ~~년~~ ~~월~~ ~~일에 지불하며~~			
	~~금~~ ~~원정은~~ ~~년~~ ~~월~~ ~~일에 지불한다.~~			
잔 금	금 팔억 원정은 2016 년 4 월 1일에 지불한다.			

제 2 조 (소유권 이전 등) 매도인은 매매대금의 잔금 수령과 동시에 매수인에게 소유권이전등기에 필요한 모든 서류를 교부하고 등기절차에 협력한다.

제 3 조 (제한물권 등의 소멸) 매도인은 위의 부동산에 설정된 저당권, 지상권, 임차권 등 소유권의 행사를 제한하는 사유가 있거나, 조세공과 기타 부담금의 미납금 등이 있을 때에는 잔금 수수일까지 그 권리의 하자 및 부담 등을 제거하여 완전한 소유권을 매수인에게 이전한다. 다만, 승계하기로 합의하는 권리 및 금액은 그러하지 아니하다.

제 4 조 (지방세 등) 위 부동산에 관하여 발생한 수익의 귀속과 제세공과금 등의 부담은 위 부동산의 인도일을 기준으로 하되, 지방세의 납부의무 및 납부책임은 지방세법의 규정에 의한다.

제 5 조 (계약의 해제) 매수인이 매도인에게 중도금(중도금이 없을 때에는 잔금)을 지불하기 전까지 매도인은 계약금의 배액을 상환하고, 매수인은 계약금을 포기하고 본 계약을 해제할 수 있다.

제 6 조 (채무불이행과 손해배상) 매도자 또는 매수자가 본 계약상의 내용에 대하여 불이행이 있을 경우 그 상대방은 불이행한자에 대하여 서면으로 최고하고 계약을 해제할 수 있다. 그리고 계약당사자는 계약해제에 따른 손해보상을 각각 상대방에게 청구할 수 있으며, 손해배상에 대하여 별도의 약정이 없는 한 계약금을 손해배상의 기준으로 본다.

제 7 조 (중개수수료) 부동산중개업자는 매도인 또는 매수인의 본 계약 불이행에 대하여 책임

을 지지 않는다. 또한, 중개수수료는 본 계약체결과 동시에 계약 당사자 쌍방이 각각 지불하며, 중개업자의 고의나 과실없이 본 계약이 무효·취소 또는 해약되어도 중개수수료는 지급한다. 공동 중개인 경우에 매도인과 매수인은 자신이 중개 의뢰한 중개업자에게 각각 중개수수료를 지급한다(중개수수료는 거래가액의　0.5%로 한다).

제 8 조 (중개대상물확인·설명서 교부 등) 중개업자는 중개대상물 확인·설명서를 작성하고 업무보증관계증서(공제증서등) 사본을 첨부하여　　년　　월　　일 거래당사자 쌍방에게 교부한다.

특약사항
1. 매매의 목적물은 부동산 외에 위 부동산에서 매도인들이 동업하여 운영하는 마트의 상품 및 비품 일체, 영업권 등을 포함한 것임.
2. 매수인은 추가 융자 5억원을 받아 잔금을 지급하기로 함.

본 계약을 증명하기 위하여 계약 당사자가 쌍방 합의하에 이의 없음을 확인하고 각각 서명·날인 후 매도인, 매수인이 각 1통씩 보관한다.

2016년　2월　13일

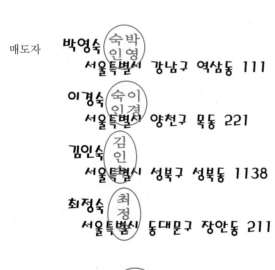

매도자　박영숙 (숙박/인영)
　　　　서울특별시 강남구 역삼동 111

　　　　이경숙 (숙이/인경)
　　　　서울특별시 양천구 목동 221

　　　　김인숙 (김/인)
　　　　서울특별시 성북구 성북동 1138

　　　　최정숙 (최/정)
　　　　서울특별시 동대문구 장안동 211

매수자　김성일 (一金/印成)
　　　　서울특별시 강남구 삼성동 123

領　收　證

금 이억 (200,000,000) 원정

위 금액을 서울특별시 동대문구 회기동 102번지 토지 및
건물 등 매매계약금으로 정히 영수함.

2016. 2. 13.

영수인 박영숙 외 3인 (박안영) (이인경)

김성일 귀하

위 임 장

피위임인 : 박영숙(681113-2010112)
　　　　　서울특별시 강남구 역삼동 111

위임인은 피위임인에 대하여 아래에 기재한 위임사무에 관하여 위임하였음을 확
인합니다.

- 아 래 -

위임사무 : 서울특별시 동대문구 회기동 102 토지, 지상 건물, 위 건물에 있는
마트의 상품 및 비품 일체, 영업권 등에 관한 매매계약의 체결

(첨부서류 : 인감증명서)

2016년 2월 12일

　　　　위임인　　　김인숙(680311-2010127)　(김인)
　　　　　　　　　　서울특별시 성북구 성북동 1138

　　　　　　　　　　최정숙(690105-2012567)　　(최정숙)
　　　　　　　　　　서울특별시 동대문구 장안동 211

동업약정서

박영숙(681113-2010112, 경기도 성남시 분당구 서현동 111), 이경숙(680521-2011711, 경기도 안산시 단원구 고잔동 221), 김인숙(680311-2010127, 경기도 부천시 원미구 중동 1138), 최정숙(690105-2012567, 서울특별시 동대문구 장안동 211)은 다음과 같은 내용으로 동업하기로 합의하며, 이를 증명하기 위하여 본 약정서 4부를 작성하고 각자 1부씩 나누어 보관하기로 한다.

1. 동업장소

   서울특별시 동대문구 회기동 102

   지하 1층 568㎡ 점포 및 1층 568㎡ 점포

2. 소유관계

   현재 서울특별시 동대문구 회기동 102 토지 및 지상건물이 경매에 나와 있으므로, 이를 각자 4분의 1 지분으로 낙찰받기로 함.

3. 업종

   위 동업장소는 경매개시 전 마트가 운영되던 곳으로서, 그 시설을 활용하여 마트를 운영하기로 함.

4. 출자 및 이익분배

   공동사업을 위한 출연 및 이익의 분배는 각자 2분의 1씩 동일함.

2012. 4. 30.

박영숙

이경숙

김인숙

최정숙

사 본

감 정 평 가 서

2016. 2. 10.

(주)열린감정평가사사무소

사 본

감정평가의 결과 (요지)

서울특별시 동대문구 회기동 102 토지 및 지상건물(건물 지하 1층 및 지상 1층에서 운영되는 마트의 시설물 포함)의 시가는 18억원 상당임. 끝.

등기사항전부증명서(말소사항 포함) - 토지

[토지] 서울특별시 동대문구 회기동 102

고유번호 1152-1996-531218

【 표 제 부 】 (토지의 표시)

표시번호	접 수	소 재 지 번	지 목	면 적	등기원인 및 기타사항
1 (전2)	1983년4월11일	서울특별시 동대문구 회기동 102	대	850㎡	부동산등기법 제177조의6 제1항의 규정에 의하여 2000년 9월 15일 전산이기

【 갑 구 】 (소유권에 관한 사항)

순위번호	등 기 목 적	접 수	등기원인	권리자 및 기타사항
1 (전4)	소유권이전	1982년11월20일 제2278호	1982년9월22일 매매	소유자 정성진 480920-1****** 서울 서초구 반포동 423
				부동산등기법 제177조의6 제1항의 규정에 의하여 2000년 9월 15일 전산이기
2	임의경매개시결정	2011년12월5일 제108330호	2011년12월1일 서울북부지방법원 임의경매 개시결정(2011타경12345)	채권자 농업협동조합 서울 중구 을지로1가 101-1 (여신관리부)

* 실선으로 그어진 부분은 말소사항을 표시함.   * 등기부에 기록된 사항이 없는 갑구 또는 을구는 생략함.

[인터넷 발급] 문서 하단의 바코드를 스캐너로 확인하거나, 인터넷등기소(http://www.iros.go.kr)의 발급확인 메뉴에서 발급확인번호를 입력하여 위·변조 여부를 확인할 수 있습니다. 발급확인번호를 통한 확인은 발행일로부터 3개월까지 5회에 한하여 가능합니다.

발행번호 123456789A123456789B123456789C121   1/3   발급확인번호 ALTQ-COHX-3570   발행일 2016/06/09

[토지] 서울특별시 동대문구 회기동 102 고유번호 1152-1996-531218

순위번호	등 기 목 적	접 수	등기원인	권리자 및 기타사항
3	소유권이전	2012년6월7일 제109341호	2012년5월31일 임의경매로 인한 낙찰	공유자 지분4분의 1 박영숙 681113-2****** 　서울 강남구 역삼동 111 지분4분의 1 김인숙 680311-2****** 　서울 성북구 성북동 1138 지분4분의 1 이경숙 680521-2****** 　서울 양천구 목동 221 지분4분의 1 최정숙 690105-2****** 　서울 동대문구 장안동 211
4	임의경매개시결정등 기 말소	2012년6월7일 제109341호	2012년5월31일 임의경매로 인한 낙찰	

【　을　　　　　　구　】			(소유권 이외의 권리에 관한 사항)	
순위번호	등 기 목 적	접 수	등기원인	권리자 및 기타사항
1	근저당권설정	2009년2월11일 제45235호	2009년2월10일 설정계약	채권최고액 금 250,000,000원 채무자 김수로 720304-1****** 　서울 동대문구 휘경동 100 근저당권자 농업협동조합 　서울 중구 을지로1가 101-1 　(여신관리부) 공동담보 건물 서울특별시 동대문구 회가 동 102

[토지] 서울특별시 동대문구 회기동 102   고유번호 1152-1996-531218

순위번호	등 기 목 적	접 수	등기원인	권리자 및 기타사항
2	1번근저당권설정 등기 말소	2012년5월31일 제109341호	2012년5월31일 임의경매로 인한 낙찰	

3	근저당권설정	2012년5월31일 제109342호	2012년5월31일 설정계약	채권최고액 금 750,000,000원
				채무자 박영숙 681113-2******
				    서울 강남구 역삼동 111
				    김인숙 680311-2******
				    서울 성북구 성북동 1138
				    이경숙 680521-2******
				    서울 양천구 목동 221
				    최정숙 690105-2******
				    서울 동대문구 장안동 211
				근저당권자 농업협동조합
				    서울 중구 을지로1가 101-1
				    (여신관리부)
				공동담보 건물 서울특별시 동대문구 회기동 102

―― 이 하 여 백 ――

수수료 금 1,000원 영수함   관할등기소 서울북부지방법원 동대문등기소/
                                                     발행등기소 법원행정처 등기정보중앙관리소

이 증명서는 부동산 등기기록의 내용과 틀림없음을 증명합니다.
        서기 2016년 06월 09일
      법원행정처 등기정보중앙관리소   전산운영책임관

* 실선으로 그어진 부분은 말소사항을 표시함.   * 등기부에 기록된 사항이 없는 갑구 또는 을구는 생략함.

[인터넷 발급] 문서 하단의 바코드를 스캐너로 확인하거나, **인터넷등기소(http://www.iros.go.kr)의 발급확인** 메뉴에서 **발급확인번호**를 입력하여
위·변조 여부를 확인할 수 있습니다. **발급확인번호**를 통한 확인은 발행일로부터 3개월까지 5회에 한하여 가능합니다.

발행번호 123456789A123456789B123456789C121   3/3   발급확인번호 ALTQ-COHX-3570   발행일 2016/06/09

등기사항전부증명서(말소사항 포함) - 건물

[건물] 서울특별시 동대문구 회기동 102

고유번호 1152-1996-531221

【표　제　부】　(건물의 표시)

표시번호	접　수	소 재 지 번	건 물 내 역	등기원인 및 기타사항
~~1~~	~~2000년3월31일~~	~~서울특별시 동대문구 회기동 102~~	~~철근콘크리트조 평슬래브지붕 2층 근린생활시설 지하1층 568㎡ 점포 1층 568㎡ 점포 2층 153㎡ 사무실~~	
2	2012년12월5일	서울특별시 동대문구 회기동 102 [도로명주소] 서울특별시 동대문구 회기로12나길 25	철근콘크리트조 평슬래브지붕 2층 근린생활시설 지하1층 568㎡ 점포 1층 568㎡ 점포 2층 153㎡ 사무실	도로명주소

【갑　　　구】　(소유권에 관한 사항)

순위번호	등 기 목 적	접　수	등기원인	권리자 및 기타사항
1	소유권보존	2000년3월31일 제5278호		소유자 정성진 480920-1****** 서울 서초구 반포동 423
2	~~임의경매개시결정~~	~~2011년12월5일 제108330호~~	~~2011년12월1일 서울북부지방법 원 임의경매개시 결정(2011타경 12345)~~	~~채권자 농업협동조합 서울 중구 을지로1가 101-1 (여신관리부)~~

* 실선으로 그어진 부분은 말소사항을 표시함.　* 등기부에 기록된 사항이 없는 갑구 또는 을구는 생략함.

[인터넷 발급] 문서 하단의 바코드를 스캐너로 확인하거나, **인터넷등기소(http://www.iros.go.kr)의 발급확인** 메뉴에서 **발급확인번호**를 입력하여 **위·변조 여부를 확인할 수 있습니다. 발급확인번호**를 통한 확인은 발행일로부터 3개월까지 5회에 한하여 가능합니다.

발행번호 123456789A123456789B123456789C122　　　1/3　　　발급확인번호 ALTQ-COHX-3570　　　발행일 2016/06/09

[건물] 서울특별시 동대문구 회기동 102   고유번호 1152-1996-531221

순위번호	등 기 목 적	접 수	등기원인	권리자 및 기타사항

3	소유권이전	2012년5월31일
		제109341호
			2012년5월31일
			임의경매로 인한
			낙찰
				공유자
				 지분4분의 1
				 박영숙 681113-2******
				   서울 강남구 역삼동 111
				 지분4분의 1
				 김인숙 680311-2******
				   서울 성북구 성북동 1138
				 지분4분의 1
				 이경숙 680521-2******
				   서울 양천구 목동 221
				 지분4분의 1
				 최정숙 690105-2******
				   서울 동대문구 장안동 211

4	임의경매개시결정등기 말소	2012년6월7일 제109341호	2012년5월31일 임의경매로 인한 낙찰	

【 을 　 구 】				(소유권 이외의 권리에 관한 사항)
순위번호	등 기 목 적	접 수	등기원인	권리자 및 기타사항

1	근저당권설정	2009년2월11일
		제45235호
			2009년2월10일
			설정계약
				채권최고액 금 250,000,000원
				채무자 김수로 720304-1******
				  서울 동대문구 휘경동 100
				근저당권자 농업협동조합
				  서울 중구 을지로1가 101-1
				  (여신관리부)
				공동담보 건물 서울특별시 동대문구 회가
				  동 102

발행번호 123456789A123456789B123456789C122   2/3   발급확인번호 ALTQ-COHX-3570   발행일 2016/06/09

[건물] 서울특별시 동대문구 회기동 102   고유번호 1152-1996-531221

순위번호	등 기 목 적	접 수	등기원인	권리자 및 기타사항
2	1번근저당권설정 등기 말소	2012년6월7일 제109341호	2012년5월31일 임의경매로 인한 낙찰	
3	근저당권설정	2012년5월31일 제109342호	2012년5월31일 설정계약	채권최고액 금 750,000,000원 채무자 박영숙 681113-2****** 　서울 강남구 역삼동 111 김인숙 680311-2****** 　서울 성북구 성북동 1138 이경숙 680521-2****** 　서울 양천구 목동 221 최정숙 690105-2****** 　서울 동대문구 장안동 211 근저당권자 농업협동조합 　서울 중구 을지로1가 101-1 　(여신관리부) 공동담보 토지 서울특별시 동대문구 회기 동 102

— 이 하 여 백 —

수수료 금 1,000원 영수함   관할등기소 서울북부지방법원 동대문등기소/
                                               발행등기소 법원행정처 등기정보중앙관리소

이 증명서는 부동산 등기기록의 내용과 틀림없음을 증명합니다.
       서기 2016년 06월 09일
      법원행정처 등기정보중앙관리소   전산운영책임관

* 실선으로 그어진 부분은 말소사항을 표시함.   * 등기부에 기록된 사항이 없는 갑구 또는 을구는 생략함.

[인터넷 발급] 문서 하단의 바코드를 스캐너로 확인하거나, **인터넷등기소(http://www.iros.go.kr)의 발급확인** 메뉴에서 **발급확인번호**를 입력하여 **위·변조 여부를 확인**할 수 있습니다. 발급확인번호를 통한 확인은 발행일로부터 3개월까지 5회에 한하여 가능합니다.

발행번호 123456789A123456789B123456789C122   3/3   발급확인번호 ALTQ-COHX-3570   발행일 2016/06/09

계약파기서

발신인 : 김성일

　　　　서울특별시 강남구 삼성동 123

수신인 : 박영숙

　　　　서울특별시 강남구 역삼동 111

귀사의 건승을 기원합니다.

발신인은 귀하와 2016. 2. 13. 서울특별시 동대문구 회기동 102 토지 및 지상건물과 그 건물 1층 및 지하 1층에서 운영중인 마트 시설 및 운영권 등에 관하여 대금 15억원으로 매매계약을 체결하였습니다.

매매계약을 체결할 당시 귀하는 감정평가서를 제시하면서 현상태로 은행에서 융자를 5억원을 받을 수 있다고 장담하신 바 있습니다. 그런데 발신인이 은행에 매매계약을 체결한 후 은행에 가서 대출상담을 받았으나 위 토지 및 건물에 관하여 3억원 이상 대출을 받을 수 없다는 것입니다.

발신인은 5억원의 대출을 받을 수 있다는 귀하의 말만 믿고 매매계약을 체결하였으나 이제 잔금을 마련할 수 없어 부득이 본 계약을 파기하고자 합니다. 이는 귀하의 잘못된 정보제공으로 인한 것이므로 모든 책임은 귀하에게 있음을 밝히는 바입니다.

발신인도 마음이 아프지만 어쩔 수 없는 선택임을 양해하여 주시기 바랍니다.

2016. 3. 15.

발신인 김성일 (一金印成)

계약파기서

발신인 : 김성일

　　　　서울특별시 강남구 삼성동 123

수신인 : 이경숙

　　　　서울특별시 양천구 목동 221

귀사의 건승을 기원합니다.

발신인은 귀하와 2016. 2. 13. 서울특별시 동대문구 회기동 102 토지 및 지상건물과 그 건물 1층 및 지하 1층에서 운영중인 마트 시설 및 운영권 등에 관하여 대금 15억원으로 매매계약을 체결하였습니다.

매매계약을 체결할 당시 귀하는 감정평가서를 제시하면서 현상태로 은행에서 융자를 5억원을 받을 수 있다고 장담하신 바 있습니다. 그런데 발신인이 은행에 매매계약을 체결한 후 은행에 가서 대출상담을 받았으나 위 토지 및 건물에 관하여 3억원 이상 대출을 받을 수 없다는 것입니다.

발신인은 5억원의 대출을 받을 수 있다는 귀하의 말만 믿고 매매계약을 체결하였으나 이제 잔금을 마련할 수 없어 부득이 본 계약을 파기하고자 합니다. 이는 귀하의 잘못된 정보제공으로 인한 것이므로 모든 책임은 귀하에게 있음을 밝히는 바입니다.

발신인도 마음이 아프지만 어쩔 수 없는 선택임을 양해하여 주시기 바랍니다.

2016. 3. 15.

발신인 김성일

이 우편물은 2016-03-15
제3112902073568호에 의하여
내용증명 우편물로 발송하였음을 증명함
서울강남우체국장　　　●대한민국 KOREA

계약파기서

발신인 : 김성일

　　　　서울특별시 강남구 삼성동 123

수신인 : 김인숙

　　　　서울특별시 성북구 성북동 1138

귀사의 건승을 기원합니다.

발신인은 귀하의 대리인 박영숙과 2016. 2. 13. 서울특별시 동대문구 회기동 102 토지 및 지상건물과 그 건물 1층 및 지하 1층에서 운영중인 마트 시설 및 운영권 등에 관하여 대금 15억원으로 매매계약을 체결하였습니다.

매매계약을 체결할 당시 귀하의 대리인 박영숙은 감정평가서를 제시하면서 현상태로 은행에서 융자를 5억원을 받을 수 있다고 장담하신 바 있습니다. 그런데 발신인이 은행에 매매계약을 체결한 후 은행에 가서 대출상담을 받았으나 위 토지 및 건물에 관하여 3억원 이상 대출을 받을 수 없다는 것입니다.

발신인은 5억원의 대출을 받을 수 있다는 박영숙의 말만 믿고 매매계약을 체결하였으나 이제 잔금을 마련할 수 없어 부득이 본 계약을 파기하고자 합니다. 이는 귀하의 잘못된 정보제공으로 인한 것이므로 모든 책임은 귀하에게 있음을 밝히는 바입니다.

발신인도 마음이 아프지만 어쩔 수 없는 선택임을 양해하여 주시기 바랍니다.

2016. 3. 15.

발신인 김성일 (一金印成)

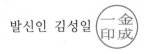

이 우편물은 2016-03-15
제3112902073569호에 의하여
내용증명 우편물로 발송하였음을 증명함
서울강남우체국장　　ⓚ대한민국 KOREA

계약파기서

발신인 : 김성일
         서울특별시 강남구 삼성동 123
수신인 : 최정숙
         서울특별시 동대문구 장안동 211

귀사의 건승을 기원합니다.

발신인은 귀하의 대리인 박영숙과 2016. 2. 13. 서울특별시 동대문구 회기동 102 토지 및 지상건물과 그 건물 1층 및 지하 1층에서 운영중인 마트 시설 및 운영권 등에 관하여 대금 15억원으로 매매계약을 체결하였습니다.

매매계약을 체결할 당시 귀하의 대리인 박영숙은 감정평가서를 제시하면서 현상태로 은행에서 융자를 5억원을 받을 수 있다고 장담하신 바 있습니다. 그런데 발신인이 은행에 매매계약을 체결한 후 은행에 가서 대출상담을 받았으나 위 토지 및 건물에 관하여 3억원 이상 대출을 받을 수 없다는 것입니다.

발신인은 5억원의 대출을 받을 수 있다는 박영숙의 말만 믿고 매매계약을 체결하였으나 이제 잔금을 마련할 수 없어 부득이 본 계약을 파기하고자 합니다. 이는 귀하의 잘못된 정보제공으로 인한 것이므로 모든 책임은 귀하에게 있음을 밝히는 바입니다.

발신인도 마음이 아프지만 어쩔 수 없는 선택임을 양해하여 주시기 바랍니다.

2016. 3. 15.

발신인 김성일 (一金印成)

이 우편물은 2016-03-15
제3112902073570호에 의하여
내용증명 우편물로 발송하였음을 증명함
서울강남우체국장 　대한민국 KOREA

내용증명 답변서

발신인 : 박영숙
　　　　서울특별시 강남구 역삼동 111
　　　　이경숙
　　　　서울특별시 양천구 목동 221
수신인 : 김성일
　　　　서울특별시 강남구 삼성동 123

귀하의 내용증명서는 잘 받았습니다.

귀하는 발신인이 제시한 감정평가서를 근거로 계약을 파기한다고 주장하나, 발신인도 대출상담한 은행으로부터 그 감정서를 받았을 뿐이고, 귀하의 간곡한 요청에 따라 교부하면서 참고용으로만 사용하라고 신신당부한 사실을 귀하가 더 잘 아시리라 믿습니다. 귀하는 계약을 체결하기 전에 발신인으로부터 충분한 설명을 들었을 뿐만 아니라 수차례 현장방문도 하는 등으로 사전조사를 하였으므로 이제 와서 참고용으로 제시한 감정서를 근거로 계약을 파기하는 것은 받아들일 수 없습니다.

당초 계약내용대로 잔금을 이행하여 주시기 바라며, 만일 잔금이행이 안 될 시에는 부득이 법적조치를 취하지 않을 수 없음을 밝힙니다.

2016. 3. 25.

발신인 박영숙 ㉺ (숙박인영)　이경숙 ㉺ (숙이인경)

이 우편물은 2016-03-25
제31129020073777호에 의하여
내용증명 우편물로 발송하였음을 증명함
서울강남우체국장　◉대한민국 KOREA

내 용 증 명 서

발신인 : 김인숙
　　　　서울특별시 성북구 성북동 1138
　　　　최정숙
　　　　서울특별시 동대문구 장안동 211
수신인 : 김성일
　　　　서울특별시 강남구 삼성동 123

귀하가 보낸 내용증명서에 대한 답변입니다.

발신인들은 서울특별시 동대문구 회기동 102에서 박영숙, 김인숙과 동업하여 마트를 운영하고 있는 것은 사실이며, 동업자들 사이에 마트를 매각하자고 논의한 것도 사실입니다. 그러나 발신인들은 박영숙에게 부동산 및 마트의 영업권을 매매하는데 대하여 권한을 위임한 사실이 전혀 없습니다. 귀하의 내용증명을 받고 박영숙이 발신인들의 막도장을 새겨서 계약을 체결한 사실을 알게 되었고, 현재 그 계약내용에 관하여 검토하면서 숙고하고 있는 중입니다.

현 상황에서 발생한 문제는 발신인들과는 전혀 관련이 없으며, 오로지 박영숙이 책임을 져야 할 부분인바, 발신인들이 계약에 대하여 최종적으로 결정을 내릴 때까지는 발신인들에게 아무런 법적 책임이 없음을 밝히는 바입니다.

2016년 4월 8일

발신인　김인숙 ㊞　최정숙 ㊞

> 이 우편물은 2016-04-08
> 제3568311290207호에 의하여
> 내용증명 우편물로 발송하였음을 증명함
> 서울성북우체국장　◎대한민국 KOREA

기록 끝

소   장

원 고   이병만[1]
　　　　서울 강남구 일원동 41-3

　　　　소송대리인 변호사 김상승
　　　　서울 동대문구 양진대로 777
　　　　전화 : 961-1543 팩스 : 961-1544 이메일 : sskim@daillaw.com

피 고   1. 박영숙
　　　　　 서울 강남구 역삼동 111[2]
　　　　2. 이경숙
　　　　　 서울 양천구 목동 221

추심금 청구의 소

---

1) 채권에 대한 압류 및 추심명령이 있으면 제3채무자에 대한 이행의 소는 추심채권자만이 제기할 수 있고 채무자는 피압류채권에 대한 이행소송을 제기할 당사자적격을 상실하므로(대법원 2010. 11. 25. 선고 2010다64877 판결), 이 사건에서 김성일의 피고들에 대한 계약금반환청구의 원고적격은 추심채권자인 이병만에게 있고, 집행채무자인 김성일은 당사자적격을 상실하여 원고가 될 수 없다(요건사실론, 142면). 자세한 것은 쟁점해설 참조.
2) 피고들의 주소에 관한 기재가 동업계약서와 부동산 등기기록 등에 서로 다르게 되어 있는바, 변경 후의 주소로 추정되는 부동산 등기기록 및 내용증명우편의 수신지가 정확할 것이다.

청 구 취 지

1. 피고들은 연대하여[3] 원고에게 200,000,000원[4] 및 이에 대한 2016. 2. 13.부터 소장 부본 송달일까지는 연 6%의,[5] 그 다음날부터 다 갚을 때까지는 연 15%의 각 비율로 계산한 돈을 지급하라.
2. 소송비용은 피고들이 부담한다.
3. 제1항은 가집행할 수 있다.
   라는 판결을 구합니다.

청 구 원 인

1. 소외 김성일의 계약금반환채권[6]

가. 계약무효로 인한 계약금반환채권

1) 피고들과 소외 김인숙, 최정숙은 서울 동대문구 회기동 102 토지(대 850㎡) 및 그 지상 건물(지하 1층, 지상 2층)에 관하여 지분 각 1/4씩 소유하고 있으며(이하 '이 사건 부동산'이라 약칭함), 위 건물의 지하 1층과 지상 1층에서 동업하여 마트를 운영하고 있습니다(갑 제2호증의 1 : 토지등기사항증명서, 갑 제2호증의 2 : 건물등기사항증명서).

2) 소외 김성일은 2016. 2. 13. 피고들로부터 피고들 및 소외 김인숙, 최정숙이

---

3) 조합의 채무는 조합원의 채무로서 특별한 사정이 없는 한 조합채권자는 각 조합원에 대하여 지분의 비율에 따라 또는 균일적으로 변제의 청구를 할 수 있을 뿐이지만(민법 제712조), 조합채무가 조합원 전원을 위하여 상행위가 되는 행위로 인하여 부담하게 된 것이라면 그 채무에 관하여 조합원들에 대하여 상법 제57조 제1항을 적용하여 연대책임을 인정함이 상당하다(대법원 1992. 11. 27. 선고 92다30405 판결). 이 사건 매매계약은 상행위이며 피고들의 채무는 그 상행위의 무효로 인하여 발생한 부당이득반환의무이므로 민법의 특별법인 상법 제57조를 적용하여 '연대'로 하는 것이 정확할 것이다. 자세한 것은 쟁점해설 참조.
4) 추심권의 범위는 추심명령에서 특별히 한정하지 않은 이상 피압류채권의 전액에 미치므로(요건사실론, 142면), 이병만의 채권이 1억7,000만 원에 불과하더라도 피압류채권인 2억 원 전체에 대하여 추심권을 행사할 수 있다.
5) 상행위로 인한 채무의 법정이율은 연 6%이다(상법 제54조). 자세한 것은 쟁점해설 참조.
6) 추심금청구의 요건사실은 ① 추심채권의 존재, ② 추심명령, ③ 제3채무자에 대한 송달이다(요건사실론, 142면).

공동소유하고 있는 위 부동산 및 동업으로 운영하고 있는 마트의 모든 상품 및 시설물과 영업권 일체에 관하여 매수하는 계약(이하 '이 사건 계약'이라 약칭함)을 체결하였습니다. 위 계약에서 소외 김성일과 피고들은 총 대금을 15억 원으로 약정하고, 소외 김성일은 계약금 2억 원을 계약체결시에 피고들에게 지급하였으며, 중도금 없이 잔금을 13억 원으로 하되 피고들이 위 부동산에 관하여 근저당권을 설정하고 농협으로부터 대출받은 5억 원의 채무를 소외 김성일이 인수하고 나머지 잔금 8억 원은 2016. 4. 1.에 지급하기로 약정하였습니다(갑 제2호증 : 매매계약서, 갑 제3호증 : 영수증).

3) 그런데 이 사건 계약을 체결할 당시 피고들만이 현장에 나왔고, 나머지 동업자인 소외 김인숙, 최정숙은 오지 않았는바, 피고 박영숙은 소외 김인숙, 최정숙으로부터 모든 권한을 위임받았다고 말하면서 위임장 및 동업약정서 사본을 소외 김성일에게 제시하였습니다(갑 제5호증 : 동업약정서 사본).

4) 피고들과 소외 김인숙, 최정숙은 이 사건 부동산을 공유하면서 지분 각 1/4씩 보유하고 있고, 지상 건물의 지하 1층과 지상 1층에서 동업하여 마트를 운영하고 있는바, 이들 사이의 법률관계는 민법상 조합계약에 해당한다고 할 것입니다.[7) 조합재산의 처분은 조합의 통상사무에 해당하지 않는 사무로서 그 업무집행은 조합원의 과반수로써 결정하여야 하므로, 피고들과 소외 김인숙, 최정숙은 마트운영을 공동사업으로 하는 조합원으로서 그 조합재산을 처분하려면 과반수, 즉 3명 이상의 찬성이 있어야 합니다. 그러나 소외 김인숙, 최정숙은 박영숙에 대한 위임사실을 부인하고 있는바, 조합원 중 절반에 해당하는 피고들만이 계약에 유효한 의사를 표시하였고 피고 박영숙은 대리권 없이 소외 김인숙 및 최정숙을 대리하였으므로 이 사건 계약은 무효라고 할 것입니다.

5) 또한, 현재까지 소외 김인숙, 최정숙은 위 무권대리행위에 관하여 추인한 사실이 없는바, 소외 김성일은 무권대리에 의한 이 사건 계약에 관하여 의사표

---

7) 대법원 2009. 12. 24. 선고 2009다57064 판결, 대법원 2002. 6. 14. 선고 2000다30622 판결. 위 판례의 법리를 종합하면, 이 사건 부동산에 관한 피고들의 소유관계가 제3자인 김성일과의 관계에서는 공유로 취급될 것이지만, 의뢰인이 계약의 무효를 주장하여 지급한 계약금반환을 원하고 있어 원고 입장에서는 이 사건 계약의 무효를 주장하여야 하므로, 원고 스스로 피고들의 내부관계인 합유관계를 주장하는 것은 법리상 문제가 없다고 판단된다. 자세한 것은 쟁점해설 참조.

시를 철회하는 바입니다.[8] 따라서 이 사건 계약은 추인할 수 없게 되어 무효가 확정되었다고 할 것입니다.

6) 이에 대하여 피고들은 소외 김인숙, 최정숙의 행위가 없었다고 하더라도 이 사건 계약은 피고들의 지분에 관하여 유효한 것이라고 주장할 수 있으나, 합유자는 전원의 동의없이 합유물에 대한 지분을 처분하지 못하므로[9] 위 주장은 이유 없습니다.

7) 결국 이 사건 계약은 무효이므로 계약금 2억 원을 지급받은 피고들은 이를 부당이득으로 반환하여야 하며, 위 피고들은 이 사건 계약이 무효여서 법률상 원인이 없다는 것을 알고 있는 악의의 수익자이므로 민법 제748조 제2항에 기하여 그 받은 이익에 연 6%[10]의 법정이율에 따른 이자[11]를 붙여 반환하여야 할 의무가 있습니다.

나. 착오취소로 인한 계약금반환채권[12]

1) 피고 박영숙에게 소외 김인숙, 최정숙의 대리권이 존재하거나 이들이 계약을 추인함으로써, 이 사건 계약은 유효하게 되는 경우라도 다음과 같은 이유로 계약금반환채권은 발생합니다.

2) 소외 김성일과 피고들은 이 사건 계약을 체결하면서 특약사항으로 매수인은 추가 융자 5억 원을 받아 잔금을 지급하기로 약정하였고, 피고들은 소외 김성

---

8) 추심명령을 받은 채권자는 압류된 채권의 추심에 필요한 채무자의 일체의 권리(해제권, 해지권, 취소권, 경매신청권 등)를 행사할 수 있다(법원실무제요 민사집행[III], 370면; 이시윤, 민사집행법, 430면). 원고는 무권대리행위의 상대방인 채무자 김성일이 가지는 민법 제134조 소정의 철회권을 추심에 필요한 행위로 행사하는 것이다. 자세한 것은 쟁점해설 참조.

9) 합유자는 전원의 동의없이 합유물에 대한 지분을 처분하지 못한다(민법 제273조 제1항).

10) 상행위로 인한 채무의 법정이율은 연 6%이다(상법 제54조). 다만, 부당이득반환청구권(법정채권)은 상인 간에 발생하였다고 하더라도 본조의 적용대상이 아니라는 설이 있다(이철송, 상법총칙·상행위, 321면). 자세한 것은 쟁점해설 참조.

11) 악의의 수익자는 그 받은 이익에 이자를 붙여 반환하고 손해가 있으면 이를 배상하여야 한다(민법 제748조 제2항). 다만, 피고들의 선의의 수익자인 경우에는 그 받은 이익이 현존하는 한도에서 반환할 책임이 있는바(민법 제748조 제1항), 수익이 금전인 경우에는 현존하는 것으로 추정한다(대법원 1987. 8. 18. 선고 87다카768 판결).

12) 피압류채권은 계약의 무효 또는 취소에 따라 기지급한 계약금에 관한 부당이득반환채권인바, 부당이득반환청구에서 채무자가 채권 소멸의 원인으로 주장할 수 있는 사유가 여러 가지인 경우 이들은 법률상의 원인 없는 사유에 관하여 공격방법이 다른 데 지나지 않는다(대법원 2008. 2. 29. 선고 2007다49960 판결).

일의 융자를 위하여 이 사건 부동산에 관한 시가가 18억 원 상당이라는 요지의
감정평가서(사본)를 소외 김성일에게 교부하였습니다(갑 제4호증 : 감정평가서).
이에 소외 김성일은 위 계약을 체결하는 과정에서 이 사건 부동산의 시가가
18억 원에 달할 뿐만 아니라 이 사건 건물 지하 1층 및 지상 1층에 마트가 운
영되고 있으므로 이를 담보로 제공한다면 추가 융자 5억 원이 가능할 것으로
판단하고 현실적으로 지급할 잔금 3억 원을 준비한 상태에서 이 사건 계약을
체결하게 되었던 것입니다.

3) 소외 김성일은 이 사건 계약을 체결한 이후 동생이 대출담당자로 재직하는
은행에 가서 이 사건 부동산에 관한 담보대출에 관하여 상담하였으나 최대한
3억 원만 대출을 받을 수 있다는 말을 들었고, 다른 은행에서도 마찬가지였습
니다.

4) 이 사건 계약을 체결할 당시 이 사건 부동산의 소유자인 피고들도 소외 김성
일이 이 사건 부동산을 담보로 5억 원을 대출받아 잔금을 지급한다는 사실을
알았을 뿐만 아니라 특약사항에까지 기재한 점, 피고들이 이 사건 부동산의
시가가 18억 원에 이른다는 감정서(사본)를 교부한 점 등으로 인하여 소외 김
성일은 이 사건 부동산을 담보로 제공하고 5억 원을 대출받을 수 있을 것으
로 믿고 계약금으로 지급한 2억 원을 포함하여 5억 원을 실제로 지급할 돈으
로 준비하고 이 사건 계약을 체결하게 되었습니다. 그런데 이 사건 부동산에
관한 담보대출이 3억 원에 불과하고 예상하였던 5억 원이 불가능하게 되어
소외 김성일로서는 2억 원을 조달하지 못할 상황에 이르게 되었는바, 소외 김
성일은 법률행위(계약)의 중요부분에 관한 착오가 있었고, 그 착오에 기하여
이 사건 계약에 관한 의사표시를 하게 되었습니다.

5) 소외 김성일의 위 착오가 법률행위의 내용이 아닌 동기에 불과할 수도 있으
나, 이 사건 계약서에서 특약사항으로 소외 김성일이 5억 원을 추가대출받아
잔금을 지급하기로 명시한 점, 위 대출을 위하여 피고들이 소외 김성일에게
감정평가서(사본)를 교부한 점 등에 비추어 위 내용은 이 사건 계약의 내용으
로 편입되었다고 할 것입니다. 가사, 계약의 내용으로 되지 않아 동기에 불과
하다고 하더라도 적어도 그 동기가 표시됨으로써 계약내용이 되었다고 하겠
습니다.

6) 또한, 피고들은 이 사건 계약에 관한 의사표시를 함에 있어 소외 김성일에게

중대한 과실이 있다고 주장할 수 있으나, 이 사건 부동산의 소유자인 피고들이 이 사건 계약을 체결함에 있어 소외 김성일이 추가융자 5억 원을 받아 잔금을 지급한다는 점을 특약사항에 명시하였고, 나아가 추가융자에 도움을 줄 목적으로 이 사건 부동산의 시가가 18억 원이라는 요지의 감정평가서(사본)를 소외 김성일에게 교부하기까지 하였던 점에 비추어 소외 김성일은 5억 원의 추가융자가 가능하다고 믿을 수밖에 없는 상황이었습니다. 따라서 소외 김성일에게 중대한 과실이 있다고 할 수는 없습니다.

7) 위와 같이 이 사건 매매계약에 대한 소외 김성일의 의사표시는 착오에 기한 것으로서 소외 김성일은 피고들에 대하여 취소의 의사를 표시하였고(갑 제6호증의 1~3 : 각 계약파기서), 그 의사표시가 인정되지 않는다면 원고는 추심권능에 기하여 이 소장으로 취소의 의사를 표시하는 바입니다.[13] 따라서 이 사건 계약은 소급하여 무효로 되었습니다. 그리고 부당이득반환의 범위는 계약이 무효인 경우와 같다고 할 것입니다.

다. 피고들의 중첩적 채무관계

1) 앞서 본 바와 같은 피고들의 소외 김성일에 대한 계약금 2억 원에 대한 반환채무는 조합의 채무로서 특별한 사정이 없는 한 조합채권자는 각 조합원에 대하여 지분의 비율에 따라 또는 균일적으로 변제의 청구를 할 수 있을 뿐이지만 조합채무가 조합원 전원을 위하여 상행위가 되는 행위로 인하여 부담하게 된 것이라면 그 채무에 관하여 조합원들에 대하여 상법 제57조 제1항을 적용하여 연대책임을 인정함이 상당합니다.[14] 또한, 본래 상행위로 인하여 발생한 채무의 일부 또는 전부가 부당이득이 될 경우 그 반환채무도 상법 제57조 제1항의 적용대상이라는 것이 법리입니다.[15]

2) 그렇다면 피고들은 연대하여 소외 김성일에게 이 사건 매매계약 체결 후 지급받은 계약금 2억 원을 부당이득으로 반환하여야 하며, 여기에 위 계약금 수

---

13) 추심명령을 받은 채권자는 압류된 채권의 추심에 필요한 채무자의 일체의 권리(해제권, 해지권, 취소권, 경매신청권 등)를 행사할 수 있다(법원실무제요 민사집행[III], 370면; 이시윤, 민사집행법, 430면). 자세한 것은 쟁점해설 참조.

14) 대법원 1992. 11. 27. 선고 92다30405 판결. 자세한 것은 쟁점해설.

15) 대법원 1976. 12. 14. 선고 76다2212 판결; 이철송, 상법총칙·상행위, 374면. 자세한 것은 쟁점해설 참조.

령일로부터 이 소장 수령일까지는 상법이 정하는 연 6%의 비율로 계산한 이
자[16]를, 그 다음날부터 다 갚는 날까지는 소송촉진 등에 관한 특례법이 정하
는 연 15%의 비율로 계산한 지연손해금을 가산하여 지급할 의무가 있다고 할
것입니다.

3) 이에 대하여 피고들은 자신들의 채무가 민법상 조합체의 채무로서 준합유관
계에 있으므로 지분에 따른 분할채무관계라고 주장할 수 있으나, 이 사건 매
매계약은 상행위이며 피고들의 채무는 그 상행위의 무효로 인하여 발생한 부
당이득반환의무이므로[17] 민법의 특별법인 상법 제57조를 적용하여 피고들의
채무관계는 연대책임이라고 하겠습니다.

2. 추심명령 및 송달

원고는 소외 김성일에 대한 집행권원인 약속어음 공정증서를 근거로 위 김성
일이 피고에 대하여 가지고 있는 위 계약금반환채권에 관하여 압류 및 추심명령
을 신청하였는바, 법원은 2016. 5. 22. 위 신청을 인용하여 압류 및 추심명령을 발
령하였고, 그 명령은 2016. 6. 3. 제3채무자들에게 송달되었습니다. 따라서 추심명
령의 제3채무자인 피고들은 소외 김성일에게 부담하는 계약금반환채무를 원고에
게 이행할 의무가 있다고 할 것입니다.

3. 결 어

이상과 같은 이유로 청구취지 기재와 같은 판결을 구하고자 이 청구에 이르게
된 것입니다.

---

16) 부당이득반환채무는 기한의 정함이 없는 경우로서 채무자는 이행청구를 받은 때로부터
지체책임을 지지만(민법 제387조 제2항), 의뢰인에게 유리하도록 민법 제748조 제2항에
따라 부당이득에 이자를 붙여 청구하는 것이다. 청구취지에서는 금원의 성격을 기재하
지 않지만 청구원인에서는 그 법적성격을 밝혀야 한다.

17) 조합의 채무는 조합원의 채무로서 특별한 사정이 없는 한 조합채권자는 각 조합원에 대
하여 지분의 비율에 따라 또는 균일적으로 변제의 청구를 할 수 있을 뿐이지만(민법 제
712조), 조합채무가 조합원 전원을 위하여 상행위가 되는 행위로 인하여 부담하게 된 것
이라면 그 채무에 관하여 조합원들에 대하여 상법 제57조 제1항을 적용하여 연대책임을
인정함이 상당하다(대법원 1992. 11. 27. 선고 92다30405 판결). 이 사건 매매계약은 상
행위이며 피고들의 채무는 그 상행위의 무효로 인하여 발생한 부당이득반환의무이므로
민법의 특별법인 상법 제57조 제1항을 적용하여 '연대채무'라고 할 것이다.

증 거 방 법

1. 갑 제1호증의 1 : 등기사항증명서(토지)
            2 : 등기사항증명서(건물)
1. 갑 제2호증 : 매매계약서
1. 갑 제3호증 : 영수증
1. 갑 제4호증 : 감정평가서(사본)
1. 갑 제5호증 : 동업약정서(사본)
1. 갑 제6호증의 1~4 : 각 계약파기서
1. 갑 제7호증의 1 : 채권압류 및 추심명령
            2 : 송달증명원

첨 부 서 류
(생략)

2016. 6. 11.

원고의 소송대리인
변호사   김상승 ㉑

서울중앙지방법원[18]   귀중

---

[18] 피고 박영숙의 보통재판적 소재지 관할 법원(민사소송법 제2조, 제3조)과 관련재판적(민사소송법 제25조 제2항) 또는 금전채무의 의무이행지인 원고의 주소지 관할 법원(민사소송법 제8조)이다. 또한, 피고 이경숙의 보통재판적 소재지 관할 법원인 서울남부지방법원이나 사무소·영업소가 있는 곳의 특별재판적 소재지 관할 법원인 서울북부지방법원에도 관할이 인정된다.

※ 쟁점해설

〈차 례〉

1. 압류 및 추심명령의 대상인 피압류채권의 이행청구권자(답안 각주 1 관련)

가. 채권에 대한 압류 및 추심명령이 있으면 실체법상의 청구권은 집행채무자에게 있으면서 소송법상의 관리권만이 추심채권자에게 넘어가는 제3자 법정소송담당의 관계가 된다.[1] 채권에 대한 압류 및 추심명령이 있으면 제3채무자에 대한 이행의 소는 추심채권자만이 제기할 수 있고 채무자는 피압류채권에 대한 이행소송을 제기할 당사자적격을 상실하는 것이다.[2]

나. 다만, 채무자의 이행소송 계속 중에 추심채권자가 압류 및 추심명령 신청의 취하 등에 따라 추심권능을 상실하게 되면 채무자는 당사자적격을 회복한다.[3] 추심채권자는 현금화절차가 끝나기 전까지 압류명령의 신청을 취하할 수 있고, 이 경우 채권자의 추심권도 당연히 소멸하게 되며, 추심금청구소송을 제기하여 확정판결을 받은 경우라도 그 집행에 의한 변제를 받기 전에 압류명령의 신청을 취하하여 추심권이 소멸하면 추심권능과 소송수행권이 모두 채무자에게 복귀한다.[4]

다. 2인 이상의 불가분채무자 또는 연대채무자(이하 '불가분채무자 등'이라 한다)가 있는 금전채권의 경우에, 그 불가분채무자 등 중 1인을 제3채무자로 한 채권압류 및 추심명령이 이루어지면 그 채권압류 및 추심명령을 송달받은 불가분채무자 등에 대한 피압류채권에 관한 이행의 소는 추심채권자만이 제기할 수 있고 추심채무자는 그 피압류채권에 대한 이행소송을 제기할 당사자적격을 상실하지만, 그 채권압류 및 추심명령의 제3채무자가 아닌 나머지 불가분채무자 등에 대하여는 추심채무자가 여전히 채권자로서 추심권한을 가지므로 나머지 불가분채무자 등을 상대로 이행을 청구할 수 있다. 이러한 법리는 위 금전채권 중 일부에 대하여만 채권압류 및 추심명령이 이루어진 경우에도 마찬가지이다.[5]

라. 이 사건의 경우 김성일의 계약금반환채권은 추심명령을 받은 채권자 이병만이 행사할 수 있어 추심금 청구의 소의 원고는 이병만이 되고, 집행채무자인

---

1) 대법원 2001. 3. 9. 선고 2000다73490 판결.
2) 대법원 2010. 11. 25. 선고 2010다64877 판결.
3) 위 2010다64877 판결.
4) 대법원 2009. 11. 12. 선고 2009다48879 판결.
5) 대법원 2013. 10. 31. 선고 2011다98426 판결.

김성일은 행사할 수 없으므로 원고가 될 수 없다.[6]

마. 한편, 추심소송은 채권자대위소송과 유사하지만, 채권자대위소송의 경우에는 채
    권자와 채무자의 당사자적격을 모두 인정하고 중복제소 문제로 처리하는 점에서
    추심소송과 구별된다. 즉, 채권자대위소송이 이미 법원에 계속 중에 있을 때 같
    은 채무자의 다른 채권자가 동일한 소송물에 대하여 채권자대위권에 기한 소를
    제기한 경우 시간적으로 나중에 계속하게 된 소송은 중복제소금지의 원칙에 위배
    되어 제기된 부적법한 소송이 된다.[7] 추심소송과 채권자대위소송이 경합하는 경
    우에는 국가가 수권한 추심권에 기한 추심소송을 우선시켜 추심소송이 계속중일
    때에는 채권자대위소송은 부적법한 것으로 보는 것이 일반적 견해이다.[8]

2. 조합채무의 법률관계 (답안 각주 3, 14 관련)

가. 조합의 채무는 조합원의 채무로서 특별한 사정이 없는 한 조합채권자는 각
    조합원에 대하여 지분의 비율에 따라 또는 균일적으로 변제의 청구를 할 수
    있을 뿐이지만, 조합채무가 조합원 전원을 위하여 상행위가 되는 행위로 인
    하여 부담하게 되었다면 그 채무에 관하여 조합원들에 대하여 상법 제57조
    제1항을 적용하여 연대책임을 인정함이 상당하다.[9]

나. 상법 제57조 제1항은 수인이 그 1인 또는 전원에게 상행위가 되는 행위로
    인하여 채무를 부담한 때에는 연대하여 변제할 책임이 있다고 규정하고 있
    다. 본래 상행위로 인하여 발생한 채무의 일부 또는 전부가 부당이득이 될
    경우 그 반환채무도 상법 제57조 제1항의 적용대상이다.[10]

다. 이 사건의 매매계약은 상행위이며 피고들의 채무는 그 상행위의 무효로 인
    하여 발생한 부당이득반환의무이므로 민법의 특별법인 상법 제57조를 적용
    하여 '연대'로 하는 것이 정확할 것이다.

3. 추심명령에 기한 추심권의 범위 (답안 각주 4 관련)

가. 민사집행법 제232조 제1항은 "추심명령은 그 채권전액에 미친다. 다만, 법원

---

6) 요건사실론, 142면.
7) 대법원 1990. 4. 27. 선고 88다카25274, 25281(참가) 판결.
8) 이시윤, 민사집행법, 437면.
9) 대법원 1992. 11. 27. 선고 92다30405 판결.
10) 대법원 1976. 12. 14. 선고 76다2212 판결; 이철송, 상법총칙·상행위, 374면.

은 채무자의 신청에 따라 압류채권자를 심문하여 압류액수를 그 채권자의 요구액수로 제한하고 채무자에게 그 초과된 액수의 처분과 영수를 허가할 수 있다"고 규정하고 있다. 따라서 추심명령을 받은 집행채권자에게 인정되는 추심권의 범위는 추심명령에서 특별히 한정하지 않은 이상 피압류채권의 전액뿐만 아니라 종된 권리인 이자 및 지연손해금에도 그 효력이 있다.[11]

나. 이 사건의 경우 이병만의 채권이 1억7,000만 원에 불과하더라도 피압류채권인 2억 원 전체에 대하여 추심권을 행사할 수 있다. 다만, 집행채권자가 압류 및 추심명령을 신청하면서 피압류채권의 범위를 한정한 경우에는 그 범위 내에서 추심권이 인정될 수밖에 없다.[12]

4. 상행위로 인한 채무의 법정이율 (답안 각주 5, 10 관련)

가. 상법 제54조는 상행위로 인한 채무의 법정이율에 관하여 연 6%로 규정하고 있으며, 이는 민법 제379조가 정하는 연 5%의 특칙이다.

나. 상법 제54조의 상사법정이율은 상행위로 인한 채무나 이와 동일성을 가진 채무에 관하여 적용되는 것이고 상행위가 아닌 불법행위로 인한 손해배상채무에는 적용되지 않는다.[13]

다. 다만, 부당이득반환청구권(법정채권)은 상인 간에 발생하였다고 하더라도 상법 제54조의 적용대상이 아니라는 학설이 있다.[14]

5. 조합 소유의 부동산을 공유로 등기한 경우의 법률관계 (답안 각주 7 관련)

가. 민법 제271조 제1항은 "법률의 규정 또는 계약에 의하여 수인이 조합체로서 물건을 소유하는 때에는 합유로 한다. 합유자의 권리는 합유물 전부에 미친다"고 규정하고, 민법 제704조는 "조합원의 출자 기타 조합재산은 조합원의 합유로 한다"고 규정하고 있다. 동업을 목적으로 한 조합이 조합체로서 또는 조합재산으로서 부동산의 소유권을 취득하게 되었다면, 민법 제271조 제1항의 규정에 의하여 당연히 그 조합체의 합유물이 된다. 그런데 공유자들 사

---

11) 요건사실론, 142면.
12) 요건사실론, 142면.
13) 대법원 1985. 5. 28. 선고 84다카966 판결.
14) 이철송, 상법총칙·상행위, 367면.

이에 조합관계가 성립하여 각자가 부동산을 조합재산으로 출연하였음에도 그 조합체 재산에 관한 소유권등기를 함에 있어서 이를 합유로 하지 않고 공유로 한 경우에는 제3자에 대한 관계에서는 공유관계임을 전제로 한 법률관계만이 적용될 뿐이므로 조합원들이 공유자로서 소유권을 행사할 수 있을 것임은 별론으로 하고, 조합원들 상호간 및 조합원과 조합체 상호간의 내부관계에서는 조합계약에 따른 효력으로 인하여 그 재산은 조합계약상의 공동사업을 위해 출자된 합유물인 특별재산으로 취급될 것이다. 따라서 조합원들로서는 그 지분의 회수방법으로서 조합을 탈퇴하여 조합지분 정산금을 청구하거나 일정한 경우 조합체의 해산청구를 할 수 있는 등의 특별한 사정이 없는 한 그 합유물에 대하여 곧바로 분할청구를 할 수는 없다.[15]

나. 동업을 목적으로 한 조합이 조합체로서 또는 조합재산으로서 부동산의 소유권을 취득하였다면, 제271조 제1항의 규정에 의하여 당연히 그 조합체의 합유물이 되고(이는 제187조와는 아무 관계가 없으므로, 조합체가 부동산을 법률행위에 의하여 취득한 경우에는 물론 소유권이전등기를 요함), 다만, 그 조합체가 합유등기를 하지 않고 그 대신 조합원들 명의로 각 지분에 관하여 공유등기를 하였다면, 이는 그 조합체가 조합원들에게 각 지분에 관하여 명의신탁한 것으로 보아야 한다.[16]

다. 위 판례를 종합하면, 이 사건의 경우 부동산에 관한 피고들의 소유관계가 제3자인 김성일과의 관계에서는 공유로 취급되지만, 의뢰인이 계약의 무효를 주장하여 지급한 계약금반환을 원하고 있어 원고의 입장에서는 이 사건 계약의 무효를 주장하여야 하므로, 원고 스스로 피고들의 내부관계인 합유관계를 주장하는 것은 법리상 문제가 없다고 판단된다.

6. 추심명령에 기한 추심권 행사의 방법 (답안 각주 8 관련)

가. 추심명령을 받은 채권자는 압류된 채권의 추심에 필요한 채무자의 일체의 권리(해제권, 해지권, 취소권, 경매신청권 등)를 행사할 수 있으며, 채무자를 대리하거나 대위하지 않고 자기의 이름으로 재판상 또는 재판외에서 행사할 수 있다. 다만, 추심의 목적을 넘는 면제, 포기, 기한의 유예, 채권양도 등의

---

15) 대법원 2009. 12. 24. 선고 2009다57064 판결.
16) 대법원 2002. 6. 14. 선고 2000다30622 판결.

행위는 할 수 없다.[17]

나. 민법 제134조는 대리권 없는 자가 한 계약은 본인의 추인이 있을 때까지 계약당시에 상대방이 대리권 없음을 알지 못한 상대방은 본인이나 그 대리인에 대하여 이를 철회할 수 있다고 규정하고 있다. 이 사건의 경우, 원고는 무권대리행위의 상대방인 채무자 김성일이 가지는 민법 제134조 소정의 철회권을 추심에 필요한 행위로 행사하는 것이다.

7. 부당이득의 반환범위 (답안 각주 11 관련)

가. 부당이득반환의 범위에 관하여 선의의 수익자는 그 받은 이익이 현존한 한도에서 책임이 있고, 악의의 수익자는 그 받은 이익에 이자를 붙여 반환하고 손해가 있으면 이를 배상하여야 한다(민법 제748조).

나. 부당이득반환에서 선의의 수익자인 경우에는 그 받은 이익이 현존하는 한도에서 반환할 책임이 있는바(민법 제748조 제1항), 수익이 금전인 경우에는 현존하는 것으로 추정한다.[18]

8. 상행위로 인하여 발생한 부당이득반환채무의 중첩관계 (답안 각주 15 관련)

가. 상법 제57조 제1항은 "수인이 그 1인 또는 전원에게 상행위가 되는 행위로 인하여 채무를 부담한 때에는 연대하여 변제할 책임이 있다"고 규정하고 있다.

나. 조합체가 부담하게 된 부당이득반환채무가 본래 상행위로 인하여 발생한 채무인 경우 조합체의 조합채무로서 그 조합원 전원을 위하여 상행위가 되는 행위로 인하여 부담하게 된 부당이득반환채무에 관하여 조합원에게 대하여 상법 제57조를 적용하여 연대채무를 인정한 것은 정당하다는 취지의 대법원 판례[19]에 비추어 볼 때, 이 사건의 경우 상행위인 매매계약의 무효 또는 취소로 인하여 발생한 부당이득반환채무에 관하여 상법 제57조 제1항을 적용하여야 할 것이다.[20]

---

17) 법원실무제요 민사집행[Ⅲ], 370면; 이시윤, 민사집행법, 430면.
18) 대법원 1987. 8. 18. 선고 87다카768 판결.
19) 위 76다2212 판결.
20) 부당이득의 유형에 관하여 급부부당이득, 침해부당이득, 비용부당이득으로 구분하는 입장에 따른다면, 적어도 상행위와 관련된 급부부당이득은 상법 제57조를 적용하여야 할 것이다(사견).

제8장

채무부존재확인 관련 청구

※ 문   제

귀하(변호사 김상승)는 의뢰인 박온준과 상담일지에 기재된 내용과 같이 상담하고, 사건을 수임하면서 첨부서류를 자료로 받았다. 귀하는 의뢰인의 요구사항 및 이익에 최대한 부합하는 소장을 작성하되, 청구원인을 작성함에 있어 먼저 청구원인사실을 중심으로 기재한 다음 기록 내용에 비추어 피고(들)가 법령 및 판례에 따라 제기할 것으로 예상되는 주장 및 항변을 정리하고 각 그에 대한 반론을 개진하시오.

【작성요령】

1. 본 기록 내에 나타나 있는 사실관계 및 증거자료만을 기초로 하고, 별도의 법률행위 또는 사실행위를 한 것을 전제로 하지 말 것.
   단, 의뢰인의 요구를 충족하기 위하여 특정 권리의 행사가 필요한 경우에는 소장을 통하여 행사할 것.
2. 사실관계 주장은 첨부된 자료 중 증거로 신청·제출이 가능한 자료를 토대로 하여 증거법상 법원에 의하여 인정받을 가능성이 있다고 판단되는 내용으로 한정할 것.
3. 각종 서류는 모두 적법하게 작성되었고, 기록상 일자의 요일은 실제 요일과 무관하게 토요일 또는 공휴일이 없는 것을 전제로 할 것.
4. 법리적인 주장은 현행 법령 및 대법원 판례의 태도에 비추어 받아들여질 가능성이 없다고 판단되는 내용은 제외하며, 귀하가 소를 제기하는 경우 상대방은 적극적으로 응소하는 것을 전제로 할 것.
5. 소장의 기재사항 중 증거방법 및 첨부서류란을 생략하여도 무방함.
6. 부동산의 표시는 별지로 처리할 것.
7. 일정한 비율로 계산한 돈을 청구하는 경우에는 연 또는 월 단위로 끊어 계산할 것.
8. 소장의 작성일 및 소(訴) 제기일은 2016. 7. 2.로 할 것.

[참고자료]

각급 법원의 설치와 관할구역에 관한 법률 (일부)

[시행 2014.12.30.] [법률 제12879호, 2014.12.30., 일부개정]

제4조(관할구역) 각급 법원의 관할구역은 다음 각 호의 구분에 따라 정한다. 다만, 지방법원 또는 그 지원의 관할구역에 시·군법원을 둔 경우 「법원조직법」 제34조 제1항 제1호및 제2호의 사건에 관하여는 지방법원 또는 그 지원의 관할구역에서 해당 시·군법원의관할구역을 제외한다.

 1. 각 고등법원·지방법원과 그 지원의 관할구역: 별표 3
 2. ~7. 생략

[별표 3] 고등법원 · 지방법원과 그 지원의 관할구역 (일부)

고등법원	지방법원	지원	관할구역
서울	서울중앙		서울특별시 종로구·중구·강남구·서초구·관악구·동작구
	서울동부		서울특별시 성동구·광진구·강동구·송파구
	서울남부		서울특별시 영등포구·강서구·양천구·구로구·금천구
	서울북부		서울특별시 동대문구·중랑구·성북구·도봉구·강북구·노원구
	서울서부		서울특별시 서대문구·마포구·은평구·용산구
	의정부		의정부시·동두천시·구리시·남양주시·양주시·연천군·포천시·가평군, 강원도 철원군. 다만, 소년보호사건은 앞의 시·군 외에 고양시·파주시
		고양	고양시·파주시
	인천		인천광역시. 다만, 소년보호사건은 앞의 광역시 외에 부천시·김포시
		부천	부천시·김포시
	수원		수원시·오산시·용인시·화성시. 다만, 소년보호사건은 앞의 시 외에 성남시·하남시·평택시·이천시·안산시·광명시·시흥시·안성시·광주시·안양시·과천시·의왕시·군포시·여주시·양평군
		성남	성남시·하남시·광주시
		여주	이천시·여주시·양평군
		평택	평택시·안성시
		안산	안산시·광명시·시흥시
		안양	안양시·과천시·의왕시·군포시

상 담 일 지

접 수 번 호	2016민133	상 담 일	2016. 6. 30.
상 담 인	박온준	연 락 처	010-1234-5608
담당변호사	김상승	사 건 번 호	

【상담내용】

1. 의뢰인은 서울 서초구 서초동에서 건축자재 판매업을 영위하고 있으며 10여년 전부터 이명수로부터 건축자재를 공급받아 판매하고 있다.

2. 의뢰인과 이명수는 서로 신용으로 거래를 해오던 중 이명수가 2012년에 들어 갑자기 거래에 관련된 서류와 담보제공을 요구하기 시작하였다.

3. 의뢰인은 거래기간 동안 이명수로부터 건축자재를 공급받고 일정 기간이 지난 시점에 대금을 정산하여 성실하게 지급하였으며, 다만 2012년 9월 30일자 물품대금 이행각서상 채무 원금 860만 원 및 이에 대한 위약금만 남아 있을 뿐 그 외 이명수와의 거래관계는 모두 완결되었다고 한다.

4. 의뢰인은 2016년 6월 10일경 '2012년 9월 30일자 물품대금 이행각서상 채무 원금 860만 원 및 이에 대한 위약금만 남아 있으며 이를 조속히 지급하겠다'는 취지의 확인서를 이명수에게 교부하였다.

5. 의뢰인은 신용으로 거래를 하였기 때문에 이명수에 대하여 대금을 지급하면서도 메모만 하였을 뿐 영수증을 징구하지는 않았다.

6. 이명수는 갑자기 2015년 말경부터 의뢰인 및 의뢰인을 위하여 연대보증 또는 담보제공을 하였던 사람들을 상대로 2013년 3월 31일에 변제하기로 하였던 물품대금을 아직까지 받지 못하였다고 주장하면서 가압류 등 법적 조

치를 취하고 있는데, 본안소송은 제기하지 않고 있다.

7. 약속어음 공정증서는 2012년 8월 31일자 물품대금 이행각서상 채무의 지급을 위하여 의뢰인이 이명수의 요구에 따라 작성한 것이다.

8. 이명수는 의뢰인에게 교통사고를 입혀 손해배상책임을 부담하는 정명호에 대하여 전부명령을 받아 전부금을 청구하였으나 위 정명호가 무자력이어서 받을 수 없으니 그 부분도 의뢰인이 책임을 지라고 요구하고 있다.

9. 이명수는 의뢰인에게 2차례에 걸쳐 내용증명우편을 보내왔는데, 의뢰인은 그 내용증명우편의 각 발송일 다음날에 수령하였다.

【의뢰인의 요구사항】

1. 의뢰인은 이명수를 상대로 자신이 부담하는 채무의 구체적 내역을 확인받는 판결을 받고자 한다.

2. 아울러 의뢰인을 위하여 연대보증 또는 담보제공을 한 사람들의 채무(책임)가 없다는 사실을 종국적으로 판결을 통하여 확인받고자 한다.
   (단, 의뢰인 이외의 사람들에 대하여는 소장을 접수하기 전까지 소송위임장을 받아 오기로 함).

【첨부서류】

1. 물품대금 이행각서(2012. 8. 31.자)
2. 물품대금 이행각서(2012. 9. 30.자)
3. 물품대금 이행각서(2012. 10. 31.자)
4. 공정증서(약속어음)
5. 내용증명우편(제목: 내용증명, 발신: 이명수, 수신: 박온준)
6. 내용증명우편(제목: 내용증명(2차), 발신: 이명수, 수신: 박온준)
7. 결정(채권압류 및 전부명령)

  8. 확정증명원
  9. 등기사항전부증명서(집합건물)
 10. 결정(채권가압류)
 11. 송달증명원
 12. 결정(유체동산가압류)
 13. 결정(가압류이의)
 14. 신청서(송달증명원, 확정증명원)

종합법률사무소 다일
변호사 박조정, 양화해, 서온유, 김상승, 이승소
서울 동대문구 양진대로 777
전화 : 961-1543 팩스 : 961-1544 이메일 : sskim@daillaw.com

물품대금 이행각서

갑 : 이명수
　　서울특별시 동대문구 이문동 365

을 : 박온준
　　서울특별시 서초구 서초동 133

을은 갑으로부터 물품(건축자재)을 공급받으면서 검수결과 이상이 없음을
확인하고 그 대금에 관하여 다음과 같이 이행할 것을 약속합니다.

- 다　　음 -

1. 대금
   50,000,000원(오천만원)
2. 위약금
   월 1%
3. 변제기
   2013년 3월 31일
4. 연대보증
   연대보증인은 을의 갑에 대한 위 채무에 관하여 연대보증함.

2012년 8월 31일

공급자　이명수 ㊞

채무자　박온준 ㊞

연대보증인　신삼수 ㊞
680512-1542123
서울특별시 동대문구 회기동 133

물품대금 이행각서

갑 : 이명수
　　서울특별시 동대문구 이문동 365

을 : 박온준
　　서울특별시 서초구 서초동 133

을은 갑으로부터 물품(건축자재)을 공급받으면서 검수결과 이상이 없음을
확인하고 그 대금에 관하여 다음과 같이 이행할 것을 약속합니다.

- 다　　음 -

1. 대금
　　50,000,000원(오천만원)
2. 위약금
　　월 1%
3. 변제기
　　2013년 3월 31일
4. 연대보증
　　연대보증인은 차용인의 위 채무에 관하여 연대보증함(다만, 연대보증인
　　이 외국에 있으므로 전화통화로 보증의사를 확인함).

2012년 9월 30일

공급자 이명수 ㊞

채무자 박온준 ㊞

연대보증인 류중순 ㊞
　　서울특별시 강남구 삼성동 112

물품대금 이행각서

갑 : 이명수
    서울특별시 동대문구 이문동 365

을 : 박온준
    서울특별시 서초구 서초동 133

을은 갑으로부터 물품(건축자재)을 공급받으면서 검수결과 이상이 없음을
확인하고 그 대금에 관하여 다음과 같이 이행할 것을 약속합니다.

- 다   음 -

1. 대금
   50,000,000원(오천만원)
2. 위약금
   월 1%
3. 변제기
   2013년 3월 31일
4. 담보제공
   담보제공자는 소유하고 있는 부동산에 관하여 근저당권을 설정할 것을
   약속함.

2012년 10월 31일

공급자 이명수 ㊞

채무자 박온준 ㊞

담보제공자 김승호 ㊞
        서울특별시 동대문구 휘경동 223 서일하이빌 102-301

〔제20호 서식〕   **공증인가 법무법인 제일**

증서 **2012** 년 제 **2357** 호

공 정 증 서

49379-18923 일
98. 01. 12. 승인

210㎜×297㎜ 인쇄용지(특급) 70g/㎡

약 속 어 음

이 명 수 귀하   ₩ 60,000,000

金   육천만 원정

위의 금액을 귀하 또는 귀하의 지시인에게 이 약속어음과 상환하여 지급하겠습니다.

발 행 일 2012 년 8월 31일	주 소 서울 서초구 서초동 133 발행인 박 온 준
지급기일 2013 년 3월 31일	주 소 발행인
발 행 지 서울특별시	주 소 발행인
지급장소 서울특별시	

〔제24-1호 서식〕

증서 2012 년 제 2357 호		
어음공정증서		
관계자의 표시		
관계	촉탁인(발행인)	
성명(명　칭)	박온준	
주소(소재지)	서울특별시 서초구 서초동 133	
직업 ——————— 주민등록번호		670929-1324574
관계	촉탁인(수취인)	
성명(명　칭)	이명수	
주소(소재지)	서울특별시 동대문구 이문동 365	
직업 ——————— 주민등록번호		580421-1057763
관계		
성명(명　칭)		
주소(소재지)		
직업 주민등록번호		
관계		
성명(명　칭)		
주소(소재지)		
직업 주민등록번호		

위 촉탁인(발행인)　　　　은 본직에 대하여 이 증서에 부착된 어음의 발행 및 기명날인을 자인하며, 위 어음의 소지인에게 위 어음금의 지급을 지체할 때에는 즉시 강제집행을 받더라도 이의가 없음을 인낙하는 취지의 공정증서 작성을 수취인　　　과 함께 촉탁하고 각 서명 날인하였다.

촉탁인(발행인)　박온준
촉탁인(수취인)　이명수

49379-18923 일
98. 01. 12. 승인

210㎜×297㎜ 인쇄용지(특급) 70g/㎡

〔제24-2호 서식〕

위 촉탁인들이 제시한 주민등록증(자동차운전면허증)
에 의하여 그 사람들이 틀림없음을 인정하였다.
대리권은 본인의 인감증명서가 첨부된 위임장에 의하여 이를 인정하였다.
본 직은 이에 위 어음에 대하여 즉시 강제집행할 것을 인낙한 이 공정증서를
2012 　년 8 월 31 일 이 사무소에서 작성하였다.
같은 날 본 직은 이 사무소에서 위 촉탁인들의 청구에 의하여 정본은 수취인
이명수 　에게 등본은 발행인 　박온준 　에게 각 작성 교부한 바
각자 이를 수령하였다.
공중인가 법무법인 제일
서울 동대문구 회기동 2
공증담당변호사 　박상우

〔제12호 서식〕

증서 2012 년 제 2357 호
2012 년 8 월   31 일
공증인가 법무법인 제일   서울 동대문구 회기동 2
공증담당변호사   박 상 우 (朴相友 公證印)

내용증명

발신 : 이명수
　　　서울 동대문구 이문동 365
수신 : 박온준
　　　서울 서초구 서초동 133

귀하 사업이 일익 번창하시기를 기원합니다.

다름이 아니오라 귀하께서는 본인으로부터 건축자재를 공급받고 아직까지도 결재를 하지 않은 부분이 있어 수차 유선상으로 청구하였으나 귀하는 이미 변제하였다는 말만 되풀이 하고 있습니다.

다시 한 번 확인을 해 드리면, 귀하는 2012년 8월 31일, 9월 30일, 10월 31일 3회에 걸쳐 물품대금 각각 5,000만원 합계 1억 5,000만원에 대한 이행각서를 본인에게 교부하였으며, 위약금으로 월 1%를 약속한 사실이 있습니다.

본인은 귀하로부터 위 대금을 수령한 사실이 없으므로 변제하여 주시기 바랍니다. 만일 상당한 시일 내에 해결되지 않으면 귀하 및 보증인들에 대하여 법적 조치를 취할 것이니 양지하시기 바랍니다.

2015년 12월 20일

발신인　이명수　(인)

이 우편물은 2015-12-20
제3112902073567호에 의하여
내용증명 우편물로 발송하였음을 증명함
이문동우체국장　　대한민국 KOREA

내용증명(2차)

발신 : 이명수
　　　서울 동대문구 이문동 365
수신 : 박온준
　　　서울 서초구 서초동 133

귀하 사업이 일익 번창하시기를 기원합니다.

본인이 6개월 전에 귀하에게 물품대금채무를 확인해 드리면서 이를 변제할 것을 촉구하는 내용증명을 보냈음에도 불구하고 귀하는 현재까지 아무런 이행을 하지 않고 있습니다.

귀하가 2012년 8월 31일, 9월 30일, 10월 31일 3회에 걸쳐 물품대금 각각 5,000만원 합계 1억 5,000만원을 변제하겠다면서 교부한 이행각서의 내용대로 조속히 이행하여 주시기 바랍니다.

본인은 현재 귀하 및 귀하의 채무를 보증한 보증인들에 대하여도 법적 조치를 취하고 있는 중인바, 원만한 해결을 하기 위해서는 귀하 스스로 채무를 인정하고 변제하는 것만이 최선의 길일 것입니다.

아무쪼록 현명한 판단을 하시기 바랍니다.

2016년 6월 20일

발신인　이명수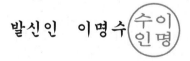

서울중앙지방법원
결   정

사   건   2016타채20105 채권압류 및 전부

채 권 자   이명수 (580421-1057763)

　　　　　서울 동대문구 이문동 365

채 무 자   박온준 (670929-1324574)

　　　　　서울 서초구 서초동 133

제3채무자   정명호 (641224-1998823)

　　　　　서울 서초구 서초동 100

주   문

채무자의 제3채무자에 대한 별지 기재 채권을 압류한다.

제3채무자는 채무자에 대하여 별지 기재 채권의 지급을 하여서는 아니 된다.

채무자는 위 채권의 처분과 영수를 하여서는 아니 된다.

위 압류된 채권은 지급에 갈음하여 채권자에게 전부한다.

청구금액

금60,000,000원(공증인가 법무법인 제일 증서 2012년 제2357호에 의한 약속어음금)

이   유

채권자가 위 청구금액을 변제받기 위하여 공증인가 법무법인 제일 증서 2012년
제2357호 약속어음 공정증서의 집행력 있는 정본에 터 잡아 한 이 사건 신청은

이유 있으므로 주문과 같이 결정한다.

정 본 입 니 다.
2016.   3.   22.
법원주사 서영진

2016.   3.   22.
사법보좌관   김효종   ㊞

주의 : 1. 전부명령이 제3채무자에게 송달될 때까지 다른 채권자가 압류, 가압류 또는 배당요구를 한 때에는
　　　　　전부명령은 효력이 없습니다.
　　　 2. 전부명령은 확정되어야 효력이 있습니다.
　　　　　민사집행법 제223조, 제227조, 제229조

[별지]

압류할 채권

금 60,000,000원정

채무자가 2015. 7. 5.자 불법행위(교통사고)로 인하여 제3채무자에 대하여 가지고 있는 손해배상채권. 끝.

확 정 증 명 원

채권자(신 청 인)   이명수
채무자(피신청인)   박온준
제 3 채 무 자   정명호

> 수입인지
> 첨부

위 당사자간 귀원 2016타채20105 채권압류 및 전부 사건에 관하여 2016. 3. 22.
채권압류 및 전부명령이 있었는바, 위 결정이 2016. 4. 3. 확정되었음을 증명하
여 주시기 바랍니다.

위 증명합니다.
2016년 6월 26일
서울중앙지방법원
법원주사 서영진

2016년 6월 26일

위 채무자   박온준

서울중앙지방법원 귀중

등기사항전부증명서(말소사항 포함) - 집합건물

[집합건물] 서울특별시 동대문구 휘경동 223 서일하이빌 102동 제3층 제301호   고유번호 2641-2005-003930

【 표 제 부 】	(1동의 건물의 표시)			
표시번호	접 수	소재지번 건물명칭 및 번호	건 물 내 역	등기원인 및 기타사항
~~1~~	~~2005년12월2일~~	~~서울특별시 동대문구 휘경동 223 서일하이빌 제102동~~	~~철근콘크리트조 (철근)콘크리트지붕 5층 공동주택(아파트)~~ ~~1층 126.001㎡~~ ~~2층 118.553㎡~~ ~~3층 209.582㎡~~ ~~4층 209.582㎡~~ ~~5층 209.582㎡~~	~~도면편철장 제2책 제345면~~
2		서울특별시 동대문구 휘경동 223 서일하이빌 제102동 [도로명주소] 서울특별시 동대문구 망우로16길 35	철근콘크리트조 (철근)콘크리트지붕 5층 공동주택(아파트) 1층 126.001㎡ 2층 118.553㎡ 3층 209.582㎡ 4층 209.582㎡ 5층 209.582㎡	도로명주소 2014년5월17일 등기
(대지권의 목적인 토지의 표시)				
표시번호	소 재 지 번	지 목	면 적	등기원인 및 기타사항
1	1. 서울특별시 동대문구 휘경동 223	대	9918.3㎡	2005년12월2일

【 표 제 부 】	(전유부분의 건물의 표시)			
표시번호	접 수	건 물 번 호	건 물 내 역	등기원인 및 기타사항
1	2005년12월2일	제3층 제301호	철근콘크리트조 84.997㎡	도면편철장 제2책 제345면

[인터넷 발급] 문서 하단의 바코드를 스캐너로 확인하거나, **인터넷등기소(http://www.iros.go.kr)의 발급확인** 메뉴에서 **발급확인번호를** 입력하여
위·변조 여부를 확인할 수 있습니다. 발급확인번호를 통한 확인은 발행일로부터 3개월까지 5회에 한하여 가능합니다.

발행번호 123456789A123456789B123456789C123   1/3   발급확인번호 ALTQ-COHX-3570   발행일 2016/06/30

[집합건물] 서울특별시 동대문구 휘경동 223 서일하이빌 102동 제3층 제301호　고유번호 2641-2005-003930

(대지권의 표시)			
표시번호	대지권종류	대지권비율	등기원인 및 기타사항
1	1. 소유권 대지권	9918.3분의 43.3856	2005년10월5일 대지권 2005년12월2일 등기

【　갑　　　　구　】　(소유권에 관한 사항)

순위번호	등 기 목 적	접　수	등 기 원 인	권리자 및 기타사항
1	소유권보존	2005년12월2일 제47366호		소유자 김태수 491010-1443217 서울 서초구 서초동 423
1-1	1번등기명의인 표시변경	2006년12월11일 제53857호	2005년12월1일 구획정리완료	김태수의 주소 서울 서초구 서초동 187 북일하이빌 102동 301호
2	소유권이전	2011년7월18일 제32572호	2011년5월22일 매매	소유자 김승호 701104-1547663 경기도 수원시 권선구 금곡동 510 지에스자이 201-604 거래가액 금590,000,000원
2-2	2번등기명의인 표시변경	2013년10월12일 제30480호	2011년7월18일 전거	김승호의 주소 서울 동대문구 휘경동 223 서일하이빌 102동 제301호

【　을　　　　구　】　(소유권 이외의 권리에 관한 사항)

순위번호	등 기 목 적	접　수	등 기 원 인	권리자 및 기타사항
~~1~~	~~근저당권설정~~	~~2006년12월11일~~ ~~제53858호~~	~~2006년12월11일~~ ~~설정계약~~	~~채권최고액 금150,000,000원~~ ~~채무자 이진수~~ ~~서울 서초구 서초동 187 북일하이빌~~ ~~102동 301호~~ ~~근저당권자 주식회사 신한은행~~ ~~서울 중구 태평로2가 120~~

[집합건물] 서울특별시 동대문구 휘경동 223 서일하이빌 102동 제3층 제301호   고유번호 2641-2005-003930

순위번호	등 기 목 적	접 수	등 기 원 인	권리자 및 기타사항
2	1번근저당권설정 등기말소	2011년7월18일 제29341호	2011년7월18일 해지	
3	근저당권설정	~~2011년7월18일~~ ~~제32573호~~	~~2011년7월18일~~ ~~설정계약~~	~~채권최고액 금550,000,000원~~ ~~채무자 김승호~~ ~~서울 동대문구 휘경동 223 서일하이빌~~ ~~102동 제301호~~ ~~근저당권자 주식회사 국민은행~~ ~~110111-0303184~~ ~~서울 서초구 서초동 120~~ ~~(서초지점)~~
4	근저당권설정	2012년10월31일 제16732호	2012년10월31일 설정계약	채권최고액 금60,000,000원 채무자 박온준 서울 서초구 서초동 133 근저당권자 이명수 서울 동대문구 이문동 365
5	3번근저당권설정 등기말소	2016년5월17일 제29341호	2016년5월17일 해지	

—— 이 하 여 백 ——

수수료 금 1,000원 영수함   관할등기소 서울북부지방법원 동대문등기소/
                                         발행등기소 법원행정처 등기정보중앙관리소

이 증명서는 부동산 등기기록의 내용과 틀림없음을 증명합니다.
    서기 2016년 06월 30일
    법원행정처 등기정보중앙관리소   전산운영책임관

*실선으로 그어진 부분은 말소사항을 표시함.   *등기부에 기록된 사항이 없는 갑구 또는 을구는 생략함.

발행번호 123456789A123456789B123456789C123   3/3   발급확인번호 ALTQ-COHX-3570   발행일 2016/06/30

서울중앙지방법원
결   정

사   건   2016카단2105 채권가압류

채 권 자   이명수 (580421-1057763)

　　　　　　 서울 동대문구 이문동 365

채 무 자   류중순 (690714-1034231)

　　　　　　 서울 강남구 삼성동 112

제3채무자   김갑수 (680920-1547663)

　　　　　　 서울 강남구 삼성동 112

주   문

채무자의 제3채무자에 대한 별지 기재 채권을 가압류한다.

제3채무자는 채무자에 대하여 별지 기재 채권의 지급을 하여서는 아니 된다.

채무자는 위 채권의 처분과 영수를 하여서는 아니 된다.

채무자는 다음 청구금액을 공탁하고 집행정지 또는 그 취소를 신청할 수 있다.

청구채권의 내용   연대보증금(2012. 9. 30.자)

청구금액 금 50,000,000원 및 2013. 4. 1.부터 완제일까지 월 1%의 지연손해금

이   유

이 사건 채권가압류 신청은 이유 있으므로 담보로 5,000,000원을 공탁하게 하고

주문과 같이 결정한다.

정 본 입 니 다.
2016. 1. 7.
법원주사 김용운 ㊞

2016. 1. 7.
판사   박상근   ㊞

※ 1. 이 가압류 결정은 채권자가 제출한 소명자료를 기초로 판단한 것입니다.

2. 채무자는 이 결정에 불복이 있을 경우 가압류이의나 취소신청을 이 법원에 제기할 수 있습니다.

별   지

금 50,000,000원 및 2013. 4. 1.부터 완제일까지 월 1%의 지연손해금.

채무자가 서울특별시 강남구 삼성동 112 지상 주택 2층 201호에 관하여 2015.

4. 5.자 임대차계약에 의하여 제3채무자에 대하여 가지는 임대차보증금반환채

권. 끝.

송 달 증 명 원

채권자(신 청 인) 이명수
채무자(피신청인) 류중순
제 3 채 무 자 김갑수

수입인지
첨부

위 당사자간 귀원 2016카단2105 채권가압류 사건에 관하여 2016. 1. 7. 채권가
압류결정이 있었는바, 위 결정정본이 2016. 1. 10. 제3채무자에게 송달되었음을
증명하여 주시기 바랍니다.

위 증명합니다.
2016년 6월 20일
서울중앙지방법원
법원주사 박영진

2016년 6월 20일

위 채무자 류중순

서울중앙지방법원 귀중

서울중앙지방법원
결   정

사 건   2015카단12106 유체동산가압류

채 무 자   이명수 (580421-1057763)

　　　　　 서울 동대문구 이문동 365

채 무 자   박온준 (670929-1324574)

　　　　　 서울 서초구 서초동 133

주   문

채무자 소유의 유체동산을 가압류한다.

채무자는 다음 청구금액을 공탁하고 집행정지 또는 그 취소를 신청할 수 있다.

청구채권의 내용 물품대금(2012. 10. 31.자)

청구금액 금 50,000,000원 및 2013. 4. 1.부터 완제일까지 월 1%의 지연손해금

이   유

이 사건 유체동산가압류 신청은 이유 있으므로 담보로 5,000,000원을 공탁하게

하고 주문과 같이 결정한다.

정 본 입 니 다.

2015.   9.   7.

법원주사 박석진

2015.　9.　7.

판사　　　박상근　㊞

서울중앙지방법원
결   정

사   건   2015카단12425 가압류이의

신 청 인   박온준 (670929-1324574)

　　　　　서울특별시 서초구 서초동 133

피신청인   이명수 (580421-1057763)

　　　　　서울 동대문구 이문동 365

주   문

1. 신청인과 피신청인 사이의 이 법원 2015카단12106 유체동산가압류 신청사건에
   관하여 이 법원이 2015. 9. 7. 유체동산에 대하여 한 가압류결정을 취소한다.

2. 소송비용은 피신청인이 부담한다.

신청취지

주문과 같다.

이   유

(생략)

정 본 입 니 다.
2016. 6. 10.
법원주사 김민수 ㊞

2016.   6.   10.

판사   신일수 ㊞

신 청 서   (*해당사항을 기재하고
해당번호란에 'O'표)

사건번호   2015카단 12425호 (8단독   2016. 6. 10.자 결정 기타)

신 청 인(채무자)   박온준

피신청인(채권자)   이명수

| 집행문부여인지액   원 |
| 송달증명인지액 500원 |
| 확정증명인지액 500원 |

---

1. 집행문부여신청

 위 사건의(판결, 결정, 명령, 화해조서, 인낙조서, 조정조서) 정본에 집행문을 부여 하여 주시기 바랍니다.

2. 송달증명원

 위 사건의(판결, **결정**, 명령, 화해조서, 인낙조서, 조정조서)정본이 **2016. 6. 17.**자로 상대방에게 송달되었음을 증명하여 주시기 바랍니다.

3. 확정증명원

 위 사건의(판결, **결정**, 명령,   )이 **2016. 6. 23.**자로 확정되었음을 증명하여 주시기 바랍니다.

      2016.   6.   26.
위 (2항, 3항)   신청인   박 온 준   (인)
            서울중앙지방법원 민사8단독   귀중

   위 (송달, 확정) 사실을 증명합니다.

7137

 위 증명합니다.
 2016년 6월 26일
 서울중앙지방법원
 법원주사 박영진

기록 끝

소 장

원 고   1. 박온준
      서울 서초구 서초동 133
      2. 신삼수
      서울 동대문구 회기동 133
      3. 류중순
      서울 강남구 삼성동 112
      4. 김승호 (701104-1547663)
      서울 동대문구 휘경동 223 서일하이빌 102동 301호

      원고들의 소송대리인 변호사 김상승
      서울 동대문구 양진대로 777
      전화 : 961-1543 팩스 : 961-1544 이메일 : sskim@daillaw.com

피 고   이명수 (580421-1057763)
      서울 동대문구 이문동 365

채무부존재확인 등 청구의 소

청 구 취 지

1. 원고 박온준의 피고에 대한 2012. 8. 31.자, 2012. 9. 30.자, 2012. 10. 31.자
   각 물품대금 이행약정에 의한 물품대금 및 지연손해금 채무[1]는 8,600,000원

---

[1] 확인의 대상이 되는 권리 또는 법률관계를 특정할 수 있도록 그 종류, 범위, 발생원인 등

및 이에 대한 2013. 4. 1.부터 다 갚는 날까지 월 1%의 비율로 계산한 금원을
초과하여서는 존재하지 아니함을 확인한다.

2. 피고에 대한, 원고 신삼수의 2012. 8. 31.자, 원고 류중순의 2012. 9. 30.자 각
연대보증약정에 의한 보증금 채무는 각 존재하지 아니함을 확인한다.

3. 피고는 원고 김승호에게 별지 목록 기재 부동산에 관하여 서울북부지방법원
동대문등기소 2012. 10. 31. 접수 제16732호로 마친 근저당권설정등기에 대
하여 2016. 4. 1.[2] 확정 피담보채무의 시효소멸을 원인으로 한[3] 말소등기절
차를 이행하라.

4. 소송비용은 피고가 부담한다.

라는 판결을 구합니다.

청 구 원 인

1. 원고 박온준, 신삼수, 류중순의 채무부존재확인 청구

가. 물품대금채무 등의 발생

1) 원고 박온준은 2012. 8. 31. 건축자재 공급업을 영위하는 피고로부터 건축자
재를 대금 50,000,000원에 매수하면서 그 대금을 2013. 3. 31.까지 지급하되,
위 대금 지급채무의 이행을 지체하면 월 1%의 위약금을 지급하기로 약정하
였고(이하 '제1채무'로 약칭함), 원고 신삼수는 같은 날 제1채무에 관하여 연대
보증하였습니다.

2) 원고 박온준은 2012. 9. 30. 피고로부터 50,000,000원 상당의 건축자재를 매
수하면서 변제기 및 위약금에 관하여 제1채무와 같은 내용으로 약정하였고
(이하 '제2채무'로 약칭함), 원고 류중순은 같은 날 제2채무에 관하여 구두로 연
대보증의 의사를 표시하였습니다.

을 명확히 하여야 하고 목적물도 특정하여 표시하여야 한다. 물권의 확인을 구하는 경우
에는 목적물과 주체 및 종류(제한물권의 경우에는 내용까지)를 명백히 하는 것으로 충분
하지만, 채권의 존재 또는 부존재의 확인을 구하는 경우에는 채권의 목적, 범위뿐만 아
니라 발생원인까지도 명백히 하여야 한다(민사실무Ⅱ, 131면).

2) 2016. 4. 1. 00:00.

3) 후발적 실효사유에 의하여 장래에 향하여 실효됨을 원인으로 말소등기청구를 할 경우에
는 그 사유를 말소등기의 원인으로 기재하여야 한다(민사실무Ⅱ, 103면).

3) 원고 박온준은 2012. 10. 31. 피고로부터 50,000,000원 상당의 건축자재를 매수하면서 변제기, 위약금에 관하여 제1채무 및 제2채무와 같은 내용으로 약정하였고(이하 '제3채무'로 약칭함), 원고 김승호는 같은 날 별지 목록 기재 부동산의 소유자로서 제3채무에 관하여 근저당권을 설정하기로 약정하고 서울북부지방법원 동대문등기소 2012. 10. 31. 접수 제16732호로 근저당권설정등기를 마쳤습니다.

나. 제1채무의 전부 소멸

1) 원고 박온준은 제1채무에 관하여 그 변제일에 즈음하여 위 대금채무를 변제하였으나 피고로부터 영수증을 받지 않아 피고가 이를 부인하는 경우에는 입증하기 어려운 것은 사실입니다.

2) 그런데 원고 박온준은 2012. 8. 31. 피고의 요청에 따라 제1채무의 변제를 위하여 공증인가 법무법인 제일 증서 2012년 제2357호 약속어음 공정증서를 발행하여 피고에게 교부하였으며, 피고는 위 공정증서를 집행권원으로 하여 위 원고가 소외 정명호에 대하여 가지는 손해배상채권에 관하여 채권압류 및 전부명령을 신청하였고 법원은 2016. 3. 22. 이를 인용하는 결정을 하였으며,[4] 그 결정은 2016. 4. 3. 확정되었습니다. 전부명령이 확정되면 그 전부명령이 제3채무자에게 송달된 때에 채무자가 채무를 변제한 것으로 보며(민사집행법 제231조 본문), 그 결과 채무자의 채무는 소멸되는바, 피고가 신청한 위 전부명령이 확정됨으로써 원고 박온준의 제1채무는 소멸하였습니다.

3) 주채무자인 원고 박온준의 제1채무는 이와 같이 전부명령의 효력으로 인하여 소멸하였으므로 부종성에 따라 연대보증인인 원고 신삼수의 보증채무는 소멸하였다고 할 것입니다.

4) 이에 대하여 피고는 위 전부명령에 따라 제3채무자인 소외 정명호에게 채권

---

4) 제1채무는 2016. 3. 31.이 경과함으로써 소멸될 것인데, 채권자인 피고가 그 이전에 약속어음을 근거로 압류명령을 신청하여 2016. 3. 22.에 결정을 받았으므로 약속어음채권 및 원인채권의 소멸시효는 중단되었고, 따라서 제1채무에 대한 소멸시효 완성을 주장할 수는 없다. 원인채권의 지급을 확보하기 위한 방법으로 어음이 수수된 경우에 원인채권에 기하여 청구를 한 것만으로는 어음채권 그 자체를 행사한 것으로 볼 수 없어 어음채권의 소멸시효를 중단시키지 못하는 반면, 어음채권에 기하여 청구를 하는 경우에는 원인채권의 소멸시효를 중단시키는 효력이 있다(대법원 1999. 6. 11. 선고 99다16378 판결). 자세한 것은 쟁점해설 참조.

을 추심하였으나 위 정명호가 무자력이어서 사실상 이행받을 수 없으므로 위 전부명령이 무효라고 주장할 것으로 보입니다. 그러나 전부명령이 확정된 경우 채권자에게 이전된 채권이 존재하지 아니한 경우에는 전부명령이 무효로 되는 것이 법리이지만(민사집행법 제231조 단서), 제3채무자의 무자력으로는 전부명령이 효력을 상실하지 않으므로 피고의 위 주장은 이유 없습니다.

다. 제2채무의 일부 소멸

1) 원고 박온준은 제2채무에 관하여 제1채무와 마찬가지로 그 변제일에 즈음하여 위 대금채무를 변제하였으나 피고로부터 영수증을 받지 않아 피고가 이를 부인하는 경우에는 입증하지 못한다고 하더라도, 피고의 위 대금채권은 상인이 판매한 상품의 대가로서 3년의 단기소멸시효가 적용된다고 할 것이고, 위 채권은 확정기한이 붙어 있어 그 기한이 도래하면 권리를 행사할 수 있으므로 변제기인 2013. 3. 31.부터 3년이 되는 2016. 3. 31.이 경과함으로써 위 채권은 소멸하였다고 할 것입니다.[5]

2) 원고 류중순은 2012. 9. 30. 원고 박온준의 피고에 대한 제2채무에 관하여 구두로 연대보증하였는바, 보증은 그 의사가 보증인의 기명날인 또는 서명이 있는 서면으로 표시되어야 효력이 발생한다는 것이 법리인바,[6] 위 원고는 보증의사를 구두로 표시하였을 뿐 기명날인 또는 서명한 사실이 없으므로 보증채무는 성립하지 않았습니다.

3) 이에 대하여 피고는 2012. 9. 30. 원고 박온준과 작성한 물품대금 이행각서는 소비대차에 의하지 아니하고 금전 기타의 대체물을 지급할 의무를 소비대차의 목적으로 할 것을 약정한 준소비대차에 해당하고, 단기소멸시효의 적용을 받는 채권이라도 채권자와 채무자 사이에 위 채권에 관하여 준소비대차의 약정이 있었다면 그 준소비대차계약은 상인인 피고가 영업을 위하여 한 상행위

---

5) 시효소멸을 주장하기 위해서는 ① 특정시점에서 당해 권리를 행사할 수 있었던 사실, ② 그때로부터 소멸시효기간이 도과한 사실을 주장·입증하여야 한다(요건사실론, 61면).

6) 보증은 그 의사가 보증인의 기명날인 또는 서명이 있는 서면으로 표시되어야 효력이 발생하며, 보증인의 채무를 불리하게 변경하는 경우에도 서면에 의하여야 한다(보증인 보호를 위한 특별법 제3조 제1항, 제2항). 이러한 서면주의는 민법(2015. 2. 3. 법률 제13125호로 개정된 것, 2016. 2. 4. 시행) 제428조의2에 채용되었다. 자세한 것은 쟁점해설 참조.

로 추정함이 상당하고 이에 의하여 새로이 발생한 채권은 상사채권으로서 5
년의 상사시효의 적용을 받게 되어 제2채무의 소멸시효가 완성되지 않았다고
주장할 수 있습니다.7)

　그러나 2012. 9. 30.자 물품대금 이행각서는 물품대금의 액수 및 변제기를
확인하고 손해배상액예정 등을 부가하는 약정에 불과하고 준소비대차라고 할
수는 없습니다.

4) 또한, 피고는 원고 박온준에 대하여 소멸시효가 완성되기 전인 2015. 12. 20.
내용증명우편으로 물품대금의 지급을 최고하였으며, 그로부터 6개월이 되는
날인 2016. 6. 20.에 다시 내용증명우편으로 위 대금의 지급을 최고하였으므
로 그 소멸시효가 중단되었다고 주장할 수 있습니다.

　그러나 최고는 6월 내에 재판상의 청구, 파산절차참가, 화해를 위한 소환,
임의출석, 압류 또는 가압류, 가처분을 하지 아니하면 시효중단의 효력이 없
는데(민법 제174조), 피고는 최고만 2회에 걸쳐 하였을 뿐 원고 박온준의 제2
채무에 관하여 재판상의 청구 등을 한 사실이 없으므로, 피고의 위 주장은 받
아들일 수 없습니다.

5) 나아가 피고는 최고의 반복만으로 소멸시효가 중단되지 않을지라도, 2016. 6.
20.자 최고(도달일은 2016. 6. 21.임) 후 6개월 내에 제기된 이 사건 소에서 적
극적으로 응소함으로써 소멸시효가 중단되었다고 주장할 수 있습니다.

　그러나 최고를 여러번 거듭하다가 재판상의 청구 등을 한 경우에 시효중단
의 효력은 항상 최초의 최고시에 발생하는 것이 아니라 재판상 청구 등을 한
시점을 기준으로 하여 이로부터 소급하여 6개월 이내에 한 최고시에 발생합
니다.8) 그런데 피고가 이 사건 소장을 수령하고 이에 적극적으로 응소하는
경우라도 이미 소 제기일인 2016. 9. 6.로부터 소급하여 6개월 이내에 소멸시
효를 중단시킬 수 있는 유효한 최고는 없었습니다. 피고의 2016. 6. 20.자 최
고는 소멸시효기간이 경과한 후에 행해진 것으로서 소멸시효 중단의 효력이
없음은 앞서 살핀 바와 같습니다. 따라서 피고의 위 주장은 이유 없습니다.

---

7) 준소비대차의 경우에 구채무와 신채무 사이에 동일성은 인정되어 담보권이나 보증도 신
　채무를 위하여 존속하지만(대법원 2007. 1. 11. 선고 2005다47157 판결), 소멸시효기간은
　준소비대차에 의하여 성립하는 신채무를 기준으로 결정된다(대법원 1981. 12. 22. 선고
　80다1363 판결). 자세한 것은 쟁점해설 참조.
8) 대법원 1987. 12. 22. 선고 87다카2337 판결. 자세한 것은 쟁점해설 참조.

6) 한편, 피고는 2016. 1. 7. 법원으로부터 제2채무의 연대보증인 원고 류중순의 소외 김갑수에 대한 채권가압류결정을 받았고, 그 결정이 2016. 1. 10. 제3채무자 김갑수에게 송달되었으므로 제2채무의 소멸시효는 중단되었다고 주장할 수 있습니다.

그러나 원고 류중순의 연대보증채무가 성립하지 않았다는 사실은 앞서 살핀 바와 같고, 가사 위 원고의 연대보증채무가 인정된다고 하더라도, 주채무자에 대한 시효의 중단은 보증인에 대하여 그 효력이 있는 반면(민법 제440조), 보증인에 대한 시효의 중단은 주채무자에게 미치지 않으며, 보증채무에 대한 소멸시효가 중단되었다고 하더라도 이로써 주채무에 대한 소멸시효가 중단되는 것은 아니고, 주채무가 소멸시효 완성으로 소멸된 경우에는 보증채무도 그 채무 자체의 시효중단에 불구하고 부종성에 따라 당연히 소멸되는 것이므로,[9] 피고의 위 주장은 이유 없습니다.

7) 다만, 원고 박온준은 2016. 6. 10.경 피고에게 '2012년 9월 30일자 물품대금 이행각서상 채무 원금 860만 원 및 이에 대한 위약금이 남아 있으며 이를 조속히 지급하겠다'는 취지의 의사를 표시하면서 그 내용을 담은 확인서를 교부하였다는 것인바, 이는 채무의 소멸시효 완성 이후에 소멸시효의 이익을 포기하는 의사표시로 인정될 수 있으므로, 제2채무 중 8,600,000원 및 이에 대한 2013. 4. 1.부터 다 갚는 날까지 월 1%의 비율로 계산한 지연손해금을 초과하는 부분은 소멸하여 존재하지 않는다고 할 것입니다.

라. 제3채무의 전부 소멸

1) 원고 박온준은 제3채무에 관하여 그 변제일에 즈음하여 위 대금채무를 변제하였으나 피고로부터 영수증을 받지 않아 피고가 이를 부인하는 경우에는 입증하지 못한다고 하더라도, 앞서 살핀 제2채무와 마찬가지로 제3채무도 그 변제기인 2013. 3. 31.부터 3년이 경과함으로써 소멸시효 완성에 의하여 소멸하였다고 할 것입니다.

2) 이에 대하여 피고는 소멸시효가 완성되는 2016. 3. 31. 이전에 제3채권을 피보전채권으로 채무자인 원고 박온준에 대하여 유체동산 가압류신청을 하여

---

9) 대법원 2002. 5. 14. 선고 2000다62476 판결. 자세한 것은 쟁점해설 참조.

법원으로부터 2015. 9. 7. 결정(서울중앙지방법원 2015. 9. 7.자 2015카단12106 결정)을 받았으므로 이로써 제3채권의 소멸시효는 중단되었다고 주장(항변)할 수 있습니다. 그러나 위 유체동산에 대한 가압류는 집행절차에 착수하지 않으면 시효중단의 효력이 없는바, 가압류결정만 있을 뿐 집행에 관한 자료가 없으므로 시효가 중단되었다고 단정할 수 없습니다. 뿐만 아니라 원고 박온준이 피고를 상대로 위 가압류결정에 대하여 이의신청을 하여 법원으로부터 위 가압류결정을 취소한다는 결정(서울중앙지방법원 2016. 6. 10.자 2015카단12425 결정)을 받고 위 결정은 2016. 6. 23. 확정되었으므로 시효중단의 효력이 없다고 할 것입니다.[10]

3) 또한, 피고는 2012. 10. 31. 제3채무의 이행을 담보하기 위하여 원고 김승호로부터 별지 목록 기재 부동산에 관하여 근저당권을 설정받았고 그 근저당권 등기가 현재까지 존재하고 있으므로 이로써 소멸시효는 완성되지 않았다고 주장할 것으로 보입니다. 그러나 근저당권설정 등 담보의 제공이 소멸시효의 중단사유가 되지 않을 뿐만 아니라 저당권으로 담보한 채권이 시효의 완성 기타 사유로 인하여 소멸한 때에는 부종성에 따라 저당권도 소멸합니다.[11] 따라서 피고의 위 주장은 이유 없습니다.

4) 한편, 피고는 2회의 최고에 의하여 소멸시효가 중단되었다고 주장할 수 있으나, 최고의 반복만으로는 시효가 중단되지 않는다는 점은 앞서 살핀 바와 같습니다.

마. 확인의 이익

1) 확인의 소는 분쟁의 당사자 간에 현재의 권리 또는 법률관계에 관하여 즉시 확정할 이익이 있는 경우에 허용되며,[12] 이러한 확인의 이익은 당사자의 권리 또는 법률상 지위에 현존하는 불안·위험이 있고 이를 제거함에는 확인판

---

10) 압류, 가압류 및 가처분은 권리자의 청구에 의하여 또는 법률의 규정에 따르지 아니함으로 인하여 취소된 때에는 시효중단의 효력이 없다(민법 제175조). 다만, 민사집행법 제287조 제소명령 위반 또는 제288조 제1항 제3호 가압류가 집행된 뒤에 3년간 본안의 소를 제기하지 아니한 사정이 있다는 이유로 가압류가 취소된 경우는 민법 제175조의 법률의 규정에 따르지 아니함으로 인하여 취소된 때에 해당하지 않는다(대법원 2011. 1. 13. 선고 2010다88019 판결, 대법원 2008. 2. 14. 선고 2007다17222 판결). 자세한 것은 쟁점해설 참조.
11) 민법 제168조, 제369조.
12) 대법원 1995. 12. 22. 선고 95다5622 판결. 자세한 것은 쟁점해설 참조.

결을 받는 것이 가장 유효·적절한 수단일 때에 인정됩니다.[13]

2) 원고 박온준의 피고에 대한 채무는 앞서 살핀 바와 같이 일부만 존재하고 있으며, 원고 신삼수와 류중순의 채무는 존재하지 않음에도 불구하고 피고는 물품대금 및 보증 채무 전부의 존재를 주장하면서 위 원고들에 대하여 가압류 등 법적 조치를 취하면서도 본안소송을 제기하지 않음으로써 위 원고들의 법률상 지위에 현존하는 불안·위험이 있고 이를 제거함에는 확인판결을 받는 것이 가장 유효·적절한 수단이므로 위 원고들의 청구에는 확인의 이익이 인정된다고 할 것입니다.

3) 이에 대하여 피고는 제1채무와 관련하여 위 채무의 지급을 위하여 원고 박온준이 공증인가 법무법인 제일 증서 2012년 제2357호 약속어음 공정증서를 발행하여 피고에게 교부하였으므로, 공정증서에 대한 청구이의의 소를 제기하지 않고 공정증서의 작성원인이 된 채무에 관하여 채무부존재확인의 소를 제기하는 것은 확인의 이익이 없어 부적법하다고 주장할 수 있습니다. 그러나 청구이의의 소는 집행권원이 가지는 집행력의 배제를 목적으로 하는 것으로서 판결이 확정되더라도 해당 집행권원의 원인이 된 실체법상 권리관계에 기판력이 미치지 않는 것으로, 그 목적이 오로지 공정증서의 집행력 배제에 있는 것이 아닌 이상 청구이의의 소를 제기할 수 있다는 사정만으로 채무부존재확인소송이 확인의 이익이 없다고 할 수 없습니다.[14] 따라서 피고의 위 주장은 이유 없습니다.

2. 원고 김승호의 근저당권말소등기 청구[15]

가. 원고 김승호는 2012. 10. 31. 원고 박온준의 피고에 대한 제3채무를 담보하기 위하여 위 원고가 소유하는 별지 목록 기재 부동산에 관하여 서울북부지방법원 동대문등기소 2012. 10. 31. 접수 제16732호로 근저당권설정등기를 마쳤습니다.

나. 그런데 위 근저당권의 피담보채무인 원고 박온준의 제3채무는 앞서 살핀 바와 같이 소멸시효 완성으로 2016. 4. 1. 전부 소멸하였는바, 저당권으로 담

---

13) 대법원 1991. 10. 11. 선고 91다1264 판결. 자세한 것은 쟁점해설 참조.
14) 대법원 2013. 5. 9. 선고 2012다108863 판결. 자세한 것은 쟁점해설 참조.
15) 근저당권설정등기말소청구의 요건사실은 계약상 청구의 경우에는 ① 근저당권 설정계약사실, ② 피고의 저당권설정등기사실, ③ 근저당권의 소멸사실이며, 소유권에 기한 말소청구의 경우에는 근저당권 설정계약사실 대신에 원고의 소유인 사실을 주장·입증하면 된다.

보한 채권이 시효의 완성 기타 사유로 인하여 소멸한 때에는 저당권도 소멸하므로(민법 제369조), 위 근저당권설정등기는 무효라고 할 것이어서[16] 피고는 위 근저당권의 말소등기절차를 이행할 의무가 있다고 할 것입니다.

3. 결 어

이상과 같은 이유로 원고들은 청구취지 기재와 같은 판결을 구하고자 이 청구에 이른 것입니다.

증 거 방 법
(생략)

첨 부 서 류
(생략)

2016. 7. 2.

원고들의 소송대리인
변호사 김상승 ㊞

서울북부지방법원   귀중

---

16) 계속적 거래계약에 기한 채무를 담보하기 위하여 존속기간의 약정이 없는 근저당권을 설정한 경우에 그 거래관계가 종료됨으로써 피담보채무로 예정된 원본채무가 더 이상 발생할 가능성이 없게 된 때에는 그때까지 잔존하는 채무가 근저당권에 의하여 담보되는 채무로 확정되는 것이며, 이때에 근저당권을 설정한 채무자나 물상보증인은 근저당권자에 대한 의사표시로써 피담보채무의 확정을 구할 수 있고 그 확정 당시에 그것이 존재하지 아니하게 되었다면 근저당권의 말소를 구할 수 있다(대법원 1996. 10. 29. 선고 95다2494 판결). 자세한 것은 쟁점해설 참조.

[별지]

목   록

(1동의 건물의 표시)

서울 동대문구 휘경동 223 서일하이빌 제102동(망우로16길 35) 철근콘크리

트조 (철근)콘크리트지붕 5층 공동주택(아파트)

    1층 126.001㎡

    2층 118.553㎡

    3층 209.582㎡

    4층 209.582㎡

    5층 209.582㎡

(대지권의 목적인 토지의 표시)

서울 동대문구 휘경동 223 대 9918.3㎡

(전유부분의 건물의 표시)

제3층 제301호 철근콘크리트조 84.997㎡

(대지권의 표시)

소유권 대지권 9918.3분의 43.3856. 끝.

※ 쟁점해설

1. 채권의 지급을 위하여 어음이 수수된 경우 각 채권의 소멸시효 및 가압류에 의한 소멸시효의 중단시점 (답안 각주 4 관련)

가. 원인채권의 지급을 확보하기 위한 방법으로 어음이 수수된 경우에 원인채권과 어음채권은 별개로서 채권자는 그 선택에 따라 권리를 행사할 수 있고, 원인채권에 기하여 청구를 한 것만으로는 어음채권 그 자체를 행사한 것으로 볼 수 없어 어음채권의 소멸시효를 중단시키지 못한다.[1]

나. 반면, 채권자가 원인채권에 기하여 청구하는 것이 아니라 어음채권에 기하여 청구를 하는 반대의 경우에는 원인채권의 소멸시효를 중단시키는 효력이 있으며, 채권자가 어음채권을 피보전권리로 하여 채무자의 재산을 가압류함으로써 그 권리를 행사한 경우에도 마찬가지로 적용된다. 어음은 경제적으로 동일한 급부를 위하여 원인채권의 지급수단으로 수수된 것으로서 그 어음채권의 행사는 원인채권을 실현하기 위한 것일 뿐만 아니라, 원인채권의 소멸시효는 어음금 청구소송에 있어서 채무자의 인적항변 사유에 해당하는 관계로 채권자가 어음채권의 소멸시효를 중단하여 두어도 채무자의 인적항변에 따라 그 권리를 실현할 수 없게 되는 불합리한 결과가 발생하게 되기 때문이다.[2]

다. 압류, 가압류, 가처분에 의하여 시효중단이 발생하는 시점에 관하여 견해의 대립이 있으나 소제기(민사소송법 제265조)에 준하여 집행행위가 있으면 신청시에 소급하여 중단의 효력이 발생한다고 해석하는 것이 다수설의 입장이다.[3] 민사소송법 제265조는 시효의 중단 또는 법률상 기간을 지킴에 필요한 재판상 청구는 소를 제기한 때 또는 제260조 제2항(피고경정신청)·제262조 제2항(청구취지변경신청) 또는 제264조 제2항(중간확인의 소)의 규정에 따라 서면을 법원에 제출한 때에 그 효력이 생긴다고 규정하고 있다.

2. 보증계약의 방식 (답안 각주 6 관련)

가. 보증계약은 원칙적으로 보증인과 채권자 사이에 주채무자가 주채무를 이행하지 않을 때 보증인이 그 채무를 이행하기로 약정함으로써 성립하는 낙성

---

[1] 대법원 1999. 6. 11. 선고 99다16378 판결.
[2] 위 99다16378 판결.
[3] 지원림, 424면.

계약이다(민법 제428조).

나. 그런데 우리나라 특유의 인정주의에 따라 특별한 대가를 받지 않고 경제적 부담에 대한 합리적 고려 없이 호의로 이루어지는 보증이 만연하고 채무자의 파산이 연쇄적으로 보증인에게 이어져 경제적·정신적 피해와 함께 가정 파탄 등에 이르는 등 보증의 폐해가 심각하게 나타나자 2008. 3. 21. 민법의 특별법으로서 보증인 보호를 위한 특별법이 제정되었고, 그 대표적 특례가 서면주의의 채택이다. 이러한 서면주의는 민법(2015. 2. 3. 법률 제13125호로 개정된 것, 2016. 2. 4. 시행) 제428조의2에 채용되었다.

다. 이 사건의 경우, 원고 류중순은 채권자에게 구두로 보증의 의사를 표시한 사실이 있으나 그 의사가 류중순의 기명날인 또는 서명이 있는 서면으로 표시된 사실이 없다. 따라서 민법상 보증계약은 유효하게 성립되었다고 할 수 있으나 위 특별법에 의하여 보증계약이 무효이므로 원고 류중순은 보증채무를 부담하지 않는다.

3. 준소비대차와 소멸시효 (답안 각주 7 관련)

가. 당사자쌍방이 소비대차에 의하지 않고 금전 기타의 대체물을 지급할 의무가 있는 경우에 당사자가 그 목적물을 소비대차의 목적으로 할 것을 약정한 때에는 소비대차의 효력이 생기며, 이를 준소비대차라고 한다(민법 제605조). 준소비대차에는 소비대차에 관한 규정이 적용된다.

나. 다만, 준소비대차의 경우에 구채무와 신채무 사이에 동일성은 인정되어 담보권이나 보증도 신채무를 위하여 존속하나,[4] 소멸시효기간은 준소비대차에 의하여 성립하는 신채무를 기준으로 결정된다.[5]

4. 최고에 의한 소멸시효의 중단 (답안 각주 8 관련)

가. 최고는 6월 내에 재판상의 청구, 파산절차참가, 화해를 위한 소환, 임의출석, 압류 또는 가압류, 가처분을 하지 않으면 시효중단의 효력이 없다(민법 제174조).

나. 민법 제170조의 해석상, 재판상의 청구는 그 소송이 취하된 경우에는 그로부터 6월 내에 다시 재판상의 청구를 하지 않는 한 시효중단의 효력이 없고,

---

4) 대법원 2007. 1. 11. 선고 2005다47157 판결.
5) 대법원 1981. 12. 22. 선고 80다1363 판결.

다만 재판외 최고의 효력만 있다.[6]

다. 최고를 여러번 거듭하다가 재판상 청구 등을 한 경우에 있어서의 시효중단의 효력은 항상 최초의 최고시에 발생하는 것이 아니라 재판상 청구 등을 한 시점을 기준으로 하여 이로부터 소급하여 6월 이내에 한 최고시에 발생한다.[7]

5. 보증채무와 소멸시효 (답안 각주 9 관련)

가. 보증채무에 대한 소멸시효가 중단되었다고 하더라도 이로써 주채무에 대한 소멸시효가 중단되는 것은 아니고, 주채무가 소멸시효 완성으로 소멸된 경우에는 보증채무도 그 채무 자체의 시효중단에 불구하고 부종성에 따라 당연히 소멸된다.[8] 주채무가 시효로 소멸한 때에는 보증인도 그 시효소멸을 원용할 수 있으며, 주채무자가 시효의 이익을 포기하더라도 보증인에게는 그 효력이 없다.[9]

나. 주채무에 대한 소멸시효가 완성되어 보증채무가 소멸된 상태에서 보증인이 보증채무를 이행하거나 승인하였다고 하더라도, 주채무자가 아닌 보증인의 행위에 의하여 주채무에 대한 소멸시효 이익의 포기 효과가 발생된다고 할 수 없으며, 주채무의 시효소멸에도 불구하고 보증채무를 이행하겠다는 의사를 표시한 경우 등과 같이 부종성을 부정하여야 할 다른 특별한 사정이 없는 한 보증인은 여전히 주채무의 시효소멸을 이유로 보증채무의 소멸을 주장할 수 있다.[10]

다. 압류, 가압류 및 가처분은 시효의 이익을 받은 자에 대하여 하지 아니한 때에는 이를 그에게 통지한 후가 아니면 시효중단의 효력이 없다(민법 제176조). 경매절차에서 이해관계인인 주채무자에게 경매개시결정이 송달되었다면 주채무자는 민법 제176조에 의하여 해당 피담보채권의 소멸시효중단의 효과를 받는다고 할 것이나, 민법 제176조의 규정에 따라 압류사실이 통지된 것으로 볼 수 있기 위해서는 압류사실을 주채무자가 알 수 있도록 경매개시결정이나 경매기일통지서가 교부송달의 방법으로 주채무자에게 송달되어야만 하

---

6) 대법원 1987. 12. 22. 선고 87다카2337 판결.
7) 위 87다카2337 판결.
8) 대법원 2002. 5. 14. 선고 2000다62476 판결.
9) 대법원 1991. 1. 29. 선고 89다카1114 판결.
10) 대법원 2012. 7. 12. 선고 2010다51192 판결.

는 것이지, 이것이 우편송달(발송송달)이나 공시송달의 방법에 의하여 채무자
에게 송달됨으로써 채무자가 압류사실을 알 수 없었던 경우까지도 압류사실
이 채무자에게 통지되었다고 볼 수 있는 것은 아니다.[11]

라. 시효의 중단은 시효중단행위에 관여한 당사자 및 그 승계인 사이에 효력이
있으므로(민법 제169조), 연대보증인겸 물상보증인 소유의 담보부동산에 대하
여 임의경매의 신청을 하여 경매개시결정에 따른 압류의 효력이 생겼다면
채권자는 그 압류의 사실을 위 물상보증인에게 통지하지 않더라도 그에 대
하여 시효의 중단을 주장할 수 있으나, 주채무자에 대한 시효중단의 사유가
없는 이상 위 물상보증인에 대한 시효중단의 사유가 있다 하여 주채무까지
시효중단되었다고 할 수는 없고, 위의 경매개시결정에 따른 압류로 인한 시
효중단의 효력이 주채무자에게까지 미치게 하려면 그에게 압류의 사실이 통
지되어야 한다.[12]

마. 반면, 주채무자에 대한 시효의 중단은 보증인에 대하여 그 효력이 있다(민법
제440조).

6. 압류, 가압류, 가처분과 소멸시효의 중단 (답안 각주 10 관련)

가. 압류, 가압류 및 가처분은 권리자의 청구에 의하여 또는 법률의 규정에 따르
지 아니함으로 인하여 취소된 때에는 시효중단의 효력이 없다(민법 제175조).

나. 가압류 집행 후에 행하여진 채권자의 집행취소 또는 집행해제의 신청은 실질
적으로 집행신청의 취하에 해당하고, 이는 다른 특별한 사정이 없는 한 가압류
자체의 신청을 취하하는 것과 마찬가지로 그에게 권리행사의 의사가 없음을
객관적으로 표명하는 행위로서 민법 제175조에 의하여 시효중단의 효력이 소
멸한다고 봄이 상당하다. 이러한 점은 위와 같은 집행취소의 경우 그 취소의
효력이 단지 장래에 대하여만 발생한다는 것에 의하여 달라지지 아니한다.[13]

다. 다만, 민사집행법 제287조 제소명령 위반[14] 또는 제288조 제1항 제3호 가압
류가 집행된 뒤에 3년간 본안의 소를 제기하지 아니한 사정[15]이 있다는 이

11) 대법원 1994. 1. 11. 선고 93다21477 판결.
12) 위 93다21477 판결.
13) 대법원 2010. 10. 14. 선고 2010다53273 판결.
14) 대법원 2011. 1. 13. 선고 2010다88019 판결.
15) 대법원 2008. 2. 14. 선고 2007다17222 판결.

유로 가압류가 취소된 경우는 민법 제175조의 법률의 규정에 따르지 아니함
으로 인하여 취소된 때에 해당하지 않는다.

7. 확인의 소와 확인의 이익 (답안 각주 12, 13 관련)

가. 확인의 소는 분쟁의 당사자 간에 현재의 권리 또는 법률관계에 관하여 즉시
확정할 이익이 있는 경우에 허용되는 것인바, 손해배상청구를 할 수 있는 경
우에 별도로 그 침해되는 권리의 존재 확인을 구하는 것은 분쟁의 종국적인
해결 방법이 아니어서 확인의 이익이 없다.[16]

나. 확인의 소에서 '확인의 이익'이란 당사자의 권리 또는 법률상 지위에 현존하
는 불안·위험이 있고 이를 제거함에는 확인판결을 받는 것이 가장 유효·적
절한 수단일 때에 인정되므로, 이행의 소를 제기할 수 있는데도 확인의 소를
제기하는 것은 특별한 사정이 없는 한 불안 제거에 실효가 없고 소송경제에
반하여 '확인의 이익'이 없다.[17]

8. 공정증서의 효력을 다투는 방법 (답안 각주 14 관련)

가. 공정증서는 공증인이 일정한 금액의 지급이나 대체물 또는 유가증권의 일정한
수량의 급여를 목적으로 하는 청구에 관하여 작성한 증서로서 채무자가 강제
집행을 승낙한 취지가 적혀 있는 집행권원을 말한다(민사집행법 제56조 제4호).

나. 집행권원의 집행력을 배제하기 위해서는 청구이의의 소를 제기하여야 하고
(민사집행법 제44조), 이는 공정증서의 경우에도 마찬가지이다(민사집행법 제59
조). 청구이의의 소는 집행권원이 가지는 집행력의 배제를 목적으로 하는 것
으로서 판결이 확정되더라도 해당 집행권원의 원인이 된 실체법상 권리관계
에 기판력이 미치지 않는다.[18] 청구에 관한 이의는 그 이유가 변론이 종결
된 뒤(변론 없이 한 판결의 경우에는 판결이 선고된 뒤)에 생긴 것이어야 하지만
(민사집행법 제44조 제2항), 공정증서에 대하여 청구이의의 소를 제기하는 경
우에는 이의사유에 제한이 없다(민사집행법 제59조 제3항).

다. 채무자가 채권자에 대하여 채무부담행위를 하고 그에 관하여 강제집행승낙

---

16) 대법원 1995. 12. 22. 선고 95다5622 판결.
17) 대법원 1991. 10. 11. 선고 91다1264 판결.
18) 대법원 2013. 5. 9. 선고 2012다108863 판결.

문구가 기재된 공정증서를 작성하여 준 후, 공정증서에 대한 청구이의의 소
를 제기하지 않고 공정증서의 작성원인이 된 채무에 관하여 채무부존재확인
의 소를 제기한 경우, 그 목적이 오로지 공정증서의 집행력 배제에 있는 것
이 아닌 이상 청구이의의 소를 제기할 수 있다는 사정만으로 채무부존재확
인소송이 확인의 이익이 없어 부적법하다고 할 것은 아니다.[19]

라. 무자력상태의 채무자가 기존채무에 관한 특정의 채권자로 하여금 채무자가
가지는 채권에 대하여 압류 및 추심명령을 받음으로써 강제집행절차를 통하
여 사실상 우선변제를 받게 할 목적으로 그 기존채무에 관하여 강제집행을
승낙하는 취지가 기재된 공정증서를 작성하여 주어 채권자가 채무자의 그
채권에 관하여 압류 및 추심명령을 얻은 경우에는 그와 같은 공정증서 작성
의 원인이 된 채권자와 채무자의 합의는 기존채무의 이행에 관한 별도의 계
약인 이른바 채무변제계약에 해당하는 것으로서 다른 일반채권자의 이익을
해하여 사해행위가 된다.[20]

9. 근저당권의 확정 (답안 각주 17 관련)

가. 근저당권이라 함은 그 담보할 채권의 최고액만을 정하고 채무의 확정을 장
래에 유보하여 설정하는 저당권을 말하고, 이 경우 그 피담보채무가 확정될
때까지의 채무의 소멸 또는 이전은 근저당권에 영향을 미치지 않으므로(민법
제357조, 부종성의 완화), 결국 근저당권은 피담보채무의 확정이 선행되어야
하고 피담보채무가 확정되면 부종성을 가지는 보통의 저당권으로 전환된
다.[21] 채무자나 물상보증인, 그리고 근저당부동산에 대하여 소유권을 취득
한 제3자는 피담보채무가 확정된 이후에 그 확정된 피담보채무를 채권최고
액의 범위 내에서 변제하고 근저당권의 소멸을 청구할 수 있다.[22]

나. 계속적 거래계약에 기한 채무를 담보하기 위하여 존속기간의 약정이 없는
근저당권을 설정한 경우에 그 거래관계가 종료됨으로써 피담보채무로 예정
된 원본채무가 더 이상 발생할 가능성이 없게 된 때에는 그때까지 잔존하는

19) 위 2012다108863 판결.
20) 대법원 2010. 4. 29. 선고 2009다33884 판결.
21) 대법원 2002. 5. 24. 선고 2002다7176 판결.
22) 위 2002다7176 판결.

채무가 근저당권에 의하여 담보되는 채무로 확정되며, 이때 근저당권을 설
정한 채무자나 물상보증인은 근저당권자에 대한 의사표시로써 피담보채무의
확정을 구할 수 있고 그 확정 당시에 피담보채무가 존재하지 않게 되었다면
근저당권의 말소를 구할 수 있다.[23]

다. 피담보채무는 근저당권설정계약에서 근저당권의 존속기간을 정하거나 근저당
권으로 담보되는 기본적인 거래계약에서 결산기를 정한 경우에는 원칙적으로
존속기간이나 결산기가 도래한 때에 확정되지만, 이 경우에도 근저당권에 의
하여 담보되는 채권이 전부 소멸하고 채무자가 채권자로부터 새로이 금원을
차용하는 등 거래를 계속할 의사가 없는 경우에는, 그 존속기간 또는 결산기
가 경과하기 전이라 하더라도 근저당권설정자는 계약을 해지하고 근저당권설
정등기의 말소를 구할 수 있다. 한편 존속기간이나 결산기의 정함이 없는 때
에는 근저당권의 피담보채무의 확정방법에 관한 다른 약정이 있으면 그에 따
르되 이러한 약정이 없는 경우라면 근저당권설정자가 근저당권자를 상대로
언제든지 해지의 의사표시를 함으로써 피담보채무를 확정시킬 수 있다.[24]

라. 근저당권자가 피담보채무의 불이행을 이유로 경매신청을 한 경우에는 경매
신청시에 근저당 채무액이 확정되고, 그 이후부터 근저당권은 부종성을 가
지게 되어 보통의 저당권과 같은 취급을 받게 되는바, 위와 같이 경매신청을
하여 경매개시결정이 있은 후에 경매신청이 취하되었다고 하더라도 채무확
정의 효과가 번복되는 것은 아니다.[25] 다만, 근저당권자가 경매신청을 실제
로 한 것이 아니고 다만 경매신청을 하려는 태도를 보인 데 그쳤다면 이로
써 근저당권이 확정되었다고 볼 수 없다.[26]

마. 후순위 근저당권자가 경매를 신청한 경우 선순위 근저당권의 피담보채권은
그 근저당권이 소멸하는 시기, 즉 매수인이 매각대금을 완납한 때에 확정된
다고 보아야 한다.[27]

---

23) 대법원 1996. 10. 29. 선고 95다2494 판결.
24) 위 2002다7176 판결.
25) 대법원 2002. 11. 26. 선고 2001다73022 판결.
26) 대법원 1993. 3. 12. 선고 92다48567 판결.
27) 대법원 1999. 9. 21. 선고 99다26085 판결.

제 9 장

어음금, 사해행위취소 관련 청구

※ 문　제

귀하(변호사 김상승)는 이 사건의 담당변호사로서 의뢰인 김민철과 상담일지 기재와 같은 내용으로 상담하고, 첨부서류를 자료로 받았다. 귀하는 의뢰인의 요구사항 및 이익에 최대한 부합하는 소장을 작성하되, 청구원인을 작성함에 있어 먼저 청구원인사실을 중심으로 기재한 다음 기록 내용에 비추어 피고(들)가 법령 및 판례에 따라 제기할 것으로 예상되는 주장 및 항변을 정리하고 각 그에 대한 반론을 개진하시오.

【작성요령】

1. 본 기록 내에 나타나 있는 사실관계 및 증거자료만을 기초로 하고, 별도의 법률행위 또는 사실행위를 한 것을 전제로 하지 말 것.

   단, 의뢰인의 요구를 충족하기 위하여 특정 권리의 행사가 필요한 경우에는 소장을 통하여 행사할 것.

2. 사실관계 주장은 첨부된 자료 중 증거로 신청·제출이 가능한 자료를 토대로 하여 증거법상 법원에 의하여 인정받을 가능성이 있다고 판단되는 내용으로 한정할 것.

3. 각종 서류는 모두 적법하게 작성되었고, 기록상 일자의 요일은 실제 요일과 무관하게 토요일 또는 공휴일이 없는 것을 전제로 할 것.

4. 법리적인 주장은 현행 법령 및 대법원 판례의 태도에 비추어 받아들여질 가능성이 없다고 판단되는 내용은 제외하며, 귀하가 소를 제기하는 경우 상대방은 적극적으로 응소하는 것을 전제로 할 것.

5. 소장의 기재사항 중 증거방법 및 첨부서류란을 생략하여도 무방함. 단, 증거방법으로 부족한 부분이 있으면 설명할 것.

6. 청구취지에 부동산을 표시하는 경우에는 반드시 별지로 처리할 것.

7. 금전청구를 하는 경우 구체적 증명이 없으면 나타난 자료만으로 일응 청구하

고 소송 중에 정확한 증거신청을 할 것을 전제로 청구할 것.

단, 어음채권과 원인채권의 청구가 모두 가능한 경우에는 어음채권만 청구할 것.

8. 소장의 작성일 및 소(訴) 제기일은 2016. 9. 3.로 할 것.

[참고자료]

각급 법원의 설치와 관할구역에 관한 법률 (일부)

[시행 2014.12.30.] [법률 제12879호, 2014.12.30., 일부개정]

제4조(관할구역) 각급 법원의 관할구역은 다음 각 호의 구분에 따라 정한다. 다만, 지방법원 또는 그 지원의 관할구역에 시·군법원을 둔 경우「법원조직법」제34조 제1항 제1호 및 제2호의 사건에 관하여는 지방법원 또는 그 지원의 관할구역에서 해당 시·군법원의 관할구역을 제외한다.

    1. 각 고등법원·지방법원과 그 지원의 관할구역: <u>별표 3</u>

    2. ~7. 생략

[별표 3] 고등법원 · 지방법원과 그 지원의 관할구역 (일부)

고등법원	지방법원	지원	관할구역
서울	서울중앙		서울특별시 종로구·중구·강남구·서초구·관악구·동작구
	서울동부		서울특별시 성동구·광진구·강동구·송파구
	서울남부		서울특별시 영등포구·강서구·양천구·구로구·금천구
	서울북부		서울특별시 동대문구·중랑구·성북구·도봉구·강북구·노원구
	서울서부		서울특별시 서대문구·마포구·은평구·용산구
	의정부		의정부시·동두천시·구리시·남양주시·양주시·연천군·포천시·가평군, 강원도 철원군. 다만, 소년보호사건은 앞의 시·군 외에 고양시·파주시
		고양	고양시·파주시
	인천		인천광역시. 다만, 소년보호사건은 앞의 광역시 외에 부천시·김포시
		부천	부천시·김포시
	수원		수원시·오산시·용인시·화성시. 다만, 소년보호사건은 앞의 시 외에 성남시·하남시·평택시·이천시·안산시·광명시·시흥시·안성시·광주시·안양시·과천시·의왕시·군포시·여주시·양평군
		성남	성남시·하남시·광주시
		여주	이천시·여주시·양평군
		평택	평택시·안성시
		안산	안산시·광명시·시흥시
		안양	안양시·과천시·의왕시·군포시

상 담 일 지

접 수 번 호	2016민143	상 담 일	2016. 9. 1.
상 담 인	김민철	연 락 처	010-1234-5609
담당변호사	김상승	사 건 번 호	

【상담내용】

1. 의뢰인은 (주)성주의 대표이사로서 위 회사는 알파금속(주)과 건물보수공사 계약을 체결하여 이를 성실하게 이행하였고, 알파금속(주)는 공사단계별로 검수하였으며 중도금의 변제조로 (주)목광플랜트가 발행한 액면금 1억 원인 은행도(銀行渡) 약속어음, 건물을 인도받으면서 잔금의 변제조로 위 회사가 발행한 액면금 7,200만 원인 약속어음에 각 배서하여 (주)성주에 교부하였다.

2. 박봉수는 위 어음에 배서를 하였는데, 이는 의뢰인이 알파금속(주)에 어음금에 대한 담보를 요구하였고, 위 회사가 박봉수에게 요청하여 이루어진 것이다.

3. 알파금속(주)는 위 어음을 의뢰인에게 교부할 당시 반월공단에 아파트형 공장을 소유하고 있었고, 나름대로 경영이 잘 되는 것으로 알려졌다.

4. 의뢰인은 위 어음의 각 만기일에 지급은행에 제시하였으나 무거래로 모두 부도되었고, 당시 의뢰인은 오랫동안 거래한 알파금속(주)를 믿고 있었으며, 회사일이 갑자기 많아지는 바람에 이 사건에 신경을 쓰지 못하면서 시간이 흘렀다.

5. 의뢰인은 2016년에 들어 알파금속(주)에 대한 대금을 지급받고자 알파금속(주)에 연락을 취하였으나 위 회사는 현재 부도된 상태로서 보유하고 있던

공장도 이미 대표이사인 김성훈에게 소유권이전등기가 마쳐졌고, 어음에 배서하였던 박봉수에게는 위 공장에 관하여 근저당권을 설정해 주었다는 사실을 확인하였다.

6. 의뢰인이 위 각 등기의 경위에 관하여 알아보니 김성훈은 자신이 회사의 가수금으로 투입하였던 자금의 반환조로 소유권이전등기를 하였고, 박봉수는 어음에 배서를 하는 등으로 알파금속(주)에 대한 책임을 부담하는데 대하여 김성훈이 이행각서를 교부하였는데 그 담보를 위하여 근저당권설정등기를 하였다는 것이다.

7. 한편, 의뢰인은 '동우설비'라는 상호로 개인업체를 운영하는 김영진으로부터 건물보수공사를 의뢰받고 공사를 완성하여 건물을 인도하면서 잔금지급조로 위 목광플랜트가 발행한 액면금 9,000만 원권 약속어음을 교부받았는데, 이 어음도 마찬가지로 무거래로 부도되었다.

8. 의뢰인은 알파금속(주)에 대한 채권을 보전하기 위하여 위 회사가 삼성전자에 전기, 전자, 통신 관련 설계 제작용역계약에 따른 용역을 제공하고 받을 대금에 대하여 가압류를 하였으나, 위 채권은 가압류를 하기 전에 이미 삼성전자가 클레임을 제기하여 상호 합의 하에 상계처리로 인하여 소멸한 사실을 가압류 후에 삼성전자로부터 확인받았다.

9. 김영진에게는 재산이 있으므로 판결만 받는다면 이를 집행하는데 어려움이 없을 것으로 판단하고 있다.

【의뢰인의 요구사항】

1. 의뢰인은 알파금속(주)에 대한 채권과 동일한 상황에서 김영진에 대하여 채권추심을 하지 못하고 있던 중 최근에 알파금속(주)에 대한 채권과 더불어 김영진에 대한 채권도 정리하고자 하고, 판결을 받은 후 강제집행을 하고자 한다.

2. 약속어음채권에 대하여는 강제집행이 어렵더라도 추후 회계처리를 위하여
   법적으로 청구할 수 있는 것은 모두 청구해 달라고 한다.

【첨부서류】

 1. 건물보수공사계약서(알파금속)
 2. 약속어음 표면 및 이면(액면금 1억 원)
 3. 약속어음 표면 및 이면(액면금 7,200만 원)
 4. 건물보수공사계약서(김영진)
 5. 약속어음 표면 및 이면(액면금 9,000만 원)
 6. 등기사항전부증명서(집합건물)
 7. 등기사항전부증명서(건물)
 8. 등기사항전부증명서(토지)
 9. 결정(부동산가압류)
10. 결정(채권가압류)
11. 송달증명원
12. 내용증명우편(제목: 어음금지급촉구서, 발신: 주식회사 성주, 수신: 주식
    회사 목광플랜트)
13. 우편물배달증명서
14. 내용증명우편(제목: 대금지급촉구서, 발신: 주식회사 성주, 수신: 김영진)
15. 우편물배달증명서
16. 등기사항전부증명서(법인)
17. 등기사항전부증명서(법인)
18. 등기사항전부증명서(법인)

법무법인 다일종합법률사무소
변호사 박조정, 양화해, 서온유, 김상승, 이승소
서울 동대문구 양진대로 777
전화 : 961-1543 팩스 : 961-1544 이메일 : sskim@daillaw.com

건물 보수공사 도급계약서

제 1 조 을은 갑에 대하여 아래 건물에 건축공사를 도급 받아 이를 완성할 것을 약정하고, 갑은 이에 대하여 보수를 지급할 것을 약정하였다.

아   래

안산시 단원구 성곡동 101번지 소재 공장건물의 보수공사
다만 공사사양은 별지와 같다.

제 2 조 을은 본 계약의 성립일로부터 10일 이내에 건축공사에 착수하고 공사착수일로부터 60일 이내에 이것을 완성하며 완성일로부터 7일 이내에 갑에게 인도하는 것으로 한다.

제 3 조 도급금액은 총액을 일금 190,000,000원으로 정하며 갑은 을에 대하여 본 계약의 성립과 동시에 금 18,000,000원, 공사 50% 진행 시 중도금 100,000,000원, 완성 후 인도함과 동시에 잔금 72,000,000원을 지불한다.
단, 중도금 및 잔금은 만기일 6개월 이내의 은행도 약속어음으로 지급할 수 있다.
계약금 18,000,000원을 영수함.

제 4 조 건축에 필요한 자재 및 노무에 대하여는 전부 을이 공급한다.

제 5 조 공사 중 건축자재의 가격에 변동이 생겼을 경우는 을의 책임으로 한다. 다만, 갑이 제3조의 지불시기로 정하여진 날보다 늦게 지불함으로써 생긴 자재 값의 인상에 대하여는 갑의 책임으로 한다.

제 6 조 을이 전 2조의 기일에 공사를 완공하지 못하여 목적물을 인도하는 것이 불가능하게 된 때에는 그 일수에 따라 일일 금 300,000원 비율로 지체배상금을 갑에게 지불한다. 이 경우 갑은 을에 대하여 지불하여야 할 보수 중 위 금액을 공제할 수 있다.

제 7 조 갑은 본 건축의 설계사양을 변경할 수 있다. 이때 갑과 을은 보수의 증감 및 공사물의 완성과 인도시기의 변경에 대하여 협의하여 이를 정한다.

제 8 조 본 건축공사에 하자가 발생하였을 경우 을은 인도일로부터 5년간 그 담보책임을 진다.

제 9 조 본 건축공사 완공 후에 천재지변에 의한 불가항력에 의해 목적물이 멸실 또는 훼손

되었을 경우에는 을이 그 위험에 대한 책임을 진다.

제 10 조 갑은 본 건축공사 중 필요에 따라 계약을 해지할 수 있다. 다만 갑은 이에 따른 손해를 배상하여야 한다.

제 11 조 본 계약에 관하여 분쟁이 있을 경우 ○○법원을 그 관할 법원으로 한다.

상기와 같이 갑과 을간에 계약이 성립되었기에 본 증서를 2통 작성하고 각자 기명날인 한 후 각 1통씩 보관하기로 한다.

2013 년 4 월 25 일

발주자 "갑"
주   소 : 안산시 단원구 성곡동 101
상   호 : 알파금속(주)
성   명 : 대표이사 김정훈 (인)
사업자등록번호(주민등록번호) :

수급자 "을"
주   소 : 서울특별시 동대문구 이문동 778
상   호 : (주) 성주
성   명 : 대표이사 김민철 (인)
사업자등록번호(주민등록번호) :

04010230   5125456789765   124356786454 202784891643

 하나은행

약 속 어 음

박 봉 수   귀하   가10401024212

W100,000,000※

위의 금액을 귀하 또는 귀하의 지시인에게 이 약속어음과 상환하여 지급하겠습니다.

지급기일 2013년 6월 30일   발행일 2013년 1월 31일
지 급 지 시흥시   발행지 시흥시
                                  주 소 시흥시 정왕동 시화공단 134-1
지급장소 하나은행 정왕지점   발행인 (주)목광플랜트 대표이사 공인숙

04010230   5125456789765   124356786454 202784891643

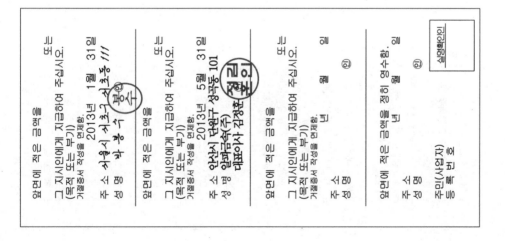

04010230   5125456789765   124356786454 202784891643

약속어음

하나은행

박 봉 수   귀 하   가10401024213

₩72,000,000❋

위의 금액을 귀하 또는 귀하의 지시인에게 이 약속어음과 상환하여 지급하겠습니다.

지급기일 2013년 7월 31일   발행일 2013년 2월 28일
지 급 지 시흥시   발행지 시흥시
                                     주 소 시흥시 정왕동 시화공단 134-21
지급장소 하나은행 정왕지점   발행인 (주)목광플랜트 대표이사 공인 석

04010230   5125456789765   124356786454 202784891643

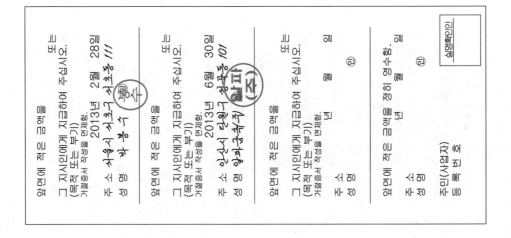

건물 보수공사 도급계약서

제 1 조 을은 갑에 대하여 아래 건물에 건축공사를 도급 받아 이를 완성할 것을 약정하고, 갑은 이에 대하여 보수를 지급할 것을 약정하였다.

아 래

서울특별시 동대문구 청량리동 11번지 소재 대지 324㎡ 지상 건물의 보수공사
다만 공사사양은 별지와 같다.

제 2 조 을은 본 계약의 성립일로부터 10일 이내에 건축공사에 착수하고 공사착수일로부터 60일 이내에 이것을 완성하며 완성일로부터 7일 이내에 갑에게 인도하는 것으로 한다.

제 3 조 도급금액은 총액을 일금 100,000,000원으로 정하며 갑은 을에 대하여 본 계약의 성립과 동시에 금 10,000,000원, 공사완성 후 인도함과 동시에 잔금 90,000,000원을 지불한다.
단, 잔금은 만기일 6개월 이내의 은행도 약속어음으로 지급할 수 있다.
계약금 10,000,000원을 영수함.

제 4 조 건축에 필요한 자재 및 노무에 대하여는 전부 을이 공급한다.

제 5 조 공사 중 건축자재의 가격에 변동이 생겼을 경우는 을의 책임으로 한다. 다만, 갑이 제3조의 지불시기로 정하여진 날보다 늦게 지불함으로써 생긴 자재 값의 인상에 대하여는 갑의 책임으로 한다.

제 6 조 을이 전 2조의 기일에 공사를 완공하지 못하여 목적물을 인도하는 것이 불가능하게 된 때에는 그 일수에 따라 일일 금 300,000원 비율로 지체배상금을 갑에게 지불한다. 이 경우 갑은 을에 대하여 지불하여야 할 보수 중 위 금액을 공제할 수 있다.

제 7 조 갑은 본 건축의 설계사양을 변경할 수 있다. 이때 갑과 을은 보수의 증감 및 공사물의 완성과 인도시기의 변경에 대하여 협의하여 이를 정한다.

제 8 조 본 건축공사에 하자가 발생하였을 경우 을은 인도일로부터 5년간 그 담보책임을 진다.

제 9 조 본 건축공사 완공 후에 천재지변에 의한 불가항력에 의해 목적물이 멸실 또는 훼손되었을 경우에는 을이 그 위험에 대한 책임을 진다.

제 10 조   갑은 본 건축공사 중 필요에 따라 계약을 해지할 수 있다. 다만 갑은 이에 따른 손해를 배상하여야 한다.

제 11 조   본 계약에 관하여 분쟁이 있을 경우 ○○법원을 그 관할 법원으로 한다.

상기와 같이 갑과 을간에 계약이 성립되었기에 본 증서를 2통 작성하고 각자 기명날인 한 후 각 1통씩 보관하기로 한다.

2013 년 4 월 25 일

발주자   "갑"

주   소 : 서울특별시 동대문구 청량리동 11

상   호 : 영진설비

성   명 : 김영진 (인)

사업자등록번호(주민등록번호) :

수급자   "을"

주   소 : 서울특별시 동대문구 이문동 778

상   호 : (주) 성주

성   명 : 대표이사 김민철 (인)

사업자등록번호(주민등록번호) :

04010230   5125456789765   124356786454   202784891643

 하나은행

약 속 어 음

귀 하   가10401024214
₩90,000,000※

위의 금액을 귀하 또는 귀하의 지시인에게 이 약속어음과 상환하여 지급하겠습니다.

지급기일 2013년 8월 31일   발행일 2013년 3월 31일
지 급 지 시흥시   발행지 시흥시

지급장소 하나은행 정왕지점   주 소 **시흥시 정왕동 시화공단 134-21**
                                       발행인 **(주)목광플랜트 대표이사 임광수**

04010230   5125456789765   124356786454   202784891643

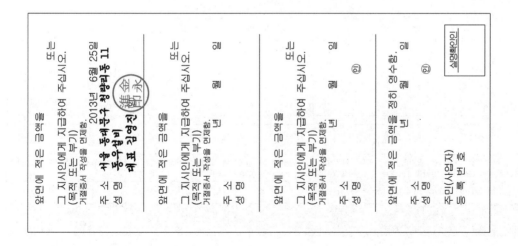

등기사항전부증명서(말소사항 포함) - 집합건물

[집합건물] 경기도 안산시 단원구 성곡동 21 반월아파트형공장 203동 202호   고유번호 1146-1999-023645

【 표 제 부 】 (1동의 건물의 표시)				
표시번호	접 수	소재지번, 건물명칭 및 번호	건 물 내 역	등기원인 및 기타사항
1 (전1)	1999년2월25일	경기도 안산시 단원구 성곡동 21 반월아파트형공장	철근콘크리트조 평슬래브지붕 5층 아파트형공장 1층 570.72㎡ 2층 570.72㎡ 3층 570.72㎡ 4층 570.72㎡ 5층 570.72㎡	부동산등기법 시행규칙 부칙 제3조 제1항의 규정에 의하여 2000. 11. 17. 전산이기
2		경기도 안산시 단원구 성곡동 21 반월아파트형공장 [도로명주소] 경기도 안산시 단원구 별망로22번길 13	철근콘크리트조 평슬래브지붕 5층 아파트형공장 1층 570.72㎡ 2층 570.72㎡ 3층 570.72㎡ 4층 570.72㎡ 5층 570.72㎡	도로명주소 2012년2월28일 등기

(대지권의 목적인 토지의 표시)				
표시번호	소 재 지 번	지 목	면 적	등기원인 및 기타사항
1 (전1)	경기도 안산시 단원구 성곡동 21-11	공장용지	86,394.7㎡	1999년2월25일
				부동산등기법 시행규칙 부칙 제3조 제1항의 규정에 의하여 2000. 11. 17. 전산이기

* 실선으로 그어진 부분은 말소사항을 표시함.   * 등기부에 기록된 사항이 없는 갑구 또는 을구는 생략함.

문서 하단의 바코드를 스캐너로 확인하거나, **인터넷등기소(http://www.iros.go.kr)의 발급확인** 메뉴에서 **발급확인번호**를 입력하여 **위·변조** 여부를 확인할 수 있습니다. 발급확인번호를 통한 확인은 발행일로부터 3개월까지 5회에 한하여 가능합니다.

발행번호 123456789A123456789B123456789D123   1/3   발급확인번호 ALTQ-COHX-3570   발행일 2016/09/01

[집합건물] 경기도 안산시 단원구 성곡동 21 반월아파트형공장 203동 202호　　고유번호 1146-1999-023645

【　표　　제　　부　】　　(전유부분의 건물의 표시)

표시번호	접　수	건 물 번 호	건 물 내 역	등기원인 및 기타사항
1 (전1)	1999년2월25일	2층 202호	철근콘크리트조 240.8㎡	도면편철장 제18책 제2981호
				부동산등기법 시행규칙 부칙 제3조 제1항의 규정에 의하여 2000. 11. 17. 전산이기

(대지권의 표시)

표시번호	대지권종류	대지권비율	등기원인 및 기타사항
1 (전1)	소유권 대지권	86394.7분의 240.8	1999년2월25일 대지권
			부동산등기법시행규칙 부칙 제3조 제1항의 규정에 의하여 2000. 11. 17. 전산이기

【　갑　　　구　】　　(소유권에 관한 사항)

순위번호	등 기 목 적	접　수	등 기 원 인	권리자 및 기타사항
1 (전1)	소유권보존	1999년2월25일 제25797호		소유자 주식회사 대평 서울 강남구 신사동 22
2	소유권이전	1999년2월28일 제25871호	1998년8월31일 매매	소유자 알파금속 주식회사 경기도 안산시 단원구 성곡동 101
3	가압류	2013년9월28일 제48331호	2013년9월27일 서울북부지방법원 가압류결정 (2013카단2122)	청구금액 100,000,000원 채권자 주식회사 성주 서울 동대문구 이문동 778
4	소유권이전	2014년2월28일 제55871호	2014년1월31일 매매	소유자 김성훈 631205-1****** 서울 강남구 도곡동 467 타워펠리스 아파트 비-2801

* 실선으로 그어진 부분은 말소사항을 표시함.　　* 등기부에 기록된 사항이 없는 갑구 또는 을구는 생략함.

발행번호 123456789A123456789B123456789D123　　2/3　　발급확인번호 ALTQ-COHX-3570　　발행일 2016/09/01

[집합건물] 경기도 안산시 단원구 성곡동 21 반월아파트형공장 203동 202호   고유번호 1146-1999-023645

순위번호	등 기 목 적	접 수	등 기 원 인	권리자 및 기타사항
【	을	구	】	(소유권 이외의 권리에 관한 사항)
1 (전1)	근저당권설정	1999년2월25일 제25797호	1999년2월25일 설정계약	채권최고액 금 150,000,000원 채무자 알파금속 주식회사 경기도 안산시 단원구 성곡동 101 근저당권자 주식회사 신한은행 서울 중구 태평로2가 120 (상록수지점)
2	1번근저당권설정등기 말소	2013년9월20일 제51797호	2013년9월20일 해지	
3	근저당권설정	2013년9월20일 제51798호	2013년9월20일 설정계약	채권최고액 250,000,000원 채무자 김성훈 서울 강남구 도곡동 467 타워팰리스 아파트 비-2801 근저당권자 박봉수 서울 서초구 서초동 111

--- 이 하 여 백 ---

수수료 금 1,000원 영수함

관할등기소 수원지방법원 안산지원 등기과/
발행등기소 법원행정처 등기정보중앙관리소

이 증명서는 부동산 등기기록의 내용과 틀림없음을 증명합니다.

　　　서기 2016년 09월 01일

　　　법원행정처 등기정보중앙관리소　　　　　　전산운영책임관

* 실선으로 그어진 부분은 말소사항을 표시함.　　* 등기부에 기록된 사항이 없는 갑구 또는 을구는 생략함.

문서 하단의 바코드를 스캐너로 확인하거나, **인터넷등기소(http://www.iros.go.kr)의 발급확인** 메뉴에서 **발급확인번호**를 입력하여 **위·변조** 여부를 확인할 수 있습니다. **발급확인번호**를 통한 확인은 발행일로부터 3개월까지 5회에 한하여 가능합니다.

발행번호 123456789A123456789B123456789D123　　　3/3　　　발급확인번호 ALTQ-COHX-3570　　　발행일 2016/09/01

등기사항전부증명서(말소사항 포함) – 건물

[건물] 서울특별시 서초구 서초동 111

고유번호 1146-2012-023111

【 표 제 부 】 (건물의 표시)				
표시번호	접 수	소 재 지 번	건 물 내 역	등기원인 및 기타사항
1	2014년3월31일	서울특별시 서초구 서초동 111 [도로명주소] 서울특별시 서초구 효령로35길 26	철근콘크리트조 평슬래브지붕 3층 단독주택 1층 430㎡ 2층 230㎡	

【 갑 구 】 (소유권에 관한 사항)				
순위번호	등 기 목 적	접 수	등 기 원 인	권리자 및 기타사항
1	소유권보존	2014년3월31일 제112330호		소유자 박봉수 621123-1****** 　서울특별시 서초구 서초동 111
2	가압류	2016년7월28일 제148331호	2016년7월27일 서울북부지방법원 가압류결정 (2016카단12143)	청구금액 172,000,000원 채권자 주식회사 성주 　서울 동대문구 이문동 778

--- 이 하 여 백 ---

* 실선으로 그어진 부분은 말소사항을 표시함.　　* 등기부에 기록된 사항이 없는 갑구 또는 을구는 생략함.

발행번호 123456789A123456789B123456789D334　　　1/2　　발급확인번호 ALTQ-COHX-3570　　발행일 2016/09/01

[건물] 서울특별시 서초구 서초동 111   고유번호 1146-2012-023111

수수료 금 1,000원 영수함   관할등기소 서울중앙지방법원 등기국/
                                               발행등기소 법원행정처 등기정보중앙관리소

이 증명서는 부동산 등기기록의 내용과 틀림없음을 증명합니다.
서기   2016년 09월 01일
법원행정처 등기정보중앙관리소   전산운영책임관

* 실선으로 그어진 부분은 말소사항을 표시함.   * 등기부에 기록된 사항이 없는 갑구 또는 을구는 생략함.

문서 하단의 바코드를 스캐너로 확인하거나, **인터넷등기소(http://www.iros.go.kr)의 발급확인** 메뉴에서 **발급확인번호**를 입력하여 **위·변조**
여부를 확인할 수 있습니다. 발급확인번호를 통한 확인은 발행일로부터 3개월까지 5회에 한하여 가능합니다.

발행번호 123456789A123456789B123456789D334   2/2   발급확인번호 ALTQ-COHX-3570   발행일 2016/09/01

등기사항전부증명서(말소사항 포함) - 토지

[토지] 서울특별시 서초구 서초동 111

고유번호 1146-1988-0231118

【 표　　제　　부 】 (토지의 표시)					
표시번호	접　수	소　재　지　번	지　목	면　적	등기원인 및 기타사항
1 (전2)	1983년4월11일	서울특별시　서초구 서초동 111	대	980㎡	부동산등기법 제177조의6 제1항의 규정 에 의하여 2000년 9월 15일 전산이기

【 갑　　　　구 】 (소유권에 관한 사항)				
순위번호	등 기 목 적	접　수	등 기 원 인	권리자 및 기타사항
1 (전3)	소유권이전	1982년11월20일 제2278호	1982년9월22일 매매	소유자　김은유 421221-2****** 　　서울 서초구 반포동 423
				부동산등기법 제177조의6 제1항의 규정 에 의하여 2000년 9월 15일 전산이기
2	소유권이전	2015년2월14일 제107330호	2015년1월13일 매매	소유자　박봉수 621123-1****** 　　서울특별시 서초구 서초동 111
3	가압류	2016년7월28일 제148331호	2016년7월27일 서울북부지방법 원 가압류결정 (2016카단12143)	청구금액 172,000,000원 채권자 주식회사 성주 　　서울 동대문구 이문동 778

--- 이 하 여 백 ---

* 실선으로 그어진 부분은 말소사항을 표시함.　　* 등기부에 기록된 사항이 없는 갑구 또는 을구는 생략함.

발행번호 123456789A123456789B123456789D445　　　1/2　　　발급확인번호 ALTQ-COHX-3570　　　발행일 2016/09/01

[토지] 서울특별시 서초구 서초동 111   고유번호 1146-1988-0231118

수수료 금 1,000원 영수함   관할등기소 서울중앙지방법원 등기국/
                                        발행등기소 법원행정처 등기정보중앙관리소

이 증명서는 부동산 등기기록의 내용과 틀림없음을 증명합니다.
       서기   2016년 09월 01일
       법원행정처 등기정보중앙관리소   전산운영책임관

* 실선으로 그어진 부분은 말소사항을 표시함.   * 등기부에 기록된 사항이 없는 갑구 또는 을구는 생략함.

문서 하단의 바코드를 스캐너로 확인하거나, **인터넷등기소**(http://www.iros.go.kr)**의 발급확인** 메뉴에서 **발급확인번호**를 입력하여 **위·변조** **여부를 확인할 수 있습니다. 발급확인번호**를 통한 확인은 발행일로부터 3개월까지 5회에 한하여 가능합니다.

발행번호 123456789A123456789B123456789D445   2/2   발급확인번호 ALTQ-COHX-3570   발행일 2016/09/01

서울북부지방법원
결   정

사 건   2013카단2122 부동산가압류

채권자   주식회사 성주

　　　　　서울 동대문구 이문동 778

　　　　　대표이사 김민철

채무자   알파금속 주식회사

　　　　　안산시 단원구 성곡동 101

　　　　　대표이사 김정훈

주   문

채무자 소유의 별지 기재 부동산을 가압류한다.

채무자는 다음 청구금액을 공탁하고 집행정지 또는 그 취소를 신청할 수 있다.

청구채권의 내용   약속어음금

청구금액   금 100,000,000 원

이   유

이 사건 부동산가압류 신청은 이유 있으므로 담보로 공탁보증보험증권(서울보증보험주식회사 증권번호 제 823-052-201132000661호)을 제출받고 주문과 같이 결정한다.

정본입니다.
2013. 9. 27.
법원주사 김진택

2013.   9.   27.
판사   윤 승 곤

※ 1. 이 가압류 결정은 채권자가 제출한 소명자료를 기초로 판단한 것입니다.

  2. 채무자는 이 결정에 불복이 있을 경우 가압류이의나 취소신청을 이 법원에 제기할 수 있습니다.

서울북부지방법원
결   정

사 건   2013카단3477 채권가압류

채권자   주식회사 성주

　　　　　 서울 동대문구 이문동 778

　　　　　 대표이사 김민철

채무자   알파금속 주식회사

　　　　　 안산시 단원구 성곡동 101

　　　　　 대표이사 김정훈

제3채무자 삼성전자 주식회사

　　　　　 수원시 영통구 매탄동 416

　　　　　 대표이사 최지성

주   문

채무자의 제3채무자에 대한 별지 목록 기재의 채권을 가압류한다.

제3채무자는 채무자에게 위 채권에 관한 지급을 하여서는 아니 된다.

채무자는 위 채권의 처분과 영수를 하여서는 아니 된다.

채무자는 다음 청구금액을 공탁하고 집행정지 또는 그 취소를 신청할 수 있다.

청구채권의 내용   공사대금

청구금액   금 72,000,000원

이   유

이 사건 채권가압류 신청은 이유 있으므로 담보로 7,200,000원을 공탁하게 하고 주문과 같이 결정한다.

정본입니다.
2013. 10. 11.
법원주사 김진택

2013.   10.   11.
판사   윤 승 곤

※ 1. 이 가압류 결정은 채권자가 제출한 소명자료를 기초로 판단한 것입니다.

   2. 채무자는 이 결정에 불복이 있을 경우 가압류이의나 취소신청을 이 법원에 제기할 수 있습니다.

[별지]

가압류할 채권의 표시

금 72,000,000원

채무자(법인등록번호 : 134911-0027234, 사업자등록번호 : 134-81-23421)가 제3채

무자와 2013. 3.경 체결한 전기, 전자, 통신 관련 설계 제작용역계약에 따른 용

역을 제공하고 받을 대금 중 위 금액에 이를 때까지의 금원. 끝.

송 달 증 명 원

사   건   2013카단3477 채권가압류

채권자(신 청 인)   (주)성주

채무자(피신청인)   알파금속(주)

제 3 채 무 자   삼성전자(주)

<table>
<tr><td>수입인지
첨부</td></tr>
</table>

위 당사자간 귀원 2013카단3477 채권가압류 사건에 관하여 2013. 10. 11. 채권
가압류결정이 있었는바, 위 결정정본이 2013. 10. 15. 제3채무자에게 송달되었음
을 증명하여 주시기 바랍니다.

위 증명합니다.
2013. 10. 20.
법원주사 김진택

2013년 10월 20일

채권자   (주)성주 대표이사 김민철

서울북부지방법원 귀중

어음금지급촉구서

발신인 : (주)성주

　　　　서울특별시 동대문구 이문동 778

수신인 : (주)목광플랜트

　　　　경기도 시흥시 정왕동 시화공단 134-21

삼가 건승하옵고,

다름이 아니오라, 당사는 귀사가 2013년 1월 31일 발행한 액면금 1억원권 약속어음, 2월 28일 발행한 액면금 7,200만원권 약속어음, 3월 31일 발행한 액면금 9,000만원권 약속어음의 소지인입니다.

그런데 위 약속어음이 모두 부도되어 당사는 많은 손해를 입고 있습니다. 이에 위 어음의 발행인인 귀사에 대하여 어음금을 청구하오니 조속한 시일 내에 지급하여 주시기 바랍니다.

2016. 6. 14.

(주)성주 　주식회사
성주대표
이사직인

이 우편물은 2016-06-14
제3112902073567호에 의하여
내용증명 우편물로 발송하였음을 증명함
서울동대문우체국장 　대한민국 KOREA

우편물배달증명서

수취인의 주거 및 성명

경기도 시흥시 정왕동 시화공단 134-21
(주)목광플랜트

접수국명	서울동대문	접수연월일	2016년 6월 14일
등기번호	제3112902073567호	배달연월일	2016년 6월 15일
적 요	수취인과의 관계 직원 수령 박 철 민		서울동대문 2016.06.16 1018604 우 체 국 (배달증명우편물 배달국 일부인)

대금지급촉구서

발신인 : (주)성주

　　　　서울특별시 동대문구 이문동 778

수신인 : 동우설비 (대표 김영진)

　　　　서울특별시 동대문구 청량리동 11

삼가 건승하옵고,

다름이 아니오라, 귀하의 의뢰로 당사는 최선을 다하여 공사를 완공하였고, 귀하
는 (주)목광플랜트가 발행하고 귀하가 배서한 액면금 9,000만원, 만기일 2013년
8월 31일인 약속어음만 교부하였으나 위 만기일에 당사는 지급은행에 지급제시
를 하였으나 무거래로 위 어음은 부도되고 말았습니다. 이후 귀하는 발행인으로
부터 돈을 받으면 주겠다는 말을 되풀이 하던 것이 지금에 이르게 되었습니다.
당사로서도 자금사정이 어려운 관계로 더 이상 기다려줄 수 없으니 조속히 공사
대금을 지급하여 주시기 바랍니다.

2016. 6. 14.

(주)성주   주식회사
　　　　　성주대표
　　　　　이사직인

이 우편물은 2016-06-14
제3112902073568호에 의하여
내용증명 우편물로 발송하였음을 증명함
서울동대문우체국장 ◎대한민국 KOREA

우편물배달증명서

수취인의 주거 및 성명

서울특별시 동대문구 청량리동 11
동우설비 (대표 김영진)

접수국명	서울동대문	접수연월일	2016년 6월 14일
등기번호	제3112902073568호	배달연월일	2016년 6월 15일
적 요	수취인과의 관계 직원 수령 김 영 진		서울동대문 2016.06.16 1018602 우 체 국 (배달증명우편물 배달국 일부인)

등기번호	012933
등록번호	134911-0027482

등기사항전부증명서(현재사항) [제출용]

상　호	주식회사 목광플랜트	. . . 변경
		. . . 등기
본　점	경기도 시흥시 정왕동 시화공단 134-21	. . . 변경
		. . . 등기
	경기도 시흥시 공단1대로 133(정왕동, 시화공단)	2011.10.31. 도로명주소
		2011.10.31. 등기

공고방법	서울시내에서 발행하는 일간신문 매일경제신문에 게재한다.	. . .

1주의 금액　금 5,000 원	. . .

발행할 주식의 총수　1,000,000주	. . .
	. . .

발행주식의 총수와 그 종류 및 각각의 수		자본의 총액	변경연월일
			변경연월일
발행주식의 총수	300,000주	금1,500,000,000원	. . .
보통주식	300,000주		. . .

목　　적

1. 전기, 전자, 통신 관련 설계 제작업
2. 산업기계 및 플랜트 설계 제작업(자동화설비 포함)
3. 기계설비 및 강구조물 설계 제작업
4. 인테리어 및 광고물 관련 설계 제작 시공업
5. 전기, 전자, 기계, 토목, 건축에 관련한 도, 소매업
6. 재활용 및 환경설비 설계 제작 일체
7. 부동산임대업
8. 무역업
9. 위 각호에 관련한 부대사업 일체

임원에 관한 사항

이사 김지철 530405-1******
　　2015 년 02 월 23 일　중임　　　2015 년 03 월 07 일　등기

[인터넷 발급] 문서 하단의 바코드를 스캐너로 확인하거나, **인터넷등기소(http://www.iros.go.kr)**의 발급확인 메뉴에서 **발급확인번호**를 입력하여 **위·변조 여부를 확인할 수 있습니다.**
발급확인번호를 통한 확인은 발행일로부터 3개월까지 5회에 한하여 가능합니다.

발급확인번호 0583-AANG-GKKC

0000514857625357951234567897A123456789B123456789C113 1　발행일 2016/09/01

등기번호	012933

이사 공인숙 590903-2*****
    2015 년 02 월 23 일   중임   2015 년 03 월 07 일   등기

대표이사 공인숙 590903-2***** 서울 강남구 강남대로 211(도곡동)
    2015 년 02 월 23 일   중임   2015 년 03 월 07 일   등기

이사 김광수 600413-1******
    2015 년 02 월 23 일   중임   2015 년 03 월 07 일   등기

대표이사 김광수 600413-1***** 서울 강남구 강남대로 211(도곡동)
    2015 년 02 월 23 일   중임   2015 년 03 월 07 일   등기

이사 이기철 610803-1******
    2015 년 02 월 23 일   중임   2015 년 03 월 07 일   등기

이사 이수남 570123-1******
    2015 년 02 월 23 일   중임   2015 년 03 월 07 일   등기

이사 김지수 641203-1*****
    2015 년 02 월 23 일   중임   2015 년 03 월 07 일   등기

회사성립연월일	1997 년 05 월 21 일

등기기록의 개설 사유 및 연월일
    상업등기처리규칙 부칙 제2조 제1항의 규정에 의하여 구등기로부터 이기
                             2001 년 08월 21일 등기

-- 이 하 여 백 --

수수료 1,000원 영수함

    관할등기소 : 수원지방법원 시흥등기소 / 발행등기소 : 법원행정처 등기정보중앙관리소

이 증명서는 등기기록의 내용과 틀림없음을 증명합니다. [다만, 신청이 없는 지점·지배인에 관한 사항과 현재 효력이 없는 등기사항의 기재를 생략하였습니다]

서기 2016년 09월 01일

법원행정처 등기정보중앙관리소   전산운영책임관

* 실선으로 그어진 부분은 말소(변경, 경정)된 등기사항입니다.   * 등기사항증명서는 컬러로 출력 가능함.

[인터넷 발급] 문서 하단의 바코드를 스캐너로 확인하거나, **인터넷등기소(http://www.iros.go.kr)**의 발급확인 메뉴에서 **발급확인번호**를 입력하여 위·변조 여부를 확인할 수 있습니다.
발급확인번호를 통한 확인은 발행일로부터 3개월까지 5회에 한하여 가능합니다.

발급확인번호 0583-AANG-GKKC

0000514857625357951234567890A123456789B123456789C113 1 발행일 2016/09/01

등기사항전부증명서(현재사항) [제출용]

등기번호	012999
등록번호	134911-0027483

상 호	알파금속 주식회사	... 변경
		... 등기
본 점	경기도 안산시 단원구 성곡동 101	... 변경
		... 등기
	경기도 안산시 단원구 강촌로 88(성곡동, 반월공단)	2011.10.31. 도로 명주소
		2011.10.31. 등기

공고방법	서울시내에서 발행하는 일간신문 매일경제신문에 게재한다.	...

1주의 금액 금 5,000 원	...

발행할 주식의 총수 300,000주	...

발행주식의 총수와 그 종류 및 각각의 수		자본의 총액	변경연월일 변경연월일
발행주식의 총수	100,000주	금 500,000,000 원	...
보통주식	100,000주		

목 적

1. 전기, 전자, 통신 관련 설계 제작업
2. 산업기계 및 플랜트 설계 제작업(자동화설비 포함)
3. 기계설비 및 강구조물 설계 제작업
4. 인테리어 및 광고물 관련 설계 제작 시공업
5. 전기, 전자, 기계, 토목, 건축에 관련한 도, 소매업
6. 재활용 및 환경설비 설계 제작 일체
7. 부동산임대업
8. 합성수지의 제조, 가공 및 판매업
9. 수출입업 및 동 대행업
10. 경제성 식물의 제재 및 판매업
11. 물품매도 확약서 발행업
12. 무역업   <2011.01.04 변경   2011.01.05 등기>
13. 위 각호에 관련한 부대사업 일체   <2011.01.04 변경   2011.01.05 등기>

발급확인번호 0583-AANG-GKKC

0000514857625357951234567889A123456789B123456789C333 1 발행일 2016/09/01

등기번호	012999

임원에 관한 사항
이사 김성훈 631205-1******
2015 년 05 월 13 일 중임   2015 년 05 월 27 일   등기
공동대표이사 김성훈 631205-1****** 경기도 시흥시 정왕대로111번길 22, 101동 301호(정왕동, 시화아파트)
2015 년 05 월 13 일 중임   2015 년 05 월 27 일   등기
이사 한미숙 640123-2******
2015 년 08 월 23 일 중임   2015 년 09 월 07 일   등기
공동대표이사 한미숙 640123-2****** 경기도 시흥시 정왕대로111번길 22, 101동 301호(정왕동, 시화아파트)
2015 년 08 월 23 일 중임   2015 년 09 월 07 일   등기

회사성립연월일	2000 년 05 월 01 일

등기기록의 개설 사유 및 연월일
상업등기처리규칙 부칙 제2조 제1항의 규정에 의하여 구등기로부터 이기
2001 년 08월 21일 등기

--- 이 하 여 백 ---

수수료 1,000원 영수함

　　관할등기소 : 수원지방법원 시흥등기소 / 발행등기소 : 법원행정처 등기정보중앙관리소

이 증명서는 등기기록의 내용과 틀림없음을 증명합니다. [다만, 신청이 없는 지점·지배인에 관한 사항과 현재 효력이 없는 등기사항의 기재를 생략하였습니다]

　　　　　　　　　　　　서기 2016년 09월 01일

　　　법원행정처 등기정보중앙관리소　　　　　　전산운영책임관

* 실선으로 그어진 부분은 말소(변경, 경정)된 등기사항입니다.　　 * 등기사항증명서는 컬러로 출력 가능함.

[인터넷 발급] 문서 하단의 바코드를 스캐너로 확인하거나, **인터넷등기소(http://www.iros.go.kr)의** 발급확인 메뉴에서 **발급확인번호를** 입력하여 **위·변조 여부를** 확인할 수 있습니다.
발급확인번호를 통한 확인은 발행일로부터 3개월까지 5회에 한하여 가능합니다.

발급확인번호 0583-AANG-GKKC

000051485762535795123456789A123456789B123456789C333 1 발행일 2016/09/01

- 2/2 -

등기번호	012931
등록번호	134911-0027485

등기사항전부증명서(현재사항) [제출용]

상 호	주식회사 성주	. . . 변경
		. . . 등기
본 점	서울특별시 동대문구 이문동 778	. . . 변경
		. . . 등기
	서울특별시 동대문구 신이문로 33(이문동)	2011.10.31. 도로 명주소
		2011.10.31. 등기

공고방법	서울시내에서 발행하는 일간신문 매일경제신문에 게재한다.	. . .
		. . .

1주의 금액 금 5,000 원	. . .
	. . .

발행할 주식의 총수 300,000주	. . .
	. . .

발행주식의 총수와 그 종류 및 각각의 수		자본의 총액	변경연월일
			변경연월일
발행주식의 총수	100,000주	금 500,000,000 원	
보통주식	100,000주		

목   적

1. 건축업
2. 산업기계 및 플랜트 설계 제작업(자동화설비 포함)
3. 기계설비 및 강구조물 설계 제작업
4. 인테리어 및 광고물 관련 설계 제작 시공업
5. 전기, 전자, 기계, 토목, 건축에 관련한 도, 소매업
6. 재활용 및 환경설비 설계 제작 일체
7. 부동산임대업
8. 합성수지의 제조, 가공 및 판매업
9. 수출입업 및 동 대행업
10. 경제성 식물의 제재 및 판매업
11. 물품매도 확약서 발행업
12. 위 각호에 관련한 부대사업 일체

[인터넷 발급] 문서 하단의 바코드를 스캐너로 확인하거나, **인터넷등기소(http://www.iros.go.kr)**의 발급확인 메뉴에서 **발급 확인번호**를 입력하여 위·변조 여부를 확인할 수 있습니다.
발급확인번호를 통한 확인은 발행일로부터 3개월까지 5회에 한하여 가능합니다.

발급확인번호 0583-AANG-GKKC

000051485762535795123456789A123456789B123456789C334 .1 발행일 2016/09/01

- 1/2 -

등기번호	012931	
임원에 관한 사항		

이사 김민철 570131-1******
    2015 년 08 월 13 일   중임   2015 년 08 월 27 일   등기

대표이사 김민철 570131-1****** 서울 동대문구 장안벚꽃로3길 17, 107동 1102호(휘경동, 동일하이빌)
    2015 년 08 월 13 일   중임   2015 년 08 월 27 일   등기

이사 김숙희 600213-2******
    2015 년 08 월 23 일   중임   2015 년 09 월 07 일   등기

회사성립연월일	1997 년 05 월 22 일

등기기록의 개설 사유 및 연월일
상업등기처리규칙 부칙 제2조 제1항의 규정에 의하여 구등기로부터 이기   2001 년 08월 21일 등기

--- 이 하 여 백 ---

수수료 1,000원 영수함
관할등기소 : 서울북부지방법원 동대문등기소 / 발행등기소 : 법원행정처 등기정보중앙관리소

이 증명서는 등기기록의 내용과 틀림없음을 증명합니다. [다만, 신청이 없는 지점·지배인에
관한 사항과 현재 효력이 없는 등기사항의 기재를 생략하였습니다]
                     서기   2016년 09월 01일
       법원행정처 등기정보중앙관리소   전산운영책임관

---

* 실선으로 그어진 부분은 말소(변경, 경정)된 등기사항입니다.   * 등기사항증명서는 컬러로 출력 가능함.

[인터넷 발급] 문서 하단의 바코드를 스캐너로 확인하거나, **인터넷등기소(http://www.iros.go.kr)의 발급확인** 메뉴에서 **발급
확인번호**를 입력하여 **위·변조 여부를 확인할 수 있습니다.**
발급확인번호를 통한 확인은 발행일로부터 3개월까지 5회에 한하여 가능합니다.

발급확인번호 0583-AANG-GKKC

000051485762535795123456789A123456789B123456789C334 1   발행일 2016/09/01
                                                        - 2/2 -

기록 끝

※ 답   안

소   장

원 고   주식회사 성주
　　　　 서울 동대문구 신이문로 33(이문동)
　　　　 대표이사 김민철

　　　　 소송대리인 법무법인 다일종합법률사무소
　　　　 서울 동대문구 양진대로 777
　　　　 담당변호사 김상승
　　　　 전화 : 961-1543 팩스 : 961-1544 이메일 : sskim@daillaw.com

피 고   1. 주식회사 목광플랜트
　　　　　 시흥시 공단1대로 133(정왕동, 시화공단)
　　　　　 대표이사 공인숙, 김광수[1]
　　　　 2. 알파금속 주식회사
　　　　　 안산시 단원구 강촌로 88(성곡동, 반월공단)
　　　　　 공동대표이사 김성훈, 한미숙[2]
　　　　 3. 김영진[3]

---

[1] 각자대표이사이므로 두 사람 중 한 사람만 기재해도 무방하다(민사실무Ⅰ, 52면).

[2] 공동대표이사이므로 법인 등기기록에 등재된 모든 공동대표이사를 기재하여야 한다(민사실무Ⅰ, 52면). 다만, 이 사건 기록에 있는 가압류결정에는 대표이사가 김정훈으로 기재되어 있으나 위 결정은 가압류신청 당시인 2013. 9.경을 기준으로 한 것이고, 소를 제기할 당시 최신 법인 등기기록에 등재되어 있는 대표이사를 기재하여야 한다.

[3] 김영진은 개인업체를 운영하고 있으므로 임의로 법인 표시를 하면 안 되며, 법인인 경우에는 반드시 법인 등기기록을 근거로 당사자를 표시하여야 한다. 자연인을 당사자로 표시하는 경우 과거에는 당사자의 성명을 기재한 다음 팔호 안에 주민등록번호를 기재하였으나 개인정보보호법의 취지에 따라 개정된 재판서 양식에 관한 예규(재판예규 제1477호)는 2015. 1. 1.부터 민사사건의 판결서에는 당사자 등의 주민등록번호를 기재하

　　　　서울 동대문구 청량리동 11

　　4. 박봉수[4]

　　　　서울 서초구 서초동 111

　　5. 김성훈

　　　　시흥시 정왕대로111번길 22, 101동 301호(정왕동, 시화아파트)

약속어음금 등[5] 청구의 소

청 구 취 지

1. 원고에게,[6]

　가. 피고 주식회사 목광플랜트는 262,000,000원 및 그 중 100,000,000원에
　　　대하여는 2013. 6. 30.부터, 72,000,000원에 대하여는 2013. 7. 31.부터,
　　　90,000,000원에 대하여는 2013. 8. 31.부터[7] 소장 부본 송달일까지는 연 6%의,[8]

　나. 피고 알파금속 주식회사는 위 가.항 기재 262,000,000원 중 피고 주식회사
　　　목광플랜트와 합동하여[9] 100,000,000원 및 이에 대하여 2013. 6. 30.부터

　　지 않고 성명과 주소만 기재하며, 동명이인이 있을 때에는 생년월일이나 한자성명을 기
　　재하도록 하고 있다. 다만, 예외적으로 등기·등록의 의사표시를 명하는 판결서나 공유물
　　분할판결서에는 종전처럼 당사자 등의 성명, 주소뿐 아니라 주민등록번호도 기재하고
　　주민등록번호를 알 수 없는 경우에는 생년월일이나 한자성명을 기재한다(민사실무Ⅱ, 33
　　면). 소장도 판결서의 기준을 따르면 된다(민사실무Ⅰ, 44면).

　4) 배서인인 박봉수의 어음채무는 소멸시효가 완성되었으며, 소멸시효의 중단 또는 소멸시
　　효이익의 포기에 대한 자료가 전혀 없으므로 그에 대한 어음금청구가 불가하고, 원고와
　　박봉수에 대한 원인관계도 존재하지 않는 것으로 보이므로 박봉수에 대한 금전청구는
　　불가능하다.

　5) 약속어음금청구 외에 공사대금, 사해행위취소, 말소등기청구가 포함되어 있다.

　6) 단순병합의 경우 여러 개의 청구가 각각 목적, 태양을 달리할 때에는 주문을 별항으로
　　나누어 기재하나(1청구 1주문주의), 병합된 여러 청구의 목적이 모두 금전이나 동종의
　　대체물일 경우에는 일괄하여 합산액만 기재한다(민사실무Ⅱ, 155~157면). 금액이 피고별
　　로 달라 중첩부분과 중첩되지 않는 부분이 있는 경우의 주문 기재례 참조(민사실무Ⅱ,
　　83~84면).

　7) 약속어음의 소지인이 어음발행인에 대하여 어음금을 청구하는 경우에는 어음법 제48조
　　소정의 연 6%의 비율에 의한 만기 이후의 이자를 청구할 수 있다(대법원 1965. 9. 7. 선
　　고 65다1139 판결). 자세한 것은 쟁점해설 참조.

　8) 민사실무Ⅱ, 78면에 있는 '이율이 기간별로 다른 경우'의 기재례 ② 참조.

　9) 어음법 제77조(환어음에 관한 규정의 준용), 어음법 제47조(어음채무자의 합동책임); 민

소장 부본 송달일까지는 연 6%의, 위 피고와 공동하여(각자)[10] 72,000,000
원[11] 및 이에 대하여 2013. 8. 1.부터[12] 소장 부본 송달일까지는 연 6%의,

다. 피고 김영진은[13] 피고 주식회사 목광플랜트와 각자[14] 위 가.항 기재
262,000,000원 중 90,000,000원 및 이에 대하여 2013. 9. 1.부터 소장 부본
송달일까지는 연 6%의,

각 그 다음날부터 각 다 갚는 날까지는 연 15%의 각 비율에 의한 금원을 각
지급하라.

2. 피고 알파금속 주식회사와 피고 박봉수 사이에 2013. 9. 20. 체결된 별지 목록
기재 부동산에 관한 근저당권설정계약을,[15] 피고 알파금속 주식회사와 피고 김

사실무Ⅱ, 79면. 피고들의 의무 사이에 합동책임의 중첩관계가 있는 경우에는 "합동하
여"라고 기재하는 것이 실무상 관례이다(민사실무Ⅱ, 81면). 자세한 것은 쟁점해설 참조.

10) (주)목광플랜트의 채무는 어음채무이고 알파금속(주)의 채무 중 7,200만 원 부분은 공사
대금채무로서 서로 별개의 원인으로 발생한 것이지만 알파금속(주)가 (주)목광플랜트가
발행한 어음을 공사대금의 지급을 위하여 지급한 것이므로 위 법리에 따라 부진정연대
채무로 볼 것이다(서울고등법원 2006. 11. 10. 선고 2005나79501 판결). 피고들의 의무
사이에 부진정연대채무의 중첩관계가 있는 경우에는 "연대하여"라고 기재하지 않고 "공
동하여"라고 기재하는 점에 주의하여야 한다(다만, "각자"라고 기재하는 것이 종래의 실
무상 관례였다(민사실무Ⅱ, 81면). 자세한 것은 쟁점해설 참조.

11) 액면금 7,200만 원권 약속어음의 배서인 알파금속(주)의 경우에는 그 배서가 대표기관을
표시하지 않아 무효이므로 위 회사에 대하여 약속어음채무를 청구할 수 없으며, 원인채
권에 관하여 청구할 수 있을 뿐이다(대법원 1964. 10. 31. 선고 63다1168 판결; 이철송,
어음·수표법, 73~83면). 자세한 것은 쟁점해설 참조.

12) 채권자가 기존채무의 변제기보다 후의 일자가 만기로 된 어음을 교부받은 때에는 특별
한 사정이 없는 한 기존채무의 지급을 유예하는 의사가 있었다고 보아야 할 것인바(대법
원 2001. 7. 13. 선고 2000다57771 판결), 이 사건은 공사대금의 지급을 위하여 약속어음
이 지급된 사안으로서 특별한 약정이 없는 한 약속어음의 만기일이 변제일이라고 할 것
이고, 공사대금에 대한 지연손해금은 변제일 다음날부터 기산한다(민법 제387조, 대법원
1988. 11. 8. 선고 88다3253 판결). 자세한 것은 쟁점해설 참조.

13) 이 약속어음은 수취인의 기재가 없는 상태로 만기일에 지급제시되었는바, 어음요건의 기
재가 없는 상태에서는 어음상의 권리가 적법하게 성립할 수 없고, 따라서 이러한 미완성
어음으로 지급을 위한 제시를 하였다 하여도 적법한 지급제시가 될 수 없으며(대법원
1994. 9. 9. 선고 94다12098 판결), 보충하지 않은 백지어음은 제시하더라도 제시의 효과
가 없으므로 소구권도 발생하지 않으므로 피고 김영진에 대하여는 어음채무는 청구할
수 없고 원인관계에 기한 채권만 청구할 수 있다(이철송, 어음·수표법, 449면). 자세한
것은 쟁점해설 참조.

14) 대법원 2009. 8. 20. 선고 2007다7959 판결. (주)목광플랜트의 채무는 어음채무이고 김영
진의 채무는 공사대금채무로서 서로 별개의 원인으로 발생한 것이지만 김영진이 (주)목
광플랜트가 발행한 어음을 공사대금의 지급을 위하여 지급한 것이므로 위 판례 법리에
따라 부진정연대채무로 보아야 할 것이다. 자세한 것은 쟁점해설 참조.

15) 가압류채권자라고 하여도 채무자의 물상보증으로 인한 근저당권 설정행위에 대하여 채

성훈 사이에 2014. 1. 31. 체결된 위 부동산에 관한 매매계약을 각 취소한다.

3. 피고 알파금속 주식회사에게[16] 별지 목록 기재 부동산에 관하여,

　가. 피고 박봉수는 수원지방법원 안산지원 2013. 9. 20. 접수 제51797호로 마친 근저당권설정등기의,

　나. 피고 김성훈은 위 법원 2014. 2. 28. 접수 제55871호로 마친 소유권이전등기의,

　각 말소등기절차를 각 이행하라.

4. 소송비용은 피고들이 부담한다.

5. 제1항은 가집행할 수 있다.[17]

　라는 판결을 구합니다.

청 구 원 인

1. 피고 (주)목광플랜트, 알파금속(주)에 대한 청구

가. 어음금청구

1) 피고 (주)목광플랜트는 2013. 1. 31. 액면금 100,000,000원, 만기 2013. 6. 30.인 약속어음 1장을, 2013. 2. 28. 액면금 72,000,000원, 만기 2013. 7. 31.인 약속어음 1장을 각 발행하여 그 무렵 수취인 피고 박봉수에게 교부하였고, 위 박봉수는 위 각 어음의 발행일에 배서하여 피고 알파금속(주)에게 교부하였으며, 위 피고 회사는 2013. 5. 31. 및 같은 해 6. 30.에 위 각 어음에 배서한 후 원고에게 교부하여 원고가 이를 소지하고 있습니다.[18] 위 액면금 7,200만

권자취소권을 행사할 수 있다(대법원 2010. 1. 28. 선고 2009다90047 판결). 또한, 원고가 별지 목록 기재 건물에 관하여 2013. 9. 28. 가압류(등기)를 하였으므로 피고 김성훈에 대한 사해행위취소가 불필요할 수도 있으나 위 가압류는 청구금액을 1억 원으로 하였기 때문에 나머지 채권을 회수하기 위해서는 반드시 위 사해행위취소가 필요하다. 자세한 것은 쟁점해설 참조.

16) 민사실무Ⅱ, 152면 사해행위취소로 인한 원상회복(원물반환)의 이행상대방에 관한 기재례 참조.

17) 사해행위취소의 소는 형성의 소로서 성질상 가집행선고를 구할 수 없고, 사행행위취소에 따른 원상회복의 청구도 마찬가지이며, 특히 원상회복으로 가액배상을 구하는 경우에도 가집행선고를 구할 수 없다(대법원 1998. 11. 13. 선고 98므1193 판결).

18) 발행인에 대한 어음금청구의 요건사실은 ① 피고의 어음발행, ② 어음상 권리의 원고귀속, ③ 원고의 어음소지이므로 청구원인으로 위와 같은 사실을 서술하여야 한다(요건사

원권 어음에 피고 알파금속(주)가 배서를 하면서 대표이사의 표시를 누락하여
그 배서가 무효인 경우라도 그 직전에 배서한 피고 박봉수가 백지식 배서를
하였으므로, 배서의 연속에는 문제가 없다고 할 것입니다.[19]

또한, 피고 (주)목광플랜트는 2013. 3. 31. 액면금 90,000,000원, 만기 2013.
8. 31.인 약속어음 1장을 발행하여 그 무렵 피고 김영진에게 교부하였고, 위
피고는 2013. 6. 25. 위 어음에 배서한 후 원고에게 교부하여 원고가 이를 소
지하고 있습니다.

원고는 위 각 어음의 만기일에 위 어음들을 적법하게 지급제시하였으나 모
두 무거래로 지급거절되었는바, 피고 (주)목광플랜트는 발행인으로서 위 각
어음의 액면금 및 각 이에 대한 각 어음의 만기일로부터 소장 부본 송달일까
지는 어음법 소정의 법정이율에 의한 연 6%의 비율로 계산한 이자[20]를, 그
다음날부터 다 갚을 때까지는 소송촉진 등에 관한 특례법 소정의 연 15%의
비율로 계산한 지연손해금을 지급할 의무가 있다고 할 것입니다.

2) 피고 알파금속(주)는 피고 박봉수로부터 액면금 100,000,000원인 위 약속어음
을 교부받은 후 어음에 지급거절증서의 작성을 면제하고 배서를 한 후 원고
에게 교부하였으며, 원고는 이를 만기일에 지정된 지급장소에서 위 어음을
지급제시하였으나 지급거절되었습니다.[21]

그렇다면 피고 알파금속(주)는 위 어음의 배서인으로서 발행인인 피고 (주)
목광플랜트와 합동하여 어음금 및 이에 대한 만기일부터 소장 부본 송달일까
지 어음법 소정의 연 6%의 법정이율로 계산한 이자를, 그 다음날부터 다 갚
는 날까지는 소송촉진 등에 관한 특례법 소정의 연 15%의 비율로 계산한 지

실론, 145면). 약속어음에 배서하면서 피배서인을 백지로 한 경우에 그 어음의 소지인이
어음상의 권리를 행사하려면 반드시 자기를 피배서인으로 기재할 필요는 없고 이를 보
충하지 아니한 채로 청구한다 할지라도 적법하다(대법원 1968. 12. 24. 선고 68다2050
판결). 다만, 수취인이 백지인 경우에는 반드시 보충하여야 한다.
19) 어음법 제77조 제1항 제1호, 제16조 제1항 및 쟁점해설 참조.
20) 어음법 제77조(환어음에 관한 규정의 준용), 제48조(상환청구금액) 참조. 약속어음의 소
지인이 어음발행인에 대하여 어음금을 청구하는 경우에는 어음법 제48조 소정의 연 6%
의 비율에 의한 만기 이후의 이자를 청구할 수 있다(대법원 1965. 9. 7. 선고 65다1139
판결). 자세한 것은 쟁점해설 참조.
21) 배서인에 대한 어음금청구의 요건사실은 ① 피고의 어음배서, ② 어음상 권리의 원고귀
속, ③ 적법한 지급제시 및 지급거절, ④ 지급거절증서의 작성 또는 작성면제의 특약, ⑤
원고의 어음소지이므로, 청구원인으로 위와 같은 사실을 서술하여야 한다.

연손해금을 지급할 의무가 있다고 할 것입니다.[22)]

나. 피고 알파금속(주)에 대한 공사대금청구

1) 원고는 2013. 4. 25. 피고 알파금속(주)로부터 안산시 단원구 성곡동 101 소재 공장건물의 보수공사를 대금 190,000,000원에 의뢰받아 2013. 6. 30. 위 공사를 완성하고 위 공장을 위 피고 회사에 인도하였으며, 위 피고 회사는 잔금 72,000,000원의 지급을 위하여 액면금이 동일한 위 약속어음에 같은 날 배서하여 원고에게 교부하였습니다. 그런데 앞서 살핀 바와 같이 위 어음에 피고 알파금속(주)가 배서를 하면서 대표이사의 표시를 누락하여 그 배서가 무효이므로 위 피고 회사는 약속어음채무를 부담하지 않게 되었습니다.[23)]

2) 다만, 위 피고 회사는 위 공사대금을 지급할 의무가 있는바, 이는 상행위로 인한 채무이므로 약속어음금 만기로서 위 공사대금채무의 변제일인 2013. 7. 31. 다음날부터 소장 송달일까지는 상법 소정의 6%의 지연손해금을,[24)] 그 다음날부터는 소송촉진 등에 관한 특례법 소정의 연 15%의 비율로 계산한 지연손해금을 가산하여 지급할 의무가 있다고 할 것입니다.

---

22) 채무자가 채권자에게 기존 채무의 이행에 관하여 어음이나 수표를 교부하는 경우 '지급을 위하여' 또는 '지급확보를 위하여' 교부된 것으로 추정함이 상당하며, 이러한 경우에 채권자는 어음채권과 원인채권 중 어음채권을 먼저 행사하여 그로부터 만족을 얻을 것을 당사자가 예정하였다고 할 것이어서 채권자로서는 어음채권을 우선 행사하고 그에 의하여 만족을 얻을 수 없는 때 비로소 채무자에 대하여 기존의 원인채권을 행사할 수 있는 것이다(대법원 2001. 7. 13. 선고 2000다57771 판결). 자세한 것은 쟁점해설 참조.

23) 액면금 72,000,000원권 약속어음의 배서인 알파금속(주)의 경우에는 어음채무에 대한 소멸시효(어음법 제77조, 제70조 제2항, 소멸시효기간 1년)가 완성된 것으로 보이지만, 액면금 7,200만 원권 약속어음의 배서인 알파금속(주)의 경우에는 그 배서가 대표기관을 표시하지 않아 무효이므로 위 회사에 대하여 약속어음채무를 청구할 수 없고, 원인채권에 관하여 청구할 수 있을 뿐이다(대법원 1964. 10. 31. 선고 63다1168 판결; 이철송, 어음·수표법, 91면 참조). 또한, 원인채권인 공사대금채권도 3년의 소멸시효가 완성된 것으로 보이지만 그 완성 전에 위 공사대금채권을 피보전채권으로 제3채무자 삼성전자(주)에 대한 알파금속(주)의 채권에 대하여 가압류를 하였으므로 소멸시효는 중단되어 완성되지 않았다고 볼 수 있다. 자세한 것은 쟁점해설 참조.

24) 이 사건은 공사대금의 지급을 위하여 약속어음이 지급된 사안으로서 특별한 사정이 없는 한 약속어음의 만기일과 공사대금채무의 변제일이 같은 날일 것이고, 공사대금에 대한 지연손해금은 변제일 다음날부터 기산한다(민법 제387조; 대법원 1988. 11. 8. 선고 88다3253 판결 참조). 자세한 것은 쟁점해설 참조.

다. 예상되는 위 피고들의 주장에 대한 반론

1) 피고 (주)목광플랜트는 위 각 약속어음의 만기가 2013. 6. 30., 2013. 7. 31., 2013. 8. 31.이고 위 각 약속어음의 만기일로부터 3년이 경과하였으므로 발행인의 어음채무는 시효로 소멸하였다고 주장할 수 있습니다.[25] 그러나 위 각 약속어음에 관하여 원고는 소멸시효기간 3년이 경과되기 전인 2016. 6. 15. 위 피고에 대하여 어음금지급을 최고하였으며 그로부터 6월 이내에 이 사건 소를 제기하여 민법 제168조, 제174조에 의하여 소멸시효가 중단되었으므로 위 피고의 주장은 이유 없습니다.

2) 피고 알파금속(주)도 위 피고가 배서한 액면금 100,000,000원인 위 약속어음의 만기가 2013. 6. 30.이고 그로부터 1년이 경과하였으므로 배서인의 어음채무는 시효로 소멸하였다고 주장할 수 있습니다. 그러나 원고는 위 피고를 채무자로 위 어음금에 관하여 부동산가압류를 신청하여 2013. 9. 27. 서울북부지방법원으로부터 결정(2013카단2122)을 받아 이를 집행하였고 현재까지도 그 집행이 유지되고 있으므로[26] 소멸시효는 중단되었습니다. 따라서 위 피고의 주장은 이유 없습니다.

3) 또한, 피고 알파금속(주)은 공사대금 72,000,000원에 관하여 변제기가 2013. 7. 31.로써 공사대금에 관한 소멸시효기간인 3년이 경과하였으므로 공사대금 채무는 시효로 소멸하였다고 주장할 수 있습니다. 그러나 원고는 피고를 채무자로 공사대금에 관하여 채권가압류를 신청하여 2013. 10. 11. 서울북부지방법원으로부터 결정(2013카단3477)을 받아 이를 집행하였으므로 소멸시효는 중단되었습니다. 따라서 위 피고의 주장은 이유 없습니다.

---

25) 시효소멸을 주장하기 위해서는 ① 특정시점에서 당해 권리를 행사할 수 있었던 사실, ② 그때로부터 소멸시효기간이 도과한 사실을 주장·입증하여야 한다(요건사실론, 61면).

26) 가압류결정을 집행한 경우 가압류에 의한 시효중단 효력은 가압류 집행보전의 효력이 존속하는 동안 계속된다(대법원 2011. 5. 13. 선고 2011다10044 판결). 자세한 것은 쟁점 해설 참조.

2. 피고 김영진에 대한 청구

가. 공사대금청구

1) 원고는 2013. 4. 25. 피고 김영진으로부터 서울 동대문구 청량리동 11 소재 건물의 보수공사를 대금 100,000,000원에 의뢰받아 2013. 6. 25. 위 공사를 완성하고 위 건물을 위 피고에게 인도하였으며, 위 피고는 잔금 90,000,000원의 지급을 위하여 액면금이 같은 위 약속어음에 배서하여 원고에게 교부하였습니다. 그런데 위 약속어음은 수취인이 백지인 상태에서 지급제시되었으므로 배서인에 대한 소구권의 요건을 갖추지 못하였을 뿐만 아니라 그 소멸시효도 완성되었으므로 위 피고는 약속어음채무를 부담하지 않게 되었습니다.[27]

2) 다만, 피고 김영진은 위 공사대금을 지급할 의무가 있으며, 이는 상행위로 인한 채무이므로 약속어음의 만기로서 위 공사대금채무의 변제일인 2013. 8. 31. 다음날인 같은 해 9. 1.부터 소장 송달일까지는 상법 소정의 6%의, 그 다음날부터 다 갚는 날까지는 소송촉진 등에 관한 특례법 소정의 연 15%의 비율로 계산한 지연손해금을 가산하여 지급할 의무가 있다고 할 것입니다.

나. 예상되는 위 피고의 주장에 대한 반론

피고 김영진은 공사대금 90,000,000원에 관하여 그 변제기는 건물 보수공사 도급계약서 제3조에 따라 공사가 완성되어 건물을 인도받은 2013. 6. 25.이며 그로부터 공사대금에 관한 소멸시효기간인 3년이 경과하였으므로 공사대금채무는 시효로 소멸하였다고 주장할 수 있습니다. 그러나 채권자가 기존채무의 변제기보다 후의 일자가 만기로 된 어음을 교부받은 때에는 특별한 사정이 없는 한 기존채무의 지급을 유예하는 의사가 있었다고 보아야 하므로,[28] 위 공사대금채무의 변제기는 위 공사대금의 지급을 위하여 교부된 약속어음의 만기일인 2013.

---

27) 이 약속어음은 수취인의 기재가 없는 상태로 만기일에 지급제시되었는바, 어음요건의 기재가 없는 상태에서는 어음상의 권리가 적법하게 성립할 수 없고, 따라서 이러한 미완성 어음으로 지급을 위한 제시를 하였다 하여도 적법한 지급제시가 될 수 없으며(대법원 1994. 9. 9. 선고 94다12098 판결), 보충하지 않은 백지어음은 제시하더라도 제시의 효과가 없으므로 소구권도 발생하지 않는다(이철송, 어음·수표법, 449면). 한편, 어음이 유효한 경우라도 배서인인 피고 김영진의 어음채무에 대한 소멸시효가 완성되었으므로 원인채권에 관하여 청구할 수 있을 뿐이다. 자세한 것은 쟁점해설 참조.
28) 대법원 2001. 7. 13. 선고 2000다57771 판결. 자세한 것은 쟁점해설 참조.

8. 31.이고 소 제기일 현재 아직 위 소멸시효가 완성되지 않았으며, 나아가 원고
는 소멸시효기간 3년이 경과되기 전인 2016. 6. 15. 위 피고에 대하여 공사대금
의 지급을 최고하였고 그로부터 6월 이내에 이 사건 소를 제기하므로 위 피고의
주장은 이유 없습니다.

3. 피고 박봉수, 김성훈에 대한 사해행위취소 및 원상회복청구

가. 피고 박봉수에 대한 청구

1) 원고는 피고 알파금속(주)에 대하여 위 액면금 100,000,000원인 위 약속어음
에 관한 어음채권 및 72,000,000원의 공사대금채권 등 합계 172,000,000원 및
이에 대한 지연손해금 등의 채권을 가지고 있습니다. 그런데 채무자인 위 피
고는 원고의 위 채권이 발생한 이후인 2013. 9. 20. 유일한 재산인 별지 목록
기재 부동산에 관하여 신규자금의 투입 없이 기존채무의 담보를 위하여 다른
채권자인 피고 박봉수와 근저당권설정계약을 체결한 다음 근저당권설정등기
를 마쳤습니다. 이러한 피고 알파금속(주)의 근저당권설정행위는 무자력인 상
태에서 특정 채권자에게 담보권을 설정하거나 위 담보권을 설정함으로써 무
자력을 초래하는 사해의사에서 비롯된 행위라고 할 것이고, 근저당권자인 피
고 박봉수는 사해행위임을 알았음이 분명하다고 할 것입니다. 따라서 위 근
저당권설정계약은 사해행위로서 취소되어야 마땅합니다.[29]
2) 피고 알파금속(주)와 피고 박봉수 사이에 2013. 9. 20. 체결된 근저당권설정
계약이 사해행위로서 취소되는 경우 수익자인 피고 박봉수는 원상회복으로서
위 계약을 원인으로 같은 날 마친 근저당권설정등기의 말소등기절차를 이행
할 의무가 있습니다.

나. 피고 김성훈에 대한 청구

1) 원고는 피고 알파금속(주)에 대하여 앞서 살핀 바와 같이 172,000,000원 등의
채권을 가지고 있습니다.[30] 그런데 채무자인 위 피고는 원고의 위 채권이 발

---

29) 사해행위취소청구의 요건사실은 ① 피보전채권의 발생, ② 채무자의 사해행위, ③ 채무
자의 사해의사이다(요건사실론, 123면).
30) 가압류채권자라고 하여도 채무자의 물상보증으로 인한 근저당권 설정행위에 대하여 채

생한 이후인 2014. 1. 31. 유일한 재산인 별지 목록 기재 부동산에 관하여 신
규자금의 투입 없이 기존채무의 변제를 위하여 다른 채권자인 피고 김성훈과
매매계약을 체결한 다음 2014. 2. 28. 위 피고에게 소유권이전등기를 마쳤습
니다. 이러한 피고 알파금속(주)의 근저당권설정행위는 무자력인 상태에서 유
일한 재산을 처분하거나 특정 채권자에게 대물변제로써 소유권을 이전함으로
써 무자력을 초래하는 사해의사에서 비롯된 행위라고 할 것이고, 피고 김성
훈은 사해행위임을 알았음이 분명하다고 할 것입니다. 따라서 위 매매계약은
사해행위로서 취소되어야 마땅합니다.
2) 피고 알파금속(주)와 피고 김성훈 사이에 2014. 1. 31. 체결된 매매계약이 사
해행위로서 취소되는 경우 수익자인 피고 김성훈은 원상회복으로서 위 계약
을 원인으로 2014. 2. 28. 마친 소유권이전등기의 말소등기절차를 이행할 의
무가 있습니다.

다. 예상되는 위 피고들의 주장에 대한 반론

1) 위 피고들은, 원고가 사해행위라고 주장하는 피고 알파금속(주)과 피고 박봉수
사이의 근저당권설정계약은 2013. 9. 20.에, 피고 알파금속(주)과 피고 김성훈
사이의 매매계약은 2014. 1. 31.에 각 체결되었고, 원고는 이러한 사실을 그
무렵 알고 있었으므로 이 사건 청구는 사해행위를 안 날로부터 1년이 경과한
시점에 제기된 것으로서 부적법하여 각하되어야 한다고 주장할 수 있습니다.
　　채권자취소권의 행사에 있어서 제척기간의 기산점인 채권자가 '취소원인을
안 날'은 채권자가 채권자취소권의 요건을 안 날, 즉 채무자가 채권자를 해함
을 알면서 사해행위를 하였다는 사실을 알게 된 날을 의미하고, 채권자가 취
소원인을 알았다고 하기 위하여는 단순히 채무자가 재산의 처분행위를 하였
다는 사실을 아는 것만으로는 부족하고 구체적인 사해행위의 존재를 알고 나
아가 채무자에게 사해의 의사가 있었다는 사실까지 알 것을 요하며, 사해행
위의 객관적 사실을 알았다고 하여 취소의 원인을 알았다고 추정할 수는 없
습니다.[31] 그런데 원고는 최근 이 사건 소송을 준비하면서 비로소 채무자인

　　권자취소권을 행사할 수 있다(대법원 2010. 1. 28. 선고 2009다90047 판결). 자세한 것은
　　쟁점해설 참조.
 31) 대법원 2006. 7. 4. 선고 2004다61280 판결. 자세한 것은 쟁점해설 참조.

피고 알파금속(주)가 채권자를 해함을 알면서 사해행위를 하였다는 사실을 알게 되었고, 위 피고들이 제소기간을 도과하였다는 사실에 관한 객관적 자료를 전혀 제출하지 못하므로, 위 피고들의 위 주장은 이유 없습니다.

2) 위 피고들은, 피고 알파금속(주)의 근저당권설정계약 및 매매계약이 무자력 상태에서 이루어졌거나 위 행위로 인하여 무자력 상태를 초래한 사해행위에 해당한다고 하더라도, 자신들은 피고 알파금속(주)의 채권자로서 사해행위임을 알지 못한 상태에서 채권을 담보하거나 변제받기 위하여 한 것뿐이므로, 원고는 피고들에 대하여 사해행위의 취소를 구할 수 없다고 주장할 수 있습니다.

채무자의 제3자에 대한 담보제공행위나 매각행위가 객관적으로 사해행위에 해당하는 경우 수익자의 악의는 추정되는 것이므로[32] 수익자가 그 법률행위 당시 선의였다는 입증을 하지 못하는 한 채권자는 그 법률행위를 취소하고 그에 따른 원상회복을 청구할 수 있습니다. 그런데 위 피고들은 사해행위에 관하여 선의였다는 사실에 관한 객관적 자료를 전혀 제출하지 못하므로, 위 피고들의 위 주장은 이유 없습니다.

4. 결 어

이상과 같은 이유로 청구취지 기재와 같은 판결을 구하고자 이 청구에 이른 것입니다.

증 거 방 법[33]

1. 액면금 9,000만 원권 약속어음 : 발행인 피고 (주)목광플랜트에 대하여 약속어음금을 청구하려면 백지상태인 약속어음의 수취인란에 제1배서인 "김영진"을 기재하여 백지를 보충하여 청구하여야 함.[34]

---

32) 대법원 2006. 4. 14. 선고 2006다5710 판결. 자세한 것은 쟁점해설 참조.
33) 일반적으로 입증방법, 증거방법, 증명방법 등이 혼용되나 민사소송법 제274조 제2항은 증거방법이라는 용어를 사용하므로 법률용어에 충실하게 증거방법이라는 용어를 사용한다.
34) 백지어음의 경우에는 백지를 보충하여 지급제시하여야 하며, 지급제시기간 후 보충을 한 경우에는 보충된 어음을 지급제시한 다음날부터 지연손해금이 발생한다(요건사실론, 146면). 다만, 발행인에 대한 어음금청구의 경우에는 지급제시가 요건이 아니므로 백지를 보충하기만 하면 어음법 소정의 이자를 청구할 수 있다. 자세한 것은 쟁점해설 참조.

첨 부 서 류
(생략)

2016. 9. 3.

원고의 소송대리인
법무법인 다일종합법률사무소
담당변호사 김상승 ㊞

서울북부지방법원[35] **귀중**

---

35) 서울중앙지방법원, 수원지방법원 안산지원에도 관할이 인정된다(민사소송법 제25조 관련재판적 참조).

[별지]

목   록

(1동의 건물의 표시)

안산시 단원구 성곡동 21 반월아파트형공장 203동(별망로22번길 13)

철근콘크리트조 평슬래브지붕 5층 아파트형공장

1층 570.72㎡

2층 570.72㎡

3층 570.72㎡

4층 570.72㎡

5층 570.72㎡

(대지권의 목적인 토지의 표시)

안산시 단원구 성곡동 21 공장용지 86,394.7㎡

(전유부분의 건물의 표시)

2층 202호 철근콘크리트조 240.8㎡

(대지권의 표시)

소유권 대지권 86394.7분의 240.8. 끝.

※ 쟁점해설

1. 어음채무의 합동책임 및 법정이자 (답안 각주 7, 9, 20 관련)

가. 약속어음의 발행, 배서 또는 보증을 한 자는 소지인에 대하여 합동으로 책임을 지며, 소지인은 위 어음채무자에 대하여 그 채무부담의 순서에도 불구하고 그 중 1명, 여러 명 또는 전원에 대하여 청구할 수 있고, 어음채무자 중 1명에 대한 청구는 다른 채무자에 대한 청구에 영향을 미치지 않는다. 어음채무자가 그 어음을 환수한 경우에도 소지인과 같은 권리가 있다(어음법 제77조, 제47조 참조).

나. 피고들의 의무 사이에 중첩관계가 있는 경우, 그 중첩관계가 연대채무인 경우에는 "연대하여"로, 합동채무의 경우에는 "합동하여"로, 불가분채무·부진정연대채무 또는 기타 여러 사람이 각자 전액의 책임을 지는 경우 등에는 "각자"라고 기재하는 것이 실무상 관례이다. 다만, 최근에는 "각자"를 "공동하여"로 기재한다.[1]

다. 약속어음의 소지인은 상환청구권에 의하여 연 6%의 이율로 계산한 만기 이후의 이자를 청구할 수 있다(어음법 제77조, 제48조 제1항 제2호). 따라서 약속어음의 소지인이 어음발행인에 대하여 어음금을 청구하는 경우에는 어음법 제48조 소정의 연 6%의 비율에 의한 만기 이후의 이자를 청구할 수 있다.[2] 어음의 지급제시는 지급할 날 또는 그날 이후의 2거래일 내에 할 수 있으므로(어음법 제38조 제1항), 구체적으로 어느 시점부터 이자가 가산되는지 문제될 수 있는바, 여기에서 이자의 기산일은 만기일이며, 실제 지급제시한 날이 만기 이후이더라도 만기일을 기산일로 한다.[3]

2. 부진정연대채무의 성립 (답안 각주 10, 14 관련)

가. 부진정연대채무 관계는 서로 별개의 원인으로 발생한 독립된 채무라 하더라도 동일한 경제적 목적을 가지고 있고 서로 중첩되는 부분에 관하여 일방의 채무가 변제 등으로 소멸할 경우 타방의 채무도 소멸하는 관계에 있으면 성립할 수 있고, 반드시 양 채무의 발생원인, 채무의 액수 등이 서로 동일할

---

[1] 민사실무Ⅱ, 81면.
[2] 대법원 1965. 9. 7. 선고 65다1139 판결.
[3] 이철송, 어음·수표법, 481면.

것을 요한다고 할 수는 없다.[4]

나. 이 사건의 경우 7,200만 원에 관하여 (주)목광플랜트의 채무는 어음채무이고 알파금속(주)의 채무는 공사대금채무이며, 9,000만 원에 관하여 (주)목광플랜트의 채무는 어음채무이고 김영진의 채무는 공사대금채무인바, 위 중첩되는 각 채무는 서로 별개의 원인으로 발생하였지만 알파금속(주)가 (주)목광플랜트가 발행한 어음을 공사대금의 지급을 위하여 교부하였으므로 위 법리에 따라 부진정연대채무로 볼 것이다.[5]

3. 법인의 어음행위, 어음채무 및 원인채무의 소멸시효 (답안 각주 11, 23 관련)

가. 어음행위는 요식행위이므로 법이 정하는 방식을 갖추어야 하는바, 기명날인 또는 서명은 어음행위에 공통적으로 요구된다. 따라서 배서를 하는 경우에도 배서인의 기명날인 또는 서명이 반드시 있어야 한다(어음법 제13조 제1항, 제77조 제1항 제1호). 법인의 어음행위는 법인의 대표자가 대표자격을 표시하고 자신의 기명날인 또는 서명을 하거나 법인의 대리인이 대리자격을 표시하고 기명날인 또는 서명을 하는 방법으로 해야 한다.[6] 대법원도 법인의 행위는 대표기관에 의하여서만 실현될 수 있는 것이므로 법인이 어음행위를 함에 있어 이 점을 증권상 명확하게 하기 위하여 대표기관이 법인을 위하여 하는 것이라는 취지, 즉 대표자격이 있다는 것을 표시하고 그 사람이 기명날인 하여야 한다고 할 것인바, 약속어음의 배서란에 소외 주식회사 한국국민은행이 원고로부터 배서양도를 받았다가 다시 원고에 배서양도함에 있어 단지 "주식회사 국민은행 중부 지점"이라고만 기재하여 회사인을 날인하고 그 대표자의 기명날인이 없으므로 이 배서는 무효라고 판시하였다.[7] 따라서 법인이 어음행위를 할 경우에는 대표기관의 기명날인 없이 법인의 명칭만을 기재하고 법인의 인감을 압날한 것은 무효이다. 또한, 어음의 발행 또는 배서 등 어음행위를 대리인을 통하여 할 때에는 민법 제115조 단서가 적용되지 않으며, 어음행위는 상행위가 아니어서 상법 제48조도 적용되지 않으므

---

4) 대법원 2009. 8. 20. 선고 2007다7959 판결.
5) 서울고등법원 2006. 11. 10. 선고 2005나79501 판결.
6) 이철송, 어음·수표법, 91면.
7) 대법원 1964. 10. 31. 선고 63다1168 판결.

로, 반드시 현명을 하여야 한다고 해석한다.[8] 이 사건의 경우 액면금 72,000,000원권 약속어음에 한 알파금속(주)의 배서가 대표기관을 표시하지 않아 무효이므로 위 회사에 대하여 약속어음금을 청구할 수 없다.

나. 약속어음의 발행인에 대한 약속어음상의 청구권은 만기일부터 3년간 행사하지 않으면 소멸시효가 완성되고, 소지인의 배서인에 대한 청구권은 적법한 기간 내에 작성시킨 거절증서의 날짜, 무비용상환의 문구가 적혀 있는 경우에는 만기일부터 1년간 행사하지 않으면 소멸시효가 완성되며, 배서인의 다른 배서인에 대한 청구권은 그 배서인이 어음을 환수한 날 또는 그 자가 제소된 날부터 6개월간 행사하지 않으면 소멸시효가 완성된다(어음법 제77조, 제70조). 또한, 약속어음채무의 시효의 중단은 그 중단사유가 생긴 자에 대하여만 효력이 생긴다(어음법 제77조, 제71조).

다. 원인채권에 대한 시효중단은 어음채권의 시효를 중단시키는 효력이 없으나, 어음채권에 대한 시효중단은 원인채권에도 그 효력이 있다.[9] 즉, 원인채권의 지급을 확보하기 위하여 어음이 수수된 당사자 사이에서 채권자가 어음채권을 피보전권리로 하여 채무자의 재산을 가압류함으로써 그 권리를 행사한 경우에는 그 원인채권의 소멸시효를 중단시키는 효력을 인정하고 있는데, 원래 위 두 채권이 독립된 것임에도 불구하고 이와 같은 효력을 인정하는 이유는, 이러한 어음은 경제적으로 동일한 급부를 위하여 원인채권의 지급수단으로 수수된 것으로서 그 어음채권의 행사는 원인채권을 실현하기 위한 것이고 어음수수 당사자 사이에서 원인채권의 시효소멸은 어음금 청구에 대하여 어음채무자가 대항할 수 있는 인적항변 사유에 해당하므로, 채권자가 어음채권의 소멸시효를 중단하여 두어도 원인채권의 시효소멸로 인한 인적항변에 따라 그 권리를 실현할 수 없게 되는 불합리한 결과가 발생하게 되기 때문이다.[10]

라. 그런데 원인채권에 대하여는 소멸시효 중단사유가 없는데, 무효인 어음채권을 피보전채권으로 한 가압류에 시효중단의 효력이 있는지 문제될 수 있다.[11] 대

---

8) 이철송, 어음·수표법, 112~113면.
9) 대법원 1999. 6. 11. 선고 99다16378 판결.
10) 대법원 2007. 9. 20. 선고 2006다68902 판결.
11) 다만, 이 사건의 경우에는 원고가 알파금속(주)에 대하여 배서가 무효인 액면금 7,200만 원권 약속어음채권에 기하여 가압류를 한 것이 아니라 원인채권인 공사대금채권을 피보

법원은 사망한 사람을 피신청인으로 한 가압류신청은 부적법하고 그 신청에 따른 가압류결정이 내려졌다고 하여도 그 결정은 당연 무효로서 그 효력이 상속인에게 미치지 않으며, 이러한 당연 무효의 가압류는 민법 제168조 제1호에 정한 소멸시효의 중단사유에 해당하지 않는다고 판시하였고,[12] 이미 소멸시효가 완성된 후에는 그 채권이 소멸하고 시효 중단을 인정할 여지가 없으므로, 이미 시효로 소멸한 어음채권을 피보전권리로 하여 가압류결정을 받는다고 하더라도 이를 어음채권 내지는 원인채권을 실현하기 위한 적법한 권리행사로 볼 수 없을 뿐 아니라, 더 이상 원인채권에 관한 시효 중단 여부가 어음채권의 권리 실현에 영향을 주지 못하여 어떠한 불합리한 결과가 발생하지 아니한다는 점을 함께 참작하여 보면, 가압류결정 이전에 이미 피보전권리인 어음채권의 시효가 완성되어 소멸한 경우에는 그 가압류결정에 의하여 그 원인채권의 소멸시효를 중단시키는 효력을 인정할 수 없다고 판시하였는바,[13] 이러한 법리에 비추어 볼 때 무효인 어음채무를 피보전권리로 한 가압류는 원인채권에 대한 소멸시효중단사유가 될 수 없다고 할 것이다 (사견).

마. 한편, 백지어음은 이른바 불완전어음이나 무효의 어음과는 달라서 그 어음상 권리의 효력발생이 백지의 보충이라는 정지조건에 걸려 있는 것일 뿐, 어음 그 자체는 미완성인 채로나마 이미 유효하게 성립되어 있는 것이므로, 백지어음도 보충권의 수여에 의하여 미보충인 상태대로 전전유통될 수 있고 특히 수취인란이 백지인 어음의 경우에는 배서에 의하지 않는 단순한 교부양도의 방법으로써도 어음상 권리의 이전이 가능하며, 또한 백지어음 그 자체에 의한 청구나 압류, 가압류 등으로써 어음시효를 중단시킬 수 있는 것일 뿐만 아니라, 약속어음의 발행인과 같은 주된 어음 채무자에 대한 관계에 있어서는 비록 그 지급제시기간이 경과된 후라도 시효가 완성되기 전까지만

전채권으로 가압류를 하였기 때문에 이러한 문제는 발생하지 않았다.

12) 대법원 2006. 8. 24. 선고 2004다26287 판결. 다만, 당사자 쌍방을 소환하여 심문절차를 거치거나 변론절차를 거침이 없이 채권자 일방만의 신청에 의하여 바로 보전명령을 한 가압류결정에 있어서 신청 당시 생존하고 있던 채무자가 결정 직전에 사망하였다거나 수계절차를 밟음이 없이 채무자 명의의 결정이 이루어졌다고 하여 그 가압류결정이 당연무효라고는 할 수 없다고 판시하였다(대법원 1976. 2. 24. 선고 75다1240 판결).

13) 대법원 2007. 9. 20. 선고 2006다68902 판결.

백지부분을 보충하면 어음상 권리를 상실하지 않는다 할 것이고, 더우기 피
배서인란이 백지인 경우에는 구태여 이를 보충하지 않더라도 배서의 연속에
흠결이 있는 것으로는 볼 수 없다.[14]

바. 만기는 기재되어 있으나 지급지, 지급을 받을 자 등과 같은 어음요건이 백지
인 약속어음의 소지인이 그 백지 부분을 보충하지 않은 상태에서 어음금을
청구하는 것은 어음상의 청구권에 관하여 잠자는 자가 아님을 객관적으로
표명한 것이고 그 청구로써 어음상의 청구권에 관한 소멸시효는 중단된다.
이 경우 백지에 대한 보충권은 그 행사에 의하여 어음상의 청구권을 완성시
키는 것에 불과하여 그 보충권이 어음상의 청구권과 별개로 독립하여 시효
에 의하여 소멸한다고 볼 것은 아니므로 어음상의 청구권이 시효중단에 의
하여 소멸하지 않고 존속하고 있는 한 이를 행사할 수 있다.[15]

4. 어음의 발행·교부와 원인채권의 관계 (답안 각주 12, 22, 24, 28 관련)

가. 채무자가 채권자에게 기존 채무의 이행에 관하여 어음이나 수표를 교부하는
경우 당사자의 의사는 별도의 약정이 있는 때에는 그에 따르되, 약정이 없는
경우에는 구체적 사안에 따라 '지급을 위하여' 또는 '지급확보를 위하여' 교
부된 것으로 추정함이 상당하다. 채무자가 채권자에게 교부한 어음이 이른
바 '은행도(銀行渡) 어음'으로서 당사자 사이에 이를 단순히 보관하는 데 그
치지 않고 어음할인 등의 방법으로 타에 유통시킬 수도 있는 경우라면 '지급
을 위하여' 교부된 것으로 추정함이 상당하다.[16]

나. 어음이 '지급을 위하여' 교부된 것으로 추정되는 경우에는 채권자는 어음채
권과 원인채권 중 어음채권을 먼저 행사하여 그로부터 만족을 얻을 것을 당
사자가 예정하였다고 할 것이어서 채권자로서는 어음채권을 우선 행사하고
그에 의하여 만족을 얻을 수 없는 때 비로소 채무자에 대하여 기존의 원인

---

14) 서울고등법원 1986. 6. 26. 선고 85나3711 판결.
15) 대법원 2010. 5. 20. 선고 2009다48312 전원합의체판결(지급지 및 지급을 받을 자 부분
이 백지로 된 약속어음의 소지인이 그 지급기일로부터 3년이 경과한 후에야 위 백지 부
분을 보충하여 발행인에게 지급제시를 하였으나 그 소지인이 위 약속어음의 지급기일로
부터 3년의 소멸시효기간이 완성되기 전에 그 어음금을 청구하는 소를 제기한 이상 이
로써 위 약속어음상의 청구권에 대한 소멸시효는 중단되었다고 한 사례).
16) 대법원 2001. 7. 13. 선고 2000다57771 판결.

채권을 행사할 수 있다.[17]

다. 채권자가 기존채무의 변제기보다 후의 일자가 만기로 된 어음을 교부받은 때에는 특별한 사정이 없는 한 기존채무의 지급을 유예하는 의사가 있었다고 보아야 한다.[18] 이 사건은 공사대금의 지급을 위하여 약속어음이 지급된 사안으로서 특별한 약정이 없는 한 약속어음의 만기일이 변제일이라고 할 것이고, 공사대금에 대한 지연손해금은 변제일 다음날부터 기산한다(민법 제387조).[19]

5. 백지어음의 행사방법 (답안 각주 13, 19, 27, 34 관련)

가. 어음의 점유자가 배서의 연속에 의하여 그 권리를 증명할 때에는 그를 적법한 소지인으로 추정하며, 최후의 배서가 백지식인 경우에도 같다. 말소한 배서는 배서의 연속에 관하여는 배서를 하지 아니한 것으로 보며, 백지식 배서의 다음에 다른 배서가 있는 경우에는 그 배서를 한 자는 백지식 배서에 의하여 어음을 취득한 것으로 본다(어음법 제77조 제1항 제1호, 제16조 제1항).

나. 어음요건의 기재가 없는 상태에서는 어음상의 권리가 적법하게 성립할 수 없고, 따라서 이러한 미완성 어음으로 지급을 위한 제시를 하였다 하여도 적법한 지급제시가 될 수 없으며, 사실심 변론종결일까지도 그 백지부분이 보충되지 아니한 경우에는 그 어음소지인은 발행인에 대하여 이행기에 도달된 약속어음금 채권을 가지고 있다고 볼 수 없다.[20] 또한 보충하지 않은 백지어음으로 지급제시를 하더라도 제시의 효과가 없으므로 소구권이 발생하지 않는다.[21]

다. 백지보충의 효력은 보충시부터 장래에 향하여만 발생하므로, 지급제시기간 후 보충을 한 경우에는 보충된 어음을 지급제시한 다음날부터 지연손해금이 발생한다.[22]

라. 이 사건에서 액면금 9,000만 원권 약속어음의 경우에는 어음요건인 지급받을 자(수취인)의 기재가 백지상태이므로 원고는 사실심 변론종결시까지 이를

---

17) 위 2000다57771 판결.
18) 위 2000다57771 판결.
19) 대법원 1988. 11. 8. 선고 88다3253 판결.
20) 대법원 1994. 9. 9. 선고 94다12098 판결.
21) 이철송, 어음·수표법, 449면.
22) 요건사실론, 146면.

보충하여 청구하여야 한다. 그런데 수취인란의 백지를 보충하지 않고 지급
제시를 하였으므로 소구권이 발생하지 않아 배서인인 피고 김영진에 대한
어음금청구는 할 수 없다. 다만, 발행인에 대한 어음금청구에서 지급제시는
그 요건이 아니므로 백지를 보충하기만 하면 어음법 소정의 이자를 청구할
수 있을 것이다. 또한, 위 어음에 피고 알파금속(주)가 배서를 하면서 대표이
사의 표시를 누락하여 그 배서가 무효인 경우라도 그 직전에 배서한 피고
박봉수가 백지식 배서를 하였으므로, 배서의 연속에는 문제가 없다고 할 것
이다.

마. 한편, 만기는 기재되어 있으나 지급지, 지급을 받을 자 등과 같은 어음요건
이 백지인 약속어음의 소지인이 그 백지 부분을 보충하지 않은 상태에서 어
음금을 청구하는 것으로써 소멸시효는 중단되며, 어음상의 청구권이 시효중
단에 의하여 소멸하지 않고 존속하고 있는 한 보충권을 행사할 수 있다.[23]

6. 채권자취소권의 피보전채권 (답안 각주 15, 30 관련)

가. 채권자가 이미 자기 채권의 보전을 위하여 가압류한 부동산을 채무자가 제3
자가 부담하는 채무의 담보로 제공하여 근저당권을 설정하여 줌으로써 물상
보증을 한 경우에는 일반채권자들이 만족을 얻는 물적 기초가 되는 책임재
산이 새로이 감소된다. 따라서 비록 해당 부동산의 환가대금으로부터는 가
압류채권자가 위와 같이 근저당권을 설정받은 근저당권자와 평등하게 배당
을 받을 수 있다고 하더라도, 일반적으로 그 배당으로부터 가압류채권의 충
분한 만족을 얻는다는 보장이 없고 가압류채권자는 여전히 다른 책임재산을
공취할 권리를 가지는 이상, 원래 위 가압류채권을 포함한 일반채권들의 만
족을 담보하는 책임재산 전체를 놓고 보면 위와 같은 물상보증으로 책임재
산이 부족하게 되거나 그 상태가 악화되는 경우에는 역시 가압류채권자도
자기 채권의 충분한 만족을 얻지 못하게 되는 불이익을 받게 된다. 그러므
로 위와 같은 가압류채권자라고 하여도 채무자의 물상보증으로 인한 근저당
권 설정행위에 대하여 채권자취소권을 행사할 수 있다.[24]

나. 이 사건의 경우, 원고가 별지 목록 기재 건물에 관하여 2013. 9. 28. 가압류

---

23) 대법원 2010. 5. 20. 선고 2009다48312 전원합의체판결.
24) 대법원 2010. 1. 28. 선고 2009다90047 판결.

(등기)를 하였으므로 피고 김성훈에 대한 사해행위취소가 불필요할 수도 있으나, 위 판례의 법리에 따르면 가압류채권자도 채권자취소권을 행사할 수 있으며, 더욱이 위 가압류는 청구금액을 1억 원으로 하였기 때문에 나머지 채권을 회수하기 위해서는 반드시 위 사해행위취소가 필요하다.

7. 가압류에 의한 소멸시효의 중단 (답안 각주 26 관련)

가. 민법 제168조에서 가압류를 시효중단사유로 정하고 있는 것은 가압류에 의하여 채권자가 권리를 행사하였다고 할 수 있기 때문인데 가압류에 의한 집행보전의 효력이 존속하는 동안은 가압류채권자에 의한 권리행사가 계속되고 있다고 보아야 할 것이므로 가압류에 의한 시효중단의 효력은 가압류 집행보전의 효력이 존속하는 동안은 계속된다. 따라서 유체동산에 대한 가압류결정을 집행한 경우 가압류에 의한 시효중단 효력은 가압류 집행보전의 효력이 존속하는 동안 계속된다.[25]

나. 그러나 유체동산에 대한 가압류 집행절차에 착수하지 않은 경우에는 시효중단 효력이 없고, 집행절차를 개시하였으나 가압류할 동산이 없기 때문에 집행불능이 된 경우에는 집행절차가 종료된 때로부터 시효가 새로이 진행된다.[26]

다. 압류, 가압류 및 가처분은 권리자의 청구에 의하여 또는 법률의 규정에 따르지 아니함으로 인하여 취소된 때에는 시효중단의 효력이 없는바(민법 제175조), 권리자의 청구에는 가압류 등의 신청취하뿐만 아니라 집행신청의 취하(집행취소 또는 집행해제의 신청 포함)도 해당되지만,[27] 법률의 규정에 따른 적법한 가압류가 있었으나 이후 제소명령에 따른 제소기간 도과로 인한 가압류취소(민사집행법 제287조 제3항)[28] 및 가압류가 집행된 뒤에 3년간 본안의 소를 제기하지 않음으로 인한 가압류취소(민사집행법 제288조 제1항 제3호)[29]는 법률의 규정에 따르지 않은 가압류 등의 취소에 해당하지 않는다.

라. 사망한 사람을 피신청인으로 한 가압류신청은 부적법하고 그 신청에 따른 가압류결정이 내려졌다고 하여도 그 결정은 당연 무효로서 그 효력이 상속

---

25) 대법원 2011. 5. 13. 선고 2011다10044 판결.
26) 위 2011다10044 판결.
27) 대법원 2010. 10. 14. 선고 2010다53273 판결.
28) 대법원 2011. 1. 13. 선고 2010다88019 판결.
29) 대법원 2009. 5. 28. 선고 2009다20 판결.

인에게 미치지 않으며, 이러한 당연 무효의 가압류는 민법 제168조 제1호에 정한 소멸시효의 중단사유에 해당하지 않는다.[30)]

8. 채권자취소권의 행사에 있어서 제척기간의 기산점 (답안 각주 31 관련)

채권자취소권의 행사에 있어서 제척기간의 기산점인 채권자가 '취소원인을 안 날'은 채권자가 채권자취소권의 요건을 안 날, 즉 채무자가 채권자를 해함을 알면서 사해행위를 하였다는 사실을 알게 된 날을 의미하고, 채권자가 취소원인을 알았다고 하기 위하여는 단순히 채무자가 재산의 처분행위를 하였다는 사실을 아는 것만으로는 부족하고 구체적인 사해행위의 존재를 알고 나아가 채무자에게 사해의 의사가 있었다는 사실까지 알 것을 요하며, 사해행위의 객관적 사실을 알았다고 하여 취소의 원인을 알았다고 추정할 수는 없다.[31)]

9. 사해행위의 수익자 또는 전득자의 악의 (답안 각주 32 관련)

가. 민법 제406조 제1항 본문은 "채무자가 채권자를 해함을 알고 재산권을 목적으로 한 법률행위를 한 때에는 채권자는 그 취소 및 원상회복을 법원에 청구할 수 있다"라고 규정하고 있고, 단서는 "그러나 그 행위로 인하여 이익을 받은 자나 전득한 자가 그 행위 또는 전득당시에 채권자를 해함을 알지 못한 경우에는 그러하지 아니하다"고 규정하고 있는바, 사해행위취소소송에 있어서 수익자가 사해행위임을 몰랐다는 사실은 그 수익자 자신에게 입증책임이 있고, 이때 그 사해행위 당시 수익자가 선의였음을 인정함에 있어서는 객관적이고도 납득할 만한 증거자료 등에 의하여야 하고, 채무자의 일방적인 진술이나 제3자의 추측에 불과한 진술 등에만 터 잡아 그 사해행위 당시 수익자가 선의였다고 선뜻 단정하여서는 안 된다.[32)]

나. 이미 채무초과상태에 빠져 있는 채무자가 그의 유일한 재산인 부동산을 채권자들 중 1인에게 채권담보로 제공하는 행위는 다른 특별한 사정이 없는 한 다른 채권자들에 대한 관계에서 채권자취소권의 대상이 되는 사해행위가 되며, 채무자의 제3자에 대한 담보제공행위가 객관적으로 사해행위에 해당

---

30) 대법원 2006. 8. 24. 선고 2004다26287 판결.
31) 대법원 2006. 7. 4. 선고 2004다61280 판결.
32) 위 2004다61280 판결.

하는 경우 수익자의 악의는 추정되므로 수익자가 그 법률행위 당시 선의였
다는 입증을 하지 못하는 한 채권자는 그 법률행위를 취소하고 그에 따른
원상회복을 청구할 수 있다.[33]

다. 채무자의 제3자에 대한 담보제공 등의 재산처분행위가 사해행위에 해당할
경우에, 그 사해행위 당시 수익자가 선의였음을 인정함에 있어서는 객관적
이고도 납득할 만한 증거자료 등이 뒷받침되어야 하고, 채무자의 일방적인
진술이나 제3자의 추측에 불과한 진술 등에만 터잡아 그 사해행위 당시 수
익자가 선의였다고 선뜻 단정하여서는 안 된다.[34]

라. 채권자가 사해행위의 취소로서 수익자를 상대로 채무자와의 법률행위의 취
소를 구함과 아울러 전득자를 상대로도 전득행위의 취소를 구함에 있어서,
전득자의 악의는 전득행위 당시 그 행위가 채권자를 해한다는 사실, 즉 사해
행위의 객관적 요건을 구비하였다는 것에 대한 인식을 의미하므로, 전득자
의 악의를 판단함에 있어서는 단지 전득자가 전득행위 당시 채무자와 수익
자 사이의 법률행위의 사해성을 인식하였는지 여부만이 문제가 될 뿐이지,
수익자와 전득자 사이의 전득행위가 다시 채권자를 해하는 행위로서 사해행
위의 요건을 갖추어야 하는 것은 아니다.[35]

---

33) 대법원 2006. 4. 14. 선고 2006다5710 판결.
34) 위 2006다5710 판결.
35) 위 2004다61280 판결.

제10장

중복등기말소, 부당이득 관련 청구

※ 문 제

귀하(변호사 김상승)는 이 사건의 담당변호사로서 의뢰인 이건웅과 상담일지 기재와 같은 내용으로 상담하고, 첨부서류를 자료로 받았다.

문1. 의뢰인의 요구를 실현할 법적조치에 관하여 담당변론팀의 회의에서 귀하는 법률검토 결과를 발표할 예정인바, 위 회의에서 발표할 수임 사건 처리에 관한 법률검토의견서의 초안(메모)을 작성하시오.
　　　단, 먼저 수임사건에 전반에 대하여 간략히 검토하고, 특히 의뢰인이 제기한 소(수원지방법원 2016가단13113 소유권이전등기말소 등)의 처리에 관하여 서술할 것. (배점 20점)

문2. 위 검토의견에 따라 의뢰인이 요구하는 바를 관철하기 위한 소장 또는 청구변경서(별첨 양식 참조)를 작성하시오. (배점 100점)
　　　단, 청구원인란에는 청구원인사실을 중심으로 기재하고, 피고측에서 주장할 내용에 대한 반론은 별도의 문3.의 답안에 기재할 것.

문3. 귀하가 문2.의 결과에 따라 서면을 법원에 제출한 경우 이에 대하여 피고측이 제기할 것으로 예상되는 주장을 정리하고 이에 관하여 반론 하는 준비서면(별첨 양식 참조)을 작성하시오. (배점 55점)
　　　단, 문2.에서 별소를 제기하는 경우에는 사건번호를 생략할 것.

【작성요령】

1. 본 기록 내에 나타나 있는 사실관계 및 증거자료만을 기초로 하고, 별도의 법 률행위 또는 사실행위를 한 것을 전제로 하지 말 것.
　단, 의뢰인의 요구를 충족하기 위하여 특정 권리의 행사가 필요한 경우에는 답안으로 작성하는 서면(소장 또는 청구변경서)을 통하여 행사할 것.

2. 사실관계 주장은 첨부된 자료 중 증거로 신청·제출이 가능한 자료를 토대로 하여 증거법상 법원에 의하여 인정받을 가능성이 있다고 판단되는 내용으로 한정할 것.

3. 각종 서류는 모두 적법하게 작성되었고, 기록상 일자의 요일은 실제 요일과 무관하게 토요일 또는 공휴일이 없는 것을 전제로 할 것. 단, 2010년은 윤년으로서 2월 29일이 있음.

4. 법리적인 주장은 현행 법령 및 대법원 판례의 태도에 비추어 받아들여질 가능성이 없다고 판단되는 내용은 제외하며, 귀하가 소를 제기하는 경우 상대방은 적극적으로 응소하는 것을 전제로 할 것.

5. 소장 등 서면의 기재사항 중 증거방법 및 첨부서류란을 생략하여도 무방함.

6. 금전청구를 하는 경우 기록에 구체적이고 객관적인 증거가 없으면 주어진 자료를 기초로 하여 향후 소송 중에 적절한 증거신청을 통하여 입증할 것을 전제로 청구취지를 기재할 것.
   단, 소제기일을 기준으로 확정할 수 있는 금액은 구체적으로 계산하여 청구할 것.

7. 소장 또는 청구변경서의 작성일(제출일)은 2016. 9. 17.로 하고, 준비서면의 작성일은 공란으로 할 것.

[서식 예시]

청구취지 및 청구원인 변경신청서

사 건

원 고

피 고

위 당사자간 귀원 2016가단13113 소유권이전등기 청구사건에 관하여, 원고의 소송대리인은 다음과 같이 청구취지 및 청구원인 변경을 신청합니다.

변경된 청구취지

변경된 청구원인

증 거 방 법[1]

2016. . .
원고 소송대리인
변호사 ○○○ ㊞

○○지방법원 제○민사부(민사○단독) 귀중

---

1) 일반적으로 입증방법, 증거방법, 증명방법 등이 혼용되나 민사소송법 제274조 제2항은 증거방법이라는 용어를 사용하므로 법률용어에 충실하게 증거방법이라는 용어를 사용한다.

[서식 예시]

준 비 서 면

사 건

원 고

피 고

위 당사자간 귀원 2016가_____ 청구사건에 관하여, 원고의 소송대리인은 다음과
같이 변론을 준비합니다.

- 다 음 -

증 거 방 법

(작성일 생략)
원고 소송대리인
변호사 ○○○ ㉑

○○지방법원 제○민사부(민사○단독) 귀중

[참고자료]

각급 법원의 설치와 관할구역에 관한 법률 (일부)

[시행 2014.12.30.] [법률 제12879호, 2014.12.30., 일부개정]

제4조(관할구역) 각급 법원의 관할구역은 다음 각 호의 구분에 따라 정한다. 다만, 지방법원 또는 그 지원의 관할구역에 시·군법원을 둔 경우 「법원조직법」 제34조 제1항 제1호 및 제2호의 사건에 관하여는 지방법원 또는 그 지원의 관할구역에서 해당 시·군법원의 관할구역을 제외한다.

  1. 각 고등법원·지방법원과 그 지원의 관할구역: 별표 3
  2. ~7. 생략

[별표 3] 고등법원·지방법원과 그 지원의 관할구역 (일부)

고등법원	지방법원	지원	관할구역
서울	서울중앙		서울특별시 종로구·중구·강남구·서초구·관악구·동작구
	서울동부		서울특별시 성동구·광진구·강동구·송파구
	서울남부		서울특별시 영등포구·강서구·양천구·구로구·금천구
	서울북부		서울특별시 동대문구·중랑구·성북구·도봉구·강북구·노원구
	서울서부		서울특별시 서대문구·마포구·은평구·용산구
	의정부		의정부시·동두천시·구리시·남양주시·양주시·연천군·포천시·가평군, 강원도 철원군. 다만, 소년보호사건은 앞의 시·군 외에 고양시·파주시
		고양	고양시·파주시
	인천		인천광역시. 다만, 소년보호사건은 앞의 광역시 외에 부천시·김포시
		부천	부천시·김포시
	수원		수원시·오산시·용인시·화성시. 다만, 소년보호사건은 앞의 시 외에 성남시·하남시·평택시·이천시·안산시·광명시·시흥시·안성시·광주시·안양시·과천시·의왕시·군포시·여주시·양평군
		성남	성남시·하남시·광주시
		여주	이천시·여주시·양평군
		평택	평택시·안성시
		안산	안산시·광명시·시흥시
		안양	안양시·과천시·의왕시·군포시

상 담 일 지

접 수 번 호	2016민153	상 담 일	2016. 9. 15.
상 담 인	이건웅	연 락 처	010-1234-5610
담당변호사	김상승	사 건 번 호	수원 2016가단13113

【상담내용】

1. 의뢰인의 외할아버지는 많은 부동산을 소유하고 있었고, 어머니는 외동딸
   로서 외할아버지의 많은 재산을 상속받았으며, 아버지를 만나 혼인신고를
   하지 않은 채 살면서 의뢰인을 낳았다. 의뢰인의 부모님은 처음 몇 년동안
   문제없이 잘 살았으나 아버지가 직업을 가지지 않고 어머니가 물려받은 재
   산으로 유흥과 도박에 빠져 재산을 탕진하였다.

2. 결국 의뢰인이 어머니로부터 물려받은 재산은 수원시 권선구 호매실동 113
   및 113-1 밭이 전부이다. 의뢰인은 상속재산에 대하여 생각하지도 않았고,
   어머니가 돌아가신 후 상당한 시간이 경과하였음에도 불구하고 상속등기조
   차 하지 않은 채 아버지의 전철을 밟지 않기 위하여 자신의 일만 열심히
   하였다.

3. 그런데 최근에 어머니를 생각하며 물려받은 밭에 관하여 확인하게 되었는
   데, 다른 사람이 그곳에 나무를 심어 재배하며 자신의 소유라고 주장한다
   는 사실 및 소유권을 주장하는 사람 명의로 부동산등기가 존재한다는 사실
   을 알게 되었다.

4. 이에 의뢰인은 아는 사람의 도움을 받아 현재 소유자로 등기되어 있는 김
   승수를 상대로 소(수원지방법원 2016가단13113)를 제기하였는데, 경희대학교
   법학전문대학원 리걸클리닉에서 상담한 결과 그 소송으로는 의뢰인이 원하
   는 모든 문제를 해결하기 어렵다는 법률의견을 들었다.

5. 의뢰인은 문제된 밭의 임대료에 관하여 알아보았는데, 10여년 동안 변함없이 연 400만 원 정도라는 말을 주변 부동산사무소에서 들었다고 한다.

【의뢰인의 요구사항】

1. 의뢰인은 어머니로부터 물려받은 재산을 확실하게 보존하기 위하여 의뢰인이 명실상부한 소유권자라는 법원의 판단을 받고 밭의 소유권에 관한 등기를 깨끗하게 정리하기를 원한다.

2. 밭을 경작하여 사용·수익한 사람들에 대한 소 제기일 현재 받을 수 있는 최대한의 사용료 등 금원 청구를 요구하였지만, 밭의 인도는 원하지 않는다.

【첨부서류】

 1. 폐쇄등기부(113번지)
 2. 폐쇄등기부(113-1번지)
 3. 등기전부사항증명서(113번지)
 4. 등기전부사항증명서(113-1번지)
 5. 등기전부사항증명서(113-1번지)
 6. 부동산(임료)시세확인서
 7. 소장
 8. 답변서
 9. 매매사실확인서(박철민)
10. 사실확인서(김미숙 외 3)
11. 인감증명서
12. 나의사건검색
13. 기본증명서(망 박경숙)
14. 가족관계증명서(망 박경숙)
15. 가족관계증명서(김현철)
16. 서울가정법원 심판
17. 가족관계증명서(망 김병기)

18. 기본증명서(망 김병기)
19. 등기사항전부증명서(법인)

법무법인 다일종합법률사무소
변호사 박조정, 양화해, 서온유, 김상승, 이승소
서울 동대문구 양진대로 777
전화 : 961-1543 팩스 : 961-1544 이메일 : sskim@daillaw.com

카 드 의 장 수						
1	1-2	1-3	1-4	1-5	1-6	1-7
2	2-2	2-3	2-4	2-5	2-6	2-7
3	3-2	3-3	3-4	3-5	3-6	3-7

등기번호	제3765호

표 제 부		(부동산 표시)	
표시 번호	표 시 란	표시 번호	표 시 란
壹	접수 壹九六貳년 七월 壹四일 수원시 권선구 호매실동 壹壹參 번지 전 壹萬貳千㎡		
貳	접수 壹九七七년 五월 壹五일 수원시 권선구 호매실동 壹壹參 번지 전 壹萬貳百八拾㎡ 분할로 인하여 전 壹千七百貳拾 ㎡를 동소 壹壹參의壹번지에 이기		

호매실동 제3765호

갑	구 (소유권)		
표시 번호	표 시 란	표시 번호	표 시 란
壹	소유권보존 접수 壹九六貳년 七월 壹四일 제 參壹六 호 소유자 朴純夫 수원시 권선구 호매실동 110		
貳	소유권이전 접수 壹九七八년 四월 四일 제 參四壹六 호 원인 壹九七八년 貳월 四일 상속 소유자 朴慶子 서울특별시 서초구 반포동 423		

2 / 3

고유번호 1152-1996-531218
소재지번 [토지] 수원시 권선구 호매실동 113
수수료 금 1,000원 영수함

발행등기소 수원지방법원 동수원등기소

2004년 07월 03일 전자촬영

이 등본은 폐쇄된 부동산 등기부의 내용과 틀림없음을 증명합니다.

서기 2016년 09월 15일

법원행정처 등기정보중앙관리소   전산운영책임관

카 드 의 장 수						
1	1-2	1-3	1-4	1-5	1-6	1-7
2	2-2	2-3	2-4	2-5	2-6	2-7
3	3-2	3-3	3-4	3-5	3-6	3-7

등기번호	제3766호

표 제 부 （부동산 표시）			
표시 번호	표 시 란	표시 번호	표 시 란
壹	접수 壹九七七년 五월 壹五일 수원시 권선구 호매실동 壹壹參 의壹번지 전 壹千七百貳拾㎡ 분할로 인하여 동소 壹壹參번지 에서 이기		

	호매실동 제3766호	

갑		구		(소유권)

표시번호	표 시 란	표시번호	표 시 란
壹	소유권보존 접수 壹九六貳년 七월 壹四일 　　제 貳參貳六 호 소유자 朴純夫 　　　수원시 권선구 호매실동 　　　110 분할로 인하여 동소 壹壹參번지 에서 이기		
貳	소유권이전 접수 壹九七八년 四월 四일 　　제 參四壹六 호 원인 壹九七八년 貳월 四일 상속 소유자 朴慶子 　　　서울특별시 서초구 반포동 　　　423		

고유번호 1152-1996-531219
소재지번 [토지] 수원시 권선구 호매실동 113-1
수수료 금 1,000원 영수함

발행등기소 수원지방법원 동수원등기소

2004년 07월 03일 전자촬영

이 등본은 폐쇄된 부동산 등기부의 내용과 틀림없음을 증명합니다.

서기 2016년 09월 15일

법원행정처 등기정보중앙관리소 전산운영책임관

등기사항전부증명서(말소사항 포함) - 토지

[토지] 수원시 권선구 호매실동 113

고유번호 1152-1996-531218

【 표 제 부 】		(토지의 표시)			
표시번호	접 수	소 재 지 번	지 목	면 적	등기원인 및 기타사항
1 (전2)	1977년5월15일	수원시 권선구 호매실동 113	전	10280㎡	부동산등기법 제177조의6 제1항의 규정에 의하여 2000년 9월 15일 전산이기

【 갑 구 】		(소유권에 관한 사항)		
순위번호	등 기 목 적	접 수	등기원인	권리자 및 기타사항
1 (전2)	소유권이전	1978년4월4일 제3416호	1978년2월4일 상속	소유자 박경숙 250623-2****** 서울 서초구 반포동 423 부동산등기법 제177조의6 제1항의 규정에 의하여 2000년 9월 15일 전산이기

--- 이 하 여 백 ---

수수료 금 1,000원 영수함

관할등기소 수원지방법원 동수원등기소/
발행등기소 법원행정처 등기정보중앙관리소

이 증명서는 부동산 등기기록의 내용과 틀림없음을 증명합니다.

서기 2016년 09월 15일

법원행정처 등기정보중앙관리소   전산운영책임관

* 실선으로 그어진 부분은 말소사항을 표시함.   * 등기부에 기록된 사항이 없는 갑구 또는 을구는 생략함.

문서 하단의 바코드를 스캐너로 확인하거나, **인터넷등기소**(http://www.iros.go.kr)의 **발급확인** 메뉴에서 **발급확인번호**를 입력하여
위·변조 여부를 확인할 수 있습니다. 발급확인번호를 통한 확인은 발행일로부터 3개월까지 5회에 한하여 가능합니다.

발행번호 123456789A123456789B123456789C123   1/1   발급확인번호 ALTQ-COHX-3570   발행일 2016/09/15

등기사항전부증명서(말소사항 포함) – 토지

[토지] 수원시 권선구 호매실동 113-1

고유번호 1152-1996-531219

【 표 제 부 】 (토지의 표시)					
표시번호	접 수	소 재 지 번	지 목	면 적	등기원인 및 기타사항
1 (전1)	1977년5월15일	수원시 권선구 호매실동 113-1	전	1720㎡	부동산등기법 제177조의6 제1항의 규정에 의하여 2000년 9월 15일 전산이기

【 갑 구 】 (소유권에 관한 사항)				
순위번호	등 기 목 적	접 수	등기원인	권리자 및 기타사항
1 (전2)	소유권이전	1978년4월4일 제3416호	1978년2월4일 상속	소유자 박경숙 250623-2****** 서울 서초구 반포동 423 부동산등기법 제177조의6 제1항의 규정에 의하여 2000년 9월 15일 전산이기

--- 이 하 여 백 ---

수수료 금 1,000원 영수함

관할등기소 수원지방법원 동수원등기소/
발행등기소 법원행정처 등기정보중앙관리소

이 증명서는 부동산 등기기록의 내용과 틀림없음을 증명합니다.

서기 2016년 09월 15일

법원행정처 등기정보중앙관리소   전산운영책임관

* 실선으로 그어진 부분은 말소사항을 표시함.   * 등기부에 기록된 사항이 없는 갑구 또는 을구는 생략함.

문서 하단의 바코드를 스캐너로 확인하거나, **인터넷등기소**(http://www.iros.go.kr)의 발급확인 메뉴에서 **발급확인번호**를 입력하여 **위·변조 여부를 확인할 수 있습니다. 발급확인번호**를 통한 확인은 발행일로부터 3개월까지 5회에 한하여 가능합니다.

발행번호 123456789A123456789B123456789C345   1/1   발급확인번호 ALTQ-COHX-3570   발행일 2016/09/15

등기사항전부증명서(말소사항 포함) - 토지

[토지] 수원시 권선구 호매실동 113-1

고유번호 1152-1996-531219

【 표 제 부 】		(토지의 표시)			
표시번호	접 수	소 재 지 번	지 목	면 적	등기원인 및 기타사항
1 (전1)	1977년5월15일	수원시 권선구 호매실동 113-1	전	1720㎡	
					부동산등기법 제177조의6 제1항의 규정에 의하여 2000년 9월 15일 전산이기

【 갑 구 】		(소유권에 관한 사항)		
순위번호	등 기 목 적	접 수	등기원인	권리자 및 기타사항
1 (전1)	소유권보존	1977년5월15일 제2965호		소유자 김병기 310512-1****** 서울 동대문구 회기동 101
				부동산등기법 제177조의6 제1항의 규정에 의하여 2000년 9월 15일 전산이기
2	소유권이전	2006년10월14일 제107330호	2006년9월13일 매매	소유자 김승수 650923-1****** 서울 동대문구 휘경동 100
3	소유권이전등기말소	2006년10월31일 제107431호	2006년10월31일 매매계약해제	
4	소유권이전	2010년3월18일 제107766호	2010년2월29일 매매	소유자 김승수 650923-1****** 서울 동대문구 휘경동 100

* 실선으로 그어진 부분은 말소사항을 표시함.   * 등기부에 기록된 사항이 없는 갑구 또는 을구는 생략함.

문서 하단의 바코드를 스캐너로 확인하거나, 인터넷등기소(http://www.iros.go.kr)의 발급확인 메뉴에서 발급확인번호를 입력하여 위·변조 여부를 확인할 수 있습니다. 발급확인번호를 통한 확인은 발행일로부터 3개월까지 5회에 한하여 가능합니다.

발행번호 123456789A123456789B123456789C567   1/2   발급확인번호 ALTQ-COHX-3570   발행일 2016/09/15

[토지] 수원시 권선구 호매실동 113-1   고유번호 1152-1996-531219

순위번호	등 기 목 적	접 수	등기원인	권리자 및 기타사항
5	가압류	2016년2월5일 제108331호	2016년2월1일 서울북부지방법원 가압류결정 (2016카단12345)	청구금액 35,000,000원 채권자 김광수 691123-******* 　수원시 권선구 호매실동 123

【 을 　 구 】 (소유권 이외의 권리에 관한 사항)				
순위번호	등 기 목 적	접 수	등기원인	권리자 및 기타사항
1	근저당권설정	2010년3월18일 제107767호	2010년3월18일 설정계약	채권최고액 금 250,000,000원 채무자 김승수 650923-1****** 　서울 동대문구 휘경동 100 근저당권자 회기새마을금고 　서울 동대문구 회기동 5

--- 이 하 여 백 ---

수수료 금 1,000원 영수함   관할등기소 수원지방법원 동수원등기소/
　　　　　　　　　　　　　　　　　　　　　발행등기소 법원행정처 등기정보중앙관리소

이 증명서는 부동산 등기기록의 내용과 틀림없음을 증명합니다.
　　　서기 2016년 09월 15일
　　　법원행정처 등기정보중앙관리소　　　　　전산운영책임관

* 실선으로 그어진 부분은 말소사항을 표시함.　　* 등기부에 기록된 사항이 없는 갑구 또는 을구는 생략함.

문서 하단의 바코드를 스캐너로 확인하거나, **인터넷등기소**(http://www.iros.go.kr)의 **발급확인** 메뉴에서 **발급확인번호**를 입력하여
위·변조 여부를 확인할 수 있습니다. 발급확인번호를 통한 확인은 발행일로부터 3개월까지 5회에 한하여 가능합니다.

발행번호 123456789A123456789B123456789C567　　2/2　　발급확인번호 ALTQ-COHX-3570　　발행일 2016/09/15

부동산(임료)시세확인서

부동산 소재지 : 수원시 권선구 호매실동 113-1

지목 : 전

면적 : 1,720㎡

임료 : 2005년 9월부터 2016년 9월까지 연 400만원

2016. 9. 2.

공인중개사   김 윤 수 (김윤수)

수원시 권선구 호매실동 123번지 호매실부동산

허가번호 86-110222-123

소 장

원고 이건웅 (1957년 1월 31일생)

안산시 상록구 사동 1512 대우6차아파트 603동 504호

전화 : 010-2768-9077

피고 김승수 (1965년 9월 23일생)

서울 동대문구 휘경동 100

소유권이전등기말소등 청구의 소

청 구 취 지

1. 피고는 원고에게 수원시 권선구 호매실동 113-1 부동산에 관하여 2010. 2. 29. 매매를 원인으로 한 소유권이전등기를 말소하라.
2. 피고는 원고에게 제1항 기재 부동산에 관하여 소외 김광수의 가압류등기, 소외 회기새마을금고의 근저당권등기를 각 말소하라.
3. 소송비용은 피고의 부담으로 한다.
4. 제1항은 가집행할 수 있다.

라는 판결을 구합니다.

청 구 원 인

1. 원고는 소외 망 박경숙으로부터 청구취지 기재 부동산에 관한 소유권을 상속하였습니다. 그런데 피고는 상속인이 아닌 자로서 상속인처럼 위 부동산에 관하여 등기를 하고 있던 소외 망 김병기로부터 소유권을 이전받았습니다.
2. 망 김병기는 무권리자임에도 불구하고 자신이 마치 소유자인 것처럼 등기된 것을 기화로 이를 피고에게 매도한 것이고, 따라서 피고의 위 부동산에 관한 소유권이전등기는 당연무효입니다. 따라서 피고는 원고에게 위 소유권이전등

기를 말소할 의무가 있습니다.

3. 또한 위 부동산에는 피고의 과실로 소외 김광수의 가압류등기, 소외 회기새마을금고의 근저당권등기가 되어 있는바, 피고는 원고에게 위 등기도 말소하여야 할 의무가 있다고 할 것입니다.

4. 그럼에도 불구하고 피고는 위 등기를 말소하지 않고 있으므로 청구취지와 같은 판결을 구하고자 이 건 청구에 이른 것입니다.

입 증 방 법

1. 갑 제1호증 : 폐쇄등기부
2. 갑 제2호증 : 부동산등기부

2016.   6.   3.

원고   이 건 웅 (인)

수원지방법원   귀중

2016가단13113 소유권이전등기말소등(수원, 민사3단독)

답 변 서

원고   이건웅

피고   김승수

위 당사자간 귀원 **2016가단13113 소유권이전등기말소등 청구**사건에
관하여 피고 김승수는 다음과 같이 답변서를 제출합니다.

청구취지에 대한 답변

1. 주위적으로, 원고의 이 사건 소를 모두 각하한다.

2. 예비적으로, 원고의 청구를 모두 기각한다.

3. 소송비용은 원고가 부담한다.

  라는 판결을 구합니다.   7137

청구원인에 대한 답변

1. 소유권이전등기의 말소청구에 대한 답변

가. 원고는 소외 망 박경숙으로부터 별지 목록 부동산에 관한 소유권을
   상속하였다고 주장하면서 피고는 상속인이 아닌 자로서 상속인처
   럼 위 부동산에 관하여 등기를 하고 있던 참칭상속인 망 김병기로

부터 소유권을 이전받은 자라고 주장하고 있습니다. 그런데 원고가 상속을 받은 것은 2000. 2. 23.로서 민법 제999조 제2항에 따라 제척기간이 경과되었으므로 원고의 청구는 각하되어야 할 것입니다.

나. 또한, 피고는 소외 김병기 명의로 등기가 되어 있는 등기부를 신뢰하여 매매계약을 체결하고 정당한 대가를 지급한 후 소유권이전등기를 받았으므로 정당한 소유자입니다. 따라서 피고에게 말소등기의무가 있다는 원고의 주장은 어불성설이라고 할 것입니다.

다. 피고가 김병기로부터 이 사건 부동산을 매수할 당시 공인중개사를 통하여 매매계약을 체결하게 되었으며, 피고는 이 사건 부동산에 관한 매매계약을 체결하는 과정에서 김병기를 처음으로 만났습니다. 현재 김병기 씨는 사망하였지만 그 상속인들도 피고가 부동산을 매수하여 정당한 소유자라는 사실을 확인하여 주고 있습니다.

라. 또한, 망 김병기가 소유권등기를 한 후 10년이 경과되었을 뿐만 아니라 위 김병기는 1992년경부터 직접 이 사건 토지를 직접 경작하였고, 피고가 이를 승계하여 직접 경작하면서 합계 20년 이상 점유하였으므로 피고의 소유권은 확정된 것입니다. 따라서 원고의 청구는 기각되어야 할 것입니다.

2. 가압류등기 및 근저당권등기의 말소청구에 대한 답변

가. 등기의무자가 아닌 자나 등기에 관한 이해관계가 있는 제3자가 아닌 자를 상대로 한 등기의 말소절차이행을 구하는 소는 당사자적격이 없는 자를 상대로 한 부적법한 소로서 각하되어야 한다는 것이 대법원 판례의 법리입니다(대법원 1974. 6. 25. 선고 73다211 판결 참조).

나. 그런데 원고는 피고가 등기의무를 부담하지 않는 김광수의 가압류 등기 및 회기새마을금고의 근저당권설정등기의 각 말소를 구하고 있는바, 위 청구에 관하여 피고는 당사자 적격이 없다고 할 것이므로, 이 사건 소는 각하되어야 마땅합니다.

3. 결 론

따라서 원고의 청구를 각하하여 주시기 바라며, 각하사유에 해당하지 않을 때에는 위와 같은 이유로 기각을 바랍니다.

입 증 방 법

1. 을 제1호증 : 매매계약서
1. 을 제2호증 : 부동산등기부
1. 을 제3호증 : 매매사실확인서(공인중개사)
1. 을 제4호증 : 사실확인서(김미숙)

2016. 7. 15.

피고 김 승 수 (인)

수원지방법원 민사3단독 귀중

매매사실확인서

본인은 수원시 권선구 호매실동 124에서 칠보부동산이라는 상호로 부동산중개업을 30년째 운영하고 있는 공인중개사입니다.

본인은 호매실동 113-1번지 밭의 소유자인 김병기 씨를 잘 알고 있는데, 김병기 씨가 1992년 3월 하순부터 김승수 씨에게 매도할 때까지 위 밭에 농작물을 심어 자식을 돌보듯이 정성껏 농사를 짓던 모습을 지금까지 기억하고 있습니다. 당시 본인이 부친상을 당하였고 김병기 씨로부터 많은 도움과 위로를 받았기에 그때의 상황에 관하여 시간이 많이 흘렀음에도 불구하고 분명히 기억하고 있는 것입니다.

그런데 김병기 씨가 나이가 들면서 몸이 쇠약해지더니 더 이상 밭을 경작할 힘이 없다고 하면서 2006년 7월경 본인에게 위 밭의 매도를 의뢰하였습니다.

본인은 물건을 매물로 내놓았고, 김승수 씨가 매수의사를 표시하였습니다. 그리고 매매계약이 성사되고 등기까지 경료되었으나 세금부담의 문제로 매도인과 매수인 사이에 약간의 분쟁이 발생하여 합의해제하고 말소등기까지 하였다가 다시 원만히 합의되어 재차 등기한 것으로 기억하고 있습니다.

부동산의 전문가인 공인중개사 입장에서 볼 때 위 밭의 소유자는 소유권이전등기명의자이며 등기한 때부터 지금까지 지속적으로 밭을 경작하고 있는 김승수씨임이 분명함을 확인합니다.

을 제 3 호증

2016. 7. 11.

공인중개사   박 철 민 (民朴 印哲)
수원시 권선구 호매실동 124번지
칠보부동산

사실확인서

저는 망 김병기의 큰딸 김미숙입니다.

종중재산이던 수원 호매실동 113-1 밭을 아버지가 상속한 것으로 알고 1992년경부터 십수년동안 직접 경작하면서 옥토로 만들었으며 생전에 애착을 가지고 경작한 명실상부한 소유자입니다. 다만, 아버지가 2002년경 종중재산이 아닌 것을 확인하였으나 10년 이상 등기를 하고 직접 경작하였으므로 아버지의 소유로 확정된 것이라고 생각합니다.

아버지를 따라 호매실동 밭에 가 본 적이 많이 있었는데, 밭이 자신의 땅이라고 주장하는 이건웅이라는 사람은 들어본 적조차 없고, 아버지 외에는 아무도 그 밭을 찾아온 적이 없는 것으로 알고 있습니다. 땅의 소유자가 어떻게 한번도 찾아오지 않을 수 있겠습니까?

아버지는 김승수 씨에게 매도할 때까지 밭을 지속적으로 경작하였으며, 김승수(650923-1543211, 서울 동대문구 휘경동 100) 씨는 아버지가 생존하고 있을 때 매매계약을 체결하고 대금도 모두 지급한 후 소유권이전등기를 하면서부터 지금까지 계속하여 위 밭을 경작하고 있는 것으로 알고 있습니다.

따라서 저희 김병기 씨의 상속인들은 김승수 씨가 밭의 소유자라고 인정하는 바입니다.

별첨 : 인감증명서 1통

을 제 4 호 증

2016. 7. 10.

사실확인자 상속인 대표 김미숙 (숙김인미)

위 확인자

한숙자 (자한인숙) (410718-2010632, 서울 동대문구 회기동 115 현대아파트 102동 101호)

김현성 (성김인현) (701021-1010628, 서울 동대문구 회기동 115 현대아파트 102동 701호)

김현철 (철김인현) (680920-1010627, 수원시 권선구 천천동 778)

인감증명발급사실 확인용 발급번호	123121

※ 이 용지는 위조식별표시가 되어 있음.

주민등록 번호	6 6 0 5 0 1 - 2 0 1 0 6 2 5	인 감 증 명 서	본인 ○	대리

성명 (한자)	김미숙(金美淑)		인감	숙김 인미

	순서	주 소	(통/반)	전 입	
주소 이동 사항	1	성남시 분당구 서현동 112 주공아파트 101동 1103호	3/4	2006. 03. 07.	확인
	2		/	. .	
	3		/	. .	
	4		/	. .	
	5		/	. .	

여행중의 주소		국적(외국인)	
국외주소지			

부동산 매수자	성별 (법인명)		주민등록번호	
	주소			

비고	

1. 인감증명서를 발급할 때 주소이동사항은 "최종주소"로 발급하며 민원인의 요청이 있는 경우에는 전 주소지를 기재하여 발급합니다.
2. 부동산매수자란에는 부동산매도용으로 인감증명을 발급받고자 하는 경우에 한하여 이를 기재하고, 부동산매도용외의 경우에는 "빈란"임을 표시하여야 합니다.
3. 금치산자 또는 한정치산자의 표시와 법정대리인의 성명 및 주민등록번호는 비고란에 기재합니다.
4. 재외국민의 경우에는 여권번호, 국내거소신고자의 경우에는 국내거소신고번호를 외국인의 경우에는 외국인등록번호를 주민등록번호란에 기재하고, 대한민국국민의 경우에 한하여 그 아래의 여백에 주민등록번호를 ( )로 표기하여 발급할 수 있습니다.
5. 인감보호신청제도는 본인의 인감을 보호하기 위하여 인감증명의 발급대상을 본인 또는 본인이 지정하는 대상으로 제한하거나 온라인 발급등을 금지시킬 수 있는 제도입니다.
   이러한 인감보호신청은 전국의 모든 시·군·구 청이나 읍·면·동사무소에 신청할 수 있습니다.
6. 인감증명서의 발급사실을 확인하고자 하는 경우에는 전자민원창구를(www.egov.go.kr) 통하여 「발급일자·인감증명발급사실확인용발급번호·주민등록번호·발급기관」으로 확인할 수 있습니다.

발급번호	5248	위 인감은 신고되어 있는 인감임을 증명합니다.

2016 년   7 월   10 일
성남시 분당구청장 (직인)   성남시
분당구
청장인

사용용도	법원 제출용

※ 사용용도란은 수요처에서 요청하는 내용을 민원인이 직접 기재하여 제출하면 됩니다.
[예시 : 근저당설정용, 자동차매도용(매수인의 성명·주민등록번호), 대출보증용(매수인의 성명등) 등으로 기재]

본 사이트에서 제공된 사건정보는 법적인 효력이 없으니 참고자료로만 활용하시기 바랍니다.
보다 상세한 내용은 해당 법원에 문의하시기 바랍니다.

| 사건일반내역 | 사건진행내역 | » 인쇄하기 | » 나의 사건 검색하기 |

▶ 사건번호 : 수원지방법원 2016가단13113

○ 기본내용   » 청사배치

사건번호	2016가단13113	사건명	소유권이전등기말소등
원 고	이건웅	피 고	김승수
재판부	민사3단독 (031-210-1114)		
접수일	2016.06.03.	종국결과	
원고소가	53,345,000	피고소가	
수리구분	제소	병합구분	없음
상소인		상소일	
상소각하일			
송달료, 보관금 종결에 따른 잔액조회		사건이 종결되지 않았으므로 송달료, 보관금 조회가 불가능합니다.	

○ 최근기일내용   » 상세보기

일 자	시 각	기일구분	기일장소	결 과
		지정된 기일내용이 없습니다.		

최근 기일 순으로 일부만 보입니다. 반드시 상세보기로 확인하시기 바랍니다.

○ 최근 제출서류 접수내용   » 상세보기

일 자	내 용
2016. 7. 17.	피고 김승수 답변서 제출

최근 제출서류 순으로 일부만 보입니다. 반드시 상세보기로 확인하시기 바랍니다.

○ 당사자내용

구 분	이 름	종국결과	판결송달일
원 고	이건웅		
피 고	김승수		

— 이하 생략 —

▲ TOP

기본증명서

등록기준지	대전광역시 서구 갈마역로 8

구분	상 세 내 용
작성	[가족관계등록부 작성일] 2008년 01월 01일 [작성사유] 가족관계의 등록 등에 관한 법률 부칙 제3조 제1항

구분	성명	출생연월일	주민등록번호	성별	본
본인	박경숙(朴慶淑) **사 망**	1925년 06월 23일	250623-2458412	여	密陽

일반등록사항

구분	상세내용
출생	[출생장소] 대전광역시 대덕구 둔산동 123 [신고일] 1925년 7월 30일 [신고인] 호주 박순부
사망	[사망장소] 서울특별시 서초구 반포동 505 가톨릭대학교 서울성모병원 [사망일] 2000년 02월 03일 [신고일] 2000년 02월 28일 [신고인] 자 이건웅

가 | 족

위 가족관계증명서는 가족관계등록부의 기록사항과 틀림없음을 증명합니다.

2016년 09월 15일

동대문구
수 입
증 지
1,000원
2016.09.15

서울특별시 동대문구청장

(수입증지가 인영이 되지 아니한
증명은 그 효력을 보증할 수 없습니다)

서울동
대문구
청장의
직 인

가 | 족

21816BA0220085120280OB09B022036   2 / 2

가족관계증명서

등록기준지	대전광역시 서구 갈마역로 8

구분	성　　명	출생연월일	주민등록번호	성별	본
본인	박경숙(朴慶淑) 사망	1925년 06월 23일	250623-2458412	여	密陽

가족사항

구분	성명	출생연월일	주민등록번호	성별	본
부	박순부(朴純夫)	1900년 08월 24일		남	密陽
모	김명자(金明子)	1899년 01월 23일		여	金海

자녀	이건웅(李建雄)	1957년 01월 31일	570131-1548415	남	全州

위 가족관계증명서는 가족관계등록부의 기록사항과 틀림없음을 증명합니다.

2016년 09월 15일

서울특별시 동대문구청장

(수입증지가 인영이 되지 아니한
증명은 그 효력을 보증할 수 없습니다)

가족관계증명서

등록기준지	서울특별시 동대문구 회기로13길 25

구분	성　명	출생연월일	주민등록번호	성별	본
본인	김현철(金賢喆)	1968년 09월 20일	680920-1010627	남	金海

가족사항

구분	성명	출생연월일	주민등록번호	성별	본
부	김병기(金炳冀)	1931년 05월 12일	310512-1010412	남	金海
모	한숙자(韓淑子)	1941년 07월 18일	410718-2010632	여	淸州
배우자	이미선(李美善)	1970년 01월 23일	700123-2017343	여	全州
자녀	김은영(金恩永)	1997년 05월 21일	970521-2011745	여	金海

위 가족관계증명서는 가족관계등록부의 기록사항과 틀림없음을 증명합니다.

2016년 09월 15일

동대문구
수　입
증　지
1,000원
2016.09.15

서울특별시 동대문구청장
(수입증지가 인영이 되지 아니한
증명은 그 효력을 보증할 수 없습니다)

21816BA02200851202800B09B022035

1 / 1

서 울 가 정 법 원
심 판

사 건 2015느단487 상속포기

청 구 인 김현철 (680920-1010627)

　　　　　 주 소 서울 동대문구 이문2로13길 25, 102-101(회기동, 현대아

　　　　　 파트)

　　　　　 등록기준지 서울특별시 동대문구 회기로13길 25

사 건 본 인 망 김병기 (310512-1010412, 2015. 2. 3. 사망)

　　　　　 광주 북구 능안로 5

신 고 일 자 2015. 4. 24.

주 문

청구인의 피상속인 망 김병기의 재산상속을 포기하는 신고는 이를 수리한다.

이 유

이 사건에 관하여 법원은 청구인의 청구가 이유 있다고 인정하여 주문과 같이
심판한다.

2015. 7. 11.

판사 김만곤

정본입니다.

20   .   .   .

서울가정법원

서기 2015년 7월 27일

서울가정법원
법원주사   박홍근

법원주사

가족관계증명서

등록기준지	서울특별시 동대문구 회기로13길 25

구분	성 명	출생연월일	주민등록번호	성별	본
본인	김병기(金炳冀) 사망	1931년 05월 12일	310512-1010412	남	金海

가족사항

구분	성명	출생연월일	주민등록번호	성별	본
부	김학수(金學洙)	1910년 08월 24일		남	金海
모	박복숙(朴福淑)	1913년 01월 23일		여	密陽
배우자	한숙자(韓淑子)	1941년 07월 18일	410718-2010632	여	淸州
자녀	김미숙(金美淑)	1966년 05월 01일	660501-2010625	여	金海
자녀	김현철(金賢喆)	1968년 09월 20일	680920-1010627	남	金海
자녀	김현성(金賢成)	1970년 10월 21일	701021-1010628	남	金海

위 가족관계증명서는 가족관계등록부의 기록사항과 틀림없음을 증명합니다.

2016년 09월 15일

서울특별시 동대문구청장

(수입증지가 인영이 되지 아니한
증명은 그 효력을 보증할 수 없습니다)

기본증명서

등록기준지	서울특별시 동대문구 회기로13길 25

구분	상 세 내 용
작성	[가족관계등록부 작성일] 2008년 01월 01일 [작성사유] 가족관계의 등록 등에 관한 법률 부칙 제3조 제1항

구분	성명	출생연월일	주민등록번호	성별	본
본인	김병기(金炳冀) 사망	1931년 05월 12일	310512-1028412	남	金海

일반등록사항

구분	상세내용
출생	[출생장소] 서울특별시 동대문구 회기동 100 [신고일] 1932년 1월 30일 [신고인] 호주 김학수
사망	[사망장소] 서울특별시 동대문구 경희대로 23(회기동) [사망일] 2015년 02월 03일 [신고일] 2015년 02월 28일 [신고인] 처 한숙자

21816BA02200851202800B09B022038   1 / 2

가족

위 기본증명서는 가족관계등록부의 기록사항과 틀림없음을 증명합니다.

2016년 09월 15일

동대문구
수 입
증 지
1,000원
2016.09.15

서울특별시 동대문구청장
(수입증지가 인영이 되지 아니한
증명은 그 효력을 보증할 수 없습니다)

서울동
대문구
청장의
직인

가족

등기번호	01268	등기사항전부증명서(현재사항) [제출용]
등록번호	200144-0027482	

명　칭	회기새마을금고	．．．변경
		．．．등기
주사무소	서울특별시 동대문구 회기동 5	．．．변경
		．．．등기
	서울특별시 동대문구 경희대로 33(회기동)	2011.10.31. 도로명주소
		2011.10.31. 등기

목　　　적

이 새마을금고는 회원의 자주적인 협동조직을 바탕으로 우리나라 고유의 상부상조 정신에 입각하여 자금의 조성 및 이용과 회원의 경제적, 사회적, 문화적 지위의 향상 및 지역사회개발을 통한 건전한 국민정신의 함양과 국가경제 발전에 기여함을 목적으로 다음 각호에 게기하는 사업을 행한다.
1. 신용사업
　가. 회원으로부터의 예탁금, 적금의 수납
　나. 회원에 대한 자금의 대출
　다. 내국환 및 외국환거래법에 의한 환전업무
　라. 국가 공공단체 및 금융기관의 업무의 대리
　마. 회원을 위한 보호예수
2. 문화복지 후생사업
3. 회원에 대한 교육사업
4. 지역사회 개발사업
5. 회원을 위한 공제사업

6. 연합회가 위탁하는 사업	<1998.03.30 변경　1998.04.16 등기>
7. 국가 또는 공공단체가 위탁하거나 다른 법령이 금고의 사업으로 정하는 사업 <2006.03.30 변경　2006.04.16 등기>	
8. 임대업	<2012.03.30 변경　2012.04.16 등기>

임원에 관한 사항

이사 박영수 550203-1******
　　2015 년 02 월 23 일　중임　　　2015 년 03 월 07 일　등기

부이사장 나영덕 540908-1******
　　2015 년 02 월 23 일　중임　　　2015 년 03 월 07 일　등기

이사 김지철 530405-1******
　　2015 년 02 월 23 일　중임　　　2015 년 03 월 07 일　등기

이사 김성훈 600413-1******
　　2015 년 02 월 23 일　중임　　　2015 년 03 월 07 일　등기

[인터넷 발급] 문서 하단의 바코드를 스캐너로 확인하거나, 인터넷등기소(http://www.iros.go.kr)의 발급확인 메뉴에서 **발급확인번호**를 입력하여 **위·변조 여부를 확인할 수 있습니다.**
발급확인번호를 통한 확인은 발행일로부터 3개월까지 5회에 한하여 가능합니다.

발급확인번호 0583-AANG-GKKC

0000514857625357951234567891A123456789B123456789C113 1　발행일 2016/09/15

- 1/3 -

등기번호	01268

이사 공인숙 590903-2******
   2015 년 02 월 23 일   중임   2015 년 03 월 07 일   등기

이사 이기철 610803-1******
   2015 년 02 월 23 일   중임   2015 년 03 월 07 일   등기

이사장 이수남 570123-1******
   2015 년 02 월 23 일   중임   2015 년 03 월 07 일   등기

이사 김지수 641203-1******
   2015 년 02 월 23 일   중임   2015 년 03 월 07 일   등기

감사 최수철 550329-1******
   2015 년 02 월 23 일   중임   2015 년 03 월 07 일   등기

기 타 사 항

1. 법인 설립인가의 연월일
  1979년 6월 29일

1. 공고의 방법
  금고에서 행하는 공고는 법령 및 이 정관에서 따로 규정한 것을 제외하고는 금고의 게시판(분사무소의 게시판을 포함한다)과 인터넷 홈페이지(홈페이지를 운영하는 금고에 한한다)에 게시하는 방법으로 하고 그 기간은 7일 이상으로 한다.

1. 출자에 관한 사항
  1. 출자1좌의 금액과 납입방법
  1. 출자1좌의 금액 금10,000원으로 한다.
  2. 출자금은 반드시 현금으로 1좌 이상 납입하여야 하며 제1회 출자의 경우를 제외하고는 분할하여 납입할 수 있다.

1. 업무구역에 관한 사항
  회기시장, 상가, 회기상가와 회기동, 이문동, 이경시장, 상가로 한다.

1. 관할전속
  광주지방법원 등기국

1. 존립기간 또는 해산사유
  1. 금고는 다음 각호의 1항에 해당하는 사유가 발생하였을 때에는 해산한다.
   (1) 총회의 해산의결
   (2) 합병
   (3) 파산
   (4) 설립인가의 취소
  2. 제1항 제1호 및 제3호의 규정에 의한 사유로 금고가 해산하는 때에는 청산인은 취임일로부터 7일 이내에 연합회장과 인가권자에게 그 사유를 보고하여야 한다.
   1998 년 03월 30 일 변경   1998 년 04월 16 일   등기

00005148576253579512345 6789A123456789B123456789C113 1 발행일 2016/09/15

등기번호	01268

법인성립연월일	1979년 07월 10일

등기기록의 개설 사유 및 연월일

민법법인 및 특수법인등기 처리규칙 부칙 제2조 제1항의 규정에 의하여 구등기로부터 이기

2001년 04월 24일 등기

--- 이 하 여 백 ---

수수료 1,000원 영수함
관할등기소 : 서울북부지방법원 동대문등기소 / 발행등기소 : 법원행정처 등기정보중앙관리소

이 증명서는 등기기록의 내용과 틀림없음을 증명합니다. [다만, 신청이 없는 지점·지배인에 관한 사항과 현재 효력이 없는 등기사항의 기재를 생략하였습니다]

서기 2016년 09월 15일

법원행정처 등기정보중앙관리소   전산운영책임관

---

* 실선으로 그어진 부분은 말소(변경, 경정)된 등기사항입니다.   * 등기사항증명서는 컬러로 출력 가능함.

[인터넷 발급] 문서 하단의 바코드를 스캐너로 확인하거나, **인터넷등기소(http://www.iros.go.kr)**의 발급확인 메뉴에서 **발급 확인번호**를 입력하여 **위·변조 여부를 확인할 수 있습니다.**
발급확인번호를 통한 확인은 발행일로부터 3개월까지 5회에 한하여 가능합니다.

발급확인번호 0583-AANG-GKKC

0000514857625357951234567789A123456789B123456789C113 1   발행일 2016/09/15

기록 끝

※ 답   안

【문1 답안, 배점 20점】

법률검토의견(메모)

1. 사건의 전반적 검토

가. 의뢰인의 소유권 확정

수원시 권선구 호매실동 113-1번지 전 1,720㎡에 관한 김병기의 소유권보존등기는 같은 토지에 대한 박순부의 보존등기와 중복되는 등기로서 선등기인 박순부의 보존등기가 원인무효라는 자료가 전혀 없으므로 후등기인 김병기의 소유권보존등기가 무효이고, 그에 기한 소유권이전등기 등은 모두 무효로서 말소되어야 할 것임.

나. 중복등기의 구체적 처리

중복등기 문제를 해결하기 위하여 무효인 보존등기 및 그에 기한 후속등기에 대한 말소등기청구의 소를 제기할 것임. 따라서 피고는 김승수뿐만 아니라 중복 보존등기의 명의자 김병기(단 사망하였으므로 그 상속인을 피고로 하여야 할 것임), 근저당권자 등을 모두 피고로 삼아야 할 것임. 다만, 김병기의 상속인 중 김현철은 상속을 포기한 것으로 확인되므로 그에 대하여는 소를 제기하지 않음.

다. 부당이득청구 등

망 김병기 및 김승수가 의뢰인 소유의 부동산을 권원 없이 사용·수익하였으므로 이에 대하여 부당이득반환을 청구하되, 소멸시효가 완성되지 않은 소 제기일로부터 10년간의 기간 부분에 한하여 청구할 것임. 피고는 위 말소등기청구와 동일함. 한편, 토지 자체의 점유이전을 구할 수도 있겠으나, 의뢰인이 이를 요구하지 않고 단지고 사용료에 관하여만 의사를 표시하였으므로, 인도청구는 제외함.

라. 예상되는 피고들의 주장 및 그 반론

1) 피고측에서 상속회복청구라고 하여 제척기간이 도과되었다고 주장할 가능성
이 있으므로 상속회복청구에 해당하는 내용으로 소를 구성해서는 안 되며,
순수한 물권적 청구권으로 법리를 구성하여야 할 것임.

2) 피고측에서 등기부취득시효를 주장할 수도 있으나, 중복등기로서 무효인 등
기에 기한 점유자의 경우 대법원 판례가 그 실체관계를 인정하지 않는 점을
부각하여 반론을 전개하여야 할 것임.

2. 의뢰인이 제기한 소의 처리

가. 의뢰인이 이미 현재의 소유명의자 김승수를 상대로 수원지방법원에 소(2016
가단13113 소유권이전등기말소등)를 제기한 상태이지만 민사소송법상 필수적
공동소송인의 추가(제68조), 참가승계(제81조), 인수승계(제82조), 공동소송참
가(제83조), 예비적·선택적 공동소송인의 추가(제70조) 등 명문으로 규정한
경우 외에는 피고를 추가하는 것이 불가능하고,[1] 법률사무소의 위치를 고려
하여 관할이 있는 북부지방법원에 별소를 제기하고, 수원지방법원에 계속
중인 위 소는 취하하는 것이 좋겠음.

나. 다만, 소의 취하는 상대방이 본안에 관하여 준비서면을 제출하거나 변론준비
기일에서 진술하거나 변론을 한 뒤에는 상대방의 동의를 받아야 효력을 가지
는바(민사소송법 제266조 제2항), 피고 김승수가 본안에 관한 답변서를 제출하
였으므로 소취하를 위해서는 피고 김승수의 동의를 받아야 하는지 문제됨.

다. 피고가 본안전 항변으로 소각하를, 본안에 관하여 청구기각을 각 구한 경우
에는 본안에 관한 것은 예비적으로 청구한 것이므로 원고는 피고의 동의없
이 소취하를 할 수 있다는 것이 법리임.[2]

라. 그런데 피고 김승수는 위 소송의 답변서에서 주위적으로 소의 각하를, 예비
적으로 기각을 구하는 답변서를 제출하였으므로, 위 피고의 동의 없이도 소
취하는 가능할 것으로 판단됨.

---

1) 대법원 1993. 9. 28. 선고 93다32095 판결; 이시윤, 민사소송법, 736면.
2) 대법원 1968. 4. 23. 선고 68다217 판결, 대법원 2002. 10. 11. 선고 2002다35775 판결,
대법원 2010. 7. 22. 선고 2009므1861, 1878 판결; 이시윤, 민사소송법, 552면.

【문2 답안, 배점 100점】

소   장

원   고   이건웅 (570131-1548415)
안산시 상록구 사동 1512 대우6차아파트 603동 504호

소송대리인 법무법인 다일종합법률사무소
서울 동대문구 양진대로 777
담당변호사 김상승
전화 : 961-1543   팩스 : 961-1544   이메일 : sskim@daillaw.com

피   고3)   1. 한숙자 (410718-2010632)
서울 동대문구 회기동 115 현대아파트 102동 101호
2. 김미숙 (660501-2010625)
성남시 분당구 서현동 112 주공아파트 101동 1103호
3. 김현성 (701021-1010628)
서울 동대문구 회기동 115 현대아파트 102동 701호
4. 김승수 (650923-1543211)
서울 동대문구 휘경동 100
5. 회기새마을금고
서울 동대문구 경희대로 33(회기동)
대표자4) 이사장 이수남

---

3) 망 김병기의 직계비속 중 김현철은 상속을 포기하였고, 상속포기의 경우에는 대습상속이 일어나지 않으므로, 김현철 또는 그의 배우자 이미선 및 자녀 김은영을 피고로 삼는 것은 잘못된 것이다.
4) 법인 등의 대표자를 표시함에 있어 법인 등기기록에 "대표"라는 문언이 포함된 대표기관의 경우에는 따로 "대표자"라는 표시를 하지 아니한 채 그 직명(대표이사, 대표사원 등)만을 기재하고, 그 밖의 경우에는 "대표자"임을 표시한 후 직명 및 성명을, 직명이 없는 경우에는 성명만을 기재하며, 대표자의 주민등록번호는 기재하지 않는 것이 보통이다(민사실무Ⅱ, 44~47면).

6. 김광수

수원시 권선구 호매실동 123

소유권보존등기말소등[5] 청구의 소

청 구 취 지

1. 원고에게,

가. 피고 한숙자는 수원시 권선구 호매실동 113-1 전 1720㎡ 중 3/7 지분, 피고 김미숙, 김현성은 각 2/7 지분에 관하여[6] 수원지방법원 동수원등기소 1977. 5. 15. 접수 제2965호로 마친 소유권보존등기의, 피고 김승수는 위 부동산에 관하여 같은 등기소 2010. 3. 18. 접수 제107766호로 마친 소유권이전등기의 각 말소등기절차를 이행하고,

나. 피고 김광수, 회기새마을금고는 위 가.항 기재 소유권이전등기의 말소등기에 대하여 각 승낙의 의사표시를 하라.[7]

2. 원고에게,

가. 피고 한숙자는 6,000,000원, 피고 김미숙, 김현성은 각 4,000,000원[8] 및 위 각 금원에 대하여 소장 부본 송달일 다음날부터 다 갚을 때까지는 연 15%

---

5) 소유권보존등기 외에 소유권이전등기 및 근저당권설정등기의 말소청구, 승낙 의사표시, 부당이득반환청구 등도 포함된다.

6) 망 김병기의 직계비속 김현철은 상속을 포기하였으므로 제외한다.

7) 승낙의 대상은 승낙의무를 부담하는 해당 피고의 등기가 아니라 그 피고의 등기가 터잡은 말소대상 등기의 말소에 대한 승낙임에 주의하여야 한다. 등기의 말소를 신청하는 경우에 그 말소에 대하여 등기상 이해관계 있는 제3자가 있을 때에는 제3자의 승낙이 있어야 하는바(부동산등기법 제57조 제1항), 등기상 이해관계 있는 제3자란 말소등기를 함으로써 손해를 입을 우려가 있는 등기상의 권리자로서 그 손해를 입을 우려가 있다는 것이 등기부 기재에 의하여 형식적으로 인정되는 자이고, 원인무효인 소유권이전등기에 터잡은 가압류채권자 및 근저당권자도 여기에 해당하므로 승낙의 의사표시를 청구하는 것이다. 다만, 근저당권자에 대하여는 말소등기청구를 하는 것이 확고한 실무례이다(사법연수원, 부동산등기법, 94면 각주 194). 위 실무례에 따라 청구취지를 작성한다면, "피고 회기새마을금고는 제1의 가.항 기재 부동산에 관하여 같은 등기소 2010. 3. 18. 접수 제107767호로 마친 근저당권설정등기의 말소등기절차를 이행하라"고 기재하면 될 것이다. 자세한 것은 쟁점해설 참조.

8) 망 김병기의 직계비속 김현철은 상속을 포기하였으므로 부당이득반환청구에서도 제외한다.

의 각 비율에 의한 금원을,

나. 피고 김승수는 이 소 제기일(2016. 9. 17.)부터[9] 제1의 가.항 기재 토지의 사용·수익을 종료할 때까지[10] 연 4,000,000원의 비율에 의한 금원을,

각 지급하라.

3. 소송비용은 피고들이 부담한다.

4. 제2항은 가집행할 수 있다.

라는 판결을 구합니다.

청 구 원 인

1. 무효등기의 말소등기청구 등

가. 무효인 중복등기의 말소등기청구[11]

1) 소외 박순부는 1962. 7. 14. 수원시 권선구 호매실동 113 전 12,000㎡에 관하

---

9) 민법 제201조(점유자와 과실), 제748조(수익자의 반환범위), 제749조(수익자의 악의인정) 참조. 선의의 점유자는 비록 법률상 원인없이 타인의 토지를 점유사용하고 이로 말미암아 그에게 손해를 입혔다 하더라도 그 점유사용으로 인한 이득을 그 타인에게 반환할 의무는 없다(대법원 1987. 9. 22. 선고 86다카1996 판결). 반면, 악의 수익자가 반환하여야 할 범위는 민법 제748조 제2항에 따라 정하여지는 결과 그는 받은 이익에 이자를 붙여 반환하여야 하며, 위 이자의 이행지체로 인한 지연손해금도 지급하여야 한다(대법원 2003. 11. 14. 선고 2001다61869 판결). 선의의 수익자가 패소한 때에는 그 소를 제기한 때부터 악의의 수익자로 보는바(민법 제749조 제2항), 여기에서 소(訴)는 부당이득을 이유로 그 반환을 구하는 소를 가리키지만 한편 민법 제197조 제2항의 규정에 의하여 토지소유권이전등기의 말소청구소송의 패소자는 승소자가 위 소송을 제기한 때로부터 위 토지에 대한 악의의 점유자로 간주되며(대법원 1987. 1. 20. 선고 86다카1372 판결), 선의의 수익자가 부당이득반환 소송에서 패소함으로써 악의의 수익자로 간주되는 것은 소 제기일이고, 그때로부터 법정이자를 반환할 의무가 있다(대법원 2008. 6. 26. 선고 2008다19966 판결). 이 사건의 경우, 김승수는 소유권등기까지 갖춘 상태였으므로 악의로 주장하기는 어렵고, 이 사건 부당이득반환청구에서 패소한 경우 그 소 제기시부터 악의로 인정되어 법정이자를 청구할 수 있게 되므로 원고는 승소를 전제로 소 제기일부터 청구하는 것이다. 다만, 피고 김승수에 대하여 기존의 소에서 청구변경서를 작성하여 제출할 경우에는 그 청구변경서의 제출일을 기준으로 하여야 할 것이다.

10) 변론종결 이후에 이행기가 도래하는 장래이행의 소로써 그 청구권 발생의 기초가 되는 법률상·사실상 관계가 변론종결 당시 존재하고 그러한 상태가 계속될 것이 예상되어야 하며(대법원 2002. 6. 14. 선고 2000다37517 판결), 또한 미리 청구할 필요가 있어야 적법하다(민사소송법 제251조). 자세한 것은 쟁점해설 참조.

11) 소유권에 기한 소유권이전등기 말소청구의 요건사실은 ① 원고의 소유사실, ② 피고의 소유권이전등기 경료사실, ③ 등기의 원인무효사실이다(요건사실론, 87면).

여 소유권보존등기를 한 상태로 소유하고 있던 중 1977. 5. 15. 위 토지를 같
은 번지 전 10,280㎡와 같은 동 113-1 전 1,720㎡로 분할하였습니다. 그리고
위 각 토지는 위 박순부가 1978. 2. 4. 사망함에 따라 그의 유일한 상속인인
박경숙에게 상속되었고, 위 박경숙도 2000. 2. 3. 사망하여 그 유일한 상속인
인 원고가 이를 상속하였으나 현재까지 상속등기를 마치지 않은 상태입니다.

2) 그런데 그 구체적 경위를 알 수 없지만 위 호매실동 113-1 전 1,720㎡(이하 이
   사건 토지라 약칭함)에 관하여 위 등기부와 별개의 등기부에 1977. 5. 15. 소외
   김병기 명의로 소유권보존등기가 되었고, 이후 피고 김승수에게 소유권이전
   등기 등이 되었습니다.

3) 어느 토지가 여러 필지로 분할된 경우에 분할 전의 토지와 분할되어 나온 토
   지에 관하여 각기 소유명의자를 달리하는 소유권보존등기가 병존하고 있다면
   그 두 개의 등기는 비록 그 등기의 표제부 표시를 달리하고 있다 하더라도
   실질적으로 동일한 토지 부분에 관한 한 동일토지에 대한 중복등기라고 할
   것이고, 동일 부동산에 관하여 등기명의인을 달리하여 중복된 소유권보존등
   기가 마쳐진 경우에는 먼저 된 소유권보존등기가 원인무효가 되지 아니하는
   한 나중 된 소유권보존등기는 그것이 실체관계에 부합한다고 하더라도 1부동
   산 1등기기록주의를 채택하고 있는 부동산등기법 하에서는 무효입니다.[12]

4) 이 사건 토지에 관하여 소외 망 박순부의 소유권보존등기는 분할 전 수원시
   권선구 호매실동 113 전 12,000㎡에 관하여 수원지방법원 동수원등기소
   1962. 7. 14. 접수 제2326호 보존등기가 선행보존등기로서 적법하게 마친 것
   이므로, 이 사건 토지에 관한 소외 망 김병기 명의의 수원지방법원 동수원등
   기소 접수 제2965호 소유권보존등기는 중복등기로서 무효라고 할 것입니다.

5) 따라서 이 사건 토지에 관한 김병기 명의의 소유권보존등기는 말소되어야 할
   것인바, 위 김병기는 이미 사망하였고 그 상속인인 피고 한숙자, 김미숙, 김
   현성(김병기의 직계비속 김현철은 상속을 포기하였으므로 제외함)이 각 상속지분에
   따라 말소등기절차를 이행할 의무를 부담합니다. 따라서 피고 한숙자는 3/7
   지분, 피고 김미숙과 김현성은 각 2/7 지분에 관하여 이 사건 토지에 대하여
   수원지방법원 동수원등기소 1977. 5. 15. 접수 제2965호로 마친 소유권보존

---

12) 대법원 1988. 3. 22. 선고 87다카2568 판결, 1990. 11. 27. 선고 87다카2961, 87다453 판
    결. 자세한 것은 쟁점해설 참조.

등기의 말소등기절차를 이행하여야 할 것입니다.

나. 무효인 보존등기에 기한 소유권이전등기 등의 말소청구

위와 같이 무효인 망 김병기의 보존등기에 기초하여 피고 김승수는 2010. 2. 29. 매매를 원인으로 수원지방법원 동수원등기소 2010. 3. 18. 접수 제107766 호로 소유권이전등기를 마쳤는바, 망 김병기의 피고 김승수에 대한 처분행위는 권한이 없는 자에 의한 것으로서 무효이므로 위 피고의 소유권이전등기는 무효인 보존등기에 기한 무효등기로서 마땅히 말소되어야 하며, 원고는 이 사건 토지의 소유자로서 소유권에 기한 방해배제로 위 피고에 대하여 말소등기를 청구하는 것입니다.

다. 이해관계 있는 제3자의 승낙의무

1) 피고 김광수는 무효인 피고 김승수 명의의 위 소유권이전등기를 기초로 서울북부지방법원에 가압류결정 및 집행신청을 하여 가압류등기가 되었으며, 피고 회기새마을금고는 무효인 피고 김승수 명의의 위 소유권이전등기를 기초로 2010. 3. 18. 근저당설정계약을 원인으로 수원지방법원 동수원등기소 접수 제107767호로 근저당권설정등기를 마쳤는바, 위 피고들은 피고 김승수의 소유권이전등기가 말소됨으로써 손해를 입을 우려가 있는 등기상의 권리자로서 그 손해를 입을 우려가 있다는 것이 등기기록에 의하여 형식적으로 인정되는 말소등기에 이해관계 있는 제3자라 할 것입니다.

2) 부동산등기법 제57조 제1항은 등기의 말소를 신청하는 경우에 그 말소에 대하여 등기상 이해관계 있는 제3자가 있을 때에는 제3자의 승낙이 있어야 한다고 규정하고 있습니다.

3) 말소등기에 이해관계 있는 피고 김광수, 회기새마을금고가 승낙의무를 부담하는지 여부는 그 제3자가 말소등기권리자에 대한 관계에서 그 승낙을 하여야 할 실체법상의 의무가 있는지 여부에 의하여 결정되는바,[13] 원고는 이 사건 토지의 소유자이고 소유권에 기한 방해배제청구로서 피고 김승수의 소유권이전등기의 말소등기를 청구하고 있는 반면, 피고 김광수, 회기새마을금고

---

13) 대법원 2007. 4. 27. 선고 2005다43753 판결. 자세한 것은 쟁점해설 참조.

는 소유자가 아닌 피고 김승수의 소유권이전등기에 기초하여 가압류등기 및 근저당권설정등기를 한 것이므로 위 소유권이전등기의 말소등기에 관하여 실체법상 승낙할 의무를 부담한다고 할 것입니다.

2. 부당이득반환청구

가. 피고 한숙자, 김미숙, 김현성에 대한 청구

1) 망 김병기는 1992. 3. 하순경부터 십수년 동안 이 사건 토지를 직접 경작하였고, 특히 2002년경부터는 이 사건 토지를 상속한 것이 아니라는 사실을 확인하고도 계속하여 피고 김승수 앞으로 소유권이전등기가 되기 전 날인 2010. 3. 17.까지 위 토지를 사용·수익하였습니다. 이러한 망 김병기의 이 사건 토지에 대한 사용·수익은 법률상 원인이 없는 것이고, 그로 인하여 소유자인 원고는 손실을 입었다고 할 것이며, 망 김병기는 이 사건 토지가 자신의 소유가 아님을 알고 있었으므로 그 취득한 부당이득에 관하여 그 상속인들은 원고에게 상속분에 따라 반환할 의무가 있다고 할 것입니다.[14]

2) 그런데 이 소장을 제출하는 2016. 9. 17.을 기준[15]으로 소멸시효가 완성된 10년 이전의 것은 청구하지 않고 소멸시효가 완성되지 않은 2004. 9. 17.부터 망 김병기가 피고 김승수에게 소유권이전등기를 함으로써 그 소유권을 상실하기 전 날인 2010. 3. 17.까지 부당이득금을 청구합니다.

3) 그 구체적 범위에 관하여 살피건대, 원고가 현지 공인중개사를 통하여 확인한 이 사건 토지에 관한 차임은 연 400만 원 상당이라는 것인바, 원고에게 피고 한숙자는 6,000,000원{(3년[16]×4,000,000원)+[(183일[17]/366일[18])×4,000,000원]}×

---

14) 부당이득반환청구의 요건사실은 ① 피고의 수익, ② 원고의 손해, ③ 인과관계의 존재, ④ 법률상 원인 흠결, ⑤ 이득액이다. 다만 손해와 이득사이의 인과관계는 사실상 추정되므로 별도의 입증은 필요 없으며, 법률상 원인의 흠결사실에 대하여 판례는 수익자인 피고가 법률상 원인 있음을 항변으로 주장·입증하여야 한다는 입장이다(요건사실론, 81~82면).

15) 시효의 중단 또는 법률상 기간을 지킴에 필요한 재판상 청구는 소를 제기한 때 또는 피고경정신청서(제260조 제2항), 청구취지변경신청서(제262조 제2항), 중간확인소장(제264조 제2항)을 법원에 제출한 때에 그 효력이 생긴다(민사소송법 제265조).

16) 2006. 9. 17.부터 2009. 9. 16.까지.

17) 2009. 9. 17.부터 2010. 3. 17.까지(2월 29일을 포함하여 183일).

18) 2009. 9. 17.부터 2010. 9. 16.까지(2010년은 윤년이므로 2월 29일을 포함하여 366일).

3/7(모든 계산에서 1원 미만 버림. 이하 같음), 피고 김미숙, 김현성은 각 4,000,000원
{(3년×4,000,000원)+[(183일/366일)×4,000,000원]×2/7}, 이 소장 부본 송달일 다음
날부터 다 갚을 때까지 소송촉진등에 관한 특례법이 정하는 연 15%의 비율
로 계산한 지연손해금을 각 지급할 의무가 있습니다.

4) 이와 같이 원고가 조사한 바에 따라 부당이득금을 청구하되, 다만 피고들이
위 금액에 관하여 부인하는 경우 소송 중에 감정을 통하여 차임상당액을 확
정하여 청구하겠습니다.

나. 피고 김승수에 대한 청구

1) 피고 김승수는 2010. 3. 18. 망 김병기로부터 이 사건 토지를 매수하여 소유
권이전등기를 마쳤고, 그때부터 이 사건 토지를 사용·수익하였으므로 망 김
병기와 마찬가지로 부당이득하였다고 할 수 있으나, 위 매수 당시 망 김병기
의 소유권등기를 신뢰하였을 것으로 보이므로, 이 사건 소를 제기하는 2016.
9. 17.부터[19] 이 사건 토지를 원고에게 인도하여 사용·수익을 종료하는 날까
지 연 400만 원의 비율로 계산한 부당이득금을 원고에게 반환할 의무가 있다
고 할 것입니다.

2) 원고의 피고 김승수에 대한 위 청구는 장래의 이행을 청구하는 것이지만 피
고 김승수가 이 사건 토지를 사용·수익하고 있으며 원고가 제기한 수원지방
법원 2016가13113 소유권이전등기말소등 청구사건에서 적극 응소하면서 이
사건 토지의 소유권이 자신에게 있음을 주장하고 있으므로 미리 청구할 필
요[20]가 있다고 할 것입니다.

---

19) 선의의 수익자가 패소한 때에는 그 소를 제기한 때부터 악의의 수익자로 보는바(민법 제
749조 제2항), 여기에서 소(訴)는 부당이득을 이유로 그 반환을 구하는 소를 가리키지만
한편 민법 제197조 제2항의 규정에 의하여 토지소유권이전등기의 말소청구소송의 패소자
는 승소자가 위 소송을 제기한 때로부터 위 토지에 대한 악의의 점유자로 간주되며(대법
원 1987. 1. 20. 선고 86다카1372 판결), 선의의 수익자가 부당이득반환 소송에서 패소함
으로써 악의의 수익자로 간주되는 것은 소 제기일이고, 그때로부터 법정이자를 반환할
의무가 있다(대법원 2008. 6. 26. 선고 2008다19966 판결). 자세한 것은 쟁점해설 참조.
20) 변론종결 이후에 이행기가 도래하는 장래이행의 소로써 그 청구권 발생의 기초가 되는
법률상·사실상 관계가 변론종결 당시 존재하고 그러한 상태가 계속될 것이 예상되어야
하며(대법원 2002. 6. 14. 선고 2000다37517 판결), 또한 미리 청구할 필요가 있어야 적
법하므로(민사소송법 제251조), 청구원인에서 반드시 미리 청구할 필요에 대하여 서술하
여야 한다. 자세한 것은 쟁점해설 참조.

3. 결 어

이상과 같은 이유로 원고는 청구취지와 같은 판결을 구하고자 이 청구에 이르게 된 것입니다.

증 거 방 법
(생략)

첨 부 서 류
(생략)

2016. 9. 17.

원고의 소송대리인
법무법인 다일종합법률사무소
담당변호사 김상승 ㉛

서울북부지방법원[21) 귀중

---

21) 수원지방법원, 수원지방법원 안산지원, 수원지방법원 성남지원에도 관할이 인정된다.

【문3 답안, 배점 55점】

준 비 서 면

사 건 _____ 22)
원 고 이건웅
원 고 한숙자 외 5

위 사건에 관하여 원고의 소송대리인은 다음과 같이 변론을 준비합니다.

- 다   음 -

1. 피고들의 주장에 대하여

가. 제척기간도과 주장 관련

1) 피고들은 비록 피고들 명의의 소유권이전등기 등이 중복된 후행 소유권보존
등기를 기초로 한 등기이어서 말소되어야 할 등기라 할지라도, 원고의 이 사
건 청구는 상속회복청구에 해당하고 중복등기는 1977. 5. 15.에 행해졌고, 원
고의 피상속인 박경숙이 사망한 것은 2002. 2. 3.이므로 상속권의 침해행위는
위 상속개시일에 이미 존재하고 있었고, 이 사건 소 제기 당시 그로부터 제척
기간으로서 제소기간인 10년이 경과되었음이 명백하므로 이 사건 소는 각하
되어야 할 것이라고 주장할 수 있습니다. 또한 피고들은 상속회복청구권이
제척기간의 경과로 소멸하게 되면 상속인은 상속인으로서의 지위, 즉 상속에
따라 승계한 개개의 권리의무 또한 총괄적으로 상실하게 되고, 그 반사적 효
과로서 참칭상속인의 지위는 확정되어 참칭상속인이 상속개시의 시로부터 소
급하여 상속인으로서의 지위를 취득한 것으로 봄이 상당하므로, 상속재산은
상속개시일로 소급하여 참칭상속인의 소유로 된다는 법리를 근거로 원고의
수원시 권선구 호매실동 113-1 전 1,720㎡(이하 '이 사건 토지'라 약칭함)에 관한

_____

22) 별소를 제기하는 경우에는 아직 소장이 접수되기 전이므로 사건번호가 존재하지 않는다.

상속회복청구권이 이미 제척기간 경과로 소멸됨으로써 원고는 이 사건 토지에 대한 소유권을 상실하고 그 결과 원고도 소유권을 취득하지 못하였으므로, 결국 원고에게는 피고들 명의의 소유권이전등기 등의 말소를 구할 실체적 권리가 없다고 주장할 수 있습니다.

2) 그러나 동일한 부동산에 관하여 등기명의인을 달리하여 중복된 소유권보존등기가 마쳐진 경우 먼저 이루어진 소유권보존등기가 원인무효로 되지 않는 한 뒤에 된 소유권보존등기는 그것이 실체관계에 부합하는지 여부를 가릴 것 없이 1부동산 1등기기록주의의 법리에 비추어 무효라고 할 것인바, 원고가 선행 보존등기로부터 소유권이전등기를 한 소유자의 상속인으로서, 후행 보존등기나 그에 기하여 순차로 이루어진 소유권이전등기 등의 후속등기가 모두 무효라는 이유로 등기의 말소를 구하는 소는, 후행 보존등기로부터 이루어진 소유권이전등기가 참칭상속인에 의한 것이어서 무효이고 따라서 그 후속등기도 무효임을 이유로 하는 것이 아니라 후행 보존등기 자체가 무효임을 이유로 하는 것이므로 상속회복청구의 소에 해당하지 않는다고 할 것입니다.[23] 따라서 이 사건 소에는 상속회복청구권의 제척기간이 적용되지 않는다고 보아야 하므로 피고들의 위 주장은 이유 없습니다.

나. 취득시효 등 주장 관련

1) 피고들은 망 김병기가 이 사건 토지에 관하여 소유권보존등기를 하고 10년 이상 소유의 의사로 평온·공연하게 선의이며 과실 없이 그 부동산을 점유하였는바, 위 등기는 무효인 등기도 포함[24]하는 것이므로 그 소유권을 취득하였고, 피고 김승수는 이를 승계하였다고 주장할 수 있습니다.

그러나 민법 제245조 제2항의 '등기'는 부동산등기법 제15조가 규정한 1부동산 1등기기록주의에 위배되지 아니한 등기를 말하므로, 어느 부동산에 관하여 등기명의인을 달리하여 소유권보존등기가 2중으로 된 경우 먼저 이루어진 소유권보존등기가 원인무효가 아니어서 뒤에 된 소유권보존등기가 무효로

---

23) 대법원 2011. 7. 14. 선고 2010다107064 판결. 자세한 것은 쟁점해설 참조.
24) 등기부취득시효(민법 제245조 제2항)의 요건으로서의 소유자로 등기한 자 함은 적법·유효한 등기를 마친 자일 필요는 없고 무효의 등기를 마친 자라도 상관없다(대법원 1994. 2. 8. 선고 93다23367 판결). 자세한 것은 쟁점해설 참조.

되는 때에는, 뒤에 된 소유권보존등기나 이에 터잡은 소유권이전등기를 근거로 하여서는 등기부취득시효의 완성을 주장할 수 없습니다.[25] 따라서 피고들의 위 주장은 받아들일 수 없습니다.

2) 피고들은 망 김병기가 1975. 5. 15. 이 사건 토지에 관한 보존등기를 한 이래 1992. 3. 하순경부터는 직접 경작하면서 소유의 의사로 이 사건 토지를 20년간 평온·공연하게 점유하였고, 그 점유가 피고 김승수에게 승계됨으로써 최소한 2012. 4. 1. 점유취득시효가 완성되었으므로, 위 각 토지에 관하여 마쳐진 피고들 명의의 소유권이전등기 등은 모두 실체관계에 부합하여 유효하다는 취지로 주장할 수 있습니다.

그러나 동일한 부동산에 관하여 등기명의인을 달리하여 중복된 소유권보존등기가 마쳐진 경우 선행 보존등기가 원인무효가 되지 않는 한 후행 보존등기는 실체관계에 부합하는지 여부에 관계없이 무효라는 법리는 후행 보존등기 또는 그에 기하여 이루어진 소유권이전등기의 명의인이 해당 부동산의 소유권을 원시취득한 경우에도 그대로 적용된다는 것이 법리입니다. 따라서 선행 보존등기가 원인무효가 아니어서 후행 보존등기가 무효인 경우 후행 보존등기에 기하여 소유권이전등기를 마친 사람이 그 부동산을 20년간 소유의 의사로 평온·공연하게 점유하여 점유취득시효가 완성되었더라도, 후행 보존등기나 그에 기하여 이루어진 소유권이전등기가 실체관계에 부합한다는 이유로 유효로 될 수 없고, 선행 보존등기에 기한 소유권을 주장하여 후행 보존등기에 터잡아 이루어진 등기의 말소를 구하는 것이 실체적 권리 없는 말소청구에 해당한다고 볼 수 없습니다.[26] 따라서 피고들의 위 주장 역시 이유 없는 것입니다.

3) 피고들은 망 김병기의 소유권보존등기가 실체관계에 부합하지 않는 경우라

---

25) 대법원 1996. 10. 17. 선고 96다12511 전원합의체판결. 자세한 것은 쟁점해설 참조.

26) 위 2010다107064 판결 참조. 동일 부동산에 대하여 이미 소유권이전등기가 되어 있음에도 그 후 중복하여 소유권보존등기를 한 자가 그 부동산을 20년간 소유의 의사로 평온·공연하게 점유하여 점유취득시효가 완성되었더라도, 선등기인 소유권이전등기의 토대가 된 소유권보존등기가 원인무효라고 볼 아무런 주장·입증이 없는 이상, 뒤에 된 소유권보존등기는 실체적 권리관계에 부합하는지의 여부에 관계없이 무효이다(대법원 1996. 9. 20. 선고 93다20177 판결). 다만, 피고 김승수의 점유취득시효 완성은 인정될 수 있으므로, 이를 원인으로 원고에 대하여 소유권이전등기청구의 반소를 제기하는 경우에는 그 반소가 인용될 수 있을 것이다(대법원 2009. 6. 25. 선고 2009다16186 판결).

할지라도, 원고가 오랜 시일이 경과한 후 이제 와서 소유권보존등기의 말소를 구하는 것은 신의칙에 위반되거나 권리남용이 되는 것이라고 주장할 수 있습니다.

그러나 동일 부동산에 관하여 이미 소유권이전등기가 되어 있음에도 그 후 중복하여 소유권보존등기를 한 자가 그 부동산을 20년간 소유의 의사로 평온·공연하게 점유하여 점유취득시효가 완성되었더라도, 선등기인 소유권이전등기의 토대가 된 소유권보존등기가 원인무효라고 볼 아무런 주장·입증이 없는 이상, 뒤에 된 소유권보존등기는 실체적 권리관계에 부합하는지의 여부에 관계없이 무효이므로, 뒤에 된 소유권보존등기의 말소를 구하는 것이 신의칙위반이나 권리남용에 해당한다고 할 수 없습니다.[27] 따라서 피고들의 위 주장도 받아들일 수 없습니다.

2. 결 어

이상과 같이 피고들의 주장은 모두 이유 없으므로 원고의 청구는 마땅히 인용되어야 할 것입니다.

2016.   .   [28]

원고의 소송대리인
법무법인 다일종합법률사무소
담당변호사 김상승 ㊞

서울북부지방법원 제○민사부[29] 귀중

---

27) 대법원 2008. 2. 14. 선고 2007다63690 판결. 자세한 것은 쟁점해설 참조.
28) 피고가 답변서를 제출한 후에 작성하여 제출할 서면이므로, 법원에 제출하기 위한 작성일자가 불분명하다.
29) 준비서면에는 재판부(제1민사부 또는 민사1단독 등)를 표시하지만 이 사건과 같이 별소를 제기하는 경우에는 아직 소장이 접수되기 전이므로 이를 표시할 수 없다.

※ 쟁점해설

〈차 례〉

1. 말소등기에 이해관계 있는 제3자의 승낙 (답안 각주 7, 13 관련)[1]

가. 이해관계 있는 제3자의 등기가 가압류(또는 가처분) 등기인 경우에는 채권자의 신청에 의한 법원의 재판에 터잡아 촉탁에 의하여 등기가 이루어지므로 가압류(또는 가처분)의 기초가 된 소유권이전등기가 원인무효라고 하여 가압류(또는 가처분) 권리자를 상대로 소유권이전등기 말소에 대한 승낙을 구하여야 한다.[2]

나. 이해관계 있는 제3자의 등기가 근저당권설정등기인 경우에도 승낙의 의사표시를 구하는 것이 원칙이나, 실무상 근저당권설정등기의 말소등기를 청구하는 것이 확고한 실무례이다.[3] 이 사건의 경우에 실무례에 따라 청구한다면 근저당권자인 회기새마을금고에 대하여는 "~제1의 가.항 기재 부동산에 관하여 같은 등기소 2010. 3. 18. 접수 제107767호로 마친 근저당권설정등기의 말소등기절차를 이행하라"가 될 것이다. 승낙의 의사표시를 청구하는 경우에는 해당 피고인 근저당권자의 근저당권등기말소에 대한 승낙이 아니라 그 근거된 소유권이전등기의 말소에 대한 승낙을 청구하는 것이며, 말소등기를 청구하는 경우에는 해당 피고인 근저당권자의 근저당권등기 자체에 대한 말소등기청구라는 점에 주의하여야 한다.

다. 원인무효인 소유권이전등기 명의인을 채무자로 한 가압류등기와 그에 터잡은 경매신청기입등기가 된 경우, 그 부동산의 소유자는 원인무효인 소유권이전등기의 말소를 위하여 이해관계에 있는 제3자인 가압류채권자를 상대로 하여 원인무효 등기의 말소에 대한 승낙을 청구할 수 있고, 그 승낙이나 이에 갈음하는 재판이 있으면 등기공무원은 신청에 따른 원인무효 등기를 말소하면서 직권으로 가압류등기와 경매신청기입등기를 말소하여야 한다. 소유자가 원인무효인 소유권이전등기의 말소와 함께 가압류등기 등의 말소를 구하는 경우, 그 청구의 취지는 소유권이전등기의 말소에 대한 승낙을 구하는 것으로 해석할 여지가 있다.[4]

---

1) 더 자세한 것은 제6장의 쟁점해설 3. 참조.
2) 사법연수원, 부동산등기법, 93~94면.
3) 사법연수원, 부동산등기법, 93면 각주 197 참조.
4) 대법원 1998. 11. 27. 선고 97다41103 판결.

2. 장래이행의 소[5] (답안 각주 10, 20 관련)

가. 민사소송법 제251조는 장래에 이행할 것을 청구하는 소는 미리 청구할 필요가 있어야 제기할 수 있다고 규정하고 있다. 장래이행의 소는 변론종결시를 기준으로 하여 이행기가 장래에 도래하는 이행청구권을 주장하는 소를 말한다.[6] 장래에 발생할 청구권 또는 조건부 청구권에 관한 장래이행의 소가 적법하려면 그 청구권 발생의 기초가 되는 법률상·사실상 관계가 변론종결 당시 존재하고 그러한 상태가 계속될 것이 예상되어야 하며 또한 미리 청구할 필요가 있어야만 한다.[7]

나. 미리 청구할 필요가 있는 경우라 함은 이행기가 도래하지 않았거나 조건 미성취의 청구권에 있어서는 채무자가 미리부터 채무의 존재를 다투기 때문에 이행기가 도래되거나 조건이 성취되었을 때에 임의의 이행을 기대할 수 없는 경우를 말하고, 이행기에 이르거나 조건이 성취될 때에 채무자의 무자력으로 말미암아 집행이 곤란해진다든가 또는 이행불능에 빠질 사정이 있다는 것만으로는 미리 청구할 필요가 있다고 할 수 없다.[8]

다. 장래의 이행을 명하는 판결을 하기 위해서는 채무의 이행기가 장래에 도래하는 것뿐만 아니라 의무불이행사유가 그때까지 존속한다는 것을 변론종결 당시에 확정적으로 예정할 수 있는 것이어야 하며 이러한 책임기간이 불확실하여 변론종결 당시에 확정적으로 예정할 수 없는 경우에는 장래의 이행을 명하는 판결을 할 수 없다.[9]

3. 중복등기의 효력 (답안 각주 12 관련)

가. 어느 토지가 여러 필지로 분할된 경우에 분할 전의 토지와 분할되어 나온 토지에 관하여 각기 소유명의자를 달리하는 소유권보존등기가 병존하고 있다면 그 두 개의 등기는 실질적으로 동일한 토지부분에 관한 한 동일토지에

---

5) 더 자세한 것은 제3장의 쟁점해설 1. 참조.
6) 이시윤, 민사소송법, 218면.
7) 대법원 1997. 11. 11. 선고 95누4902, 4919 판결.
8) 대법원 2000. 8. 22. 선고 2000다25576 판결.
9) 대법원 2002. 6. 14. 선고 2000다37517 판결.

대한 중복등기이다.[10]

나. 동일한 부동산에 관하여 등기명의인을 달리하여 중복된 소유권보존등기가 마쳐진 경우 먼저 이루어진 소유권보존등기가 원인무효로 되지 않는 한 뒤에 된 소유권보존등기는 그것이 실체관계에 부합하는지 여부를 가릴 것 없이 1부동산 1등기기록주의의 법리에 비추어 무효이다(부동산등기법 제11조 제1항).[11]

4. 선의점유자의 부당이득반환의무 (답안 각주 19 관련)

가. 민법 제201조는 선의의 점유자는 점유물의 과실을 취득하고, 악의의 점유자는 수취한 과실을 반환하여야 하며 소비하였거나 과실로 인하여 훼손 또는 수취하지 못한 경우에는 그 과실의 대가를 보상하여야 한다고 규정하는 반면, 민법 제748조는 선의의 수익자는 그 받은 이익이 현존한 한도에서 부당이득반환의 책임이 있고, 악의의 수익자는 그 받은 이익에 이자를 붙여 반환하고 손해가 있으면 이를 배상하여야 한다고 규정하고 있는바, 위 규정의 조화로운 해석이 문제된다.

나. 민법 제201조 제1항에 의하면 선의의 점유자는 점유물의 과실을 취득한다고 규정하고 있고, 한편 토지를 사용함으로써 얻는 이득은 그 토지로 인한 과실과 같으므로 선의의 점유자는 비록 법률상 원인없이 타인의 토지를 점유사용하고 이로 말미암아 그에게 손해를 입혔다 하더라도 그 점유사용으로 인한 이득을 그 타인에게 반환할 의무는 없다.[12] 즉, 선의의 점유자는 원칙적으로 점유·사용으로 인한 부당이득반환의무를 부담하지 않는 것이다.

다. 타인의 소유물을 권원 없이 점유함으로써 얻은 사용이익을 반환하는 경우 민법은 선의의 점유자를 보호하기 위하여 제201조 제1항을 두어 선의의 점유자에게 과실수취권을 인정함에 대하여, 이러한 보호의 필요성이 없는 악의의 점유자에 관하여는 민법 제201조 제2항을 두어 과실수취권이 인정되지 않는다는 취지를 규정하는 것으로 해석한다. 따라서 악의의 수익자가 반환하여야 할 범위는 민법 제748조 제2항에 따라 정하여지는 결과 그는 받은 이익에 이자를 붙여 반환하여야 하며, 위 이자의 이행지체로 인한 지연손해

---

10) 대법원 1988. 3. 22. 선고 87다카2568 판결.
11) 대법원 1990. 11. 27. 선고 87다카2961, 87다453 전원합의체판결.
12) 대법원 1987. 9. 22. 선고 86다카1996 판결.

금도 지급하여야 한다.[13]

라. 민법 제749조는 수익자가 이익을 받은 후 법률상 원인 없음을 안 때에는 그 때부터 악의의 수익자로서 이익반환의 책임이 있고, 선의의 수익자가 패소한 때에는 그 소를 제기한 때부터 악의의 수익자로 본다고 규정하고 있다. 민법 제749조 제2항 소정의 "그 소(訴)"라 함은 부당이득을 이유로 그 반환을 구하는 소를 가리키지만, 한편 민법 제197조 제2항의 규정에 의하여 토지소유권이전등기의 말소청구소송의 패소자는 승소자가 위 소송을 제기한 때로부터 위 토지에 대한 악의의 점유자로 간주된다.[14] 선의의 수익자가 부당이득반환 소송에서 패소함으로써 악의의 수익자로 간주되는 것은 소 제기일이고, 그때로부터 법정이자를 반환할 의무가 있다.[15]

마. 이 사건의 경우, 김승수는 민법 제197조 제1항에 의하여 선의의 점유자로 추정될 뿐만 아니라 소유권등기까지 갖춘 상태였으므로 악의라고 보기는 어렵고, 부당이득반환소송에서 패소한 경우 그 소 제기시부터 악의로 인정되어 사용이익의 반환의무를 부담한다. 다만, 피고 김승수에 대하여 기존의 소에서 청구변경서를 작성하여 제출할 경우에는 그 청구변경서의 제출일을 기준으로 하여야 할 것이다.

5. 상속회복청구의 소 (답안 각주 23 관련)

가. 상속권이 참칭상속권자로 인하여 침해된 때에는 상속권자 또는 그 법정대리인은 상속회복의 소를 제기할 수 있고, 이 상속회복청구권은 그 침해를 안 날부터 3년, 상속권의 침해행위가 있은 날부터 10년을 경과하면 소멸된다(민법 제999조).

나. 자신이 진정한 상속인임을 전제로 그 상속으로 인한 소유권 또는 지분권 등 재산권의 귀속을 주장하면서 참칭상속인 또는 참칭상속인으로부터 상속재산에 관한 권리를 취득하거나 새로운 이해관계를 맺은 제3자를 상대로 상속재산인 부동산에 관한 등기의 말소 등을 청구하는 경우에는, 그 소유권 또는 지분권이 귀속되었다는 주장이 상속을 원인으로 하는 것인 이상 그 청구원

---

13) 대법원 2003. 11. 14. 선고 2001다61869 판결.
14) 대법원 1987. 1. 20. 선고 86다카1372 판결.
15) 대법원 2008. 6. 26. 선고 2008다19966 판결.

인 여하에 관계없이 이는 민법 제999조 소정의 상속회복청구의 소에 해당하고, 상속회복청구권의 제척기간에 관한 민법 제999조 제2항은 이 경우에도 적용된다.[16]

다. 동일한 부동산에 관하여 등기명의인을 달리하여 중복된 소유권보존등기가 마쳐진 경우 먼저 이루어진 소유권보존등기가 원인무효로 되지 않는 한 뒤에 된 소유권보존등기는 그것이 실체관계에 부합하는지를 가릴 것 없이 1부동산 1등기기록주의의 법리에 비추어 무효이므로, 선행 보존등기로부터 소유권이전등기를 한 소유자의 상속인이 후행 보존등기나 그에 기하여 순차로 이루어진 소유권이전등기 등의 후속등기가 모두 무효라는 이유로 등기의 말소를 구하는 소는, 후행 보존등기로부터 이루어진 소유권이전등기가 참칭상속인에 의한 것이어서 무효이고 따라서 후속등기도 무효임을 이유로 하는 것이 아니라 후행 보존등기 자체가 무효임을 이유로 하는 것이므로 상속회복청구의 소에 해당하지 않는다.[17]

라. 원고의 피상속인이 후행 보존등기가 중복등기에 해당하여 무효임을 주장하지 않고 자신이 진정한 상속인이며 후행 보존등기로부터 상속을 원인으로 이루어진 소유권이전등기의 명의인은 진정한 상속인이 아니므로 그 소유권이전등기는 무효이고 그에 이어 이루어진 소유권이전등기도 무효라고 주장하여 소유권말소등기의 소를 제기하였다가 그 소가 상속회복청구의 소에 해당하고 제척기간이 경과하였다는 이유로 패소 판결이 확정되었다고 하더라도, 후행 보존등기가 중복등기에 해당하여 무효라는 이유로 말소등기를 구하는 원고의 후소는 패소 판결이 확정된 전소와 청구원인을 달리하는 것이어서 전소의 기판력에 저촉되지 않는다.[18]

6. 등기부취득시효의 요건인 등기 (답안 각주 24, 25 관련)

가. 민법 제245조 제2항은 부동산의 소유자로 등기한 자가 10년간 소유의 의사로 평온·공연하게 선의이며 과실 없이 그 부동산을 점유한 때에는 소유권을 취득한다고 규정하고 있는바, 이러한 등기부취득시효의 요건으로서의 소유

---

16) 대법원 2010. 1. 14. 선고 2009다41199 판결.
17) 대법원 2011. 7. 14. 선고 2010다107064 판결.
18) 위 2010다107064 판결.

자로 등기한 자라 함은 적법·유효한 등기를 마친 자일 필요는 없고 무효의 등기를 마친 자라도 상관없으며, 등기부취득시효에서의 선의·무과실은 등기에 관한 것이 아니고 점유의 취득에 관한 것이다.[19]

나. 다만, 등기부취득시효의 요건인 '등기'는 부동산등기법 제15조가 규정한 1부동산 1등기기록주의에 위배되지 아니한 등기를 말하므로, 어느 부동산에 관하여 등기명의인을 달리하여 소유권보존등기가 2중으로 된 경우 먼저 이루어진 소유권보존등기가 원인무효가 아니어서 뒤에 된 소유권보존등기가 무효로 되는 때에는, 뒤에 된 소유권보존등기나 이에 터잡은 소유권이전등기를 근거로 하여서는 등기부취득시효의 완성을 주장할 수 없다.[20]

7. 중복등기자의 점유취득시효 (답안 각주 26, 27 관련)

가. 동일한 부동산에 관하여 등기명의인을 달리하여 중복된 소유권보존등기가 마쳐진 경우 선행 보존등기가 원인무효가 되지 않는 한 후행 보존등기는 실체관계에 부합하는지에 관계없이 무효라는 법리는 후행 보존등기 또는 그에 기하여 이루어진 소유권이전등기의 명의인이 해당 부동산의 소유권을 원시취득한 경우에도 그대로 적용된다.[21]

나. 선행 보존등기가 원인무효가 아니어서 후행 보존등기가 무효인 경우 후행 보존등기에 기하여 소유권이전등기를 마친 사람이 그 부동산을 20년간 소유의 의사로 평온·공연하게 점유하여 점유취득시효가 완성되었더라도, 선등기인 소유권이전등기의 토대가 된 소유권보존등기가 원인무효라고 볼 아무런 주장·입증이 없는 이상, 뒤에 된 소유권보존등기는 실체적 권리관계에 부합하는지의 여부에 관계없이 무효이고,[22] 선행 보존등기에 기한 소유권을 주장하여 후행 보존등기에 터잡아 이루어진 등기의 말소를 구하는 것이 실체적 권리 없는 말소청구에 해당한다고 볼 수 없다.[23]

다. 동일 부동산에 관하여 이미 소유권이전등기가 되어 있음에도 그 후 중복하여 소유권보존등기를 한 자가 그 부동산을 20년간 소유의 의사로 평온·공연

---

19) 대법원 1998. 1. 20. 선고 96다48527 판결.
20) 대법원 1996. 10. 17. 선고 96다12511 전원합의체판결.
21) 위 2010다107064 판결.
22) 대법원 1996. 9. 20. 선고 93다20177, 20184 판결.
23) 위 2010다107064 판결.

하게 점유하여 점유취득시효가 완성되었더라도, 선등기인 소유권이전등기의 토대가 된 소유권보존등기가 원인무효라고 볼 아무런 주장·입증이 없는 이상, 뒤에 된 소유권보존등기는 실체적 권리관계에 부합하는지의 여부에 관계없이 무효이므로, 뒤에 된 소유권보존등기의 말소를 구하는 것이 신의칙 위반이나 권리남용에 해당한다고 할 수 없다.[24]

라. 한편, 이미 소유권보존등기가 마쳐진 토지에 중복하여 소유권보존등기를 한 국가가 그 토지를 철도부지 등으로 관리·점유하여 점유취득시효가 완성되었음에도, 그 토지가 철도복선화사업의 부지로 편입되자 보상협의를 요청하는 등 취득시효를 원용하지 않을 것 같은 태도를 보여 선등기의 이전등기 명의자에게 그와 같이 신뢰하게 하고도, 그 등기명의자가 보상협의를 받아들이지 않고 후등기의 말소청구를 하자 반소로 점유취득시효 완성을 원인으로 하여 소유권이전등기청구를 한 사안에서, 대법원은 그 반소청구가 신의칙에 반하여 권리남용으로 허용되지 않는다고 볼 여지가 있다고 판시한 바 있다.[25] 이는 무효인 중복등기 명의자가 점유취득시효의 요건을 갖춘 경우에는 위 등기부취득시효와는 달리 그 권리(소유권이전등기청구권)이 인정될 수 있다는 점을 전제로 한 것이라고 할 것이다. 따라서 사안의 경우 피고 김 승수의 점유취득시효 완성은 인정될 수 있으므로 이를 원인으로 원고에 대하여 소유권이전등기청구의 반소를 제기하는 경우에는 그 반소가 인용될 수 있을 것이다.

---

24) 대법원 2008. 2. 14. 선고 2007다63690 판결.
25) 대법원 2009. 6. 25. 선고 2009다16186 판결.

제11장

건설도급, 사해행위취소(가액상환) 관련 청구

※ 문 제

귀하(변호사 김상승)는 이 사건의 담당변호사로서 의뢰인 가나건설(주)의 대표이사 박창현과 상담일지 기재와 같은 내용으로 상담하고, 첨부서류를 자료로 받았다. 귀하는 의뢰인의 요구사항 및 이익에 최대한 부합하는 소장을 작성하되, 청구원인을 작성함에 있어 먼저 청구원인사실을 중심으로 기재한 다음 기록 내용에 비추어 피고(들)가 법령 및 판례에 따라 제기할 것으로 예상되는 주장 및 항변을 정리하고 각 그에 대한 반론을 개진하시오.

【작성요령】

1. 본 기록 내에 나타나 있는 사실관계 및 증거자료만을 기초로 하고, 별도의 법률행위 또는 사실행위를 한 것을 전제로 하지 말 것.
   단, 의뢰인의 요구를 충족하기 위하여 특정 권리의 행사가 필요한 경우에는 소장을 통하여 행사할 것.
2. 사실관계 주장은 첨부된 자료 중 증거로 신청·제출이 가능한 자료를 토대로 하여 증거법상 법원에 의하여 인정받을 가능성이 있다고 판단되는 내용으로 한정할 것.
3. 각종 서류는 모두 적법하게 작성되었고, 기록상 일자의 요일은 실제 요일과 무관하게 토요일 또는 공휴일이 없는 것을 전제로 할 것.
4. 법리적인 주장은 현행 법령 및 대법원 판례의 태도에 비추어 받아들여질 가능성이 없다고 판단되는 내용은 제외하며, 귀하가 소를 제기하는 경우 상대방은 적극적으로 응소하는 것을 전제로 할 것.
5. 소장의 기재사항 중 증거방법 및 첨부서류란을 생략하여도 무방함.
6. 청구취지에 부동산을 표시하는 경우에는 반드시 별지로 처리할 것.

7. 금전청구를 하는 경우 구체적 증명이 없으면 나타난 자료만으로 일응 청구하고 소송 중에 정확한 증거신청을 할 것을 전제로 청구할 것.

8. 소장의 작성일 및 소(訴) 제기일은 2016. 10. 1.로 할 것.

[참고자료]

각급 법원의 설치와 관할구역에 관한 법률 (일부)

[시행 2014.12.30.] [법률 제12879호, 2014.12.30., 일부개정]

제4조(관할구역) 각급 법원의 관할구역은 다음 각 호의 구분에 따라 정한다. 다만, 지방법원 또는 그 지원의 관할구역에 시·군법원을 둔 경우 「법원조직법」 제34조 제1항 제1호 및 제2호의 사건에 관하여는 지방법원 또는 그 지원의 관할구역에서 해당 시·군법원의 관할구역을 제외한다.

　1. 각 고등법원·지방법원과 그 지원의 관할구역: 별표 3
　2. ~7. 생략

[별표 3] 고등법원·지방법원과 그 지원의 관할구역 (일부)

고등법원	지방법원	지원	관할구역
서울	서울중앙		서울특별시 종로구·중구·강남구·서초구·관악구·동작구
	서울동부		서울특별시 성동구·광진구·강동구·송파구
	서울남부		서울특별시 영등포구·강서구·양천구·구로구·금천구
	서울북부		서울특별시 동대문구·중랑구·성북구·도봉구·강북구·노원구
	서울서부		서울특별시 서대문구·마포구·은평구·용산구
	의정부		의정부시·동두천시·구리시·남양주시·양주시·연천군·포천시·가평군, 강원도 철원군. 다만, 소년보호사건은 앞의 시·군 외에 고양시·파주시
		고양	고양시·파주시
	인천		인천광역시. 다만, 소년보호사건은 앞의 광역시 외에 부천시·김포시
		부천	부천시·김포시
	수원		수원시·오산시·용인시·화성시. 다만, 소년보호사건은 앞의 시 외에 성남시·하남시·평택시·이천시·안산시·광명시·시흥시·안성시·광주시·안양시·과천시·의왕시·군포시·여주시·양평군
		성남	성남시·하남시·광주시
		여주	이천시·여주시·양평군
		평택	평택시·안성시
		안산	안산시·광명시·시흥시
		안양	안양시·과천시·의왕시·군포시

상 담 일 지

접 수 번 호	2016민163	상 담 일	2016. 9. 29.
상 담 인	박창현	연 락 처	010-1234-5611
담당변호사	김상승	사 건 번 호	

【상담내용】

1. 가나건설(주)는 교량전문 건설업체로서 공정 중 일부를 (주)다라토건에 10년 정도 계속 하도급을 주는 등 협력관계를 유지하였으며, 양 회사 사이에 그 동안에는 공사에 관하여 문제가 발생하지 않았다.

2. 그런데 가나건설(주)가 (주)다라토건에 하도급을 준 겸재교 교각기초공사가 진행되던 중에 2016. 5.경부터 (주)다라토건의 자금사정이 악화되어 위 공사가 중단되었고, 이후 위 회사는 2016. 6. 30. 최종 부도처리되었다.

3. 가나건설(주)는 (주)다라토건의 부도사실을 당일 알고 있었고 계약해제도 검토하였으나 지체상금을 더 많이 받기 위하여 계약을 해제하지 않고 기다리면서 계속 최고하기로 결정하였다.

4. (주)다라토건은 2016. 5. 13. 일방적으로 위 공사현장에서 장비와 인력을 반출하였으며, 가나건설(주)는 이에 동의하거나 기성부분에 관하여 검수하여 인도받은 사실이 없다.

5. 의뢰인 회사는 (주)다라토건의 미시공 부분을 완성할 수 있는 적정한 다른 업체를 선정하려면 최소한 10일이 소요된다.

6. 한편, 의뢰인 회사는 2013년에 정선교를 건설하는 과정에서 (주)다라토건에 교각기초공사를 하도급 주었는데, 그 공사의 완공 당시에는 문제가 없는

것으로 파악되었으나 최근 2016년 여름에 폭우가 내려 교각기초 부분에 하자가 있는 것이 발견되었다.

7. 그런데 (주)다라토건은 현재 부도되어 소극재산이 적극재산을 초과하는 상태로 파악되고(다만 다라토건의 부동산에 대하여 경매가 실시되면 적은 금액이라도 배당받을 수 있는 것으로 판단하고 있음), 그 대표이사로서 연대보증인인 김수철은 최근 자신의 아파트를 다른 사람에게 소유권이전등기를 하였다.

【의뢰인의 요구사항】

1. 의뢰인은 (주)다라토건과의 겸재교 공사계약관계를 정리하고 그에 관한 지체상금은 최대한 많이 받을 것과 정선교에 관한 손해배상도 청구하기를 원한다(단, 다라토건의 모든 장비는 철수된 상태이므로 이에 대한 청구는 제외함).

2. 의뢰인은 공사대금에 관한 판결을 받은 후 강제집행을 통하여서라도 채권을 현실적으로 회수하려고 한다면서 소송을 통하여 취할 수 있는 조치는 모두 취하여 달라고 한다.

【첨부서류】

1. 건설공사 하도급계약서
2. 영수증(2016. 2. 17.자 2억 원)
3. 영수증(2016. 3. 31.자 3억 원)
4. 영수증(2016. 4. 30.자 3억 원)
5. 영수증(2016. 5. 6.자 3억 원)
6. 잔금선지급요청서
7. 건설공사 하도급계약서
8. 내용증명우편(제목: 공사이행촉구, 발신: 가나건설, 수신: 다라토건)
9. 우편물배달증명서
10. 내용증명우편(제목: 공사중단에 대한 양해의 말씀, 발신: 다라토건,
    수신: 가나건설)

11. 내용증명우편(제목: 손해배상청구, 발신: 가나건설, 수신: 김수철)
12. 우편물배달증명서
13. 내용증명우편(제목: 손해배상청구, 발신: 가나건설, 수신: 다라토건)
14. 우편물배달증명서
15. 내용증명우편(제목: 아파트 거래경위 해명촉구, 발신: 가나건설,
    수신: 김태산)
16. 우편물배달증명서
17. 내용증명우편(제목: 내용증명, 발신: 김태산, 수신: 가나건설)
18. 부동산시세확인서
19. 등기사항전부증명서(집합건물)
20. 감정서
21. 등기사항전부증명서(법인)
22. 등기사항전부증명서(법인)

법무법인 다일종합법률사무소
변호사 박조정, 양화해, 서온유, 김상승, 이승소
서울 동대문구 양진대로 777
전화 : 961-1543   팩스 : 961-1544   이메일 : sskim@daillaw.com

건설공사 하도급계약서

1. 발 주	서울특별시
원도급공사명	중랑천겸재교건설공사
2. 하도급공사명	교각기초공사
3. 공 사 장 소	서울특별시 중랑구 면목동 121번지 일대
4. 공사기간(착공)	2016년 3월 1일
(준공)	2016년 5월 31일
5. 계 약 금 액	일금 11억원정
○ 공 급 가 액	일금 10억원정
※건설산업기본법시행령 제84조 규정에 의한 노무비 : 없음	
○부가 가치세	일금 1억원정
6. 대금의 지급	

가. 선급금
   (1) 계약체결 후 (10)일 이내에 일금 2억원정
   (2) 발주자로부터 지급받은 날로부터 15일 이내 그 내용과 비율에 따름
나. 기성부분금 : (1)월(1)회
   (2) 목적물 수령일로부터 (○○)일 이내
   (3) 지급방법 : 현금
다. 설계변경에 따른 대금조정 : 발주자로부터 조정 받은 일로부터 (7)일 이내 그 내용과 비율에 따름

7. 지급자재의 품목 및 수량	별도첨부		
8. 계약이행보증서 발급기관		증서번호	
9. 공사대금지급보증서 발급기관		증서번호	
10. 하자보수보증금율 및 하자담보책임기간		복합공종인 경우 공종별로 구분 기재한다.	

공종	공종별계약금액	하자보수보증금율(%) 및 금액	하자담보책임기간

11. 지체상금율	지체 1일당 총 공사대금의 0.2%

당사자는 위 내용과 별첨 공사하도급 계약조건, 설계도(○○)장, 시방서(○○)책에 의하여 이 공사 하도급계약을 체결하고 계약서 2통을 작성하여 각각 1통씩 가진다.

2016년 2월 16일

    ＊원사업자
    주소 : 서울특별시 중랑구 면목동 771
    상호 : 가나건설 주식회사
    성명 : 박창현
    ＊수급사업자
    주소 : 서울특별시 노원구
    상호 : 주식회사 다라토건
    성명 : 강민영, 김수철

건설공사 표준하도급계약서

제1조 【기본원칙】

① 원 사업자(이하 "갑"이라 한다)와 수급사업자(이하 "을"이라 한다)는 대등한 입장에서 서로 협력하여 신의에 따라 성실히 계약을 이행한다.

② "갑"과 "을"은 이 공사의 시공 및 이 계약의 이행에 있어서 건설산업기본법, 하도급거래 공정화에 관한 법률 및 관계법령의 제규정을 준수한다.

③ 이 계약의 내용과 배치되는 타 계약에 대해서는 이 계약에 의한 내용을 우선하여 적용한다.

------ 중간 생략------

제22조 【선급금】

① "갑"은 계약서에 정한 바에 따라 선급금을 "을"에게 지급한다.

② "갑"이 발주자로부터 선급금을 받은 때에는 "을"이 시공에 착수할 수 있도록 그가 받은 선급금의 내용과 비율에 따라 선급금을 지급 받은 날로부터 15일 이내에 범위 안에서 계약서에 정한 바에 따라 선급금을 "을"에게 지급한다.

③ "을"이 선급금을 지급 받고자 할 때에는 제23조 제1항 각 호의 1에 해당하는 증서를 "갑"에게 제출한다.

④ 선급금은 계약목적 외에 사용할 수 없으며, 노임지급 및 자재확보에 우선 사용하도록 한다.

⑤ 선급금은 기성부분의 대가를 지급할 때마다 다음 산식에 의하여 산출한 금액을 정산한다.

$$\text{선급금 정산액} = \text{선급금액} \times \frac{\text{기성부분의 대가 상당액}}{\text{계약금액}}$$

제23조 【하자담보】

① "을"은 계약서에서 정한 하자보수 보증금율을 계약금액에 곱하여 산출한 금액(이하 "하자보수보증금"이라 한다)을 준공검사 후 그 공사의 대가를 지급 받을 때까지 현금 또는 다음의 증서로써 "갑"에게 납부한다. 다만, 공사의 성질상 보증금의 납부가 필요하지 아니한 경우에는 그러하지 아니하다.

　　㉠ 건설공제조합, 전문건설공제조합, 전기공사공제조합 및 전기통신공사협회가 발생하는 보증서

　　㉡ 보증보험증권

　　㉢ 신용보증기금의 보증서

　　㉣ 국채 또는 지방채

　　㉤ 금융기관의 지급보증서

　　㉥ 금융기관의 예금증서

② "을"은 준공검사를 마친 날로부터 계약서에 정하는 하자보수 의무기간 중 "을"의 귀책사

유로 하자가 발생한 것에 대하여는 이를 보수하여야 한다.

③ "을"이 제2항의 하자보수 의무기간 중 "갑"으로부터 하자보수의 요구를 받고 이에 응하지 아니하면 제1항의 하자보수보증금은 "갑"에게 귀속한다.

④ 제1항의 하자보수보증금은 하자보수의무기간이 종료한 후 "을"의 청구가 있는 날로부터 10일 이내에 반환하여야 한다.

제24조 【이행지체】

① "을"이 계약서에서 정한 준공기한 내에 공사를 완성하지 못하였을 때에는 계약금액에 계약서에 정한 지체 상금율과 지체일수를 곱한 금액(이하 "지체상금"이라 한다)을 "갑"에게 현금으로 납부한다.

② 제1항의 경우 기성부분에 대하여 검사를 거쳐 이를 인수한 때에는 그 부분에 상당하는 금액을 계약금액에서 공제한 금액을 기준으로 지체상금을 계산한다. 이 경우 기성부분의 인수는 성질상 분할할 수 있는 공사의 완성부분으로서 인수하는 것에 한한다.

③ 다음 각 호의 1에 해당하는 사유로 공사가 지체되었다고 인정될 때에는 그 해당일수에 상당한 일수를 지체일수에 산입하지 아니한다.

  ㉠ 천재지변, 전쟁, 항만봉쇄, 방역 및 보안상 출입제한 등으로 인한 경우

  ㉡ "을"이 대체사용 할 수 없는 중요 지급재료의 공급이 지연되어 공사진행이 불가능하였을 경우

  ㉢ "갑"의 귀책사유로 인하여 착공이 지연되거나 시공이 중단된 경우

  ㉣ 기타 "을"의 책임에 속하지 아니하는 사유로 인하여 지체된 경우

④ "갑"은 제1항의 지체상금을 "을"에게 지급하여야 할 공사비 또는 기타 예치금에서 공제할 수 있다.

제25조 【"갑", "을"의 계약해제, 해지】

① "갑" 또는 "을"은 다음 각 호의 1에 해당하는 경우 서면으로 계약의 이행을 상당한 기간으로 정하여 최고한 후 동 기간 내에 계약이 이행되지 아니하는 때에는 당해 계약의 전부 또는 일부를 해제·해지할 수 있다. 단, ㉠의 경우에는 최고 없이 즉시 해제할 수 있다.

  ㉠ "을"이 부도·파산되었을 때

  ㉡ "갑" 또는 "을"이 계약조건에 위반하여 그 위반으로 계약의 목적을 달성할 수 없다고 인정될 때

  ㉢ "갑"이 정당한 이유 없이 계약내용을 이행하지 아니하고 그 위반으로 공사를 완성하는 것이 불가능한 때

  ㉣ "을"이 정당한 이유 없이 약정한 착공기간을 경과하고도 공사에 착공하지 아니한 때

  ㉤ "갑"이 공사내용을 변경함으로써 계약금액이 40/100 감소한 때

  ㉥ 제14조 제1항에 의한 공사의 정지기간이 전체공사 기간의 50/100을 초과한 때

② 제1항 각 호의 사유로 계약을 해제 또는 해지한 경우 을은 기성부분검사를 필한 부분에 대한 하자보수보증금을 제23조 제1항의 규정에 의거 "갑"에게 납부한다.

③ "을"은 제2항의 하자보수보증금을 현금으로 납부한 경우 공사준공검사 후 하자보수보증서로 대체할 수 있다.

④ "갑"이 제1항 각호의 사유로 계약을 해제 또는 해지한 경우 을은 다음 각 호의 사항을 이행한다.

　　㉠ 해약통지서를 받은 부분에 대한 공사를 지체 없이 중지하고 모든 공사관련시설 및 장비 등을 공사현장으로부터 철거한다.

　　㉡ 제12조에 의한 대여품이 있을 때에는 지체 없이 "갑"에게 반환한다. 이 경우 당해 대여품이 "을"의 고의 또는 과실로 인하여 멸실 또는 파손되었을 때에는 원상회복 또는 그 손해를 배상한다.

　　㉢ 제12조에 의한 지급자재중 공사의 기성부분으로서 인수된 부분에 사용한 것을 제외한 잔여재료는 "갑"에게 반환한다. 이 경우 당해 재료가 "을"의 고의 또는 과실로 인하여 멸실 또는 파손되었거나 공사의 기성부분으로서 인수되지 아니한 부분에 사용된 때에는 원상으로 회복하거나 그 손해를 배상한다.

⑤ "을"은 제1항에 의한 계약의 해제 또는 해지로 손해가 발생한 때에는 "갑"에게 손해배상을 청구할 수 있다.

------ 중간 생략------

제30조 【특수조건】

이 계약에서 정하지 아니한 사항에 대하여는 "갑"과 "을"이 대등한 지위에서 합의하여 특약으로 정할 수 있다.

제31조 【분쟁의 해결】

① 이 계약에서 발생하는 문제에 관한 분쟁은 "갑"과 "을"이 쌍방의 합의에 의하여 해결한다.

② 제1항의 합의가 성립하지 못할 때에는 건설산업기본법 제69조의 규정에 의하여 설치된 건설업분쟁조정위원회에 조정을 신청하거나 다른 법령에 의하여 설치된 중재기관에 중재를 신청할 수 있다.

③ 이 계약과 관련한 분쟁으로 법원에 소를 제기하는 경우에는 "서울북부지방법원"에 그 관할을 합의한다.

영 수 증

금 이억(₩200,000,000)원 정

위의 금액을 겸재교 교각기초공사 선급금으로 정히 영수함

2016. 2. 17.

주식회사 다라토건
대표이사 김수철, 강민영

다라토건
공동대표
이사직인

가나건설 주식회사 귀하

영 수 증

금 삼억(₩300,000,000)원 정

위의 금액을 겸재교 교각기초공사 기성금으로 정히 영수함

2016. 3. 31.

주식회사 다라토건

대표이사 김수철, 강민영 <다라토건 공동대표 이사직인>

가나건설 주식회사 귀하

영 수 증

금 삼억(₩300,000,000)원 정

위의 금액을 겸재교 교각기초공사 기성금으로 정히 영수함

2016. 4. 30.

주식회사 다라토건

대표이사 김수철, 강민영

다라토건
공동대표
이사직인

가나건설 주식회사 귀하

영 수 증

금 삼억(₩300,000,000)원 정

위의 금액을 겸재교 교각기초공사 잔금(선급금)으로 정히 영수함

2016. 5. 6.

주식회사 다라토건

대표이사 김수철, 강민영   [다라토건 공동대표 이사직인]

가나건설 주식회사   귀하

잔금선지급요청서

1. 공 사 명	겸재교 교각기초공사
2. 계약 금액	일금 11억원정(₩1,100,000,000)
3. 계약년월일	2016년 2월 16일
4. 착공년월일	2016년 3월 1일
5. 완공예정일	2016년 5월 31일
6. 선금급신청금액	일금 3억원정(₩300,000,000)

위와 같이 귀사와 계약 체결하여 시공 중에 있는 상기공사에 시공 자금을 확보함으로써 적절한 시기에 자재를 구입, 공급하고 원활한 인력동원으로 계약을 달성하기 위해 위와 같이 공사대금 중 잔금에 대하여 선지급을 요청하오니 선처하여 주시기를 바랍니다.

2016년 5월 2일

주식회사 다라토건
대표이사 김수철, 강민영

가나건설 주식회사 귀중

건설공사 하도급계약서

1. 발 주 자	정선군		
원도급공사명	정선교 건설공사		
2. 하도급공사명	교각기초공사		
3. 공 사 장 소	강원도 정선군 정선읍 가수리 111 일대		
4. 공사기간(착공)	2013년 6월 1일		
(완공)	2013년 8월 31일		
5. 계 약 금 액	일금 6.6억원정		
○ 공 급 가 액	일금 6억원정		

※건설산업기본법시행령 제84조 규정에 의한 노무비 : 없음

○부가 가치세	일금 6천만원정

6. 대금의 지급

가. 선급금
   (1) 계약체결 후 (10)일 이내에 일금 1억원정
   (2) 발주자로부터 지급받은 날로부터 15일 이내 그 내용과 비율에 따름
나. 기성부분금 : (1)월(1)회
   (2) 목적물 수령일로부터 (○○)일 이내
   (3) 지급방법 : 현금
다. 설계변경에 따른 대금조정 : 발주자로부터 조정 받은 일로부터 (7)일 이내 그 내용과 비율에 따름

7. 지급자재의 품목 및 수량	별도첨부		
8. 계약이행보증서 발급기관		증서번호	
9. 공사대금지급보증서 발급기관		증서번호	
10. 하자보수보증금율 및 하자담보책임기간		하자담보책임기간은 완공 후 3년임	

공종	공종별계약금액	하자보수보증금율(%) 및 금액	하자담보책임기간

11. 지체상금율	지체 1일당 총 공사대금의 0.2%

당사자는 위 내용과 별첨 공사하도급 계약조건, 설계도(○○)장, 시방서(○○)책에 의하여 이 공사 하도급계약을 체결하고 계약서 2통을 작성하여 각각 1통씩 가진다.

2013년 5월 16일

*원사업자
주소 : 서울특별시 중랑구 면목동 771
상호 : 가나건설 주식회사
성명 : 박창현

*수급사업자
주소 : 서울특별시 노원구 상계동 223
상호 : 주식회사 다라토건
성명 : 강민영, 김수철

건설공사 표준하도급계약서

(중략)

제23조【하자담보】

① "을"은 계약서에서 정한 하자보수 보증금율을 계약금액에 곱하여 산출한 금액(이하 "하자보수보증금"이라 한다)을 준공검사 후 그 공사의 대가를 지급 받을 때까지 현금 또는 다음의 증서로써 "갑"에게 납부한다. 다만, 공사의 성질상 보증금의 납부가 필요하지 아니한 경우에는 그러하지 아니하다.

    ㉠ 건설공제조합, 전문건설공제조합, 전기공사공제조합 및 전기통신공사협회가 발생하는 보증서

    ㉡ 보증보험증권

    ㉢ 신용보증기금의 보증서

    ㉣ 국채 또는 지방채

    ㉤ 금융기관의 지급보증서

    ㉥ 금융기관의 예금증서

② "을"은 준공검사를 마친 날로부터 계약서에 정하는 하자보수 의무기간 중 하자가 발생한 것에 대하여는 이를 보수하는 등 관련 법령이 정하는 담보책임을 부담한다.

③ "을"이 제2항의 하자보수 의무기간 중 "갑"으로부터 하자보수의 요구를 받고 이에 응하지 아니하면 제1항의 하자보수보증금은 "갑"에게 귀속한다.

④ 제1항의 하자보수보증금은 하자보수의무기간이 종료한 후 "을"의 청구가 있는 날로부터 10일 이내에 반환하여야 한다.

제24조【이행지체】

① "을"이 계약서에서 정한 준공기한 내에 공사를 완성하지 못하였을 때에는 계약금액에 계약서에 정한 지체 상금율과 지체일수를 곱한 금액(이하 "지체상금"이라 한다)을 "갑"에게 현금으로 납부한다.

② 제1항의 경우 기성부분에 대하여 검사를 거쳐 이를 인수한 때에는 그 부분에 상당하는 금액을 계약금액에서 공제한 금액을 기준으로 지체상금을 계산한다. 이 경우 기성부분의 인수는 성질상 분할할 수 있는 공사의 완성부분으로서 인수하는 것에 한한다.

③ 다음 각 호의 1에 해당하는 사유로 공사가 지체되었다고 인정될 때에는 그 해당일수에 상당한 일수를 지체일수에 산입하지 아니한다.

    ㉠ 천재지변, 전쟁, 항만봉쇄, 방역 및 보안상 출입제한 등으로 인한 경우

    ㉡ "을"이 대체사용 할 수 없는 중요 지급재료의 공급이 지연되어 공사진행이 불가능하였을 경우

    ㉢ "갑"의 귀책사유로 인하여 착공이 지연되거나 시공이 중단된 경우

    ㉣ 기타 "을"의 책임에 속하지 아니하는 사유로 인하여 지체된 경우

④ "갑"은 제1항의 지체상금을 "을"에게 지급하여야 할 공사비 또는 기타 예치금에서 공제할 수 있다.

[부분발췌, 나머지는 위 표준하도급계약서의 내용과 동일함]

가나건설 주식회사
서울특별시 중랑구 면목동 771

==

시행일자 : 2016. 5. 15.
발   신 : 가나건설(주)
수   신 : 다라토건(주) 대표이사
　　　　　 서울특별시 노원구 상계동 223
제   목 : 공사이행촉구

==

삼가 건승하옵고,

당사는 귀사에 겸재교 건설공사 중 교각기초공사 부분에 대하여 하도급을 주었고, 귀사가 시공하기 전에 약정한대로 선급금으로 2억원을 지급하였으며, 귀사가 공정률 75%를 시공한 것까지 당사 담당직원이 직접 확인한 2016. 4. 30.까지 기성고에 따라 합계 금8억원을 지급하였습니다. 그 당시까지만 하더라도 귀사는 나름대로 성실하게 공사를 한 점에 대하여는 당사도 인정합니다.

그런데 귀사는 2016. 5. 2. 회사의 운영자금이 일시적으로 부족하다고 하면서 완공시에 지급하기로 예정되어 있는 잔금 3억원의 선지급을 요청하였고, 당사는 귀사와 오랜 협력관계 및 본 공사의 원활한 진행을 위하여 잔금 3억원을 2016. 5. 6. 선지급하였습니다. 그럼에도 불구하고 귀사는 잔금을 지급받은 후 일체의 공사를 중단하고 공사현장에서 주요 장비를 가지고 나가 공사가 전혀 진행되고 있지 못한 실정입니다.

앞으로 완공기한이 얼마 남지 않았으니 빨리 공사를 재개하여 주시기를 바랍니다. 참고로 공사가 지체되는 경우에는 당사로서는 부득이 귀사에 대하여 약정된 지체상금에 따라 청구할 수밖에 없음을 밝혀 두는 바입니다.

정직과 신뢰의 기업
가나건설 주식회사

가나건설
대표이사
의직인

이 우편물은 2016-05-15
제3112902073567호에 의하여
내용증명 우편물로 발송하였음을 증명함
서울면목우체국장
　　　　　　　　　대한민국 KOREA

우편물배달증명서

수취인의 주거 및 성명

서울특별시 노원구 상계동 223
(주)다라토건

접수국명	서울면목	접수연월일	2016년 5월 15일
등기번호	제3112902073567호	배달연월일	2016년 5월 16일
적 요	수취인과의 관계 직원 수령 김 수 철	서울면목 2016.05.17 1018604 우 체 국 (배달증명우편물 배달국 일부인)	

주식회사 다라토건

시행일자 : 2016. 5. 20.

발　　신 : (주)다라토건
　　　　　　서울특별시 노원구 상계동 223

수　　신 : 가나건설(주) 대표이사
　　　　　　서울특별시 중랑구 면목동 771

제　　목 : 공사중단에 대한 양해의 말씀

귀사의 일익 번창을 기원합니다.

귀사에서 보내오신 5월 15일자 내용증명우편은 잘 받아 보았으며, 당사는 금번 사태에 대하여 매우 유감으로 생각합니다.

당사는 다른 공사현장에서 공사대금으로 받은 어음이 2016년 5월 초에 부도되어 갑자기 자금압박을 받게 되었고, 그로 인하여 어쩔 수 없이 2016년 5월 13일 겸 재교 현장에서 주요 장비와 인력을 반출할 수밖에 없었음을 혜량하여 주시기를 간절히 부탁드립니다.

귀사가 잔금을 선지급하여 주신 점에 대하여는 매우 감사하게 생각하고 있으며, 유선상으로 양해의 말씀을 드린 바와 같이 다른 현장에서 자금이 보충되는 대로 공사에 착수할 것이니 수일만 기다려주시기 바랍니다.

아울러 당사의 대표이사인 김수철이 본 공사의 이행 및 공사지체로 인하여 발생하는 일체의 손해 등에 대하여 연대보증하오니 이를 믿고 당사와 귀사의 오랜 협력관계에 금이 가는 일이 없기를 간절히 부탁드립니다.

주식회사 다라토건 [다라토건 공동대표 이사직인]

연대보증인 김수철 [철검 인수]

이 우편물은 2016-05-20
제2902311073567호에 의하여
내용증명 우편물로 발송하였음을 증명함
서울노원우체국장
　　　　　　대한민국 KOREA

가나건설 주식회사

서울특별시 중랑구 면목동 771

==

시행일자 : 2016. 9. 1.
발   신 : 가나건설(주)
수   신 : 연대보증인 김수철
          서울특별시 노원구 상계동 212 청구아파트 101동 301호
제   목 : 손해배상청구

==

삼가 건승하옵고,

당사는 다라토건의 2016. 5. 20.자 내용증명우편을 받고 회사 및 대표이사인 귀하를 믿고 기다려 왔으나 다라토건은 2016. 6. 30.자로 끝내 부도되었고, 겸재교 공사현장은 다라토건이 현장을 떠난 그 상태 그대로 방치되어 있는 상태입니다. 그로 인하여 당사는 거액의 손해를 입게 되었는바, 하도급계약서에서 약정한 바와 같이 공사 총대금의 0.2%에 해당하는 지체상금을 지급하여 줄 것을 청구합니다.

구체적인 금액은 우선 완공기한 다음날인 2016. 6. 1.부터 8. 31.까지 총 92일간, 공사 총대금 11억원에 대한 1일 0.2%에 해당하는 220만원, 합계 금 2억 240만원을 청구하오니 약속한 대로 연대보증인으로서 의무를 충실히 이행하여 주시기 바랍니다.

이후에도 공사가 지체되는 경우 지체상금을 청구할 예정이오니 이 점 양지하시고 조속한 시일 내에 금번 사태를 해결하시기 바랍니다.

정직과 신뢰의 기업
가나건설 주식회사

가나건설
대표이사
의직인

이 우편물은 2016-09-01
제5673112902073호에 의하여
내용증명 우편물로 발송하였음을 증명함
서울면목우체국장   대한민국 KOREA

우편물배달증명서

수취인의 주거 및 성명

서울특별시 노원구 상계동 212 청구아파트 101동 301호
김수철

접수국명	서울면목	접수연월일	2016년 9월 1일
등기번호	제5673112902073호	배달연월일	2016년 9월 2일

적 요	수취인과의 관계 본인 수령 김 수 철	서울면목 2016.09.03 1018604 우 체 국 (배달증명우편물 배달국 일부인)

가나건설 주식회사
서울특별시 중랑구 면목동 771

==

시행일자 : 2016. 9. 1.
발　　신 : 가나건설(주)
수　　신 : 다라토건(주) 대표이사
　　　　　서울특별시 노원구 상계동 223
제　　목 : 손해배상청구

==

삼가 건승하옵고,

당사는 귀사의 2016. 5. 20.자 내용증명우편을 받고 귀사를 믿고 기다려 왔으나 귀사는 2016. 6. 30.자로 끝내 부도되었고, 겸재교 공사현장은 귀사가 현장을 떠난 그 상태 그대로 방치되어 있는 상태입니다. 그로 인하여 당사는 거액의 손해를 입게 되었는바, 하도급계약서에서 약정한 바와 같이 공사 총대금의 0.2%에 해당하는 지체상금을 지급하여 줄 것을 청구합니다.

구체적인 금액은 우선 완공기한 다음날인 2016. 6. 1.부터 8. 31.까지 총 92일간, 공사 총대금 11억원에 대한 1일 0.2%에 해당하는 220만원, 합계 금 2억 240만원을 청구하는 바입니다.

이후에도 공사가 지체되는 경우 지체상금을 청구할 예정이오니 이 점 양지하시고 조속한 시일 내에 금번 사태를 해결하시기 바랍니다.

한편, 귀사가 2013. 8.에 시공한 정선교 교각기초 부분에서 금번 여름에 발생한 폭우로 인하여 하자가 있었음이 확인되었고, 당사가 그 보수에 필요한 금액을 확인하여 보니 5,000만원에 이르고 있는 실정입니다. 이 문제 또한 해결하여 주시기를 바랍니다.

정직과 신뢰의 기업
가나건설 주식회사

가나건설
대표이사
의직인

이 우편물은 2016-09-01
제5673112902075호에 의하여
내용증명 우편물로 발송하였음을 증명함
서울면목우체국장
대한민국 KOREA

우편물배달증명서

수취인의 주거 및 성명

서울특별시 노원구 상계동 223
(주)다라토건

접수국명	서울면목	접수연월일	2016년 9월 1일
등기번호	제5673112902075호	배달연월일	2016년 9월 2일
적　　요	수취인과의 관계 직원 수령 김 수 철	서울면목 2016.09.03 1018604 우 체 국 (배달증명우편물 배달국 일부인)	

가나건설 주식회사
서울특별시 중랑구 면목동 771

==

시행일자 : 2016. 9. 5.
발　　신 : 가나건설(주)
수　　신 : 김태산
　　　　　경기도 안산시 단원구 원곡동 128
제　　목 : 아파트 거래경위 해명촉구

==

삼가 건승하옵고,

당사는 다라건설에 대하여 손해배상청구권 등 수억원의 채권을 가지고 있는 회사입니다. 그리고 다라건설의 대표이사인 김수철은 다라건설의 당사에 대한 채무를 연대보증하였습니다.

그런데 귀하는 최근에 위 김수철 소유의 서울특별시 노원구 상계동 212 청구아파트 101동 301호 아파트에 관하여 소유권이전을 받았는데, 그로 인하여 당사는 다라건설 등에 대한 채권을 회수하기 어려운 형편에 이르게 되었습니다. 등기부를 살펴보니 매매계약체결 당일에 등기를 이전하였던데, 아무리 보아도 비정상적 거래로밖에 해석되지 않습니다.

당사는 채권의 회수를 위하여 현재까지 파악한 김수철의 유일한 재산인 아파트에 관하여 강제집행을 준비하던 중 귀하에게 위 아파트의 소유권이 이전된 사실을 알게 되었는바, 그 거래가 정당하다면 경위를 밝혀주시기를 바라고 납득할 만한 답변이 없는 경우에는 부득이 위 아파트 거래와 관련하여 민형사상의 조치를 취할 수밖에 없음을 양지하여 주시기 바랍니다.

정직과 신뢰의 기업
가나건설 주식회사　가나건설 대표이사 의직인

이 우편물은 2016-09-05
제5673117523234호에 의하여
내용증명 우편물로 발송하였음을 증명함
서울면목우체국장　　◉대한민국 KOREA

우편물배달증명서

수취인의 주거 및 성명

경기도 안산시 단원구 원곡동 128
김태산

접수국명	서울면목	접수연월일	2016년 9월 5일
등기번호	제5673117523234호	배달연월일	2016년 9월 6일
적 요	수취인과의 관계 본인 수령 김 태 산		서울면목 2016.09.07 1018604 우 체 국 (배달증명우편물 배달국 일부인)

내용증명

수신 : 가나건설(주) 대표이사

　　　　서울특별시 중랑구 면목동 771

귀사에서 보낸 편지는 잘 받아보았습니다.

본인은 김수철의 오랜 지기로서 2016. 5. 중순경 김수철이 운영하는 다라로건이 자금압박을 받고 있어 급전이 필요하다고 하므로 현금 4억원을 빌려주게 되었던 것이고, 결국 다라건설이 부도나므로 본인이 김수철에게 변제를 요구하여 김수철이 가지고 있던 유일한 재산인 아파트를 받게 되었던 것입니다. 그리고 본인이 아파트를 받은 후에는 김수철이 채무자로 설정한 저당권의 채무 2억원을 대신 변제한 사실도 있습니다. 본인이 김수철의 아파트 소유권을 받은 것은 정당하므로 법률적으로 문제될 것이 전혀 없을 것으로 생각됩니다.

귀사의 현명한 판단을 바랍니다.

2016. 9. 7.

발신 : 김태산 (630213-1231222)

　　　　경기도 안산시 단원구 원곡동 128

이 우편물은 2016-09-07
제6731129052074호에 의하여
내용증명 우편물로 발송하였음을 증명함
안산단원우체국장
🌐대한민국 KOREA

접수
No. 1291
2016.09.08.
가나건설(주)

부동산시세확인서

대상 부동산 : 서울특별시 노원구 상계동 212 청구아파트 101동 301호

현재의 시세 : 6억 5,000만원

2016. 9. 9.

황금부동산 대표 김성철 (철성 김인 인)

서울특별시 노원구 상계동 청구아파트 상가 101호

등기사항전부증명서(말소사항 포함) - 집합건물

[집합건물] 서울특별시 노원구 상계동 212 청구아파트 101동 301호   고유번호 1146-1988-023645

【 표 제 부 】 (1동의 건물의 표시)

표시번호	접 수	소재지번, 건물명칭 및 번호	건 물 내 역	등기원인 및 기타사항
~~1~~ ~~(전1)~~	~~2000년2월25일~~	~~서울특별시 노원구~~ ~~상계동 212 청구아~~ ~~파트 101동~~	~~철근콘크리트조 평슬래브지붕~~ ~~5층 아파트~~ ~~1층 1570.72㎡~~ ~~2층 1570.72㎡~~ ~~3층 1570.72㎡~~ ~~4층 1570.72㎡~~ ~~5층 1570.72㎡~~	부동산등기법 시행규칙 부칙 제3조 제1항의 규정에 의하 여 2000. 11. 17. 전산이기
2		서울특별시 노원구 상계동 212 청구아 파트 101동 [도로명주소] 서울특별시 노원구 상계로 45길 48	철근콘크리트조 평슬래브지붕 5층 아파트 1층 1570.72㎡ 2층 1570.72㎡ 3층 1570.72㎡ 4층 1570.72㎡ 5층 1570.72㎡	도로명주소 2014년8월29일 등기

(대지권의 목적인 토지의 표시)

표시번호	소 재 지 번	지 목	면 적	등기원인 및 기타사항
1 (전1)	1. 서울특별시 노원구 상계동 212	대	86,394.7㎡	부동산등기법 시행규칙 부칙 제3조 제1항의 규정에 의하 여 2000. 11. 17. 전산이기

【 표 제 부 】 (전유부분의 건물의 표시)

표시번호	접 수	건 물 번 호	건 물 내 역	등기원인 및 기타사항

* 실선으로 그어진 부분은 말소사항을 표시함.　　* 등기부에 기록된 사항이 없는 갑구 또는 을구는 생략함.

문서 하단의 바코드를 스캐너로 확인하거나, **인터넷등기소(http://www.iros.go.kr)의 발급확인** 메뉴에서 **발급확인번호**를 입력하여 **위·변조 여부를 확인할 수 있습니다. 발급확인번호**를 통한 확인은 발행일로부터 3개월까지 5회에 한하여 가능합니다.

발행번호 123456789A123456789B123456789C123　　　1/3　　발급확인번호 ALTQ-COHX-3570　　　발행일 2016/09/29

[집합건물] 서울특별시 노원구 상계동 212 청구아파트 101동 301호　　　　　고유번호 1146-1988-023645

표시번호	접 수	건 물 번 호	건 물 내 역	등기원인 및 기타사항
1 (전1)	2000년2월25일	301호	철근콘크리트조 108㎡	도면편철장 제18책 제2981호
				부동산등기법 시행규칙 부칙 제3조 제1항의 규정에 의하여 2000. 11. 17. 전산이기

（대지권의 표시）

표시번호	대지권종류	대지권비율	등기원인 및 기타사항
1 (전1)	소유권 대지권	86394.7분의 108	2000년2월25일 대지권
			부동산등기법 시행규칙 부칙 제3조 제1항의 규정에 의하여 2000. 11. 17. 전산이기

【 갑　　　구 】 （소유권에 관한 사항）

순위번호	등 기 목 적	접 수	등 기 원 인	권리자 및 기타사항
1 (전1)	소유권보존	2000년2월25일 제25797호		소유자 주식회사 청구 서울 강남구 신사동 22
2	소유권이전	2000년2월28일 제25871호	1998년8월31일 매매	소유자 알파금속 주식회사 경기도 안산시 단원구 성곡동 101
3	소유권이전	2005년5월21일 제35871호	2005년3월31일 매매	소유자 김수철 631205-1****** 경기도 안산시 단원구 고잔동 101 금강주택 101동 101호

[집합건물] 서울특별시 노원구 상계동 212 청구아파트 101동 301호   고유번호 1146-1988-023645

순위번호	등 기 목 적	접 수	등 기 원 인	권리자 및 기타사항
4	소유권이전	2016년8월29일 제55871호	2016년8월29일 매매	소유자 김태산 630213-1****** 경기도 안산시 단원구 원곡동 128

【 을 구 】			(소유권 이외의 권리에 관한 사항)	
순위번호	등 기 목 적	접 수	등 기 원 인	권리자 및 기타사항
1	근저당권설정	2013년9월20일 제51797호	2013년9월20일 설정계약	채권최고액 금 250,000,000원 채무자 김수철 서울특별시 노원구 상계동 212 청구아파트 101동 301호 근저당권자 김명수 581215-1****** 서울 서초구 서초동 111
2	1번근저당권설정 등기말소	2016년9월1일 제58797호	2016년9월1일 해지	

--- 이 하 여 백 ---

수수료 금 1,000원 영수함   관할등기소 서울북부지방법원 등기과/
                                                      발행등기소 법원행정처 등기정보중앙관리소

이 증명서는 부동산 등기기록의 내용과 틀림없음을 증명합니다.
         서기 2016년 09월 29일
         법원행정처 등기정보중앙관리소   전산운영책임관

* 실선으로 그어진 부분은 말소사항을 표시함.   * 등기부에 기록된 사항이 없는 갑구 또는 을구는 생략함.

문서 하단의 바코드를 스캐너로 확인하거나, **인터넷등기소**(http://www.iros.go.kr)**의 발급확인 메뉴에서 발급확인번호**를 입력하여
위·변조 여부를 확인할 수 있습니다. 발급확인번호를 통한 확인은 발행일로부터 3개월까지 5회에 한하여 가능합니다.

발행번호 123456789A123456789B123456789C123   3/3   발급확인번호 ALTQ-COHX-3570   발행일 2016/09/29

감 정 서

건축물시가감정전문회사

(주)열린건축사사무소

감정결과의 요지

1. 겸재교 교각기초공사 공정률(기성고) : 80%

　　소재지 : 서울특별시 중랑구 면목동 121 일대

　　기준시 : 2016. 9. 1. 현재

　　잔여공정시행예상일 : 20일

2. 정선교 교각기초공사 하자보수금 : 5,000만원

　　소재지 : 강원도 정선군 정선읍 가수리 111 일대

　　하자의 원인 : 기준미달의 철근 및 콘크리트 사용

2016. 9. 9.

건축물하자 및 시가감정전문

(주)열린건축사사무소

등기사항전부증명서(현재사항) [제출용]

등기번호	012933
등록번호	134911-0027482

상　호	가나건설 주식회사	．．．변경
		．．．등기
본　점	서울특별시 중랑구 면목동 771	．．．변경
		．．．등기
	서울특별시 중랑구 겸재로 133(면목동)	2011.10.31. 도로명주소
		2011.10.31. 등기

공고방법	서울시내에서 발행하는 일간신문 매일경제신문에 게재한다.	．．．
		．．．

1주의 금액　금 5,000 원	．．．
	．．．

발행할 주식의 총수　1,500,000주	．．．
	．．．

발행주식의 총수와 그 종류 및 각각의 수		자본의 총액	변경연월일
			변경연월일
발행주식의 총수	800,000주	금4,000,000,000원	
보통주식	800,000주		．．．

목　적

1. 건설업
2. 토목건축업
3. 기계설비 및 강구조물 설계 제작업
4. 인테리어 및 광고물 관련 설계 제작 시공업
5. 토목, 건축에 관련한 도, 소매업
6. 재활용 및 환경설비 설계 제작 일체
7. 부동산임대업
8. 무역업
9. 위 각호에 관련한 부대사업 일체

임원에 관한 사항

이사 김지철 530405-1******
　　2015 년 02 월 23 일　중임　　　2015 년 03 월 07 일　등기

[인터넷 발급] 문서 하단의 바코드를 스캐너로 확인하거나, **인터넷등기소(http://www.iros.go.kr)의 발급확인** 메뉴에서 **발급
확인번호**를 입력하여 위·변조 여부를 확인할 수 있습니다.
발급확인번호를 통한 확인은 발행일로부터 3개월까지 5회에 한하여 가능합니다.

발급확인번호 0583-AANG-GKKC

0000514857625357951234567 89A123456789B123456789C113 1　발행일 2016/09/29

- 1/2 -

등기번호	012933

이사 박은영 590903-2******
    2015 년 02 월 23 일   중임   2015 년 03 월 07 일   등기

대표이사 박은영 590903-2****** 서울 강남구 강남대로 211(도곡동)
    2015 년 02 월 23 일   중임   2015 년 03 월 07 일   등기

이사 이성훈 600413-1******
    2015 년 02 월 23 일   중임   2015 년 03 월 07 일   등기

대표이사 박창현 600413-1****** 서울 강남구 강남대로 211(도곡동)
    2015 년 02 월 23 일   중임   2015 년 03 월 07 일   등기

이사 최기철 610803-1******
    2015 년 02 월 23 일   중임   2015 년 03 월 07 일   등기

이사 강수남 570123-1******
    2015 년 02 월 23 일   중임   2015 년 03 월 07 일   등기

이사 양지수 641203-1******
    2015 년 02 월 23 일   중임   2015 년 03 월 07 일   등기

감사 박 준 560303-1******
    2016 년 01 월 23 일   중임   2016 년 02 월 07 일   등기

회사성립연월일	1997 년 05 월 21 일

등기기록의 개설 사유 및 연월일
    상업등기처리규칙 부칙 제2조 제1항의 규정에 의하여 구등기로부터 이기
                           2001 년 08월 21일 등기

--- 이 하 여 백 ---

수수료 1,000원 영수함
관할등기소 : 서울북부지방법원 동대문등기소 / 발행등기소 : 법원행정처 등기정보중앙관리소

이 증명서는 등기기록의 내용과 틀림없음을 증명합니다. [다만, 신청이 없는 지점·지배인에 관한 사항과 현재 효력이 없는 등기사항의 기재를 생략하였습니다]
                    서기   2016년 09월 29일
    법원행정처 등기정보중앙관리소   전산운영책임관

* 실선으로 그어진 부분은 말소(변경, 경정)된 등기사항입니다.   * 등기사항증명서는 컬러로 출력 가능함.

[인터넷 발급] 문서 하단의 바코드를 스캐너로 확인하거나, **인터넷등기소(http://www.iros.go.kr)의** 발급확인 메뉴에서 **발급확인번호를** 입력하여 **위·변조 여부를** 확인할 수 있습니다.
발급확인번호를 통한 확인은 발행일로부터 3개월까지 5회에 한하여 가능합니다.

발급확인번호 0583-AANG-GKKC

0000514857625357951234567894123456789B123456789C113 1 발행일 2016/09/29

등기번호	012934	등기사항전부증명서(현재사항) [제출용]
등록번호	134911-0027484	

상 호	주식회사 다라토건	· · · 변경
		· · · 등기
본 점	서울특별시 노원구 상계동 223	· · · 변경
		· · · 등기
	서울특별시 노원구 노원로 433(상계동)	2011.10.31. 도로명주소
		2011.10.31. 등기

공고방법	서울시내에서 발행하는 일간신문 매일경제신문에 게재한다.	· · ·
		· · ·

1주의 금액 금 5,000 원	· · ·
	· · ·

발행할 주식의 총수 400,000주	· · ·
	· · ·

발행주식의 총수와 그 종류 및 각각의 수	자본의 총액	변경연월일
		변경연월일
발행주식의 총수 200,000주 보통주식 200,000주	금 1,000,000,000 원	

목 적

1. 건설업
2. 토목건축업
3. 기계설비 및 강구조물 설계 제작업
4. 인테리어 및 광고물 관련 설계 제작 시공업
5. 전기, 전자, 기계, 토목, 건축에 관련한 도, 소매업
6. 재활용 및 환경설비 설계 제작 일체
7. 부동산임대업
8. 합성수지의 제조, 가공 및 판매업
9. 수출입업 및 동 대행업
10. 경제성 식물의 제재 및 판매업
11. 물품매도 확약서 발행업
12. 무역업   <2011.01.04 변경 2011.01.05 등기>
13. 위 각호에 관련한 부대사업 일체   <2011.01.04 변경 2011.01.05 등기>

[인터넷 발급] 문서 하단의 바코드를 스캐너로 확인하거나, **인터넷등기소(http://www.iros.go.kr)**의 발급확인 메뉴에서 **발급 확인번호**를 입력하여 **위 · 변조 여부를 확인할 수** 있습니다. **발급확인번호**를 통한 확인은 발행일로부터 3개월까지 5회에 한하여 가능합니다.

발급확인번호 0583-AANG-GKKC

0000514857625357951234567 89A123456789B123456789C114 1 발행일 2016/09/29

- 1/2 -

등기번호	012934

임원에 관한 사항

이사 김수철 631205-1******
　　2015 년 05 월 13 일　중임　　　2015 년 05 월 27 일　등기

공동대표이사 김수철 631205-1****** 서울특별시 노원구 상계로45길 48, 101동 301호(상계동, 청구아파트)
　　2015 년 05 월 13 일　중임　　　2015 년 05 월 27 일　등기

이사 강민영 640123-2******
　　2015 년 08 월 23 일　중임　　　2015 년 09 월 07 일　등기

공동대표이사 강민영 640123-2****** 서울특별시 노원구 상계로45길 48, 101동 301호(상계동, 청구아파트)
　　2015 년 08 월 23 일　중임　　　2015 년 09 월 07 일　등기

이사 김남수 581121-1******
　　2015 년 08 월 23 일　중임　　　2015 년 09 월 07 일　등기

이사 최철민 600503-1******
　　2015 년 08 월 23 일　중임　　　2015 년 09 월 07 일　등기

감사 이성호 600503-1******
　　2016 년 02 월 23 일　중임　　　2016 년 03 월 07 일　등기

회사성립연월일	2000 년 05 월 01 일

등기기록의 개설 사유 및 연월일
　　상업등기처리규칙 부칙 제2조 제1항의 규정에 의하여 구등기로부터 이기
　　　　　　　　　　　　　　　　　　2001년 08월 21일 등기

─── 이 하 여 백 ───

수수료 1,000원 영수함
관할등기소 : 서울북부지방법원 동대문등기소 / 발행등기소 : 법원행정처 등기정보중앙관리소

이 증명서는 등기기록의 내용과 틀림없음을 증명합니다. [다만, 신청이 없는 지점·지배인에
관한 사항과 현재 효력이 없는 등기사항의 기재를 생략하였습니다]
　　　　　　　　　　　　　　서기 2016년 09월 29일
　　법원행정처 등기정보중앙관리소　　　　　　전산운영책임관

---

* 실선으로 그어진 부분은 말소(변경, 경정)된 등기사항입니다.　　* 등기사항증명서는 컬러로 출력 가능함.

[인터넷 발급] 문서 하단의 바코드를 스캐너로 확인하거나, **인터넷등기소(http://www.iros.go.kr)의** 발급확인 메뉴에서 **발급**
확인번호를 입력하여 위·변조 여부를 확인할 수 있습니다.
발급확인번호를 통한 확인은 발행일로부터 3개월까지 5회에 한하여 가능합니다.

발급확인번호 0583-AANG-GKKC

0000514857625357951234566789A123456789B123456789C114 1 발행일 2016/09/29

기록 끝

이하 답안

※ 답　안

소　장

원　고　　가나건설 주식회사[1]

서울 중랑구 겸재로 133(면목동)

대표이사 박은영, 박창현[2]

소송대리인 법무법인 다일종합법률사무소

서울 동대문구 양진대로 777

담당변호사 김상승

전화 : 961-1543　팩스 : 961-1544　이메일 : sskim@daillaw.com

피　고　　1. 주식회사 다라토건

서울 노원구 노원로 433(상계동)

공동대표이사 김수철, 강민영[3]

2. 김수철

서울 노원구 상계로45길 48, 101동 301호(상계동, 청구아파트)[4]

3. 김태산

안산시 단원구 원곡동 128

---

1) 회사명은 법인 등기기록에 있는 그대로 기재하여야 하며, "주식회사"의 위치가 달라지면 당사자표시를 잘못한 것이다.

2) 각자대표이사이므로 두 사람 중 한 사람만 기재해도 무방하다(민사실무Ⅰ, 52면).

3) 공동대표이사이므로 법인 등기기록에 등재된 모든 공동대표이사를 기재하여야 한다(민사실무Ⅰ, 52면).

4) 기록상 당사자의 주소가 복수로 나타나는 경우 현재의 주소로 추정되는 최신 주소를 기재하여야 한다. 김수철의 주소는 부동산 등기기록에 안산시로 되어 있으나 이는 2005년의 주소이고, 법인 등기기록에는 2015년에 상계동으로 되어 있다. "최후주소"를 표시하는 것은 현재 당사자가 소재불명이어서 공시송달을 하는 경우에 필요한 것이다(민사실무Ⅱ, 41면).

선지급금반환 등[5) 청구의 소

청 구 취 지

1. 원고에게,

가. 피고 주식회사 다라토건 주식회사는 4억 200만 원 및 그 중 2억 2,000만
    원[6)에 대하여는 2016. 5. 6.부터,[7) 1억 8,200만 원[8)에 대하여는 2016. 9.
    3.부터[9) 각[10) 소장 송달일까지는 연 6%의, 그 다음날부터 다 갚는 날까지

---

5) 계약해제로 인한 원상회복으로서 선지급한 공사대금반환 외에 손해배상(지체상금 및 하
   자발생에 대한 손해배상금), 보증채무금, 사해행위취소 및 원상회복(가액상환) 청구가 포
   함되어 있다. 다만, 계약해제 및 사해행위취소의 효과는 원상회복이므로 부당이득반환으
   로 하면 잘못된 것이지만, 하도급계약서 제25조①⑦에 의한 '약정해지권'을 행사하는 경
   우에는 부당이득으로 볼 수도 있을 것이다(지원림, 1425면은 해지로 인한 청산의무는 해
   제의 효과인 원상회복과 다른 것이며 계약상 의무의 연장이라고 봄). 법정해제권과 약정
   해제권의 관계에 관하여는, 계약서에 명문으로 위약시의 법정해제권의 포기 또는 배제
   를 규정하지 않은 이상 계약당사자 중 어느 일방에 대한 약정해제권의 유보 또는 위약
   벌에 관한 특약의 유무 등은 채무불이행으로 인한 법정해제권의 성립에 아무런 영향을
   미칠 수 없다는 판례를 참조할 필요가 있다(대법원 1990. 3. 27.자 89다카14110 결정).
   자세한 것은 쟁점해설 참조.
6) 건축공사도급계약의 해제는 원상회복이 제한되는바(대법원 1994. 12. 22. 선고 93다
   60632, 93다60649 판결), 이 사건 기록에 있는 감정서에 따르면 공정률(기성고)이 80%이
   므로 총 공사대금 11억 원 중 8억 8,000만 원은 지급할 의무가 있고, 나머지 2억 2,000만
   원만 반환받을 수 있다. 자세한 것은 쟁점해설 참조.
7) 건축공사도급계약을 해제하고 과잉지급된 선지급금의 반환을 청구하는 것이므로 선지급
   금이 지급된 날부터 이자를 가산한다(민법 제548조 제2항).
8) 공사도급계약에서 수급인이 완공기한 내에 공사를 완성하지 못한 채 완공기한을 넘겨
   도급계약이 해제된 경우에 있어서 그 지체상금 발생의 시기(始期)는 완공기한 다음날이
   고, 종기(終期)는 수급인이 공사를 중단하거나 기타 해제사유가 있어 도급인이 이를 해
   제할 수 있었을 때를 기준으로 하여 도급인이 다른 업자에게 의뢰하여 같은 건물을 완
   공할 수 있었던 시점이다(대법원 2001. 1. 30. 선고 2000다56112 판결). 위 감정서에 따
   르면 남은 공기는 20일(4,400만 원)이며, 피고 (주)다라토건이 6월 30일에 부도되었는데
   원고는 그 사실을 알고 계약해제를 검토하였으나 지체상금을 더 많이 받기 위하여 해제
   하지 않은 것뿐이므로 그 무렵 도급계약을 해제하였어야 한다고 전제하고, 다른 업체를
   선정하는데 필요한 시간을 10일(2,200만 원)로 상정하여 1일 지체상금 220만 원으로 계
   산한 것이다(1억 8,200만 원은 지체상금 1억 3,200만 원에 정선교에서 발생한 손해배상
   금 5,000만 원을 가산한 것임). 자세한 것은 쟁점해설 참조.
9) 2016. 9. 1.에 보낸 내용증명우편으로 청구하였고, 그 내용증명우편이 다음날 송달되었
   으므로, 9. 3.을 기산점으로 한 것이다.
10) 민사실무Ⅱ, 79면에 있는 여러 피고별로 기간이 다른 경우의 기재례 참조.

는 연 15%의 각 비율에 의한 금원을,

나. 피고 김수철은 피고 주식회사 다라토건과 연대하여 가.항 기재 4억 200만 원 중 3억 5,200만 원[11] 및 그 중 2억 2,000만 원에 대하여는 2016. 5. 6.부터, 1억 3,200만 원에 대하여는 2016. 9. 3.부터[12] 소장 송달일까지는 연 6%의, 그 다음날부터 다 갚는 날까지는 연 15%의 각 비율에 의한 금원을,

각 지급하라.

2. 피고 김수철과 피고 김태산 사이에 별지 목록 기재 부동산에 관하여 2016. 8. 29. 체결된 매매계약을 3억 5,200만 원 및 그 중 2억 2,000만 원에 대하여는 2016. 5. 6.부터, 1억 3,200만 원에 대하여는 2016. 9. 3.부터 소장 송달일까지는 연 6%의, 그 다음날부터 사실심 변론종결시까지는 연 15%의 각 비율에 의한 금원의 범위 내에서[13] 취소한다.

3. 피고 김태산은 원고에게[14] 3억 5,200만 원 및 그 중 2억 2,000만 원에 대하여는 2016. 5. 6.부터, 1억 3,200만 원에 대하여는 2016. 9. 3.부터 소장 송달일까지는 연 6%의, 그 다음날부터 사실심 변론종결시까지는 연 15%의 각 비율에 의한 금원[15] 및 이에 대하여 이 사건 판결 확정일 다음날부터 다 갚는 날까지 연 5%의 비율[16]에 의한 금원을 지급하라.

---

11) 피고 김수철이 연대보증한 가나건설(주)의 주채무는 겸재교 건설공사에 관한 것이다.

12) 2016. 9. 1.에 보낸 내용증명우편으로 청구하였고, 그 내용증명우편이 다음날 송달되었으므로, 9. 3.을 기산점으로 한 것이다.

13) 사해행위취소의 범위는 다른 채권자가 배당요구를 할 것이 명백하거나 목적물이 불가분인 경우와 같이 특별한 사정이 없는 한 취소채권자의 채권액을 넘어서까지 취소를 구할 수 없다(대법원 2010. 5. 27. 선고 2007다40802 판결; 민사실무Ⅱ, 154면 기재례). 다만, 사해행위 이후 사실심 변론종결시까지 발생한 이자나 지연손해금은 피보전채권에 포함된다(대법원 2003. 7. 11. 선고 2003다19572 판결). 실무상으로는 계산의 편의상 "피고 김수철과 피고 김태산 사이에 별지 목록 기재 부동산에 관하여 2016. 8. 29. 체결된 매매계약을 3억 5,200만 원의 한도 내에서 취소한다"라고 구하는 경우가 많다. 자세한 것은 쟁점해설 참조.

14) 사해행위취소로 인한 원상회복에서 가액상환청구의 경우 취소채권자인 원고가 자신에게 이행할 것을 청구할 수 있다(대법원 2008. 4. 24. 선고 2007다84352 판결; 민사실무Ⅱ, 154면 기재례). 자세한 것은 쟁점해설 참조.

15) 피보전채권에 사해행위 이후 사실심 변론종결시까지 발생한 이자나 지연손해금이 포함된다(대법원 2003. 7. 11. 선고 2003다19572 판결). 자세한 것은 쟁점해설 참조.

16) 가액상환의무는 사해행위의 취소를 명하는 판결이 확정된 때에 비로소 발생하므로 그 판결이 확정된 다음날부터 이행지체에 빠지게 되고, 따라서 '소송촉진 등에 관한 특례법'이 적용되지 않아 민법 소정의 법정이율이 적용된다. 수익자의 채권자인 원고에 대한 가액상환의무는 상행위로 인한 채무가 아니므로 상법 제54조를 적용하기 어렵다(대법원

4. 소송비용은 피고들이 부담한다.

5. 제1항은 가집행할 수 있다.[17]

　라는 판결을 구합니다.

청 구 원 인

1. 피고 (주)다라토건, 김수철에 대한 청구

가. 겸재교 공사 관련

1) 원고는 서울특별시로부터 서울 중랑구 면목동 121 번지 일대에 교량(명칭 : 겸 재교)을 건설하는 공사를 도급받아 이를 이행하는 과정에서 2016. 2. 16. 피고 주식회사 다라토건(이하 '피고 회사'라 약칭함)과 위 공사 중 교각기초공사 부분 에 관하여 하도급계약을 체결하였는바, 공사기간은 2016. 3. 1.부터 2016. 5. 31.까지, 도급금액은 11억 원, 지체상금률은 지체 1일 당 총 공사대금의 0.2% 로 약정하였습니다.

2) 원고와 피고 회사는 위 하도급계약에서 계약체결 후 10일 이내에 원고가 선 급금 2억 원을 피고 회사에게 지급하기로 약정하였고, 나머지 공사대금은 기 성고에 따라 지급하기로 약정하였습니다. 위 계약에 따라 원고는 2016. 2. 17. 선급금 2억 원을 지급하였고, 공사가 진행되는 과정에서 기성고에 따라 2016. 3. 31.에 3억 원을, 2016. 4. 30.에 3억 원을 각 지급하였습니다.

3) 나아가, 피고 회사는 2016. 5. 2.경 회사의 운영자금이 일시적으로 부족하다 고 하면서 이 사건 공사의 완공시에 지급하기로 예정되어 있는 잔금 3억 원 의 선지급을 요청하였고, 원고는 피고 회사의 요청에 따라 2016. 5. 6. 잔금 3 억 원을 선지급함으로써 공사대금을 모두 완불하였습니다.

4) 그런데 피고 회사는 잔금을 선지급 받은 후 일체의 공사를 중단하고 공사현

　　2009. 1. 15. 선고 2007다61618 판결; 민사실무Ⅱ, 154면 기재례). 자세한 것은 쟁점해설 참조.

　17) 사해행위취소 및 원상회복청구는 그 판결이 확정되어야 비로소 집행력이 발생하므로 가집 행의 대상이 되지 못하며, 가액상환의 청구는 사행행위취소의 효과발생을 전제로 하는 이 행청구로서 그 이행기의 도래가 판결확정 이후임이 명백하여 확정 전에 집행할 수 없으므 로 가집행을 청구할 수 없다(민사실무Ⅱ, 177면 각주 4). 자세한 것은 쟁점해설 참조.

장에서 주요 장비를 반출하면서 공사현장을 떠났고 이후 공사를 진행하지 않자 원고는 2016. 5. 15. 피고 회사에 대하여 공사의 이행을 최고하였습니다. 나중에 알려진 사실은 피고 회사가 공사대금으로 지급받은 어음이 부도되어 자금압박을 받았고, 결국 피고 회사는 2016. 6. 30.에 부도되기에 이르렀다는 것입니다. 따라서 원고가 최고한 후 상당한 기간이 경과된 2016. 6. 30.경에 이 사건 하도급계약서 제25조①㉠에 의한 약정해제(해지)권 또는 민법 제544 조에 의한 법정해제권이 원고에게 발생하였고, 원고는 이 소장으로 계약해제의 의사를 표시하는 바입니다.[18]

5) 이 사건 계약이 해제됨에 따라 피고는 원고에게 원상회복의무를 부담하는바, 구체적으로 원고로부터 수령한 총 공사대금 중 미완성 부분 20%에 해당하는 2억 2,000만 원 및 이에 대하여 위 금원을 지급받은 날로부터 이 사건 하도급계약은 상행위이므로 상법 소정의 법정이율 연 6%로 계산한 이자를 가산하여 지급할 의무가 있다고 할 것입니다.[19]

6) 또한, 피고는 채무의 이행을 지체함으로써 원고에게 손해를 입혔으므로 원고와 피고 사이에 약정된 지체상금을 지급할 의무가 있습니다. 그런데 피고가 완공기한 내에 공사를 완성하지 못한 채 완공기한을 넘겨 도급계약이 해제된 경우에 있어서 그 지체상금 발생의 시기(始期)는 완공기한 다음날인 2016. 6. 1.이고, 종기(終期)는 수급인이 공사를 중단하거나 기타 해제사유가 있어 도급인이 이를 해제할 수 있었을 때를 기준으로 하여 도급인이 다른 업자에게 의뢰하여 같은 건물을 완공할 수 있었던 시점인바, 피고 회사가 부도된 2016. 6. 30.에 원고는 이 사건 하도급계약을 해제할 수 있었고, 그 이후 다른 적정한 업체를 선정하는데 필요한 10일 및 남은 공정을 완료하는데 필요한 20일

---

18) 이행지체를 원인으로 한 계약해제의 요건사실은 ① 상대방이 채무의 이행을 지체한 사실, ② 상대방에게 상당한 기간을 정하여 이행을 최고한 사실, ③ 상대방이 상당기간 내에 이행 또는 이행의 제공을 하지 않은 사실, ④ 해제의 의사표시를 한 사실이다(요건사실론, 35면). 한편, 약정해제권의 행사로 인한 해제의 요건사실은 ① 해제권유보의 약정을 한 사실, ② 약정상의 해제권 발생요건에 해당하는 사실이 일어난 사실, ③ 해제의 의사표시를 한 사실이다(요건사실론, 41~42면). 이행지체를 이유로 계약을 해제함에 있어서 그 전제요건인 이행의 최고는 반드시 미리 일정기간을 명시하여 최고하여야 하는 것은 아니며 최고한 때로부터 상당한 기간이 경과하면 해제권이 발생한다(대법원 1994. 11. 25. 선고 94다35930 판결).
19) 도급계약을 해제하고 과잉지급된 선지급금의 반환을 청구하는 것이므로 계약해제에 관한 제548조 제2항이 적용되어 선지급금이 지급된 날부터 이자를 가산한다.

을 합하여 2016. 7. 30.이 그 종기라고 할 것입니다.[20] 따라서 피고는 원고에게 지체상금으로 1억 3,200만 원(220만 원×60일) 및 원고가 이를 청구한 의사표시가 도달한 다음날인 2016. 9. 3.부터 이 사건 하도급계약은 상행위이므로 상법 소정의 연 6%로 계산한 지연손해금을 가산하여 지급할 의무가 있습니다.

7) 피고 김수철은 2016. 5. 20.자 내용증명우편에서 겸재교 관련 공사의 이행 및 지체로 인하여 발생하는 일체의 손해 등에 대하여 연대보증한다는 의사를 표시하였고, 원고는 그 무렵 이를 수용하였으므로, 피고 김수철은 피고 회사의 원고에 대한 위 채무를 위 회사와 연대하여 원고에게 부담한다고 할 것입니다.

나. 정선교 공사 관련

1) 원고는 강원도로부터 정선군 정선읍 가수리 111번지 일대에 교량(명칭 : 정선교)을 건설하는 공사를 도급받아 이를 이행하는 과정에서 2013. 5. 16. 피고와 대하여 위 공사 중 교각기초공사 부분에 관하여 하도급계약을 체결하였는바, 공사기간은 2013. 6. 1.부터 2013. 8. 31.까지, 도급금액은 6억 6,000만 원으로 약정하였습니다. 위 공사는 위 계약에 따라 완공되었고, 원고도 공사대금을 모두 지급하였습니다.

2) 그런데 2016. 여름에 발생한 폭우로 인하여 정선교 교각기초 부분에 하자가 있었음이 확인되었는바, 이는 피고가 수급인으로서 하자 없이 교각기초를 완성할 의무가 있음에도 불구하고 이를 위반하여 완성된 목적물에 하자가 있음이 발견되었고, 그 원인은 피고가 기준미달의 철근 및 콘크리트를 사용하였기 때문이므로 피고에게 귀책사유가 있다고 할 것입니다. 따라서 피고는 원고가 입은 하자보수비용 5,000만 원에 관하여 채무불이행(불완전이행)을 원인으로 한 손해배상의무가 있으며,[21] [22] 원고가 이를 청구한 의사표시가 도달한

---

20) 공사도급계약에서 수급인이 완공기한 내에 공사를 완성하지 못한 채 완공기한을 넘겨 도급계약이 해제된 경우에 있어서 그 지체상금 발생의 시기(始期)는 완공기한 다음날이고, 종기(終期)는 수급인이 공사를 중단하거나 기타 해제사유가 있어 도급인이 이를 해제할 수 있었을 때를 기준으로 하여 도급인이 다른 업자에게 의뢰하여 같은 건물을 완공할 수 있었던 시점이다(대법원 2001. 1. 30. 선고 2000다56112 판결). 감정서에 따르면 남은 공기는 20일(4,400만 원)이며, 새로운 업체를 선정하는데 필요한 시간을 10일(2,200만 원)로 상정하고 1일 지체상금 220만 원으로 계산한 것이다. 자세한 것은 쟁점해설 참조.

21) 정선교 교각 기초공사에 관한 계약서에 지체상금률이 약정되어 있으나 이는 이행지체로 인한 손해배상에 관한 것이므로 이를 기초로 청구할 수 없다. 한편, 수급인의 담보책임

다음날인 2016. 9. 3.부터 이 사건 하도급계약은 상행위이므로 상법 소정의 연 6%로 계산한 지연손해금을 가산하여 지급할 의무가 있습니다.

다. 예상되는 위 피고들의 주장 및 반박

1) 위 피고들은 원고가 겸재교에 관한 하도급계약을 해제할 수 있었던 시점이 2016. 6. 30. 이전이었다거나, 또는 지체상금률이 부당하게 과다하여 감액되어야 한다고 주장할 수 있습니다.

그러나 피고 회사가 부도 와중에 원고에게 잔금의 선지급을 요청하여 이를 수령하였음에도 그 직후 갑자기 공사를 중단하여 원고에게 손해를 가한 점, 피고 회사는 공사를 피고 김수철이 연대보증 하면서까지 잔여공사를 계속하겠다는 의사를 강력하게 표시한 점에 비추어 위 피고들의 해제가능시점에 관한 주장은 이유 없다고 할 것입니다.

또한 손해배상의 예정에 해당하는 지체상금의 약정이 부당하게 과다한지 여부는 지체상금률을 기준으로 판단하는 것이 아니라 지체상금 총액을 기준으로 판단한다는 판례의 법리[23]에 피고 회사가 원고의 선지급금을 수령한 직후 일방적으로 공사를 중단하고 공사현장을 떠난 점 및 그로 인하여 원고가 입은 손해를 고려하면 1억 3,200만 원의 지체상금은 부당하게 과다한 것이라고 볼 수 없으므로 위 피고들의 주장은 이유 없다고 할 것입니다.

2) 또한, 위 피고들은 겸재교 관련 하도급계약서 제24조에 기성부분에 대하여 검사를 거쳐 인수한 경우에는 미시공부분에 대한 지체상금률을 계산하는 것

을 물을 수도 있을 것이나, 담보책임에 관한 제척기간은 당사자의 약정으로 이를 단축할 수 있고(민법 제672조; 대법원 1967. 6. 27. 선고 66다1346 판결, 대법원 1999. 9. 21. 선고 99다19032 판결), 계약서에 하자담보책임기간은 완공 후 3년으로 약정하였음에도 불구하고 원고가 위 공사가 완공된 2013. 8. 31.부터 3년 내에 하자담보책임을 묻지 않았으므로 제척기간의 도과로 피고의 담보책임은 원칙적으로 소멸되었다. 다만, 수급인의 하자담보책임에 관한 기간은 제척기간으로서 재판상 또는 재판 외의 권리행사기간이며 재판상 청구를 위한 출소기간이 아니므로(대법원 2000. 6. 9. 선고 2000다15371 판결), 이 소를 제기하기 전에 하자담보책임을 청구하였으면 될 것이나 정선교에 대한 하자주장은 2016. 9. 1.자 내용증명우편에 비로소 등장하였으므로(위 내용증명우편은 2016. 9. 2. 도달됨), 제척기간이 도과되었다. 자세한 것은 쟁점해설 참조.

22) 민법 제672조(담보책임면제의 특약)를 유추적용하여 수급인인 다라토건이 하자에 관하여 알고 고지하지 않았다는 사실을 입증한다면 담보책임을 물을 수 있을 것이다(위 대법원 1999. 9. 21. 선고 99다19032 판결). 자세한 것은 쟁점해설 참조.

23) 대법원 2002. 12. 24. 선고 2000다54536 판결. 자세한 것은 쟁점해설 참조.

으로 규정되어 있는바, 이를 근거로 계산하면 1일 지체상금을 44만 원(미시공 부분 2억 2,000만 원×0.2%)으로 계산하여야 한다고 주장할 수 있습니다.

그러나 표준계약서의 부동문자 부분보다는 계약서 제1면의 구체적 약정이 우선할 것이라는 점, 이 사건에서는 기성부분에 대하여 검사를 거쳐 인수하지 않았다는 점에 비추어 위 피고들의 주장은 이유 없다고 할 것입니다.

2. 사해행위취소 및 원상회복 청구

가. 매매계약 일부취소 및 가액상환 청구

1) 피고 김수철은 별지 목록 기재 부동산을 소유하고 있던 중 2016. 8. 29. 피고 김태산과 위 부동산에 관하여 매매계약을 체결하고 당일 소유권이전등기까지 마쳤습니다. 위 매매계약을 체결할 당시 앞서 살핀 바와 같이 피고 김수철은 원고에 대하여 보증인으로서 피고 회사와 연대하여 겸재교 공사 관련 원고의 선지급금 반환채무 2억 2,000만 원 및 지체상금지급채무 1억 3,200만 원을 부담하고 있었을 뿐만 아니라 피고 김태산에 대하여 차용금채무 4억 원 및 위 부동산을 담보로 제공하고 소외 김명수에 대하여 채권최고액 2억 5,000만 원의 피담보채무를 부담하고 있었는바, 피고 김수철은 무자력 상태에 있었습니다.

2) 이와 같이 피고 김수철은 무자력 상태에서 그의 유일한 재산인 별지 목록 기재 부동산을 피고 김태산에게 매도하고 소유권이전등기를 마쳤으므로 이는 3억 5,200만 원의 채권을 가지고 있는 원고를 해하는 사해행위로서 피고 김수철에게는 사해의사가 인정되고, 수익자인 피고 김태산의 악의는 추정된다고 할 것입니다. 따라서 원고는 피고 김수철과 피고 김태산 사이에 별지 목록 기재 부동산에 관하여 2016. 8. 29. 체결된 매매계약을 사해행위로 그 취소를 청구합니다.[24]

3) 피고 김수철, 김태산 사이에 2016. 8. 29. 별지 목록 기재 부동산에 관하여 체결된 매매계약이 취소되는 경우 원상회복으로서 위 매매계약의 이행으로 피고 김태산에게 이루어진 소유권이전등기는 말소되어야 마땅합니다. 그런데

---

24) 사해행위취소청구의 요건사실은 ① 피보전채권의 발생, ② 채무자의 사해행위, ③ 채무자의 사해의사이다(요건사실론, 123면).

피고 김태산은 별지 목록 기재 부동산에 관한 사해행위로 소유권이전등기를 마친 후 피고 김수철의 피담보채무 2억 원을 대신 변제하고 위 부동산에 관하여 설정된 근저당권을 말소하였는바, 사해행위취소로 인한 원상회복은 사해행위 당시의 일반채권자들에게 공동담보로 제공된 책임재산을 회복하는 것으로서 사해행위 당시 존재하던 근저당권등기가 사해행위 후에 말소되었다면 원물반환이 불가능한 경우에 해당하여 가액상환을 구합니다.[25]

4) 이렇듯 가액상환을 구하는 경우 원고의 피보전채권은 3억 5,200만 원인 반면, 이 소를 제기하는 시점[26]을 기준으로 별지 목록 기재 부동산의 시가는 6억 5,000만 원 상당이며, 말소된 근저당권의 피담보채무는 그 최고액이 2억 5,000만 원(다만 피고 김태산은 2억 원을 대위변제한 것으로 주장하고 있음)이므로 최소한 회복되어야 할 책임재산은 4억 원 이상이라고 할 것입니다. 따라서 원고는 피보전채권 3억 5,200만 원 및 그 중 2억 2,000만 원에 대하여는 2016. 5. 6.부터, 1억 3,200만 원에 대하여는 2016. 9. 3.부터 소장 송달일까지는 연 6%의, 그 다음날부터 사실심 변론종결시까지는 연 15%의 각 비율에 의한 금원의 한도 내에서[27] 위 사해행위의 취소를 구하며, 원상회복으로 수익자인 피고 김태산에 대하여 피보전권리 상당금액의 가액상환 및 이에 대한 이 사건 판결 확정일 다음날부터 다 갚는 날까지 연 5%의 비율[28]에 의한 금원을 지급을 구하는 것입니다.

---

25) 대법원 2001. 12. 11. 선고 2001다64547 판결, 대법원 2001. 9. 4. 선고 2000다66416 판결. 자세한 것은 쟁점해설 참조.
26) 가액의 산정은 사실심 변론종결시를 기준으로 하는바(위 2000다66416 판결), 현재는 소를 제기하는 시점이므로 이때를 기준으로 산정할 수밖에 없으며, 이후 소송진행 과정에서 가액의 변동이 있으면 사실심 변론종결시를 기준으로 산정하여야 할 것이다. 자세한 것은 쟁점해설 참조.
27) 사해행위 이후 사실심 변론종결시까지 피보전채권에 대하여 발생한 이자나 지연손해금이 포함되며(대법원 2003. 7. 11. 선고 2003다19572 판결), 실무상으로는 변론종결 즈음에 청구금액을 확정하는 청구를 변경하는 사례가 많다. 자세한 것은 쟁점해설 참조.
28) 가액상환의무는 사해행위의 취소를 명하는 판결이 확정된 때에 비로소 발생하므로 그 판결이 확정된 다음날부터 이행지체에 빠지게 되고, 따라서 소송촉진 등에 관한 특례법이 적용되지 않아 민법 소정의 법정이율이 적용된다(대법원 2009. 1. 15. 선고 2007다61618 판결). 사해행위취소로 인한 원상회복의무가 상행위로 인한 채무라고 보기 어렵다. 자세한 것은 쟁점해설 참조.

나. 예상되는 피고 김태산의 주장 및 반박

1) 피고 김태산은 이 사건 매매계약 체결 당시 피고 김수철의 구체적 부채상황을 알지 못한 상태에서 자신의 채권 4억 원을 변제받기 위하여 부득이 이 사건 부동산을 대물변제로 받은 것이고, 나아가 소유권이전등기를 마친 후에는 채무자인 피고 김수철의 피담보채무액 2억 원까지 대위변제하였다고 주장할 수 있습니다.

  그러나 피고 김수철에게 사해의사가 존재함이 분명하므로 피고 김태산의 악의는 추정되며,[29] 위 피고의 선의[30]를 뒷받침할 수 있는 자료가 전혀 없습니다. 더욱이[31] 피고 김태산은 피고 회사의 대표이사인 김수철의 오랜 지기라는 점, 피고 김태산은 피고 회사의 자금압박 사실을 알면서 4억 원을 대여하였다가 위 회사가 부도되므로 대물변제를 받은 점 등에 비추어 피고 김태산의 악의는 분명하다고 할 것입니다.

2) 또한, 피고 김태산은 원고가 주장하는 피보전채권 중 피고 회사의 원상회복의무에 해당하는 원고의 선지급금 2억 2,000만 원의 반환의무는 원고가 이 사건 소장으로 해제를 할 때 비로소 발생하는 것이므로 사해행위 당시 존재하는 피보전채권에 포함되지 않는다고 주장할 수 있습니다.

  그러나 채권자취소권에 의하여 보호될 수 있는 채권은 원칙적으로 사해행위라고 볼 수 있는 행위가 행하여지기 전에 발생된 것임을 요하지만, 그 사해행위 당시에 이미 채권 성립의 기초가 되는 법률관계가 발생되어 있고, 가까운 장래에 그 법률관계에 기하여 채권이 성립되리라는 점에 대한 고도의 개

---

29) 대법원 1997. 5. 23. 선고 95다51908 판결. 자세한 것은 쟁점해설 참조.
30) 대법원 2002. 11. 8. 선고 2002다42100 판결은 부동산매수인인 수익자의 선의에 관한 간접사실로, 사해행위의 수익자가 실수요자로서 통상적인 거래에 의하여 부동산을 매수한 점, 수익자는 채무자와 친인척관계 등이 전혀 없어 채무자의 신용상태 등을 전혀 알 수 없는 처지에 있었던 점, 부동산등기기록상으로도 장기간 가압류기입등기 등이 된 바 없어 채무자의 신용상태를 의심할 여지가 없었던 점, 매매대금이 시세보다 현저히 낮다고 할 수도 없는 점, 수익자가 매매대금 전액을 모두 지급하였을 뿐만 아니라 부동산에 거주하면서 실제로 공장을 운영하고 있는 점, 매수가격이 시세보다 다소 낮다고 하더라도 그에 관해서는 수익자가 상응하여 잔금을 단기간에 지급하기로 약정한 것이라는 설명이 가능한 점, 수익자가 사해행위에 해당함을 알면서도 부동산을 매수할 만한 동기나 이유를 찾기 어려운 점 등을 제시하였다. 자세한 것은 쟁점해설 참조.
31) 이하 사실은 원고에게 입증책임이 없지만 피고의 악의를 더욱 강조하기 위한 주장이다.

연성이 있으며, 실제로 가까운 장래에 그 개연성이 현실화되어 채권이 성립된 경우에는 그 채권도 채권자취소권의 피보전채권이 될 수 있는바,[32] 원고의 선지급금 반환채권은 비록 이 소장으로 해제권을 행사한 이후에 발생하는 것은 사실이지만 해제권을 행사할 수 있었던 시점은 위 매매계약 체결 이전인 2016. 6. 30.이었고 이후 원고가 해제권을 행사함으로써 채권이 발생한 사실을 위 법리에 비추어 볼 때 위 피고의 주장은 이유 없습니다.

3) 또한, 피고 김태산은 대물변제는 변제와 마찬가지로 적극재산을 감소시키는 동시에 소극재산도 감소하게 되며, 특히 피고 김태산은 피고 김수철에 대한 4억 원의 채권을 가지고 있었으므로 당시 이 사건 부동산의 실질가치에 비추어 위 대물변제는 상당한 가격으로 행하여진 것인바, 사해행위가 되지 않는다고 주장할 수 있습니다.[33]

   그러나 채무초과의 상태에 빠져 있는 채무자가 그의 유일한 재산인 부동산을 채권자들 가운데 어느 한 사람에게 대물변제로 제공하는 행위는 다른 특별한 사정이 없는 한 다른 채권자들에 대한 관계에서 사해행위가 된다는 것이 판례의 법리인바,[34] 위 피고의 주장은 이유 없습니다.

4) 한편, 피고 김태산과 피고 김수철이 체결한 매매계약이 사해행위에 해당한다고 할지라도, 피고 김태산은 원고가 피고 김수철에 대하여 가지는 채권 3억 5,200만 원보다 훨씬 더 많은 대여금 4억 원 및 대위변제로 인한 구상금 2억 원 합계 6억 원을 가지고 있는 원고와 동등한 지위의 채권자로서 사해행위취소로서 채권액 상당의 비율로 배당받을 권리가 있으므로 이를 공제 또는 상

---

32) 대법원 2002. 4. 12. 선고 2000다43352 판결. 이러한 경우 채권자취소권의 요건사실인 피보전채권의 발생사실을 대신하여 ① 그 사해행위 당시에 이미 채권 성립의 기초가 되는 법률관계가 발생되어 있고(기초적 법률관계의 존재), ② 가까운 장래에 그 법률관계에 터잡아 채권이 성립되리라는 점에 대한 고도의 개연성이 있으며(고도의 개연성), ③ 실제로 가까운 장래에 그 개연성이 현실화되어 채권이 성립된 사실(개연성의 현실화)을 입증하면 된다(요건사실론, 124면).

33) 이러한 입장이 다수설이고(지원림, 1183면), 이와 같은 취지의 대법원 1967. 4. 25. 선고 67다75 판결 및 기존 금전채무의 변제에 갈음하여 다른 금전채권을 양도하는 대물변제의 경우 사해행위로 단정하기 어렵다는 대법원 2003. 6. 24. 선고 2003다1205 판결 등이 있다. 자세한 것은 쟁점해설 참조.

34) 대법원 2011. 10. 13. 선고 2011다28045 판결, 대법원 2011. 3. 10. 선고 2010다52416 판결, 대법원 2005. 11. 10. 선고 2004다7873 판결, 대법원 2000. 9. 29. 선고 2000다3262 판결. 자세한 것은 쟁점해설 참조.

계하여 나머지 금액만 반환하여야 한다고 주장할 수 있습니다.

그러나 채권자취소권은 채권의 공동담보인 채무자의 책임재산을 보전하기 위하여 채무자와 수익자 사이의 사해행위를 취소하고 채무자의 일반재산으로부터 일탈된 재산을 모든 채권자를 위하여 수익자 또는 전득자로부터 환원시키는 제도로서, 수익자로 하여금 자기의 채무자에 대한 반대채권으로써 상계를 허용하는 것은 사해행위에 의하여 이익을 받은 수익자를 보호하고 다른 채권자의 이익을 무시하는 결과가 되어 위 제도의 취지에 반하므로, 수익자가 채권자취소에 따른 원상회복으로서 가액상환을 할 때에 채무자에 대한 채권자라는 이유로 채무자에 대하여 가지는 자기의 채권과의 상계를 주장할 수는 없다는 것이 판례의 법리인바,[35] 피고 김태산의 위 주장은 이유가 없다고 할 것입니다.

3. 결 어

이상과 같은 이유로 청구취지와 같은 판결을 구하고자 이 청구에 이른 것입니다.

증 거 방 법

(생략)

첨 부 서 류

(생략)

---

35) 대법원 2001. 6. 1. 선고 99다63183 판결. 자세한 것은 쟁점해설 참조.

2016. 10. 1.

원고의 소송대리인
법무법인 다일종합법률사무소
담당변호사 김상승 ㉑

서울북부지방법원[36] 귀중

---

36) 하도급계약서 제31조 제3항에 서울북부지방법원으로 관할합의조항이 있다. 한편, 위 제
   31조 제2항의 규정에 관하여 중재합의가 있다고 볼 수 있으나, 조정 또는 중재를 분쟁해
   결방법으로 정한 선택적 중재조항은 계약의 일방 당사자가 상대방에 대하여 조정이 아
   닌 중재절차를 선택하여 그 절차에 따라 분쟁해결을 요구하고 이에 대하여 상대방이 별
   다른 이의 없이 중재절차에 임하였을 때 비로소 중재합의로서 효력이 있다(대법원 2005.
   5. 27. 선고 2005다12452 판결). 자세한 것은 쟁점해설 참조.

[별지]

목   록

(1동의 건물의 표시)

　서울 노원구 상계동 212 청구아파트 101동(상계로45길 48)

　철근콘크리트조 평슬래브지붕 5층 아파트

　　1층 1570.72㎡

　　2층 1570.72㎡

　　3층 1570.72㎡

　　4층 1570.72㎡

　　5층 1570.72㎡

(대지권의 목적인 토지의 표시)

　서울 노원구 상계동 212 대 86,394.7㎡

(전유부분의 건물의 표시)

　301호 철근콘크리트조 108㎡

(대지권의 표시)

　소유권 대지권 86394.7분의 108. 끝.

※ 쟁점해설

〈차 례〉

1. 건축공사도급계약의 해제와 원상회복 (답안 각주 6 관련)

가. 건축공사도급계약의 수급인이 일을 완성하지 못한 상태에서 그의 채무불이
행으로 말미암아 건축공사도급계약이 해제되었으나, 해제 당시 공사가 상당
한 정도로 진척되어 이를 원상회복하는 것이 중대한 사회적, 경제적 손실을
초래하게 되고, 완성된 부분이 도급인에게 이익이 되는 경우, 그 도급계약은
미완성부분에 대하여만 실효되고 수급인은 해제 당시의 상태 그대로 그 건
물을 도급인에게 인도하고 도급인은 특별한 사정이 없는 한 인도받은 미완
성건물에 대한 보수를 지급하여야 하는 권리의무관계가 성립한다.[1]

나. 한편, 민법 제668조는 수급인의 담보책임(도급인의 해제권)에 관하여 "도급인
이 완성된 목적물의 하자로 인하여 계약의 목적을 달성할 수 없는 때에는
계약을 해제할 수 있다. 그러나 건물 기타 토지의 공작물에 대하여는 그러
하지 아니하다"고 규정하고 있는데, 이는 공사가 완성된 후에 해제권을 행사
하는 것을 배제하는 것인 점에서 공사가 완성되기 전에 채무불이행으로 인
한 계약해제의 효력인 원상회복을 신의칙에 의하여 제한하는 위 판례의 법
리와 구별하여야 한다.[2]

다. 이와 같이 채무불이행으로 인하여 도급계약이 해제된 경우에 그 원상회복이
제한되는바, 이 사건의 경우 감정서에 따르면 공정률(기성고)이 80%이므로
총 공사대금 11억 원 중 8억 8,000만 원은 지급할 의무가 있고, 나머지 2억
2,000만 원만 반환받을 수 있다.

2. 공사도급계약상 지체상금의 범위 (답안 각주 8, 20 관련)

가. 지체상금에 관한 약정은 수급인이 그와 같은 일의 완성을 지체한 데 대한
손해배상액의 예정이며,[3] 지체상금약정은 수급인이 약정 준공일보다 늦게
공사를 완료하거나 수급인의 귀책사유로 도급계약이 해제된 경우뿐 아니라
도급인의 귀책사유로 도급계약이 해제된 경우에도 적용이 된다. 이 경우에
는 도급인의 귀책사유가 발생하지 않아 수급인이 공사를 계속하였더라면 완

---

1) 대법원 1994. 12. 22. 선고 93다60632, 93다60649 판결.
2) 민법주해[XV], 462면.
3) 대법원 2002. 9. 4. 선고 2001다1386 판결.

성할 수 있었을 때까지의 기간을 기준으로 하여 당초의 준공예정일로부터
지체된 기간을 산정하는 방법으로 지체일수를 적용해야 한다.4)

나. 공사도급계약에서 지체상금은 무제한적으로 인정되는 것이 아니고, 수급인
이 완공기한 내에 공사를 완성하지 못한 채 완공기한을 넘겨 도급계약이 해
제된 경우에 있어서 그 지체상금 발생의 시기(始期)는 완공기한 다음날이고,
종기(終期)는 수급인이 공사를 중단하거나 기타 해제사유가 있어 도급인이
이를 해제할 수 있었을 때를 기준으로 하여 도급인이 다른 업자에게 의뢰하
여 같은 건물을 완공할 수 있었던 시점이다.5)

다. 이 사건 기록상 감정서에 따르면 남은 공기는 20일(4,400만 원)이며, 원고(가
나건설)는 피고 (주)다라토건이 6월 30일에 부도되었다는 사실을 알고 계약해
제를 검토하였으나 지체상금을 더 많이 받기 위하여 해제하지 않은 것뿐이
므로 그 무렵 도급계약을 해제하였어야 한다고 전제하고, 다른 업체를 선정
하는데 필요한 시간을 10일(2,200만 원)로 상정하여 1일 지체상금 220만 원으
로 계산한 것이다(1억 8,200만 원은 지체상금 1억 3,200만 원에 정선교에서 발생한
손해배상금 5,000만 원을 가산한 것임).6)

라. 한편, 이 사건 기록상 하도급계약서 제24조는 기성부분에 대하여 검사를 거
쳐 인수한 경우에는 미시공부분에 대한 지체상금률을 계산하는 것으로 규정
되어 있는바, 이를 근거로 계산하면 1일 지체상금을 44만 원(미시공부분 2억
2,000만 원×0.2%)으로 계산하여야 하나, 표준계약서의 부동문자 부분보다는
계약서 제1면의 구체적 약정이 우선할 것이라는 점, 이 사건에서는 기성부
분에 대하여 검사를 거쳐 인수하지 않았다고 볼 수 있는 점, 지체상금이 손
해배상액의 예정으로서 법원에 의해 감액될 수 있다는 점, 의뢰인을 위하여
유리한 주장을 한다는 점 등에 비추어 총 공사대금에 대한 지체상금률을 계
산하여 청구한 것이다.

---

4) 대법원 2012. 10. 11. 선고 2010다34043, 34050 판결.
5) 대법원 2001. 1. 30. 선고 2000다56112 판결.
6) 다만, 이는 법원의 증거조사에 의하여 작성된 감정서가 아니라 의뢰인이 소송외에서 개
  인적으로 감정을 의뢰한 감정의 결과이므로 피고가 이에 대하여 인정하지 않는 경우에
  는 소송절차에서 감정신청을 하여 입증해야 할 것이다.

3. 사해행위취소의 범위 (답안 각주 13 관련)

가. 채권자취소권은 사해행위로 이루어진 채무자의 재산처분행위를 취소하고 그 원상회복을 구하기 위한 권리로서 사해행위에 의해 일탈된 채무자의 책임재산을 총채권자를 위하여 채무자에게 복귀시키기 위한 것이지 채권자취소권을 행사하는 특정 채권자에게만 독점적 만족을 주기 위한 권리가 아니다. 또한 사해행위취소의 범위는 다른 채권자가 배당요구를 할 것이 명백하거나 목적물이 불가분인 경우와 같이 특별한 사정이 없는 한 취소채권자의 채권액을 넘어서까지 취소를 구할 수 없다. 따라서 취소채권자는 위와 같은 특별한 사정이 없는 한 자신의 채권액 범위 내에서 채무자의 책임재산을 회복하기 위하여 채권자취소권을 행사할 수 있고 그 취소에 따른 효력을 주장할 수 있을 뿐이며, 채무자에 대한 채권 보전이 아니라 제3자에 대한 채권 만족을 위해서는 사해행위취소의 효력을 주장할 수 없다.[7]

나. 또한, 채권자가 채권자취소권을 행사할 때에는 원칙적으로 자신의 채권액을 초과하여 취소권을 행사할 수 없지만, 이때 채권자의 채권액에는 사해행위 이후 사실심 변론종결시까지 발생한 이자나 지연손해금이 포함된다.[8]

4. 사해행위취소로 인한 원상회복 (답안 각주 14, 15, 16, 17 관련)

가. 채권자취소권은 채무자의 사해행위를 채권자와 수익자 또는 전득자 사이에서 상대적으로 취소하고 채무자의 책임재산에서 일탈한 재산을 회복하여 채권자의 강제집행이 가능하도록 하는 것을 본질로 하는 권리이므로, 원상회복을 가액상환으로 하는 경우에 그 이행의 상대방은 채권자이어야 한다.[9]

나. 가액상환의무는 사해행위의 취소를 명하는 판결이 확정된 때에 비로소 발생하므로 그 판결이 확정된 다음날부터 이행지체에 빠지게 되고, 따라서 소송촉진 등에 관한 특례법이 적용되지 않아 민법 소정의 법정이율이 적용된다.

---

7) 대법원 2010. 5. 27. 선고 2007다40802 판결; 민사실무Ⅱ, 154면 기재례 참조.

8) 대법원 2003. 7. 11. 선고 2003다19572 판결. 다만, 실무상으로는 계산의 편의상 "피고 김수철과 피고 김태산 사이에 별지 목록 기재 부동산에 관하여 2016. 8. 29. 체결된 매매계약을 3억 5,200만 원의 한도 내에서 취소한다"라고 구하는 경우가 많은 것이 사실이지만, 답안과 같이 청구하는 것이 의뢰인의 이익에 최대한 부합하는 것이다.

9) 대법원 2008. 4. 24. 선고 2007다84352 판결; 민사실무Ⅱ, 154면 기재례 참조.

수익자의 채권자에 대한 가액상환의무는 상행위로 인한 채무가 아니므로 상법 제54조를 적용하기 어렵다.[10]

다. 사해행위취소 및 원상회복청구는 그 판결이 확정되어야 비로소 집행력이 발생하므로 가집행의 대상이 되지 못하며, 가액반환의 청구는 사행행위취소의 효과발생을 전제로 하는 이행청구로서 그 이행기의 도래가 판결확정 이후임이 명백하여 확정 전에 집행할 수 없으므로 가집행을 청구할 수 없다.[11]

5. 수급인의 담보책임과 제척기간 (답안 각주 21, 22 관련)

가. 민법 제671조는 수급인의 담보책임에 관하여, 토지, 건물 기타 공작물의 수급인은 목적물 또는 지반공사의 하자에 대하여 인도 후 5년간 담보의 책임이 있고, 목적물이 석조, 석회조, 연와조, 금속 기타 이와 유사한 재료로 조성된 것인 때에는 그 기간을 10년으로 하며, 위 하자로 인하여 목적물이 멸실 또는 훼손된 경우 도급인은 그 멸실 또는 훼손된 날로부터 1년 내에 담보책임을 물어야 한다고 규정하고 있다. 또한, 민법 제672조는 담보책임면제의 특약을 한 경우에도 수급인이 알고 고지하지 아니한 사실에 대하여는 그 책임을 면하지 못한다고 규정하고 있다. 이러한 규정의 취지 및 민법의 채권편 규정은 원칙적으로 임의규정이라는 점에 비추어 보면 담보책임에 관한 제척기간은 당사자의 약정으로 단축할 수 있다고 해석하여야 할 것이다.

나. 이 사건 기록상 정선교공사에 관한 계약서에 하자담보책임기간은 완공 후 3년으로 약정하였음에도 불구하고 원고(가나건설)가 위 공사가 완공된 2013. 8. 31.로부터 3년 내에 수급인의 담보책임을 묻지 않았으므로 제척기간의 도과로 담보책임은 원칙적으로 소멸되었다고 할 것이다. 다만, 수급인의 담보책임에 관한 기간은 제척기간으로서 재판상 또는 재판 외의 권리행사기간이며 재판상 청구를 위한 출소기간이 아니므로,[12] 이 소를 제기하기 전에 어떠한 방법으로든지 담보책임을 청구하였으면 담보책임을 구할 수 있을 것이나 정선교에 대한 하자주장은 2016. 9. 1.자 내용증명우편에 비로소 등장하였으므로 제척기간이 도과되었다고 할 것이다.

---

10) 대법원 2009. 1. 15. 선고 2007다61618 판결; 민사실무Ⅱ, 154면 기재례 참조.
11) 민사실무Ⅱ, 177면.
12) 대법원 2000. 6. 9. 선고 2000다15371 판결. 더 자세한 것은 제6장의 쟁점해설 8. 참조.

다. 수급인의 담보책임에 기한 하자보수에 갈음하는 손해배상청구권에 대하여는
   민법 제670조 또는 제671조의 제척기간이 적용되고, 이는 법률관계의 조속
   한 안정을 도모하고자 하는 데에 취지가 있다. 그런데 이러한 도급인의 손
   해배상청구권에 대하여는 권리의 내용·성질 및 취지에 비추어 민법 제162
   조 제1항의 채권 소멸시효의 규정 또는 도급계약이 상행위에 해당하는 경우
   에는 상법 제64조의 상사시효의 규정이 적용되고, 민법 제670조 또는 제671
   조의 제척기간 규정으로 인하여 위 각 소멸시효 규정의 적용이 배제된다고
   볼 수 없다.[13] 따라서 제척기간을 준수하였다고 하더라도 그 권리의 소멸시
   효가 완성되었다면 이를 행사할 수 없는 것이다.

라. 민법 제672조가 수급인이 담보책임이 없음을 약정한 경우에도 알고 고지하
   지 아니한 사실에 대하여는 그 책임을 면하지 못한다고 규정한 취지는 그와
   같은 경우에도 담보책임을 면하게 하는 것은 신의성실의 원칙에 위배된다는
   데 있으므로, 담보책임을 면제하는 약정을 한 경우뿐만 아니라 담보책임기간
   을 단축하는 등 법에 규정된 담보책임을 제한하는 약정을 한 경우에도, 수급
   인이 알고 고지하지 아니한 사실에 대하여 그 책임을 제한하는 것이 신의성실
   의 원칙에 위배된다면 그 규정의 취지를 유추하여 그 사실에 대하여는 담보책
   임이 제한되지 않는다고 보아야 한다.[14] 이에 따라 수급인인 (주)다라토건이
   하자에 관하여 알고 고지하지 않았다는 사실을 입증한다면 담보책임을 물을
   수 있을 것이지만,[15] 이 사건 기록에는 이러한 부분에 관한 자료가 없다.

6. 지체상금률의 약정과 손해배상예정액의 감액 (답안 각주 23 관련)

가. 지체상금에 관한 약정은 수급인이 그와 같은 일의 완성을 지체한 데 대한
   손해배상액의 예정이므로, 수급인이 약정된 기간 내에 그 일을 완성하여 도
   급인에게 인도하지 않아 지체상금을 지급할 의무가 있는 경우, 법원은 민법
   제398조 제2항의 규정에 따라 계약 당사자의 지위, 계약의 목적과 내용, 지
   체상금을 예정한 동기, 실제의 손해와 그 지체상금액의 대비, 그 당시의 거
   래관행 및 경제상태 등 제반 사정을 참작하여 약정에 따라 산정한 지체상금

---

13) 대법원 2012. 11. 15. 선고 2011다56491 판결.
14) 대법원 1999. 9. 21. 선고 99다19032 판결.
15) 위 99다19032 판결.

액이 일반 사회인이 납득할 수 있는 범위를 넘어 부당하게 과다하다고 인정
하는 경우에 이를 적당히 감액할 수 있다.[16]

나. 지체상금을 계약 총액에서 지체상금률을 곱하여 산출하기로 정한 경우, 민
  법 제398조 제2항에 의하면, 손해배상액의 예정액이 부당히 과다한 경우에
  는 법원은 적당히 감액할 수 있다고 규정되어 있고 여기의 손해배상의 예정
  액이란 문언상 그 예정한 손해배상액의 총액을 의미한다고 해석되므로, 손
  해배상의 예정에 해당하는 지체상금의 과다 여부는 지체상금 총액을 기준으
  로 하여 판단하여야 한다.[17]

7. 사해행위취소로 인한 원상회복의 방법 (답안 각주 25, 26, 28 관련)

가. 근저당권이 설정되어 있는 부동산을 증여한 행위가 사해행위에 해당하는 경
  우, 그 부동산이 증여된 후 근저당권설정등기가 말소되었다면, 증여계약을
  취소하고 부동산의 소유권 자체를 채무자에게 환원시키는 것은 당초 일반
  채권자들의 공동담보로 제공되지 아니한 부분까지 회복시키는 결과가 되어
  불공평하므로, 채권자는 그 부동산의 가액에서 근저당권의 피담보채무액을
  공제한 잔액의 한도 내에서 증여계약의 일부 취소와 그 가액의 상환을 청구
  할 수밖에 없다.[18]

나. 근저당권이 설정되어 있는 부동산에 관하여 사해행위가 이루어진 후 근저당
  권이 말소되어 그 부동산의 가액에서 근저당권 피담보채무액을 공제한 나머
  지 금액의 한도에서 사해행위를 취소하고 가액의 상환을 명하는 경우 그 가
  액의 산정은 사실심 변론종결시를 기준으로 하여야 하고, 기존의 근저당권
  이 말소된 후 사해행위에 의하여 그 부동산에 관한 권리를 취득한 전득자에
  대하여도 사실심 변론종결시의 부동산 가액에서 말소된 근저당권 피담보채
  무액을 공제한 금액의 한도에서 그가 취득한 이익에 대한 가액 상환을 명할
  수 있다.[19]

---

16) 위 2001다1386 판결.
17) 대법원 2002. 12. 24. 선고 2000다54536 판결.
18) 대법원 2001. 12. 11. 선고 2001다64547 판결.
19) 대법원 2001. 9. 4. 선고 2000다66416 판결. 다만, 현재는 소를 제기하는 시점이므로 이
    때를 기준으로 산정할 수밖에 없으며, 이후 소송진행 과정에서 가액의 변동이 있으면 사
    실심 변론종결시를 기준으로 산정하여 청구를 변경하여야 할 것이다.

다. 사해행위를 전부 취소하고 원상회복을 구하는 채권자의 주장 속에는 사해행
위를 일부 취소하고 가액의 상환을 구하는 취지도 포함되어 있으므로, 채권
자가 원상회복만을 구하는 경우에도 법원은 가액의 상환을 명할 수 있다.[20]

라. 소유권이전등기청구권 보전을 위한 가등기가 사해행위로서 이루어진 경우
그 매매예약을 취소하고 원상회복으로서 가등기를 말소하면 족한 것이고,
가등기 후에 저당권이 말소되었다거나 그 피담보채무가 일부 변제된 점 또
는 그 가등기가 사실상 담보가등기라는 점 등은 그와 같은 원상회복의 방법
에 아무런 영향을 주지 않는다.[21]

8. 채권자취소권의 피보전채권 (답안 각주 27, 32 관련)

가. 채권자취소권에 의하여 보호될 수 있는 채권은 원칙적으로 사해행위라고 볼
수 있는 행위가 행하여지기 전에 발생된 것임을 요하지만, 그 사해행위 당시
에 이미 채권 성립의 기초가 되는 법률관계가 발생되어 있고, 가까운 장래에
그 법률관계에 기하여 채권이 성립되리라는 점에 대한 고도의 개연성이 있
으며, 실제로 가까운 장래에 그 개연성이 현실화되어 채권이 성립된 경우에
는 그 채권도 채권자취소권의 피보전채권이 될 수 있다.[22]

나. 피보전채권에 사해행위 이후 사실심 변론종결시까지 발생한 이자나 지연손
해금이 포함되며,[23] 실무상으로는 변론종결 즈음에 청구금액을 확정하는 청
구를 변경하는 사례가 많다.

9. 사해행위취소에서 수익자의 선의 (답안 각주 29, 30 관련)

가. 사해행위취소소송에 있어서 채무자의 악의의 점에 대하여는 그 취소를 주장
하는 채권자에게 입증책임이 있으나 수익자 또는 전득자가 악의라는 점에
관하여는 입증책임이 채권자에게 있는 것이 아니고 수익자 또는 전득자 자
신에게 선의라는 사실을 입증할 책임이 있다.[24]

---

20) 위 2000다66416 판결. 가액상환을 청구할 수밖에 없는 경우 변호사가 전부승소를 목표
로 한다면 반드시 가액상환청구를 하여야 할 것이다.
21) 대법원 2001. 6. 12. 선고 99다20612 판결.
22) 대법원 2002. 4. 12. 선고 2000다43352 판결.
23) 위 2003다19572 판결.
24) 대법원 1997. 5. 23. 선고 95다51908 판결.

나. 수익자 또는 전득자가 선의를 주장·입증하기 위해서 어떠한 점에 착안하여 야 하는지는 개별 사건마다 다르겠지만, 사해행위가 부동산매매의 경우에 수익자인 매수인의 선의를 인정한 대법원 판례의 기준을 참조할 필요가 있 는바, ① 사해행위의 수익자가 실수요자로서 통상적인 거래에 의하여 부동 산을 매수한 점, ② 수익자는 채무자와 친인척관계 등이 전혀 없어 채무자의 신용상태 등을 전혀 알 수 없는 처지에 있었던 점, ③ 부동산등기사항증명서 상으로도 장기간 가압류기입등기 등이 된 적이 없어 채무자의 신용상태를 의심할 여지가 없었던 점, ④ 매매대금이 시세보다 현저히 낮다고 할 수도 없는 점, ⑤ 수익자가 매매대금 전액을 모두 지급하였을 뿐만 아니라 부동산 에 거주하면서 실제로 공장을 운영하고 있는 점, ⑥ 매수가격이 시세보다 다 소 낮다고 하더라도 그에 관해서는 수익자가 상응하여 잔금을 단기간에 지 급하기로 약정한 것이라는 설명이 가능한 점, ⑦ 수익자가 사해행위에 해당 함을 알면서도 부동산을 매수할 만한 동기나 이유를 찾기 어려운 점 등의 간접사실을 근거로 수익자의 선의를 인정하였다.[25]

10. 대물변제와 사해행위 (답안 각주 33, 34, 35 관련)

가. 대물변제는 채무자가 특정채권자와 통모하거나 채권자의 채권액을 초과하는 경우를 제외하고 원칙적으로 변제와 같이 보아 적극재산을 감소시키는 동시 에 소극재산도 감소하게 되므로 사해행위가 되지 않는다는 것이 다수설이 고,[26] 이와 같은 취지의 대법원 판결[27] 및 기존 금전채무의 변제에 갈음하 여 다른 금전채권을 양도하는 대물변제의 경우 사해행위로 단정하기 어렵다 는 판결[28] 등이 있다. 반면, 채무초과의 상태에 빠져 있는 채무자가 그의 유 일한 재산인 부동산을 채권자들 가운데 어느 한 사람에게 대물변제로 제공 하는 행위는 다른 특별한 사정이 없는 한 다른 채권자들에 대한 관계에서 사해행위가 된다고 판시한 판례가 다수를 차지하고 있다.[29]

---

25) 대법원 2002. 11. 8. 선고 2002다42100 판결.
26) 지원림, 1183면.
27) 대법원 1967. 4. 25. 선고 67다75 판결.
28) 대법원 2003. 6. 24. 선고 2003다1205 판결.
29) 대법원 2011. 10. 13. 선고 2011다28045 판결, 대법원 2011. 3. 10. 선고 2010다52416 판 결, 대법원 2005. 11. 10. 선고 2004다7873 판결, 대법원 2000. 9. 29. 선고 2000다3262

나. 이 사건의 경우 전자에 따르면 피고 김태산은 피고 김수철에 대한 4억 원의 채권을 가지고 있었으므로 당시 이 사건 부동산의 실질가치에 비추어 위 대물변제는 상당한 가격으로 행하여졌다고 할 수 있어 사해행위가 성립하지 않는다고 할 수 있는 반면, 후자에 따르면 피고 김태산은 채무초과 상태에 빠져있는 피고 김수철로부터 그의 유일한 부동산을 대물변제로 받았으므로 사해행위에 해당하게 된다. 실무상으로는 후자가 우세한 것으로 보인다.

다. 채권자취소권은 채권의 공동담보인 채무자의 책임재산을 보전하기 위하여 채무자와 수익자 사이의 사해행위를 취소하고 채무자의 일반재산으로부터 일탈된 재산을 모든 채권자를 위하여 수익자 또는 전득자로부터 환원시키는 제도로서, 수익자로 하여금 자기의 채무자에 대한 반대채권으로써 상계를 허용하는 것은 사해행위에 의하여 이익을 받은 수익자를 보호하고 다른 채권자의 이익을 무시하는 결과가 되어 위 제도의 취지에 반하므로, 수익자가 채권자취소에 따른 원상회복으로서 가액상환을 할 때에 채무자에 대한 채권자라는 이유로 채무자에 대하여 가지는 자기의 채권과의 상계를 주장할 수는 없다.[30]

라. 또한, 채권자취소권 행사의 효력은 채권자와 수익자 또는 전득자와의 상대적인 관계에서만 미치는 것이므로 채권자취소권의 행사로 인하여 채무자가 수익자나 전득자에 대하여 어떠한 권리를 취득하는 것은 아니라고 할 것이고, 따라서 수익자가 채무자에게 가액상환금 명목으로 금원을 지급하였다는 점을 들어 채권자취소권을 행사하는 채권자에 대하여 가액상환에서의 공제를 주장할 수는 없다.[31]

11. 선택적 중재조항의 효력 (답안 각주 36 관련)

가. 이 사건 기록상 하도급계약서 제31조 제3항에 서울북부지방법원으로 관할합의조항이 있는 반면, 같은 조 제1항 및 제2항에는 이 계약에서 발생하는 문제에 관한 분쟁은 "갑"과 "을"이 쌍방의 합의에 의하여 해결하고 합의가 성립하지 못할 때에는 건설산업기본법 제69조의 규정에 의하여 설치된 건설업

판결 등.
30) 대법원 2001. 6. 1. 선고 99다63183 판결.
31) 위 99다63183 판결.

분쟁조정위원회에 조정을 신청하거나 다른 법령에 의하여 설치된 중재기관에 중재를 신청할 수 있다고 규정하고 있는 점에서 중재조항이 있는 것으로 볼 여지가 있다.

나. 그러나, 조정 또는 중재를 분쟁해결방법으로 정한 선택적 중재조항은 계약의 일방 당사자가 상대방에 대하여 조정이 아닌 중재절차를 선택하여 그 절차에 따라 분쟁해결을 요구하고 이에 대하여 상대방이 별다른 이의 없이 중재절차에 임하였을 때 비로소 중재합의로서 효력이 있다.[32] 따라서 원고(가나건설)가 합의된 서울북부지방법원에 이 사건 소를 제기하는 것은 문제가 없다.

---

32) 대법원 2005. 5. 27. 선고 2005다12452 판결.

제12장

손해배상, 담보지상권등기말소 관련 청구

※ 문　제

귀하(변호사 김상승)는 이 사건의 담당변호사로서 의뢰인 (주)에이스일렉트로닉스의 대표이사 박광철과 상담일지 기재와 같은 내용으로 상담하고, 첨부서류를 자료로 받았다. 귀하는 의뢰인의 요구사항 및 이익에 최대한 부합하는 소장을 작성하되, 청구원인을 작성함에 있어 먼저 청구원인사실을 중심으로 기재한 다음 기록 내용에 비추어 피고(들)가 법령 및 판례에 따라 제기할 것으로 예상되는 주장 및 항변을 정리하고 각 그에 대한 반론을 개진하시오.

【작성요령】

1. 본 기록 내에 나타나 있는 사실관계 및 증거자료만을 기초로 하고, 별도의 법률행위 또는 사실행위를 한 것을 전제로 하지 말 것.

   단, 의뢰인의 요구를 충족하기 위하여 특정 권리의 행사가 필요한 경우에는 소장을 통하여 행사할 것.
2. 사실관계 주장은 첨부된 자료 중 증거로 신청·제출이 가능한 자료를 토대로 하여 증거법상 법원에 의하여 인정받을 가능성이 있다고 판단되는 내용으로 한정할 것.
3. 각종 서류는 모두 적법하게 작성되었고, 기록상 일자의 요일은 실제 요일과 무관하게 토요일 또는 공휴일이 없는 것을 전제로 할 것(단, 2016. 8. 15.은 광복절로서 공휴일임).
4. 법리적인 주장은 현행 법령 및 대법원 판례의 태도에 비추어 받아들여질 가능성이 없다고 판단되는 내용은 제외하며, 귀하가 소를 제기하는 경우 상대방은 적극적으로 응소하는 것을 전제로 할 것.
5. 소장의 기재사항 중 증거방법 및 첨부서류란을 생략하여도 무방함.

6. 금전청구를 하는 경우 구체적 증명이 없으면 나타난 자료만으로 일응 청구하고 소송 중에 정확한 증거신청을 할 것을 전제로 청구할 것.

7. 소장의 작성일 및 소(訴) 제기일은 2016. 10. 15.로 할 것.

[참고자료]

각급 법원의 설치와 관할구역에 관한 법률 (일부)

[시행 2014.12.30.] [법률 제12879호, 2014.12.30., 일부개정]

제4조(관할구역) 각급 법원의 관할구역은 다음 각 호의 구분에 따라 정한다. 다만, 지방 법원 또는 그 지원의 관할구역에 시·군법원을 둔 경우 「법원조직법」 제34조 제1항 제1호 및 제2호의 사건에 관하여는 지방법원 또는 그 지원의 관할구역에서 해당 시·군법원의 관할구역을 제외한다.

　1. 각 고등법원·지방법원과 그 지원의 관할구역: <u>별표 3</u>

　2. ~7. 생략

[별표 3] 고등법원 · 지방법원과 그 지원의 관할구역 (일부)

고등법원	지방법원	지원	관할구역
서울	서울중앙		서울특별시 종로구·중구·강남구·서초구·관악구·동작구
	서울동부		서울특별시 성동구·광진구·강동구·송파구
	서울남부		서울특별시 영등포구·강서구·양천구·구로구·금천구
	서울북부		서울특별시 동대문구·중랑구·성북구·도봉구·강북구·노원구
	서울서부		서울특별시 서대문구·마포구·은평구·용산구
	의정부		의정부시·동두천시·구리시·남양주시·양주시·연천군·포천시·가평군, 강원도 철원군. 다만, 소년보호사건은 앞의 시·군 외에 고양시·파주시
		고양	고양시·파주시
	인천		인천광역시. 다만, 소년보호사건은 앞의 광역시 외에 부천시·김포시
		부천	부천시·김포시
	수원		수원시·오산시·용인시·화성시. 다만, 소년보호사건은 앞의 시 외에 성남시·하남시·평택시·이천시·안산시·광명시·시흥시·안성시·광주시·안양시·과천시·의왕시·군포시·여주시·양평군
		성남	성남시·하남시·광주시
		여주	이천시·여주시·양평군
		평택	평택시·안성시
		안산	안산시·광명시·시흥시
		안양	안양시·과천시·의왕시·군포시

상 담 일 지

접 수 번 호	2016민173	상 담 일	2016. 10. 13.
상 담 인	박광철	연 락 처	010-1234-5612
담당변호사	김상승	사 건 번 호	

【상담내용】

1. (주)에이스일렉트로닉스는 (주)로텍으로부터 내비게이션(고급형, 매립형)을 공급받아 이를 내비게이션 전문설치업체에 공급하는 계약을 체결하였고, 계약보증금으로 2억 원을 지급하였으며, 점차 매출이 증가하자 위 회사의 요구로 토지를 담보로 제공하기까지 하였다.

2. (주)에이스일렉트로닉스가 (주)로텍에 담보로 제공한 토지는 나대지로서 지상에 건물이나 고정된 시설이 없이 컨테이너박스를 놓고 임시로 주차장을 운영하고 있는 상태이며, (주)로텍은 근저당권 설정을 요구하면서 그 담보력을 확보하기 위하여 지상권 설정도 아울러 요구하였고, 그 토지의 사용수익은 여전히 (주)에이스일렉트로닉스가 하고 있는 상태이다.

3. (주)에이스일렉트로닉스는 (주)로텍으로부터 제품을 공급받아 이를 거래처에 공급하였으나 일부 제품에서 하자가 발생하자 위 회사에 그 해결을 요구하면서 일시 거래를 중단하였고, 위 회사는 하수급업자인 주성전자(주)의 손실보증서를 교부하면서 계속적 거래를 요청하여 거래는 계속되었다. 그러나 그 이후에 공급받은 제품도 하자가 발생하여 2016년 7월 31일 마감결과 대금은 모두 지급된 반면 하자로 인한 손해는 178,530,000원에 이르고 있다.

4. (주)에이스일렉트로닉스는 하자의 원인이 주성전자(주)가 담당한 도금에서 발생한 것이라고 주장하고, 주성전자(주)의 대표이사 박민철도 이를 인정하

면서 손실보증서를 작성하여 주었으나, 위 회사의 다른 대표이사 양윤지는 보증에 이사회 결의도 없었을 뿐만 아니라 그 하자원인도 인정할 수 없다고 주장하고 나섰다.

【의뢰인의 요구사항】

의뢰인은 대리점계약의 만료일인 2016년 8월 15일로 (주)로텍과의 계약을 종결하고 거래관계의 청산(보증금 및 담보 회수 포함) 및 손해배상을 받고자 한다.

【첨부서류】

1. 대리점 계약서
2. 영수증
3. 등기사항전부증명서(토지)
4. 내용증명우편(제목: 제품하자에 대한 대책 촉구, 발신: 에이스일렉트로닉스, 수신: 로텍)
5. 우편물배달증명서
6. 내용증명우편(제목: 제품하자에 대한 대책 마련, 발신: 로텍, 수신: 에이스일렉트로닉스)
7. 손실보증서
8. 내용증명우편(제목: 계약갱신거절 및 손실금 청구, 발신: 에이스일렉트로닉스, 수신: 로텍)
9. 대금손실확인서
10. 우편물배달증명서
11. 내용증명우편(제목: 손실보증금 청구, 발신: 에이스일렉트로닉스, 수신: 주성전자)
12. 우편물배달증명서
13. 내용증명우편(제목: 손실보증금 청구에 대한 답변, 발신: 주성전자, 수신: 에이스일렉트로닉스)
14. 등기사항전부증명서(법인)

15. 등기사항전부증명서(법인)
16. 등기사항전부증명서(법인)

법무법인 다일종합법률사무소

변호사 박조정, 양화해, 서온유, 김상승, 이승소
서울 동대문구 양진대로 777
전화 : 961-1543 팩스 : 961-1544 이메일 : sskim@daillaw.com

대리점 계약서

[공급자]
주식회사 로텍
인천광역시 남동구 고잔동 남동공단 134-21

[대리점]
주식회사 에이스일렉트로닉스
안산시 단원구 성곡동 101

주식회사 로텍(이하 "갑"이라 칭함)과 주식회사 에이스일렉트로닉스(이하 "을"이라 칭함)는 아래와 같은 조건으로 대리점 계약을 체결한다.

제1조 【계약목적】
　본 계약은 "갑"이 생산하여 공급하는 제품(내비게이션)을 "을"이 "갑"의 대리점으로서 "갑"으로부터 매수하여 소비자에게 판매함에 있어 필요한 사항을 정하는 것을 목적으로 한다.

제2조 【대리점의 지정, 판매지역】
① "을"이 "갑"의 상품을 판매하는 지역은(이하 "판매지역"이라 한다) 안산시, 시흥시, 광명시로 정하고 위의 지역 이외에서 "갑"의 상품을 판매하고자 할 때에는 "갑"의 사전 승인을 받아야 한다.
② "을"은 "갑"의 상품을 판매하기 위하여 주사무소 및 점포를 상권중심지 역내에 두기로 하고 운반차량의 통행이 자유로운 위치에 설치한다.
③ "갑"이 필요로 할 때 "을"의 판매지역을 조정할 수 있다.
④ 제1항에 명시된 영업장소 이외에 분점을 설치하고자 할 때는 사전협의 후 결정한다.

제3조 【계약보증금】
① "을"은 본 계약 각 조항의 준수 및 이행을 보증하기 위하여 계약보증금 2억원을 계약체결과 동시에 "갑"에게 예치한다. "갑"은 계약보증금에 대하여 이자를 지급하지 아니한다.
② "갑"은 본 계약기간 만료 후 또는 기타 사유로 본 계약이 종료한 경우 제1항의 보증금 중에서 아래 제3항에 의한 "을"의 "갑"에 대한 채무를 공제하고 그 잔액을 "을"에게 반환한다.

③ "갑"은 "을"에 대한 통지 또는 "을"의 동의 없이 보증금의 일부 또는 전부로써 현재 또는 장래에 "을"이 "갑"에게 부담하는 모든 채무의 변제에 충당할 수 있으나 "을"은 보증금을 "을"의 "갑"에 대한 채무의 변제에 충당할 것을 요구할 수 없다.

④ 전항에 의하여 "갑"이 계약기간중 보증금의 일부 또는 전부를 "을"의 "갑"에 대한 채무의 변제에 충당하였을 때에는 "을"은 갑의 청구에 의하여 즉시 이를 보충하여야 한다.

⑤ 제3항의 경우 보증금으로 "을"이 "갑"에게 부담하는 모든 채무의 변제에 충당하고 부족액이 있을 때에는 "을"은 "갑"의 청구에 의하여 즉시 이를 "갑"에게 지급하여야 한다.

제4조【담보제공 및 재정보증】

① "을"은 "갑"과의 거래에서 발생된 현재의 채무 및 장래에 발생되는 모든 채무를 담보로 할 수 있는 부동산, 현금 및 기타 상당한 재산권을 미리 "갑"에게 제공함과 동시에 담보력을 평가하여 거래상 담보력이 부족하다고 인정될 경우 "갑"의 요청에 따라 추가담보를 제공한다.

② 전항의 경우 "을"이 제공하는 담보가 건물일 경우에는 "을"은 화재보험에 가입한 후 "갑"을 위하여 동보험증권을 질권설정하여야 한다.

③ "을"은 이 계약서와 관련하여 채무를 이행 보증하기 위하여 1인 이상의 연대보증인을 세워야 하고 연대보증인은 "을"의 전 채무에 대하여 변제의무를 갖는다.

제5조【상품의 종류, 가격 수량】

상품의 종류, 규격은 "갑"의 사양에 의해 "갑", "을" 협의하여 결정하며 상품의 수량은 "을"의 요청에 의하여 "갑"이 정하되 "갑"은 사정에 의하여 이를 적의 조정할 수 있으며, "을"은 "갑"이 공급하지 않은 상품은 원칙적으로 판매할 수 없다. (단, "갑"과 사전 협의한 상품은 취급 판매할 수 있다).

제6조【판매가격】

"갑"이 "을"에게 판매하는 상품의 판매가격은 "갑"이 정하고, "을"이 실수요자에게 판매하는 상품의 가격은 "갑"이 별도로 표준가격을 정하여 권장할 수 있다.

제7조【상품공급 및 반품】

① "을"은 매월 말일까지 익월 판매계획(상품별 소요량)을 작성하여 "갑"에게 제출한다.

② "을"은 "갑"이 지정하는 시간과 장소에서 제품을 인수하여 "을"의 차량으로 이를 운송하며 "갑"의 차량으로 운송할 경우에는 별도 "갑"이 정한 운송비를 "갑"에게 지급한다.

③ "갑"은 "을"이 판매하는데 충분한 수량의 제품을 공급하여야 하며 부득이한 사정으로 제품공급이 어려울 경우에는 각 수요처에 공평한 비율로 공급하기로 하며 이에 대해 "을"은 이의를 제기하지 않는다.

④ "을"은 "갑"으로부터 일단 인수한 제품에 대하여는 결함, 파손된 불량품 이외에는 반환할 수 없다.

⑤ "을"이 "갑"으로부터 인수한 제품중 "을"의 귀책에 의하지 아니한 결함, 파손된 제품이 있음이 확인이 된 경우 "갑"은 그 제품의 결함 파손된 부분(부품)을 추가로 "을"에게 교환, 제공한다.

제8조【공고 및 판촉】

① "갑"은 "을"의 상품매매를 촉진시키기 위하여 다음사항을 협조 요청할 수 있으며, "을"은 "갑"의 요청에 최대한 협조한다.
  ㉠ "을"의 영업장 내외부 장치, 간판 및 상품진열
  ㉡ 판매 촉진에 관한 사항
  ㉢ 기타 "갑"이 판매를 수행함에 있어서 필요하다고 인정하는 사항
② "을"이 단독 또는 연합광고 및 "갑" 이외의 타인과의 공동광고는 "갑"과 사전협의 후 시행한다.

제9조【상품의 사후봉사】

① "을"은 "갑"으로부터 공급받아 판매한 상품 및 "을"이 판매하지는 않았으나 "갑"이 유통시켜 "을"의 구역 내에서 발생한 상품에 대한 사후봉사를 실시할 기본적 의무가 있으며 불만신고를 거부할 수 없다.
② "을"은 상품구입 사용자의 요구가 적당하다고 인정될 경우에는 지체없이 상품을 수리, 교환 조치하고 "갑"이 책임질 사항은 "갑"에게 구상 받는다.
③ 결함상품의 책임소재가 분명하지 않은 경우에는 "을"은 "갑" 및 구입자와 성실하게 협의하여 처리한다.
④ 상품의 수리가 필요한 경우에는 상품을 인수하여 "갑"이 신속하게 처리하도록 조치하고 수리된 상품을 구입자에게 인도한다.
⑤ "을"의 잘못으로 상품의 불량이 발생한 경우에도 "갑"은 "을"로부터 구상 받도록 한다.

제10조【재고조사 및 판매대금 등】

① "을"은 "갑"의 요구 시 재고조사 및 장부열람에 응하여야 한다.
② 상품대금은 현금으로 결재하는 것은 것을 원칙으로 하되, "갑"의 사전승낙 하에 은행도 어음으로 대체할 수 있다.
③ "을"이 은행도 약속어음으로 결제할 경우에는 "갑"에게 상품을 인수한 날로부터 지급일은 ○○일을 초과할 수 없다. 또한 결제한 어음이 잔고 부족보도 처리나 사취보도 처리가 될 시에는 "갑"이 즉시 채권행사를 해도 "을"은 하등의 이의를 제기할 수 없다.
④ 전항의 확실한 이행보증을 위해 "을"은 "갑"에게 권리행사가 위임되어 있는 백지 당좌수표 및 백지어음을 "갑"에게 예치하여야 한다.
⑤ "을"이 어음으로 결제하는 경우에는 인수상품 가격 및 매월외상 매입결제의 50를 초과할 수 없다.

제11조【사업자등록증 제출】

"을"은 이 계약과 동시에 사업자등록증 사본을 "갑"에게 제출하여야 하며 년 ○○회 사업자등록 검열필 사본을 제출해야 한다.

제12조【대리점의 의무】

① "을"은 "갑"과의 사전합의나 승인 없이 상호변경이나 영업장소를 임의로 이전할 수 없으며, "갑"이 필요에 따라 영업실태(장부 및 기타 관계증빙서류 등)를 파악할 수 있도록 해야한다.

② "을"은 "갑"의 사전 서면 승인 없이 본 계약상의 제반권리를 양도할 수 없으며 담보로 제공할 수 없다. 단, "을"의 사정으로 인하여 대리점 운영을 포기하였을 때에는 "갑"은 본 계약을 즉시 해지하고 적절한 조치를 취할 수 있다.

③ "을"은 본 계약과 본 계약에 부수된 계약의 내용 및 "갑"의 사업과 제품 기타 "갑"의 판매정책에 관한 비밀을 타인에게 누설하여서는 아니된다.

제13조【손해배상】

"을"이 본 계약을 위반하여 계약이 해지되거나 "을"의 고의 또는 과실로 인하여 "갑"에게 손해가 발생하였을 때에는 "을"은 그로 인한 손해를 "갑"에게 배상하여야 하며 이때 "갑"이 제3조의 보증금으로 임의로 손해배상채무의 변제에 충당하여도 "을"은 이의를 제기하지 않는다.

제14조【계약해지】

① 본 계약기간 만료 전이라도 다음의 경우 "갑"은 "을"에 대한 사전 서면 통지 없이 언제든지 본 계약을 해지하고 손해배상을 청구할 수 있다.

　　㉠ "을"이 "갑"의 제품을 변조하여 팔았을 때

　　㉡ "을"이 영업정지 등 행정처분을 받았을 때

　　㉢ "을"이 고의로 타 대리점의 판매를 방해했을 때

　　㉣ "을"의 귀책사유로 인하여 "갑"의 신용 또는 명예가 훼손되었을 때

　　㉤ "을"이 거래질서를 문란시켰다고 인정될 때

　　㉥ "을"이 타 채무로 인하여 압류, 가압류, 가처분, 경매신청, 파산신청, 화의개시의 신청 등을 받거나 또는 형사절차에 따라 기소되었을 때

　　㉦ "을"이 발행 또는 차입한 수표나 어음이 부도났을 때

　　㉧ "을"이 상품대금의 지급약정을 지체하거나 위배했을 때

　　㉨ "을"이 파산선고를 받고 회사정리 신청을 하거나 당하였을 때

　　㉩ "을"이 "갑"의 사전동의 없이 "을"의 영업권을 타인에게 양도하거나 "을"이 법인일 경우 "갑"의 사전동의 없이 대표이사를 교체하였을 때

　　㉪ 기타 본 계약을 위반하거나 "갑"의 지시사항을 위반하였을 때

② "을"은 계약이 해지되면 기한의 이익을 상실하고 "갑"에 대한 외상매입금(약속어음중 만기 미도래 포함)을 즉시 지급하여야 하며, 부득이한 경우 "을"의 재고상품을 "갑"이 회수

할 수 있고 "을"은 이를 방해하지 못하며 당연히 반환하여야 한다.

제15조【계약기간】

본 계약은 2014년 8월 16일부터 2016년 8월 15일까지 24개월 동안 유효한 것으로 하며 기간 만료 1개월 전에 재계약 합의가 없을 경우에는 자동 종료된 것으로 한다.

제16조【관할법원】

이 계약에 관한 일체의 분쟁에 관한 사항은 "갑"의 본사 소재지를 관할하는 법원을 그 관할법원으로 한다.

제17조【기타사항】

이 계약서 각 조항의 해석에 관하여 "갑", "을" 상호간에 이의가 있거나 이 계약서에 명시되지 않은 사항은 상관례에 따라 상호 협의하여 정한다.

이 계약을 증하기 위하여 계약서 2통을 작성하여 "갑", "을" 각 1통씩 보관한다.

2014년 8월 14일

"갑"

　주식회사 로텍

　인천광역시 남동구 고잔동 남동공단 134-21

　　대표이사 이성훈 (인)

"을"

　주식회사 에이스일렉트로닉스

　경기도 안산시 단원구 성곡동 101

　　대표이사 박광철, 김미숙

영 수 증

금 이억(₩200,000,000)원 정

위의 금액을 계약보증금으로 정히 영수함

2014. 8. 14.

주식회사 로텍
대표이사 이성훈

주식회사 에이스일렉트로닉스   귀하

등기사항전부증명서(말소사항 포함) - 토지

[토지] 서울특별시 서초구 서초동 111   고유번호 1146-1988-0231118

【 표　제　부 】 (토지의 표시)

표시번호	접　수	소 재 지 번	지 목	면　적	등기원인 및 기타사항
1 (전2)	1983년4월11일	서울특별시 서초구 서초동 111	대	980㎡	부동산등기법 제177조의6 제1항의 규정에 의하여 2000년 9월 15일 전산이기

【 갑　　　구 】 (소유권에 관한 사항)

순위번호	등 기 목 적	접　수	등기원인	권리자 및 기타사항
1 (전7)	소유권이전	1982년11월20일 제2278호	1982년9월22일 매매	소유자 김온유 421221-2****** 서울 서초구 반포동 423
				부동산등기법 제177조의6 제1항의 규정에 의하여 2000년 9월 15일 전산이기
2	소유권이전	2009년2월14일 제107330호	2009년1월13일 매매	소유자 주식회사 에이스일렉트로닉스 안산시 단원구 성곡동 101

【 을　　　구 】 (소유권 이외의 권리에 관한 사항)

순위번호	등 기 목 적	접　수	등기원인	권리자 및 기타사항

* 실선으로 그어진 부분은 말소사항을 표시함.　　* 등기부에 기록된 사항이 없는 갑구 또는 을구는 생략함.

[인터넷 발급] 문서 하단의 바코드를 스캐너로 확인하거나, 인터넷등기소(http://www.iros.go.kr)의 발급확인 메뉴에서 발급확인번호를 입력하여 위·변조 여부를 확인할 수 있습니다. 발급확인번호를 통한 확인은 발행일로부터 3개월까지 5회에 한하여 가능합니다.

발행번호 123456789A123456789B123456789C123　　1/2　　발급확인번호 ALTQ-COHX-3570　　발행일 2016/10/13

[토지] 서울특별시 서초구 서초동 111 　　　　　　　　고유번호 1146-1988-0231118

순위번호	등 기 목 적	접 수	등기원인	권리자 및 기타사항
1	근저당권설정	2015년9월1일 제51797호	2015년9월1일 설정계약	채권최고액 금 450,000,000원 채무자 주식회사 에이스일렉트로닉스 　　안산시 단원구 성곡동 101 근저당권자 주식회사 로택 　　인천광역시 남동구 고잔동 남동공단 　　134-21
2	지상권설정	2015년9월1일 제51798호	2015년9월1일 설정계약	목적 건물의 소유 범위 전체 존속기간 30년 지상권자 주식회사 로택 　　인천광역시 남동구 고잔동 남동공단 　　134-21

-- 이 하 여 백 --

수수료 금 1,000원 영수함　　　　　　　　관할등기소 서울중앙지방법원 등기국/
　　　　　　　　　　　　　　　　　　　발행등기소 법원행정처 등기정보중앙관리소

이 증명서는 부동산 등기기록의 내용과 틀림없음을 증명합니다.
　　　서기 2016년 10월 13일
　　법원행정처 등기정보중앙관리소　　　　　전산운영책임관

* 실선으로 그어진 부분은 말소사항을 표시함.　　* 등기부에 기록된 사항이 없는 갑구 또는 을구는 생략함.

[인터넷 발급] 문서 하단의 바코드를 스캐너로 확인하거나, 인터넷등기소(http://www.iros.go.kr)의 발급확인 메뉴에서 발급확인번호를 입력하여
위·변조 여부를 확인할 수 있습니다. 발급확인번호를 통한 확인은 발행일로부터 3개월까지 5회에 한하여 가능합니다.

발행번호 123456789A123456789B123456789C123　　2/2　　발급확인번호 ALTQ-COHX-3570　　발행일 2016/10/13

(주)에이스일렉트로닉스

===

시행일자 : 2016. 4. 25.

발　　신 : (주)에이스일렉트로닉스 대표이사
　　　　　안산시 단원구 성곡동 101

수　　신 : (주)로텍 대표이사
　　　　　인천광역시 남동구 고잔동 남동공단 134-21

제　　목 : 제품하자에 대한 대책 촉구

===

삼가 건승하옵고,

당사는 귀사와 대리점계약을 체결한 후 약 1년 5개월 동안 귀사의 제품에 대한 신뢰를 바탕으로 최선을 다하여 홍보 및 영업을 한 결과 현재까지 꾸준히 월 3억원 이상의 매출을 기록하고 있다는 사실을 잘 알고 계시리라 믿습니다.

특히, 당사의 매출이 증가함에 따라 귀사가 추가담보제공을 요구함에 대하여 당사는 토지를 담보로 제공하기까지 하였습니다.

그런데 최근 귀사에서 공급한 제품에 중대한 하자가 발생하여 당사는 구매자들로부터 반품을 요구받고 있으며, 그 수는 당사가 감당하기 어려울 정도까지 되고 있습니다.

이에 귀사에 대하여 빠른 시일 내에 적절한 조치를 촉구하오니 적절한 대책을 마련하여 주시기를 바랍니다.

별첨 : 클레임내역 1부

> 이 우편물은 2016-04-25
> 제3112902073567호에 의하여
> 내용증명 우편물로 발송하였음을 증명함
> 안산성곡우체국장
> 　　　　　　　　　　○대한민국 KOREA

(주)에이스일렉트로닉스

우편물배달증명서

수취인의 주거 및 성명

인천광역시 남동구 고잔동 남동공단 134-21
주식회사 로텍

접수국명	안산성곡	접수연월일	2016년 4월 25일
등기번호	제3112902073567호	배달연월일	2016년 4월 26일
적 요	수취인과의 관계 직원 수령 성 미 희	안산성곡 2016.04.27 1018605 우 체 국 (배달증명우편물 배달국 일부인)	

주식회사 로텍

시행일자 : 2016. 5. 20.
발   신 : (주)로텍 대표이사
수   신 : (주)에이스일렉트로닉스 대표이사
제   목 : 제품하자에 대한 대책 마련

귀사의 일익 번창을 기원합니다.

귀사에서 보내오신 내용증명우편은 잘 받아 보았으며, 당사는 금번 사태에 대하여 매우 유감으로 생각합니다.

귀사의 제품하자에 대한 통지를 받자마자 당사는 모든 제품을 수거하여 정밀조사를 하고 있는 중입니다. 현재까지 정확한 원인이 밝혀지지는 않았으나 추정하기로는 당사에서 제품의 일부 공정(PCB의 홀 도금)을 하도급 주었는데, 그 과정에서 문제가 발생한 것으로 보입니다.

정밀조사가 종료되는 대로 귀사가 납득할 만한 대책을 마련하겠습니다.

아울러 귀사가 입을 수 있는 손해에 대하여는 위 하도급을 받은 업체에서 제품하자로 인한 손실을 보전하겠다는 약속을 담은 보증서를 제출받아 귀사에게 보내오니 안심하시고 현재와 같이 계속적인 거래를 부탁드립니다.

첨부 : 손실보증서 1부

주식회사 로텍
대표이사 이성훈

손실보증서

당사는 (주)로텍으로부터 PCB의 홀 도금을 의뢰받아 이를 시행한 업체입니다. 우선 당사의 실수로 인하여 귀사에 큰 손해를 입힌 사실에 대하여 송구스럽게 생각합니다. 현재까지 문제된 제품은 수거하여 곧바로 재작업을 하고 있으니 약간의 시일만 기다려주시면 감사하겠습니다.

그리고 앞으로 공급되는 제품에 대하여는 절대로 이러한 일이 없을 것을 확약하며, 만일 이러한 일이 재발하는 경우에는 귀사가 입은 모든 손실에 대하여 당사에서 보증하고 이를 보상할 것을 약속하오니 현재와 같은 거래를 유지하여 주시기를 간곡히 청하는 바입니다.

2016. 5. 18.

주성전자 주식회사

서울 동대문구 이문동 778

대표이사 박민철 ㊞

(주)에이스일렉트로닉스　　귀중

(주)에이스일렉트로닉스

==

시행일자 : 2016. 8. 1.
발   신 : (주)에이스일렉트로닉스 대표이사
　　　　　　안산시 단원구 성곡동 101
수   신 : (주)로텍 대표이사
　　　　　　인천광역시 남동구 고잔동 남동공단 134-21
제   목 : 계약갱신거절 및 손실금 청구

==

삼가 건승하옵고,

금번 사태에 대하여 귀사가 최선의 노력을 다하여 대책을 마련하고 조속히 대처한 점에 대하여는 인정합니다.

그러나 귀사가 (주)주성전자의 손실보증서를 제시하면서 계속거래를 요청한 이래 당사는 귀사로부터 동일한 제품을 공급받아 이를 거래처에 공급하였으나 제품사용 1개월 내지 2개월 같은 하자가 발생하므로 더 이상 귀사로부터 제품을 공급받을 수 없음을 밝히며, 귀사와 체결한 대리점계약의 종료시점에 계약갱신을 하지 않을 것과 계약 종료와 동시에 계약금 반환을 통보하오니 양지하시기 바랍니다.

또한, 귀사에서 스스로 인정한 하자 있는 제품으로 인한 당사의 대금지급으로 인한 손실이 178,530,000원이라는 점은 귀사의 실무자가 확인한 바 있으므로 위 손실금 지급을 청구하는바, 이에 관하여 조속히 조치하여 주시기 바랍니다.

첨부 : 대금손실확인서 1부

이 우편물은 2016-08-01 제5673112902073호에 의하여 내용증명 우편물로 발송하였음을 증명함
안산성곡우체국장 ◯대한민국 KOREA

(주)에이스일렉트로닉스

대금손실확인서

(주)로텍에서 (주)주성전자의 손실보증서를 제공하면서 거래의 계속을 요청한 후 공급된 제품 중 하자가 발생한 제품에 관하여 (주)에이스일렉트로닉스가 지급한 대금이 178,530,000원이며, 2016년 7월 31일까지 (주)에이스일렉트로닉스가 미지급한 대금은 없음을 확인합니다.

2016. 8. 1.

주식회사 로텍 관리과장

김필구 (750406-1232511)   김필구

인천광역시 남동구 고잔동 현대아파트 101동 1102호

(주)에이스일렉트로닉스   귀중

우편물배달증명서

수취인의 주거 및 성명

인천광역시 남동구 고잔동 남동공단 134-21
주식회사 로텍

접수국명	안산성곡	접수연월일	2016년 8월 1일
등기번호	제5673112902073호	배달연월일	2016년 8월 2일
적 요	수취인과의 관계 직원 수령 성 미 희	안산성곡 2016.08.03 1018605 우 체 국 (배달증명우편물 배달국 일부인)	

(주)에이스일렉트로닉스

==

시행일자 : 2016. 8. 1.

발　　신 : (주)에이스일렉트로닉스 대표이사

　　　　　안산시 단원구 성곡동 101

수　　신 : (주)주성전자 대표이사

　　　　　서울 동대문구 이문동 778

제　　목 : 손실보증금 청구

==

삼가 건승하옵고,

귀사는 당사가 (주)로텍으로부터 공급받은 제품에 하자가 발생하였을 때 그 손실에 대하여 보증을 하면서 계속적 거래를 요청하였습니다.

그런데 귀사가 보증한 이후에도 1~2개월이 경과한 후에 동일한 하자는 발생하였고, 그 하자에 대하여 (주)로텍 측에서도 인정한 바 있습니다.

귀사가 보증한 이후로 당사에서 입은 손실이 178,530,000원에 이르고 있으므로 (주)로텍 측에 확인하여 보시고 보증인으로서 손실금을 지급하여 주시기 바랍니다.

첨부 : 손실보증서(사본), 대금손실확인서 각 1부

이 우편물은 2016-08-01
제5673112902074호에 의하여
내용증명 우편물로 발송하였음을 증명함
안산성곡우체국장　　◯대한민국 KOREA

(주)에이스일렉트로닉스

우편물배달증명서

수취인의 주거 및 성명

서울 동대문구 이문동 778
주성전자(주)

접수국명	안산성곡	접수연월일	2016년 8월 1일
등기번호	제5673112902074호	배달연월일	2016년 8월 2일
적　요	수취인과의 관계 대표이사 수령 양 윤 지		안산성곡 2016.08.03 1018605 우 체 국 (배달증명우편물 배달국 일부인)

주성전자 주식회사

시행일자 : 2016. 8. 16.

발　　신 : (주)주성전자 대표이사

수　　신 : (주)에이스일렉트로닉스 대표이사

제　　목 : 손실보증금 청구에 대한 답변

귀사의 번창을 기원합니다.

귀사에서 보낸 내용증명우편은 잘 받았습니다.

귀사는 손실보증서(사본)를 제시하면서 당사에서 손실보증을 하였다고 주장하나, 이는 사실이 아닙니다. 당사의 경우 손실보증은 이사회의 결의가 있어야만 하는 사안임에도 불구하고 대표이사의 1인에 불과한 박민철이 이사회 결의도 없이 보증서를 작성한 것으로 확인되었는바, 당사로서는 보증책임을 부담할 수 없음을 밝히는 바입니다.

아울러 귀사와 (주)로텍 측은 금번 제품하자가 당사의 과실로 인한 것처럼 주장하나 이 사실을 뒷받침하는 증거는 전혀 제시된 바 없습니다. 당사는 최선을 다하여 도금을 하였고 여기에는 하자가 없다는 사실을 밝히는바, 굳이 손해배상청구를 하려면 소송을 통해 법원에 정확한 증거를 제시하여 당사의 과실을 밝혀야만 할 것입니다.

그리고 귀사에서 보유하고 있는 손실보증서에 사용된 양식은 당사에서 사용하는 것이 아니며, 그 인장도 회사의 직인이 아님을 밝힙니다.

이 우편물은 2016-08-16
제5673112903345호에 의하여
내용증명 우편물로 발송하였음을 증명함
안산성곡우체국장　　◎대한민국 KOREA

접수
No. 1752
2016.08.17.
(주)에이스
일렉트로닉스

주성전자 주식회사
대표이사 양윤지

주성전
자대표
이사인

등기번호	012933
등록번호	134911-0027482

등기사항전부증명서(현재사항) [제출용]

상 호	주식회사 로텍	. . . 변경
		. . . 등기
본 점	인천광역시 남동구 고잔동 남동공단 134-21	. . . 변경
		. . . 등기
	인천광역시 남동구 남동대로 121(고잔동, 남동공단)	2011.10.31. 도로 명주소
		2011.10.31. 등기

공고방법	서울시내에서 발행하는 일간신문 매일경제신문에 게재한다.	. . . . . .

1주의 금액 금 5,000 원	. . . . . .

발행할 주식의 총수 1,000,000주	. . . . . .

발행주식의 총수와 그 종류 및 각각의 수		자본의 총액	변경연월일
			변경연월일
발행주식의 총수	300,000주	금1,500,000,000원	. . .
보통주식	300,000주		

목   적

1. 전기, 전자, 통신 관련 설계 제작업
2. 산업기계 및 플랜트 설계 제작업(자동화설비 포함)
3. 기계설비 및 강구조물 설계 제작업
4. 인테리어 및 광고물 관련 설계 제작 시공업
5. 전기, 전자, 기계, 토목, 건축에 관련한 도, 소매업
6. 재활용 및 환경설비 설계 제작 일체
7. 부동산임대업
8. 무역업
9. 위 각호에 관련한 부대사업 일체

임원에 관한 사항

이사 김지철 530405-1******
    2015 년 02 월 23 일   중임   2015 년 03 월 07 일   등기

[인터넷 발급] 문서 하단의 바코드를 스캐너로 확인하거나, **인터넷등기소(http://www.iros.go.kr)의 발급확인** 메뉴에서 **발급**
확인번호를 입력하여 **위 · 변조 여부를 확인**할 수 있습니다.
발급확인번호를 통한 확인은 발행일로부터 3개월까지 5회에 한하여 가능합니다.

발급확인번호 0583-AANG-GKKC

등기번호	012933

이사 박인숙 590903-2*****
    2015 년 02 월 23 일   중임   2015 년 03 월 07 일   등기

대표이사 박인숙 590903-2***** 서울 강남구 강남대로 211(도곡동)
    2015 년 02 월 23 일   중임   2015 년 03 월 07 일   등기

이사 이성훈 600413-1*****
    2015 년 02 월 23 일   중임   2015 년 03 월 07 일   등기

대표이사 이성훈 600413-1***** 서울 강남구 강남대로 211(도곡동)
    2015 년 02 월 23 일   중임   2015 년 03 월 07 일   등기

이사 최기철 610803-1*****
    2015 년 02 월 23 일   중임   2015 년 03 월 07 일   등기

이사 강수남 570123-1*****
    2015 년 02 월 23 일   중임   2015 년 03 월 07 일   등기

이사 양지수 641203-1*****
    2015 년 02 월 23 일   중임   2015 년 03 월 07 일   등기

회사성립연월일   1997 년 05 월 21 일

등기기록의 개설 사유 및 연월일
    상업등기처리규칙 부칙 제2조 제1항의 규정에 의하여 구등기로부터 이기
                                            2001 년 08 월 21 일 등기

--- 이 하 여 백 ---

수수료 1,000원 영수함
    관할등기소 : 인천지방법원 남동등기소 / 발행등기소 : 법원행정처 등기정보중앙관리소

이 증명서는 등기기록의 내용과 틀림없음을 증명합니다. [다만, 신청이 없는 지점·지배인에
관한 사항과 현재 효력이 없는 등기사항의 기재를 생략하였습니다]
                           서기   2016년 10월 13일
        법원행정처 등기정보중앙관리소   전산운영책임관

발급확인번호 0583-AANG-GKKC
00005148576253579512345678 9A123456789B123456789C113 1   발행일 2016/10/13

등기번호	012999
등록번호	134911-0027498

등기사항전부증명서(현재사항) [제출용]

상 호	주식회사 에이스일렉트로닉스	· · ·변경
		· · ·등기
본 점	~~경기도 안산시 단원구 성곡동 101~~	· · ·변경
		· · ·등기
	경기도 안산시 단원구 강촌로 88(성곡동, 반월공단)	2011.10.31. 도로명주소
		2011.10.31. 등기

공고방법	서울시내에서 발행하는 일간신문 매일경제신문에 게재한다.	· · ·
		· · ·

1주의 금액 금 5,000 원	· · ·
	· · ·

발행할 주식의 총수 300,000주	· · ·
	· · ·

발행주식의 총수와 그 종류 및 각각의 수		자본의 총액	변경연월일
			변경연월일
발행주식의 총수 100,000주 보통주식 100,000주		금 500,000,000 원	
			· · ·

목   적

1. 전기, 전자, 통신 관련 설계 제작업
2. 산업기계 및 플랜트 설계 제작업(자동화설비 포함)
3. 기계설비 및 강구조물 설계 제작업
4. 인테리어 및 광고물 관련 설계 제작 시공업
5. 전기, 전자, 기계, 토목, 건축에 관련한 도, 소매업
6. 재활용 및 환경설비 설계 제작 일체
7. 부동산임대업
8. 합성수지의 제조, 가공 및 판매업
9. 수출입업 및 동 대행업
10. 경제성 식물의 제재 및 판매업
11. 물품매도 확약서 발행업
12. 무역업   <2010.01.04 변경 2010.01.05 등기>
13. 위 각호에 관련한 부대사업 일체   <2010.01.04 변경 2010.01.05 등기>

[인터넷 발급] 문서 하단의 바코드를 스캐너로 확인하거나, **인터넷등기소(http://www.iros.go.kr)**의 발급확인 메뉴에서 **발급확인번호**를 입력하여 **위·변조 여부를 확인**할 수 있습니다.
발급확인번호를 통한 확인은 발행일로부터 3개월까지 5회에 한하여 가능합니다.

발급확인번호 0583-AANG-GKKC

0000514857625357951234566789A123456789B123456789C114 1 발행일 2016/10/13

- 1/2 -

등기번호	012999

임원에 관한 사항

이사 박광철 631205-1******
    2015 년 05 월 13 일   중임   2015 년 05 월 27 일   등기

공동대표이사 박광철 631205-1****** 경기도 안산시 상록구 감골로 21, 101동 301호(사동, 요진아파트)
    2015 년 05 월 13 일   중임   2015 년 05 월 27 일   등기

이사 김미숙 640123-2******
    2015 년 08 월 23 일   중임   2015 년 09 월 07 일   등기

공동대표이사 김미숙 640123-2****** 경기도 안산시 상록구 감골로 21, 101동 301호(사동, 요진아파트)
    2015 년 08 월 23 일   중임   2015 년 09 월 07 일   등기

회사성립연월일	2000 년 05 월 01 일

등기기록의 개설 사유 및 연월일
    상업등기처리규칙 부칙 제2조 제1항의 규정에 의하여 구등기로부터 이기
                                    2001 년 08 월 21 일 등기

--- 이 하 여 백 ---

수수료 1,000원 영수함

관할등기소 : 수원지방법원 안산지원 등기과 / 발행등기소 : 법원행정처 등기정보중앙관리소

이 증명서는 등기기록의 내용과 틀림없음을 증명합니다. [다만, 신청이 없는 지점·지배인에
관한 사항과 현재 효력이 없는 등기사항의 기재를 생략하였습니다]
                        서기 2016년 10월 13일
        법원행정처 등기정보중앙관리소   전산운영책임관

등기번호	012931
등록번호	134911-0027484

등기사항전부증명서(현재사항) [제출용]

상 호	주성전자 주식회사	. . . 변경
		. . . 등기
본 점	서울특별시 동대문구 이문동 778	. . . 변경
		. . . 등기
	서울특별시 동대문구 신이문로 33(이문동)	2011.10.31. 도로 명주소
		2011.10.31. 등기

공고방법	서울시내에서 발행하는 일간신문 매일경제신문에 게재한다.	. . .
		. . .

1주의 금액 금 5,000 원	. . .
	. . .

발행할 주식의 총수 300,000주	. . .
	. . .

발행주식의 총수와 그 종류 및 각각의 수	자본의 총액	변경연월일
		변경연월일
발행주식의 총수 100,000주 보통주식 100,000주	금 500,000,000 원	. . .
		. . .

목   적

1. 건축업
2. 산업기계 및 플랜트 설계 제작업(자동화설비 포함)
3. 기계설비 및 강구조물 설계 제작업
4. 인테리어 및 광고물 관련 설계 제작 시공업
5. 전기, 전자, 기계, 토목, 건축에 관련한 도, 소매업
6. 재활용 및 환경설비 설계 제작 일체
7. 부동산임대업
8. 합성수지의 제조, 가공 및 판매업
9. 수출입업 및 동 대행업
10. 경제성 식물의 제재 및 판매업
11. 물품매도 확약서 발행업
12. 위 각호에 관련한 부대사업 일체

[인터넷 발급] 문서 하단의 바코드를 스캐너로 확인하거나, 인터넷등기소(http://www.iros.go.kr)의 발급확인 메뉴에서 발급
확인번호를 입력하여 위·변조 여부를 확인할 수 있습니다.
발급확인번호를 통한 확인은 발행일로부터 3개월까지 5회에 한하여 가능합니다.

발급확인번호 0583-AANG-GKKC

0000514857625357951234567 89A123456789B123456789C334 1 발행일 2016/10/13

- 1/2 -

등기번호	012931	
임원에 관한 사항		
이사 박민철 570131-1******		
2015 년 08 월 13 일 중임	2015 년 08 월 27 일 등기	
대표이사 박민철 570131-1****** 서울 동대문구 장안벚꽃로3길 17, 107동 1102호(휘경동, 동일하이빌)		
2015 년 08 월 13 일 중임	2015 년 08 월 27 일 등기	
이사 양윤지 631122-2******		
2015 년 08 월 23 일 중임	2015 년 09 월 07 일 등기	
대표이사 양윤지 631122-2******		
2015 년 08 월 23 일 중임	2015 년 09 월 07 일 등기	

회사성립연월일	1997 년 05 월 22 일

등기기록의 개설 사유 및 연월일
상업등기처리규칙 부칙 제2조 제1항의 규정에 의하여 구등기로부터 이기
2001 년 08 월 21 일 등기

--- 이 하 여 백 ---

수수료 1,000원 영수함

관할등기소 : 서울북부지방법원 동대문등기소 / 발행등기소 : 법원행정처 등기정보중앙관리소

이 증명서는 등기기록의 내용과 틀림없음을 증명합니다. [다만, 신청이 없는 지점·지배인에 관한 사항과 현재 효력이 없는 등기사항의 기재를 생략하였습니다]

서기 2016년 10월 13일

법원행정처 등기정보중앙관리소   전산운영책임관

---

* 실선으로 그어진 부분은 말소(변경, 경정)된 등기사항입니다.   * 등기사항증명서는 컬러로 출력 가능함.

[인터넷 발급] 문서 하단의 바코드를 스캐너로 확인하거나, **인터넷등기소(http://www.iros.go.kr)의 발급확인** 메뉴에서 **발급확인번호**를 입력하여 위·변조 여부를 확인할 수 있습니다.
발급확인번호를 통한 확인은 발행일로부터 3개월까지 5회에 한하여 가능합니다.

발급확인번호 0583-AANG-GKKC

기록 끝

소 장

원 고   주식회사 에이스일렉트로닉스
        안산시 단원구 강촌로 88(성곡동, 반월공단)
        공동대표이사 박광철, 김미숙[1]

        소송대리인 법무법인 다일종합법률사무소
        서울 동대문구 양진대로 777
        담당변호사 김상승
        전화 : 961-1543 팩스 : 961-1544 이메일 : sskim@daillaw.com

피 고   1. 주식회사 로텍
           인천 남동구 고잔동 남동대로 121(고잔동, 남동공단)
           대표이사 박인숙, 이성훈[2]
        2. 주성전자 주식회사
           서울 동대문구 신이문로 33(이문동)
           대표이사 박민철, 양윤지[3]
        3. 박민철
           서울 동대문구 장안벚꽃로3길 17, 107동 1102호(휘경동, 동일하이빌)

계약보증금반환등[4] 청구의 소

---

1) 공동대표이사이므로 법인 등기기록에 등재된 모든 공동대표이사를 기재하여야 한다(민사실무Ⅰ, 52면).
2) 각자대표이사이므로 두 사람 중 한 사람만 기재해도 무방하다(민사실무Ⅰ, 52면).
3) 각자대표이사이므로 두 사람 중 한 사람만 기재해도 무방하다(민사실무Ⅰ, 52면).
4) 계약보증금반환 외에 손해배상, 말소등기 청구가 포함되어 있다.

청 구 취 지

1. 원고에게,

가. 피고 주식회사 로텍은 378,530,000원 및 그 중 178,530,000원에 대하여는 2016. 8. 3.부터,[5] 200,000,000원에 대하여는 2016. 8. 17.부터[6] [7] 각 소장 부본 송달일까지는 연 6%의, 그 다음날부터 다 갚는 날까지 연 15%의 비율에 의한 금원을,

나. 피고 주성전자 주식회사, 박민철은 피고 주식회사 로텍과 공동하여(각자)[8] 위 가.항 기재 178,530,000원 및 이에 대하여 2016. 8. 1.부터[9] 소장 부본 송달일까지는 연 5%의, 그 다음날부터 다 갚는 날까지는 연 15%의 각 비율에 의한 금원을,

다. 위 나.항과 예비적으로,[10] 피고 주성전자 주식회사는 피고 주식회사 로텍과

---

5) 채무불이행 또는 매도인의 하자담보책임을 원인으로 한 손해배상채무는 기한의 정함이 없으므로, 채권자가 청구한 다음날부터 지체에 빠진다. 원고의 손해배상청구 의사가 담긴 내용증명우편은 2016. 8. 1. 발송되고 그 다음날 도착하였으므로, 결국 2016. 8. 3.부터 이행지체에 빠졌다고 할 것이다.

6) 이 사건 대리점계약은 2016. 8. 15.에 존속기간이 만료되지만 계약보증금반환채무의 변제기에 관한 약정이 없으므로 기한의 정함이 없는 채무라고 할 것이고, (주)에이스일렉트로닉스가 2016. 8. 1.자 내용증명우편으로 계약의 종료를 확인하면서 계약금반환청구를 하였으므로 2016. 8. 15.에 계약이 종료되면서 변제기가 도래하지만 당일은 공휴일이므로 그 다음날인 2016. 8. 16.이 변제기가 되고, 그 다음날인 2016. 8. 17.부터 지연손해금을 청구하는 것이다.

7) 이율이 기간별로 다른 경우의 주문 기재례 ② 참조(민사실무Ⅱ, 78면).

8) 피고 (주)로텍의 채무불이행 또는 하자담보책임을 원인으로 한 손해배상채무와 피고 주성전자(주) 및 박민철의 채무(불법행위로 인한 손해배상채무)는 부진정연대관계에 있다(대법원 2007. 5. 31. 선고 2005다55473 판결). 다만, 이 사건 기록의 모델인 된 서울고등법원 2006. 6. 14. 선고 2002나13425 판결은 불법행위를 원인으로 한 손해배상의무로 보면서도 "연대하여"로 판시하였다.

9) 불법행위를 원인으로 한 손해배상청구이므로 채무자는 불법행위일부터 이행지체에 빠지고 채권자는 그 날부터 지연손해금을 청구할 수 있다(대법원 1993. 3. 9. 선고 92다48413 판결). 이 사건 기록에 의하면 불법행위일이 명백히 나타나 있지 않으나 최소한 2016. 8. 1. 손실확인서에 의하여 (주)로텍에서 원고의 손해금액에 관한 확인이 있으므로 이를 기산점으로 청구하였다.

10) 법이론적으로는 피고 주성전자(주)에 대한 보증채무 이행청구를 주위적으로, 위 피고와 피고 박민철에 대한 불법행위로 인한 손해배상청구를 예비적으로 구성하는 것이 바람직하나, 의뢰인의 이익을 중시하는 관점에서는 피고 박민철과 부진정연대책임을 우선적으로 묻기 위하여 그 순서를 바꾼 것이다.

연대하여 위 가.항 기재 178,530,000원 및 이에 대하여 2016. 8. 3.부터 소장
부본 송달일까지는 연 6%의, 그 다음날부터 다 갚는 날까지는 연 15%의 각
비율에 의한 금원을,

  각 지급하라.

2. 피고 주식회사 로텍은 원고에게 서울 서초구 서초동 111 대 980㎡에 관하여, 서
   울중앙지방법원 2015. 9. 1. 접수 제51797호로 마친 근저당권설정등기 및 같은
   법원 같은 날 접수 제51798호로 마친 지상권설정등기에 대하여 2016. 8. 16. 확
   정된 피담보채무의 부존재를 원인으로 한,[11] 각 말소등기절차를 이행하라.

3. 소송비용은 피고들이 부담한다.

4. 제1항은 가집행 할 수 있다.[12]

  라는 판결을 구합니다.

청 구 원 인

1. 계약보증금반환청구

가. 원고는 2014. 8. 14. 피고 (주)로텍으로부터 위 피고가 생산하는 제품(내비게
    이션)을 공급받아 안산시, 시흥시, 광명시의 특정된 판매지역에서 위 제품을
    판매하는 내용의 대리점계약을 체결하였고, 계약기간은 2014. 8. 16.부터 24
    개월로 하되 기간만료 1개월 전에 재계약 합의가 없을 경우에는 자동 종료
    된 것으로 한다고 약정하였으며, 원고는 대리점으로서 위 계약의 이행을 보
    증하기 위하여 계약보증금 2억 원을 지급하기로 약정하고 계약체결 당일 위
    보증금을 모두 지급하였습니다.

나. 또한, 원고와 피고 (주)로텍은 위 계약보증금에 관하여 대리점계약이 종료한
    경우에는 원고의 위 피고에 대한 채무를 공제하고 그 잔액을 반환한다고 약
    정하였는바, 이 사건 대리점계약은 2014. 8. 16.부터 2016. 8. 15.까지 24개

---

11) 후발적 실효사유에 의하여 장래에 실효됨을 원인으로 말소등기를 할 경우에 그 실효사
    유를 말소등기의 원인으로 기재하여야 하는바(민사실무Ⅱ, 103면), 근저당권설정등기의
    경우에는 기본계약의 종료 등으로 저당권으로 확정될 당시에 피담보채무가 존재하지 않
    는 경우에는 부종성에 따라 그 근저당권설정등기는 무효로 되므로, 이 경우의 소멸원인
    에 관하여 위 청구취지와 같이 기재한 것이다. 자세한 것은 쟁점해설 참조.
12) 등기청구는 의사의 진술을 명하는 판결을 구하는 것으로서 가집행을 청구할 수 없다.

월로 되어 있으며, 그 기간만료 1개월 전에 재계약 합의가 없었으므로 위 계약은 위 존속기간이 경과함으로써 종료되었고, 피고 (주)로텍은 원고에게 계약보증금을 반환하여야 할 것입니다.

다. 한편, 원고는 2016. 8. 1. 피고 (주)로텍에 대하여 계약보증금을 계약종료일에 반환할 것을 청구하였고, 위 계약의 종료일은 2016. 8. 15.이지만 공휴일이므로 그 다음날이 계약보증금반환채무의 변제기가 된다고 할 것입니다.

라. 그렇다면 피고 (주)로텍은 원고에게 계약보증금 200,000,000원을 반환할 의무가 있고, 이를 이행하지 않은 상태로 2016. 8. 16.이 경과되었으므로 그 다음날부터, 원고와 위 피고는 상인으로서 위 계약에는 상법이 적용되므로 상법이 정하는 연 6%의 법정이율로 계산한 지연손해금을 가산하여 지급할 의무가 있습니다.

마. 이에 대하여 피고 (주)로텍은 대리점인 원고에 대하여 채권이 존재하고 이를 계약보증금에서 공제한다고 주장할 수 있겠으나, 원고가 대리점으로서 위 피고에 대하여 부담하는 채무는 전혀 존재하지 않으므로, 위 피고의 주장은 이유 없습니다.

2. 손해배상청구 등

가. 피고 (주)로텍에 대한 청구

1) 피고 (주)로텍은 대리점인 원고에 대한 제품공급자로서 하자 없는 제품을 공급하여야 할 의무가 있음에도 불구하고 이에 위반하여 하자 있는 물품을 공급하였는바, 위 피고는 채무불이행 또는 매도인의 하자담보책임으로서 원고가 입은 손해를 배상하여야 할 의무가 있고, 위 피고 회사가 하자 있는 물품을 공급함으로 인하여 원고가 입은 손해는 178,530,000원입니다. 이에 원고는 2016. 8. 1. 피고 (주)로텍에 대하여 내용증명우편으로 위 손해에 관하여 배상청구를 하였고, 위 내용증명우편은 그 다음날 위 피고 회사에 도달하였습니다.

2) 그렇다면 피고 (주)로텍은 원고에게 178,530,000원 및 이에 대하여 원고가 위 피고 회사에 대하여 손해배상청구를 한 다음날인 2016. 8. 3.부터 소장 부본 송달일까지는 상법 소정의 연 6%의, 그 다음날부터 다 갚는 날까지는 소송촉진 등에 관한 특례법 소정의 연 15%의 각 법정이율로 계산한 지연손해금을

가산하여 지급할 의무가 있다고 할 것입니다.

나. 피고 주성전자(주), 박민철에 대한 주위적 청구[13]

1) 피고 박민철은 2016. 5. 18. 피고 주성전자(주)의 대표이사로서 향후 피고 (주)로텍이 원고에게 공급하는 제품에 관하여 하자가 없을 것을 확약하면서 제품 하자로 인하여 원고에게 발생하는 손해에 관한 피고 (주)로텍의 원고에 대한 배상의무를 보증하면서 원고에 대하여 위 피고와의 거래를 유지해 줄 것을 요청하였습니다. 그리고 원고는 이러한 피고 주성전자(주)의 보증을 신뢰하고 거래를 계속하게 되었던 것입니다. 그런데 피고 주성전자(주)가 보증한 후에도 제품에 하자가 발생하였고, 그로 인하여 발생한 손해가 위 178,530,000원 입니다. 그런데 피고 주성전자(주)의 다른 대표이사 양윤지는 위 피고 주성전자(주)의 보증행위가 이사회결의를 거치지 않은 채무부담행위로서 그 효과가 피고 주성전자(주)에 대하여 무효라는 취지로 주장하고 있습니다.

2) 이는 대표이사가 상법이 정한 이사회결의절차를 거치지 아니하여 채권자와의 보증계약이 효력을 갖지 못하게 한 것은 업무의 집행자로서의 주의의무를 다 하지 못한 과실행위이고, 그 대표이사가 위와 같이 이사회결의절차를 거치지 아니하여 그 보증계약이 무효임에도 불구하고 그 보증이 유효한 것으로 오신 한 채권자로 하여금 그 거래를 계속하게 하여 손해를 입게 한 경우에는 그 주식회사의 대표이사가 그 업무집행으로 인하여 원고에게 손해를 가한 불법 행위에 해당되므로 상법 제389조 제3항, 제210조에 의하여 그 대표이사인 피 고 박민철과 피고 주성전자(주)는 연대하여 위 원고의 손해를 배상할 책임이 있다고 할 것입니다.[14]

---

13) 법이론적으로는 계약책임인 피고 주성전자(주)에 대한 보증채무 이행청구를 주위적으로, 위 피고와 피고 박민철에 대한 불법행위책임인 손해배상청구를 예비적으로 구성하는 것 이 바람직하나 이사회결의의 흠결로 보증채무가 무효로 되는 경우에는 주성전자(주) 및 위 회사의 보증행위를 담당한 대표이사 박민철의 책임을 부진정연대로 물을 수 있으므 로 의뢰인의 이익에 더 부합한다고 할 것이어서 그 순서를 변경한 것이다. 자세한 것은 쟁점해설 참조.

14) 회사를 대표하는 사원(주식회사의 경우에는 대표이사)이 그 업무집행으로 인하여 타인에 게 손해를 가한 경우(불법행위에 한한다)에 회사는 그 사원(주식회사의 경우에는 대표이 사)과 연대하여 배상할 책임이 있다(상법 제389조 제3항, 제210조; 대법원 2009. 3. 26. 선고 2006다47677 판결, 대법원 2013. 2. 14. 선고 2012다77969 판결). 자세한 것은 쟁점 해설 참조.

3) 그렇다면 피고 주성전자(주)와 피고 박민철은 연대하여 원고에게 178,530,000 원 및 이에 대하여 위 손해가 발생한 날인 2016. 8. 1.부터,[15] 소장 부본 송달 일까지는 민법 소정의 연 5%의,[16] 그 다음날부터 다 갚는 날까지는 소송촉진 등에 관한 특례법 소정의 연 15%의 각 법정이율로 계산한 지연손해금을 가산 하여 지급할 의무가 있다고 할 것입니다.

4) 한편, (주)로텍의 원고에 대한 178,530,000원의 손해배상금채무와 피고 주성전 자(주), 박민철의 위 금액에 관한 불법행위로 인한 손해배상채무는 서로 별개 의 원인으로 발생한 독립된 채무라 하더라도 동일한 경제적 목적을 가지고 있고 서로 중첩되는 부분에 관하여 일방의 채무가 변제 등으로 소멸할 경우 타방의 채무도 소멸하는 관계로서 부진정연대관계에 있습니다.[17]

5) 이에 대하여 위 피고들은 이사회결의의 부존재를 이유로 주식회사에 대한 보 증계약의 효력을 부정하면서 회사의 손해배상책임을 주장하는 것은 상법 제 393조 제1항의 규정 취지를 몰각하였다고 주장할 수 있으나, 이는 위 피고들 의 독자적 견해에 불과하여 받아들일 수 없다고 할 것입니다.[18]

6) 또한, 위 피고들은 불법행위의 피해자가 제3자에 대하여 채권을 가지게 되어 그의 변제를 받는다면 손해가 생기지 않게 되는 경우에도 피해자는 불법행위 자에 대하여 손해배상청구권을 행사할 수 있으므로, 위의 경우에 채권자가 채무자로부터 변제 받을 경우 손해를 회복할 수 있게 된다 하더라도 그러한 사정만으로 보증계약을 한 주식회사 및 그 대표이사에 대하여 보증의 무효로 인한 손해배상을 청구하지 못하는 것이라고 주장할 수 있으나, 이 또한 위 피 고들의 독자적 견해에 불과하여 받아들일 수 없습니다.[19]

---

15) 불법행위를 원인으로 한 손해배상청구이므로 채무자는 불법행위일부터 이행지체에 빠지고 그 날부터 지연손해금을 청구할 수 있다(대법원 1993. 3. 9. 선고 92다48413 판결). 이 사 건 기록에 의하면 불법행위일이 명백히 나타나 있지 않으나 최소한 2016. 8. 1. 손실확인 서에 의하여 (주)로텍에서 원고의 손해금액에 관한 확인이 있으므로 이를 기산점으로 청 구한다.

16) 상법 제389조 제3항, 제210조 책임의 법적성질이 불법행위인 점 및 대법원 2009. 3. 26. 선고 2006다47677 판결의 원심인 서울고등법원 2006. 6. 14. 선고 2002나13425 판결 참조.

17) 위 2006다47677 판결. 자세한 것은 쟁점해설 참조.

18) 위 2006다47677 판결. 자세한 것은 쟁점해설 참조.

19) 위 2006다47677 판결. 자세한 것은 쟁점해설 참조.

다. 피고 주성전자(주)에 대한 예비적 청구

피고 박민철이 피고 주성전자(주)의 대표이사로서 2016. 5. 18. 행한 보증이 유효하다면,[20] 피고 주성전자(주)는 피고 (주)로텍이 원고에 대하여 부담하는 위 손해배상금 178,530,000원에 대한 보증채무를 부담하며, 보증인이 있는 경우에 그 보증이 상행위이거나 주채무가 상행위로 인한 것인 때에는 주채무자와 보증인은 연대하여 변제할 책임이 있습니다.[21] 따라서 피고 주성전자(주)는 피고 (주)로텍과 연대하여 원고에게 178,530,000원 및 이에 대하여 원고가 위 피고에 대하여 최고를 한 다음날인 2016. 8. 3.부터[22] 소장 부본 송달일까지는 상법 소정의 연 6%의, 그 다음날부터 다 갚는 날까지는 소송촉진등에 관한 특례법 소정의 연 15%의 각 법정이율로 계산한 지연손해금을 가산하여 지급할 의무가 있다고 할 것입니다.

3. 말소등기청구

가. 근저당권설정등기의 말소

1) 원고는 2015. 9. 1. 이 사건 대리점계약을 기본계약으로 하여 위 계약상 피고 (주)로텍에 대하여 부담하는 채무를 담보하기 위하여 원고 소유인 별지 목록

---

20) 법률 또는 정관 등의 규정에 의하여 주주총회 또는 이사회의 결의를 필요로 하는 것으로 되어 있지 아니한 업무 중 이사회가 일반적·구체적으로 대표이사에게 위임하지 않은 업무로서 일상 업무에 속하지 아니한 중요한 업무에 대하여는 이사회에 그 의사결정권한이 있고, 약정 내용이 정관 등에 의하여 또는 대표이사의 일상 업무에 속하지 아니한 중요한 업무에 해당하여 이사회의 결의를 거쳐야 할 사항인데 대표이사가 이를 거치지 아니하고 그와 같은 약정을 한 경우, 약정 당시 약정의 상대방이 이사회의 결의가 없었음을 알았거나 알 수 있었다면 그 약정은 회사에 대하여 효력이 없다(대법원 1997. 6. 13. 선고 96다48282 판결). 한편, 특별한 사정이 없는 한 거래상대방으로서는 회사의 대표자가 거래에 필요한 회사의 내부절차는 마쳤을 것으로 신뢰하였다고 보는 것이 일반 경험칙에 부합하는 해석이라 할 것이다(대법원 1990. 12. 11. 선고 90다카25253 판결, 2005. 5. 27. 선고 2005다480 판결 등). 자세한 것은 쟁점해설 참조.
21) 보증인이 있는 경우에 그 보증이 상행위이거나 주채무가 상행위로 인한 것인 때에는 주채무자와 보증인은 연대하여 변제할 책임이 있다(상법 제57조 제2항).
22) 어느 연대채무자에 대한 이행청구는 다른 연대채무자에게도 효력이 있으므로(민법 제416조), 연대채무자 중 1인인 피고 (주)로텍에 대한 청구로 다른 연대채무자인 피고 주성전자에 대한 이행지체책임도 성립한다.

기재 부동산에 관하여 채권최고액 450,000,000원인 근저당권을 설정하기로 약정하였고, 같은 날 서울중앙지방법원 2015. 9. 1. 접수 제51797호로 근저당권설정등기를 마쳤습니다.

2) 그런데 앞서 살핀 바와 같이 위 근저당권의 원인이 되는 기본계약이 2016. 8. 16.에 기간만료로 종료되었고, 그로 인하여 위 근저당권은 보통의 저당권으로 확정되었으며, 당시 위 기본계약으로 인하여 원고가 피고에 대하여 부담하는 위 근저당권의 피담보채무는 존재하지 않았습니다. 따라서 위 저당권은 부종성에 따라 소멸되었고, 그 등기는 무효로서 말소되어야 하는바, 피고 (주)로텍은 위 근저당권의 말소등기절차를 이행할 의무를 부담한다고 할 것입니다.

나. 지상권설정등기의 말소[23]

1) 원고는 위 근저당권을 설정한 날에 피고 (주)로텍의 요구에 따라 별지 목록 부동산에 관하여 건물의 소유를 목적으로 한 30년의 지상권을 설정하되, 그 사용·수익은 여전히 원고가 하기로 약정하고 위 피고 회사를 지상권자로 하여 서울중앙지방법원 2015. 9. 1. 접수 제51798호로 지상권설정등기를 마쳤습니다. 그런데 위 지상권은 순수한 용익물권이 아니라 위 근저당권의 피담보채권을 담보하기 위한 이른바 담보지상권으로서, 담보권자인 피고 (주)로텍이 원고에 대하여 가지는 피담보채권이 존재하지 않는다는 사실은 앞서 살핀 바와 같으므로, 피고 (주)로텍이 가지던 위 지상권은 소멸하였고, 위 피고는 위 지상권설정등기의 말소등기절차를 이행할 의무가 있다고 할 것입니다.

2) 이에 대하여 위 피고는 위 지상권의 존속기간이 30년이므로 아직 지상권은 소멸하지 않았다고 주장할 수 있습니다. 그런데 근저당권 등 담보권 설정의 당사자들이 그 목적이 된 토지 위에 차후 용익권이 설정되거나 건물 또는 공작물이 축조·설치되는 등으로 그 목적물의 담보가치가 저감하는 것을 막는 것을 주요한 목적으로 하여 채권자 앞으로 아울러 지상권을 설정하였다면, 그 피담보채권이 변제 등으로 만족을 얻어 소멸한 경우에는 그 지상권은 피담보채권에 부종하여 소멸한다는 것이 법리입니다.[24] 따라서 위 피고의 주장

---

23) 근저당권설정등기말소청구의 요건사실은 계약상 청구의 경우에는 ① 근저당권설정계약사실, ② 피고의 저당권설정등기사실, ③ 근저당권의 소멸사실이며, 소유권에 기한 말소청구의 경우에는 근저당권설정계약사실 대신에 원고의 소유인 사실을 주장·입증하면 된다.

은 이유 없습니다.

4. 결 어

이상과 같은 이유로 청구취지와 같은 판결을 구하고자 이 청구에 이른 것입니다.

증 거 방 법

(생략)

첨 부 서 류

(생략)

2016. 10. 15.

원고의 소송대리인
법무법인 다일종합법률사무소
담당변호사 김상승 ㉞

서울북부지방법원[25] 귀중

---

24) 대법원 2011. 4. 14. 선고 2011다6342 판결. 자세한 것은 쟁점해설 참조.
25) 인천지방법원, 서울중앙지방법원, 수원지방법원 안산지원에도 관할이 인정된다. 원고와 피고 (주)로텍과의 대리점계약서 제16조는 이 계약에 관한 일체의 분쟁에 관한 사항은 (주)로텍의 본사 소재지를 관할하는 법원, 즉 인천지방법원으로 관할합의를 하고 있으나, 다른 피고의 보통재판적 소재지 관할 법원에도 관련재판적이 인정된다(민사소송법 제25조; 대법원 2011. 9. 29.자 2011마62 결정). 자세한 것은 쟁점해설 참조.

※ 쟁점해설

1. 후발적 실효사유를 원인으로 한 말소등기청구 (답안 각주 11 관련)

가. 후발적 실효사유에 의하여 장래에 실효됨을 원인으로 말소등기를 할 경우에
그 실효사유를 말소등기의 원인으로 기재하여야 한다.[1]

　　1) 저당권설정등기의 경우: 변제, 설정계약해지, 확정된 피담보채무의 부존재 등

　　2) 지상권, 전세권설정등기의 경우: 소멸청구 등

　　3) 임차권등기: 계약해지 등

　　4) 근저당권설정등기의 경우에는 기본계약의 종료 등으로 저당권으로 확정
될 당시에 피담보채무가 존재하지 않는 경우에는 부종성에 따라 그 근저당
권설정등기는 무효로 되는바, 이 경우의 소멸원인에 관하여 "~확정된 피담
보채무의 부존재를 원인으로 한"이라고 기재하였다. 사법연수원 민사변호사
실무 기록Ⅲ(2012)은 "~확정채무부존재를 원인으로 한"으로 기재하고 있다.

나. 다만, 이 기록의 모델인 서울서부지방법원 2010. 6. 17. 선고 2009가단71841
판결에서는 원인을 기재하지 않았고, 그 상급심 판결인 서울고등법원 2010.
12. 22. 선고 2010나74692 판결 및 대법원 2011. 4. 14. 선고 2011다6342 판
결에서도 제1심 판결에 대한 지적은 없었으며, 실무상으로는 실효사유가 불
분명한 경우가 많아 기재하지 않는 경우가 많다고 한다.

2. 계약책임과 불법행위책임의 관계 (답안 각주 13 관련)

가. 양립할 수 없는 여러 개의 청구를 하면서 제1차적 청구(주위적 청구)가 기각·
각하될 때를 대비하여 제2차적 청구(예비적 청구)에 대하여 심판을 구하는 것
을 예비적 병합이라고 한다. 제1차적 청구가 인용될 것을 해제조건으로 하
여 제2차적 청구에 대하여 심판을 구하는 형태의 병합이다.[2] 원칙적으로 예
비적 병합은 주위적 청구와 예비적 청구가 양립될 수 없는 관계에서 인정되
어야 하지만, 주위적 청구원인과 예비적 청구원인이 양립 가능한 경우에도
당사자가 심판의 순위를 붙여 청구를 할 합리적인 필요성이 있는 경우에는
심판의 순위를 붙여 청구할 수 있고, 이러한 경우 주위적 청구가 전부 인용
되지 않을 경우에는 주위적 청구에서 인용되지 아니한 수액 범위 내에서의

---

1) 민사실무Ⅱ, 103면.
2) 이시윤, 민사소송법, 680면.

예비적 청구에 대해서도 판단하여 주기를 바라는 취지로 불가분적으로 결합
시켜 제소할 수도 있다.[3]

나. 이 사건의 경우 이사회결의의 흠결로 주성전자(주)의 보증계약이 유효인 경
우에는 계약책임으로서 보증채무의 이행청구를, 무효인 경우에는 불법행위
책임으로서 손해배상청구를 할 수 있을 것이고, 이들 청구는 양립이 불가능
하므로 예비적 병합으로 청구할 수 있다. 법이론적으로는 계약책임인 피고
주성전자(주)에 대한 보증채무 이행청구를 주위적으로, 위 피고와 피고 박민
철에 대한 불법행위책임인 손해배상청구를 예비적으로 구성하는 것이 바람
직하다고 할 것이다. 그러나 이사회결의의 흠결로 보증채무가 무효로 되는
경우에는 주성전자(주) 및 위 회사의 보증행위를 담당한 대표이사 박민철의
책임을 부진정연대로 물을 수 있으므로 의뢰인의 이익에 더 부합한다고 할
것이어서 그 순서를 변경하였다.

3. 대표이사의 업무상 불법행위로 인한 회사와 대표이사의 책임 (답안 각주 14 관련)

가. 상법 제210조는 회사를 대표하는 사원이 그 업무집행으로 인하여 타인에게
손해를 가한 때에는 회사는 그 사원과 연대하여 배상할 책임이 있다고 규정
하고 있고, 상법 제389조 제1항 및 제2항은 대표이사 및 공동대표이사에 관
하여 규정하면서 제210조의 규정을 대표이사에 준용한다고 규정하고 있다.

나. 회사를 대표하는 사원(주식회사의 경우에는 대표이사)이 그 업무집행으로 인하
여 타인에게 손해를 가한 경우에 회사는 그 사원(주식회사의 경우에는 대표이
사)과 연대하여 배상할 책임이 있다.[4] 다만, 상법 제210조는 법인의 불법행
위능력에 관한 민법 제35조 제1항의 특칙이므로, 회사의 대표사원이 회사와
연대하여 제3자에 대해 손해배상책임을 부담하는 것은 그 대표사원이 그 업
무집행 중 불법행위를 한 경우에 한정된다.[5]

다. 주식회사의 대표이사가 업무집행을 하면서 고의 또는 과실에 의한 위법행위
로 타인에게 손해를 가한 경우 주식회사는 상법 제389조 제3항, 제210조에

---

3) 대법원 2002. 10. 25. 선고 2002다23598 판결.
4) 대법원 2009. 3. 26. 선고 2006다47677 판결.
5) 대법원 2013. 2. 14. 선고 2012다77969 판결.

의하여 제3자에게 손해배상책임을 부담하게 되고, 그 대표이사도 민법 제
750조 또는 상법 제389조 제3항, 제210조에 의하여 주식회사와 공동불법행
위책임을 부담하게 된다. 그리고 주식회사 및 대표이사 이외의 다른 공동불
법행위자 중 한 사람이 자신의 부담부분 이상을 변제하여 공동의 면책을 얻
게한 후 구상권을 행사하는 경우에 그 주식회사 및 대표이사는 구상권자에
대한 관계에서는 하나의 책임주체로 평가되어 각자 구상금액의 전부에 대하
여 책임을 부담하여야 하고, 이는 위 대표이사가 공동대표이사인 경우에도
마찬가지이다. 따라서 공동면책을 얻은 다른 공동불법행위자가 공동대표이
사 중 한 사람을 상대로 구상권을 행사하는 경우 그 공동대표이사는 주식회
사가 원래 부담하는 책임부분 전체에 관하여 구상에 응하여야 하고, 주식회
사와 공동대표이사들 사이 또는 각 공동대표이사 사이의 내부적인 부담비율
을 내세워 구상권자에게 대항할 수는 없다.6)

4. 이사회결의 없이 한 대표이사의 법률행위와 회사의 책임 (답안 각주 16, 17, 18, 19, 21 관련)

가. 주식회사의 대표이사가 이사회의 결의를 거쳐야 할 대외적 거래행위에 관하
여 이를 거치지 아니한 경우라도, 이와 같은 이사회결의사항은 회사의 내부
적 의사결정에 불과하므로 그 거래 상대방이 그와 같은 이사회결의가 없었
음을 알았거나 알 수 있었을 경우가 아니라면 그 거래행위는 유효하고, 이
때 거래 상대방이 이사회결의가 없음을 알았거나 알 수 있었던 사정은 이를
주장하는 회사가 주장·증명하여야 할 사항에 속하므로, 특별한 사정이 없
는 한 거래 상대방으로서는 회사의 대표자가 거래에 필요한 회사의 내부절
차는 마쳤을 것으로 신뢰하였다고 보는 것이 일반 경험칙에 부합하는 해석
이다.7)

나. 주식회사의 대표이사가 이사회결의절차를 거치지 않고 타인의 채무에 대하
여 보증 기타 이와 유사한 약정을 한 경우 채권자가 이사회결의가 없음을
알지 못한 데 대하여 과실이 있는 경우에는 그 보증은 무효이지만, 이 경우

---

6) 대법원 2007. 5. 31. 선고 2005다55473 판결.
7) 위 2006다47677 판결.

그 대표이사가 상법이 정한 이사회결의절차를 거치지 않아 채권자와의 보증
계약이 효력을 갖지 못하게 한 것은 업무의 집행자로서의 주의의무를 다하지
못한 과실행위이고, 그 대표이사가 위와 같이 이사회결의절차를 거치지 않아
그 보증계약이 무효임에도 불구하고 그 보증이 유효한 것으로 오신한 채권자
로 하여금 그 거래를 계속하게 하여 손해를 입게 한 경우에는, 이는 주식회사
의 대표이사가 그 업무집행으로 인하여 타인에게 손해를 가한 때(불법행위)에
해당하므로 그 주식회사는 상법 제389조 제3항에 의하여 준용되는 상법 제
210조에 의하여 그 대표이사와 연대하여 손해를 배상할 책임이 있다.

다. 위와 같은 경우 이사회결의의 부존재를 이유로 주식회사에 대한 보증계약의
효력을 부정하면서 회사의 손해배상책임을 인정한다고 하여 상법 제393조
제1항의 규정 취지를 몰각하였다고 볼 수는 없다. 또한, 불법행위의 피해자
가 제3자에 대하여 채권을 가지게 되어 그의 변제를 받는다면 손해가 생기
지 않게 되는 경우에도 피해자는 불법행위자에 대하여 손해배상청구권을 행
사할 수 있으므로, 위의 경우에 채권자가 채무자로부터 변제를 받을 경우 손
해를 회복할 수 있게 된다 하더라도 그러한 사정만으로 보증계약을 한 주식
회사 및 그 대표이사에 대하여 보증의 무효로 인한 손해배상을 청구하지 못
하는 것은 아니다.[8]

라. 상법 제210조는 법인의 불법행위능력에 관한 민법 제35조 제1항의 특칙이므
로, 회사의 대표사원이 회사와 연대하여 제3자에 대해 손해배상책임을 부담
하는 것은 그 대표사원이 그 업무집행 중 불법행위를 한 경우에 한정되는
바,[9] 상법 제389조 제3항이 제210조를 준용하여 주식회사의 대표이사에게
인정되는 책임의 법적성질이 불법행위인 반면, 회사의 책임은 보증계약상의
채무이므로 양 채무는 부진정연대관계에 있다.[10]

마. 부진정연대채무 관계는 서로 별개의 원인으로 발생한 독립된 채무라 하더라
도 동일한 경제적 목적을 가지고 있고 서로 중첩되는 부분에 관하여 일방의
채무가 변제 등으로 소멸할 경우 타방의 채무도 소멸하는 관계에 있으면 성
립할 수 있고, 반드시 양 채무의 발생원인, 채무의 액수 등이 서로 동일할

---

8) 위 2006다47677 판결.
9) 위 2012다77969 판결.
10) 위 2006다47677 판결의 원심인 서울고등법원 2006. 6. 14. 선고 2002나13425 판결 참조.

것을 요한다고 할 수는 없다.[11]

바. 부진정연대채무의 관계에 있는 채무자들을 공동피고로 하여 이행의 소가 제
기된 경우 그 공동피고에 대한 각 청구가 서로 법률상 양립할 수 없는 것이
아니므로 그 소송을 민사소송법 제70조 제1항 소정의 예비적·선택적 공동
소송이라고 할 수 없다.[12] 민사소송법 제70조 제1항 본문이 규정하는 '공동
소송인 가운데 일부에 대한 청구'를 반드시 '공동소송인 가운데 일부에 대한
모든 청구'라고 해석할 근거는 없으므로, 주위적 피고에 대한 주위적·예비
적 청구 중 주위적 청구 부분이 인용되지 아니할 경우 그와 법률상 양립할
수 없는 관계에 있는 예비적 피고에 대한 청구를 인용하여 달라는 취지로 결
합하여 소를 제기하는 것도 가능하고, 이 경우 주위적 피고에 대한 예비적
청구와 예비적 피고에 대한 청구가 서로 법률상 양립할 수 있는 관계에 있으
면 양 청구를 병합하여 통상의 공동소송으로 보아 심리·판단할 수 있다.[13]

5. 이른바 담보지상권의 부종성 (답안 각주 24 관련)

근저당권 등 담보권 설정의 당사자들이 그 목적이 된 토지 위에 차후 용익권이
설정되거나 건물 또는 공작물이 축조·설치되는 등으로 그 목적물의 담보가치가
저감하는 것을 막는 것을 주요한 목적으로 하여 채권자 앞으로 아울러 지상권을
설정하였다면, 그 피담보채권이 변제 등으로 만족을 얻어 소멸한 경우는 물론이
고 시효소멸한 경우에도 그 지상권은 피담보채권에 부종하여 소멸한다.[14]

6. 관할합의와 관련재판적 (답안 각주 25 관련)

가. 원고와 피고 (주)로텍과의 대리점계약서 제16조는 이 계약에 관한 일체의 분
쟁에 관한 사항은 (주)로텍의 본사 소재지를 관할하는 법원, 즉 인천지방법
원으로 관할합의를 하고 있는바, 다른 피고의 보통재판적 소재지 관할 법원
에 (주)로텍에 대하여 민사소송법 제25조에 의하여 관련재판적을 인정할 수
있는지 문제된다.

---

11) 위 2006다47677 판결.
12) 위 2006다47677 판결.
13) 위 2006다47677 판결.
14) 대법원 2011. 4. 14. 선고 2011다6342 판결.

나. 대법원 판례는 변호사 甲과 乙 사찰이, 소송위임계약으로 인하여 생기는 일
   체 소송은 전주지방법원을 관할 법원으로 하기로 합의하였는데, 甲이 乙 사
   찰을 상대로 소송위임계약에 따른 성공보수금 지급 청구 소송을 제기하면서
   乙 사찰의 대표단체인 丙 재단을 공동피고로 추가하여 丙 재단의 주소지를
   관할하는 서울중앙지방법원에 소를 제기한 사안에서, 甲의 위와 같은 행위
   는 관할선택권의 남용으로서 신의칙에 위반하여 허용될 수 없으므로 관련재
   판적에 관한 민사소송법 제25조는 적용이 배제되어 서울중앙지방법원에는
   甲의 乙 사찰에 대한 청구에 관하여 관할권이 인정되지 않는다고 판시하였
   는바, 이는 공동피고 중 한 사람과 관할합의를 한 경우 다른 공동피고에게도
   관련재판적이 인정된다는 것을 전제로 하였다고 할 것이다.[15]

---

15) 대법원 2011. 9. 29.자 2011마62 결정.

찾아보기

저자 약력

경희대학교 법과대학 졸업
경희대학교 대학원(석사과정, 민법) 졸업
국민대학교 대학원(박사과정, 민법) 수료
사법시험 합격(제38회)
사법연수원 수료(제28기)
변호사
수원지방법원 조정위원
법조윤리협의회 전문위원
사법시험(2차) 출제위원
변호사시험위원
현 경희대학교 법학전문대학원 부교수

제 2 판
민사소송실무

초판발행	2014년 2월 20일
제2판인쇄	2016년 3월 5일
제2판발행	2016년 3월 15일

지은이	서인겸
펴낸이	안종만

편 집	배우리
기획/마케팅	조성호
표지디자인	권효진
제 작	우인도·고철민

펴낸곳	(주) **박영사**
	서울특별시 종로구 새문안로3길 36, 1601
	등록 1959. 3. 11. 제300-1959-1호(倫)
전 화	02)733-6771
f a x	02)736-4818
e-mail	pys@pybook.co.kr
homepage	www.pybook.co.kr
ISBN	979-11-303-2820-1 93360

copyright©서인겸, 2016, Printed in Korea

정 가   43,000원